인 도 양

대양의 역사와 대양에서의 역사

이 역서는 2008년 정부(교육부)의 재원으로 한국연구재단의 지원을 받아 수행된 연구임(NRF-2008-361-B00001)

인 도 양 : 대양의 역사와 대양에서의 역사

초판 1쇄 발행 2018년 8월 25일

지은이 | 마이클 피어슨(Michael Pearson)
옮긴이 | 노영순
펴낸이 | 윤관백
펴낸곳 | 도서출판 선인

등 록 | 제5-77호(1998.11.4)
주 소 | 서울시 마포구 마포대로 4다길 4(마포동 324-1) 곶마루 B/D 1층
전 화 | 02)718-6252 / 6257
팩 스 | 02)718-6253
E-mail | sunin72@chol.com

정가 45,000원
ISBN 979-11-6068-192-5 93300

· 잘못된 책은 바꿔 드립니다.
· www.suninbook.com

인 도 양

대양의 역사와 대양에서의 역사

마이클 피어슨 지음 · 노영순 옮김

도서출판 선인

총서 편집자 서문

지구 표면의 3분의 2는 바다이다. 태곳적부터 바다는 인간에게 먹거리를 제공해왔다. 우리 시대 바다는 상당히 다양한 자원의 보고로 인식되고 있다. 해양 자원 개발 문제는 현대가 안고 있는 과제이자 분쟁거리이기도 하다. 그러나 세계의 바다는 인간에게 아낌없이 베푸는 자연의 보고나 문명의 쓰레기를 손쉽게 투하해 버리는 처리장 그 이상임은 말할 필요도 없다. 바다를 건너겠다는 의지가 없거나 바다를 이용할 수 있는 수단이나 능력이 없는 이들에게 바다는 엄청난 장애물일 수 있다. 그러나 바다를 인식하고 바다를 이용하겠다고 마음먹고 행동하는 이들에게 바다는 과학 발전의 강력한 자극제이자 기술 개발의 시험대가 될 수 있다. 바다는 지식, 사상, 종교를 자유로이 흐르게 함으로써 서로 멀리 떨어져 있을 뿐만 아니라 본질적으로 서로 다른 문화와 경제를 통합할 수 있다. 해안지역에 위치하며 바로 이런 지정학적 이점을 통해 발전한 해항도시는 자신이 속한 국가나 지역사회보다 다른 국가와 지역사회에 속한 해항도시와 더 많이 닮아있다.

바다는 그 자체로 많은 먹거리와 자원을 제공하는 풍요로운 물의 공간이었다. 뿐만 아니라 멀리 수많은 부유하고 풍요로운 지역에 접근하기 위해서는 바다를 가로질러야 했다. 이에 육지에 기반을 둔 강대국들은 바다로 진출했으며, 군사, 통상, 항해 등에 관해 해상에서의 권리를 의미하는 제해권을 주장했다. 콜럼버스와 바스쿠 다 가마 시대 이래 유럽의 많은 사상가들은 이런 주장을 옹호하고 정당화하거나 부정하고 반박했다. 실재이든 상상이든 국가의 경제, 정치, 전략을 위해 바다가 필수적이라는 인식이 대두되었으며, 이로 인해 근대국가 권력의 표상인 해군이 발전했다. 특히 해상 교역에 종사하기 위해 배를 건조할 필요가 있었는데, 배의 동원력이 무엇이든 상당히 오랜 역사 기간 동안 배의 건조에는 그 당시 경제에서 가장 비용이 많이 들고 최첨단 기술이 필요했다. 세계의 해운 산업에 종사하는 이들은 여타의 사회 구성원들과는 본질적으로 다른 사회조직과 생활방식을 가지고 있다.

그러나 악천후를 극복한 감동적인 인간 승리, 해전, 화물 수송, 선박 건조의 역사는 바다의 역사를 구성하는 일부분일 뿐이다. 언제 어디서나 해양은 마주하고 있는 문명들에 상당히 커다란 문화 영향력을 행사하는 주체였다.

마이클 피어슨은 통찰력과 권위를 갖춘 이 책에서 위의 주제들은 물론 훨씬 더 많은 문제들을 다루고 있다. 피어슨 교수는 인도에서의 포르투갈인 개척자들에 대한 획기적인 연구와 인도양과 해양사 전반에 관한 활발한 저술 활동으로 일찍이 세계적으로 명성을 얻은 학자이다. 그는 흥미진진하고 창발적인 이 저서에 이제까지 진행시켜온 모든 연구 성과들을 집대성하고 있다. 학식의 깊이는 놀랄 정도로 인상적이지만 결코 무겁지 않게 전해지며 서술의 넓이는 더할 나위 없이 적절하며 인도양 지역에 대한 따뜻한 공감과 농축된 정통함으로 채워져 있다. 이 책은 학자들에게 뿐만 아니라 수 세기 동안 세계의 유수한 문명들과 정치, 경제, 문화 세력들이 만나고 상호작용하는 장소지로서의 대양의 역사에 관심을 가진 모든 이들에게 귀중한 정보를 제공할 것이다. 최근 수십 년간 바다의 역사에 대한 의미 있는 사유와 저술들이 생산되고 있는 오스트레일리아에서 연구를 해온 학자의 결과물이라는 점에서도 이 책의 의미는 크다고 할 수 있다.

제프리 스캠멀

차 례

인도양 지도

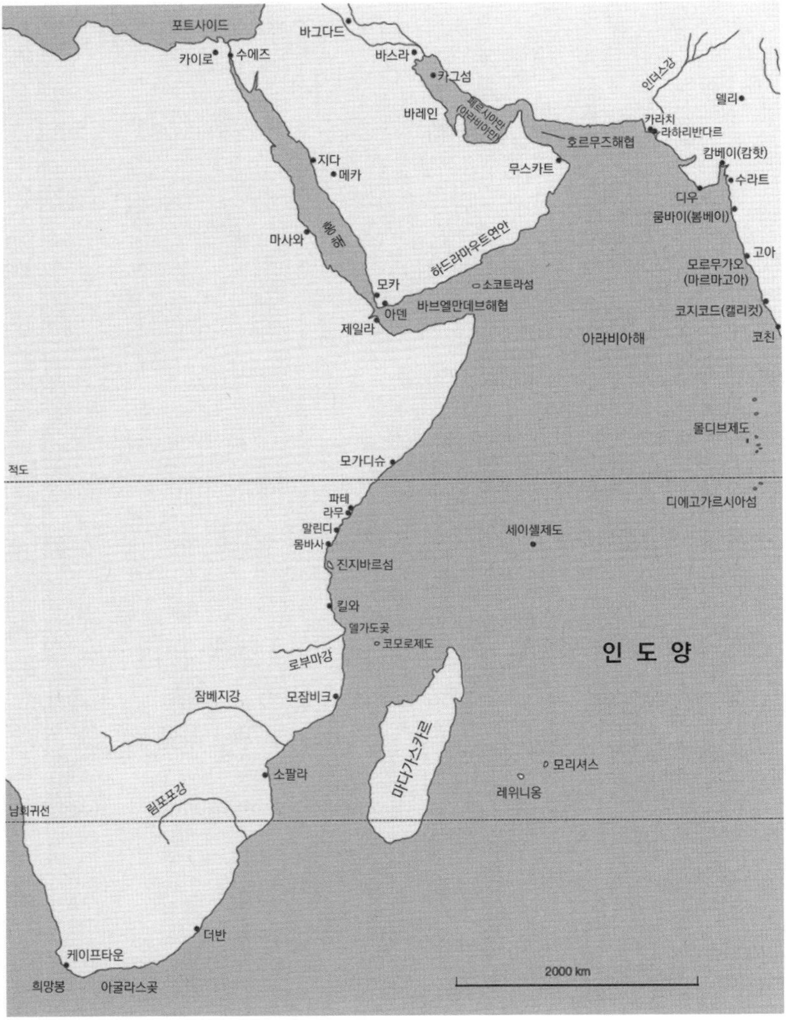

포트사이드
바그다드
카이로
수에즈
바스라
카그섬
인더스강
델리
바레인
페르시아만
(아라비아만)
카라치
라하리반다르
호르무즈해협
캄베이(캄핫)
지다
메카
무스카트
수라트
디우
뭄바이(봄베이)
마사와
홍해
하드라마우트연안
고아
모르무가오
(마르마고아)
모카
소코트라섬
아덴
바브엘만데브해협
코지코드(캘리컷)
제일라
아라비아해
코친
몰디브제도
모가디슈
적도
파테
라무
디에고가르시아섬
말린디
세이셸제도
몸바사
진지바르섬
킬와
델가도곶
코모로제도
인 도 양
로부마강
잠베지강
모잠비크
마다가스카르
모리셔스
소팔라
레위니옹
림포포강
남회귀선
더반
케이프타운
2000 km
희망봉
아굴라스곶

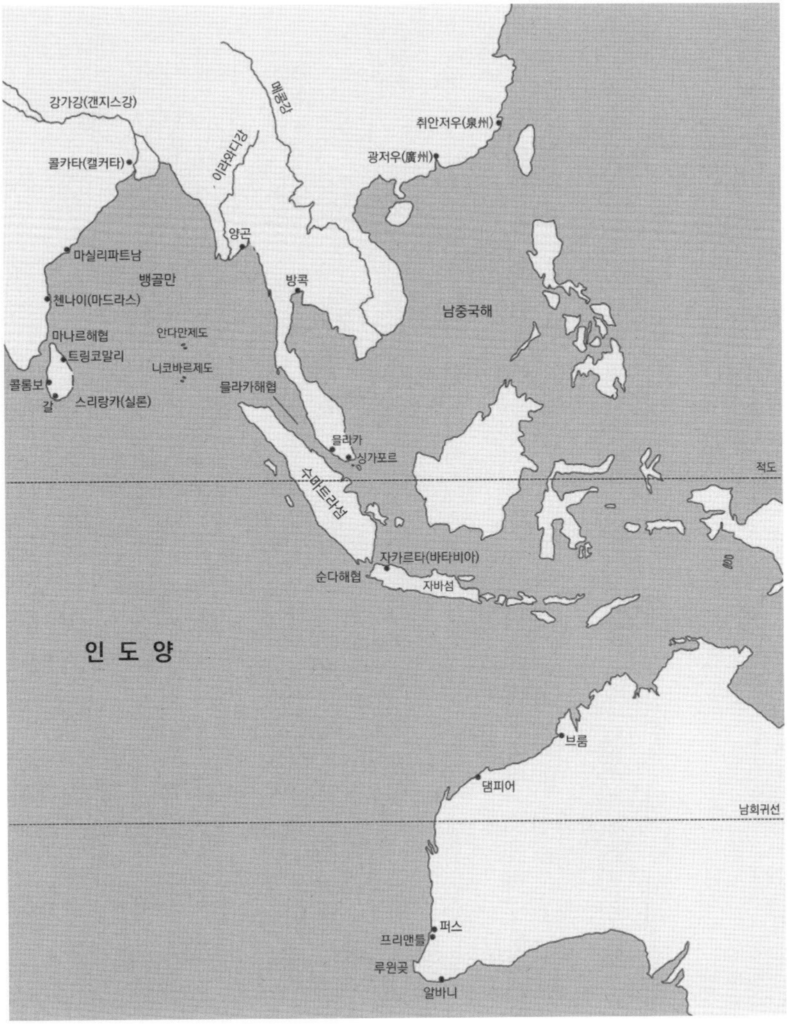
강가강(갠지스강)
메콩강
취안저우(泉州)
콜카타(캘커타)
이라와디강
광저우(廣州)
양곤
마실리파트남
뱅골만
방콕
첸나이(마드라스)
남중국해
마나르해협
안다만제도
트링코말리
니코바르제도
콜롬보
믈라카해협
갈
스리랑카(실론)
믈라카
싱가포르
적도
수마트라섬
자카르타(바타비아)
순다해협
자바섬
인 도 양
브룸
댐피어
남회귀선
퍼스
프리맨틀
루윈곶
알바니

서 론

지난 몇 십 년간 바다에 대한 우리의 인식은 많이 달라졌다. 대다수 사람들이 차를 몰아 쉽게 해변에 갈 수 있는 섬나라 오스트레일리아와 같은 제1세계에서 바다는 휴양을 즐기는 공간이다. 많은 이들이 보트를 가지고 있으며 세계일주요트경기에 관심을 가지고 있다. 대형 범선에서 기념식이나 축하 행사가 자주 열리며 후원 업체의 로고가 돛에 그려져 있기도 한다. 아이들은 매일 방과 후 '파도를 확인해 본다'(check the surf). 거의 진품 같은 역사적인 모형들의 인기도 많다. 바타비아호(*Batavia*) 모형을 한 예로 들 수 있다. 바타비아호는 네덜란드동인도회사의 선박으로 1629년 오스트레일리아를 향해 인도양 남부를 쾌속으로 가로질러 오다 인도네시아 해상 북쪽으로 제때 방향을 바꾸지 못하는 바람에 웨스턴오스트레일리아에서 60km 떨어져 있는 하우트먼애브롤호스 제도에서 좌초했다. 반란, 살인, 생존, 처형 등의 참극이 이어졌다. 난파된 바타비아호의 잔해가 인양되었으며 제럴드턴에 건립된 박물관에 전시되었다. 웨스턴오스트레일리아 연안 지역은 관광 시장의 관점에서 보면 마리나(정박지), 기념품, 엄청난 개발 프로젝트로 가득 찬 '바타비아호 만'(Batavia Coast)이라고 할 수 있다. 바타비아호 모형은 1985년과 1995년 사이 네덜란드에서 건조되었으며(원래 바타비아호는 1628년도에 7개월간 건조되었다), 전시 장소는 오스트레일리아 연안의 유명한 관광 명소가 되었다.

대다수 사람들의 일상생활에서 바다는 실질적 유의성이 거의 없다. 아주 최근에 그렇게 되었다는 이야기다. 1965년 뉴질랜드에서 미국으로 가는 배를 탄 것이 나의 첫 해외여행이었다. 이후 비행기가 대중화되기 시작했으니 아마 그 때가 바다 시대의 끝자락이었던 듯하다. 일부러 배를 탄 것을 제외하면 그 이후 딱 한 번 정도 배를 이용했을 뿐이다. 이런 일반적인 경험과는 달리 오스트레일리아는 대부분 해로를 통해 원자재를 수출하고 공산품을 수입하는 등 세계와 긴밀하게 교류하고 있다. 세계 대부분 지역은 중동의 석유에 의존하고 있으며, 석유는 대형 유조선에 실려 인도양을 건너 제1세계의 여러 목적지에 도착한다.

과거 바다는 세계의 사람과 상품을 연결하고 위대한 문학작품에 영감을 주는 등 사람들의 사고에 훨씬 더 커다란 영향을 미쳤다. 소설가이자 뱃사람이었던 콘래드는 바다를 중심으로 사고했던 이들 중의 한 명이었다. 희망봉으로 향하는 배 한 척이 아라비아 해를 지나고 있었다.

> 항해가 시작되었다. 육지에서 떨어져 나온 아주 작은 파편인 배가 조그만 행성처럼 외로이 그리고 빠르게 바다 위를 지난다. 배를 둘러싸고 있는 하늘과 바다의 심연이 끝도 모를 닿을 수 없는 곳에서 만난다. 너무나 큰 둥그런 고독이 배와 함께 움직인다. 늘 변하고 늘 한결같으면서 언제나 단조롭고 언제나 놀라움을 주면서 말이다.[1]

보다 일반적으로 말해 망망대해를 항해하는 이들에게 바다가 의미하는 바는 이렇다.

> 신이 내린 진정한 평화는 땅 끝에서 천리를 나온 지점에서 시작된다. 신은 바로 그곳으로 신의 힘을 보여주는 사자를 보낸다. 신의 힘은 죄, 교만, 무지에 대한 극렬한 분노로 표현되는 것이 아니라, 아버지로서 우리의 순수한 마음을—삶에 대해서 아무것도 모르는 무지한 마음, 질투나 탐욕에 흔들리지 않고 뛰는 가슴— 일깨운다.[2]

많은 이들에게 호소력을 지닌 해양문학 작품은 바다를 신비스러우면서도 실리를 취할 수 있는 대상으로 드러내며 범선에 대한 무한한 애착을 보인다. 패트릭 오브라이언의 놀라운 해양소설 총서는 200년 전 범선에 타고 있던 사람들에 관한 이야기이다. 그렇다면 비행기나 컨테이너 선박에 타고 있는 사람들에 관한 위대한 소설이나 시는 얼마나 있는가? 오늘날 해양문학은 바다가 하고 있는 레크리에이션의 역할을 그대로 반영하고 있을 뿐이다.

대부분 지난 5천 년간 간 바다는 인간에게 중요했다. 장거리 여행을 떠나는 이들은 바다를 많이 이용했다. 오늘날 바다를 가로지르며 여행하는 경우는 드물다. 많은 상품들은 항공으로 움직이며, 해로로 수송되는 벌크 상품을 실은 배에도 바다 경험을 가진 이들이 크게 필요치 않다. 여객선의 종말 그리고 새로운 컨테이너선과 유조선의 등장으로 그 어느 때보다도 바다 경험을 가진 이들이 적어졌다. 알다시피 지상에서 컴퓨터와 위성으로 항로를 안내하는 기술발전으로 인해 항구를 오가는 컨테이너선과 유조선에는 거의 사람이 승선할 필요가 없다. 컨테이너화로 인해 부두에서 짐을 부리는 이들도 급격히 감소했다. 지난 수십 년간에 일어났던 중요한 변화들이다. 변화는 무슬림의 메카 순례(하즈)에서도 볼 수 있다. 1970년대까지 순례자들 대부분은 성지로 가는 도중에 어느 정도 바다를 경험했다. 오늘날 거의 모든 이들이 항공기를 이용하며, 특별히 순례자들을 위해 디자인된 지다에 있는 커다란 국제공항에 내린다. 16세기 포르투갈인들은 배로 여행하면서 동남아시아인들을 개종시키는 인도 무슬림들에 대해 불만을 드러낸 적이 있지만 오늘날 인도 힌두교 종교 지도자들인 스와미(swamis)와 카리스마 있는 구루들인 갓맨(godmen)은 비행기를 타고 다니며 종교를 전한다. 하늘과 육지가 바다를 이겼다. 대부분 호화 아파트나 카지노를 그대로 물 위에 옮겨놓은 디자인을 한 크루즈에 타고 있는 이들이 오늘날에는 바다에 있는 사람들이다. 항구에 떠있던 휘황찬란한 선술집인 진 팰리스(gin palaces)도 마찬가지로 바닷가에서 사라졌다. 위풍당당한 쌍동선과 호버크라프트에게 바다는 아무 것도 아닌 듯하다. 1993년 러시아에서 건조한 호버크라프트를 타고 탄자니아의 해항도시 다르에스살람에서 아프리카 동해안에 있는 잔지바르에 간 적이 있다. 나는 다우와 고래를 보기 위해 대부분 시간을 갑판 위에 서 있었지만 현지인은 모두 간판 아래 냉방장치가 된 커다란 선실에 앉아 비디오에서 나오는 '발리우드'(Bollywood)영화를 보고 있었다. 한 서양인 호사가가 바다에서 이국적인 모습을 경험하고자 했다면, 현지인들은 비행기나 버스로 여행하는 것과 크게 다르지 않게 지루한 시간을 메워줄 비디오를 시청하며 바다를 한 장소에서 다른 장소로 이동하는 데에 필요한 실용적인 매개 수단으로 여겼다.

역사가들은 세계사에서 바다가 한 역할을 대체로 무시해왔다. 이로 인해 인류사는 편향되고 불완전하게 설명될 수밖에 없었다. 인류사는 '후기 구석기 시대부터 19세기까지 걸쳐있는 전-산업 사회에서 배(boat) 혹은 (후에는) 선박(ship)은 인간이 만든 가장 크고 가장 복잡한 기계였음'[3]을 잊고 있었다. 리드는 다음과 같이 언급했다.

> 바다는 언제나 인류에게 수없이 많은 특별한 자원을 제공해왔다. 때로는 계절에 따라 때로는 육지에서처럼 가뭄이나 남용과 같은 요소에 덜 취약하고 더 믿을 만한 자원들을 말이다. 아주 오랜 선사 시대부터 현대까지 많은 공동체들은 연안과 가까운 바다에서 먹거리를 취해 삶을 영위해 왔다. 이러한 생활방식이 지니는 역사적인 중요성은 고고학자들의 사고 깊은 곳에 자리한 농업 중심적 선입견으로 인해 과소평가되어 왔다.[4]

이와 비슷하게, 이 책의 주제가 된 인도양도 알려지고 무시되어 왔으며 잊히고 묘사되어왔다. 유럽 학자들은 인도양을 변하지 않는 동양의 일부분으로 또는 로마, 이슬람, 서구의 영향을 받았던 수동적인 지역으로 보곤 했다. 몇 외부 세력들이 인도양에 들어오면서 인도양도 역사 안으로 들어왔다. 대서양을 연구한 유명한 역사학자 피에르 쇼뉘에 따르면 인도양은 고유성도 통일성도 없다. 그는 다음과 같이 쓰고 있다. '문제는 아랍인이 항해한 이 세계가 지중해 세계와 비교해 진정 주체적이었다고 간주할 수 있는지에 있다. 물론 분명 그렇지 않다. 이 세계는 동부 지중해의 연장에 지나지 않는다.'[5] 이 면에서 쇼뉘는 포르투갈의 초기 항해 시기 위대한 시인이었던 루이스 드 카몽이스와 크게 다르지 않다. 후자는 포르투갈인들이 '아무도 항해해 본 적이 없는 바다를 가로질러 항해했다(por mares nunca dantes navigados)'라는 유명한 문구를 남긴 이다. 그러나 이와는 정반대로 사람들이 이용하고 건너다녔다는 면에서 인도양은 단연코 역사에서 가장 오래된 바다이다. 인도양 도해의 역사는 초기 문명들을 서로 연결했던 5000년 훨씬 더 이전으로 거슬러 올라갈 수 있다. 이에 비해 대서양의 역사는 바이킹의 항해를 고려해도 1000년 정도 그리고 전체 해양 영역을 포함한다면 500년이 겨우 넘었을 뿐이다. 태평양에서의 원거리 항해는 최대 2000년 정도의 역사를 가지고 있으나 교통의 밀도에서 본다면 인도양에 비할 바가 아니었다.

> 이 바다의 경계와 윤곽이 정해지기 전까지 '태평양'(Pacific)이라는 개념은 있지도 있을 수도 없었다. 그리고 이는 의심할 여지없이 유럽인들이 한 활동… 태평양은 원주민들이 형성시켜온 하부구조 위에 세워졌지만 기본적으로 유럽인들-미국인들에 의해 창조되었다고 해도 과언이 아니다.[6]

인도양은 어느 대양들보다 더 오랜 역사를 지녔을 뿐만 아니라 본질적으로 아주 다른 역사를 형성시켜 왔다. 지중해는 언제나 그 연안 지역들에서 온 사람들에 의해 지배되었으며, 북대서양은 한 해안 지역에서 온 이들이 창조한 세상이었으며, 태평양은 논쟁의 여지가 있지만 유럽인들에 의해 만들어졌다. 이에 반해 인도양은 그 해안에서 온 사람들이 오랫동안 접촉하고 항해하면서 형성시켜온 역사를 가지고 있으며 약 150년 정도의 짧은 기간을 서양인들의 통제를 받았다. 안드레 군더 프랑크에 따르면 남중국해까지 뻗어있는 인도양 지역은 1800년경까지 수천 년간 지구사(global history)의 중심 무대였으며 이제 다시 그 위치를 회복하고 있다. 세계사에서 유럽이 우세한 시기는 전체 6000년 인류사에서 200년 정도 남짓이었다.[7] 외부에서 온 세력이 인도양을 지배한 것은 일시적인 사건이었다.

이 책을 집필하면서 호르텐과 퍼셀의 『오염의 바다: 지중해 역사 연구』(*The Corrupting Sea: A Study of Mediterranean History*)를 즐겁게 읽었다. 이 책 곳곳에서 드러나겠지만 많은 부분에 공감이 갔다. 사실 뛰어난 호르텐과 퍼셀의 저서 그리고 브로델의 고전적 저서[8]에서 너무 많은 부분을 인용하지 않으려고 애를 써야 했다. 이 두 권의 책, 오랫동안 고전의 위치를 점하고 있는 브로델의 저서와 고전이 될 것으로 믿어 의심치 않는 호르텐과 퍼셀의 저서에 영감을 준 바다는 지중해였다. 이 두 권은 책은 역사학계에 전반적으로 호소력을 가지고 있으며 대중들에게도 폭넓게 읽히고 있다. 그러나 여타의 다른 해양 공간에 대해서는 이만큼 큰 반향을 불러일으킨 저서가 없다. 물론 의미 있는 연구가 많이 축적되어 있으며 이 책도 그중 하나일 것이지만, 지중해에 관한 혁신적인 두 권의 책에 비견될 만한 저작은 없다. '내가 더 멀리 보았다면 그것은 거인들의 어깨 위에 올라서서 보았기 때문이다'라고 말한 아이작 뉴턴처럼 말할 수 있으면 좋겠지만 인도양에 대해서는 그 어깨 위로 올라갈 거인이 없다.

이는 지중해가 인도양에 비해 아주 많이 작고 더 다루기 편하기 때문일 것이다. 작은 바다(海)와 큰 바다(洋)의 역사는 서로 다른가? 발트해, 지중해, 북해를 태평양, 대서양, 인도양과 같은 차원에서 볼 수 있는가? 규모의 차이는 그야말로 어마어마하다. 발트해는 414,000㎢, 북해는 520,000㎢, 지중해는 2,516,000㎢이다. 이에 비해 인도양은 남극 대륙으로까지 뻗어있는 가장 넓은 범주로 정의하면 68,536,000㎢이다. 발트해, 지중해, 북해를 모두 합한 것의 거의 20배 크기인 셈이다. 호르텐과 퍼셀은 육지에서는 보이지 않는 지중해 부분을 그린 재미있는 지도를 작성한 바 있다.[9)] 이 지도에 표시된 바다는 놀라울 정도로 작았다. 물론 인도양에서 사정은 비교가 무의미할 만큼 다르다. 그러나 이는 규모의 차이이지 속성의 차이는 아닐 것이다. 대양을 가로지르는 관계는 작은 바다를 가로지르는 관계보다 덜 강력하고 덜 촘촘했을 것으로 가정할 수 있으나, 이를 알 수 있는 가장 좋은 방법은 작은 바다에서의 통항을 사실 모두 연안 항해로 간주하는 것이다. 대양에서의 통항도 대부분 연안 항해였지만, 해양 소설가 콘래드가 묘사했던 바에서 볼 수 있듯이 배가 육지에서는 볼 수 없는 망망대해를 수 주 혹은 수개월을 항해하기도 했다. 대양 통항은 아주 먼 곳에서 온 사람들을 서로 연결시킬 수 있다.

대양의 역사와 특정한 한 국가의 해양사도 다르다. 브로델과 마뜨베예비치(Matvejevic)[10)] 둘 다 하나의 통일체로서의 바다의 역사를 기술하고자 했다. 그러나 이 두 학자 모두 지중해에 관한 역사를 기술하면서 주장했던바 통일성을 확립하는 데에는 그다지 성공하지 못했다. 이유는 두 학자 모두 이 바다의 남부 해안을 무시했거나 이에 대해 잘못 알고 있었기 때문이다. 어찌되었든 이들이 추구한 목표는 나를 비롯해 『역사와 바다』(*Seas in History*) 총서 저자들이나 태평양에 관해 쓴 스페이트(O. H. K. Spate)가 설정한 목표와 같다. 이는 특정 육역의 해양사를 다룬 연구들, 예를 들어 오스트레일리아와 바다에 관한 브로이제(Broeze)의 저서, 유럽과 바다에 관한 몰라(Mollat)의 연구, 인도와 바다에 관해 애쉰 다스 굽타(Ashin Das Gupta)와 필자가 편집한 전집에서[11] 추구한 목표와는 완전히 다르다.

이 책은 기존 저서들과 비교해 두 가지 중대한 측면에서 크게 다르다. 브로델은 표면상으로는 16세기 후반부에 대해 기술했으며, 태평양에 관한 스페이트의 저서는 유럽인의 등장 이후 시기만을 다루었다. 첫째 나의 야심찬 목표는 전 역사 기간에 걸쳐 인도양 전체에 관해 서술하는 것이다. 둘째, 브로델의 책을 비롯해 인도양에 관한 대부분의 저서들이 중점적으로 다루고 있는 물질적인 내용에 주안점을 두지 않으려 한다. 호르텐과 퍼셀은 브로델에 대해 다음과 같이 언급했다. '브로델의 상상력을 자극한 것은 주로 물질적인 삶, 특히 소도시, 배, 원거리교역이었다… 인식, 태도, 신념, 상징… 이 모든 것들은 단 몇 쪽 밖에 차지하지 못하게 되었다.'[12] 대양의 역사는 교역과 전함의 역사로 포괄되지 않는다. 나는 물질적이고 정신적인 골조 모두를 그리고 지리적 구조뿐만 아니라 심리적인 틀 모두를 기술하고자 한다.

대양의 역사는 기존의 많은 저서들처럼 육지에서 대양을 바라보기보다는 관점을 바꾸어 바다에서 육지를, 더 정확히 말해 대양과 접하고 있는 육지, 즉 연안을 바라보아야 한다. 대양의 역사는 동물로 말한다면 뭍과 물 두 곳을 자유롭게 오가며 사는 양서류가 될 필요가 있다. 해양 역사가로서 나는 바다 그 자체와 연안에 중점을 둘 것이며 내지에서 일어난 일에 대해서는 직접적으로 대양에 영향을 미치는 한에서만 언급할 것이다. 이런 면에서 깊고 먼 내지를 언급해야 할 때도, 인도양 연안을 훨씬 넘어 포토시와 로마, 런던과 메카를 이야기해야 할 경우도 있을 것이다.

해양사를 생각함에 있어 브로이제의 말을 상기할 필요가 있다. 최근 출판된 대서양에 관한 한 저서에 대해 논평하면서 그는 '해양에 관한 주제와 전개 상황이 어느 정도까지 육상에 근원을 두고 있으며 그 동력으로 움직이는지에 관한 필수불가결한 개념 문제'와 관련해 다음과 같이 불만을 드러냈다.

> 우선 아마도 가장 중요한 점은 저자가 '해양사'(oceanic history)라고 부르는 개념이 무엇인지에 대해 아무런 정의도 하지 않았다는 데에 있다. 이 책

의 내용을 모두 함께 묶고 있는 커다란 구상이 무엇인지? 해군사, 해운, 어업, 식민화, 이주, 항구와 같은 다양한 주제들을 다루면서 바다가 얼마나 멀리 내지로까지 그 영향력을 발휘하는지? 해양공동체의 정체성이란 무엇인지? 그리고 해양공동체가 내륙지역과 어떤 관계를 형성하고 있는지?[13)]

이 책을 쓰면서 브로이제가 제기한 위의 문제들이 뇌리에서 떠나지 않았다.

쇼뉘는 '인도양에서의 통일성이라는 조작된 개념'이라는 제목으로 글을 쓴 바 있다.[14)] 인도양에서의 통일성이나 분열성은 이 책에서 계속 반복적으로 제기될 주제이다. 이 주제는 대양사의 발견적 가치에 관한 핵심적인 질문이기 때문이다. 인도양이라고 부를 수 있는 대상이 있는지 그리고 인도양이 연구하고 분석하고 다룰 수 있는 일체성을 가진 대상인지? 단순히 인도양 내부 커넥션에 대해 이야기하는 것과 통일성이라는 개념으로 파악하는 것은 본질적으로 차원이 다른 작업임을 언급할 필요가 있다.

언뜻 보면 이 광대한 대양에서 통합 요소를 발견하기란 쉽지 않다. 오늘날 연안에 살고 있는 대다수 사람들은 자신들을 국경을 넘어 대양에 속하는 이들이 아니라 국가의 구성원이라고 인식한다. 좀 더 넓은 범주에서 정체성을 찾는다 해도 이는 해양이 아니라 이슬람과 같은 종교 또는 아시아, 아프리카, 중동과 같은 좀 더 넓은 지리적인 범주와 관련될 뿐이다.[15)]

두말할 필요 없이 브로델은 이 문제에 관해서도 도움을 준다. 그는 지리로는 충분하지 않다는 중요한 논지를 밝혔다. '지중해에는 원래 어떤 통일성도 없었지만 사람들의 움직임, 이것이 가져온 관계, 그리고 사람들이 갔던 경로들 덕분에 탄생했다.'[16)] 그러나 이런 본질적인 문제를 구체적으로 표현하는 방식은 때로 매우 애매하고 모호하다 (아마도 그럴 필요가 있었을 것이다). 호르텐과 퍼셀이 지중해의 통일성에 대해 어떤 식으로 언급하고 있는지 보자.

이 지역은 아주 느슨하게 통합되어 있으며 주변 지역들과는 확연히 달랐는데, 그 정도는 시기에 따라, 지리적 공간에 따라, 그리고 논의 대상에 따라 아주 다양하다. 지중해 지역과 그 주변 지역의 경계는 지도에 쉽게 표시할 수 있는 성질의 것이 아니다. 형태나 패턴이 연속되는 것으로 보아 이 지역에는 연속성이 있지만 그 형태나 패턴 내에서 모든 것은 가변성을 띤다.[17)]

저명한 인도양 역사학자인 쵸두리 또한 통일성 문제에 대해서는 주변을 맴돌고 있을 뿐이다.

> 사람들은 대양이 그 자체로 통일성이 있으며 세력권을 가지고 있다고 보았다. 나중에 역사가들도 이러한 사실을 감지했다. 한편으로 이동 수단, 사람들의 이주, 경제 교류, 기후, 역사적인 영향력이 응집력을 만들어냈다. 다른 한편으로 종교, 사회 체제, 문화 전통은 서로간의 차이를 드러냈다.[18]

쵸두리는 다른 데서 다음과 같은 질문을 던졌다. '브로델식의 틀을 구축하기 위해 공간, 시간, 구조라는 측면에서 대양 주변과 너머의 문명에 있는 내재적이고 인식가능한 통일성을 어떻게 드러낼 수 있는가?' 그의 대답은 '기본적인 기층구조가 있으며, 물질적인 생활의 기층은 불변하지만 일정한 한도 내에서는 변화한다.' 그렇지만 그의 결론은 어떤 분석을 하기 위해서는 인도양은 하나의 공간 단위이지만 또 다른 분석을 위해서는 인도양은 하나의 공간 단위가 아니라 복수의 공간들이다.[19]

학자들은 특히 계절풍, 항구, 배, 선원, 원거리교역과 같이 공통성을 보여줄 수 있는 주제들을 연구해왔다. 해적과 어민도 어디에나 있다는 의미에서 공통성을 보여 줄 수 있다. 전자는 대형 기생 생물과 같은 인간군으로 다른 이들의 노고와 재산에서 자양분을 취하며 아무 것도 돌려주지 않는다. 후자도 포식성을 가지고 있다는 면에서는 전자와 마찬가지인데, 이는 농민과는 달리 착취할 뿐 일구지 않는 즉 가져가지만 내주지 않기 때문이다. 닐스 스텐가르드는 인도양은 적어도 지중해, 발트해, 또는 말레이-인도네시아 제도와 비교해 통일성이 없는 바다라고 주장했다. 이러한 주장은 이 지역의 전체 경제에서 원거리교역이 차지하는 비중이 그다지 크지 않다는 연구에 기반하고 있다.[20] 그러나 그의 연구는 물질적인 요소에 집중했기 때문에 일정 정도 통일성을 보여줄 수도 있는 다른 요소들을 무시하게 되었다고 볼 수 있다.

르네 바렌스도 이 문제를 깊이 숙고했다. 그의 주장에 따르면 17세기 통일성을 보여주는 요소들이 있었다.

매우 다양한 풍광에도 불구하고 아라비아 해에 인접한 육지는 많은 공통점을 가졌다. 하나의 해양 세계라고 말해도 부족함이 없다. 연안을 따라 항구들이 화관처럼 드리워져 있으며 여기에서 해양 교역은 각지로 뻗어있는 육로들로 연결되었다. 이용된 배들도 같은 종류였다. 이 시기 담배, 커피, 차, 옥수수와 같이 새로운 재배 작물들이 일반적으로 서쪽에서 동쪽으로 이동했다. 16세기 어디에서나 볼 수 있었던 라린(larin) 은화와 18세기 널리 통용되었던 마리아 테레지아 탈러와 같은 은화들이 사용되었다.[21]

이어서 그는 인도양의 통일성을 너무 강조한 나머지 본질주의로 흐르지 않도록 주의해야 한다는 경고도 잊지 않았다. 자칫하면 '역동적인' 유럽과 대비되는 것으로 보일 수 있기 때문이다.[22]

세계사 연구자들은 '세계들'(worlds)에서 이루어졌던 교섭과 커넥션을 따라가며 이 세계들을 구성하는 지역들을 발견해왔다. 영향력 있는 한 도식에 따르면 문화교섭의 세 가지 주요 형태는 이주, 상업, 정복이며, 영어단어의 첫 알파벳을 따서 MCC라고 한다. 여기에다가 귀향자, 질병, 종교나 이념 등 문화 전파와 같은 다른 요소들도 덧붙일 수 있다. 어쨌든 서론에서의 목적은 당장 논의에 대한 해답을 찾기보다는 인도양을 하나로 결속하고 있는 두터운 밧줄을 묘사하기 위해 몇 가닥의 가느다란 밧줄을 먼저 발견하고 묘사하는 데에 있다. 잠정적인 대답은 이어지는 내용 도처에서 드러나게 될 것이다. 아무리 해도 통일성은 너무 과중한 단어일 것이다. 미국의 통일성이나 기독교의 통합성에 대해 책을 쓰려고 하는 이들은 거의 없을 것이다. 역사가들은 일반적으로 고정된 단일성을 다루기보다는 다양성과 변화를 다룬다. 때에 따라서는 대양이라는 광대한 수역을 구성 요소로 분해하고 벵골 만 이나 페르시아 만 혹은 하나의 섬이나 제도에 초점을 두는 것이 더 유용할 것이다.

물론 일련의 연결고리를 발견할 수 있다. 진짜 문제는 이들 커넥션이 가지고 있는 중요성이다. 많은 역사가들은 현재 상당히 유행하고 있는 개념인 '지구화'(globalisation)의 초기 형태라고 할 수 있는 커넥션은 근대 시기 교통과 통신 혁명으로 지금 우리가 살고 있는 복잡하게 연결된 세계가 형성되기 훨씬 이전부터 잘 발달되어 있었음에 주목한다. 에릭 울프는 1400년 세계에서 일어난 문화 교류 현상에 주목했다. 존 러셀-우드는 광범위한 포르투갈 제국이 만

들어낸 혼효(混淆)와 커넥션에 관한 글을 썼던 반면, 페르낭 브로델은 지구적 시각에서 문명과 자본주의에 관한 저서를 발표했다.[23] 대부분의 커넥션은 별로 크지도 중요하지도 않았음을 인정하는 태도도 필요하다. 대부분의 교역은 연안 교역이었으며 대다수 뱃사람들도 먼 바다가 아니라 가까운 바다에서 활동했다는 면에서 이들이 만들어낸 커넥션은 제한적일 수밖에 없었기 때문이다. 브로델은 지중해에서 일어난 절대 다수의 항해는 연안 항해였으며 75톤급 이하의 작은 배로 이루어졌음을 강조했다. 뱃사람들은 언제나 육지를 바라보며 항해했다. 이들 '바다의 프롤레타리아트'(the proletariat of the sea)는 자신들이 가진 상품을 팔기 위해 자주 뭍에 올랐다.[24] 로밀라 타파르는 BCE 3000년부터 행해진 인더스 문명과 서아시아 교역을 다음과 같이 명쾌한 어조로 언급했다.

> 아주 장관을 이루는 해양 교역은 가끔씩 일어났지만, 그 틈새에서는 꾸준하게 소규모의 접촉이 간단없이 지속되었다. 연안에서 일어난 이들 접촉면에서는 사치품과는 거리가 먼 필수품들이 실리고 부려졌다. 브로델의 절묘한 표현을 인용한다면 이들은 항구에서 항구로 떠돌아다니는 배들이며 주로는 제한된 순회 지역을 이동하는 특매시장 역할을 했던 배들이었다. 아무런 주목도 끌지 못했던 이런 교역은 현재까지도 계속되고 있다.[25]

브로델은 지중해에서 매우 광범위한 연결성을 발견했다. 즉 지중해는 대서양, 북해 그리고 인도양과 커넥션을 가지고 있었다. 여기에서 다소 무작위로 한 예를 들어보겠다. 1731년 노예선 딜리전트호(*Diligent*)는 낭트 근처 반(Vannes) 항구를 출항해 노예를 사기 위해 서아프리카로 향했다. 노예 구매에 사용될 예정이었던 교역품은 일부 몰디브 산 개오지조개껍질 7,000파운드와 대부분 엄청난 양의 인도산 직물이었다.[26] 정말이지 개오지조개껍질은 수많은 변변치 않은 교역품들 중에서도 사소한 부분을 차지했다. 개오지조개껍질은 서아프리카에서는 물론 중국에서도 화폐로 이용되었다. 몰디브 제도에서 온 이 조개껍질은 1500년 동안이나 거래된 품목이었다. 노예무역이 한창이었던 1720년대에는 매년 100만 파운드의 개오지조개껍질이 노예무역 결재를 통해 서아프리카로 들어왔다.[27] 중국에 있던 예수회는 포르투갈 산 와인을 미사 때마다 사용했는데, 이 와인도 인도양을 건너 왔음이 분명하다. 세이셸에서만 자라는 야자나무 열매인 코코 드 메르는 인도양 전역으로 수송되었다. 치유 효과와 정력 증강에 뛰어난 효능이 있다고 알려져 어디에서나 귀하게 여겨졌기 때문이다.[28] 현재 스웨덴 지역에서 기원한 이스턴 바이킹들은 교역에 종사하기 위해 흑해와 카스피아 해를 거쳐 아바스 조(朝)의 바그다드, 그리고 이스파한, 즉 인도양 세계로 들어왔다.[29] 19세기 중반 인도군대에서 사용할 말을 사육하기 위해 웨스턴오스트레일리아에 오스트랄린드라는 이름을 가진 작은 마을이 만들어졌다. 이 계획은 결국 실패로 끝났지만, 이후에 웨일러로 알려진 아주 많은 말들이 뉴사우스웨일스에서 인도로 들어왔다. 웨스턴오스트레일리아 남서부에 자랐던 칼리나무와 마호가니고무나무는 인도로 수출되어 철도 침목으로 이용되었다. 이와 마찬가지로, 대양을 건너는 사람들의 이동도 대규모로 이루어졌다. 사람들이 인도네시아에서 마다가스카르로, 노예들이 마다가스카르, 동아프리카 연안, 인도, 자바에서 모리셔스로 갔다. 정화(鄭和)의 함대들도 인도양 연안 일대를 항해했다. 19세기에는 50만에 이르는 연기계약 노동자들이 인도에서 모리셔스로 갔다. 유럽인들은 세계를 반 바퀴 돌아 이 대양으로 들어왔다. 이슬람의 영향력은 그야말로 드넓은 인도양 지역으로 퍼졌다. 잔지바르에서 어떤 이들은 인도네시아에서 발행된 정품 인증서와 증명서를 사용한다. 마다가스카르 서북쪽에 있는 마요트 섬에서는 남아시아 이슬람 개혁주의자들이 활발하게 활동하고 있으며, 이집트, 이란, 사우디아라비아, 인도, 파키스탄에서 온 꾸란을 비롯한 이슬람 서적을 잔지바르에서 아주 쉽게 구할 수 있다.[30]

사람들만 이동하며 커넥션을 형성하는 것은 아니다. 흔히 참치라고 불리는 남방참다랑어는 매우 등치가 큰 어류에 속한다. 평균 무게는 25kg이며 40년까지 살 수 있다. 이 어류는 자바의 남쪽 수역에서 산란하며, 산란 후에는 웨스턴오스트레일리아 연안으로 내려간다. 여기에서 갈라져 한 무리는 인도양을 횡단해 남부 아프리카 수역으로 가고 또 한 무리는 그레이트오스트레일리아 만을 횡단하고 태즈메이니아 섬을 돌아 동해안으로 올라갔다가 뉴질랜드로 넘어가며, 북과 서로 향하다가 산란하기 위해 다시 자바로 돌아온다.[31]

우리의 논의에 가장 핵심적인 사안인 이들 커넥션을 살펴보면서 충분히 세

심하게 접근할 필요가 있다. 남인도에서 로마의 은화가 발견되었다면 이를 어떻게 볼 것인가? 남인도에 있는 로마의 은화를 통해 멀리 떨어진 지중해와 인도양 세계의 관련성을 어떻게 해석할 것인지 그리고 어떤 공통점과 통합성을 이야기할 수 있을지? 대부분의 원거리교역은 사치품 교역이었음을 염두에 둔다면 남인도와 로마 간의 커넥션으로 인해 얼마나 많은 이들이 영향을 받았다고 볼 수 있는지? 스와힐리 연안에서 발견된 중국 도자기에 대해서도 마찬가지이다. 인도에서 기원한 불교 흔적을 자바에서 발견했다고 해서 이것이 자바가 인도 문화의 식민지였다고 말할 수 있는지? 커넥션은 하나의 길만 따라가지는 않는다. 중국산 냄비는 각기 다른 장소에서 각기 다른 방식으로 사용될 것이며, 모양을 그대로 따라 복제되거나 필요한 만큼 개량될 것이다. 이슬람을 전도하는 한 하드라마우트인(Hadhrami)•이 킬와 섬에서 경험했던 반응은 아체나 하이데라바드에서 마주했던 반응과는 다를 것이며, 그가 한 말은 이들 서로 다른 장소에서는 서로 다른 의미를 가지게 될 것이다. 유럽의 무기도 서로 다른 장소에서 각기 다른 방식으로 수용되었다.

여기에서 르네 바렌스의 '대'(greater) 인도양이라는 개념에—아날학파의 '장기'(long) 16세기와 유사한— 천착할 필요가 있다. 전자는 인도양의 지리적 범주를 훨씬 넘어서는 커넥션을 강조하며, 후자는 1500년과 1600년이라는 임의적인 년도를 훨씬 넘어서는 커넥션을 강조한다. 중요한 것은 전환점이지 세기의 전환이 아니다. 이 문제에 관해서는 『오염의 바다: 지중해 역사 연구』의 중심 주제가 매우 유용할 것이다. 나는 이 책에서 호르덴과 퍼셀의 용어를 자주 사용할 것이다. 이들은 지중해에서의(*in*) 역사와 지중해의(*of*) 역사를 구별했다. '지중해에서의(*in*) 역사와 (전체 지중해의 역사가 아니라, 예를 들어 보다 포괄적인 기독교 또는 이슬람 역사의 일부분이 지중해라는 공간에서 전개되는 양상과 같은) 지중해의(*of*) 역사가 (확고한 지중해라는 장소 인식과 전체 지중해에 대한 탐구라는 두 요소 모두가 필수적인) 있다.'[32]

1744년 존 캠벨은 '항해와 여행 서적은 독특한 즐거움과 세계에 대한 폭넓

• 아라비아 반도 남부 하드라마우트 지역 출신 사람을 이른다.

은 이해를 제공한다. 이들 서적이 다른 어떤 고상한 문학 작품들 보다 널리 읽히지는 않는다고 하더라도 그래도 많이 읽히고 있는 데이는 충분한 이유가 있다'[33]라고 썼다. 사람들이 내 책을 읽었으면 한다. 그러기 위해 나는 이 책이 교역에 관한 통계를 모아 놓은 것이 아니라 바닷가의 신선한 공기를 품고 있기를 바란다. 나는 413~414년 뱃길로 중국으로 돌아간 동진(東晉)의 순례승 법현(法顯)에서부터 최근 2001~2002년 볼보 라운드 더 월드(Volvo Round the World)라는 대양세계일주 요트경기에 이르기까지 수없이 많은 1차 사료를 모았다. 이 과정에서 나는 메카로 순례하는 이들, 삼각형의 큰 돛을 단 아랍의 배 다우들, 4개의 돛대에 30개의 돛을 달고 35,000ft²의 범포(帆布)를 자랑하는 바크형 범선들, 앨런 빌리어즈, 오스트레일리아로 이주하는 사람들, 세일럼 포경선들, 바다표범 사냥꾼들, 함대 사령관들, 윌리엄 서머싯 몸, 에드워드 모건 포스터, 마크 트웨인을 만났다. 나는 윌버 스미스의• 소설도 읽으려고 노력했다. 나는 서술에 깊이와 폭을 넓혀 주는 인도양에서의 실제 삶에 관한 이야기들을 되도록 많이 인용할 것이다.

나는 기존의 어떤 저서보다도 총체적 역사(전체사)에 더 가까운 책을 쓰고자 한다. 어찌 보면 당연하게도 기존의 수많은 저서들은 대양사라기보다는 거의 전적으로 교역사 특히 유럽의 교역사를 다루었다. 나는 대양이 단순히 후추나 면직물의 전달자로서가 아니라 질병, 종교, 관광객, 상품, 정보의 전달자로서 역할하면서 만들어낸 수많은 커넥션에 관심을 두었다. 이렇듯 내가 관심을 가지고 있는 주제에 더 많은 지면을 할애하기 위해, 특히 정치나 무역과 관련해 이미 많이 다루어져왔던 주제들에 대해서는 기존 연구를 간단히 요약하고 독자들이 전문적인 연구 성과를 참조할 수 있도록 할 것이다.

또 하나 추가해야할 사항이 있다. 이 책은 동남아시아 연구자들이라면 당연히 기대할 수 있을 정도로 말레이 해양 세계에 관심을 기울이지 못했다. 이 책 전체에서 활용된 정보들은 인도양에서 인도가 일종의 지렛목과 같은 역할을 했음을 보여준다. 지금은 남아시아로 불리며 인도, 파키스탄, 방글라데시

• 『사자가 먹이를 먹을 때』, 『나일강의 여신』 등의 작품이 있으며, 20세기 최고의 모험 소설가 반열에 속한다는 찬사를 받고 있는 작가이다.

를 포함하고 있는 '인도'에는 인도양을 에워싸고 있는 모든 국가들 인구의 약 70%가 살고 있다.[34] 또한 남아시아는 단일 경제권을 형성하고 있어 인도양 주변의 다른 지역들을 왜소해 보이게 만든다. 이 책이 믈라카 해협 너머를 자세히 다루지 않은 또 다른 납득할 만한 이유도 있다. 말레이 세계는 인도양 세계보다는 중국 세계와 더욱 긴밀하게 연결되어 있곤 했다. 인도양의 동쪽 경계 지역은 다공성 공간으로 인도양은 부지불식간 남중국해와 태평양으로 흘러간다. 인도양의 다른 지역, 특히 서쪽의 동아프리카 연안은 이와는 명백하게 대조를 이룬다. 여기에서 연안 경계는 다른 바다와 인접하고 있지 않기 때문에 그만큼 파악하기 쉬우며 아라비아 해와 벵골 만의 연안 주변에서도 사정은 마찬가지이다. 이 책이 다루는 범주를 믈라카 해협까지로 제한한 이유는 나의 전공분야와도 부합할 뿐만 아니라 너무 멀리 인도네시아로까지 나가지 않고도 내 앞에 놓인 과제를 좀 더 쉽게 다룰 수 있기 때문이다.

그럼에도 불구하고 이 책에서 내가 다루어야 할 인도양은 그야말로 거대하다고 할 수 있다. 인도양 주변의 모든 곳을 다 가보지는 않았다. 마트베제비치는 '이븐 할둔과 메르카토르처럼 나는 프톨레마이오스가 이끄는 대로 따랐으며, 우리가 가보지 못한 곳을 가고 우리가 보지 못했던 것을 본 여행자들의 증언을 사용했다'[35]고 언급했다. 이와 비슷하게 호르텐과 퍼셀은 '우리의 하찮은 지성이…무언가를 발견할 수 있었다면 그것이 가능한 시대와 가능한 기회가 있었기 때문이다. 우리가 세계에 관한 모든 것을 알 수 있는 방법은 없다'[36]고 말한 에피파니우스를 인용했다. 나는 모든 책을 읽지도 모든 문서보관소를 방문하지도 않았다. 그렇게 하면 아마 어떤 책도 쓸 수 없을지 모른다. 브로델은 상대적으로 규모가 작고 역사도 길지 않지만 엄청난 자료를 찾아볼 수 있는 지중해에 대해 다음과 같이 언급했다. '예측을 불허하는 자료의 저장고와 역사적인 순금 광산을 탐사하고 목록을 만들기 위해서는 한 사람의 평생이 아니라 최소한 20명의 평생이 걸리거나 20명의 연구자들이 동시에 평생을 전념해야 할 것이다.[37] 오스카 스페이트(Oscar Spate)도 태평양의 역사에 관한 자신의 저서를 소개하면서 비슷한 말을 했다. 그가 한 말은 정확하게 이 책에서 내가 하고 싶은 말이기도 하다.

> 태평양의 모든 연안과 섬들을 방문하는 데에 평생이 걸린다면, 깊고… 어마어마한 문헌을 완전히 이해하는 데에는 아홉 번의 생을 살아야 할 것이다. 이 책은 불가피하게 2차 자료와 출간된 1차 자료…에 근거하고 있다. 나는 평판이 자자한 권위 있는 저서들에서 사실을 끌어오고 이들을 종합하려고 노력했다. 전공자들은 틀림없이 이 책의 내용을 이루고 있는 무수히 많은 주제들 가운데 몇 주제들에 대한 나의 접근 방식이 피상적이고 내용에도 오류가 있음을 알아차릴 것이다. 그러나 이는 다방면에 걸쳐 많은 내용을 다루어야 하는 작업이 가질 수밖에 없는 한계이자 위험이다. 나는 이 작업이 이런 한계와 위험을 무릅쓰고라도 해볼 만한 가치가 있다는 데에 추호의 의심도 없다. 이 작업은 주제를 총체적으로 바라보고자 하는 노력이며 별개의 부분들로 잘게 나누어보는 데에 있지 않기 때문이다.[38]

브로델이 지중해에 관해 서술하면서 강조한 바와 같이 분석해야 할 자료는 그야말로 방대하다. 인도양에 대해서는 이보다 얼마나 더 많을지 짐작조차 할 수 없다. 이제까지 해양 고고학자들은 인도양 연안의 아주 작은 일부만을 탐사했을 뿐이다.[39] 우리가 알고 있는 바는 심해의 5%도 안 되는 부분이다.[40] 인도양의 역사를 쓰는 데에 이용할 수 있는 자료도 이 정도라고 볼 수 있다. 나는 출간된 저서들조차도 다 읽지 못했지만 자닛 아부-루우드(Janet Abu-Lughod)의 다음과 같은 주장에서 용기를 얻었다. 그에 따르면 얼마나 더 많은 책들이 남아있느냐에 상관없이 어느 순간 역사가들은 논의를 마무리하는데, 그렇게 할 수 있는 이유는 이미 패턴을 파악했기 때문이다(그렇다고 그가 발견한 모든 패턴을 지지한다는 것은 아니다).[41] 어떤 전공자들은 의심할 여지없이 공백과 심지어 잘못된 서술 혹은 최신의 심오한 논문에 대한 무지를 발견해내고 부정적으로 논평하겠지만 내가 이 책에서 구현하고 있는 패턴은 충분히 흥미롭다는 인정을 받고 싶다.

가진 자료를 정리하고 구성하는 작업은 틀림없이 역사학자의 영역임에도 불구하고 정말이지 당혹스러울 정도로 복잡한 과제였다. 일반적으로 인도양의 역사는 네 시기—이슬람 이전 시기, 1500년 유럽인의 도래 시기, 1800년경까지의 초기 유럽인들의 시기, 유럽의 지배 시기—로 나누어진다. '근대'(modern) 시기 중요한 연도는 1498년(바스쿠 다 가마의 인도 도착), 1757년(영국의 인도 점령 시작), 1869년(수에즈 운하 개통)이라고 할 수 있다. 아마도 정도를 벗어났다고 간주될지 모르지만 나는 인도양 역사를 두 역사 시기로 구분했다. 이 책의 첫 장은 인도양의 심층 구조를 다룰 것이며, 여기에서는 많은 부분 브로델에게 빚을 졌다. 첫 장에는 기후와 지형, 해류와 바람이 포함되는데, 이들 문제는 비교적 간단하게 다룰 수 있다. 그러나 일단 사람들을 다루게 되는 순간부터 인도양에 대한 이해는 훨씬 더 복잡해진다. 한계, 경계, 커넥션, 연안에 관한 질문을 제기하고 답을 해야 하기 때문이다. 첫 번째 역사 시기는 지리학과 신화에서 인도양이 등장하는 시기부터 1800년대까지이다. 여기에서 내가 하고자 하는 주장은 크게 두 가지다. 첫째, 처음으로 유럽인들이 인도양에 현존했던 초기 300년간 인도양에서는 아무런 질적 변화가 일어나지 않았다. 이는 모두가 알고 있는 것 같지만 여전히 증명하기에는 만만치 않은 주장이다. 1500년 이후에 관해서 우리는 그 이전보다 훨씬 더 많은 문서들을 가지고 있지만 대부분이 유럽인들의 기록이라는 사실 때문에 어려움이 있다. 나중에 이 지역을 지배하게 될 유럽인들이 생산한 문서를 이용해 인도양의 자치적인 역사를 서술하는 것은 분명 쉽지 않은 과제이다. 둘째, 수천 년을 관통하는 상당 정도 폭넓은 연속성을 발견할 수 있다. 물론 북부 유럽인들이 들어오기 이전 동양은 시간이 멈추어버린 듯 변하지 않고 말로 설명하기 힘든 수수께끼와 같았다고 말하려는 것은 절대 아니다(*not*). 분명히 연속성뿐만 아니라 변화도 있었으며 이들 또한 서술될 것이다. 나는 구식으로 보일지 몰라도 여전히 근대 산업과 자본주의, 유럽에서의 대변혁이 인도양에 변화를 가져왔다(*did*)고 믿고 있다. 1800년경 인도양에 들어온 이들 외래적인 경제와 기술의 영향을 받아 인도양에서는 체계적 혹은 질적인 변화가 일어났으며, 이 시점부터 두 번째 역사 시기가 시작되었다고 본다. 첫 장에서 개괄한 심층 구조의 많은 요소들이 19세기 초에는 훨씬 덜 중요해졌다. 계절풍, 해류, 지형의 한계는 영국의 세력과 자본을 위해 봉사한 증기선과 증기기관차에 의해 상당 부분 극복되었다. 인도양 세계는 글로벌 경제에 포섭되었으며 교역이 아니라 처음으로 생산이 영향을 받게 되었다. 이런 글로벌 통합으로의 경향은 오늘날에도 계속되고 있다. 호르텐과 퍼셀에게는 유감이지만(*pace*) 인도양을 훨씬 넘어선 세계로의 인도양의 통합이 너무나 강력하게 일어나고 있어 인도양의(*of*) 역사를 쓰는 것이 이제는 거의 불가능할 정도이다. 모든 인도양의 역사는 이제 좀 더 커다란 실제적으로는 글로벌한 이야기의 일부분인 대양에서의(*in*) 역사이다.

심층구조

브로델은 지금은 고전이 된 지중해를 다룬 책 첫 머리에 다음과 같이 썼다. '이 책은 지중해의 삶에서 변하지 않는, 느리게 변하는, 또는 반복적으로 나타나는 모든 면모들을 다룬다. 시간이 지나도 거의 혹은 전혀 변하지 않는 것들의 역사를 구명하고자 원래 16세기 후반이라는 특정한 시기를 살펴보는 연구지만 연대기적인 제약에 얽매이지 않았다.'[1] 이 장에도 나도 그렇게 할 것이다. 브로델처럼 나의 연구도 어떤 특정한 시기만을 대상으로 하지 않는다. 5천 년 정도를 거슬러 올라가 자료를 가져오는 경우도 있을 것이다. 이 자료가 변함이 없는 어떤 현상과 관련이 있어야 함을 언제나 의식하면서 말이다. 이 대양의 명칭, 지리적인 경계, 지형, 바람, 해류에 대해 논의하고 나서 사람들에 대해서도 알아볼 것이다. 이때부터 심층구조의 전체상을 이해한다는 작업은 앞으로 보게 될 바와 같이 상당히 까다롭고 복잡해질 것이다.

프랑크 브로이제(Frank Broeze)는 '인도양'(Indian Ocean)이라는 명칭이 적합하지 않다고 본다. 그는 인도양이라기보다는 '아대륙 주변의 동아시아에서부터 인도양을 지나 동아프리카까지 이르는 서로 밀접히 관련된 일련의 지역 시스템들("아시아 해"(Asian Seas)와 같은 새로운 명칭으로 부르는 것이 더 나을 해양 공간)'에 대해 글을 썼다.[2] 인도양에 이름을 줄 만큼 이 대양에서 인도가 차지하는 위치가 중요하다고 보지만 나 또한 '인도양'이라는 명칭을 탐탁하게 생각하지는 않는다. 이 명칭은 인도가 중앙, 중심임을 드러내고 있는데, 만약 그렇다면 이는 단지 추정이 아니라 실례를 들어 명확히 보여줄 필요가 있다. 나는 최근 아라비아 해로 알려진 인도양의 일부분에 더 적합한 명칭은 아프라시아 해(Afrasian Sea)일 것이라고 주장한 바 있다. '아리비아 해'(Arabian Sea)라는 명칭은 아랍의 역할을 타당한 수준을 넘어 지나치게 강조하고 있는 것으로 보이기 때문이다. 물질을 추구하는 (성공적임을 암시하는) 유럽과 시간이 흘러도 변하지 않는 (후진적 심지어 쓸모없음을 암시하는) 아시아를 작위적으로 분획해 사고하기보다는 하나로서의 연결성을 강조하기 위해 얼마 전부터 유라시아라는 용어가 많이 사용되고 있다. 이 용어는 수천 년 동안 특히 동부 지중해와 아라비아 해 사이에 빈번한 접촉과 교류가 있었음을 상기시킨다. 최근 여기에서 한 걸음 더 나간 개념도 제시되고 있다. 아프라시아(Afrasia)가 그것이다. 동일과정설(uniformitarianism)•처럼 보이는 이 용어를 통해, 자본주의 이전에도 '하나의 세계'(one world)였음을, 유럽인의 항해 훨씬 이전부터 지역들은 서로 연결되어 있었음을 강조하고 있다. 아프라시아는 광대한 지역을 포괄하며 여기에서 보면 서부 유럽은 서쪽 귀퉁이를 차지하고 있는 아주 작은 일부에 지나지 않는다. 그러나 이 개념 또한 논란의 여지는 있다. 유럽인의 대항해 이전 사하라사막이남 아프리카(sub-Africa)의 대부분이 유라시아와 역사를 공유하고 있었다는 식으로까지 과장될 수 있기 때문이다. 그러나 스와힐리 해안을 보면 이런 논란의 여지는 없다. 그러므로 아라비아 해보다는 아프라시아 해가 더 적절한 용어라고 생각한다. 후자는 보다 포괄적인 용어로 동아프리카도 아우른다. 찬드라 드 실바(Chandra de Silva)는 최근 이 바다를 인도양의 일부로 범주화하는 것은 적절치 않다고 주장했다. 그의 의견에 동조하지만 이 바다를 인도양에서 떼어내 그가 제안한 대로 아프리카 해(African Sea)로 명명하게 된다면 필요 이상으로 여러 개로 해양을 나누게 된다. 아프라시아 해라는 용어가 가지는 커다란 이점은 포괄성에 있기에 해안 주변의 어떤 특정 지역의 중요성을 부지불식간에 드러내는 오류를 피할 수 있는 장점이 있다.[3)]

• 18세기 영국의 지질학자 제임스 허턴이 1788년 저서『지구의 이론』에서 주장한 가설로, 과거의 지질 현상은 현재의 자연현상을 주의 깊게 관찰하는 것으로 알 수 있으며, 과거 지질 시대의 각종 현상도 현재 자연의 법칙에 따라 발생했다는 것이다.

필요한 부분만 약간 수정한다면(*mutatis mutandis*) 이 용어가 종래까지 인도양으로 불린 전 지역을 아우르기에 더 적합한 명칭이라고 주장할 수 있다. 아프라시아 해라는 명칭은 인도양이라는 이름이 내포하고 있는 인도 중심주의를 피하고 마찬가지로 아라비아 해에 함의된 아랍의 우월주의를 피하면서, 대신 길이만 보더라도 가장 중요한 것이 분명한 아시아의 연안뿐만 아니라 무시되기 일쑤인 동아프리카 연안 지역도 포함하는 포괄적인 명칭이기 때문이다. 그러나 이 책의 서명을 인도양(*Indian Ocean*)으로 했기에 내키지 않더라도 이하에서는 인도양이라는 용어를 계속 사용할 것이다. 또한 널리 알려진 아라비아 해라는 명칭도 그대로 사용할 것이며, 공평한 입장을 유지하기 위해 페르시아 만/아라비아 만(Persian/Arabian Gulf)은 그냥 만을 의미하는 걸프(Gulf)로 칭할 것이다. 지금까지 한 서술의 목적은 독자로 하여금 인도양이라는 명칭이 불러일으킬 수 있는 근거 없는 추정에 대해 방심하지 말 것을 주문한 것에 지나지 않는다. 사실 대양을 바라보는 주체가 어디에 서 있는가에 따라 명칭은 완전히 달라진다. 아랍인들은 지중해를 시리아 해(Syrian Sea)라고 부른다.

여하간, 인도양이 지나치게 인도를 강조하는 명명법이라고만 인식한다면 인도인들이 아닌 다른 주요 집단들이 이 지역을 인도양이라고 지칭했던 사실을 간과할 수 있다. 아랍인들은 자주 이 바다를 힌디의 바다를 의미하는 알바흐 알 힌디(al-bahr al Hindi)로 불렀다. 지금 우리가 부르는 인도양이라고 명칭은 이 아랍식 표현을 글자 그대로 번역한 것이다. 산스크리트어 신두(*sindhu*)에서 유래한 힌드(*Hind*)가 페르시아어/아랍어에 들어왔으며 그리스어와 라틴어를 거쳐 근대 유럽 언어 세계로 들어오면서 인도(India)의 별칭으로 인식되었다. 사실 아랍인들은 때로는 아라비아 해만을 가르쳐 이 명칭으로 불렀지만, 때로는 오늘날 우리가 인도양이라고 부르는 해역을 그렇게 언급하기도 했던 것 같다.

인도양은 세계 해양 공간의 약 27%를 차지하고 있으며, 세계에서 세 번째 큰 대양으로 지구 공간의 14%를 점하고 있다. 인도양의 경계를 상술하기에 앞서 경계에 관한 전반적인 문제를 검토해 볼 필요가 있다. 해양사 기술의—

지금 유행하고 있는 세계사(world history) 기술에서도 마찬가지이지만— 가장 큰 장점 중의 하나는 정의 자체로 아주 오랫동안 전통적인 역사 서술 방식에 족쇄를 채워왔던 육지/정치의 경계(land/political borders)를 넘어설 수 있다는 데에 있다. 해양사에서 국가는 배경으로 희미해진다. 서론에서 논의한 바 있는 이주 · 상업 · 점령 선(MCC line)을 따라가다 보면 '세계'(world)와 '지역'(zones)이 더 분명히 그 모습을 드러낸다. 이제 인도양의 지리 (인간이 아니라) 경계를 살펴보자.

인도양은 아주 간단하게 말해 경도 약 20°~110° 사이에 위치하고 있는 바다라고 표현할 수 있다. 인도양은 남아프리카 더 정확히 말해 수로학 상 대서양과 인도양을 구획하는 지점인 아굴라스 곶을 서쪽 경계로 해서 홍해와 걸프를 비롯한 해안을 돌아 남아시아를 지나고 벵골 만을 통과해 지리적으로 동쪽 경계를 이루는 지점인 말레이 반도와 순다 열도로까지 이어진다. 이곳을 지나면 몬순(계절풍)이 달라진다. 자바 남부 해안에 위치하고 24,442피트(7,450m)에 달하는 인도양 최고 수심을 자랑하는 자바 해구의 순다 딥(Sunda Deep)은 동남아시아 해양 지역과 인도양을 가르는 심해측심학 상의 경계이다. 여기에서 인도양은 더 남쪽으로 내려가 오스트레일리아 남서부에 있는 루윈 곶(Cape Leeuwin)에 이른다.

이제까지 우리는 유엔해양지도와 국제수로기구(IHO)에서 인정한 인도양의 경계를 보았다. 이들 권위 있는 국제 정보 시스템과 기구가 표시한 인도양의 경계는 웨스턴오스트레일리아를 거치고 멜버른 주위와 태즈메이니아 서부 연안을 지나 남극대륙으로까지 이어진다. 이 경계는 한 때 선원이었던 앨런 빌리어즈가 주장한 경계와 같다는[4] 의미에서도 가볍게 넘겨서는 안 된다. 그럼에도 불구하고 나의 논의는 루윈 곶에서 멈출 것이며 더 동쪽으로는 가지 않을 것이다. 물론 국제수로기구가 정한 인도양의 남부 경계에 대해서는 아무런 이의가 없다. 2000년 초 국제수로기구는 대서양, 인도양, 태평양의 남쪽 경계를 정함으로써 세계대양의 1/5에 해당하는 경계를 획정했다. 그 범위는 남극대륙 해안에서 시작해 남위 60°까지를 포괄한다.[5] 남위 45° 좌우에 있는 남극대륙의 주변 섬들, 즉 프린스에드워드 제도, 케르겔렌 제도, 생폴 섬, 맥도날드 제도, 허드 섬을 비롯해 남극해의 상당 부분도 인도양에 속한다. 18세기 말부터 이 섬들에 바다표범 사냥꾼들이 겨울을 보내려 모여들었으며 오늘날에는 대부분 섬들에 과학자들이 상주하고 있지만, 인도양의 역사에서는 단역을 담당했을 뿐이다.[6] 이 섬들은 어떤 배가 질풍노도의 남위 40°대와 50°대(roaring 40s fearsome 50s) 사이를 통과해 인도양의 한 쪽 끝인 남아프리카에서 다른 끝인 오스트레일리아 서부로 항해할 때에만 우리의 시야에 들어오게 될 것이다.[7] 오랜 역사 시기 동안 배는 남회귀선 아래로 항해하지 않았다.

내가 생각하는 인도양의 범주를 시각화할 수 있는 하나의 방법은 인도양을 광대한 정삼각형으로 그려보는 것이다. 밑변은 남위 23° 27′에 위치선 남회귀선이다. 북쪽으로 향하는 양변 중에서 서쪽 변은 스와힐리와 아라비아 남부 연안을 포함하며, 인도 북부로까지 올라가며, 버마를 사이에 두고 있는 정점에서 다시 동쪽 변으로 내려와 수마트라와 오스트레일리아 북서부에 닿는다. 이 삼각 구도가 가지고 있는 가장 큰 문제는 인도양과 복잡다단하게 연결되어 있는 걸프와 홍해를 배제시킨다는 데에 있다. 이 점만 제외한다면 이 정삼각형 구도는 이 책이 관심을 가지고 있는 영역을 묘사하는 데에 더할 나위 없이 훌륭한 편이다. 또 다른 대안은—이를 더 선호하는 이들이 있겠지만— 인도양을 아주 커다란 엠(M)자로 형상화해 보는 것이다. 이렇게 본다면 인도를 기준으로 나누어진 양편의 한 쪽에는 홍해와 걸프가, 다른 쪽에는 벵골 만이 위치하게 된다.

서론에서 인용한 바 있는 18세기 페르시아 여행가 조셉 콘래드는 이 거대한 망망대해 인도양을 다음과 같이 훌륭하게 묘사했다.

> 환상을 볼 수 있는 눈을 가지지 않고서는 이 바다가 얼마나 큰지 가늠하기 불가능하다. 누구도 상상 이상의 꿈의 파고 속으로 뛰어들지 않고서는 이 바다의 바닥에 닿지 못할 것이다. 끝이 없는 물의 사막이 우리를 둘러싸고 있다. 낮은 새하얗고 밤은 새까맣다. 이 물의 들판 위에 떠있는 하나의 작은 점을 아무도 알아보지 못할 것이다. 검푸른 하늘만이 짙푸른 바다 위에 드리운다.[8]

이런 망망대해와는 다른 크고 작은 수많은 만(灣)들과 다양한 여러 작은 바다들(seas)도 있다. 조셉 콘래드는 진짜 대양과는 느낌이 많이 다른 만들도—

아래 인용에서 보이는 타이 만(Gulf of Thailand)을 포함하여— 보았다. 그의 작중 인물들 중 한 사람은 다음과 같이 말했다.

> 방콕에서 인도양까지는 아주 먼 거리다… 극도의 인내와 한없는 주의력을 발휘해 땅은 험하고 공기는 답답하고 물은 흐르지 않고 괴어있는 지역들을 지나야 마침내 내 삶에 대한 기대가 생기고 내 뜻대로 하고 있다는 기분이 들며 규칙적으로 불어오는 커다란 바람결을 느낀다. 커다랗고 열정적인 살아있다는 느낌이 다가온다.[9]

끝없이 툭 트인 광활한 인도양이 있는 반면 그 가장자리에는 여러 다양한 작은 바다들이 수없이 많다. 모잠비크 해협, 홍해, 아덴 만, 아라비아 해, 페르시아 만, 오만 만, 벵골 만, 안다만 해, 믈라카 해협, 래카다이브 해를 예로 들 수 있다. 그러나 광대하고 열려있는 대양에 대해 글을 썼던 술라이만은 지나친 도식화 경향에 쓴 소리를 했다. 그는 내가 가보지 못한 여러 곳을 행해하기도 했다. 그의 말에 귀를 기울여 보자.

> 우리가 건넜던 [걸프에서 샴으로 가는] 바다들은 서로 분명히 구분되는 것이 아니었다. 보통의 여행객이라면 한 바다가 어디에서 끝나고 다음 바다가 어디에서 시작되는지 알아차릴 수 없다… 수없이 많은 서로 다른 장소들의 명칭들과 마주하면서 여행 전문가들과 지리학 연구자들은… 거친 바다, 무풍대, 맞바람의 불협화음 속을 헤매며 이 물길에 있는 거대한 바다를 일곱 개의 서로 다른 부분들로 나눈다.[10]

지형은 분명 장소마다 다르다. 예를 들어 만의 지형은 큰 바다에 노출되어 있는 연안과 비교하면 많이 다르다. 어떤 해안은 사람이 살지 않는 불모지이며 어떤 해안은 거대한 산으로 막혀 있어 내지와 분리되어 있기도 하다. 그러나 인도양의 대부분 해안은 이처럼 그렇게 사람이 살기 힘들거나 어려운 지역이 아니다. 인도에서 비옥한 연안 지역, 특히 인도 남부의 케랄라 지역은 서고츠 산맥으로 불리는 높은 산맥을 뒤로 하고 있지만 완전히 막혀 통행이 불가능한 곳은 없다. 스와힐리 연안도 마찬가지인데, 생산성이 높은 이 연안 지역 바로 너머는 스와힐리어로 관목이나 관목이 우거진 황야를 의미하는 니이카(nyika) 때문에 대부분은 접근하기도 쉽지 않은 불모의 땅이지만 그렇다고 해서 좀 더 비옥한 내지로 가는 통로가 완전히 가로막고 있지는 않다. 인도양 북부 연안 지역은 대부분 생산성이 낮고 내지도 살기에 힘겨운 환경을 가진 사막인 경우가 더러 있다. 그럼에도 이 지역의 지형이 아주 나쁜 것만은 아니다. 홍하가 아덴 만으로 흐르기 때문에 이 지역 특히 아덴 동부에 있는 하드라마우트는 동아프리카나 서부 인도로 가는 선박들에게 서비스를 제공하는 역할을 할 수 있다.

이제 섬들에 대해 논의할 것이다. 인도양에 있는 대부분의 섬들은 비교적 고립되어 있으며 흩어져 있다. 인도네시아에서 섬들은 그렇지 않은데, 바로 이러한 사실이 이 지역을 인도양의 범주에 넣지 않은 또 다른 이유로 작용한다. 지형 상 크고 작은 섬들이 산재해 있는 말레이 세계에서 바다는 훨씬 더 중심적인 위치를 차지한다. 때문에 이 지역은 지형적으로 보나 (우리가 곧 볼 바와 같이) 인간의 활동 측면에서 보나 한층 더 해역(maritime area)의 성격이 강하다. 이 지역은 육지 대 해안의 비율이 아주 높다. 인구를 고려해 넣는다면 세계에서 단연 최고이다.[11] 말레이 세계는 멕시코 만/카리브 해 지역처럼 하나의 지중해 세계로 볼 수 있다. 이들 세 지역은 모두 나름의 세계를 형성하면서 바다를 향해 열려 있는데, 전자는 인도양과 태평양으로, 후자 둘은 대서양으로 열려 있다. 강을 포함시킨다면 이 지역들은 인도양과는 더욱 대조적으로 보이며 한층 더 물과 관련된 수역(aquatic area)이라는 특징을 가지고 있다. 인도양에서 이들 세 지역과 비슷한 곳을 찾는다면 스리랑카와 인도 남동부 사이에 있는 만나르 만의 좁은 해협이—포르투갈인들이 실론 해라고 불렀던 수역— 유일할 것이다. 이 수로의 양측이 거의 닿아있다는 순전히 지리적인 특징으로 인해 여기에서 바다는 훨씬 더 중심적인 역할을 한다.

인도양의 성격에 영향을 미치는 또 다른 지형상의 문제는 조임목들이다. 믈라카 해협에서 가장 좁은 곳은 리아우 제도 카리문 섬 북부에 있는 싱가포르 해협과 만나는 지점으로 이곳의 폭은 8해리에 지나지 않는다. 그러나 매년 이곳을 통과하는 배는 소형 선박들을 포함해 50,000척이나 된다. 이 지역에서 배가 이용할 수 있는 실제 수로의 폭은 믈라카 근해에서는 2.5마일, 싱가포르 연안에서는 1마일밖에 되지 않는다. 페르시아 만/아라비아 만에서 가장 좁은 부분인 호르무즈 해협은 폭이 48km(21해리)인데 주변의 수많은 섬들과 암초들로 인해 배가 지나다니기 쉽지 않다. 수에즈 운하도 조임목이 발생하는 지역이며, 수로 폭이 가장 좁아 5km밖에 안 되는 티란 해협도 마찬가지이다. 홍해 입구에 있는 바브엘만데브 해협에서 가장 좁은 수로의 폭은 12km이다. 앞으로 보겠지만 바로 이들 조임목에 해항도시들이 위치하고 있다.

지형으로 인해 또 다른 중요한 한계와 제약이 따른다. 어떤 지역은 항해하기 매우 어렵다. 걸프가 이런 곳에 속하지만 가장 좋은 예는 홍해에서 찾아볼 수 있다. 지다를 통과하기는 특히나 더 어렵기 때문에 소형 특수 선박만이 이곳을 통과해 수에즈로 항해할 수 있었다. 9세기의 한 아랍 자료는 이러한 위험을 잘 보여준다. 걸프의 항구 시라프(Siraf)에서 출발한 배들은

> 지다(*Judda*)에 입항해 그곳에 머문다. 왜냐하면 이 배들에 실린 화물이 그곳에서 홍해 항해에 능숙한 콜줌(*Kolzum*)의 배들로 옮겨져 카이로(*Kahira*)로 수송되기 때문이다. 시라프(*Siraf*) 사람들로서는 감히 항해 시도를 해볼 수조차 없었다. 극도의 위험이 도사리고 있었으며 이 바닷가에는 암석들이 너무 많았기 때문이다. 또한 해안가 어디에도 통치자가 없었으며 사람이 살고 있는 지역도 드물었기 때문이다. 그리고 암석에 좌초하지 않으려면 매일 밤 안전한 장소를 찾아 들어가야만 했기 때문이다. 오직 낮에만 항해할 수 있으며 밤에는 닻을 내리고 정박해야 했다. 더욱이 이 바다는 자주 아주 짙은 안개가 끼었으며, 맹렬한 강풍이 시도 때도 없이 몰아쳤다. 어떤 상황에서건 괜찮은 면이라곤 하나도 없었다.[12)]

1183년 한 순례자는 요항(要港) 지다에 입항했던 경험을 다음과 같이 남겼다.

> 암초가 너무나 많고 수로가 여러 곳에서 심하게 휘어져 있어 이곳으로 들어가기는 만만치 않다. 우리는 이들 암초를 뚫고 배를 모는 선장들과 선원들의 놀라운 실력에 감탄을 금치 못했다. 정말이지 굉장한 기술을 발휘하고 있었다. 굴레를 씌워 다루기 쉬워진 말을 모는 기병과 같이 이들은 배를 능숙하게 몰아 좁은 수로로 들어갔으며 이를 헤치고 앞으로 나아갔다. 그리고 이들은 다시 형언할 수 없을 정도로 놀라운 기술을 발휘하며 이 수로를 빠져나왔다…

그는 바다에서 8일을 보냈는데, 위험천만한 날들이었다.

> 갑자기 바다에 위기가 몰려들었다. 바람이 사납게 불어오고, 암초가 수없이 나타나고, 항해 장치의 결함으로 돛을 올리거나 내리는데 문제가 생기고, 닻을 올릴 때 몇 번이고 얽히고 부서지는 등 수없이 많은 비상사태가 이어졌다. 암석 사이를 지날 때면 질라바(jilabah) 바닥이 암석에 부딪치기 일쑤였으며, 희망을 버리라는 신호처럼 우르릉 쾅쾅거리는 굉음이 수차례 계속되었다. 우리는 여러 번 죽었다가 살아났다.[13)]

1700년 수에즈에서 메디나의 항구 얀부로 항해했던 다니엘도 위와 비슷한 위험한 상황을 목격했다. 그가 탄 배는 암초, 바위, 모래톱을 피하기 위해 매일 밤 정박지를 찾아야 했다. 이 단거리 항해는 7월 12일에서 8월 10일까지 계속되었다. 8월 29일에야 지다에 닿을 수 있었다.[14)] 16세기 초 토메 피레스는 당시 항해의 어려움을 상세히 전하고 있다. 홍해에서

> 해안은 암석 천지로 항해하기 어려웠다. 해가 있는 낮 동안에만 항해가 가능했다. 하시라도 닻이 내려질 수 있었다. 입구에서 카마란까지 이르는 해협에서의 항해가 가장 순조로웠다. 카마란에서 지다까지의 항해는 쉽지 않았으며 지다에서 토르(Tor)까지 항해는 더욱 더 어려웠다. 토르에서 수에즈까지의 해로는 온통 이물질로 가득 차 지저분하고('cujo') 형편없었기 때문에 소형 배만으로 그것도 낮 동안에만 가능했다.[15)]

우리가 살고 있는 이 시대에도 사정은 조금도 나아지지 않았다. 자크 쿠스토는 이곳을 여러 번 항해했다. 그러나 1950년대 초에도 적지 않은 곳이 해도에 표시되어 있지 않았으며 매우 위험했다. 예멘과 히자즈(또는 헤자즈)의 연안을 따라 있는 길이 350마일 폭 30마일에 이르는 파-상스 암초지구(Far-Sans reef complex)는 특히나 더 위험했다. 이곳은 '암석, 모래톱, 암초를 비롯해 선박을 좌초시킬 수 있는 여러 위험요소들이 만들어낸 광란의 걸작품'이다. 또 하나의 심층구조에 해당하는 바람으로 인해 상황은 더욱 더 악화되었다. 거의 일 년 내내 북과 북서로 부는 바람 때문에 남쪽으로의 항해는 극도로 힘겨웠다.[16)]

태워 버릴 듯이 무더운 바람도 많은 여행객들이 자주 언급하는 위험한 환

경 요인이었다. 1876년 1월 아덴에 있었던 이사벨 버튼은 더위를 참을 수 없었다. '죽어서 어떤 불덩어리 속안 같았던 곳에 갔었으며 다시 나타나 왜 왔냐는 질문을 받고 감기에 걸려 담요를 가지러 왔다고 했다던 선원들의 전설 속의 장소가 아덴일 거라고 생각했다.'[17] 이와 비슷하게 마르코 폴로는 호르무즈에서 '여름에 평원을 뒤덮고 있는 사막을 가로 질러 불어오는 바람은 정말이지 참을 수 없을 정도로 무더워 사람을 완전히 녹초로 만들어 죽일 수 있었다. 살아남는 유일한 길은 바람이 불어오고 있음을 느끼는 순간 바로 물로 뛰어들어 바람이 멈출 때까지 목만 내놓고 물속에 계속 머물러 있는 것뿐이다.'[18]

우리는 수많은 섬들 사이의 복잡한 네트워크가 말레이 세계의 특징임을 알고 있다. 대양에서 이 섬들보다 더 고립되어 있는 섬들은 다소 다른 역할을 수행한다. 섬들의 지리적인 형태는 다양하다. 몇 섬들은—마다가스카르, 스리랑카, 소코트라 그리고 세이셸의 일부분 같이— 보다 커다란 대륙의 화강암 파편들이다. 해저 분화로 인해 생긴 화산섬들도 있다. 모리셔스, 레위니옹, 코모로, 케르겔렌 섬이 이에 속한다. 코코스 제도와 같이 산호가 쌓이고 쌓여 이루어진 섬들도 있다. 최근까지도 많은 섬들에는 사람들이 살지 않았지만 지난 몇 세기 동안 위치라는 또 하나의 심층 구조로 인해 이 중 몇 섬들은 대양의 아주 먼 부분들을 연결하는 경첩과 같은 역할을 수행해왔다. 물론 이들 섬들의 크기와 대륙으로부터의 거리는 천차만별이다. 예를 들어 스리랑카는 북부에 있는 대륙의 영향을 많이 받아왔다. 대륙에 인접한 보다 작은 섬들의 경우 거의 섬들로 인식되지 않는다. 탄자니아의 킬와 섬, 케냐의 몸바사, 버마 연안에 있는 섬들은 본토와 연결되어 있는 섬들이다. 어디에 딸린 것이 아니라 스스로 본토로서의 성격을 가질 수 있을 정도로 크며 바다가 미치는 영향력이 부차적인 섬들도 있다. 마다가스카르, 수마트라, 오스트레일리아가 이에 속한다.

인도양이 가지고 있는 이러한 심층 구조적 지형의 특징도 시간이 흐르면서 변할 수 있다. 현재 우리가 당면하고 있는 기후 변화를 생각할 수 있지만, 가장 분명하게 드러나는바 강의 퇴적과 같은 또 다른 요인들이 연안 지역에 막대한 영향을 끼친다. 캄베이 만(또는 캄바트 만)은 아주 많이 좁아졌다. 이는 한 때 아마다바드가 위치해 있는 곳까지를 포함하고 있었다. 지금 40km 내지에 위치하고 있는 발라비(Vallabhi, 또는 발라히푸르)는 예전에는 강안(江岸) 항구였다. 티그리스 강과 유프라테스 강이 만나는 지점의 지표면은 지난 몇 천 년 사이 610cm(20ft)나 상승했다.

인도양에서 사람들의 이동에 제약을 가했던 또 다른 심층 구조적 요인은 몬순(계절풍)이었다. 펠리페 페르난데스-아메스토는 해양사에서 정말 중요한 것은 바람 시스템이며, 특히 몬순 시스템과 연중 우세한 바람 간의 차이라고 주장했다. 몬순은 상당히 규칙적인 양상을 띠며, 아라비아 해에서는 5월부터 9월까지 남서 방향으로 그리고 11월부터 3월까지는 북동 방향으로 분다. 이렇듯 비교적 예상 가능한 몬순 양상으로 인해 인도양 지역은 대서양과 같은 무역풍 지역들과는 뚜렷한 차이를 보인다. 무역풍 지역들에서는 연중 우세한 바람이 규칙적인 양상을 보이는데, 북반구에서는 북동 방향으로 남반구에서는 남동 방향으로 불며, 적도에 가까이 갈수록 북반구와 남반구 모두에서 더 동쪽으로 돌면서 분다. 북반구와 남반구의 무역풍은 적도 주위에 있는 무풍대를 사이에 두고 분리된다. 무역풍의 북과 남에서는 편서풍이 불며 이는 특히 남반구에서 강하다. 인도양과 대서양 모두에서 일정 정도 예상 가능한 바람이 불지만 대서양보다는 인도양에서의 왕복 항해가 훨씬 더 수월하다. '고향으로 데려다 줄 바람을 예측할 수 있다는 사실로 인해 인도양은 장거리 항해를 하기에 세계에서 가장 좋은 환경을 가지고 있었다.'[19]

간단히 말해 몬순은 지구의 자전과 기후 차이로 인해 발생한다. 여름 동안 가열된 열은 인도양 북부에 있는 대륙을 따뜻하게 한다. 더운 공기는 상승하여 지구 표면에 저압대(低壓帯)를 만들어낸다. 바다로부터 습기가 포함된 공기가 이 저기압 지역으로 이동해 상승 기류를 일으키고 냉각시키면서 구름과 비를 만들어낸다. 겨울에는 반대 현상이 일어난다. 바다는 육지보다 더 느리게 차가워지기 때문에 바람은 육지에서 불어 나온다. 이 양상은 북으로는 티베트 고원지대와 남으로는 따뜻한 열대의 바다 덕분에 아라비아 해에서 가장 명확한 형태로 나타난다. 남서 몬순의 또 다른 줄기는 인도 남부가 아니라 바로 벵골 만 위로 가서 벵골과 방글라데시로 분다. 벵골과 방글라데시는 뭄바이보다 먼저 몬순의 영향을 받은 경우가 자주 일어난다. 몬순이 때로 심하게 파괴적인 위력을 발휘하는 곳 또한 바로 이 지역들이다. 시속 120km가 넘는 열대성 저기압인 사이클론이 일상적으로 발생하며 때로는 시속 200km가 넘는 사이클론과 시속 400km에 달하는 강한 회오리바람이 일기도 한다.

바람은 사람들이 언제 어디로 항해할 수 있을지를 결정하는 데에 결정적인 영향을 미쳤다. 몬순은 절대적으로 중요했다. 펠리페 페르난데스-아메스토는 다소 강력한 어조로 다음과 같이 주장했다.

> 항해의 시대를 통틀어—즉 거의 전 역사를 통해— 바람은 사람들이 바다에서 할 수 있는 일을 결정했다. 바람에 비한다면 문화, 사상, 개인적인 천재성이나 카리스마, 경제력, 그리고 다른 모든 역사적 동력들은 별 의미가 없는 소소한 것들이었다. 역사에서 일어났던 사건들을 설명하는 대다수 전통적인 저서들에는 허풍만 많을 뿐 바람이 없다.[20]

지역적인 특수성과 세부 사정도 고려해야 한다. 이들로 인해 위에 설명한 단순한 양상은 복잡성을 띠게 되며 경험과 지식이 더욱 중요성을 가지게 된다. 아라비아 해에서의 바람 양상은 충분히 잘 알려져 있다. 많은 권위있는 학자들에 의하면 오늘날 탄자니아와 모잠비크의 국경을 이루는 강인 루부머강(Ruvuma River) 어귀 바로 남쪽에 있는 델가도 곶에서 스와힐리 연안은 남북으로 분기된다. 경험적으로 보아 델가도 곶까지는 아라비아와 인도에서 오는 하나의 몬순이 있지만 델가도 곶 이남에는 몬순이 둘이다. 여기에서 우리는 심층 구조 요소인 몬순이 북부 스와힐리 연안에 일종의 특혜를 주고 있음을 볼 수 있다. 북부 스와힐리 연안이 남부 스와힐리 연안보다 인도와 아라비아에 있는 중심지들로 더 접근하기 쉬웠기 때문이다.

북동 몬순은 11월에 시작되며, 이 때 아라비아 연안을 떠나면 아무리 못가도 모가디슈에는 도착할 수 있었다. 그러나 10월과 11월 동부 아라비아 해에서는 열대 폭풍우가 맹렬히 들이닥치기 때문에 인도에서 이 연안까지 항해하기 위해서는 북동 몬순이 멀리 남쪽 잔지바르에까지 안정화되는 12월에 떠나는 것이 최선이었다. 그러면 20일 내지는 25일이라는 짧은 기간 내에 목적지에 닿을 수 있었다. 3월이 되면 북동 몬순은 남쪽에서 세력이 약해지며 4월이 되면 우세한 바람은 남서 방향에서 분다. 이때는 연안에서 북부와 동부로 항해하는 시즌이었다. 6월과 7월에 폭풍우가 휘몰아치는 날씨가 절정기에 달하기 때문에 배는 이 몬순이 형성되는 5월이나 이 몬순의 끝자락인 8월에 출항했다. 일반적으로 몬순이 더 오랫동안 우세할수록 연안에서 더 북쪽으로 항해할 수 있었다는 사실도 강조할 필요가 있다. 멀리 남쪽은 몬순 체제의 밖에 있다. 특히 남서 몬순은 몬순 지역의 북단에서처럼 강하거나 예상가능하지도 않다. 모잠비크 섬까지 몬순은 없다. 때문에 일부 전문가들은 몬순 시스템이라는 개념은 오직 북반구에서만, 혹은 기껏해야 남위 10°까지 에서만 사실상 유효하다고 주장한다.

홍해 지역과 아라비아 남부로 관심을 돌리면 고려해야 할 또 다른 특징이 보인다. 1780년 한 영국인 여행자는 홍해 안과 주변에서 일어나는 양상에 대해 다음과 같이 묘사했다.

> 홍해에서는 회귀선을 중심으로 양쪽에서 다른 바람이 우세하기 때문에 배들이 같은 해 같은 계절에 반대 지점들에서 제다(혹은 지다)로 올 수 있다. 위에 언급한 시기에[즉 11월부터 1월까지] 수에즈에서 온 배들은 북서풍의 도움을 받고, 인도와 아라비아에서 온 배들은 규칙적인 남서 몬순의 혜택을 누린다. 순례자들은… 3월 말부터 5월 중순까지 남쪽으로 부는 캄신(Khumseen)•을 이용하기 위해 충분히 시간을 두고 제다에서 출항해 이 바람을 타고 채 한 달이 되기 전에 수에즈로 돌아간다. 인도 배들도 8월 말 이전에 바브엘만데브(Babelmandel) 해협을 빠져나가기 위해 제다를 떠난다.[21]

항로, 바람, 항해 시간을 알려주는 현대적 기계장치가 있지만 심지어 오늘날에도 홍해에서의 몬순 양상은 항해사들에게는 아주 중요한 고려사항이다.[22]

홍해와 서부 인도 간의 교통에서 몬순은 정말 중요했다. 캘리컷과 홍해 간의 위대한 15세기 교역 시기에 배들은 1월에 캘리컷을 출발했으며, 홍해에서 온 배들은 8월과 11월 사이 캘리컷에 도착했다. 포르투갈은 이런 상황이 말라바 연안에 미치는 군사적인 중요성을 인식했다. 대체로 6월과 9월 사이 범선

• 함신 또는 오순풍(五旬風)이라고도 한다. 캐퍼(Capper)에 따르면 이는 아랍어로 50을 이르는 말로 이 바람이 부른 기간을 의미한다.

들은 인도의 서부 연안을 항행할 수 없었다. 1530년대 포르투갈인들은 봉쇄 함대가 도착하기를 기다리며 6월 이전이나 9월 직후에 적대적인 캘리컷 항구를 지켜볼 수 있는 방안을 모색했다. 캘리컷 아주 가까이에 진지를 구축하는 것이 해결책으로 보였다. 진지를 구축한 이들은 항해가 불가능해지기 직전인 5월 말까지 정찰을 계속할 수 있었으며, 남서 몬순의 약화로 인해 항해가 다시 가능하게 되자마자 9월 초에 다시 봉쇄에 나설 수 있었다.[23)]

구자라트에 관해 테리는 다음과 같이 썼다.

> 수라트에서 모카로 가는 대선(great ship)은 3월 20일 경 항해를 시작해 9월 말 즈음에 항해를 마친다. 항해 거리는 그다지 길지 않으며 두 달 만에도 쉽게 이루어질 수 있다. 그러나 우기가 길고 우기 직전이나 직후에는 보통 바람이 너무 거칠게 불기 때문에 커다란 위험을 무릅 쓰지 않고서는 인도의 바다(Indian Seas)로 들어갈 수 없다.[24)]

한 아랍인 작가는 이 문제를 아주 잘 지적하고 있다. 그는 '100일째(3월 2일) 날에 인도를 떠나는 이는 철두철미한 사람이며, 110일째 날에 떠나는 이는 그래도 생각이 있는 사람이다. 그러나 120일째 날에 떠나는 이는 가능성의 한계를 시험하는 자이며 130일째 날에 떠나는 이는 경험 미숙에 무지한 도박꾼이다'[25)]라고 썼다.

남쪽으로 인도양 끝자락에 말레이시아 서부 연안이 있다. 이 연안은 남서 몬순 시기에는 바람이 불어가는 쪽에 위치하고 있기 때문에 인도 서부 연안에서와 마찬가지로 이 시기에 이곳을 항해하거나 정박하기는 매우 어렵다. 또한 이러한 몬순 양상으로 인해 인도양의 극서 지역 즉 홍해에서 인도양의 극동 지역 즉 믈라카까지의 항해는 직행으로 단 한 번에 이루어질 수 없었다. 항해를 재개하기에 적합한 몬순이 불 때까지 대개는 남부 인도에서 잠시 머물 수밖에 없었다.

몬순을 무시하거나 이에 무지한 이들은 비참한 종말을 맞이했다. 1541년 홍해에서 약탈 대상을 찾아 돌아다니던 포르투갈의 한 선단이 7월 초 인도로 돌아가기 위해 출범했다. 고집불통의 선장은 수 세기 경험에 바탕을 둔 지혜에 힘입어 이 때 출항한다면 홍해에 들어가는 데에는 아무런 문제가 없겠지만 아라비아 해에 들어서면 날씨가 너무 좋지 않아 어떤 배도 항해할 수 없다는 무슬림 항해사들의 조언에 귀 기울이지 않았다. 물론 이 조언은 사실로 판명되었다.[26] 다우를 복제한 소하르호(*Sohar*)를 타고 1980년 걸프에서 중국까지 신드바드의 모험 길을 항해한 팀 세버린은 바람이 자서 범선이 멈추는 바람에 3월과 4월 사이 35일 동안 스리랑카 동부에서 오고가도 못하고 묶여 있었다. 예전 선원들이라면 이런 일이 생길 것이라고 그에게 미리 조언해 줄 수도 있었을 것이다.[27]

그렇다고 해서 일각에서 주장하는 것처럼 몬순이 그렇게 시계처럼 정확하게 움직이지는 않는다. 예를 들어 세버린은 예년보다 훨씬 이른 때인 4월 초에 그가 원했던 남서풍을 탔다. 갈대로 만든 다른 복제 선에 탄 토르 헤위에르달은 호르무즈 해협을 지났으며, 자신이 '시계 장치에 의해 움직이듯 인도양을 가로질러 정기적으로 불며 반년마다 마치 시계추처럼 반대방향으로 돌아 움직이는' 몬순 지역에 들어왔다고 생각했다. 그러나 다음에 발생한 사건을 보면 몬순이 얼마나 예상치 못하게 변화가 심했는지를 알 수 있다. 1월 토르 헤위에르달이 탄 범선은 약한 남-남서풍을 만났으며, '1월 중순이면 분다고 예상되었던 강한 북동 겨울 몬순의 징조는 그 어디에도 보이지 않았다.' 다음 날 해가 뜨기 전 바람은 남-남동에서 북-북서로 바뀌었다. 다시 말해 바람이 엉뚱한 방향에서 불고 있었다.[28]

몬순 아시아에서 비를 품은 남서풍의 도래는 해사(海事)뿐만이 아니라 농작물 경작에도 훨씬 더 필수적이었다. 예를 들어 인도에는 몬순 라가•가 있는데, 이는 세밀화 주제 중의 하나이자 시인 칼리다사•• 작품의 주요 주제이기도 했다. 몬순의 변동성에 대처할 수 있는 방법들이 있었는데, 이 또한 몬순을 완전히 예측하기 어려웠음을 보여주는 예에 속한다. 앤드류 프레터는 몬순이 늦게 오거나 아예 오지 않는다면 생길 수 있는 문제들에 대해 다음과 같이 재미있는 글을 남겼다.

• 라가(ragas)는 인도 음악의 전통적인 선율 양식으로 된 곡을 이른다.

•• 4~5세기 인도의 극작가이자 시인으로 인도의 셰익스피어로 불릴 정도로 유명하다. '새벽을 맞이하는 찬미'라는 시는 우리에게도 잘 알려져 있다.

> 예를 들어 지난 해[1986] 방갈로 시 행정 담당관들은 한 요가 수행자에게 돈을 주고 기우제를 지내달라고 했다. 방갈로 상하수도사업소 숙소 옆에 호랑이 가죽으로 만든 바닥깔개를 펼쳐 놓고 앉은 이 요가 수행자는 2시간 4분간 기도문을 읊조렸다. 그동안 후원자들은 장뇌 잎을 씹고 뜨거운 장뇌를 삼키고 있었다. 그리고 나서야 요가 수행자는 상하수도사업소 고위 관리들에게—제물로 바치는 코코넛을 손에 들고 그 앞에서 굶어 엎드려 있었던—눈으로는 볼 수 없지만 비의 신 바루나가 지금 그들 앞에 '운해처럼' 다가왔다고 알려줄 수 있었다. 진짜 비가 억수같이 쏟아졌지만, 비가 온 지역은 근처에 있는 코친이었다.[29)]

몬순이 끼치는 영향이나 결과는 수없이 많다. 몬순은 증기선 시대 이전 해로를 이용한 이동 관련 사안을 다루는 우리의 논의 전반에서 중요한 기저를 차지할 것이다. 해적은 몬순 시즌을 따라 움직였다. 이들은 매년 5월경 벵골만을 향해 인도의 서부 연안을 떠났다. 몬순은 어장에도 영향을 미쳤다. 남서몬순의 영향을 받은 강력한 바람이 아라비아 동남 연안과 소말리 연안의 연안수를 해변 가에서 쓸어가 버리면 영양분이 풍부한 찬물이 위로 용승한다. 이는 통상적인 표층수보다 10배 혹은 심지어 20배까지도 많은 영양분을 가지고 있을 수 있으며 어류에게는 이상적인 풍부한 플랑크톤의 보고가 된다. 그러나 너무나 오랫동안 이 현상이 지속되면 플랑크톤이 지나치게 많아지고 산소가 부족해져 어류는 죽게 된다. 1957년 이러한 현상이 발생했으며 전 세계 1년 어획량과 맞먹는 어류가 죽었을 것으로 추정된다.[30)]

몬순은 기본적으로 열대성 바람이다. 남쪽으로 갈수록 몬순은 더 약해진다. 아프리카 동남부의 경우 모잠비크 섬에 이르면 몬순은 전혀 없다. 정사각형 돛을 단 배들은 가끔 남극 대륙에서 발생하는 한랭 전선을 기다려 이를 타고 항해하다가 잦아들면 다시 다음 한랭 전선이 올 때까지 기다려야 했다. 그리고 적도 부근에서는 무풍대로 인해 상황은 훨씬 더 복잡해진다. 새뮤얼 콜리지가 아주 인상적으로 묘사했던바 대서양에서의 무풍대와는 다르게 상황이 그다지 나쁘지는 않았지만 여전히 때때로 위험이나 불편함을 감수해야 했다.

몬순 지역의 남부 다시 말해 대략 남위 15°에서 30° 사이에 동남 무역풍 벨트가 있다. 이 무역풍은 거의 연중 내내 분다. 앨런 빌리어즈는 한 차례

이 무역풍을 탔었다. 그는 1930년대 30개의 돛 그리고 35,000ft²에 이르는 캔버스에다가 돛대가 4개나 있는 바크형 범선에 올랐다. 이 거대한 배는 그가 '가벼운 연으로 가득 찬 클리퍼'라고 일축한바 있던 그 유명한 클리퍼는 분명 아니었다. 그는 이 배와 다른 혼 곶의 배들이 '인간이 상품을 실어 나르기 위해 만들어낸 창작품들 중에서 단연코 가장 최고로 아름답다'[31]고 생각했다. 그가 탄 배가 실은 화물은 5,000톤에 이르는 빅토리아의 곡물이었다. 배는 멜버른을 출항해 동풍을 탔으며, 선장은 통상적으로 이용되었던 혼 곶이 아니라 희망봉을 경유해 가기로 결정했다. 배는 루윈 곶을 지나 남위 25°~28° 부근에서 동남 무역풍을 만났다. 이 바람을 타고 마다가스카르 남부로 갔으며, 그곳에서 아글라스 해류•를 타고 동남쪽으로 항해해 희망봉에 도달할 것이었다. 그 주변에서 배는 대서양의 동남 무역풍을 탈 수 있었다. 이는 아주 잘 알려진 루트로, 17세기와 18세기 네덜란드동인도회사 선박들이 자주 이용했다. 조셉 콘래드가 1등 항해사였을 때 토런스호(*Torrens*)가 이용했으며, 존 골즈워디가 같은 배를 타고 같은 루트를 이용해 요양 여행을 하기도 했다.[32]

무역풍은 정도의 차이는 있어도 일 년 내내 일정하게 분다. 인도네시아에서 출발한 이들이 이를 타고 마다가스카르에 닿을 수 있었지만 같은 위도를 이용해 되돌아가는 것은 거의 불가능했다. 되돌아가기 위해서는 더 남쪽 즉 남위 40°대나 50°대까지로 내려가야 했다. 거기에서 '바람은 생령(生靈)을 가진 듯 어떤 땅의 방해도 받지 않고 인도양 남부 세계를 휘젓고 다녔다.'[33] 거기는 겨울에는 70노트에 달하기도 하는 거칠고 빠른 바람이 동쪽으로 불며 지나가는 곳이었다. 빌리어즈에 따르면 질풍노도의 남위 40°대와 50°대에서 이들 편서풍은 정사각형 범장의 배를 희망봉에서 오스트레일리아까지 6,000마일이나 되는 거리를 3주 이내에 데려다 줄 수 있었다. 그는 1930년대에 잘 알려진 조셉콘래드호(*Joseph Conrad*)를 타고 실제로 이를 경험했다. '배는 3주도 되지 않아 희망봉에서 루윈까지 달렸다. 이 작은 배는 형언하기 어려운 괴기한 소리를 내며 때로는 거의 날다시피 했다. 바람과 바다가 그곳에서는

• 모잠비크 해류라고도 하며 아프리카 동남 해안을 따라 남쪽으로 흐르는 해류이다.

얼마나 죽이 잘 맞던지! 바다는 바람의 집이었다. 인도양의 이 거친 해역에서 바람과 바다는 거의 가로 걸리는 것 없이 이 세계를 호령했다.'[34] 이는 용기 없고 심약한 자들을 위한 세계가 아니었다. 몇 년 전 혼자서 세계 일주 항해를 했던 케이 코티(Kay Cottee)는 남위 40° 아래로 갔는데, 그곳에는 거대한 남양의 물결이 끊임없이 일었으며 파도는 18m에 달한 데에다가 바람은 40~65노트로 강하게 불었다. 이들 바람의 세기와 속성 때문에 때로는 예기치 못했던 일이 일어났다. 멜버른에서 웨스턴오스트레일리아 연안에 있는 번버리까지 약 3,000마일에 이르는 항해를 했던 앨런 빌리어즈의 경험을 예로 들 수 있다. 바크형 범선 인버닐호(*Inverneil*)가 그레이트 오스트레일리아 만으로 가기 위해 출항했을 때 선장은 편서풍이 너무나 강함을 보고 원래 항해 일정을 포기하고 동쪽으로 배를 몰아 바로 혼 곶, 희망봉을 돌아 번버리로 갔다.[35]

바람 이외에 광의의 기후 변화도 인도양에 커다란 영향을 미쳐왔다. 해수면과 같이 불변적으로 보이는 자연환경조차도 기후 변화의 결과 장시간이지만 시간이 지남에 따라 변할 수 있다. 약 15,000년 전 해수면은 현재보다 100m 정도 낮았으며, 10,000년 전만 해도 40m 정도가 낮았다. 걸프는 해로라기보다는 강에 더 가까웠다. 오스트레일리아와 뉴기니는 연결되어 있었으며, 순다랜드에서 북쪽으로 가는 길은—발에 물을 적시지 않고 갈 수 있었다는 주장은 과장이지만—[36] 가까웠다. 8,000년 이전에서 6,000년 이전 사이 해수면은 급격하게 상승했으며, 어떤 곳에서는 100m 혹은 심지어 150m까지 올라가기도 했다. BCE 5000년대 중반 최대의 해진(海進) 이래 세계적인 해수면 조정 과정이 이어졌으며 그 결과 해수면은 전반적으로 떨어졌지만, 이 조정 과정은 역사에 영향을 미칠 정도로 충분하지도 고르지도 않게 진행되었다.[37] 현재 우리는 약 7,000년 만에 처음으로 중대한 해수면 변화, 다시 말해 규모도 크고 매우 심각한 해수면 변화로 보이는 현상을 목격하고 있다. 지구온난화가 비교적 급격하게 해수면을 끌어올리면서 인도양의 낮은 섬들은 물에 잠길 위험에 노출되어 있다.

인간에게 결정적인 영향을 미치는 심층 구조적 요인들 중 하나인 강우량도 중요하다. 17세기 유럽에서 있었던 소빙하기는 비교적 잘 알려져 있는데, 이는 전 세계적인 사건이었던 것으로 보인다. 티크 숲에 있는 나무들 테를 기초로 한 자바의 강우량 데이터를 보면 17세기 초중반 대기는 매우 건조했다. 1630년대 초 인도 델타 지역에서는 가뭄과 기근이 창궐했는데, 이는 강우량이 적어 강물의 범람이 덜 일어나고 그러다보니 토질은 덜 비옥하게 되고 아마도 해수면도 약간 낮아지면서 생긴 결과였을 것으로 보인다.[38)]

다음 세 가지 심층 구조 요인들도 해로를 이용한 항해에 영향을 미쳤다. 첫째는 해류이다. 경험 많은 항해사들은 해류를 '읽고'(read) 이를 유리한 방향으로 이용할 수 있다. 일반적으로 말해 바람과 마찬가지로 해류도 지구의 자전으로 인해 거대하게 원을 그리는 환류(環流)의 서쪽 부분에서 가장 강하게 나타난다. 다시 말해 해류는 어느 곳 보다도 아프리카 동부 연안에서 더욱 큰 문제나 기회로 작용한다. 북동 몬순기인 11월에서 4월 동안 약한 반시계방향의 환류는 1노트의 속도로 서쪽으로 흐르는 해류를 만들어 낸다. 이 해류는 소말리아 연안에 도착하고 나서는 방향을 남쪽으로 틀며, 남위 2°와 10° 사이에서 다시 동쪽으로 방향을 잡는다. 남서 몬순기 동안 이 해류의 방향은 정반대로 흘러, 동쪽으로 가다 소말리아 연안을 따라 북쪽으로 올라가며 이곳에서 강력한 소말리 해류가 된다. 몬순 지역 아래에서의 상황은 상당히 다르다. 여기는 즉 남위 10° 이남은 안정된 고기압성 환류권이다. 다시 말해 남위 10°에서 20° 사이에서 남적도 해류가 서쪽으로 흐르며, 마다가스카르에서 나누어진다. 한 지류는 마다가스카르 북부로 향하며 마다가스카르와 아프리카 사이에서 남으로 내려간다. 또 다른 지류는 남쪽으로 흘러 마다가스카르 동부로 향하며 다시 동쪽으로 돌아 나와 남인도로 흐른다. 첫 번째 언급한 지류는 아굴라스 해류로 알려져 있다. 마르코 폴로의 주장에 따르면, 아굴라스 해류를 알고 있던 무슬림 항해사들은 마다가스카르의 남쪽 혹은 심지어 잔지바르 이남으로는 절대 가지 않았다고 한다. 무슬림 항해사들에게 이 해류는 북으로 다시 되돌아갈 길이 없음을 의미했기 때문이다.[39)] 로보는 그가 탄 배가 희망봉을 도는데 문제가 생기자, 마다가스카르와 아프리카 동부 연안 사이에 있는 아굴라스 해류가 너무나 강력한 나머지 심지어 역풍이 불 때조차도 배를 남쪽으로 데려다 줄 수 있기 때문에 계속 아프리카 동남부 육지 쪽에 바짝 붙어 있기만 해도 배는 목적지까지 잘 항해할 수 있다고 주장했다.[40)] 한 해군 호위함에 승선한 그레이엄 부인은 1811년 4월 남위 약 32° 부근 아프리카 동남 해안에 있었다. 폭풍우가 몰아치는 상황이었다.

> 7일 날이 점차 개어 바다는 잔잔하고 날씨는 좋았지만 뱃길은 얼마 가지 못할 거라고 보였다. 그러나 6일 역풍[즉 남서 몬순]으로 꼼짝 못했던 조류가 원래 모습을 되찾아 매우 맹렬해졌으며 24시간 내에 남쪽으로 94마일 지점까지 우리를 데려다 주었다.[41]

더 북쪽에서는 해류와 바람의 조합으로 문제가 생길 수 있었다. 1592년 제임스 랭커스터는 잔지바르에 있었으며, 포획물을 찾아 북동쪽 카니아쿠마리(코모린 곶)로 가는 길이었다. 그는 2월에 출항하는 배를 탔지만 배는 북동과 동에서 와서 북과 서로 향하는 아주 강력한 해류와 바람에 실려 떠내려갔으며 결국 소코트라 섬 근처에 당도했다. 그리고서 바람은 북서로 불었으며 남서쪽에서 오는 몬순을 피하기에 적기인 1592년 5월에 실론 섬에 닿았다.[42] 만약 바람과 해류의 조합을 무시한다면 길을 잘못 들어 아주 곤란한 처지에 놓일 수 있었다. 1604년 3월 페드로 테익세이라는 호르무즈에서 바스라를 향해 북쪽으로 항해했다. 그의 배는 궂은 날씨, 식량 부족, 강한 해류, 그리고 (연중 이 시기에는 예상 가능한) 역풍으로 인해 좌절을 거듭했다. 5주간 걸프에서 망신창이 된 후에야 이들은 호르무즈로 돌아올 수 있었다.[43]

마지막으로 심층구조에 속하는 두 지리적인 사안도 언제 어디를 항해할 수 있는지에 영향을 미칠 수 있었다. 홍해나 걸프와 같은 좁은 수로에서 조류는 극도로 위험한 요인일 수 있다. 걸프에서 생긴 조류의 효력은 100마일 위에 있는 샤트알아랍 강과 티그리스 강에서도 느껴질 정도이다.[44] 강어귀와 델타에서 조류 문제는 더 커진다. 캄베이 만에서 조류는 알려진 대로라면 달리는 말에 올라탄 것처럼 빠르게 움직이다. 이런 조류 문제에 더해 침적토가 퇴적되면서 캄베이 만의 입구에 있던 캄베이 항구는 몰락했다. 조류로 인해 후글리 강을 거슬러 올라가 콜카타에 접근하기는 숙련된 선원들에게도 힘겨운 일이었다. 북서 오스트레일리아에서 조차(潮差)는 10m나 그 이상으로, 이를 모르는 선원들과 부주의한 여행객들에게는 위험 요소로 작용한다.

마지막으로 파도이다. 멀리 남쪽에서 얼마나 거대한 파도가 이는지에 대해서는 이미 언급했다. 물론 이들 중 얼마간은 몹시 흥분한 항해자들이 과장했었을 수 있다. 25피트(762cm) 이상의 높은 파도는 어느 대양에서건 보기 드문 일이지만 폭풍파도(暴風波濤)의 경우 이보다 높이가 두 배나 그 이상이 될 수도 있다. 남대양에서 케이 코티를 비롯한 여러 항해자들은 이런 파도를 경험했다.

파도가 바람이 불어가는 쪽의 해안에 몰아치는 경우 시설이 형편없는 항구나 항구시설이 아예 없는 연안에는 접근하기 매우 어려웠다. 인도와 말라야의 서부 연안이 바람이 불어가는 쪽의 해안일 경우 범선으로는 거의 접근하기 불가능에 가까웠음은 이미 지적했다. 동아프리카 연안에서 파도는 그다지 큰 문제가 되지 않았다. 작은 배를 이용해 저 남쪽 멀리 마푸토까지 연안을 따라 줄지어 있는 산호초들 사이의 틈을 뚫고 항해한 후 평온한 수역에 위치한 육지로 접근할 수 있었기 때문이다. 인도의 동쪽 해안인 코로만델 해안은 거의 끊임없이 이는 높은 파도와 항구다운 항구의 부재라는 두 가지 단점을 모두 가지고 있어 매우 위험했다. 첸나이에서 킨더슬리 부인은 1765년 6월 친구에게 다음과 같은 내용의 편지를 보냈다. '나는 여기에서 연일 집채만 한 거대한 파도에 갇혀 있다. 이 해안에서는 아주 약간만 바람이 불어도 놀랄 정도로 파도가 높게 이는 일이 자주 발생하기 때문에 어떤 배도 항해를 감행하려 하지 않는다. 정말이지 파도는 항상 섬뜩할 정도로 높다.'[45)]

인간과 바다

대양의 구조적 요인들로 인해 인간의—바로 물건을 가지고 다니며 생각을 하며 사상을 지니고 있는— 이동이 용이해지기도 제약받기도 한다. 인간을 고려하면 바다의 경계 설정이 훨씬 더 어려워진다. 그러나 바다에서 인간은 본질적인 존재이다. 역사가들이 연구할 수 있는 인식대상으로써의 인도양과 그 통합성을 만들어낸 주체는 물이 아니라 바로 인간이기 때문이다. 브로델이 기술했듯이 '지중해의 각기 다른 지역들은 물로 연결된 것이 아니라 바다의 사람들로 연결되어 있다.'[1] 나는 지금 인도양을 둘러싸고 있는 사람들, 특히 해항도시의 사람들과 연안 지역에 살고 있는 사람들, 이들의 바다에 대한 태도, 이들의 삶에 미치는 바다의 역할에 관심이 있다. 또한 인도양의 육지 경계, 즉 인도양 너머나 가로질러가 아니라 내륙과의 관련성이나 연결성이라는 문제도 시야에 넣고 있다. 해양사학자는 대양이 더 이상 아무런 영향도 미치지 않는다고 말할 수 있는 내지가 도대체 어디부터인지라는 질문과 마주해야 한다. 우리는 바다와 밀접한 관련이 있는 사회생활과 삶을 영위하는 이들, 즉 바다에 있는(*on*) 사람들이 아니라 바다의(*of*) 사람들이 누구인지를 찾으려고 해야 한다. 전자에게 바다는 선택적이며 비-필수적이지만 후자에게 바다는 삶 자체이기 때문이다.[2] 이하에서 나는 바다와 그 주변에서 펼쳐지는 사람들의 삶 중에서 한결같거나 잘 변하지 않는 측면들을 드러내기 위해 노력할 것이다. 그렇다고 해서 불변의 동양이라는 사안을 다루겠다는 의미는 결코 아니다. 이하에서 나는 통시적인 관점에서 몇몇 구조적 요인들을 끄집어내서 살펴보려고 한다.

대양의 휴먼 프론티어(human frontier)에서 핵심적인 사안, 즉 바다가 육지와 만나는 가장자리에서 어디까지 내륙으로 들어가 인간에게 영향력을 미치느냐에 관한 문제에 역사가로서 어떻게 접근할 수 있을까? 쵸두리도 이 문제를 의식하고 있었다. 그는 '인도양이 북부와 남서부에 있는 광대한 내륙인 아시아와 아프리카에서 어느 정도까지 그 영향력을 느끼게 했는지는 매우 흥미로운 질문'[3]이라고 했다. 그러나 그는 이 문제를 해결하기 위해서는 거의 아무런 노력도 하지 않았다. 명시적으로 이 문제를 의식했는지 알 수 없으나 마트베제비치는 육지와 바다의 연결성 문제를 다음과 같이 이야기했다. '내가 태어난 도시는 아드리아 해에서 50km 떨어져 있다. 이런 위치에다가 사이를 흐르는 강 덕분에 도시는 지중해 고유의 특징을 가지고 있다. 조금 상류로 올라가면 지중해적인 특징은 사라지며 대신 내륙이 자리한다.' 이어 그는 그 경계선을 발견하는 것이 얼마나 어려운지에 대해서도 언급한다. 어떤 지역에서는 산이 가로놓여 바다와 내륙을 명확하게 갈라놓기도 하지만, 또 어떤 지역에서는 산과 같은 장애물이 있음에도 불구하고 그렇지 않은 경우도 있다.[4]

바다의 프론티어에 대해 보다 더 엄밀하게 정의하기는 쉽지 않다. 이에 대해 수년 전 브로델은 다음과 같이 시적으로 표현했다. '눈에 보이든 보이지 않던 사람의 이동과 물자의 유통으로 인해 지중해를 둘러싸고 동심원이 형성되었다. 우리는 하나가 아니라 백 개의 프론티어들을 상상해야 한다. 어떤 것은 정치적인, 어떤 것은 경제적인, 어떤 것은 문화적인 프론티어이다.' 지중해는 아주 넓은 지역이다. '우리는 이를 하나의 전계(電界)나, 자기장, 혹은 더 단순하게는 명암 사이의 정확한 경계를 정하는 것은 불가능하지만 빛이 중심에서 멀어질수록 엷어지는 현상과 비교할 수 있을 것이다.[5]

그 어떤 묘사도 엄밀한 것과는 거리가 멀다. 사실 어느 정도의 흐릿함이 적절할지도 모른다. 육지가 장악하고 바다가 사라지게 되는 지점을 찾아 명확한 경계를 긋기보다 복잡성과 혼교성(heterogeneity)을 수용해야 하며 심지어 이를 장점으로 여겨야 한다. 우리는 사례별 연구를 계속 진행하고, 현재 관심사가 되는 질문이나 문제가 무엇인지를 묻고, 이 문제에 답하기 위해 필요한 모든 자료를 조사해 데이터를 확장해야 한다. 지역 시장에 내다팔 물고기를 잡는 연안 어부를 찾고 있다면 나로서는 멀리 나갈 필요가 없다. 그러나 미국 시장에 내다팔 새우를 가공하는 방글라데시의 공장을 보고 싶다면 나는 멀리 여행해야 한다. 19세기 인도군 기병을 태운 말에 관한 책을 쓰고 싶다면 뉴사우스웨일스로 가야한다. 만약 인도 철도의 침목이 어디에서 왔는지를 알고 싶다면 오스트레일리아와 발트 해로 가야 한다.

육지와 바다 간의 매우 밀접하고 복잡한 커넥션을 보여주는 몇 가지 사례를 보자. 포르투갈인 소장 학자는 최근 '실론의 바다'(Mar de Ceilão), 즉 만나르 만에 관한 탁월한 저서를 출간했다.[6] 포르투갈의 도래 이전을 분석한 저서의 첫 부분에서 그는 이 해역이 하나의 '세계'(world)를 구성하고 있었음을 밝혔다. 이 세계에서는 심층 구조적인 면, 인간 사회적인 면 모두에서 바다와 육지는 연결되어 있었으며 상호 교섭하고 있었다. 이러한 커넥션과 상호작용을 만들어낸 주체는 바다 그 자체와 남동부 인도와 북부 스리랑카 연안 지역, 그리고 이 두 시스템이 만나는 장소인 이 바다의 복잡한 바람과 해류의 체제였다. 또한 그는 이들 해안에 있는 항구들과 바다와 관련 있는 모든 사람들에—바다의(*of*) 사람들이라고 할 수 있는 이들로 어부, 진주채취 잠수부, 선원과 같은 해양인들, 연안에 사는 사람들, 그리고 바다에 있는(*on*) 사람들이라고 할 수 있는 이들로 크게 바다로 갈 일은 없으나 어떻든 바다와 관련 있는 사람들— 대해 논의를 전개했다. 그는 해안 국가들, 그리고 대개 보람 없이 끝나지만 바다와 해안 그리고 여행자를 통제하려는 연안 국가들의 시도에 대해서도 다룬다. 브로델의 견해를 상기시키듯 만나르 만이라는 이 작은 바다는 한편으로는 분명 인도와 스리랑카를 분리시켰지만 다른 한편으로는 이 두 나라를 연결시키고 이들 사이의 복잡한 관계를 만들어냈다.

육지/바다 관계와 연결성을 개념화하는 하나의 유용한 도구는 장-클로드 팬라드(Jean-Claude Penrad)의 르삭(*ressac*)이라는 용어이다. 르삭은 해안이나 암초에 부딪쳐 3배 정도 강렬해져 다시 되밀려 오는 파도의 움직임을 가르친다. 그는 이 이미지를 이용해 인도양에서의 이러저러한 움직임이 이 파도처럼 연안에서 내륙으로 그리고 내륙에서 다시 연안으로 계속 서로에게 되돌아가며 영향을 미치고 서로를 반영하고 있음을 자세히 설명했다.[7]

우리는 전 역사 시기에 걸쳐 인도양 연안 대부분에서 내지 농민의 농업 경제가 어업과 교역 경제와 연결되어 있었으며 상호작용했음을 알고 있다. 경제적으로 그리고 사회적으로 내지가 중요했다. 인간이 바다로 다니는 것은 자연스럽지 않다고 주장할 수 있다. 인간의 역사는 연안에서 시작되어 육지 중심적으로 전개되었으며 물위 보다는 땅위로 다니는 방식이 '자연스럽게'(natural) 되었다. 시간이 지나면서 사람들은 유라시아에 걸친 광범위한 육로 네트워크를 발전시켰다. 육로가 가장 중요했으나 어떤 곳에서 육로와 해로는 교차했으며 해로로 인해 육로가 확장되고 해로를 따라 육로가 개척되기도 했다. 육로로 사막을 건너는 대상 교역과 해상 교역 사이, 혹은 오늘날로 본다면 철도와 컨테이너선 사이에는 복잡한 연결망이 존재한다. 컨테이너는 해상 이동 수단에서 육상 이동 수단으로 발전했다. 오늘날에는 때로 바다와 공중이 교차하기 때문에 크루즈 여행객들은 비행기를 타고 여객선이 있는 항구로 가기도 한다. 역사를 걸쳐 육상 운송과 해상 운송은 때로는 상호보완적, 때로는 경쟁적, 때로는 대안적인 관계였다.

해상 운송에는 이점과 동시에 문제도 있다. 보험료율에도 반영되어 있는 것처럼 육상 이동보다 해상 이동 시 화물과 사람 모두가 더 많은 위험을 감수해야 했다. 해상 운송 보험료율은 육상 운송에 비해 수배가 더 높다. 그러나 증기선 이전 일반적으로 해상 운송은 육상 운송 대비 비용 효과가 훨씬 더 높았다. 치틱(Chittick)은 같은 에너지를 사용한다는 전제 하에 차로는 250kg, 철도로는 2,500kg, 수상에서는 25,000kg을 이동시킬 수 있다고 주장한다.[8] 이와 비슷하게 다우 한 척은 낙타 대상과 비교해 같은 거리를 3분의 1시간 내에 이동할 수 있다. 한 척의 다우는 1,000마리의 낙타가 동원되어야 가능한 화물을 실을 수 있으며, 낙타 대상에는 1톤의 짐을 위해 두 명 이상의 인부가 필요한 데 반해 다우에서는 선원 단 한 명이 수 톤의 화물을 처리할 수 있다.[9] 여기까지가 해상 운송이 절대적으로 유리한 측면이지만 기술적인 요인들만을 이야기했을 때 그렇다는 것이다. 항해의 위험, 해적 그리고 정치 상황, 육지 지형의 특성과 같은 다른 요인들도 변수로 작용한다. '육로 이동의 "마찰"(friction)을 가능한 한 줄이기 위해 필요한 "뒷돈과 같은 윤활유"(lubricant)는 교통 기술적 문제 못지않게 사회 공학적 문제이다.' 분명 해로 이동이 인간적인 관점에서 보면 '더 저렴하고'(cheaper), 훨씬 더 빨리 발전했다. 필요한 에너지량 때문만이 아니라, 육로로 물품을 운송하면서 지역과 지역을 가로지르고 이곳저곳의 정착지들을 통과하면서 겪어야 하는 협상과 같은 부대 위험, 보호금품 요구, 고의적인 차단이나 방해, 노골적인 폭력이 바다에서는 훨씬 더 드물었기 때문이다.[10]

호르텐과 퍼셀은 육로를 이용할 것인지 해로를 이용할 것인지는 지역에 따라 달랐음에 주목했다. 분명 육지 지형의 특성 때문에 지중해에서는 육로보다는 해로로 상품을 실어 나르기가 더 쉬웠다.[11] 그러나 이 사례가 반드시 다른 해역에서도 그대로 적용되었던 것은 아니다.

육로와 해로는 상호보완적일 때도 있지만 서로 경쟁하거나 대안으로 자리잡기도 한다. 오늘날 파이프라인이 막히거나 훼손되면 석유는 바다로 운송되게 된다. 16세기 포르투갈은 향신료의 해상 운송을 어렵게 만들었다. 때문에 가능한 곳에서는 해로 대신 육로가 이용되었다. 17세기 초 북부 인도에서 이란까지—아그라(인도), 라호르(파키스탄), 칸다하르(아프가니스탄), 이스파한(이란)으로 가는— 상품을 육로로 운송하는 것이 해로와 육로를 함께 이용해 아그라, 수라트, 반다르아바스 그리고 이스파한으로 운송하는 것보다 비용이 덜 들었다. 이와 비슷하게, 아고라에서 콘스탄티노플까지의 육로는 아그라, 수라트, 모카, 콘스탄티노플 또는 아그라, 수라트, 바스라, 콘스탄티노플로의 해로보다도 비용이 덜 들었다.[12] 해로와 육로를 함께 이용하는 루트는 분명 더욱 복잡했으며 육로와 비교해 훨씬 더 자주 화물을 풀고 재포장해야 하는 번거로움이 따랐다. 그러나 이는 아체에서 수라트까지의 항해에는 해당되지 않았다.

적어도 일부 루트에서는 육로가 해로보다도 빠른 경우도 있었다. 강력한 국가가 안전한 도로를 건설하고 운송 체계를 정비하고 그리하여 뒷돈과 같은 윤활유가 덜 필요했던 곳을 예로 들 수 있다. 이런 곳에서는 우편, 상업 정보, 부피가 작은 귀중품 등이 육로로 수송될 테였다. 마지막으로 우리는 닫혀있는 지중해 내에서 대부분의 해운은 한 연안이나 항구에서 다음 연안이나 항구를 오가는 것이었음을 언급해야 한다.

현대 사회에서도 육로 수송과 해로 운송을 결정하는 요인들은 다양하다. 장거리 여행객은 항공을, 보다 단거리 여행객은 다양한 행태의 육로나 해로를 이용한다. 여기에서도 차이가 있을 수 있다. 화물이 많고 배를 이용할 수 있다면 해로를 선호할지 모른다. 북미 횡단 철도나 인도 횡단 철도와 같이 이용할 수 있는 더 짧은 육로 선택지가 있다면 몰라도 대부분의 벌크 화물은 될 수 있으면 해로로 운송된다. 뭄바이에서 콜카타까지 혹은 뉴욕에서 샌프란시스코까지 화물을 운송하는 데 해로를 이용하는 경우는 많지 않다. 몇몇 특별한 화물은 해로보다는 육로로 더 쉽게 실어 나를 수 있다. 가장 적절한 예가 석유이다. 파이프라인을 이용한다면 석유를 해로로 운송할 필요가 없을 수 있다. 그러나 이 경우에조차 우리가 20세기에 종종 목격했던 바와 같이 어떤 정치적 상황으로 인해 파이프라인은 유조선보다 훨씬 더 쉽게 차단될 수 있다.

다소 논의를 산만하게 이끌어왔지만 나는 육지와 바다에 대해 기술할 때 1967년 자크 쿠스토가 세이셸 제도에서 발견했다는 다음의 물고기처럼 우리도 양서류가 될 필요가 있음을 강조하고자 했다.

> 일종의 양서류 물고기인 페리오팔무스 코올리우테리(*Periophthalmus koelreuteri*)는 일반적으로 그다지 멋져 보이지 않는 이름인 말뚝망둥어로 알려져 있다. 말뚝망둥어는 모든 어류 중에서 가장 양서류적이라고 인정받고 있다. 물 안에서 보내는 기간 보다 물 밖에서 더 오래 머물 수 있기 때문이다. 뭍에 오른 말뚝망둥어는 아가미의 빈 부분에 물을 채우고 있으며 공기도 마신다. 말뚝망둥어는 갯벌 위와 맹그로브 뿌리 사이에서 살며, 빨리 움직이기 위해 굉장히 특이하게 개구리처럼 팔짝거리며 가슴지느러미로 '걸으면서'(walking) 앞으로 나아간다. 그러나 물속에서 말뚝망둥어는 극히 정상적으로 유영한다. 먹이는 곤충과 작은 갑각류 동물이다. 말뚝망둥어는 전 방향을 계속 주시하기 위해 고도로 기능화된 퉁방울눈을 최적으로 이용해 먹이를 잡는다.[13)]

역사를 통해 아주 소수의 사람들만이 바다를 여행하거나 바다에 의존하는 삶을 살았다. 이들 중 대다수도 육지와 바다 사이를 자주 오가며 살았으며 전적으로 바다에서만 삶을 영위하지는 않았다. 물고기를 보면 잘 알 수 있다.

연안의 대다수 사람들에게 생선은 주식이 아니다. 고기잡이를 업으로 하는 이들은 잡은 물고기를 팔아 더 좋아하는 밀이나 고기와 같은 육지산 주식을 얻는다. 어쨌든 생선은 영양학적으로 볼 때 그다지 효율적인 식량원은 아니다. 물고기 1kg은 밀 1kg이 제공하는 칼로리의 3분의 2 정도만을 공급한다. 그리고 토지에 기반 한 식량 생산에 비해 물고기는 우연에 의존하는 요행 자원이다. 그러나 생선은 연안 지역의 또 다른 자원 덕분에 내지 안쪽 깊숙이까지도 유통될 수 있다. 연안 지역에서는 간조 때나 계절에 따라 습지가 마르면서 소금이 만들어진다. 소금은 상하기 쉬운 특히 생선을 먼 거리에 있는 시장에까지 내다팔 수 있는 상품으로 바꾸어주었다.

해항도시(port-cities)는 아주 많이 논의되어온 주제이다. 해항도시는 도시와 바다의 통합을 보여주는 전형이며, 해양과 육상의 영향이 융합되고 어우러지는 도관이다. 이에 대해 브로이제는 다음과 같이 훌륭하게 논평했다. 해항도시라는 용어를 사용한다는 것은

> 그 도시의 경제 · 사회 · 정치 · 문화적 삶은 대부분 항구 기능이라는 측면에서 결정되며, 때문에 그 항구 기능이라는 관점에서 분석되어야 하는 도시를 의미한다… 무엇보다도 항구의 물리적 기능과 매개적 기능을 통해 전면지(前面地)와 후배지에서 기원한 모든 요소들과 힘들을 능동적으로 서로 섞고 엮어내는 과정에서 한 해항도시의 구체적인 발전의 범위, 속도, 방식이 결정된다.[14]

마트베제비치는 해항도시를 좀 더 추상적으로 표현한다. '항구가 있는 도시와 해항도시는 다르다. 전자가 필요 때문에 부두를 건설했다면, 후자는 부두 주변에서 자연스럽게 발전한다. 전자에서 항구는 수단이거나 나중에 더한 것이라면 후자에서 항구는 출발점이자 목표이다.'[15]

해항도시의 교섭과 성격을 논의함에 있어 우리는 유럽학에서 오랫동안 사용해 왔던 개념들을 차용해 올 수 있다. 그중 유용한 개념 중의 하나가 지리학자들이 쓰는 '움랜드'(umland)이다. 정의는 다음과 같다. '이전에는 일반적으로 주변지역이 이에 해당했으며 후배지에 속했다. 지금은 더 엄밀하게 말해 문화 · 경제 · 정치적으로 특정한 도심이나 도시와 관련된 지역이 이에 해당된

다.'[16] 움랜드는 도시에 바로 인접한 근린지역이며 도시에 식자재를 공급하기 때문에도 도시와 직접적으로 연결되어있다. 움랜드는 우뚝 솟은 도시와 순수한 전원 지역 사이에 있는 전형적인 점이지대로 보일 수 있다.

해항도시는 바다와 육지 모두와 관계를 가진다. 바다와의 관계에서는 '전면지'(foreland)라는 용어가 많이 쓰인다. 전면지는 항구가 해운, 교역, 여객 운송을 통해 연결하고 있는 해외 지역이다. 해양 공간으로 인해 해항도시와 전면지는 분리되어 있다. '후배지'는 해항도시의 내지에서 사방으로 펼쳐지게 되는데, 움랜드의 끝에서 후배지가 시작된다. 후배지는 해항도시의 수입품들이 가고 해항도시의 수출품들이 오는 육지 세계이다. 보다 더 구체적이고 명확하게 해항도시를 정의하기는 쉽지 않다. 그러나 모든 도시는 움랜드와 후배지를 가지고 있지만, 그중 해항도시만이 전면지를 가지고 있다는 점만은 분명하다.[17] 근대 초기 호르무즈는 걸프와 아라비아 해를 연결했다. 근대의 믈라카 그리고 지금의 싱가포르는 두 대양을 연결한다. 방금 든 예들처럼 많은 해항도시는 해로의 요충지에 위치하고 있다.

해항도시는 주변 지역들과 상당히 다양한 관계를 가진다. 두 얼굴의 야누스와 같이 해항도시는 후배지와 전면지 모두를 향하고 있으며 대부분 이 두 지역에서 일어난 변화로부터 영향을 받는다. 그러나 변화를 주고받는 정도는 다양하다. 모든 해항도시는 바다와 관계하며 영향을 받지만, 오늘날 싱가포르, 이보다 먼저는 아덴, 믈라카, 호르무즈, 모카와 같이 단순 재분배 시장의 역할을 하는 해항도시는 후배지에서 일어난 사건으로부터 영향을 덜 받았다. 이들 해항도시는 재분배 기능 위주의 '수출입항'(entrepot)이다. 이런 항구들은 내지로부터 거의 혹은 아무런 생산품도 끌어오지 않고, 외국에서 온 물품을 풀고 재포장하여 다시 외국의 목적지에 보낸다. 반면 콜롬보, 수라트, 뭄바이, 자카르타, 방콕과 같이 후배지로부터 상품을 가져오는 해항도시는 당연히 후배지의 변화로부터 영향을 받는다.

브로이제가 시사했듯이 해안에 위치한다고 해서 모두가 해항도시인 것은 아니다. 문제는 어떤 기능이 우세한가이다. 해안에 위치하고 있지만 해항도시라고 할 수 없는 도시의 예를 들면 종주도시(宗主都市, primate cities)와 항구가 있는 도시(cities with ports)이다. 현재의 쿠웨이트와 과거의 홍콩은 종주도시이다. 둘 다 도시국가로 엄청나게 많은 기능을 수행하며 그 기능 중의 하나가 항구와 관련되어 있기 때문이다. 콜롬보와 방콕도 크게 다르지 않다. 이 두 도시 모두 인구, 산업, 정치, 문화—최소한 고급문화—라는 면에서 지배적인 위치에 있으며 항구를 가지고 있지만 해항도시라기보다는 항구가 있는 도시라고 할 수 있다. 항구와는 무관한 기능들이 아주 많이 수행되고 있는 도시들이기 때문이다. 이들과는 대조적으로 오늘날에는 도시 기능이 전혀 없는 항구들도 있다. 이들은 석유, 철광석 등의 화물을 거대한 캐리어나 탱커에 싣는 시설을 제공하는 그야말로 단순 항구들이다. 이처럼 특별한 목적을 위해 건립된 통상 단일기능 항구들은 원자재 공급지 가까이에 위치하며, 도시나 많은 사람들을 필요로 하지 않는다. 사우디의 석유 수출항인 라스 탄누라, 오스트레일리아의 철광석 수출항인 포트헤들랜드와 댐피어를 예로 들 수 있다.

정의상 진정한 의미의 해항도시는 아주 멀리 떨어진 해양 공간들을 연결하는데, 이점이야말로 해항도시의 가장 두드러진 특징일 것이다. 항구는 모든 것을 받아들이고, 세계주의적이며(cosmopolitan)이다. 반면, 내지는 훨씬 덜 다양하며, 훨씬 더 배타적이며, 다면체적이라기보다는 단면체적이다. 머피는 다음과 같이 지적한다.

> 항구 기능은 그 무엇보다도 도시를 세계주의적으로 만든다… 해항도시는 세계로 열려있거나 최소한 세계의 여러 지역들을 향해 열려있다. 해항도시 안에서 세계 곳곳에서 온 물품뿐만 아니라 인종, 문화, 사상이 다투고, 혼합되고, 서로를 풍부하게 하며 도시의 생활을 풍요롭게 한다. 바다와 부두 냄새… 여전히 찾아 볼 수 있는… 뱃고동이나 파도 소리와 같은 모든 것들은 보다 넓은 세계와의 수많은 관련성을 나타내는 상징이며, 보다 넓은 세계의 표본이 해항도시 안에서 축소판으로 현존한다.[18)]

19세기 영국의 한 작가는 걸프에 대해 다음과 같이 쓰고 있다.

> 생계와 교역을 위해 주로 이국의 땅과 바다에 의존해야 했던 해안가 사람들은 자신들과는 다른 의복을 입고, 다른 방식으로 행동하고, 다른 종교를 신앙하는 이들을—대다수가 바스라, 바그다드, 바레인, 오만으로 가거나 때

로는 더 먼 곳으로 항해했던— 드물지 않게 보고 만났다. 이들은 사막으로 둘러싸인 고립된 중심지에서 살면서 어쩌다 보이는 낯선 이들을 호기심 반 의심 반의 눈초리로 쳐다보는 이들과는 완전히 달랐다. 요컨대 최고의 스승인 경험으로 인해 해안가 사람들은 무시, 불관용, 민족적인 혐오가 잘못된 교훈임을 알고 있었다.[19)]

해항도시의 위치는 많은 변수에 의존한다. 홍해에서 지다는 무역 중심지이자 성스러운 도시 메카로의 관문이었다. 맞은편 해안에 자리 잡은 아이다브(Aydhab)는 전적으로 위치 때문에 번영했다. 아프리카 무슬림 순례자들이 아이다브를 통해 지다로 건너갔기 때문이다. 1183년에 묘사된 바에 따르면 그곳에는

아무런 성벽도 없었으며, 대다수 집들은 갈대로 지어져 있었다. 회반죽으로 새로 지은 집들도 있었는데…, 그곳 사람들은 순례자들 덕분에 특히 순례자들이 이곳을 지나갈 때면 많은 이득을 취했다. 순례자들이 가져온 양식에 일정한 식량 세를 받았기 때문이다… 순례자들 덕분에 얻은 또 다른 이득은 이들의 배, 지라브(jilab) 용선으로 생겼다. 배는 순례자를 지다에 실어 나르고 순례자들이 경건한 의무를 다하고 흩어질 때 이들을 다시 데려다 주면서 많은 이득을 얻었다. 아이다브 사람들의 삶이 크게 안락하고 유복하지는 않지만, 배 한 두 척이 있어 충분히 생계를 이어갈 수 있다. 다양한 형태로 모든 이들에게 일용할 양식을 주신 신에게 영광을. 오로지 그 이외에 다른 신은 없다.[20)]

항구는 통상 바닷가에 위치한다고 생각할 것이며 오늘날 이는 사실이기도 하다. 현대 해항도시는 거대한 탱크, 캐리어, 컨테이너 선박들을 취급해야하기 때문에 해안에 위치해야 한다. 라인 강이나 세인트로렌스 강 시스템에도 불구하고 오늘날 선박들이 너무 대형이어서 강이나 강어귀에서 멀리까지 거슬러 올라가기 어렵다. 보다 작은 선박들은 강으로 항해할 수 있기에 생산 중심지에 더 가까이 가면서 해적의 피해로부터는 더 멀어질 수 있다.

중요한 항구가 위치하고 있는 강들 중에는 메콩 강, 이라와디 강, 티그리스-유프라테스 강, 갠지스 강, 잠베지 강이 있다. 말린 뉴잇(Malyn Newitt)은 이

중 잠베지 강에 대해 다음과 같이 묘사한다. '잠베지 강의 계곡은… 여러 면에서 해안 지역의 확장판처럼 보인다. 강 유역은 내지로 300마일(480km)이나 길게 뻗어있다.' 동부 아프리카의 경우를 보면 우리가 해항도시라고 개념화하는 킬와, 소팔라, 앙고시, 몸바사가 하는 역할과 바다에서 각각 260km와 515km 떨어져 있는 세나와 테트•가 하는 역할은 매우 비슷하다.21) 그러나 아마도 세나와 테트에 가장 적합한 용어는 '내지 항구 도시'(inland port cities) 또는 '하천 항구'(fluvial ports)가 될 것이다.

동남아시아에도 중요한 하항(河港)들이 많다. 토마스 보우리는 동남아시아의 여러 하항들에 대해 설명해 준다. 크다는 말라야의 큰 강가에 있었으며, 250톤급의 선박도 하구에 있는 모래톱을 지나 60마일 거리에 있는 도심 바로 앞까지 들어갈 수 있었다. 아체는 항해에 방해가 되는 모래톱을 지나 2~3마일 지점에 위치했는데, 60~80톤급의 선박이 들어오는 데에는 문제가 없었다. 방콕은 차오프라야 강가에 위치하고 있는데, 강을 따라 20마일 내려가면 타일랜드 만에 이른다. 중동에 있는 바스라는 걸프에서 샤트알아랍 강을 75마일 거슬러 올라가는 지점에 있다.

인도의 많은 항구들도 멀리 내지에 있는 강이나, 해안에서 상당히 멀리 떨어진 지점에 있다. 자타카(Jatakas)••에는 현재 바라나시••• 근처에 항구가 있었다고 언급되어 있으며,22) 예전에 파트나와 알라하바드는 중요한 항구들이었다. 수라트도 따피(Tapti) 강어귀에 있는 모래톱에서 3리그(약 9마일) 상류에 자리하고 있다. 심해선들은 10~20마일 정도 떨어져 있는 스왈리 홀(Swally Hole)과 같은 곳에서 정박하며 화물을 바지선에 내린다. 비슷한 상황이 캄베이에서도 일어났다. 인도의 서부 해안에 있는 코덩걸러(Kodungallur) 시는 해안에서 약 15마일 들어간 내지에 위치하며 여러 작은 강을 끼고 있었다. 상인들은 시리아인, 이집트인, 페르시아인, 아랍인, 베디아인을 비롯해 상당히 다

• 모잠비크 서부에 위치한 도시로 잠베지 강과 접하고 도시 이름은 "갈대"를 뜻한다. 1531년 포르투갈에 의해 건설되어 상아와 금 등의 거래 중심지가 되었다.

•• 『본생담』(本生譚)으로도 번역되며 팔리어로 쓰인 고대 인도의 불교 설화집이다.

••• 인도 북부 갠지스 강변의 힌두교 성지이다. 사람들은 자주 바라나시를 사원의 도시, 인도의 종교 및 문화의 수도로 언급한다.

양한 민족 집단들의 성원이었다.[23] 콘칸(Konkan) 해안에 있는 토착의 지역 항구들은 배가 다닐 수 있는 강어귀나 작은 만에 위치해 있으면서, 폭풍으로부터 피난처와 해적으로부터의 대피소 그리고 내지 수로로 연결시켜 주는 기능을 담당한다. 다볼(Dabhol)은 바다에서 2마일 거리에 있으며, 라자푸르(Rajapur)는 조류 세록(潮流細谷) 초엽에 있으며 바다에서 20km 떨어져 있다. 인더스 강으로 화제를 옮기면, 첫 번째 중요한 항구로는 12세기 말 라하리 반다르(Lahari Bandar)에 그 지위를 빼앗기기 전까지 흥성했던 다이벌(Daybul, Dewal)을 들 수 있다. 해안에서 거의 200km 강을 거슬러 올라가야 있었으며 최소한 15세기부터 17세기까지 주요 무역 중심지였던 타타(Thatta)도 빼놓을 수 없는 중요한 항구였다.

강어귀 혹은 삼각주에 위치한 항구는 이점도 있지만 위험요소도 가지고 있다. 이를 가장 잘 보여주는 사례가 콜카타이다. 삼각주 지역에서의 육로 수송은 매우 어려운 반면 삼각주의 토지는 매우 비옥하며 홍수 범람으로 인해 비옥함을 유지할 수 있었다. 바로 이런 토지 덕분에 도시는 인구를 먹여 살릴 수 있었으며 오랫동안 콜카타의 주 수출품이었던 인도삼(黃麻)이 자랄 수 있었다. 그러나 하천 항해는 결코 쉬운 일이 아니었으며, 뱃길은 수시로 바뀌었다. 콜카타는 바다에서 약 80마일 떨어져 있으며 간만의 차이는 22피트에 달한다. 그러나 이러한 문제점들에도 불구하고 밀도 높은 수로 네트워크로 인해 하천 부근의 광대한 내지에 접근할 수 있었기에 이점은 매우 컸다. 그리하여 역사를 통해 그리고 콜카타 훨씬 이전에도 주변에 중요한 항구들이 자리하고 있었다.[24]

여러 항구도시들의 위치를 통해 우리는 지리와 인문이 어떻게 서로 영향을 주고받았는지를 보았다. 오랫동안 육지의 영향이 항구의 위치를 결정해왔다. 때문에 항구가 들어서기에는 부족하거나 불가능한 곳에서도 항구가 존재하며, 항구로서 훌륭한 입지를 가지고 있음에도 불구하고 항구가 아예 없는 경우도 생길 수 있다. 항구를 논할 때도 바다와 해양만을 너무 강조하지 않도록 신중을 기할 필요가 있다. 16세기 구자라트는 뛰어난 사례를 제공한다. 이 지역은 1572년 중요한 내륙국인 무갈 제국으로 편입되었다. 이후 구자라트의 후배지는 확대되었으며, 그곳 항구들은 제국의 내지 중심부, 즉 아그라-델리 하간(河間) 지역(doab region)의 수요에 호응하게 되었다. 캄베이 만에 있는 여러 항구들의 운명도 바뀌었다. 무갈 제국의 정복 이전에는 캄베이와 그 외항들이 우세를 점했었다. 북부로의 주요 루트는 라자스탄을 경유해 가는 것이었는데, 이곳은 적대적인 무장 세력들이 판을 치고 있었으며 사막이 있어 지나기 어려웠다. 그러나 무갈 제국 정복 이후에 북부로의 주요 루트는 구자라트에서 동쪽으로 가다가 아그라를 향해 북쪽으로 가는 것이었다. 이 루트는 비옥한 땅을 가로질러 있었으며, 이 지역들 또한 무갈 제국의 긴밀한 통제 하에 있었기 때문에 안전하기도 했다. 그 결과 수라트는 중요한 항구로 부상한 반면 캄베이는 쇠락했다.[25)]

16세기 포르투갈이 선택한 주요 항구들의 위치를 보면 정치적이고 전략적인 요인들이 미친 영향을 잘 알 수 있다. 포르투갈이 세운 많은 항구들은 겉으로 보기엔 최악의 조건을 가지고 있었다. 호르무즈는 물을 모두 수입해 와야 했으며 기후 또한 극한적이었다. 이에 못지않게 모잠비크 섬도 무덥고 건강에 해로운 기후를 가지고 있었으며 물도 없었다. 아덴 또한 놀라 기염을 토할 정도의 기후에다가 산으로 사방이 막혀 주변과도 교통이 막혀 거의 섬에 가까웠다. 그러나 이들 항구들은 포르투갈의 전략적인 목적에 부합하는 위치에 있었으며, 그리하여 선택되었고, 아덴을 제외하고 일시적이었지만 번영하기도 했다.

몇 세기 후 증기선이 등장하면서 아덴은 다시 부상했다. 효율이 그다지 높지 않았던 초기 증기선들은 석탄을 자주 공급받아야 했는데 아덴은 석탄 공급이 필요한 증기선들이 지나는 길목에 위치했다. 초기 증기선의 석탄 수요로 인해 다른 항구들도 영향을 받았다. 증기선이 그야말로 석탄을 집어삼키고 있던 초창기에는 증기선에 아주 빨리 그리고 가급적이며 양쪽에서 동시에 석탄을 적재할 필요가 있었다. 때문에 당시 갈레와 알바니와 같이 뛰어난 자연항들이 부상했다. 그러나 증기선이 더욱 효율적으로 되면서 석탄을 덜 필요로 했다. 그러다가 석탄 대신 석유를 사용하게 되고 정치적인 요인들이 더욱 중요한 영향을 미치면서 이들 항구들은 쇠락했다.

이들을 대체한 항구들은 천혜의 항구라는 이점이 별로 없을지라도 다른 필요를 충족시키기 위해 들어선 항구들이었다. 알바니가 훨씬 더 나은 천연항을 가지고 있었음에도 불구하고 19세기 후반 엄청난 비용을 들어 프리맨틀을 건설했는데, 이는 프리맨틀이 웨스턴오스트레일리아의 주도에 인접해 있으며 수출 상품을 제조하고 수입품 수요가 있는 지역에 더욱 가까이 위치하고 있었기 때문이었다. 프리맨틀은 건설 이후에도 계속 정치적인 사건에 휘말려들었으며 예측 불허의 지방 정치와 정책의 영향을 받았다. 노사관계는 통상 아주 좋지 않았으며 자연히 잦은 파업으로 연결되었다. 수십 년간이나 너무 잘 썩어버리는 나무 말뚝으로 새 부두를 놓았다. 주 정부가 지역의 목재산업을 보호하고자 했기 때문이었다.

영국령 인도의 대형 항구들 대다수는 천연적인 양항 여부와는 상관없이 경제적이고 정치적인 요인들 때문에 특정한 위치에 건설되었다. 바다에서 부두까지 가려면 수많은 장애를 극복해야 하는 콜카타의 사례가 이에 속한다. 마찬가지로 뭄바이는 수라트와 비교해 훨씬 더 나은 천연항을 가지고 있었지만, 한 세기 이상이 흘러서야 수라트를 제칠 수 있었으며 영국이 내지에 철도를 건설해 후배지가 형성되어서야 중요한 항구가 되었다. 말할 것도 없이 뛰어난 천연항이 있었지만 뭄바이에 도시를 건설하는 작업은 쉽지 않았다. 밀물 시에는 서로 떨어져 있지만 썰물 때에는 개펄로 연결되어 있는 7개의 섬들로 이루어진 지역에 도시가 건설되었다. 기본적으로 이 도시의 역사는 개간의 역사였다. 뭄바이라는 도시는 습지, 솔트 플랫•, 도서벽지, 심지어 바다를 개간한 땅에 세워졌다. 일설에 의하면 뭄바이는 아주 오래 전 조그마한 섬들에게 자란 코코야자 나무들이 만들었다고 한다. 코코야자 나뭇잎이 계속 이 얕은 바다에 떨어져 쌓이면서 육지라 부를 수 있는 면적이 넓어졌다. 또한 야자나무에서 더 많은 코코넛을 따기 위해 사람들은 비료가 될 수 있도록 어분을 땅에 뿌렸다. 요컨대 뭄바이는 코코넛 잎과 썩은 물고기 위에 세워진 것이다.[26)]

첸나이(현재 마드라스)의 사례도 지리보다 정치가 더 중요했음을 보여준다. 19세기 내내 첸나이에는 괜찮은 항구라고는 없었으며 짐을 싣고 부리기에도 매우 힘들었다. 그럼에도 불구하고 영국 통치자들에게 첸나이는 경제적이

• 소금평원이라고도 번역되며, 바닷물의 자연적인 증발로 침전된 염분이나 다른 광물로 뒤덮인 평원으로 해를 받으면 하얗게 빛난다.

고 정치적으로 필요한 곳이었다. 1810년 그레이엄 부인은 해안에 오르면서 겪었던 위험한 상황을 다음과 같이 상세히 묘사했다.

> 해변에서 우리 배가 들어옴을 보고 한 친구가 친절하게도 쉴 공간이 있는 보트(accommodation boat)를 보냈다. 나는 이내 그 용처를 알게 되었다. 보트의 구조와 뱃사공들을 관찰하고 있는데, 그들이 갑자기 그들 표현대로 라면 노래 가락이라고 하는 것을 뽑았다. 노래인지는 모르겠으나 내 평생 그렇게 야생적이고 애처로운 외침을 들어본 적이 없음은 분명하다. 우리는 거친 파도를 타고 있었다. 이제 일어선 키잡이는 빠르고 격하게 노래 소리에 발장단을 맞추었다. 사람들은 뒤쪽을 향해 노를 저었으며 갑자기 격렬한 파도가 와서 부딪치더니 놀라운 힘으로 보트를 끌고 갔다. 그리고서 다시 밀려나갈 파도에 쓸려가지 않으려고 모든 노를 동원해 부지런히 저었다. 이런 일이 대 여섯 번 반복되었다. 뱃사공들의 노래는 우리가 서둘러 물 밖으로 나와 해변에 닿을 때까지 파도와 함께 올라가고 내려가기를 반복했다.[27)]

이러한 상황은 영국령 인도의 항구들에만 국한되지는 않았다. 고아는 1510년부터 포르투갈의 주요 항구였는데, 선박이 커짐에 따라 파나지와 올드 고아로 이어지는 만도비 강을 항해하기는 더욱 위험해진 듯하다. 그러나 포르투갈령 인도(Estado da India)의 수도로서 고아는 의심할 여지없이 그대로 유지되어야 했다. 이사벨 버튼은 1876년 4월과 5월 이 항구를 입출항하면서 겪었던 참혹한 경험을 이야기로 남겼다. 그와 남편 리차드는 뭄바이에서 출발한 증기선을 타고 내려왔다. 이들이 증기선에서 내린 지점은 강어귀에서 멀리 떨어져 있었으며, 파나지에 도착하려면 노로 젓는 보트로 8마일을 더 가야했다. 얼마 후 다시 뭄바이로 가는 증기선에 오르면서 이전과 마찬가지로 위험한 순간들을 경험했다. 이들은 자정이 되어서야 증기선에 오를 수 있을 거라고 들었다. 이들은 뱃사공 4명이 노를 젓는 갑판 없는 큰 보트를 타고 출발했다.

> 우리는 바람과 조류를 거스르고 강하게 밀려오는 너울에 밀리며 3시간 동안이나 노를 저서 강과 만을 지나서 드디어 요새가 있는 만의 어귀[다시 말해 만도비 강의 어귀]에 닿았다. 그러나 여기에서도 우리는 상당히 오랫동안 거대한 파도 골에 갇혀 공해에서 둥둥 떠다녔다. 무시무시한 폭풍우,

천둥, 번개가 계속 밀어닥쳤다…

결국 이들은 요새로 돌아가 피신해야 했다. 마침내 증기선의 출발소리를 듣고 다시 보트에 올랐으며 한 시간 후에 증기선이 있는 곳에 도착했다. 그러고는 증기선에 오르기 위해 또 다시 위험한 순간들을 마주해야 했다.[28)]

식민당국의 필요가 불러일으킨 비슷한 결과를 동부 아프리카에서도 볼 수 있다. 이곳에서도 정치적인 결정이 해항도시의 운명에 영향을 미쳤다. 일찍부터 산호초 사이를 통과해 비바람이 크게 들이치지 않는 강의 하구나 어귀에 접근할 수 있었다. 강의 흐름이 산호의 성장에 영향을 미치면서도 산호초 사이에 배가 들어갈 수 있는 틈을 만들어내기 때문이었다. 증기선이 들어서면서 더 큰 항구가 필요했으며, 몸바사가 여타의 항구들을 대체했다. 몸바사가 이에 합당한 유일한 항구였기 때문이다. 그러나 몸바사조차도 경제적인 변화로 일어난 항구의 운명을 거스를 수 없었다. 이제 다우 항구는 더 커진 선박들을 수용할 수 없었으며 섬의 반대편에 새로운 항구 킬린디니로 대체되었다.

스리랑카는 해사에 대한 육사의 우세한 영향력, 즉 다시 한 번 천혜의 천연항이 반드시 중요한 인공항으로 되는 것이 아님을 보여주고 있다. 한때 갈레는 스리랑카의 주요 항구였다. 그러나 19세기 후반 대농장이 있는 내지의 필요를 더 잘 충족시켜줄 수 있는 위치에 있는 콜롬보에 거액의 비용을 들여 존립 가능한 항구가 건설되었다. 내지의 필요를 충족시킨다는 면에서 트링코말리가 훨씬 더 좋은 천연항을 가지고 있었지만 인도양을 횡단하는 통과교통로 상에 위치하고 있지 않아 한 번도 흥성하지 못했다.

항구의 위치가 내지의 필요성이라는 단순한 이유로 결정되었기 때문에 홍해에서도 심심치 않게 항구들이 인력으로는 어찌할 수 없는 어려운 환경을 가진 해안에 위치하고 있음을 볼 수 있다. 수에즈는 운하의 개통 이전에도 이후에도 홍해에서 지중해에 이르는 통과교통에 서비스를 제공할 수 있는 장소에 위치했다. 1876년 이사벨 버튼은 '수에즈는 가장 접근하기 어려운 곳들 중 하나이다. 증기선은 만에 정박해야 하며, 도심까지 증기선으로 1시간이 걸리며 범선의 경우 훨씬 더 걸린다. 증기선에서 내려 역풍이라고 만난다면 다시 증기선으로 돌아갈 수 있는 보장은 없다.'고 썼다. 그가 탄 배가 홍해를 내려갈 때에도 상황은 조금도 나아지지 않았다. 나아지기는커녕 더 최악의 상황과 조우할 수 있지만, 지다는 근처에 있는 메카로 가는 순례자들의 하선 장소로서 그리고 홍해의 북부와 남부 지류들을 연결하는 접점으로서 극히 중요했다.

> 나는 어떤 도심에 이렇게 접근하리라고는 전혀 상상도 못했다. 도심은 20마일이나 되는 자연 방파제의—칼로 자른 듯 하며 간신히 드러나 있어 가까이 다가가기 전까지는 보이지 않는 낮고 평평한 암초 무리들, 거대한 녹석(綠石)과 산초말 조각들이 늘어서 있는— 보호를 받고 있다. 커다란 두 마리 갈매기라고 오해할 수도 있는 작은 두 흰색 푯대를 제외하고는 아무런 표식이나 등대도 없다. 이 자연 방파제의 안과 밖을 뱀처럼 구불구불하며 지나야 한다. 이들 사이에 배 한 척이 가까스로 지나갈 수 있는 통로가 있는데 백주대낮을 제외하고는 어떤 항해사도 지나갈 엄두를 내지 않을 것이다…

그리고 사실 그의 배는 마침내 툭 뜨인 정박지에 이르렀지만 그곳에서 다른 배와 충돌했다.[29]

정의상 항구 도시(port-cities)는 강, 호수, 강어귀, 델타, 항구, 혹은 열린 해안 어디를 막론하고 물과 접한 곳에 위치한다. 그러나 모든 항구 도시에 해양인, 즉 바다의(*of*) 사람들이 있는 것은 아니다. 우리는 이제 해안 혹은 연안 사회라는 보다 종합적인 사안에 대해 살펴볼 수 있다. 여기에서 초점은 어부들에 두어질 것이며, 이들에 대한 논의는 자연스럽게 해양인 중에서도 가장 해양인 이라고 할 수 있는 이들, 즉 실제로 물 위에서 삶을 사는 이들에 대한 서술로 이어질 것이다.

먼저 밀물과 썰물의 영향을 받는 매우 좁고 긴 지대를 생각해 볼 수 있다. 윈턴은 이런 지대를 '물이 해안을 만나서 생긴 선명한 먹선(ink line)—언제나 같은 적이 없는 만조의 가장자리'[30]이라고 불렀다. 렌체크(Lenček)는 다소 멜로드라마 적으로 다음과 같이 표현했다. '최초의 생명체가 바다에서 기어 나와 육지 정복을 향해 멈출 수 없는 행진을 시작한 곳은 바로 대륙과 섬의 가장자리였다.' 여기에서 앞서 논의한 르삭 개념이 더욱 적절하고 설득력 있게 와 닿는다. 적어도 이 개념 자체가 지리학에서 유래했기 때문일 것이다. 렌체크는 이를 잘 표현하고 있다. '우리는 땅과 물의 대결에 강한 호기심을 갖지 않을 수 없다… 여기에서 엄청난 두 힘이—하나는 움직이지 않으며 다른 하나는 움직이는— 영원한 투쟁을 벌이고 있다.'[31] 다킨은 해안을 '바다의 파도와 달의 영향을 받은 조류가 주인인 좁고 긴 지대, 도시나 산업화된 공간에 근접함에도 불구하고 여전히 야생성을 가지고 있는 영토의 가장자리'라고 표현했다. 해안은 마법의 공간이다. '바다가 육지를 만나는 가장자리의 좁고 긴 지대로 조류에 의해 드러났다 가려졌다하는 해안은 지구 표면에서 사람의 기분을 가장 좋게 만들고 흥분시키는 장소들 중의 하나이다. 어두운 대양의 심연에서 산꼭대기까지 사막에서 무성한 정글까지 어디를 보아도 조수 간만이 일어나는 곳보다 더 다양하고 탄력 있는 삶이 진행되는 곳은 없다.'[32]

전형적인 연안의 모습을 드러내고 있는 이 좁고 긴 지대는 끊임없이 변한다. 모래 언덕은 앞뒤로 움직이며, 암석은 모습을 드러냈다 감추었다가 하며, 바다 그 자체도 언제나 변하고 움직인다. 연안은 언제나 요동치고, 움직이고, 변하고, 나아가고 후퇴한다. 파도가 치는 연안 가장자리에 발목을 담그고 서면 바로 그 곳이 정확하게 육지와 바다가 만나는 지점이다. 정말 기분 좋은 체험이며 손에 낚싯대라도 들고 있으면 더할 나위 없이 즐겁다.

우리가 여기에서 경험하는 바는 애매모호함, 명확성과 경계의 부족, 육지와 바다의 뒤얽힘과 어우러짐, 육지와 땅의 대체가능성이다. 에밀리 에덴은 1837년 한 증기선이 예인하는 '플랫'(flat)이라고도 부르는 커다란 바지선을 타고 지나던 중 콜카타에서 슌도르본(Sunderbunds)•을 보았다. 그가 본 광경은 '성장하다만 낮은 나무들, 습지, 호랑이들과 뱀들, 때로는 엄청 넓은 호수 같았다가 때로는 밀림 숲의 나무 가지들이 지나는 바지선 양쪽을 스칠 정도로 아주 좁아지는 물길'이었다. 이 광경은 그에게 매우 강렬한 인상을 주었으며, '이 세계는 애초에 육지와 바다가 분리되었을 때 완전히 분리되지 못하고 미완으로 남겨진 것 같다'고 생각하게 했다.[33]

우리는 육지와 바다가 만나는 지대인 해변에 대해 묘사해왔다. 여기에서 인간은 다른 종들과 비교해 상당히 다르다. '해변은 시작이자 끝이다. 이는 섬

• 벵골어로 '아름다운 숲'이라는 뜻을 가진 벵골 만 연안 지역의 거대한 맹그로브 숲이다.

들의 변경이자 경계이다. 어떤 생물체에게 육지와 바다의 분리는 갑작스런 변화나 중단이 아니지만 인간은 해변을 기점으로 세계를 여기와 저기, 우리와 그들, 좋음과 나쁨, 익숙함과 이상함으로 나눈다.'[34]

문제는 연안 지역에 살고 있는 사람들이 더 내지에 살고 있는 이들의 사회와는 다른 독특한 사회를 구성하고 있다고 볼 수 있느냐이다. 만약 그렇다면, 인도양의 광대한 해안에 자리 잡고 있는 모든 연안 사회에서 어떤 공통점을 발견할 수 있을까? 삶의 근거가 연안이라고 해서 한 연안의 사람들은 지리적으로나 문화적인 측면 모두에서 내지로부터 매우 다양한 영향을 받음에도 불구하고 이를 뛰어 넘어 바로 옆에 있는 후배지의 사람들보다도 수백 km 떨어져있는 대양의 다른 연안 사람들과 더 공통점이 많다고 할 수 있을까?

연안 사회는 일반적으로 해안 사회와 같은 의미로 쓰인다. 헤스터만(Heesterman)은 연안 사회는 트랜스내셔널하며 투과성이 있음을 강조한다. '연안은 경계 지역을 구성한다. 그러나 그 의미는 무엇들을 분리하거나 묶어 내는 데에서가 아니라 투과성(permeability)에서 찾아야 한다.'[35] 브로델은 해안 사회는 바다 지향적인 만큼이나 육지 지향적임을 강조하면서 해안 사회에 대해 다음과 같이 썼다. 지중해 연안에서의 삶은

> 육지와 관련되어 있으며, 뱃사람들은 계절에 따라 농민이 되기도 한다. 이들에게 긴 노의 갤리선들과 순회하는 상인선들의 바다는 포도밭이나 올리브 나무의 바다와 크게 다르지 않다. 그 역사는 도자기를 빚는 도공의 손에서 진흙을 따로 떼어 생각할 수 없는 것처럼 이를 둘러싸고 있는 육지의 역사로부터 분리해서 볼 수 없다.[36]

현대 여러 학자들이 인도양 연안 사람들의 고유성에 대해 깊이 고민해왔다. 그들 중 미들턴은 동부 아프리카 연안을 집중적으로 연구했다.

> 해안의 일부가 바다이다. 둘은 분리될 수 없다. 스와힐리 사람들은 해양인이다. 초호(礁湖)가 길게 펼쳐져 있는 지역, 작은 만, 그리고 산호초 너머 공해는 연안지역의 땅과 마찬가지로 이들이 살고 있는 환경의 일부다. 바다, 강, 그리고 초호(礁湖)는 단순히 펼쳐져 있는 수면이 아니라 고도로 생산적인

식량원이며, 육지의 땅처럼 가족들이 소유하는 영역과 신들의 보호를 받는 영역으로 나누어져 있다. 스와힐리 사람들은 바다를 도로망처럼 이용한다.[37)]

여기에서 우리는 '스와힐리'(Swahili)라는 용어 자체가 해양의 가장자리에서 삶을 영위하는 해안 사람들을 의미함을 언급할 가치가 있다. 포우벨스의 표현에 따르면 스와힐리 문화는 '인간과 물리 환경의 총아이며, 전적으로 아프리카적이지도 "아랍적"(Arab)이지도 않은 그러나 명백하게 "해안적"(coastal)이며, 이들 부분의 합보다 더 큰 전체이다.'[38)]

연안 사회를 가장 잘 들여다 볼 수 있는 곳은 섬일 것이다. 여러 다양한 문화들의 영향을 받아 생긴 더 집중적인 혼종성을 섬에서 발견할 수 있다고 보기 때문이다. 바다가 전 지역에 영향을 미치는 보다 작은 섬들에는 오직 연안 사람들만이 있게 될 것이다. 세이셸, 안다만 니코바르 제도, 바다에 있는 작은 싸라기 땅들은 전체가 연안 지역이다. 이와 비슷하게 강에 있는 섬은 멀리 '내지'(inland)에 있음에도 불구하고 그들만의 작은 연안 사회를 구성하고 있는 것으로 볼 수 있다. 후글리 강, 갠지스 강, 티그리스-유프라테스 강, 이라와디 강을 비롯해 다른 강들과 마찬가지로 잠베지 강 유역에도 많은 섬들이 있다.

연안 사회의 공통성에 대해서도 위와 같은 몇 가지 일반화를 제외하면 공통성을 구성하는 요소들이 정확하게 무엇인지에 대해서는 아직 제대로 된 연구가 없다. 음식, 말할 것도 없이 주로 바다에 연원을 둔 음식을 살펴볼 수 있을 것이다. 물론 어부들은 잡은 물고기 일부를 내다 팔아 얻은 곡물을 소비할 테이지만 말이다. 집도 일반적으로 내지와는 다르다. 예상할 수 있듯이 일반적으로 지역에서 나는 이용 가능한 재료로 집을 짓는다. 연안 지역이면 대부분 발견할 수 있는 야자나무를 이용해 골조를 만들고 지붕을 올린다. 어떤 지역에서는 산호를 이용한다. 스와힐리 해안에서 산호는 건축자재로 널리 쓰인다. 자크 쿠스토는 몰디브에서 산호의 쓰임새가 아주 광범위하다는 사실을 발견했다. 산호는 활주로를 놓고 집을 짓는 데 사용되었으며, 해변에는 모래가 아니라 산호 가루가 있다. '우리는 야자나무 밑에 있는 작은 묘지들을 곳곳에서 보았다. 묘지는 물론 십자가와 다른 모든 것들이 산호로 만들어져 있었다. 여기에 있는 모든 것은 심지어 삶과 죽음도 바다와 관련되어 있다.'[39)]

해안에서의 삶의 리듬은 모두 계절풍에 맞추어졌다. 배의 형태에 대해서는 다음 장에서 자세하게 설명하겠지만 역사적으로 큰 변화는 없었다. 앞서 언급했듯이 분명 연안 사회는 편협한 내지 사회보다는 훨씬 더 세계주의적(cosmopolitan)이다. 연안 지역의 결절점을 구성하는 대형 항구들에서는 인도양 곳곳에서 그리고 훨씬 너머에서 온 상인들과 여행객들을 볼 수 있었다. 이러한 세계주의적 특징으로 인해 또 다른 통합 요소가 생겼다. 특정 언어가 널리 통용된 것이다. 아랍어가 좋은 예다. 아랍어의 영향을 받은 말레이어 단어는 약 5,000개이며 스와힐리어에는 이보다 더 많다. 아랍어의 영향을 받은 말레이어 단어와 스와힐리어 단어의 거의 80% 정도는 같다. 즉 말레이어에서도 스와힐리어에서도 같은 아랍어 단어들을 사용한다. 우리는 이를 '이동 아랍어 말뭉치'(corpus of travelling Arabic words)라고 부른다.[40] 프리먼-그렌빌은 스와힐리어와 신드어• 간의 관련성과 공통점을 찾으려고 했다.[41] 나중에는 일종의 해상 포르투갈어, 그리고 오늘날 일종의 변종 영어는 인도양에서 거의 보편적인 언어의 지위를 획득했다.

연안 지역의 민간 신앙은 내지에서 보이는 양상들과는 현격히 다르다. 연안 사람들의 관심사는 일반적으로 내지에 있는 농민이나 유목민의 그것들과는 아주 다르게 때문이다. 해안에서 종교는 안전한 항해 혹은 좋은 계절풍을 보장하고 기대하게 만드는 관습과 관계가 있다. 이들 목적을 위해 특정한 신들의 노여움을 진무했다. 언제나 항해의 시작과 끝에 해양 의식이 행해졌다.

서부 해안 인도인들은 남서 계절풍의 끝과 항해 년의 시작을 기념하기 위해 특별한 종교 의식을 치른다. 언제나 인용할 만하지만 늘 신랄한 어투의 글을 썼던 존 프라이어는 1670년대 뭄바이에서 경험했던 이 의식에 대해 다음과 같이 썼다. '보름달이 뜨자, 반얀인들(Banyans)••은 브라만들의 인도 하에서

• 주로 신드(Sind)에서 사용되는 인도유럽어족 인도아리아어군에 속하는 언어를 칭하며 번역에 따라서는 신디어라고도 한다. 신드는 파키스탄 인더스 강 하류에 있는 지방이다. 이 지방은 모헨조다로 유적이 대표하는 고대 인더스 문명의 발상지로, 그리고 712년에는 인도 최초의 이슬람 정권이 출현한 곳으로 유명하다.

•• Bannian이라고도 표기하는데, 인도 카스트 제도에서 상인 계층에 속하는 이들을 부르는 고어이다.

해변으로 걸어 나가, 바다의 평화를 지켜줄 해왕성•을 향해 코코넛을 바친다. 이제 사람들은 바다로 나가서 장사할 준비를 마쳤다.'[42] 거의 같은 시기 뭄바이에서 오빙톤은 다음과 같이 썼다.

> 반얀인들은 거친 파도에 공물을 바침으로써 바다의 화를 달래려고 노력했으며, 폭풍우와 격노함을 진정시켜 온순하고 평온하게 만들 요량으로 바다를 향해 금박을 입힌 코코넛을 수없이 던졌다. 그리고 이런 봉헌의식을 마친 후, 엄숙한 표정을 지으며 브라만은 위험을 무릅쓰고 대담하게 바다로 나아갈 배들을 향해 바다는 평온할 것이며 배는 안전하다고 공언한다. 이 공언 전에는 어떤 배도 닻을 올리겠다는 생각을 하지 않는다.

몰디브, 고아, 뭄바이에서도 모두 이와 비슷했다.[43]

바라다라잔 박사는 구자라트에서의 민족지학적 연구를 통해 매우 오래된 전통에 기반을 두고 있는 이러한 양상들이 오늘날에도 비슷하게 나타나고 있음을 밝혔다. 그는 연안에서의 위치와 직업은 종교를 뛰어넘는다는 사실을 보여주었다. '나리알 푸르니마'(Narial Purnima)•• 날에 힌두교도와 무슬림은 모두 함께 바다를 주재하는 신들에게 기도하고 항해의 시즌을 알리기 위해 상징적으로 배를 진수시키는 의식에 동참한다. 종교 지도자라기보다는 공동체가 이 의식을 주관한다. '의식은 이들의 생계와 아주 밀접하게 연관되어 있기 때문에 바다에 관련된 모든 사람들이 다함께 이 날을 기념하는데, 이러한 집단적 참여를 통해 종교적인 이질성은 융합된다.' 서로 다른 이슬람교도와 힌두교도 공동체들이 다리야 랄(Darya Lall) 신을 여러 다양한 이름으로 부르며 신앙한다. 바다에서 위험이 닥칠 때 마다 그의 보호를 기원하며, 배가 안전하게 육지에 돌아오면 공식적으로 감사 의례를 행한다. 힌두교도는 매월 반달이 뜨는 다음 날 물을 채에 부으며 서원한다. 이슬람교도는 편리하고 필요한 날에는 언제라도 봉헌물을 가지고 바다로 걸어 들어가 띄워 보낸다. 세 번째 중요

• 해왕성의 아들(sons of neptune)은 선원을 의미할 정도로 해왕성과 선원의 관계는 깊다.

•• Nariyal Purnima라고도 쓰며, 코코넛 보름달(coconut full moon)이라고도 알려져 있다. 특히 인도 서부에서 계절풍 시즌의 끝을 상징하고 새로운 어로 시즌의 시작을 알린다.

한 성인 혹은 신은 키즈르 피르(Khizr Pir)인데, 무슬림과 힌두교도 모두 바다에서 곤경에 처할 때마다 이 불멸의 신에게 기도한다. 포르반다르(Porbander)• 에는 그를 모시는 사원이 있으며, 시즌이 시작되면 배들은 출항하기 전 이 사원에 예를 표한다. 샤 무라드 부카리(Shah Murad Bukhari)라고 불리는 성인도 있다. 그의 무덤을 덮었던 천을 새것으로 바꾸고 나면 사람들은 예전 천을 이용해 삼각형 깃발들을 만든다. 위험에 처했을 때 종교적인 의미가 있는 이 삼각형 깃발을 깃대에 매달고 이 성인에게 구원을 청한다. 이면에서도 무슬림과 힌두교도는 하나도 다르지 않다. 일반적으로 '이들 모두가 노출되어 있는 직업상의 위험은 종교적인 차이를 가로지른다.'44)

출항과 귀항 모두 신들과 함께 했다. 카이사르(Qaisar)는 17세기에 이 사실을 발견했다. 출항 시 승선한 이들은 성수를 마시고, 응유••, 우유, 쌀, 코코넛, 화관을 바다에 바쳤다. 또한 선원들은 배에, 특히 접합부에 상서로운 야자나무 무늬를 그려 넣는다. 때때로 배의 이물에 눈을 그려 넣기도 하는데, 이는 고대 이집트인의 관행에서 유래되었다. 사체를 실으면 불행을 가져온다고 믿음이 있었다. 부득이 그렇게 할 수 밖에 없는 경우 보이지 않도록 숨겨야 했다. 카이사르는 바다의 수호성인 크와자 키즈르(Khwaja Khizr)가 가지고 있는 중요성에도 주목했다. 이 바다의 수호신은 위에서 언급했던바 현재의 키즈르 피르이다. 곤경에 처한 항해자가 도움을 요청하면 바로 응답한다는 믿음이 있다. 그는 선원의 수호성인으로 어디에나 있으며 영원한 생명을 가지고 있다.45)

16세기 말 고아에서도 바다로 나가는 이들의 필요에 맞추어진 특별한 의식이 있었다. '바다로 항해하려고 할 때면 이들은 배에 승선하기 전 최소한 14일간 밤과 낮이 듣고 겁을 먹을 수 있도록 트럼펫을 불어대며 아주 굉장한 소음을 만들어낸다. 깃발을 든 이들이 배 주위를 배회했는데, [이들의 말에 따르면] 신들을 즐겁게 하는 것이며, 이로 인해 안전한 항해를 약속받게 될 것이었다. 귀항해서도 마찬가지로 이들은 14일 동안 감사 의식을 치른다'.46) 오늘

• Porbandar라고도 표기하며, 인도 구자라트 주에 있는 연안도시이다. 마하트마 간디가 태어난 곳이기도 하다.

•• 산이나 효소에 의하여 응고된 우유를 뜻한다.

날 고아에서 어선은 성인의 이름을 따서 명명되며, 선주와 선원들은 그 성인의 축일에 해당 성인에게 예물을 바친다.

그렇다면 이로부터 제기될 수 있는 다른 문제를 들여다보자. 앞서 바다에 있는(*on*) 사람들과 바다의(*of*) 사람들을 구분했음을 기억한다면, 연안 사람들은 모두 바다의(*of*) 사람들이라고 볼 수 있을까? 특히 어부를 살펴보자. '어부와 선원에게 물은 삶이자 죽음이며, 살아가게 하는 존재이자 위험한 실체이다. 위험을 무릅쓰고 한 치 앞도 예견할 수 없는 바다로 나아가서 허술한 널빤지 위에 발을 디디고 서서 자신의 생명을 맡겼던 사람들을 먹어 치웠던 것처럼 물은 똑같이 배의 나무판들을 삼켜 버린다.'[47]

어부는 농부와는 다르다. 이들의 어획량은 정성들여 잘 키운 결과가 아니라 운에 달려 있다. 어로는 토지 경작보다 분명 더 위험하다. 더 먼 곳으로 나가 물고기를 잡을수록 더 많은 위험에 빠질 수 있음을 기억해야 한다. 연안과 먼 바다 어로에서 중시되는 덕목은 개인주의가 아니라 협동과 협력이다. 성별 분업이 농업 사회에서 보다 더 중요한 것도 사실이다. 성별 분업은 육지와 바다에 대한 현재 우리의 논의와 관련해서도 중요한 주제이다. 기본적으로 어부 가족 자체가—육지에서는 여성이 바다에서는 남성이— 육지와 바다를 연결한다고 볼 수 있다. 여성은 어획물을 씻고 가공하고 시장에 내다파는 일을 담당할 뿐만 아니라 토지를 경작하기도 한다. 어부 가족은 확대가족이든 핵가족이든 육지와 바다를 모두 이용할 수 있으며 이용한다. 반면 농민에게는 육지라는 단 하나의 선택지가 있을 뿐이다. 그러나 이용하는 방식 면에서 본다면 육지와 바다는 상반된다. 농업과는 달리 어업은 완전한 착취 활동이기 때문이다. 데이킨의 말에 따르면 '사람들은 언제나 바다에서 생명을 빼앗아간다—바다에 뭔가를 뿌리지도 거름을 주지도 않는다. 오직 수확할 뿐이다.'[48]

이상에서 보민 어민은 바다에 있는(*on*) 사람들이 아니라 바다의(*of*) 사람들임에 틀림없지만, 바다에 의존하는 만큼이나 땅에 의존해 살아간다. 또한 바다에서의 어로 활동은 중개인, 시장, 가공 공장과 같은 육지 사안들에 의해 크게 영향을 받는다는 사실도 틀림없다. 바다 의존성 연속체를 만들 수 있다면, 한 쪽 끝에는 농민과 유목민, 다음에는 각양각색의 해항도시 거주민들, 그 다음에는 어부, 마지막에는 순수한 의미의 해양인이 놓이게 될 것이다. 지금부터 살펴보고자 하는 범주가 바로 이 해양인이다. 이제까지 바다에 대한 육지의 우세를 여러 차례 강조해왔으나 잠시 정의상 예외에 속하는 사람들에게 관심을 돌려보자. 이들은 바다의(*of*) 사람들이다. 그리고 해안 지역의 다른 모든 사람들과는 달리 해양인은 양서류적이지 않다(*not* amphibious). 이들은 물 위나 물 안에서 생애를 보낸다.

이들 중 얼마간은 장기간 배를 탄 선원들로 너무나 오랫동안 바다 위에 있었기 때문에 육지에 익숙해질 수 없었고 육지와의 연결 고리도 모두 잃어버렸을 수 있었다. 1000년경 유명한 항구였던 시라프의 상인들에 대한 기록이 있다. 어떤 상인들은 너무나 많이 이곳저곳을 배를 타고 돌아다니다 보니 생애를 바다에서 다 보내게 되었다. 당시의 기록에 의하면

> 바다에 있는 것에 너무 완전히 길들여져 거의 40년간이나 배 밖으로는 나오지 않았던 한 시라프 사람에 대한 이야기를 들었다. 배가 뭍에 정박이라도 하면 그는 동료들을 해안으로 보내 도심에서의 모든 일들을 처리하게 했으며, 그의 배가 망가져 수리해야 될 때면 다른 배로 옮겨 탔다.[49)]

그러나 이런 사람들은 흔하지 않았을 것이다. 계절풍의 주기에 따라 항해해야 하는 인도양의 대다수 선원들은 바람의 방향이 바뀌기를 기다리면서 적지 않은 '한가한 시간'(down time)을 가질 수 있었으며, 이 시간은 대부분 바다나 배가 아니라 항구에서 보냈다.

오늘날 가장 많이 연구된 진정한 수상인(aquatic people)이라고 할 수 있는 이들은 그 유명한 마쉬 아랍인들(Marsh Arabs)이다. 이들은 나시리야, 아마라, 바스라 사이의 광대한 습지 삼각지대에 있는 티그리스-유프라테스 델타를 삶의 터전으로 하고 있다. 매우 다채로운 매력을 가지고 있으며 다소 시대를 벗어난 삶을 살았던 윌프레드 테자이어의 이야기는 잘 알려져 있다. 그는 1951년부터 1958년까지 여러 차례 습지에서 살았다. 그는 모기, 뱀, 매우 큰 야생돼지(어떤 것은 무게가 300파운드가 넘어 당나귀만한), 벼룩, 홍수에도 불구하고 습지에서 지내는 것을 좋아했다. 이 지역에는 각종 질병들도 우글거렸다.

이질은 풍토병이었으며, 빌하르츠 주혈 흡충증•, 매종••, 십이지장충, 눈병, 결핵도 창궐했다. 그는 마쉬 아랍인들과 많은 시간을 보냈는데, 그 이유는

> 이들은 생기 가득하고 상냥하고 다정다감했다. 나는 이들의 이런 모습과 표정이 좋았다. 아직 바깥 세계의 영향을 거의 받지 않은 이들의 생활방식은 그야말로 독특했으며 습지 자체도 아름다웠다. 신에게 감사하는 바, 여기에는 나머지 이라크 전체에 어두운 그림자처럼 퍼져가고 있는 칙칙한 근대성의—낡아빠진 유럽의 천으로 만든 유니폼을 걸친 듯한— 흔적이 하나도 없다.[50]

마쉬 아랍인 사회는 전적으로 수상 사회(aquatic society)였다. '지면은 단단해 보이지만 매우 질척거린다. 실제로 이는 수면에 떠돌아다니던 나무뿌리와 썩은 식물들이 겹겹이 쌓여서 된 습지였다'. 어떤 습지 섬들은 몇 평방 야드 혹은 1에이커(약 4㎢)에 지나지 않으며, 또 다른 습지 섬들은 멀리 떠내려가지 못하게 밧줄로 말뚝에 묶여 있으며, 어떤 습지 섬들은 그냥 둥둥 떠다녔다.[51] 집들은 물 위에 떠다니는 갈대더미 위에 세워졌으며, 모든 교통수단은 보통은 매우 작은 보트로 이루어졌다. 토르 헤위에르달이 언급한 바, '마쉬 아랍인은 한두 발짝 정도만 걸어 바로 카누 안으로 들어갈 수 있다.'[52] 홍수가 나면 이들은 집 바닥에 갈대를 더 많이 깔아 물기가 없앴다. 한동안 테자이어가 아픈 사람들을 치료하고 있었는데, 환자들이 너무나 많아서 '체중을 이기지 못하고 집 바닥이 물속에 잠겼다. 나는 무릎까지 차는 물속에서 환자들을 치료해야 했다. 집 주인은 전혀 문제가 되지 않는다고 장담했으나 내가 치료를 마치고 자리를 뜨려하자 안도하는 기색이 역력했다.'[53]

이런 식의 생활은 5,000년 전으로까지 거슬러 올라갈 수 있다. 그러나 테자이어가 그곳에 있었던 1950년대 이라크에서는 오일 붐이 시작되었으며, 스스로를 마단(Madan) 사람이라고 지칭한 많은 마쉬 아랍인들도 부를 찾아서 바

• 작은 기생충이 혈관 속으로 파고드는 질병으로, 증상으로는 복통, 설사, 피똥, 혈뇨가 포함된다.

•• 요스, 요오스, 요우스라고도 한다. 스피로헤타 박테리아 매독균에 의해 피부, 뼈, 관절에 발생하는 열대 피부 감염병의 하나이다.

스라와 바그다드로 떠나기 시작했다. 그가 언급한 바와 같이 '아마도 습지에서는 곧 물이 다 빠져나갈 것이다. 이런 일이 생기면 수천 년 지속되어온 생활방식도 사라질 것이다'.[54] 어떤 면에서 제자라고 할 수 있는 개빈 영은 테자이어와 함께 습지를 처음으로 찾아갔다. 그는 1970년대 초 그곳에서 상당히 많은 시간을 보냈다. 그러나 그 때는 이미 상황이 상당히 달라져 있었다. 관광객들이 난입했으며, 떠다니는 하우스보트나 정부 게스트 하우스 혹은 관광객을 위한 방갈로에는 손님들이 들어차있고, 사람들은 카누가 아니라 발동기정(發動器艇)를 타고 다녔다.[55] 상당히 많은 습지가 쌀 경작지로 개간되었으며, 티그리스 강과 유프라테스 강의 범람을 통제할 정책들도 실시되었다. 습지의 규모를 상당 정도 줄이거나, 심지어 물을 완전히 빼기도 했다. 영이 방문했던 시점 이래로 이런 과정은 계속되었다. 사담 후세인이 정적인 시아파들의 습지 피난처를 없애려는 정치적인 목적을 가졌을 수도 있으나, 사실 바그다드를 누가 통치하느냐에 관계없이 습지의 운명은 그렇게 정해진 것이나 다름없었다.

관광객은 인도 서남부에 있는 케랄라의 후미진 강가를 비롯해 다른 수역에도 난입했다. 이 지역은 연안의 모래톱 뒤에 위치하고 있으며, 거주민들도 양서류적인 삶을 넘어 수생적인 삶을 살고 있는 것처럼 보일 수 있다. 이곳의 좁고 긴 지대에는 온통 벼 재배를 위해 물로 채운 논들로 들어차 있다. 남자들은 물고기를 잡는다. 1987년 알렉산더 프리터는 근처를 여행하고 있었는데, 물 위로 사람 머리가 불쑥 튀어나오는 것을 보고 매우 놀랐다. 이들은 얕은 물속에서 바닥에 발을 딛고 걸으며 손으로 물고기를 잡아 올리는 물밑을 걷는 사람들(bottom walkers)이었다.[56] 여성들은 근처에 있는 논에서 일을 한다. 사실 논들이 많이 개간되면서 섬들이 만들어졌다. 몇 개의 섬들은 크고 단단하게 지어져 돌로 만든 둑이나 돌 제방과 크게 다르지 않은데 그 지역에서는 이를 밴드(bands)라고 부른다. 또한 어떤 섬들은 흙으로만 되어 있어 견고하지 못하며 특히 계절풍 기간 동안에는 무너질 수도 있다. 교통, 상업, 통학은 대부분 수상에서 작은 통나무배(dugouts)를 타고 행해진다.

1689년 한 네덜란드인은 이 사회를 다음과 같이 매혹적으로 묘사했다.

> 사방에 있는 둑들을 따라 나무들과 집들이 이루는 크고 작은 마을들이 얼

마나 장관을 이루는지, 이들 마을 어디에서나 볼 수 있는 크고 작은 아름다운 섬들에서 눈이 닿는 저 먼 끝까지 자라고 있는 곡식들이 얼마나 기분을 좋게 하는지 모른다. 시각과 후각을 통해 들어오는 모든 것이 너무나 아름답고 온통 초록이어서 바라보는 모든 것들이 매번 가슴을 뛰게 한다. 정말 보는 것 자체가 기쁨이고 즐거움이다. 특히 기분 좋은 것은 수없이 많은 작은 둑들, 갤리선들, 개울들 여기저기서 풀을 뜯고 있는 소들, 집들 주위를 두른 긴 갈대로 만든 담장들 그리고 너무나 세련되게 짠 돗자리들이다. 한 조각의 나무로 만든 각양각색의 배들이 이리저리 떠다니는데, 어떤 것은 1패덤•밖에 안 돼서 사람이 물건을 들고 서 있어야 할 정도로 작다.57)

수백 년 동안 지역을 돌며 엄청난 양의 쌀을 실어 날랐던 많은 쌀 배는 오늘날 서양의 관광객들, 인도인 여피족••, 닷컴 회사로 백만장자가 된 사람들을 위한 호화 하우스 보트•••로 개조되었다.

다른 곳에서는 대단히 유서 깊은 수상시장이 관광명소가 된 것을 볼 수 있다. 방콕의 수상시장은 여행객이라면 반드시 들려야 하는 곳이다. 오래 전인 1833년 한 미국인 여행객은 다음과 같은 생생한 묘사를 남겼다. 그는 하구에서 강을 따라 올라와 도심에 이르렀다.

우리 [배]는 정크들, 배들 그리고 수상 가옥들 사이를 비집고 나아갔다. 이 모두는 눈부시게 아름다운 혼란 속에서 뒤얽혀 있었으며 이로 인해 강변은 더 이상 우리의 시야에 들어올 수 없었다. 옷 바구니보다 크지 않은 것들을 비롯해 수백 척의 조그만 카누들이 오고 갔다. 탈라포인 원숭이(talapoins)•••• 나 승려들을 싣고, 이집 저집으로 느긋하게 노를 저어가면서, 탈발하는 카누들이 많았다. 수상 가옥들의 거주자들은 입구 쪽 덧문을 걷고, 팔 물건을 내놓았다. 날염 옥양목, 종이우산, 설탕절임 과일, 신선한 과일, 냄비와 솥 등

• 물의 깊이 측정 단위로 6피트 또는 1.6m에 해당한다.

•• "젊은 도시 전문직"(young urban professional)의 약자, 도시에서 고소득 · 전문직 직업에 종사하는 이들로 정의된다.

••• 집같이 생긴 배, 지붕 있는 배를 이른다.

•••• 탈라포인 또는 탈라포인원숭이는 몸집이 작고 누른빛이 도는 꼬리 긴 원숭이로 물 근처의 우림이나 맹그로브를 좋아하고 나무 위에서 사는 수목형 동물이다. 이들은 헤엄을 잘 치며, 먹이를 찾아 물속에 들어가기도 한다.

을 최대한 행인들의 관심을 끌 수 있는 위치에 놓았다. 장사를 하는 이들은 모두 여자들이었으며, 남자들은 담배를 피거나 카누를 타고 바다에 나갈 채비를 했다.

뒤에 그는 다음과 같이 언급했다.

가장 잘 나가는 상점들은 강 위 나무로 된 부낭(浮囊) 위에 있다. 홍수가 나면 온 시가가 침수되며, 주거지들 간의 유일한 교통수단은 보트이다. 홍수로 강이 불어나는 매년 이 시기에 주민들은 물론 수상 가옥들과 전체 거리들이 때로는 계류 장소에서 떨어져 나와 표류하다 강을 따라 떠내려가게 되면 쇼핑은 완전히 대혼란에 빠진다. 그럼에도 불구하고 이들 수상 거리들은 나름의 장점이 있다. 골칫거리였던 이웃의 집, 가족, 가재도구나 모든 것이 떠내려가 버리면 그 이웃은 거주할 장소를 찾아 다른 곳으로 떠날 수 있다. 맞은 편 가게에 손님을 뺏긴 상인이라면 아무런 미련 없이 다른 곳으로 옮겨 갈 수 있다.[58]

이들을 전형적인 해양인의 범주에 넣고 싶을 수 있지만 육지와 바다 의존 연속체의 한쪽 말미 정도에 위치시키는 것이 더 적당할 것이다. 신중한 독자라면 이들 누구도 순전히 수생 생활만 하지는 않았음을 알 것이다. 인도양 주변 국가들에 살고 있는 대부분의 사람들, 심지어 인도양 해안가에 살고 있는 이들조차도 과거에도 지금도 진정한 의미에서의 해양인이라고는 할 수 없다. 위치가 모든 것을 결정하지는 않는다. 언제나 파도 소리를 들으며 산다고 해양적이라고도, 늘 배로 다닌다고 수생적이라고도 말할 수 없다. 인도의 최남단에 있는 카니아 쿠마리(Kanya Kumari) 근처의 한 섬에 있는 비베카난다(Vivekenanda) 사원에 있는 승려들을 예로 들어보자. 이들은 배를 타고 자주 본토를 오가지만 해양적인 것과는 아무런 관계가 없다. 그렇다고 이들은 먼 바다 길을 건너 찾아온 순례자들에게 봉사하는 승려들도 아니다. 문제가 얼마나 복잡한지 알 수 있을 것이다. 예를 들어, 바다에는 한 번도 나가 본적이 없지만 바다에 나가는 이들을 돕고 이들이 가져온 물품을 시장에 내다팔면서 살아가는 여자 어부에 대해서는 어떻게 판단할 것인가?

이런 생각을 더 밀고 가다 보면 대체로 바다에서의 상황은 별반 중요치 않다는 주장으로까지 나아갈 수 있다. 브로델은 잘 알려져 있는 1571년 레판토 해전에 대해 다음과 같이 썼다. '한 가지 분명한 점은 결국 레판토 해전은 해전의 승리였을 뿐이었다. 광대한 대지로 둘러싸여 봉쇄된 이 해양세계에서 벌어진 레판토 해전은 대륙 내부에까지 깊숙이 자리잡고 있었던 터키의 뿌리를 파괴하지는 못했다.'[59] 바다에서의 전투는 육지에서의 전투보다 훨씬 덜 살육적이고 덜 파괴적이다. 육지에서의 군대는 비전투요원을 포함해 특히 현 세기에는 많은 사람들을 살상하고 생산물과 사회기반시설을 파괴한다. 해전에서는 대체로 소수의 선원들이 죽는다. 육지에 기반을 둔 제국이 쇠퇴하면 해항도시와 해상 무역에 해로운 영향이 미친다는 주장이 있다. 나중에 이에 대해 검토할 것이다. 그러나 바다에서 손실이 발생하면 육지에서의 생산도 영향을 받는다고 주장하는 사람은 거의 없다. 해상 제국은 교역에 참가할 수 있으며 심지어 교역을 통제하려고 하지만, 육상 제국은 생산을 통제할 수 있다. 이는 매우 중대한 차이점이다.

힌두 문화와 무슬림 문화의 규범적 진술(規範的陳述)은 모두 바다에 대한 심오한 적대감 혹은 불신을 반영하고 있다. 마누법전에는 흑수(Black Water)를 건너려 감행한 이를 처벌하는 규정이 있다. 어찌되었든 얼마간의 힌두교도들이 해로로 다녔던 것도 사실이지만, 인도 해안의 상인과 어부는 일반적으로 하층 카스트 출신이라는 사실도 분명히 중요하다. 무슬림 문화에서도 경구(警句)가 아주 많다. '배를 타고 다니는 상인은 통나무에 매달려 있는 어리석은 벌레와 같다.' '바다에서의 전쟁(wars by sea)은 상인들의 일이며, 위신 있는 왕이 신경 쓸 바가 아니다.' 그리고 칼리프 우마르(Caliph Umar)는 다음과 같은 조언을 들었다.

> 바다는 한없이 넓은 만경창파로, 제아무리 큰 배들도 바다에서는 아주 작은 점들에 불과하다. 그저 위로는 하늘이 아래로는 물이 있을 뿐이다. 바다가 평온하면 선원의 정신은 무너진다. 폭풍우가 몰아치면 선원의 정신은 거침없이 휘청거린다. 조금도 믿지 말고 많이 두려워해라. 바다에서 사람은 파편 조각 위에 있는 벌레로 때로는 두려움에 사로잡히고 때로는 죽음의 공포를 느낀다.[60]

그러나 무슬림들은 이런 경고를 아예 무시했으며 천 년간이나 인도양에서 주도적인 역할을 했다.

경험 많은 한 선장은 언젠가 다음과 같이 말했다. '나는 바다로 나가는 것이 너무 좋다. 그러나 나가서 거기에 있는 바다는 좋아하지 않는다. 바다는 내 친구가 아니다. 바다는 하루 24시간 내내 나의 절대적인 숙적이다.'[61] 존슨의 말에도 귀 기울여 보자. '왜 아무도 선원이 되려고 하지 않는지, 왜 갖은 수완을 부려가며 차라리 감옥에 들어가려 하는지. 그 이유는 배를 타는 것은 감옥에 있는 것과 진배없으며, 거기에 더해 물에 빠져 죽을 위험까지 있기 때문이다.'[62] 그러나 존슨은 영국인 중에서도 보기 드문 사람이었다. 그는 뭍 사람이었기 때문이다. 그는 연안에서 100마일이 넘는 내지에 위치한 영국의 몇 안 되는 도시들 중 하나인 리치필드에서 태어났으며 52살이 되어서야 처음으로 바다를 보았다. 콘래드가 그의 소설 『청춘』(*Youth*)을 시작하면서 지적했던 바와 같이 대다수 영국인들은 바다에 대해 얼마간의 지식 혹은 심지어 경험을 가지고 있다. '사람과 바다가 서로 스며드는 곳, 다시 말해 바다가 일정부분 사람들의 삶으로 들어오고 사람들은 바다에서 놀거나 배를 타거나 생계를 도모하는 방식 등을 통해 바다에 대해 무언가를 혹은 모든 것을 알고 있는 곳이 영국이다. 이런 일은 영국이 아니고는 그 어디에서도 일어날 수 없다.'[63]

다소 냉철하게 얼마나 많은 이들이 실제로 바다에서 생계를 꾸리는지 혹은 바다와 관련된 직업에 종사하는지 질문할 수 있다. 이는 매우 큰 논쟁거리가 될 것이다. 1891년과 1901년 인도 인구조사에 의하면 바다와 관련 있는 모든 일들에 종사하고 있는 사람들의 숫자는 농업과 비교할 때 매우 극소수였다는 사실 만을 지적하고자 한다. 1891년 인도 인구의 61%가 '목축업과 농업'에 종사한 반면 상당히 넓게 정의된 해양 범주에 종사하는 이들은 1%에서도 한참 모자랐다. 1901년의 통계도 크게 다르지 않았다.

브로델의 마지막 문장들은 이를 아주 적절하게 보여준다. 그는 다음 문장으로 자신의 고전적인 저서를 끝맺고 있다.

> 16세기 지중해는 압도적으로 농민, 소작농, 지주의 세계였다. 농업과 농

작물 수확은 이 세계의 사활이 걸린 중대한 문제였으며, 여타의 모든 것은 상부구조, 축적의 결과, 자연스럽지 않은 도시로의 전환의 결과에 지나지 않았다. 농민과 농작물, 환언하면 인구의 크기와 식량 공급 현황은 조용히 저변에서 이 시대의 운명을 결정했다. 장기적으로도 단기적으로도 농업은 절대적으로 중요했다. 농업이 늘어가는 인구를 부양할 수 있는지 그리고 너무나 눈이 부셔 우리로 하여금 다른 것들을 보지 못하게 했던 도시 문명의 호화로움을 지탱시켜 줄 수 있는지? 이는 모든 세대가 해결해야 했던 매일 매일의 긴급한 문제였다. 나머지는 사소함 속으로 사라진 것 같다.[64]

인도양 역사의 시작

대부분의 인간 문화는 수메르, 힌두, 불교—이슬람은 다음 장에서 논의될 것이다— 문헌들에서 발견되는 바와 같이 창세기, 즉 생명의 시작과 관련된 신화를 가지고 있다. 수메르 신화에 따르면 민족의 시조는 남쪽 바다에서 티그리스-유프라테스 강 계곡으로 왔다. 뱃길은 신들, 특히 수메르의 태양신인 우투(Utu)와 복잡하게 관련되어 있다. '정직을 추구하는 데에 힘쓰는 배는 바람과 함께 출범하고, 우투는 그 배를 위해 정직한 항구를 찾을 것이다. 악에 기운 배는 바람과 함께 출범하고, 우투는 그 배를 좌초시켜 해안에 얹힐 것이다.'[1] 불교 우주론에서 인간이 거주할 수 있는 네 대륙들은 커다란 대양 안에 있었다. 그리스인들과 마찬가지로 바다가 여러 개 있다고 믿는 불교도들도 있었다. 그러나 부처는 어떻게 세상이 창조되었는지 혹은 얼마나 오래 지속될 것인지에 대해서는 헤아려 보려고 하지 않았다.

마찬가지로 힌두교에서도 유대-기독교 교리와 비교해 창조론이 명확치 않다. 힌두교는 바다에 관심이 적었는데, 이는 의심할 여지없이 아리안족의 육지 지향성을 반영한다. 기원전 첫 1000년대 초부터 전래된 초기 힌두교의 창조 신화인 유명한 '원시인의 찬가'(Hymn of the Primeval Man)에서 보면 브라흐만(Brahmanas)의 일부분이기도 한 원시인, 즉 프라자파티(Prajapati)가 분해되면서 세상이 창조되었다. 그의 몸통 부분에서 사대신분(계급)인 바르나(Varna)가 나왔으며, 달과 태양 그리고 바람은 다른 부분에서, 공기와 하늘 그리고 땅은 또 다른 부분에서 생겨났다. 중요한 것은 바다에 대한 언급이 없다는 점이다. 그러나 후기 힌두교로 가면 세상을 멸망시킨 세계적인 홍수와 우주의 바다나 천상의 강에 대한 언급이 등장한다.[2] 푸라나(Puranas)•에서 생명의 기원은 바다로 거슬러 올라가며, 바다는 다이아몬드, 진주, 루비와 같은 부와 재물의 창고로 여겨진다. 인생길은 필요하지만 시련과 고난으로 가득 찬 바다를 건너는 행로로 묘사되었다. 전통적인 믿음에 따르면, 서로 연결되어 있지만 각기 다른 특성을 가지고 있는 일곱 개의 바다들이 있었다. 이 바다들은 일반적으로 위험하고 알 수 없는 곳으로 여겨졌다. 바다를 건너는 이들은 세상을 버리고 자신의 목숨을 버릴 준비를 하는 사람을 의미하는 야티(yati)라고 불렸다.[3]

힌두교의 주요 신인 비슈누는 여러 형태로 바다와 관련을 맺고 있다. 비슈누는 바다 위에 있는 것으로 자주 표현된다. 사원에 있는 비슈누 상들 중에는 세상의 주기적인 절멸과 소생 사이의 시간 동안 우주의 바다에서 잠자고 있는 거대한 뱀 세사(Shesa)의 똬리에 기대거나 누워있는 비슈누 상이 있다. 또한 비슈누는 힌두 신화에서 반복적으로 나타나는 주요 사건들 중의 하나인 신과 악마 간의 계속적인 투쟁에서 중요한 역할을 했다. 한 투쟁에서 인도 신들은 상당히 많은 힘을 잃어버렸다. 신들은 대양 깊숙한 곳에 숨겨진 불멸불사의 생명수인 암리타(amrita)를 얻을 방도를 의논하기 위해 세상의 배꼽인 메루산에 모였다. 논의 끝에 비슈누의 제안에 따라 바다를 거세게 휘젓기로 결정했다. 바다를 휘저으니 14개의 보물들이 나왔다. 그중에는 태양, 달, 비슈누의 아내인 락슈미, 달의 신인 찬드라, 그리고 와인의 여신인 바루나가 있었다.[4] 신들의 의사인 단반타리(Dhanvantari)가 바다에서 최고의 보물인 암리타를 들고 나왔다. 몇 번의 실패를 거친 후에 신들은 마침내 암리타를 먹었으며, 그 결과 신들은 힘을 회복했다.

마누법전과 다르마샤스트라(Dharmasastra)••에서 보는 바와 같이 이후에

• 푸라나는 힌두교 경전의 하나로, 우주의 창조에서 소멸까지의 우주의 역사에 대한 설화 · 영웅 · 성인 · 반신들에 대한 설화, 힌두교의 우주론과 철학, 힌두교 관련 지리에 대한 내용 등을 담고 있는 종교적인 설화집이다.

•• 힌두 신앙과 법적 임무와 관련된 산스크리트 문헌이다. 원래 인도의 브라만 전통의 산물로, 종교, 법, 윤리, 사상에 관한 종합적인 힌두 지식 체계를 의미한다.

힌두 사상은 대양을 훨씬 더 비관적으로 인식했다. 대양은 흑수를 뜻하는 칼라 파니(kala pani)로 불렸다. 카스트 용어로 더러움에 오염될지도 모른다는 커다란 두려움 때문에 칼라 파니를 건너는 행위는 금지되었다. 때문에 많은 이들은 힌두교도에게 해로 여행은 금기였다고 주장한다. 그러나 샤스트라(Sastras)•에서는 정말이지 훨씬 더 유연성이 보인다. 이런 금기는 엄격한 법령이라기보다는 일종의 행동수칙 정도였다고 봐야 할 것이다. 힌두 사상이 바다와 크게 관련이 없거나 바다에 대해 긍정적이지 않았지만 아주 오래 전부터 힌두교도들은 대양을 건너다녔다. 하층 카스트의 사람들은 특히 상층 카스트의 사람들이 오염시킨다고 본 직업을 떠맡았다. 해안 교역과 어로는 예나 지금이나 하층에 속하는 이들의 일이다.

최근 일부 인도 연구자들은 과거에 인도가 해양성을 지니고 있었음을 그리고 초기 인도 문헌에서 바다와 배가 중심적인 역할을 했음을 강조하려고 노력한다. 이들은 아주 초창기 리그 베다(*Rig veda*)를 보더라도 인도가 해양성을 지닌 자랑스러운 역사를 가지고 있었다고 주장한다. 그리고 많은 전거들을—얼마간은 누가 보아도 애매모호한데— 라마야나(*Ramayana*), 아르타샤스트라(*Arthasastra*), 그리고 마하바라타(*Mahabharata*)에서 가져온다.[5] 이 열렬분자들의 진정성은 결코 의심할 수 없지만, 사실 신화라는 측면에서 볼 때 인도는 바다에 별로 관심이 없었던 축에 속한다.

인도양이 어떻게 1장에서 묘사한 바와 같은 형태를 갖추었는가? 약 2억5천만 년 전 현재의 모든 대륙이 하나의 거대 대륙(혹은 초 대륙)을 이루고 있던 판게아(Pangaea)가 갈라지면서 북쪽에는 로라시아 대륙이 남쪽에는 곤드와나 대륙이 생겨났다. 약 1억 년 전 곤드와나 대륙은 또 다시 쪼개어져 남아메리카, 아프리카, 인도, 남극 대륙, 오스트레일리아로 나누어졌다. 남극 대륙과 오스트레일리아 대륙들은 약 6천5백만 년 전에 나머지 대륙들로부터 멀어졌다.[6] 이때부터 인도양은 현재의 형태에 가깝게 되었다. 그러나 인도양이라고 알아볼 수 있는 수괴(水塊)가 형성된 이후에도 규모는 작아졌지만 변화는 계속되

• 산스크리트어로 경전, 지식, 인식, 규범, 규정을 의미하며, 불교 또는 힌두교에서 특정 경전에 대한 주석서들이나 논저들을 지칭한다.

었다. 잠베지 강, 티그리스-유프라테스 강, 갠지스 강, 이라와디 강, 메콩 강과 같은 강의 델타지역은 알려져 있다시피 변화가 잦은 지역이다. 약 만5천 년 전 해수면은 오늘날보다 100m나 그 이상 낮았다.7) 오늘날 지구온난화는 위협적일 정도로 해수면의 급격한 상승을 불러오고 있다.

인간이 나간 최초의 바다는 인도양이었다. 인간의 아프리카 기원설(Out of Africa theory)을 뒷받침하는 최근 고고학적 성과 중의 하나는 홍해 연안 에리트레아• 연안에서 발견된 한 정주지이다. 이곳에 정주했던 이들은 최소한 12만5천 년 전에 배를 이용했으며 바다에서 난 굴과 조개류를 먹었다.8) 인도양의 다른 끝에서도 아주 초기부터 항해가 이루어졌던 것으로 보인다. 이들 항해의 결과 오스트레일리아와 뉴기니에 사람들이 정주하게 되었다. 이는 처음으로 인간이 현재 오스트레일리아와 뉴기니 지역이며 사훌(Sahul)이라고 불린 지역으로 이주하면서 아프리카-유라시아 대륙의 밖에 있는 육지에 정착했다는 의미에서 중대한 사건이었다. 이러한 이주를 위해서는 심지어 해수면이 오늘날보다 훨씬 더 낮았던 6만 년에서 4만 년 전에도 오늘날 멜라네시아와 오스트레일리아 원주민의 조상들은 순다대륙을 떠나 최소한 폭이 65km에 이르는 열린 해협을 건너야 했으며, 그 외의 시기에는 폭이 150km에 달하는 바다를 횡단해야 했음을 의미한다.9) 한참 후인 기원전 7000년부터 인도양의 북부 연안 주위에서 수렵 채집 생활을 하며 살아간 사람들이 있었다는 증거도 있다. 상품도 교환되었다. 예를 들어 시리아 북부에서 발견된 조개껍질로 만든 구슬은 기원전 5000년경 인도양 지역에서 걸프를 거쳐 들어간 것이 확실하다.10)

자크 쿠스토는 모든 육상 척추동물의 조상으로 오래전 멸종된 어류인 선기목(扇鰭目 Rhipidistia)의 가장 가까운 친척, 즉 '살아 있는 화석'(living fossil) 물고기인 실러캔스를 코모로 제도 근처 해안에서 발견했다. 실러캔스는 세계에서 가장 오랫동안 변하지 않은 어종으로, 3억5천만 년까지 거슬러 올라가는 바위에 있는 실러캔스 화석과 생김새가 같다. 이 고대 어류는 평균 100파운드(45kg)가 나가며, 500피트(152m)에서 1300피트(396m) 바다 속에서 잡힌다.

• 아프리카 북동부 · 홍해에 임한 공화국으로 1993년 에티오피아로부터 독립했다.

실러캔스는 단단한 비늘과 다리 같은 지느러미를 가진 강한 육식 동물이다. 오랫동안 멸종되었다고 여겨졌으나 1938년 아프리카 동부 연안에서 한 마리가 잡혔다. 이후 코모로 제도 근처에서도 잡혔는데, 코모로 제도 사람들은 이 어류를 잘 알고 있을 뿐만 아니라 자주 잡았다는 사실이 알려지기도 했다.[11]

인도양의 초창기 배에 대한 정보를 얻을 수 있는 고고학적 자료는 거의 없다. 이 장과 다음 장에서는 대부분 남위 10° 이북 인도양을 오고갔던 배들을 다룬다. 유럽인들이 희망봉 루트를 발견하고 이후에 희망봉에서 오스트레일리아 서부, 인도네시아까지 이르는 항로를 개척하고 나서야 인도양의 절반 정도에 해당되는 남위 10° 이남의 바다에서 배들의 왕래가 잦아졌다. 초기의 배는 이집트의 파피루스 배와는 달리 갈대로 만들어진 카누였으며, 아직도 티그리스-유프라테스 델타 습지에서 베르디 갈대(berdi reed)로 만든 배를 볼 수 있다. 갈대를 일단 다발로 만든 다음 여러 다발들을 함께 다시 묶는 방식으로 배를 만든다. 물이 새어 들어오지 않도록 하기 위해 피치 같은 것을 입혔는지에 대해서는 이견이 있다. 갈대배는 통상 배를 만들기 위해 사용된 갈대의 부력 총량 정도의 부력만을 가지기 때문에 물속으로 낮게 가라앉는다. 토르 헤위에르달은 길이가 약 60피트(18m)에 달하는 커다란 갈대배를 제작하고 나서 선원 12명과 함께 항해를 시도했다. 이 과정에서 그는 갈대배를 이용한 항해는 시간이 많이 걸리고 매우 힘든 일임을 체험했다.[12]

갈대배에서 물이 새지 않고 공기를 막아 부력을 얻을 수 있도록 나무로 건조된 배로의 변화에는 오랜 시간이 걸렸다. 나무배 즉 목선은 오래 전인 약 5000년 전 인더스 계곡 문명 시기로 거슬러 올라가지만 이보다 훨씬 앞서 출현했을 것이다. 인더스 계곡 문명이 목선을 만들고 있었을 때에 당시 수메르 사람들은 목선에 비해 질이 상당히 낮은 갈대배만 가지고 있었던 것 같다.[13] 이슬람의 도래 이후 시기가 되서야 배 건조, 유형, 항해 등에 관한 훨씬 더 자세한 상황을 알 수 있다. 이슬람 도래 이전 시기에 장거리를 오가던 배는 그 유명한 다우와—다음 장에서 자세하게 다룰— 같은 유형의 배였을 거라고 추정된다. 다시 말해 당시 배는 못을 사용하지 않았으며 인도산 티크로 건조되고 대형 삼각돛을 이용해 순풍과 역풍을 가로질러 선수에 바람을 안고 항해했다.

여전히 인도양 해안 주변에서 발견할 수 있는 원시적인 연안 배들은 아득한 옛날로까지 그 기원을 거슬러 올라갈 수 있다. 17세기 영국인 상인이자 선원이었던 토마스 보우리는 천 년의 역사를 가진 고깃배인 무크바르(mukkuvar)에 대한 생생한 기록을 남겼다. 보우리는 먼 바다에 나갔다가 4일 밤낮을 헤엄을 쳐 해안으로 돌아왔던 한 남자에 관한 이야기도 전한다.[14)]

나중에 이런 배들은 이 지역의 높은 파도 때문에 해안 멀리 떨어져 정박해야 했던 큰 배들을 보조하는 거룻배로 이용되었다. 1810년에 그레이엄 부인은 이런 배를 다음과 같이 묘사했다. '파도를 넘기 위해 탄 배는 크고 가벼웠으며 매우 얇은 판자들을 꿰매는 방식으로 만들었으며 틈을 완전히 밀봉하면 배가 너무나 빽빽하게 되기 때문에 틈새에는 밀집을 채웠다. 가장 중요한 목적은 배가 유연성을 갖도록 하는 것이었는데, 이는 가죽에 물을 먹이는 것과 같은 이치로 그렇지 않으면 배는 산산조각 날 것이다.' 그는 인도 동남 연안의 어디를 가나 볼 수 있는 쌍동선(catamarans)에 대해서도 글을 남겼다. 1810년 그는

> 해변으로 걸어 나가 연안에 있는 쌍동선을 보았다. 이들은 가벼운 통나무 두 개를 한데 묶어 놓은 형태였다. 두 통나무 사이에는 끝 부분에 스탬피스의 역할을 하도록 작은 나무 조각을 끼워놓았다. 줄은 언제나 풀어놓고 물에서 나오면 자연 건조되도록 양지에 두었다. 건조는 배의 가벼움과 부력에 필수적이다. 물로 나갈 준비가 되면 두 사람이 배를 타고 노를 저으며 파도를 뚫고 나아가며 고기를 잡기 시작한다…[15)]

15세기 초 수마트라에서 본 광경에 대한 짧은 묘사도 크게 다르지 않다. '하층민들이 그물로 물고기를 잡으며 삶을 영위한다. 아침에 이들은 통나무로 만든 배를 타고 돛을 올리고 바다로 나아간다. 저녁에야 배를 타고 돌아온다.'[16)]

티그리스-유프라테스 지역과 인도 북서부에서의 초기 문명들, 즉 메소포타미아 문명과 인더스 계곡 문명의 흥기는 해상 교역을 포함해 무역 전반에 심대한 영향을 미쳤다. 이제 인도양을 고속도로처럼 이용한 비교적 정기적이고 조직적으로 수행되었던 교역에 대해 살펴보자. 해로는 이들 두 문명을 경제적으로 연결시킨 주인공이었다. 육로 교통은 현재에도 마찬가지지만 과거에도 상상을 초월할 정도로 장애가 많았기 때문이다. 역사상 처음으로 연안 거주자들은 계급 분화가 더 일어나고 그리하여 멀리 다른 곳에서 실용품과 사치품

모두를 가져올 필요가 있었던 도시에 살게 되었다. 최초의 세 문명들 즉 메소포타미아 문명, 인더스 계곡 문명, 이집트 문명 사이에 교역이 이루어졌지만, 기원전 3000년에 시작된 것으로 보이는 전자 두 문명 간의 교역을 중심으로 논의를 전개하고자 한다. 인더스 계곡 문명에 대해 우리가 알고 있는 바는 거의 전적으로 고고학적 성과에 기반하고 있다. 상형문자로 된 글은 아직도 해독되지 못했다. 그 유명한 수메르의 설형문자 명판은 해독되어 어느 정도의 정보를 제공하고 있다.

이제까지 알려진 정보를 취합해 보면 인도양 역사 전반을 통해 지속된 첫 번째 아이러니가 발생했음을 알 수 있다. 인도양 무역과 항해의 중심 혹은 지주는—앞으로의 논의에서도 자주 의식하게 될 테이지만— 언제나 인도였다. 그러나 역사 대부분을 통해 인도에게 해상 무역은 필수사항이라기보다는 선택사항이었다. 최근까지도 이 아대륙은 모든 기본적인 필수품을 자급자족할 수 있었기 때문이다. 당시 인도양 해상 무역은 선택 사항에 속했다. 이 사실로부터 영국이나 일반적으로 유럽 연안국들과 같이 해양과 깊은 관련이 있는 지역들은 고사하고 인도양의 여러 다른 지역들과 비교해서도 왜 바다가 항상 인도인들의 의식의 중심이 아니라 주변에만 머물러 있었는지를 설명할 수 있다.

인더스 계곡 문명과 관련해 중요한 항구는 캄베이 만에 있는 로탈(Lothal)이었다. 물론 쿠치대습지(Rann of Kutch), 인도와 딜문(Dilmun)을 연결하는 오만, 걸프에 있는 바레인, 인도와 메소포타미아 특히 우르(Ur)를 연결하는 지역에도 항구들이 여럿 있었다.[17] 메소포타미아에서 문명은 델타 지역에 기반을 두었다. 그러나 이 지역에는 바위나 돌, 광물 심지어 건축자재로 쓸 만한 나무조차 변변찮았다. 때문에 무역은 인더스 계곡 문명에서 보다는 메소포타미아에서 훨씬 더 절실하고 필수적이었다. 반면 전자는 필요한 모든 원자재를 가지고 있었기 때문에 무역은 해도 되고 안 해도 되는 자유재량 사항이었다. 이 문명에서 무역은 새로운 시장을 얻기 위해 그리고 이국풍의 진귀한 물품을 취하기 위해 행해졌다. 메소포타미아는 인도로부터 진귀한 물품은 물론 인도산 티크와 같은 필수품도 수입했다. 홍옥수 구슬을 비롯해 인도 산 교역품들이 BCE 2600~2500년경으로 올라가는 우르의 왕족 묘지에서 발견되었다. 후에 아카드의 사르곤(사르곤 대왕)은 딜문(바레인), 마간(마크란과 오만), 그리고 믈루하(인더스 계곡 문명 지역)와의 교역을 자랑하곤 했다. 당시 인더스 계곡 문명에서 메소포타미아로 간 교역품에는 견목(堅木), 주석, 구리, 금, 은, 홍옥수, 조개껍질, 진주, 상아, 그리고 레드 독(red dogs), 고양이, 공작, 원숭이와 같은 동물들이 포함되어 있었다. 인더스 계곡 문명의 무게 추들과 인장들도 메소포타미아에서 발견되었다.[18]

해상 교역이 인더스 계곡 문명에서 보다 티그리스-유프라테스 계곡에 있는 도시들에서 훨씬 더 중심적인 역할을 수행했음을 보여 주는 다른 증거들도 있다. 수메르의 명판들에는 교역품 목록뿐만 아니라 해외로 오갔던 왕과 상인들, 화물 리스트, 심지어 난파선이나 해상 재난과 같은 해사 관련 사항도 언급되어 있다. 인더스 계곡의 문자가 아직 해독되지 않았지만 이 문명의 왕들은 하나 같이 바다에 별 관심을 보이지 않았다고 추론할 수 있다.

남아있는 단편적인 증거들은 주로 규모가 꽤 큰 원거리교역에 관한 것이다. 기록을 남기지 않은 연안 무역도 당연히 중요하며 주목받을 충분한 가치가 있음을 그리고 거의 모든 기록의 특권을 누리고 있는 엘리트 계층의 수요를 충족시켰던 원거리교역보다 역사상 훨씬 더 중요했음을 기억해야 한다. 증거를 통해 필수품 교역을 입증하기는 쉽지 않다. 식량이나 의류와 같은 필수품들은 아무런 고고학적 흔적도 남기지 않기 때문이다. 그러나 인더스 계곡 문명에서는 예를 들어 인더스 강 어구에 있는 지역에서 로탈까지 해상 교역은 상당히 광범위했음에 틀림없다. 고대 인도와 메소포타미아 교역을 연구한 로밀라 타파르는 다음과 같이 지적한다. 수없이 많은 작은 배들이 '이 항구에서 저 항구로 돌아다니는 이동 상점들과 같은 역할을 했는데, 이렇게 순회하는 항구들은 대체로 정해져 있었다. 거의 아무런 주목이나 관심을 받지 못한 이런 종류의 교역은 오늘날까지 이어지고 있다.'[19] 이런 연안 교역은 인도양의 가장자리 주변부 어디에서나 일어났다. 예를 들어 기원전 첫 천 년 시기에도 스와힐리 연안을 따라 소말리아와 모잠비크 해협 간에는 교류가 행해졌다. 이 시기는 물론 역사를 통틀어, 인도양 무역을 가장 잘 표현해 주는 두 용어는 연안 항해를 의미하는 주항(周航, periplus)과 연안 교역(cabotage, or tramping)이다.

초기 교역이 성행했다고 알려진 인도양의 또 다른 해역은 이집트에서 홍해로 내려가는 지역이다. 이 해역에서의 교역 범위는 홍해를 넘어가지 않았을 것으로 보인다. 일찍이 BCE 5000년 무렵 홍해의 최남단 아프리카 쪽에 있는 푼트(Punt)와도 교역이 행해졌다는 증거는 있다. 그러나 기원전 첫 천 년의 시작 즈음 방금 언급했던 이 지역에서 원거리교역은 쇠퇴한 것으로 보인다. 이런 현상은 원거리를 무릅 쓰고 교역할 만한 가치가 있는 유일한 상품이었던 사치품에 대한 수요를 발생시켰던 여러 대국들이 이 시기를 전후해 쇠퇴했다는 사실과 관계가 깊을 것이다. 연안 교역은 계속되었지만, 원거리교역은 서기가 시작되기 전 마지막 300년 동안에만 다시 부흥했던 것으로 보인다.[20]

예전에 이 시기 원거리교역의 부흥을 외부로부터 온 상인들, 즉 처음에는 그리스인들 그리고 나중에는 로마인들의 도래 때문으로 설명하려는 시도가 있었다. (그러나 지나가는 말이지만 이런 주장을 펼친 이들 중 누구도 정확한 자료를 제공하지는 못했다.) 장거리 직항을 위해 꼭 필요했던 지식인 몬순의 '발견'(discovery)조차 그리스 선원인 히팔루스(Hippalus)의 공헌으로 돌려졌다. 그러나 이와는 완전히 달리 이전 장에서 개괄했듯이 몬순을 비롯한 항해의 핵심 사항들은 최소한 청동기 시대(BCE 3000~BCE 1000)부터 선원들에게 널리 알려져 있었다.[21] 이에 대한 구체적인 증거가 없는 것도 사실이나, 기원전 2세기 후반 혹은 심지어 기원전 3세기경 인도와 아랍인 선원들은 홍해 어귀에서 인도까지의 직선 항로를 이용했음은 분명하다.[22]

그리스와 로마의 선원들과 상인들이 미친 영향을 보자면 단편적이지만 기록을 남겼다는 사실로 인해 비교적 많은 정보가 알려져 있다. 고고학 발굴로 이들 기록의 실상을 더욱 자세히 알 수 있게 되었으며 그리스인도 로마인도 추정되어 온 바처럼 그렇게 획기적인 역할을 하지 않았음이 드러났다. 이들은 인도양에 있던 기존의 복잡한 교역 네트워크에 참여했을 뿐이었다. 기록과 고고학 성과를 모두 살펴보아야 함을 보여주는 예는 또 있다. 1세기 중반 유명한 안내서인, 『주항기』(周航記, the Periplus)•는 걸프에서의 교역을 전혀 언

• 고대 인도양 주변 해양무역에 관한 그리스어로 쓰인 항해안내서이다. 영어로는 *Periplus of the Erythraean Sea*로, 우리나라에서는 『에리스리안해 안내기』, 혹은 『에리트레아항해지』, 혹은 『에리트라해 안내기』로 번역되기도 한다. 에리트레아 해(Eritrean Sea)는 현재 홍해를 의미하나, 이 안내기가 쓰인 고대 그리스에서는 인도양 전체와 홍해, 걸프(페르시아 만) 모두를 아우르는 명칭으로 사용되었다.

급하지 않았지만, 고고학 성과를 보면 3000년이나 거슬러 올라갈 수 있는 관계는 부침과 부활을 계속했지만 이 시기 걸프는 인도양 교역권에 상당히 잘 통합되어 있었다.[23)]

오래되고 매우 유럽중심적인 시각에 따르면 '처음부터 끝까지 원동력은 서양에서 나왔으며, 거의 변화 없는 삶을 사는 동양을 서양이 발견했다.'[24)] 로마인은 인도양 서부의 교역을 지배했으며 인도 코로멘델에 있는 아리카메두(Arikamedu)에 로마 식민지가 있었다고 주장한다. 이 주장은 영국의 고고학자 모티머 휠러가 이곳에서 발견한 많은 로마 동전에 기반을 두고 있다. 그러나 그는 실제 어떻게 로마 동전이 그곳에 있게 되었는지는 생각하지 않았다. 언제나 어떻게 로마산(産) 물품이 또는 중국산 상품이 고고학자가 발견한 그 장소에 있게 되었는지를 반드시 자문해보아야 한다. 일반적으로 중국인 혹은 로마인은 이 물품들의 이동 초창기에만 관여했다. 이런 현상은 상품이 최종 목적지에 도달하기까지 수차례 손이 바뀌었던 릴레이 무역이 가지고 있는 속성에서 비롯된다. 바로 이런 물품들이 수백 년 뒤에 발굴된 것이다. 심지어 몇 가지 물품들에 대해서는 산지를 오해한 경우도 많다. 예전에는 붉은 채색도기(Red Polished Ware)는 로마산으로 여겼다. 그리하여 인도에서 이를 발견하면 바로 인도와 로마의 접촉 증거로 해석되었다. 그러나 붉은 채색도기는 구자라트에서도 제작되었다.[25)]

동부 지중해와의 교역이 광범위하게 이루어졌음을 부정하는 것은 결코 아니다. 그리스 선장으로 아라비아 해에 처음으로 들어온 이는 BCE 510년경 다리우스 1세(BCE 521~466)의 명으로 인더스 하구와 수에즈 만 사이를 항해했던 카르얀다의 스킬락스(Scylax of Caryanda)였다. 후에 알렉산더는 크레타의 네아르쿠스(Nearchus of Crete, BCE 326~325)에게 인더스에서 걸프까지 항해하도록 명했는데, 후자는 그곳에서의 진주 채취에 대한 초기 기록을 남겼다. 알렉산더 시기 그리스인의 활동 범위는 걸프를 넘어 인도 서부에 있는 바루치(Broach, Bharuch)와 오만 연안에까지 이르렀다. 이들이야말로 인도양을 항해한 첫 유럽인들이었다고 말하는 이들도 있겠으나, 여기에서 부지불식간 아시아인들과 비교되는 유럽인을 강조할 필요는 없다. 이들과 이 지역을 항해했던 다른 많은 이들은 모두 유라시아인들로 보는 것이 더 낫다. 이 해역은 동부 지중해에서 홍해로 그리고 아라비아 해까지 걸쳐 있었으며, 유라시아가 '유럽'과 '아시아' 간의 인습적이고 오해 소지가 많은 구분법보다 훨씬 더 유용한 개념이라고 할 수 있다.

기원전 1세기 중반 정도로 거슬러 올라가는 유명한 『주항기』를 쓴 익명의 작가는 홍해의 서해안에서 출발해 멀리 말라바르까지 직항으로 항해했다. 이 항로는 그 이전부터 수 세기동안 이용되었다. 인도인이나 아랍인 선원들이 그리스인과 로마인 항해자들에게 이 항로를 알려주었을 공산이 크다. 인더스 계곡 문명이 붕괴되고 나서 한참 후에 인더스 계곡 유역에서 이루어진 로마와의 교역도 눈에 띈다. 그곳에서 모두 로마에서 왔다고도 대부분 로마에서 왔다고도 할 수 없는 상인들이 은 접시, 유리 그릇, 포도주와 같은 상품을 인더스 계속 유역에 가져왔으며, 아프가니스탄과 중국에서도 교역품을 들여왔다. 코로만델의 아리카메두에서는 물론, 카불 북부, 바그람(Begram), 콜하푸르(Kolhapur)에서도 로마산 교역품들이 발견되었다.[26] 그러나 로마산으로 여겨지고 있는 적지 않은 교역품들은 그리스어로 된 안내서들이 보여주는 바와 같이 그리스산일 수 있다.

로마가 교역을 지배했다는 낡은 생각은 분명 사실이 아니다. 그러나 교역의 주체가 누구였느냐에 상관없이 연결과 접속이 광범위하게 일어났음은 결코 부인할 수 없다. 흥미로운 사실은 아주 최근까지도 지속되었던 양상에서 볼 수 있는 바와 같이 인도는 주로 수출을 하는 쪽이었고 금·은 등 귀금속을 제외하고는 거의 수입을 하지 않았다. 당시 로마의 작가들도 이러한 상황을 지적하며 불만을 표했다. 지중해에서 금은을 들여오는 대가로 인도는 굉장히 다양한 상품들과 사람들을 내보냈다. 여기에는 향신료, 향수, 보석, 직물, 상아, 그리고 쌀, 설탕, 기버터(ghee)•와 같은 생필품, 그리고 랙(lac)••, 인디고와 같은 염료가 포함되었다. 인도산 철은 매우 강하고 순도가 높다고 알려져 있었다. 이국적인 동물들은 서커스에 이용하거나 애완동물로 키우기 위해 수

• 남아시아 요리에 쓰이는 일종의 버터이지만, 유지방 함량이 높아서 버터가 아닌 버터 오일(butter oil)로 분류된다.

•• 보리수, 고무나무 따위에 붙어 진을 빨아 먹으며 랙을 분비하는 랙깍지진디는 인도, 타이, 미얀마 등지에 분포한다. 랙깍지진디의 분비물은 적색 염료로 이용된다.

입해 갔다. 대부분의 교역품들은 로마에 이르기까지 수없이 많은 손들을 거쳤다. 인도인들이—대부분은 상인들이라기보다는 전문가들이었지만— 멀리 로마에까지 직접 교역품을 가져가는 경우도 있었다. 인도인 점술가, 마법사, 매춘부, 그리고 코끼리 조련사가—물론 코끼리를 데리고— 멀리 로마까지 가곤 했다.[27]

인도양 교역을 외부 사람들이 지배한 것은 아니었다. 수없이 많은 항로가 개척되고 그리스인, 이집트인, 아랍인, 인도인을 비롯해 수없이 많은 사람들이 참여했던 광범위한 인도양 교역의 축이 된 것은 인도였다고 보는 것이 더 정확할 것이다. 지중해와 인도양을 연결한 초기 교역의 중심지는 홍해 서부 연안에 있는 이집트 항구 베레니케(Berenike)였다. 이 항구는 기원전 3세기에 세워졌으며 6세기 이후 어느 시점에 버려졌다. 이 고대 해항도시는 인도와 폭넓게 교역했다. 레이든 대학과 델라와 대학 팀들이 수행한 기초 발굴조사에서도 씨앗, 말린 후추 열매, 대나무, 유리와 돌 구슬, 코코넛 껍질, 티크재(材), 직물, 돛천, 그리고 기원 전후 1세기까지 올라가는 도자기 등이 발견되었다. 베레니케와 중국으로 가는 실크로드 상에서 발견된 직물은 모두 인도산이었다.[28]

서력기원이 시작되면서 두 항구가 특히 번영을 구가했다. 첫 번째 항구는 홍해에 있는 호르모스(Hormos)이다. 스트로보에 따르면 이곳에서 매년 120척의 배들이 인도를 향해 출항했다. 이 시기에 이미 직항로로 300해리에 가까운 긴 항로를 가야 하는 원거리 항해가 정기적으로 이루어졌다. 두 번째 항구는—의심할 여지없이 다른 항구들이 수없이 많았다— 캄베이 만과 나르마다 강이 만나는 지점에 위치한 바리가자(Barygaza)였다. 위험하기 짝이 없는 걸프의 다른 항구들처럼 이 대형 항구에도 접근하기는 쉽지 않았다. 때문에 책임을 맡은 현지 어부들이 연안까지 와서 상선을 안내해 강어귀에 진입할 수 있도록 했다.[29]

인도양 교역 시스템에서 인도가 중심적인 위치를 차지했음을 보여주는 자료가 있다. 기원을 전후한 시기에 인도 북부에 집권화된 국가가 흥기했다. 이제까지 상인 집단에게 일정한 정체성과 응집력을 제공했던 중요한 불교 교단인 승가(sangha)가 그랬듯이 이 국가는 무역을 장려했다. 집권화된 국가의 등장과 무역의 증가 사이에는 상관관계가 있다고 보인다. 이런 국가에서는 사치품에 대한 수요가 증가하며, 당시 기술 부족을 고려해 본다면 다른 어떤 교역품보다도 사치품은 원거리교역에 비용대비 효과가 높았기 때문이다.

앞에서 언급했듯이 캄베이 만에서 고기를 잡아 생계를 유지하는 어부들이 일종의 수로 안내인이나 도선사의 역할을 맡았다. 이 사실은 인도양에서의 무역에 국가가 직접 관여했을 가능성을 시사해 준다. 인도 남서부에 있는 타밀 국가들을 보면, 기원전 3세기부터 서기 3세기까지 초기 역사 시기에 도시들은 연안에 위치했으며 교역에 적극적으로 참여했다. 교역이 쇠퇴하면 이들 해항 도시들도 쇠락했다. 당시 통치자들은 누구나 할 것 없이 교역 증진에 힘썼다. 자신이 사치품의 소비자였던 이들은 항구를 개발하고 관세와 통행료를 거두어들였다.[30] 카우틸랴(Kautilya)•의 그 유명한 『아르타샤스트라』(*Arthasastra*)•• 에서도 이러한 면모들이 보인다. 『아르타샤스트라』는 물 문제와 관련해 주로 강수로의 관리에 관한 방안들을 제시하면서도 관세의 징수와 함께 해상에서 조난을 당한 이들을 돕는 일이 국가에 매우 중요함을 보여준다.[31] 이렇듯 규범적인 기술과 실제 대처 상황은 크게 상관이 없을 수도 있지만, 이 문헌 그리고 마누법전과 다양한 샤스트라와 같은 힌두 문헌들은 인도에서 해양 문제와 해사에 대한 국가의 관심과 의식을 보여준다고 할 수 있다.

걸프, 홍해와의 교역 이외에도 인도양 서부를 가로지르는 다른 교섭도 있었다. 아주 일찍이 스리랑카는 그 위치에서 예상할 수 있듯이 인도양의 서부와 동부를 잇는 경첩과 같은 역할을 했다. 서기 이전부터 멀리 떨어진 에티오피아와 인도 사이에도 접촉이 있었다. 이런 사실을 최초로 기록하고 있는 『주항기』에 보면 소코트러 섬에도 인도인 상인들이—일부분은 영구 정착인이었다— 있었다. 아랍인들도 이 섬에 정착해 무역에 종사했으며, 섬 이름도 산스크리트어에 기원을 두고 있다.[32]

• 인도 최초의 통일 제국 마우리아 왕조의 창시자 찬드라굽타를 도운 재상이자 스승이다. 마키아벨리의 『군주론』에 비견되는 『아르타샤스트라』의 저자로 알려져 있다.

•• 아르타는 실리(實利)를 뜻하기 때문에 『실리론』으로 번역되기도 하며, 전체 내용을 살려 『강국론』으로 번역되기도 한다. 공리주의(功利主義) 인생관에 입각하여 군주, 즉 국가의 입장에서 어떻게 영토를 확장해야 국왕의 이익이 증대하는가를 주요 문제로 다루고 있다. 당시의 사회 · 정치 제도 등을 아는 데도 중요한 문헌이다.

아프리카 동부 연안에서도 아주 오래 전부터 해양을 통한 접촉이 있었음을 언급한 바 있다. 기원전 1세기 즈음에 이 지역의 교역은 보다 넓은 인도양 세계로 통합되었다. 이 통합은 북에서 남으로 즉, 소말리아에서 시작해 점차 연안을 따라 내려가면서 확대되었다. 교역의 중심은 홍해와의 교역에 있었으며, 원(原)-스와힐리 사람들은 연안을 따라 있던 초기 단계의 해항도시들에서 중개자들로서 그리고 상품의 집산자들로서의 역할을 담당했으며 실제 교역은 아랍인들이 수행했다. 여기에서 아랍인들의 활동을 살펴보면 다시 한 번 '로마인의'(Roman) 우세라는 오래된 관념을 수정하지 않을 수 없게 된다. 『주항기』에서도 언급하고 있는 바, 아랍인들은 이슬람 훨씬 이전에도 인도양 서부에서 활발히 교역에 종사했다. 『주항기』 작가에 따르면 '아랍 왕들은 그쪽[동아프리카]에 아랍인 선장들, 중개인들과 함께 수많은 대형 선박들을 보냈다. 이들은 현지인들을 잘 알고 있었으며, 그곳에서 같이 살고 서로 통혼했다. 이들은 현지인 마을들을 모두 알고 있었으며 그들의 언어로 소통했다.'[33]

상인들을 스와힐리 연안으로 끌어들인 교역품은 무엇이었나? 인도와 중국에서 언제든 시장을 만날 수 있었던 상아는 항상 중요했던 것 같다. 아라비아를 상대로 한 목재 교역도 십중팔구 역사를 멀리까지 거슬러 올라갈 수 있다. 후대에 중동을 교역상대로 노예도 주요한 수출품이었다. 그러나 노예무역은 바그다드에 중심을 둔 이슬람 제국이 티그리스-유프라테스 늪지에서 물을 빼내기 위해 노예 노동력이 필요했던 8세기 전후에만 중요했던 것 같다. 5세기로 올라가는 로마 도자기들이—로마인이 아니라 페르시아인이 가져왔음이 거의 확실함에도 불구하고— 잔지바르 섬에서 발견되었다. 이 섬에서는 인도, 중국, 중동에 기원을 둔 다른 유물들도 발견되었다. 이로 보건데 진지바르의 교역 활동이 매우 광범위했음을 확인할 수 있다.[34]

3세기에서 5세기까지 인도양에서의 교역은 페르시아의 사산 왕조가 흥기하면서 더욱 발전했다. 사산 왕조의 창건자인 아르다시르 1세의 세계관에서 바다는 중심적인 역할을 했다. 국가의 장려와 고무 심지어 지도와 지휘가 있었던 것으로 보이며, 페르시아에서 온 상인들은 걸프와 인도양 서부에서의 교역을 지배했다. 페르시아인들은 동남아시아와 중국으로도 갔다.[35] 통상 인도양 서부를 오가는 선박들은 스리랑카를 환적지로 이용했다. 페르시아인들 그리고 홍해 남서 해안에 위치한 악숨(Axum) 왕국의 항구 아둘리스(Adulis)에서 온 악숨인들은 스리랑카에서 동아시아 출신 상인들을 만났다. 5세기 초 스리랑카를 방문한 불승 법현(法顯)은 그곳에서 중국 상품들뿐만 아니라 중국인 상인들도 보았다. 스리랑카와 같이 인도양의 동부와 서부를 연결한 곳은 코로만델의 남동 연안 지역이었다. 예를 들어 이집트의 홍해 연안에는 타밀 교역품 증거가, 기원 초기부터 태국에는 비문 증거가 남아있다.[36]

인도양 동부에서는 특히 벵골 만 연안 도처에서 교역이 활발했다. 동남아시아 제도들 사이에는 수천 년이나 거슬러 올라가는 상당히 자율적이고 매우 복잡한 교역 네트워크가 존재했다. BCE 500년경부터 베트남 연안, 인도네시아, 말레이 반도, 버마까지도 연결하는 지역 네트워크가 존재했으며, 태국과 남중국해를 연결하는 네트워크도 있었다. 인도의 고급 상품이 기원을 전후하여 이 네트워크 안으로 들어갔으며, 아래에서 볼 바와 같이 종교와 사상도 이들 교역품을 따라 같이 움직였다.[37] 415년 법현은 200명의 승객들과 함께 배를 타고 스리랑카에서 스리비자야로 갔다. 파니카에 따르면 이들 200명의 승객들은 브라만교를 믿었던 상인들이었다.[38] 법현의 여행기는 이 장 말미에 다시 인용될 것이다.

원거리교역은 인도와 중국을 연결시켰다. 인도에서 동쪽으로 가려면 두 가지 길이 있다. 말레이 반도에 있는 크라 지협을 횡단해 육로로 가거나, 믈라카 해협을 통과해 가는 것이다. 성능이 더 뛰어나고 규모도 더 커진 배가 등장한 이후 해로를 이용해 스리랑카에서 남중국해로 가는 것이 비용대비 효율적인 대안이 되기 이전인 초기에는 주로 육로를 선택했던 것 같다. 서기 1세기에 베트남 남부 연안에 위치한 푸난(扶南)이 번창했다. 통상적인 교역 노선은 인도에서 끄라 지협, 푸난을 거쳐 중국으로 가는 것이었다. 푸난은 다음 200년간 날로 성장했다. 이후 믈라카를 경유한 해로가 이 노선을 대체했다. 동남아시아 해역에서는 당시 6세기부터 11세기까지 스리비자야가 우세했으며, 13세기 말부터 마자파힛이 이를 대체했다. 다음 장에서 볼 바와 같이 바로 이 시기에 이슬람이 이 지역으로 들어가고 있었다.

여기에서 다시 한 번 현재 남아 있는 기록은 원거리교역, 고가품 교역에 치중되어 있음을 강조해야 한다. 그러나 원거리교역, 고가품 교역은 과거에도 그리고 오늘날에도 상부 구조이다. 토대는 연안 무역이었다. 연안 무역을 통해 지역의 교역품들이 더 넓은 회로로 공급되기 때문에 연안 무역은 원거리무역에도 필수적인 역할을 했다. 마찬가지로, 화려한 고가 귀중품에 관한 기록이 많지만 필수품도 중요한 교역품이었다. 여러 항로를 통해 필수품이 상당히 먼 거리를 이동해 교역되었던 실태에 대해서는 이미 묘사한 바 있다. 필수품 교역은 기록에서는 대체로 모습을 드러내지 않지만 언제나 중요했다. 『주항기』는 곡물, 쌀, 기버터, 참기름, 면포, 자당(蔗糖)과 같은 벌크 상품들이 인도에서 나와 홍해와 이집트에서 거래되었음을 언급한다. 물론 직접 교역에 의해서는 아니다. 이들 화물들은 소코트라 섬, 또는 현대 소말리아 지역을 중계지로 했다.

사치품과 필수품 구별 시 본질적인 기준은 정치적인 흥기나 쇠락의 영향을 받는 정도이다. 통상 영향을 거의 받지 않는 것을 필수품이라고 한다. 필수품이라는 단어 자체가 이미 이런 의미를 내포하고 있다. 반면 사치품은 수요가 불안정하고 임의적이기 쉽다. '보통 작고 흔한 것이 크고 귀한 것보다 중요하다.' 필수품의 교환 정도가 두 관련 지역의 통합 상태와 정도를 나타내 준다고 보는 정치경제 이론가들에게 필수품과 사치품의 차이는 중요한 관심사이다. 그러나 오늘날에도 분명히 볼 수 있는바 실제 대부분 선박들은 필수품과 사치품 모두를 함께 실어 나른다. 예전 난파선이 실었던 화물을 보아도 마찬가지이다. 진주, 금 그리고 훌륭한 수공예품으로만 가득찬 배를 발견할 수 있을 것 같지는 않다. 역사가들은 사치품에 너무 많은 시간과 공을 들여왔는데, 이는 단순히 이들 품목이 기록이라는 특혜를 누리며 전해지고 있기 때문이다. 사실 '화려한 명품 교역은 일반적으로 일상적인 재분배 양상의 결과 또는 강화로 이해되어야 한다'.[39)]

특정 범주로 분류하기 애매하지만 아주 일찍부터 바다를 이용했던 사람들이 있었다. 어부들이었다. 그러나 원시적인 배를 이용했던 초기 어부들에게 인도양에서의 어업은 다른 대양들에서와 비교해 훨씬 더 제한적이었다. 인도양의 대륙붕은 훨씬 더 좁으며 그만큼 해저 어류를 잡을 수 있는 해역이 좁기 때문이다. 게다가 산호섬들도 여기저기에 산재해 있다. 전통적인 어업은 대부분 해안가와 가까운 바다에서 이루어졌으며 어업을 전업으로 하는 이들도 적었다고 볼 수 있다. 사실 이들 대다수는 농민이기도 했다. 초기 인도양의 어부들이 이용한 변변치 않은 배들을 묘사하고 있는 기록에 대해서 언급한 바 있다. 인도양의 세 지역 즉 걸프, 인도와 스리랑카 사이, 술루 제도에서 행해진 진주 채취업도 언급할 만하다. 뱃사람과 잠수부들 모두 전업으로 진주를 채취하지 않았으며 진주 채취 철이 아니면 육지에서 달리 생계를 꾸릴 방안을 가지고 있었을 것이다.

곧 벵골 만에서 만났던 위험천만한 폭풍에 대한 생생한 이야기를 인용할 것이지만, 사람으로 인해 생긴—오늘날에도 사라지지 않고 계속되고 있는—또 다른 항해의 위험요소는 해적이었다. 해적은 의외로 논란이 많은 주제이다. 어떤 이들은 해적을 다른 이들의 노고와 재산을 빼앗아 살면서 아무것도 되돌려 주지 않는 대형 기생충 인간 집단이라고 본다. 다른 이들은 해적이 약탈할 수 있는 무언가가 있었다는 의미에서 적어도 해적을 번영의 한 징후라고 본다. 부유한 항구들만이 노략질할 가치가 있기 때문이다. 호르텐과 퍼셀에 따르면 바다에서 해적은 다른 이들과 크게 다르지 않으며 구별하기 어렵다고 한다. '해적 행위는 다른 방법을 통한 연안 교역의 계속적 수행이다.'[40] 해적은 홍해와 걸프 모두에서 초창기부터 만연해 있었다. 일부 부족들은 바다로까지 활동범위를 넓히면서 해적이 되기도 했다. 이 경우에 속한 이들도 당시 바다와 관련된 대부분의 사람들처럼 육지에서 따로 생업을 가지고 있었다.

당연히 대다수 통치자들은 해적의 출몰을 막고 해적 행위를 소탕하고자 했다. 기원전 7세기 아시리아 왕 센나케립(Sennacherib)•은 걸프의 해적을 소탕하기 위해 원정대를 파견했다. 300년 후 알렉산더 대왕의 함대도 해적에게 시달림을 당했다. 심지어 멀리 로마 황제 트리야누스(Trajan)는 해적을 소탕하기 위해 해상 원정대를 이끌고 걸프까지 왔다. 서기 1세기 플리니우스(Pliny)에 따르면, 홍해의 배와 인도양을 횡단해 남서 인도로 향하는 배에는 해적을 상대하기 위해 궁수들을 태우고 있었다.[41]

초기 항해술은 길찾기란 말이 더 잘 어울린다. 태평양에서의 길찾기 방식

• 아시리아의 왕(BCE 705~681)으로 성경에는 산헤립으로 표기된다. 그는 주로 바빌론과 유대를 군사 정벌했던 사건과 새로운 왕궁 니네베 건설에 힘쓴 이로 기억된다.

이나 초기 인도양에서의 그것은 크게 다르지 않았다. 길찾기는 '별, 태양, 바다 물결, 파도 형태, 구름 층, 바람 방향, 바다 색깔, 바닷새의 비행 등을 "읽고"(reading), 이 모든 정보를 생각의 나침반(mental compass) 안으로 통합해, 보이지도 알려지지도 않은 지상 목표점을 향해 항로를 결정하고 유지하는 항법이다'.[42] 팔리어로 쓰인 초기 문헌은 항해자는 부두에 배를 대는 법, 바다로 출항하는 법, 계절과 별을 아는 법을 숙지해야 하며 '물고기, 물의 빛깔, 땅에 있는 종들, 새, 바위를 관찰함으로서' 바다에서의 자신의 위치를 찾을 수 있어야 한다고 조언한다. 자기 나침반은 중국에 비해 인도양에서는 늦게 사용되었다. 그러나 인도양에서는 아주 일찍부터 아스트롤라베•, 카말(kamal)••이 사용되었다. 별 관찰을 통해 배의 위치를 알아내는 것이 훨씬 더 정확했다.[43] 1970년대 구자라트에서 전통적인 삶을 간직한 연안 사람들을 인터뷰했던 바라다라잔(Varadarajan)은 이들의 지식은 여러 세대에 걸쳐 스승에게서 제자로 구전되어 내려왔으며, 그가 들었던 내용은 지난 수백 년 동안 활용되었던 진정한 지식이었다고 한다. 선원들과 항해사들은 스승인 선장들과 함께 항해하면서 경험을 통해 배웠다. 나쿠다(*nakhuda*)는 매우 중요했다. 나쿠다는 선장이자 항해사였으며, 화물 주인이 승선하고 있지 않은 경우 무역 대리인이기도 했다. 바라다라잔은 배에서 먹어야 하는 음식종류에—차, 말린 물고기, 곡류, 두류, 양파, 감자, 말린 채소와 절인 채소— 대해서도 이야기를 들을 수 있었다. 이들 음식은 일 년이 넘는 긴 항해를 하더라도 상할 염려가 없는 것들이었다. 물론 배가 그렇게 오랫동안 바다에 나가 있지는 않았다.[44] 집에서 가져온 의례적으로 깨끗한 음식이 긴 항해 여정 내내 부족하지 않을 것이며, 그리하여 낯선 항구에서 오염이 의심되는 음식을 배에 가져올 필요가 없음을 의미했을 것이다.

마지막으로 이 초기 시기에 바다에서 사람들은 실제로 어떤 경험을 했을까? 이에 참고가 될 만한 거의 유일한 견문록을 쓴 이는 중국 불승 법현이었

• 과거 시간이나 천체상의 태양과 별의 위치에 대한 문제를 해결하는 데 사용했던 기구이다.
•• 위도를 알기 위한 천문항법으로 간단한 도구를 이용해 별의 고도를 재서 배가 어느 위도에 있는지 알아내는 방식으로 10세기 이래 인도양에서 널리 쓰여다.

다. 아래에서는 법현이 실제 긴 인도양 항해에서 했던 경험을 인용한다. 그는 중국에서 출발해 육로로 399년 인도로 왔으며 413~4년 해로로 중국으로 돌아갔다. 스리랑카에서

그는 대형 상선을 타고 항해했다. 배 위에는 200명이 넘는 이들이 있었으며, 선미에는 바다에서 사고를 당하거나 파손되는 경우를 대비해 작은 배가 밧줄로 연결되어 있었다. 순풍을 타고 이틀 동안 동쪽으로 항해했다. 그리고 심한 강풍을 만났으며 배에는 물이 새는 곳이 생기기 시작했다. 상인들은 작은 배에 옮겨 타고자 했으나, 너무나 많은 이들이 타게 되면 위험해질 것이라 두려워하여 작은 배에 타고 있던 사람들이 두 배를 묶고 있던 밧줄을 재빨리 끊어버렸다. 죽음이 눈앞에 닥치고 있었기에 상인들은 공포에 떨었다. 배가 물로 가득 찰 것을 두려워하며 이들은 부피가 크고 무거운 물품들을 바로 바다로 내던져 버렸다. 법현도 꼭 필요한 것 이외에 물주전자 같은 물건들을 배 밖으로 던져버렸다. 남겨둔 책과 그림들을 상인들이 바다로 던져 버리지 않을까 노심초사하게 되었으며 마침내 그는 모든 생각을 관음보살에—기도를 들어주는 이—집중시켰다. 여생을 중국에 있는 절에서 다하겠다며 '나는 불도를 알기 위해 이 멀리까지 여행해 왔습니다. 관음보살 당신의 놀라운 능력으로 내가 미혹을 떨치고 안전하게 귀항할 수 있도록 해주십시오'라고 기도했다. 13일 밤낮으로 계속 강풍이 불었으며, 배는 한 섬[안다만 제도에 있는 어딘가]의 가장자리에 닻을 내렸고, 간조 시 배의 어느 부분에서 물이 새는지를 살펴보아 바로 새는 곳을 막았으며, 그 후 다시 항해 길에 올랐다. 이 바다에는 만나기만 하면 바로 죽음을 의미하는 해적들이 들끓었다. 광활한 대양은 끝이 보이지 않았으며 동서도 구분되지 않았다. 해와 달 그리고 별들만을 보며 앞으로 나아갔다. 구름이 잔뜩 끼고 비가 오는 날이면 배는 어디로 향하는지도 모른 채 바람에 휘둘리며 표류했다. 칠흑같은 밤에는 서로 부딪치며 때로는 불 같고 때로는 거대한 거북이 같고 때로는 바다도마뱀 같고 때로는 대해의 괴물 같은 섬광을 토해내는 커다란 파도를 제외하고 그 아무것도 보이지 않았다. 상인들은 배가 어디로 가는지도 알 수 없어 낙심했으며, 바닥도 없이 깊은 바다에서 닻을 내리거나 멈출 수 있는 곳이 어디에도 없음을 알고 또 낙담했다. 하늘이 개이자 동서 분간이 되었으며 다시 가야할 항로를 찾아서 항해를 계속했다. 그러나 암초라도 만나게 된다면 살아남을 여지는 거의 없을 것이다.

.마침내 법현이 탄 상선이 자바에 닿을 수 있었으나, 200명을 태우고 50일분의 식량을 실은 이 대형 선박의 이후 항해도 힘들기는 마찬가지였다. 배는 한 달 간 북동쪽으로 항해했으며 그러고는 '흑풍'(black wind)을 만났다. 자바를 출발한 지 70일째 되는 날 광둥(廣東) 근처에 이르렀으며, 여기에서 북서쪽으로 방향을 틀어 12일간 항해한 끝에 산둥 반도 동남부에 있는 라오산(嶗山)에 도착했다.[45]

법현은 불교의 계율을 지키는 불승이었다. 그의 여행은 이 초기 시기에 인도양에서 이루어진 경제 외적인 교류와 교섭의 예를 보여준다. 교역품과 함께 이동한 문화와 사상, 그리고 특히 인도 사상, 그중에서도 불교의 전파 그리고 후에는 힌두교의 동남아시아로의 확산이라는 주제를 살펴볼 필요가 있다.

최소한 서기가 시작되면서부터 인도의 문화·종교적 영향력, 즉 처음에는 불교가 4~5세기에는 힌두교가 동남아시아로 퍼졌음을 보여주는 증거가 있다. 글로버에 따르면 경제적인 접촉은 기원전 5세기경에 있었으며, 아주 초기부터 동남아시아는 지중해에서 한(漢) 중국(BCE 2세기~CE 2세기)까지 이르는 광대한 교역 세계와 연결되어 있었다. 그는 불승들도 교역에 종사했거나, 아니면 이처럼 초기에도 (부처는 BCE 6세기에 살았음을 기억하면) 불승들은 상인들과 함께 해상 교역로를 다녔을 수 있다고 주장한다. 이처럼 아주 초기부터 접촉이 있었다는 견해는 일반적으로 수용되고 있지 않다.[46] 그러나 1세기부터는 인도의 힌두교와 불교의 종교 사상, 건축물과 신상이나 불상, 그리고 인도 문자와 언어가 동남아시아에 영향을 미쳤음은 분명하다.

사실 동남아시아로의 확산을 포함해 불교와 교역 간에는 직접적인 인과관계는 없다. 그보다 서기가 시작되던 시기 불교와 교역 간의 상호 협력 시스템을 보는 것이 더 낫다. 사상적인 면에서 불교는 교역으로 부를 쌓도록 평신도를 고무시켰다. 사회적인 면에서 불교 사원에의 기부는 상인들에게 사회적 지위를 부여했다. 전문적인 면에서 보면 불교 사원은 지식, 문자와 같은 필수 기술의 보고였다. 많은 부유한 상인들은 불교도였지만 모든 상인들이 불교도였던 것은 아니다. 상인들이 불교 그리고 이후에는 힌두교를 동남아시아에 전파했을 가능성은 아주 희박하다. 대다수 상인들은 의심할 여지없이 개인적으로 불심이 두터웠겠지만 설득력 있게 종교를 전파할 수 있는 권위 내지는 지식은 부족한 무지한 장사꾼에 불과했기 때문이다.

주도권은 동남아시아가 발휘했다. 왕권과 의례에 대한 남인도의 관념에 대해 알게 된 동남아시아의 통치자들은 브라만을 초청해 자신들의 권위를 높이고 통치를 정당화시켰다. 이들은 고급문화의 단순한 수동적인 수령인이 아니라 적극적인 수용자였다. 이러한 접촉은 동남아시아에서뿐만 아니라 동아시아에서도 있었다. 후자에서는 주로 불승들이 인도 성지를 방문하고 스리랑카에서 불경을 연구하면서 수세기 동안 지속되었다. 420년대 법현의 시대에 해로를 통해 중국으로 여행한 스리랑카 불승들에 대해 언급하고 있는 자료도 있다.[47] 5세기에서 7세기까지 스리랑카와 인도를 방문한 중국인 불승들은 많았다. 이들은 부처의 이빨, 즉 불치(佛齒)를 안치한 캔디에 있는 절을 방문하고 불경을 공부하고 유명한 스승들과 함께 수행했다. 이들은 불교가 이미 쇠락하고 있던 인도를 찾아 부처가 깨달음을 얻은 부다가야 등 부처의 삶과 관련된 장소들을 방문했다. 상당히 복잡한 상황도 전개되었다. 11세기 초 동남아시아의 주요 국가였던 스리비자야는 남인도 타밀 민족이 세운 촐라 왕국의 주요 항구인 나가파티남에 절을 세웠으며, 힌두교도였던 촐라 왕은 한 마을의 세금을 할당해 이 절을 유지하는 데에 쓰게 했다.[48] 동남아시아의 말레이 세계가 주도했던 이러한 접촉은 이후 바로 이 지역에 이슬람이 전파되면서 줄어들었다. 대신 메카와 새로운 접촉이 이루어지고 다양한 커넥션이 형성되었다.

종교적인 목적으로 여행한 사람들은 또 있었다. 약 330년경 인도를 향해 오던 한 시리아 기독교도가 에티오피아 해안에서 조난을 당했는데, 그는 이후 악숨 왕국이 기독교로 개종하는 데에 일정정도 기여했다. 후에 모세라는 이름을 가진 아둘리스(Adulis)•의 주교는 이집트에서 온 한 콥트정교회•• 주교와 함께 힌두 철학을 연구하기 위해 인도를 방문했다.[49] 이른바 성 토마스 기독교공동체, 그리고 더 일반적으로 인도 기독교 공동체의 기원에 대해서는 논란이 아주 많다. 이 문제에 관해서는 아시아에서의 초기 기독교에 관한 최근의

• 현재 에리트레아 북부 홍해 연안에 위치한 옛 도시로, 악숨 왕국의 주요 항구였으며 상아와 노예, 향신료 등의 집산지였다고 전해진다. 8세기 때 아랍 국가들의 공격을 받으면서 쇠락했다.

•• 콥트정교회는 이집트와 북동 아프리카 및 중동에 기반을 둔 오리엔트 정교회이다. 콥트정교회의 기원이 이집트에 있는 만큼 콥트라고 하면 이집트의 기독교 신자를 가르킨다.

상세한 연구 성과를 참고하면서도, 무엇이 가장 중요하고 '명확히 확립된 역사적인 진실성인가, 무엇이 수많은 사람들의 삶에 목적, 존엄성, 중요성을 부여했으며 계속 의미를 주는 살아있는 전통인가'를 염두에 두어야 한다.[50] 그렇다면 성 토마스, 즉 '의심하는 토마스' 사도가 정말 인도를 방문했으며 인도에서 죽었는지에 대한 '증거'(proof)는 그다지 중요치 않을 수 있다. 길먼은 많은 초기 기독교 전통들, 예를 들어 성 베드로가 최초의 교황이라는 관념 그리고 그 이후 중단된 적이 없는 교황 계승과 같은 전통들은 아무런 문헌 증거 없이도 '진실'(real)로 수용되어 왔다는 사실을 지적한다. 이와 마찬가지로, 아일랜드의 수호성인인 성 파트리치오에 대해서는 '두 파트리치오' 이론이 있을 만큼 생몰 연대조차 엄청난 차이가 나지만 역사적인 진실성이 없다고만은 할 수 없다. 성 토마스 기독교도에 대해서도 마찬가지로 융통성을 발휘할 필요가 있다. 지금 첸나이 교외에 있는 그의 무덤이 '진짜'(authentic)라고 해도 무방하다는 뜻이다.

많은 인도 학자들은 성 토마스가 남인도에 왔으며 그곳에 기독교를 세우고 나중에 순교했다고 주장한다. 분명히 최소한 300년도 남인도에 기독교도가 있었다는 증거는 있다. 그러나 유대인들은 그 이전에도 인도에 왔을 것이다. 인도는 네스토리우스파였던 페르시아 교회와도 지속적으로 접촉하고 있었다. 이러한 접촉은 당시 걸프에서 말라바르까지 광범위한 해상 무역과 어우러지면서 유지되었다. 이 시기 즉 이슬람이 인도로 들어오기 이전에 여러 기독교 공동체들이 아주 대규모는 아니었을지라도 발전하고 있었으며 잘 알려져 있었던 듯하다.

경제적인 목적을 떠나 행해졌던 최대 규모의 이동은 오스트로네시아인들의 동쪽과 서쪽으로의 이주(migration)—이 단어가 옳다면—이다. 물론 인도양을 다룬다는 의미에서 서쪽 마다가스카르로의 이동에 주로 관심이 있다. 일반적으로 말해, 현대 인도네시아 아마도 수마트라에서 기원한 오스트로네시아인들이 최소한 첫 천 년의 중반까지 혹은 아마도 이보다 몇 세기 전에 무인도인 마다가스카르에 도래했다. 이를 확인해 주는 것은 무엇보다도 언어학적 증거들이다. 가장 가까운 친척 관계에 있는 언어가 보르네오의 바리토(Barito) 언어인 것으로 보아 원(原) 마다가스카르인들은 인도네시아의 수마트라가 아니라 보르네오에서 온 것으로 보인다.[51] 오스트로네시아어를 사용하는 이들이 마다가스카르로 이주했음은 의심의 여지가 없는 사실이다. 언어학적 증거 이외에도, 지금 마다가스카르에서 발견되는 여러 식용작물들은 인도네시아에서 왔다. 사람들이 마다가스카르에서 다시 동아프리카 연안으로 이주하면서 바나나, 코코넛, 사탕수수 등 여러 식용작물들이 동아프리카에서도 뿌리를 내렸다. 아웃트리거 카누도 동쪽에서 인도양을 건너 서쪽으로 퍼져나갔을 것이다. 아프리카에는 크게 두 종류의 바나나가 있다. 동부 해안에서 발견되는 종은 말할 것도 없이 오스트로네시아에서 온 것이다. 다시 말해 마다가스카르로 그리고 계속해 동부 해안으로 온 이주민들과 함께 왔다. 반면 서아프리카에는 플랜테인 바나나가 우세하다.[52] 해로운 것이기는 하지만 이주의 또 다른 기여는 상피병(象皮病)으로 보인다. 이 병은 동남아시아에 기원을 두고 있다고 알려져 있으며 지금은 남서 인도와 동아프리카에 널리 퍼져있다.

인도양을 가로질러 서쪽으로의 이동은 오스트로네시아어 사용자들의 놀라운 이주 역사의 일부에 지나지 않았다. 이들은 6000년 전에 중국 남부나 대만에 있는 원래 고향을 떠나 동남아시아로 이주했을 것으로 보인다. 거기에서 오스트로네시아어 사용자들은 카누를 타고 바다를 항해했으며, 300년부터 1200년 사이 하와이에서 라파누이(이스터섬)과 아오테이어러우어(뉴질랜드)에 이르는 원(遠) 오세아니아(Remote Oceania) 전역에 정착했다. 이들의 이동권역에 마다가스카르까지 포함시킨다면 이대담한 항해자들은 전체 경도 225°에 이르는 지역으로 확산되었음을 알 수 있다.[53] 망갱은 아프리카로의 이주를 포함해 오스트로네시아인의 이주는 우연히 발생한 것이 아니라 조직적 · 의도적으로 수행해졌으며 원시적인 아우트리거 통나무배가 아니라 나무판들로 만들어진 배를 타고 이루어졌음을 강조한다.[54] 동남아시아는 중국과 인도에서 고급문화를 수동적으로 받아들였다는 이전의 인식과는 정반대로, 맹갱은 이런 사실 모두는 동남아시아 사람들의 진취성과 자주성을 보여주는 또 다른 증거라고 해석했다.

세 가지 문제가 남는다. 첫째, 오스트로네시아인의 대륙부 동아프리카와의 접촉과 영향력을 보여주는 증거는 사실 단편적이며 논란의 여지가 없지 않다. 일찍이 상당 규모의 오스트로네시아인이 그곳에 있었다고 하더라도, 이들은 서기 초 이 지역의 남부로 퍼졌던 반투족으로 동화 · 편입되었기 때문이다. 마다가스카르에서 오스트로네시아인의 흔적은 훨씬 더 선명하게 남아있다. 이들이 도착했을 때에 이 섬에는 아무도 살고 있지 않았기 때문이다. 아프리카인들이 나중에 마다가스카르로 들어오게 되면서 오늘날 마다가스카르 사회의 원형이 된 복합적인 혼합 인종과 문화가 형성되었다. 두 번째, 이들이 어떻게 마다가스카르에 갔었는지에 대한 문제이다. 이들은 해양부 동남아시아에서 인도양의 적도 부근을 서쪽으로 흐르는 남적도해류와 해당 위도들에서 지배적인 동남 무역풍을 이용해 동아프리카로 직항했다고 주장하는 이들이 있다. 이렇게 긴 항해에 수반되기 마련인 기술적인 장애를 지적하며, 이들은 항구에서 항구로 섬에서 섬으로 가면서 마침내 마다가스카르에 도착하는 식으로 서쪽으로 조금씩 천천히 나아갔다고 주장하는 이들도 있다. 후자의 주장은 오스트로네시아인의 성취를 암암리에 하찮게 만들었으며, 동남아시아의 자주성을 강조하는 이들을 설복시키지 못했다. 셋째, 왕복 항해였는가? 이들이 남부 인도양을 가로질러 오고갔는가? 많은 이들은 오스트로네시아 초기역사의 표식악기인 실로폰을 예로 들면서 오스트로네시아인이 그랬을 것이라고 주장한다.[55] 망갱에 따르면 수마트라 지역에서 이슬람을 수용하던 초기, 다시 말해 13세기 혹은 14세기까지 두 지역 간에는 상호 접촉이 계속되었다.[56] 그렇다면 왕복 항해를 했다면 다음 문제는 어떻게 교류가 이루어졌는가이다. 취할 수 있는 유일한 항로는 아주 멀리 남쪽에 있게 된다. 남위 40°대와 50°대에 있는 강력한 서풍을 이용해야 했기 때문이다. 그러나 그들이 이 항로를 이용했다는 증거는 현재로서는 없다. 지속적인 교류를 옹호하는 주장은 증명되지 않았으며 사실일 것 같지 않다.

마지막으로 두 가지 사항에 유념하면서 이 장을 마무리하고자 한다. 이제까지 교역을 중심으로 한 경제 교류에 상당히 많은 지면을 할애해 왔고 앞으로도 그럴 것이다. 그러나 심지어 오늘날에도 인도양을 둘러싸고 있는 국가들의 전체 경제에서 이 부분, 즉 경제가 중추적인 역할을 하고 있다고 보기는 어렵다. 이 초기 시대에 인도양 주변 국가들에 있었던 대부분의 사람들은 농민이었으며, 농민의 대다수는 정도의 차이는 있어도 생계 농업에 종사하거나 자신이 속한 지역 내에서 그것도 육로를 이용해 상품을 교환했다. 해로를 이용한 교역, 심지어 해안에서의 교역도 연안 사람들을—이들조차 육지와 바다 모두에 의지하여 살았다는 점에서 양서류적이지만— 제외하고는 그다지 중요하지 않았다. 해양 교역이 상대적으로 덜 중요했다는 사실은 다음 장들에서도 자료를 통해 더 분명하게 드러날 것이다. 예를 들어, 인더스 계곡 문명과 메소포타미아 간의 교역은 당시 두 지역 경제에서 발휘했던 실제 중요성보다 현대의 학자들이 더 많은 관심을 가지고 더 많은 의미를 부여하고 있는 부분인 듯하다. 이들 두 문명 내부에서의 교역과 각 문명의 주변 지역과의 교역이 훨씬 더 중요했다. 만약 해상 교역이 생각만큼 그렇게 중요하지 않았다면, 우리가 해상을 통한 교류를 살펴볼 때 중요한 것은 거의 틀림없이 종교와 문화, 특히 이 장 앞에서 개략적으로 살펴보았던 불교와 힌두 사상의 전파라고 할 수 있다. 다음 장에서는 연안 지역의 이슬람화를 설명할 것이다.

마지막으로, 이제까지 초기 시대에 인도양을 가로지르는 커넥션, 접촉, 그리고 통합성을 찾아내려고 여러모로 노력해왔다. 마크 호턴은 인도양에서의 해양 고고학에 관한 세 권의 책을 서평하면서 이러한 노력에 대해 무시하기 어려운 경고성 발언을 했다. 그는 전통적인 사실상 육지에 기반을 둔 고고학과는 다른 해양 고고학에 대한 새로운 관심을 반기면서도 서기 이전에 광범위한 해상 접촉을 지지하는 주장에 대해서 다음과 같이 의구심을 표했다.

> 바다가 문화들을 분절시키는 것이 아니라 통합시킨다는 관념은 고고학자들이 페르낭 브로델로부터 차용해 온 것이다. 지중해에서 이 관념의 유용함이 입증되었다면 아마도 인도양에도 마찬가지로 적용될 수 있지 않을까? 이슬람 시기에는 그랬다. 그러나 인도양 가장자리에 자리 잡은 공동체들이 선사시대까지 거슬러 올라가 매우 오랫동안 해상 접촉을 유지했다는 흔적은 거의 없다. 물론 아직 증거는 없다…[57]

인도양의 무슬림

7세기 초 헤자즈에서의 이슬람 흥기는 다방면으로 인도양에 중대한 영향을 미쳤다. 이러한 영향으로 인해 7세기에서 15세기까지 인도양에서 일어난 변화상을 묘사하는 것이 본 장의 주요 내용이 될 것이다. 이 시기에는 변화도 있었지만 연속성도 있었다. 때문에 이슬람 시기라든가 이슬람의 인도양이라는 표현은 정확하다고 볼 수 없다. 이슬람과 관련된 것 이외에도 다른 많은 사상과 상품들이 이동하고 교역되었으며, 연안 항로들은 거의 변화를 겪지 않았다. 그러나 몇 세기만에 인도양 연안 거주자들 대다수가 무슬림이 되었으며 그 결과 연안 교역과 대양 교역 모두가 새로운 이 종교의 신자들에 의해 수행되었다. 이슬람은 힌두교나 불교와 비교해 훨씬 더 중앙집권적인, 다시 말해 종교 중심지의 권위나 역할이 큰 종교이다. 이러한 사실은 특히 이슬람교 중심 교리 중의 하나인 하즈(hajj), 즉 여건이 허락하는 한 일생에 한 번은 메카 성지 순례를 이행해야 할 의무에 잘 드러나 있다. 무슬림 공동체가 인도양 연안에서 생겨났으며, 종교로 연결된 이들의 공통성은—물론 너무 과장되어서는 안 되겠지만— 여행하는 이슬람 학자들•에 의해 더욱 확대되고 강화되었다. 그러나 이슬람의 성공은 상당 부분 인도양 지역의 전통적인 관용이 가져온 결과였다. 때문에 연구자들은 모스크에서의 기도를 비롯한 종교 활동과

• 학문을 구하고자 널리 여행하는 관행은 이슬람 초기부터 있었다. 각지에 흩어져 있는 하디스 전승자를 찾아가 가르침을 청하고 하디스를 수집하는 행위는 울라마에게 학문 탐구의 일반적인 방식이었으며 이처럼 학자들의 여행을 가능하게 했던 제도들도 정비되어 있었다.

모스크 밖에서의 활동을 따로 놓고 본다. 인도양 연안 사람들은 이슬람으로 개종(*converting*)했다기보다 이슬람을 수용(*accepted*)했다고 보아야 한다.

이 새로운 종교의 해사와 상인에 대한 사상이나 관념체계는 무엇이었나? 14세기 위대한 역사철학가인 이븐 할둔(Ibn Khaldun)은 이슬람에서 상인이 차지하는 규범적인 지위에 대해 잘 설명해 준다. 그의 주장에 따르면 도회지 사람은 도덕적으로 시골 사람보다 지위가 낮으며, 도회지 사람 중에서도 상인은 더욱 낮다. '상인은 사고팔며 이윤을 남겨야 한다. 때문에 다른 사람의 환심을 사기 위해 교언영색하고 얼버무리며 미꾸라지처럼 빠져나가는가 하면 다른 이들과 소송을 벌이고 다툼과 분쟁에 말려들게 된다. 이러한 모든 직업적인 특성으로 인해 상인의 미덕과 인감다움이 저하되고 약화된다.'[1] 이와 비슷하게 이슬람은 해사와 관련해서도 부정적인 규범을 가지고 있다고 보는 이들이 있다. 서양인들은 아랍인들을 사막의 사람들이라고 생각하는 고정관념을 가지고 있었다. 아랍인들은 배가 아니라 낙타를 탔다. 그러나 오늘날에는 무슬림들이 일찍이 해양 교역에 관심을 가지고 있었으며 아주 성공적으로 이에 종사했다는 사실이 잘 알려져 있다. 선지자의 시대에 아랍인이 처음으로 바다를 가로질러 이주한 곳은 아비시니아(Abyssinia)•였다. 앞 장에서 항해에 활발히 참여했던 아랍인들의 모습을 여러 번 묘사했다. 이런 현상은 아랍인이 무슬림이 되어서도 계속되었다.

정통 이슬람은 바다에 대해 긍정적이다. 꾸란 자체에 해양 교역과 해사를 긍정적으로 여기게 할 만한 내용들이 여러 군데 등장한다. 이슬람 경전 꾸란에 의하면, '그의(His) 표시는 이것이다. 그대로 하여금 그의 은총을 느끼게 하기 위해 사자(使者)인 바람을 보내며, 배는 그의 명령에 따라 항해할 것이며, 그대들은 그의 은혜를 구할 수 있으며, 언제라도 그대들은 고마움을 느낄 것이다.' 그리고 또한 '그대들의 주는 그대를 위해 바다에서 배를 모는 이로 그대들은 그의 인자함을 구할 수 있다.' 또는 '알라는 그대를 위해 바다를 만들

• 아라비아에서 에티오피아 북부로 이주해 온 부족의 이름에서 비롯되었다고 하는데, 어감이 좋지 않아 번영을 누린 고대지방의 이름인 에티오피아로 바꾸었다고 한다. 지금은 국명이 아니라 지리적 명칭으로 쓰인다.

었으며 배는 그의 명령에 따라 바다 위를 달릴 수 있으며, 그대들은 그의 은혜를 구할 수 있다.'[2] '바다를 그대의 지배하에 둔 이는 그이며, 그로 인해 그대들은 바다의 신선한 물고기를 먹을 수 있을 것이며, 그대들은 의복을 장식할 수 있을 것이고, 그대들은 바다를 헤치고 나아가는 배를 볼 수 있을 것이며, 그대들은 그의 은혜를 구할 수 있을 것이며, 언제라도 그대들은 고마움을 느낄 것이다.' 이와 비슷하게 칼리프 우마르 2세(Caliph Umar II)는 다음과 같이 말한 것으로 전해진다. '마른 땅과 바다 모두 신에 속한다. 신은 그의 종으로 하여금 그의 은총을 모두에서 찾을 수 있도록 대지와 바다를 관장하신다.'[3]

우리는 인도양이 일찍부터 이동하고 순환하고 접촉하고 장거리 여행하는 장소였음을 살펴보았다. 인도양의 이러한 환경에 이슬람은 아주 잘 맞았을 수 있다. 후에 말레이 문학은 바다, 신, 인간, 이 세상의 덧없음이라는 개념들을 아주 밀접하게 연결시켰다. 이슬람에게 바다는 하나의 비유이다. '오 구하는 자여, 이 세계는 파도와 같다. 신의 상태는 바다와 같다. 파도는 바다와는 다름에도 불구하고, 사실 파도는 바다일 뿐이다.'[4]

이 시기 위험을 무릅쓰고 바다로 나아갔던 배에 대해서는 훨씬 더 자세히 알려져 있다. 변화를 거의 겪지 않은 가장 미천한 수준의 배는 통나무배이다. 오늘날에도 일부 연안의 어부들이 그냥 통나무를 타고 바다의 크고 사나운 물결 위에서 올라가다 떨어지다 사라지다 나타나는 것을 볼 수 있다. 앞장에서는 어부들이 고깃배로 이용하거나 해안 가까이에 정박할 수 없어 해안 멀리 대기하고 있는 큰 배로 사람과 물품을 나르는 거룻배나 바지선으로 이용되었던 연안 배들에 대해서 묘사했다. 양항이 많이 없었던 인도의 동부 해안 대부분에서 연안 배들은 바지선의 역할을 했다. 인도의 나머지 연안 지역에는 강과 바다가 만나는 어귀와 큰 배를 댈 수 있는 항구가 있었다. 바로 여기에서 그 유명한 다우를 볼 수 있었다. 다우가 규모면에서 연안 배보다 컸지만 앞서 묘사했던 연안 배와 비슷한 특징을 가지고 있었다.

서양인들은 수 세기동안 인도양 서부에서 대부분의 교역과 항해를 담당했던 크고 작은 다양한 종류의 배들을 범칭하여 '다우'(dhow)라고 불렀다. 규모도 제각각이고 장소에 따라 종류도 다양하지만 이들 배는 다우라는 하나의 용어로

부를 수 있을 만큼 충분히 공통된 특징을 지니고 있다.[5] 다우라는 단어 자체는 아랍어가 아니다. 아마도 페르시아어 다우(*dawh*)에서 온 것으로 보인다. 다우는 그야말로 전 세계의 다양한 학자들의 관심을 끌었다.[6] '전통'(traditional) 다우는 인도양 서부 전역, 즉 동아프리카 주위에서부터 남인도까지 걸친 해역, 때로는 훨씬 더 동부에서도 발견되었다. 이 유형에 속한 배는 이슬람의 도래 훨씬 이전부터 있었다. 다우는 걸프나 홍해에 기원을 두고 있을 것으로 추정되지만, 이슬람 이전의 사정에 대해서는 거의 알려진 바는 없다.

마르코 폴로는 호르무즈에서 본 다우에 관해 상세하고 정확하며 다소는 부정적인 이야기를 남겼다.

> 이들의 배는 형편없으며, 배를 잃는 경우도 많다. 이들은 못처럼 쇠로 만든 고정 장치 없이 인도 견과[코코넛] 껍질로 만든 밧줄로만 배를 연결시켜 놓았기 때문이다. 이들은 코코넛 껍질이 말 털 같이 될 때까지 계속 두드리며, 말 털 같이 되면 이들을 서로 꼬아서 밧줄을 만든다. 이 밧줄을 이용해 배의 나무판들을 깁듯이 서로 연결시킨다. 이렇게 만든 배는 나름 견고하며 바닷물에도 부식되지 않지만, 폭풍에는 잘 견디지 못한다. 배에는 수지(樹脂)칠이 아니라 물고기 기름을 바른다. 배에는 돛대 하나, 돛 하나, 방향키 하나가 있으며, 갑판은 없지만 적재 화물 위에 덮개를 씌운다. 가죽으로 만들어진 이들 덮개 위에는 인도에 팔기 위해 싣고 가던 말을 둔다. 이들에게는 못을 만들 수 있는 재료인 쇠가 없으며, 바로 이 때문에 선박 제조 시 나무못만을 사용하며, 앞서 말한 것처럼 밧줄로 나무판들을 연결시킨다. 당연히 이런 배를 타고 항해에 나서는 것은 매우 위험천만하며, 인도의 바다(Sea of India)에서 폭풍은 너무나 자주 무섭게 몰아쳤기 때문에 배를 잃어버리는 경우는 허다했다.[7]

12세기 홍해를 건넜던 한 무슬림 순례자도 비슷한 이야기를 전한다. 이븐 주바이르에 의하면

> 파라오의 바다(Pharaonic sea)[즉, 아이다브(Aydhab)에서 지다까지의 홍해]를 오고가는 지랍(jilab)은 밧줄로 한데 꿰매듯 연결되어 있으며 못을 전혀 사용하지 않는다. 이들은 코코넛 섬유로… 만들어진 끈들로 묶여있다.

실 같은 형태가 나올 때까지 세게 내려친 다음 이들을 꼬아서 끈을 만들고 이들 끈으로 배를 깁는다. 그리고서 이들은 야자나무에서 깎아 낸 부스러기 대팻밥을 이용해 배의 구멍이나 틈을 메운다. 이런 식으로 배가 완성되면 피마자유를 비롯한 기름 혹은 최고로 치는 상어 기름을 바른다. 상어는 물에 빠진 사람들을 삼켜버리는 거대한 물고기다. 배에 기름칠 하는 이유는 배를 부드럽게 해서 바다 여기저기 산재해 있는 산호초들과 부딪치더라도 부드럽고 탄력 있게 앞으로 나아가게 하기 위해서이다. 못을 사용해 만들어진 배는 이들 산호초의 위험으로부터 쉬이 벗어날 수 없다. 코코넛 섬유와 마찬가지로 배의 건조에 쓰이는 나무는 인도와 예멘에서 왔다. 무클(muql) 나무[고무나무의 일종]의 잎을 엮어 돛을 만들었다는 점도 지랍의 두드러진 특징인데, 그 때문에 돛은 구조적으로 약하고 부실하다. 이 모든 것을 가능하게 하고 또한 인간에서 맡기신 신에게 영광을. 그 이외에 다른 신은 없다.[8)]

그렇다면 이런 배의 주된 특징은 무엇인가? 두 동시대인들이 지적했던 바와 같이, 배의 건조에는 일반적으로 인도 남서부 말라바르에서 가져온 티크를 사용했다. 티크는 부패에 대한 저항력이 강해 이븐 주바이르가 말한 바대로 잘 관리하면 쪼개지거나 부서지지 않으며 바닷물에 수축되지도 않는다. 티크를 이용해 서양처럼 뱃전의 판자를 포개지 않고, 판자들을 나란히 붙이는 평장방식으로 선체를 만들었다. 이들은 판자에 뚫어 놓은 구멍으로 코코넛 열매 겉껍질로 만든 거친 섬유인 코이어를 넣어 서로 꿰매듯 판자들을 연결한다. 쇠못이나 볼트, 늑골이나 뼈대 골조도 필요 없다. 그러나 힘을 받쳐줄 필요가 있는 좀 더 큰 배에는 나무로 만든 맞춤 못이 사용된다. 송진과 여러 뱃밥을 널빤지 사이에 끼워 넣음으로써 선체를 방수 처리했다. 배가 조립된 이후에 이루어지는 유럽에서의 틈새 메우기인 코킹 작업과는 달랐다. 다우에는 용골이 없지만, 대신 모래주머니나 무거운 화물을 짐칸의 바닥에 두어 밸러스트(바닥짐)로 이용했다. 다우에는 틸러 대신 밧줄로 매어놓은 선미재 러더가 있었다. 이 밧줄을 잡아당겨 배를 조종했다. 대부분 돛대는 하나였으며, 돛은 짜서 만들어졌으나 나중에는 천도 사용되었다.[9)]

선체에는 앞뒤가 따로 없었기에 횡범장, 선미늑판, 선미가 없었다. 대형 다우에는 선미루 갑판이—그 아래에는 선실이 있는— 있는 경우도 있었지만, 통상 갑판은 없었으며 짐칸이 따로 있지도 않았다. 1500년경 코헤이아가

카나노르(또는 칸누르)에서 관찰한 바에 따르면

> 갑판을 대신해 상인을 위한 막사들과 칸막이들이 있는 짐칸이 있었으며 야자나무 잎으로 엮어 지붕을 이었다. 비라도 내리면 물이 양옆으로 흘러 내려가다 다시 선체를 따라 흐리며 짐칸의 바닥에 모이는데 이곳에서 물을 퍼낼 수 있게 되어 있었다. 때문에 이들 칸막이들 안에 잘 포장되어 보관 중이던 화물이 물에 젖는 일은 없었다. 야자나무 지붕 위에는 속이 빈 단단한 줄기들을 격자모양으로 배치해 아래에 있는 막사들에 아무런 영향을 주지 않고 그 위를 걸어 다닐 수 있었다… 사람들은 바로 이곳에서 숙식했으며, 짐들로 들어차 있는 아래에서 머물려고 하는 이들은 없었다.

〈그림 1〉 테리 딩기(Terry Dinghee). 동판화. ⓒ 국립해양박물관, 런던.

다우는 굉장히 무게가 나가는 화물, 낙타, 말, 심지어 코끼리도 실어 나를 수 있었다.[10]

배 건조에 금속이 사용되지 않았다는 사실 때문에 앞에서 인용한 마르코 폴로를 비롯한 유럽인 관찰자들 대부분은 다우에 대해 부정적인 논평을 했다. 우화 작가 존 멘더빌은 철을 사용해 만든 배들을 모두 끌어당겨 버리는 자석으로 된 섬들이 있었기 때문에 못을 사용하지 않았다고 했다.[11] 언뜻 보아 철 못을 사용하지 않았기에 원시적인 배로 여기지기도 하지만, 다우의 건조 방식은 인도양의 상황에 매우 적절했다. 이븐 바투타가 기술한 바와 같이, '인도와 예멘의 배들은 목판을 꿰매듯 연결시켜 건조했는데, 이유는 이 바다가 산호초로 가득 차 있기 때문이며, 만약 철 못으로 못질한 배였다면 암초에 부딪치는 즉시 부서져 버릴 것이다. 밧줄로 서로를 묶어 매는 방식으로 배를 건조하면 일정 정도 탄성이 생겨 배가 절단 나는 경우는 거의 생기지 않는다.' 그는 캄베이 만(캄바트 만)에 대해서도 다음과 같이 썼다. '이 바다에서는 배가 다닐 수 있으나 조수간만의 차이가 있다. 썰물 시에 배가 진흙탕에 뒹굴다가 만조가 되자 떠오르는 것을 보았다.'[12] 코이어 덕분에 유연성이 생긴 다우는 인도양 연안 지역 대부분을 차지하고 있는 모래사장에서도 장점을 드러냈다. 배는 폭풍으로 인해 물가 위로 밀려오기도 했으며, 짐을 부리거나 수리 · 청소하기 위해서 일부러 물가로 올리기도 했다. 심지어 코로만델 연안의 쇄파•로 인해 유연성 없이 지어진 배는 산산조각이 날만한 상황에서도 다우는 손상을 피할 수 있었다.

다우 건조에는 어마어마한 양의 코이어 밧줄이 필요했다. 팀 세버린은 매우 작은 편에 속하는 복재 다우를 건조했는데도 400마일 정도의 밧줄을 사용해야 했다![13] 부식을 방지하기 위해 코이어는 바닷물에 담가두어야 했다. 보우리가 언급한 바

> 밧줄은 코코넛 열매 껍질로 만든다. 최상의 품질을 지닌 코코넛 열매 껍질은 몰디브 제도 산이다. 이는 그 어떤 대마로 만든 밧줄만큼이나 강하며 이처럼 더운 곳에서는 훨씬 더 내구성이 있다. 우연히 비가 내리거나 강을 건너다 민물에 젖게 된다면 바닷물에 담글 수 있을 때까지 마르게 두어서는 안 된다. 그래야 훨씬 더 오래 보존된다.[14]

• 풍랑이나 너울로 형성된 파랑이 수심이 얕은 곳에서 파장이 짧아지고 파고가 높아져 부서지는 것을 말한다. 파랑이 연안에 접근하여 수심이 파장의 반 이하인 얕은 곳으로 오면 쇄파가 된다.

〈그림 2〉 인도의 돛단배. 뉴 마운트(New mount). 토마스 다니엘(Thomas Daniell). ⓒ 국립 해양박물관, 런던.

코코넛 나무는 정말이지 유용한 것들을 모두 아낌없이 주는 위대한 공급자였다. 몰디브 제도와 라카디브 제도에서는 선체, 돛대, 바늘땀, 로프, 돛을 비롯해 순전히 이 나무만으로 배를 건조했다. 위에서 지적한 바와 같이 대부분 다른 지역에서는 선체에 티크를 사용했지만, 일반적으로 돛은 야자 나뭇잎으로 짜서 만들었다. 1500년 이전에도 면으로 만든 돛천은 있었을 수 있으나 아직은 추정일 뿐이다.[15)]

돛은 심지어 오늘날에도 인도양에서 볼 수 있는 그 유명한 대형 삼각돛이었다. 이 명칭의 영어명(triangular lateen sails)은 부적절하다. 십자군원정 시대에 처음으로 이 돛을 본 서유럽인들은 불어와 영어로 라틴 돛(*une voile latine* / Latin sail)이라 명명했다. 기원전 수백 년 동안 아랍인들은 삼각돛을 사용했는데, 이는 바람을 앞에서 받으면서 즉 역풍에도 배를 달리게 한 첫 돛이었다. 유럽의 사각형 돛과 비교해 삼각돛으로 범장한 배는 윈드 어빔, 즉 바람을 90°로 옆에서 받으면서도 잘 항해할 수 있었으며, 심지어 빔의 앞바람(wind forward of the beam)에도—이물에서 50° 심지어 60° 지점에서도— 커다란 무리 없이 배를 갈 수 있게 했다. 어떤 이들은 다우가 현대의 요트처럼 바람을 바로 가로지르며 태킹했다고 하지만, 사실상 다우는 태킹 대신에 바람을 두르고 선미를 바람 쪽으로 향하며 침로를 바꾼다.[16)]

서양 선원들은 종종 삼각돛을 '아랍의 선물'(gift of the Arabs)이라고 불렀다. 그러나 캠벨의 주장에 따르면 삼각돛은 여러 지역에서 독자적으로 발전했다. 삼각돛의 기원은 이슬람 이전 아라비아가 아니라 페르시아에서 찾을 수 있으며, 페르시아를 거쳐 지중해로 들어왔을 수 있다. 서기가 시작되면서 삼각돛은 지중해에서도 보였다. 캠벨은 아랍인들이 지중해와 인도양에서 이전부터 삼각돛을 이용했던 이들로부터 배웠을 것이고 추측한다. 아주 비슷한 형태를 가진 돛이 독자적으로 인도네시아 동부에서 발전했으며, 앞 장에서 언급한 바와 같이 오스트로네시아인들은 태평양을 항해하면서 이 돛을 이용했다. 캠벨은 삼각돛이 상당히 오랫동안 이용되었으며 거기에는 이유가 있었을 것이지만, 어찌되었든 삼각돛이 특별히 효율적인 돛은 아니었다고 주장한다.[17)]

다우에서는 물이 새지 않도록 나무판을 잘 관리하는 일이 매우 중요했다. 마찬가지로 선체에 따개비류나 다른 생물들이 서식하지 않도록 막는 일도 중요했다. 특히 연체동물인 배좀벌레(teredo) 혹은 좀조개(shipworm)는 열대 바다에서 많은 문제를 초래하는 가장 위험한 생물이었다. 세버린은 순식간에 배좀벌레가 배에 구멍을 내는 상황을 겪었다. 배좀벌레를 떼어내지 않고 놓아둔 지 두 달이 지나자 그의 복제 다우는 거의 망가지다시피 했다. 짧은 시간이었음에도 불구하고 뜨개질바늘만큼이나 커다란 구멍들이 생겨나 맨손으로만 쳐도 2.5인치 두께의 나무판이 툭하고 부러질 지경이었다.[18)]

전통적인 해결책은 두 달 정도에 한 번씩 끓여 삼은 동물이나 물고기 지방과 가루 석회를 섞어 선체에 문지르는 것이었다. 드라이 독•이 없었기에 배를 해안가에 올려 앉혀야 했지만 건조 시 확보한 유연성으로 인해 이 과정은 쉽고 안전하게 이루어졌다. 배의 건조 방식과 유지 방식은 서로 밀접히 관련되어 있다. 평장방식으로 배를 건조했다는 사실은 널빤지 사이에 빈틈이 생기게 되고 이를 수지로 채웠음을 의미한다. 때문에 폐선될 때까지 정기적으로 기름칠과 메우기 작업을 해야 했다.

15세기 유명한 이븐 마지드와 같은 다우 항해사는 배를 몰고 선상에서 발생한 일에 책임을 지는 무알림(mu'allim)••이었다. 무알림은 배의 장비, 저장고, 기어, 선적 등을 체크했다. 그는 승무원과 승객의 안전을 책임지고 그들의 건강을 돌보고 다툼을 해결했다. 모든 것이 배가 출항하기 전 맺은 계약서에 명시되었다. 정해진 승객 정원을 태우고 정해진 양의 물품을 선적해야 했다. 운송화물의 선적을 인증하고 서명한 선하증권도 있었다. 무알림의 주의 의무는 배가 안전하게 모항에 도착해서야 해제되었다. 이븐 마지드는 선장에게 다음과 같이 조언했다.

> 신속하게 결정하라… 항해할 때에 청결을 유지하는 것이 필요하다… 출항 이후 바다에서 어떤 이들도 다른 이들을 놀림감으로 삼는 일이 없도록 해라. 누군가를 희롱하고 놀리면 악, 증오, 반목만이 초래될 뿐이며, 종국에

• 건선거이라고도 하며, 항구에서 물을 빼고 배를 만들거나 수리할 수 있는 곳이다. 수심이 충분한 해수에 면한 곳을 배가 들어올 수 있을 정도의 폭 · 길이 · 깊이로 굴착하여 바다와 연결시키고, 그 속을 콘크리트로 굳혀, 입구에 수문을 설치한다.

•• 선생님 또는 어떤 직업이나 기술의 대가를 가리키는 말이다. 인도네시아어에서는 율법사, 수로 안내인의 뜻을 가지고 있다.

는 원한, 증오, 경멸을 면치 못할 것이다… 다른 이들과 의논하고 자신의 견해를 향상시켜라.[19]

인도양 서부 전역에 걸쳐 다양한 다우가 있었다. 다우의 크기는 50톤 이하에서 500톤 정도까지 다양했다. 크기가 다르면 명칭도 달랐다. 유럽인의 우세 이전 구자라트에서 건조된 배를 보면, 최대 800톤에 이르렀으며 평균적으로는 300톤에서 600톤 사이였다. 이에 반해 마젤란의 세계 일주에 참여한 5척의 배들 중에서 가장 큰 배는 120톤에 길이는 31m였다. 1577년 드레이크는 배 3척을 이끌고 잉글랜드의 플리머스(Plymouth)를 출항했다. 한 척은 100톤이 약간 넘었으며 다른 두 척은 80톤과 30톤에 불과했다.[20] 초기 포르투갈인들은 구자라트의 엄청난 크기의 배들을 보고 놀랐다. '이 배들은 정말 막강하며 무장도 잘 되어있으며 사람들도 아주 많이 태우고 있었기 때문에, 우리 배가 이 항로[믈라카에서 홍해까지]를 지나면서 가질 수밖에 없는 두려움 없이 담대하게 항해했다.'[21] 구자라트의 대선들에도 일반적으로 갑판은 없었으나 건조 공법은 달랐다. 은촉이음•과 얼추 비슷한 라벳팅(반턱가공) 방식으로 나무판을 서로 이어 붙였기 때문이다.[22] 1750년 한 영국인 여행자는 이런 배를 보고 다음과 같이 극찬했다.

> 수라트 배는 유럽 배보다 수명이 훨씬 더 오래 간다. 심지어 100년까지 가는데 이는 수라트 배들이 아주 견고하게 건조되며, 바닥과 측면의 널빤지를 은촉이음과 비슷하게 서로 끼워 넣기 때문이다. 용골은 불로 억지로 휘어지게 만든 것이 아니라 자연스런 형태이다. 티크는 오크만큼 좋은 나무이며, 바닥은 나무 기름을 발라 나무판의 부식을 막는다.

그로즈도 코이어 밧줄의 장점을 인정했다. '대마로 만들어진 것보다도 거칠고 다루지 힘들지만, 코이어 밧줄은 바닷물에서 대마보다 더 오래 견딘다. 무명으로 만든 돛도 나쁘지 않다. 무명 돛이 유럽의 캔버스 천만큼 강하지 않지만 잘 찢어지지는 않는다.[23]

• 은촉을 은촉홈에 끼워서 두 널빤지를 마주 잇는 작업이다. 은촉은 두 널빤지를 마주 이을 때 한쪽 널빤지의 맞닿는 면의 가운데로 길게 내밀어 만든 돌기이다.

16세기 초 바르보자(Barbosa)가 캘리컷에서 본 배는 다양한 다우의 또 다른 형태를 보여준다. 다우의 지역적인 변형을 볼 수 있는데, 여기서는 용골이 사용되었다. 바르보자는 홍해와 이집트에서 온 이들인 외국인 무슬림(pardesi Muslims)에 대해 다음과 같이 쓰고 있다.

> 교역과 항해로 번영했던 시기 이들은 이 도시에서 용골이 있는 배를 건조했다. 이 배에는 1,200바하(*bahares*)[약 250톤]의 화물을 실었다. 배는 못을 전혀 사용하지 않고 전체 외장은 밧줄로 꿰매어 만들었으며, 상판 전체가 우리의 방식과는 사뭇 다르다. 거기에는 갑판이 없다.24)

코모린 곶을 돌아 벵골 만으로 들어가면 이제까지 언급한 다우와는 매우 다른 형태의 배를 만날 수 있다. 그중 얼마간은 중국의 대선들인데, 이들은 15세기 중반까지도 벵골 만에 들어왔다가 말라바르로 뱃길을 돌리곤 했다. 우리는 한 중국 문헌으로부터 송(宋) 시기 항해에 대한 멋진 이야기를 들을 수 있다.

> 남해와 그 남쪽을 항해한 배들은 집처럼 생겼다. 돛을 펼치면 하늘에 커다란 구름이 떠있는 것처럼 보인다. 배의 키는 길이가 수십 피트에 달한다. 한 척에 수백 명이 승선하고 있으며, 저장고에는 일 년치 식량이 있다. 배 위에서 돼지도 키우고 술도 발효시킨다. 하늘색 푸른 바다 위를 항해할 때 이 사람들에게 삶과 죽음 그리고 대륙으로 돌아가는 길은 별다른 의미가 없다. 새벽 선상에서 징 소리가 나면 가축들은 마음껏 먹고, 선원들과 승객들 모두 모든 위험과 시름을 잊는다. 배에 타고 있는 이들에게 모든 것은 공간 속으로—산, 주요 지형지물, 이국— 숨어들어가거나 사라진다. 항해사는 다음과 같이 말할 것이다. '이러저러한 나라를 만들기 위해, 순풍을 가진, 이렇게 많은 날들에, 우리는 이러이러한 산을 보아야 하며, [그리고서] 배는 이러이러한 방향으로 움직여야 할 것이다.' 그러나 갑자기 바람이 불어올 것이나, 예상했던 날짜에 산을 볼 수 없을 정도로 강하게 불지는 않을 것이다. 그리고서 다시 배는 [주요 지형지물에서] 멀리 떨어진 곳에 있게 될 것이며 방향을 잃어버릴 수 있다. 강풍이 갑자기 불어와 항로에서 이탈하게 하거나, 모래톱이나 숨어있는 암초를 만날 수 있으며, [선실] 지붕이 떨어져 나갈 수 있다. 무거운 화물을 실은 대선은 공해에서 두려워할 것이 아무것도 없지만, 얕은 물을 만나면 커다란 슬픔이 일 것이다.25)

외국인 여행가인 마르코 폴로와 이븐 바투타는 더 자세한 기록을 남겼다. 마르코 폴로는 13세기에 푸젠(福建) 연안에서 본 배들을 다음과 같이 묘사했다. 배에는 갑판이 하나밖에 없었지만,

> 갑판에는 50~60개의 선실이 있으며, 그곳에서 각자의 선실을 가진 상인들은 아주 편안하게 머물고 있었다. 배는 방향키가 오직 하나였지만 돛대는 43개가 있었다. 때로 두 개의 돛대를 추가로 더 이용했는데, 수시로 세웠다가 내렸다가 했다. 게다가 좀 더 큰 배 안에는 13개 정도 되는 [수밀] 구획실(水密區劃室) 혹은 차단실이 있는데, 배가 암석에 부딪치거나 배고픈 고래의 일격을 받거나 물새는 곳이 생길 경우를 대비해 단단히 테를 두른 나무판으로 만들어져 있다… 고정 장치로는 모두 질이 좋은 철 못이 사용되며, 측면은 이중으로 되어 있어 한 나무판을 다른 나무판 위에 겹치는 형태였으며, 겹친 부분의 안과 밖 모두에서 틈을 메웠다. 나무판에는 피치• 칠을 하지 않았지만—피치가 없었기 때문에—, 피치보다 훨씬 더 낫다고 여긴 다른 것들을 배의 측면 나무판에 발랐다. 무엇이냐면 이것이다. 일정양의 석회와 일정양의 잘게 썬 대마, 그리고 나무의 수액과 함께 섞어 반죽한다. 이 세 가지가 충분히 잘 섞이면 접착제처럼 된다. 이 혼합물을 배에 칠한다.

이들 각각의 대선들에는 200~300명의 선원들이 승선했다. 만약 바람이 가라앉으면 내기 놀이를 하며, 네 명의 선원들이 노 젓는 일을 맡는다. 각각의 대선에는 2~3개의 커다란 부속선들이 있었으며 각각의 부속선에는 50~60명의 선원들이 타고 있었다. 이에 더해 10척의 작은 배들이 물고기를 잡고, 필요 물품을 날랐으며 닻을 놓았다. 이들은 큰 배 측면에 느슨하게 매어져 있었으며, 필요에 따라 물 위에 띄웠다. 수리는 쉬웠다. 기존의 나무판 위에 다른 나무판을 못으로 고정시키면 그만이었다.[26)]

14세기 초 이븐 바투타는 캘리컷에서 자바, 실론, 몰디브, 예멘, 파르스••에

• 석탄, 목재, 그 외에 유기 물질의 건류에 의해 얻어지는 타르를 증류할 때에 얻어지는 흑색의 탄소질 고형 잔류물의 총칭이다. 원료의 종류에 의해 콜타르 피치, 나무 타르 피치, 로진 피치 등으로 구분된다.

•• 이란 서남부의 주이며, 주도는 시라즈이다. 파르시스탄이라고도 불린다. 옛 이름은 페르시스(Persis)로 유럽에서 페르시아의 기원이 되었다고 한다.

서 온 엄청나게 많은 배들을 보았다. 그중에서도 가장 큰 것은 13척의 중국 배들이었다. 그가 목격한 배는 정말이지 거대한 대선들이었다. 그는 이런 배들은 정크(junks)라고 불리며, 돛을 12개까지 가지고 있으며, 1,000명이 타고 있는데 그중 600명은 선원이고 400명은 궁수를 비롯한 병사들이었다고 쓰고 있다. 그가 한 모든 말을 다 믿기는 어려울지 몰라도, 이븐 바투타는 진실하기로 평판이 높았으며 게다가 직접 이런 배들 중 하나에 승선해서 여행했다. 노는 그가 이미 잘 알고 있었던 다우의 돛대만큼이나 컸으며, 하나의 노를 젓는데 10~15명이 필요했다. 그가 탄 배에는 갑판이 4개 있었으며,

> 상인들을 위한 선실, 스위트룸, 살롱이 있었다. 스위트룸에는 여러 개의 방과 화장실이 있었다. 입주자는 문을 잠글 수도 있었으며, 노예들과 아내들을 데리고 있을 수 있었다. 배가 어떤 도시에 닻을 내리기 전까지 같은 배에 동승한 이들에게 자신을 노출시키지 않은 채 스위트룸에서만 머무는 경우도 심심치 않게 있었다. 선원들은 배 위에서 자녀들과 함께 살았으며, 나무 상자에 청과류와 야채, 생강을 재배했다. 선상에서 선주는 마치 위대한 왕과 같았다. 그가 해안으로 나갈 때면 궁수들과 창, 칼, 북, 나팔을 든 아비시니아인들이 앞장섰다.[27)]

중국 대형 정크들은 남으로 말레이를 거쳐 인도로 항해했으며 때로는 인도 너머로까지 갔다. 그러나 이러한 현상은 일시적이었다고 할 수 있다. 정크들은 12세기가 되서야 말레이 세계로 들어왔으며 14세기 중반 강력한 자바 국가 마자파힛의 절정기에는 뜸했다. 명 왕조 시기인 1368년부터 중국 배들은 동남아시아 해역에 다시 들어오기 시작했으며 15세기 초 정화(鄭和)의 원정과 함께 정점에 달했다. 이후 얼마 지나지 않아 거대한 정크를 타고 원거리 항해를 하는 중국인들은 거의 보이지 않게 되었다.

말레이 세계에서 대부분 현지 배는 무수히 많은 섬들 사이를 항해할 수 있는 작은 배들이었다. 다른 곳에서와 마찬가지로 절대다수의 배들은 어부들이 사용하거나 계절풍을 이용해 일기가 좋은 날에 짧은 단기 항해를 하는 데에 이용되었다. 그러나 망갱의 주장에 따르면 서기 첫 천 년의 초기부터 이 지역의 해양 강대국들, 특히 스리비자야와 후에 마자파힛은 700톤의 짐과 1000명의 사람을 태울 수 있는 상당한 규모의 원양선박을 건조·소유·운항했다. 이

배들은 정크와는 달랐다. 중국 선박이 수 세기동안 철 못을 사용했음에 반해 이 배들은 그렇지 않았기 때문이다. 그렇다고 다우처럼 꿰매듯 묶는 방식을 취하지도 않았다. 이들은 장부촉•을 이용해 접합시켰다. 중국 배의 방식을 따라 선체는 여러 겹으로 만들어졌다. 조타 장치도 다우와는 달랐다. 고물 가까이에 설치한 두 개의 노 모양의 키(double quarter-rudders), 2~4개에 이르는 돛대와 돛을 가지고 있었기 때문이다. 망갱은 이와 같은 대형 배는 동남아시아적인 특징을 가지고 있다고 한다. 망갱의 주장은 동남아시아가 북쪽과 서쪽, 즉 중국과 인도로부터 고급문화를 수동적으로 수용한 지역이 아니라 독자성과 창의성 그리고 자체의 문화를 가진 지역으로 보려는 일반적인 역사서술의 경향을 반영하는 것으로 보인다.[28] 불가사이하게도 이러한 대형 배들은 16세기 후반에는 자취를 감추었다. 아마도 이들은 포르투갈의 대포에 맞설 수 없었기 때문일 것으로 보인다.

선장은 바다에서 어떻게 길을 찾았는가? 공해에서의 항법과 좀 더 제한적인 수로에서의 길찾기는 많이 다르다. 이븐 주바이르는 온갖 위험이 도사리고 있는 홍해와 같은 제한 수역에서 선원들이 발휘한 항해술을 보면서 상당히 감명을 받았다. '우리는 선장과 선원들이 산호초를 피해가며 배를 모는 기술을 관찰했다. 정말이지 경탄할 만했다. 이들은 마치 기수가 고삐를 잡고 온순한 말을 다루듯 좁은 수로를 이리저리 헤쳐 나가며 길을 찾았다.'[29] 공해에서의 항법은 상당 부분에서 앞 장에서 다룬 바 있는 길찾기와 크게 다르지 않았다. 이는 물의 흐름, 경험, 새, 해초, 알고 있는 육지지형을 보며 항해를 하는 방식이었다. 경험이 많은 항해사들은 새로 알게 된 사실을 적어 후세가 남기기도 했다. 이들 중 이븐 마지드가 가장 유명하다. 앞서 인용했던 중국 송 왕조의 사료가 보여주는 바와 마찬가지로 그는 육지지형을 참고 자료로 이용했다. 캘리컷에 다가가면서 그는 '해안 너머 산들 사이에 나지막한 언덕을 보았으며, 근처에 이렇게 측면이 가파르게 경사진 언덕은 그 어디에서 없으며, 특히 날이 저물었을 때 이만큼 유용한 안내자 역할을 해 줄 대상은 없다.'고 썼다. 북

• 두 부재를 밀착시키기 위해 접합부에 삽입하는 나비형의 작은 조각으로 나무 · 플라스틱 · 금속을 이용해 못같이 만든 것이다.

쪽에서 다가갈 때에 배는 이 언덕이 북북동에 있게 될 때까지 물 깊이가 약 4와 3/4패덤•인 곳을 계속 항해해야 한다. 그리고서 수심이 4와1/2 패덤에 될 때까지 해안에 접근하면 언덕은 동쪽 가까운 북쪽에 있게 되며, 그리고서 북쪽에 있게 되면 등등이다.[30]

이븐 마지드가 1490년에 쓴 『항법원칙과 규칙에 관한 실용정보서』(*Kitab al-Fawa'id fi Usul 'Ilm al-Bahr wa' l-Qawa'id*)는 당시 인도양에서는 아주 흔했던 항법과 운항 관련 문헌들 중의 하나이다. 이들 지리에 관한 문헌들을 보면 중국인과 아랍인 모두 인도양 전체를 파악하고 있었다. 아랍인의 경우 마다가스카르를 일종의 경계로 인식했다. 이븐 마지드에 따르면 '마다가스카르 남쪽으로는 그리스인에게는 유키야누스(Uqiyanus)••로, 아랍인에게는 '세계를 두르는 대양'으로 알려진 바다가 있다. 바로 남부 어둠의 지역(southern Dark regions)은 이 섬의 남쪽에서 시작된다.'[31] 티베츠(Tibbetts)는 항해 지식에는 독점이란 있을 수 없었다고 주장한다. 대신 아랍인, 중국인, 인도인, 말레이인이 모두 같이 주지하고 있는 범용지식체가 있었다. 유럽인의 도래 이전에 실용적인 해도는 없었을지 모르지만 아래에서 살펴볼 바와 같이 지도는 분명히 있었다. 전통적인 지식과 오랜 경험 이외에도 해와 별들을 관찰하면서 항해를 했기 때문에 해도가 아예 필요 없었을 수도 있다.[32] 베두인들이 사막에서 길을 찾기 위해 오랫동안 써왔던 전통적인 방식을 아랍인들은 바다에서 그대로 적용했음을 볼 수 있다.

이븐 주바이르는 이 방식이 어떤 것이었는지를 보여준다. 그는 메카로의 순례길에 있었으며 지다로 가기 위해 아이다브에서 배에 올랐다. 지랍을 타고 출항했는데 이틀째 되는 날 저녁에

> 폭풍이 일며 하늘이 검게 물드는가 싶드니 급기야 폭풍우로 완전히 뒤덮여 버렸다. 폭풍우가 격렬해지면서 배는 진로에서 벗어나 멀리 그리고 반대 방향으로 밀려갔다. 분노의 바람이 계속되었으며 어둠은 깊어져 사방의 공기를 가득 채웠으며, 우리는 어디로 방향을 잡아야 할지 알 수 없었다. 그러다 몇 개

• 물의 깊이 측정 단위로, 6피트 또는 1.8m에 해당한다.

•• Ocean, 대양으로 번역할 수 있다.

> 의 별들이 나타났으며 우리에게 안내자 역할을 해주었다. 돛을 돛대의 맨 아래로 내린 채, 우리를 절망으로 몰고 간 폭풍우 속에서 그 밤을 보냈다…[33]

아주 자주 북극성이나 해와 달을 준거로 삼았으며 이들의 높이를 손가락 너비로 측정해 위도를 계산했다. 물론 나침반은 중국인들이 오래전부터 사용해왔기에 이미 알려져 있었지만, 보편적으로 이용되지는 않았던 듯하다. 어찌되었든 아랍인들의 경험에 입각한 방법은 위도를 꽤 정확하게 읽어내는 데 유용했다고 보인다. 마지드의 『항법원칙과 규칙에 관한 실용정보서』를 주로 기술면에서 분석한 바에 기초해, 클라크는 마지드가 묘사한 항법은 구면삼각법, 항해 삼각형, 수로서지(水路書誌) 정보를 이용한 현대의 천문항법에 필적한다고 주장한다. 요약컨대, 이 시기 아랍인들의 항법은 구전으로 내려온 전통적인 기술과 응용과학이—오늘날에 우월한 위치에 있는 기법— 혼합된 것이었다고 볼 수 있다.[34]

아랍의 항법이 선원들에게는 크게 도움이 되었을 것이다. 그러나 당시 자료들을 보면 '과학적인'(scientific) 정확성과는 관계가 없는 항법도 있었다. 10세기 전반 인도에서 중국으로 항해한 알라마라는 사람에 관한 이야기는—의심의 여지없이 실제 경험에서 비롯되었으나 약간의 수사가 더해진— 보자. 그는 새벽 기도 시간이 되자 세정을 위해 세면실로 갔다. 거기에서 바다를 내다보다가 순간 공포에 휩싸였다. 세정도 기도도 잊고 갑판으로 달려 나간 그는 사람들에게 돛을 내리고 모든 화물을 배 밖으로 던져버리도록 했다. 그리고서 그는 모든 사람들에게 영혼을 정화하고 기도하게 했다. 아니나 다를까 그날 밤 거대한 폭풍이 불어 닥쳤다. 그가 탄 배만이 난파를 피할 수 있었다. 키르만• 출신으로 그곳에서 양을 치기도 했던 아브하라(Abhara) 선장에 대해서도 비슷한 이야기가 전해진다. 상선의 선장이 된 아브하라는 중국을 일곱 번이나 항해했다. 중국으로의 항해는 너무 위험했기 때문에 그는 전례 없는 기록을 세운 셈이었다. '도중에 죽지 않고 중국에 도착했다는 것만으로도 이미 기적이었다. 때문에 무사히 인도로 돌아왔다는 이는 보지 못했다. 그를 제외하고

• 이란 동남부의 도시 및 그 주변의 사막지대를 이르며, 케르만(Kerman)이라고도 한다.

두 번이나 그곳으로 항해했으며 사고 없이 돌아왔다는 이야기는 들어본 적이 없다.' 다른 비슷한 이야기들도 아랍인들의 항해가 경험에 의존하여 그때그때의 상황에 맞게 이루어졌음을 드러낸다. 아브하라는 중국으로 가는 도중 매번 13일째 되는 날 수면이 심하게 낮아지며, 배가 암석에 부딪칠 가능성이 많아지며, 동시에 특히 강풍이 격렬하게 불어옴을 알고 있었다. 어떤 선장은 조언하기를 '근처에 육지나 산이 있는지 없는지 알고 싶다면 오후 기도를 끝내고 태양이 저물고 있는 곳을 쳐다보라. 그때 산이나 섬이 반대편에 있다면 분명히 보일 것이다.'[35]

1271~92년 마르코 폴로가 중국에 갔다가 돌아온 이후 유럽인의 지도 제작에는 혁명적인 변화가 일어났다. 마르코 폴로의 여정을 그리면서 유럽인들은 이제까지 생산해낸 지도들 보다 상당히 앞선 유명한 두 지도를 만들어냈다. 1375년 카탈로니아 지도(Catalan map), 그리고 특히 1458년 프라 마우로 지도(Fra Mauro's map)가 그것이다. 최소한 15세기까지 동아시아는 비교적 세련된 해도와 지도를 가지고 있었다.[36] 밀즈는 정화의 항해 시기와 관련 있는 모곤도((茅坤圖)•를 자세히 연구했다.[37] 그에 따르면 모곤도는 동 시대의— 포르투갈이 막 서아프리카 연안으로 항해하기 시작했던 시기— 유럽 지도들보다 훨씬 더 뛰어났다고 평가했다. 중국인의 해도는 동아시아에서 인도까지 그리고 계속 아라비아와 동아프리카까지 묘사하고 있었다. 밀즈의 주장에 따르면 유럽은 서쪽에 대한 지도 제작에, 중국은 동쪽에 대한 지도 제작에서 더 뛰어났다. 중국의 지도가 사이에 위치한 지역, 즉 아라비아, 인도, 동아프리카를 훨씬 더 정확하고 자세하게 묘사하고 있다는 면에서 이 부분에서는 중국의 지도가 더 뛰어났다. 중국의 지도, 모곤도는 동시대 유럽인이 알고 있었던 세계보다도 더 넓은 세계에 대한 훨씬 더 정확한 지식을 보여준다. 싱가포르 해협을 기준으로 서양(西洋)과 동양(東洋)으로 구분했던 방식도 눈에 띈다. 이는 1330년대 많은 곳을 널리 여행했던 왕대연(汪大淵)의 저술[『島夷志略』]에서 가장 분명히 드러난다.[38] 나도 상당 정도 이러한 구분 방식을 따라 싱가포르 해협에서 이 책의 기술을 멈출 것이다.

• 일명 『鄭和航海圖』라고 하며 전체 제목은 『自寶船廠開船從龍江關出水直抵外國著番圖』이다. 명(明) 시기 모원의(茅元儀)가 펴낸 『武備志』에 들어가 있다.

심지어 더 놀라운 지도는 이전 중국과 아랍의 지도들을 참고한 듯 한 한국의 1402년 혼일강리도(混一疆理歷代國都之圖)이다. 여기에는 아프리카와 아라비아 반도가 분명히 표시되어 있으며 유럽의 윤곽도 뚜렷하며, 인도는 중국 대륙 옆에서 삐져나온 것으로 그려져 있다. 한국이 아프리카 대륙만큼이나 아주 크게 그려진 것은 그리 놀라운 일이 아니다. 이 지도는 유럽인이 동아시아에 대해 거의 아무것도 알지 못했던 시기에 한국은 지중해, 이베리아, 이탈리아 그리고 아드리아 해까지 이르는 세계를 매우 분명하게 인식하고 있었음을 보여준다. 혼일강리도에서 아직 확인되지 않은 지명이 유럽 부분에는 100여 개, 아프리카에는 부분에는 약 35개가—대부분이 지중해 남부 연안에 있는— 있다.[39)]

자바에서도 정교한 지도가 제작되었다. 이는 앞의 두 지도들과 마찬가지로 당시 지도 제작자들 간에 상당 수준의 지식의 교섭과 정보의 교류가 있었음을 보여준다. 1512년 포르투갈인 선장 알부케르케는 희망봉, 포르투갈, 브라질, 홍해, 페르시아 만, 황금이 있는 나라(수마트라의 미낭카바우), 정향• 섬, 말루쿠 제도, 자바, 반다 제도, 시암, 그리고 중국인들의 항법과 중국 배들의 항로를 자세히 묘사해 놓은 자바의 해도를 보았다. 지명은 모두 자바어로 표기되어 있었다.[40)] 세계에 대한 지식의 교류와 정보의 교환은 놀랄 정도로 여러 방향으로 확장되었다. 예를 들어 직접 배를 타고 여행하지는 않았지만 한 두 사람 건너면서 많은 정보를 접한 중국인들이 있었다. 8세기의 한 중국인은 동아프리카 북부 어딘가에 있는 보발리(Bobali) 사람들에 대해 다음과 같이 표현했다. '이들은 고기만 먹는다. 이들은 소의 혈관에 바늘을 찔러 넣어 피를 빼내 우유와 섞어 마신다.' 흥미롭게도 이 중국인이 묘사한 이들과 같은 사람들을 16세기의 한 포르투갈 성직자도 만난 적이 있다. 그에 따르면, 세게주(Segeju)•• 사람들은 '소를 많이 가지고 있으며, 이들에게 소의 젖과 피는 음식이다. 이들은 평범한 일상적인 음식은 하나도 없이 날고기를 먹으며, 하루걸러 소의 피를 뽑는다.'[41)]

• 열대성 정향나무의 꽃을 말린 것으로 향신료로 쓴다. 정향은 유일하게 꽃봉오리를 쓰는 향신료로 자극적이지만 상쾌하고 달콤한 향이 특징이다. 정향나무의 원산지는 몰루카섬이지만, 오늘날에는 서인도, 잔지바와 마다가스카르를 포함한 몇몇 곳에서 재배된다.

•• 탄자니아 탕가 주와 케냐 국경 지대에 있는 민족 언어 집단이다.

마지막으로 터키인 무슬림 피리 레이스(Pîrî Reis)와 그의 저명한 『바다에 관한 책』(*Kitāb- i Baḥrīye*)을 예로 들 수 있다. 이 저서는 1521년에 완성되었으며, 지금은 영어 번역을 포함해 4권의 영인본으로 나와 있다. 그는 '대양'(great sea), 즉 모든 바다를 둘러싸고 있는 바다에 대해 다음과 같이 썼다.

> 다른 모든 것들은 바르-아잠(Bahr-Azam)과 하나로 연결되어 있다. 대양은 이들이 모두 모이는 바다이다. 이는 세계를 둘러싸고 있다. 이는 모든 바다들의 머리이다. 이로부터 모든 바다들이 나타나고 또 모든 바다들이 이로 되돌아간다. 내가 이미 말했듯이 사실 이 모든 다른 바다들은 대양(Ocean)의 만(灣)들일 뿐이다. 바다는 사방팔방 모든 곳으로 뻗어 있는 나무와 같다. 이들 모두의 근원은 대양이며, 대양에게 이들은 가지들과 잔가지들이다.

피리 레이스는 포르투갈인들의 인도 항해를 묘사했으며, 특히 마데이라, 카보베르데•, 브라질, 아비시니아, 모가디슈를—홍해로의 입구 가까이에 있는 곳이라고 그가 말한— 언급했다. 남위 55° 아래는 모두 암흑의 세계이며, 북위 55° 위도 이와 비슷하다고 인식했다. 그는 포르투갈인들에게서 들은 이야기와 '거기를 항해했던 이들의' 이야기에 근거했다고 하면서 중국에 대해 간략히 쓰고 있다. 인도에 대한 그의 이야기는 상당히 모호하며, 유럽이 여름이면 인도는 겨울이라고 생각했다. 『바다에 관한 책』을 마친 지 몇 년 후 그는 그린란드에서 플로리다까지의 북아메리카 연안을 포함한 꽤 정확한 대서양 지도를 펴냈다.[42)]

유명한 무슬림 여행가 이븐 바투타는 이미 여러 번 인용했다. 여행을 많이 한 이 학자는 인도양과 그 너머—그는 유럽과 서아프리카의 여러 장소들도 방문했으며, 모로코 출신이었다— 여러 곳에서의 여행과 모험에 대해 방대한 양의 여행기를 남겼다.•• 이븐 바투타는 거의 30년간 75,000마일을 여행했다.

• 아프리카 대륙 서안의 베르데곶(串)에서 서쪽으로 500km 떨어져 있는 섬나라이다. 1456년 포르투갈인이 발견하기까지는 무인도였다. 이후 포르투갈의 식민지, 1963년 포르투갈의 해외령(海外領)을 거쳐, 1975년 7월 독립했다.

•• 『이븐 바투타 여행기』로 알려져 있으며, 원 제목을 번역하면 『도시들의 불가사의들과 여행의 경이로움을 생각하는 자를 위한 선물』 정도가 된다.

그의 여행은 14세기 전반으로 거슬러 올라간다. 이 장의 나머지 부분에서는 그의 여행기에서 발췌한 내용을 시작으로 약 1500년경까지의 인도양을 설명할 수 있는 여러 주제들을 소개하고자 한다. 그의 관찰로 시작해 다른 동시대인들이 남긴 자료들과 이보다 훨씬 더 많은 이차자료에 기반해 관련 주제에 관해 논의를 보다 깊게 진행할 것이다. 그렇다고 해서 로스 던의 접근방법을 그대로 따르겠다는 뜻은 아니다.[43] 로스 던은 이븐 바투타의 여행에 대해 매우 뛰어나며 아주 상세한 분석을 제시하고 있다. 반면 여기에서는『이븐 바투타 여행기』내용 중에서도 해항도시, 해적, 바다 여행의 위험, 해로 여행에 대한 무슬림의 태도, 그리고 특히 인도양 전역에 퍼져 있었으며 여행을 자주하며 이슬람을 전파하고 공고히 하는 역할을 했으며 그도 자주 언급했던—이븐 바투타도 그들 중의 한 명이었다— 이슬람 학자 네트워크와 관련된 일반적인 사안만을 끌고 올 것이다. 가장 먼저 논의해 보고자 하는 주제는 다음과 같다.

앞 장에서 인도에서 동남아시아로 여행했던 많은 불교도와 힌두교도, 그리고 동아시아에서 인도로 향했던 불승들의 흐름도 보았다. 그러나 인도에서 불교가 쇠퇴하고 힌두교가 다시 부흥하면서 불승들과 순례자들은 새로운 불교 중심지들, 특히 스리랑카, 버마, 태국으로 향했다. 부처의 삶과 관련 있는 성지들을 보기 위해 불교 순례자들이 계속 인도로 왔으며 지금도 그렇지만 그 수는 당연히 감소했다. 어찌되었든 당시 인도양에서 이루어졌던 종교적인 이동에 가장 중요한 부분을 차지했던 이들은 무슬림들이었으며, 이븐 바투타도 그중 한 명이었다.

1331년 그는 모가디슈에 있었다. 이븐 바투타는 학자로서 융숭한 대접을 받았으며, 카디(qadi)•의 저택에 머물렀다. 술탄의 모국어는 마크디시(Maqdishi)였지만 아랍어를 할 줄 알았다. 이븐 바투타는 이집트 출신인 카디의 안내로 술탄을 접견했다. 그는 알-히자즈(al-Hijaz)••에서 온 이로 술탄의 존대를 받았다. 그는 이집트 산 린넨으로 만든 튜닉을 포함해 로브, 예루살렘 산 털로 덮

• 이슬람법에 기초해 판결을 내리는 재판관을 이른다. 뜻이 확대되어 이슬람에 대해서 널리 지식을 가지고 있는 사람을 가리키는 경우도 있다.

•• 현재 사우디아라비아 서쪽에 위치한 지역, 중요한 도시 제다 그리고 이슬람 문명의 중심인 메카가 모두 이 지역 도시들이다. 히자즈는 과거 아랍 세계의 정치 종교의 중심이었다.

인 망토, 그리고 이집트 터번도 선물로 받았다. 모가디슈에는 카디, 샤리프(sharifs)•, 셰이크(sheikhs)••, 그리고 하즈 의무를 마친 사람들이 많았다. 이븐 바투타의 발길은 당시 최고의 권력과 부를 자랑하고 있었던 킬와(Kilwa)로 향했다. 그는 킬와의 술탄이 매우 관대한 사람임을 언급하면서 때문에 수많은 샤리프들이 이 독실한 술탄의 지원을 받기 위해 이라크와 히자즈를 비롯해 여러 곳에서 모여들었다고 증언하고 있다.[44)]

말라바르에서 이븐 바투타는 여느 곳에서와 비슷하게 세속적으로나 종교적으로 권위 있는 위치에 있는 다양한 무슬림 집단들을 만났다. 어떤 곳에서 카디와 설교사는 오만에서 온 이들이었다. 캘리컷에서 상인들의 아미르(amir, 지도자)는 바레인에서 온 이였다. 그가 승선했던 한 정크의 도매상은 시리아에서 왔으며, 콜람(또는 퀼론)의 무슬림 대상인들은 이라크에서 왔으며, 카디는 카즈빈 출신이었다.[45)]

이렇듯 이븐 바투타가 묘사하고 있는 바는 인도양의 모든 언저리에 있던 광대한 무슬림 네트워크였다. 그는 명망 높은 학자이자 모범적인 무슬림으로 어디에서나 환영받았다. 사실 이븐 바투타는 무슬림 중심부에서는 그리 명성이 자자한 이는 아니었다. 그는 메카나 다마스쿠스 혹은 카이로에서는 존재감을 크게 드러내지 못했을 것이지만, 델리와 이슬람의 수용과 강화에 열성적이었던 통치자들이 있었던 스와힐리 연안 지역에서와 같이 비교적 최근 이슬람을 수용한 지역에서는 그야말로 환영받을 만한 권위자였다. 이븐 바투타는 아마 자신도 놀랐을 정도로 어디를 가나 진심어린 환대를 받았는데 그의 높은 자존감도 이에 한 몫을 한 것으로 보인다. 그는 자부심이 강했으며 다른 무슬림들의 실수나 잘못에 대해 매우 비판적이었다. 심지어 틀린 발음을 지적하고 바로 잡는 것도 자신이 해야 할 바라고 여겼다.

『이븐 바투타 여행기』는 이 시기 인도양에서 일어났던 가장 중요한 세 가지 이슬람 관련 사안, 즉 이슬람으로의 개종, 이슬람의 공고화, 종교 중심지와

• "고귀한 혈근(血筋)의 사람"을 의미하는 아리비아어로, 이슬람 이전 아랍사회에도 있었다. 그러나 이슬람 이후에 이 말은 오로지 예언자 무함마드의 가족의 자손에게 이용되었다.
•• 셰흐라고도 발음하며, 부족의 원로, 수장, 숭배하는 현인, 이슬람 지식인을 의미한다.

의 관계를 잘 보여준다. 이 시기 특히 15세기 말까지 첫 번째 사안이 가장 중요했다. 비교적 신생 종교였던 이슬람이 급속하게 확산되었던 시기였기 때문이다. 선지자 무함마드가 세상을 떠난 해는 632년이었다. 이슬람은 기원지인 서부 아라비아의 히자즈에서 육로와 해로를 통해 확산되었다. 육로로 페르시아, 이집트, 북아프리카, 그리고 현재의 시리아, 터키, 이라크로 알려진 지역들, 그리고 인도의 북서부로 전파되었다. 또한 기존의 아랍 상인 네트워크에—아랍 상인들이 이슬람으로 개종하기 수백 년 전부터 존재했었던— 힘입어 해로로도 퍼져나갔다. 이 과정에서 특히 우리의 관심을 끄는 것은 인도양 주변의 모든 무슬림 공동체의 신앙을 증진시키고, 비-이슬람적안 관행을 뿌리뽑고, 구습으로의 퇴행을 바로 잡으려는 목적을 가지고 행해진 그리고 오늘날에도 여전히 행해지고 있는 무슬림 학자들의 여행이다.

이슬람의 코스모폴리탄적인 혹은 국제주의적인 면모가 중요한 개종 동기로 작용했다는 지적이 있다. 특히 해안 사람들은 자신들의 세계가 확장됨에 따라 이제까지의 토착적이고 지역적이며 매우 특수한 신앙은 절절하지 않다고 여겼다. 보편적인 종교에 노출되자(동아프리카 연안의 경우 이슬람은 외국인 동업자가 믿는 종교였다) 이들은 매료되었다. 이런 현상은 당시 전체 인도양 세계에서 일어났다.[46]

파킨은 이슬람으로의 개종보다 더 정확한 표현은

> 이슬람의 '수용'(acceptance)이다. 이는 오랜 기간 기존의 관습이나 우주관과 상호 작용하는 과정에서 이루어진다. 개종이라는 용어는 하나의 종교에서 명확히 다른 종교로의 전환을 가정한다. 수용이라는 용어는 극적인 변화나 기존 우주관의 완전한 폐기를 전제하지 않는다. 수용은 이슬람적인 특징과 비-이슬람인 특징이 끊임없이 서로 섞이는 것이 가능했던 사실상 대부분 지역에서의 이슬람화를 더 잘 설명해 낼 수 있다.[47]

환언하면 대부분 변화는 대체적이라기보다는 첨가적으로 발생한다고 볼 수 있다. 대체적 변화는 기존의 관념들을 없애버리고 그 자리를 대신하는 변화라면 후자는 기존의 믿음 체계 위에 더해지면서 생기는 변화를 의미한다. 이렇게 본다면 개종은 하나의 사건이 아니라 과정이며 한 시점이 아니라 수 세대에 걸쳐 일어나게 된다.

개종에는 직간접적으로 강압이나 권력 행사도 개입되었다. 의심할 여지없이 대부분 내지 지역에서 이슬람은 일부분 강제를 통해 확산되었다. 직접 칼을 들이대며 이슬람을 믿도록 강요하지는 않았지만 무슬림 군대가 광대한 영토를 정복함에 따라 많은 이들이 새로운 지배자의 종교를 수용할 수밖에 없었다. 중동 대부분 지역은 이 경우에 해당된다. 인도에서는 8세기부터 무슬림이 북서부 지역을 13세기부터는 인도 심장부를 지배했지만, 힌두교는 놀랄 정도로 저항력을 발휘했으며 오직 10%의 사람들만이 술탄의 종교를 받아들였다. 사회학적 용어로 말한다면, 대부분의 힌두교도들은 이미 확고한 위상을 가진 고등종교에 헌신하고 있었으며 다른 신앙, 즉 이슬람으로 개종하려 하지 않았다. 우리의 관심 지역인 인도양 연안 대부분에서 이슬람으로의 개종에 강제는 개입되지 않았다.

연안의 이슬람과 내지의 이슬람 사이에는 차이가 있으며, 이슬람이 소수인의 종교인 지역과 다수인의 종교나 유일한 종교인 지역 사이에도 차이가 있다. 간단히 말해, 이슬람은 매우 일찍이 육로로 아라비아 반도의 남부, 즉 예멘과 하드라마우트•에 도래했다. 해로를 거쳐 이슬람이 전래된 인도양 지역들 중에서 8세기 중반 무슬림들이 들어온 스와힐리 연안을 보자. 홍해와 하드라마우트에서 온 무슬림 상인들은 이곳에 와서 자신들이 예배드릴 모스크를 세웠다. 시간이 지남에 따라 이들 아랍 상인들 중에서 정착하는 이들이 생기고, 스와힐리 연안의 해항도시들에서 이슬람으로 개종하는 현지인들이 늘어났다. 스와힐리 연안에서 보다 앞서 인도의 해안에서도 비슷한 과정이 일어났다는 증거가 있다. 해양부 동남아시아에는 인도보다 늦게 이슬람이 들어갔다. 여기에서 이슬람은 그 중심지에서 온 이들이 아니라 비교적 최근에 개종했던 인도 무슬림들에 의해 퍼졌다. 로스 던은 해안 지역에서의 이슬람과 중심지에

• 예멘 동부의 해안 지방으로, 구약성서에도 나오듯이 기원전 수세기부터 하드라마우트 왕국이 존재한 곳으로, 언어 · 민속 · 종교 등 여러 면에 있어서 고유하고 강한 특색을 지니고 있었다. 이슬람화(化)한 후로 인도 · 동남아시아 기타 지역에 다수의 이민을 내보냈으며, 그들 지방의 문화도 받아들여 인도의 카스트와 비슷한 풍속을 볼 수 있다. 고고학 · 민족학 · 문학 등 여러 분야에서 연구와 흥미의 대상이 되고 있다.

서의 이슬람의 차이를 다음과 같이 설명하고 있다.

> 중동에서 한 개인이 국제적인 사회 질서에 속해 있다는 의식은 그 개인의 교육과 지위에 따라 상당히 달랐다. 그러나 이슬람이 소수자의 종교였던 인도양 내지에서의 무슬림들은 모두 국제적인 사회 질서에 참여하고 있다는 의식을 가지고 있었다. 14세기에 동아프리카, 인도 남부 혹은 말레이시아에서 무슬림이 된다는 것은 바로 코스모폴리탄 의식을 갖는다는 의미와 다르지 않았다.

이러한 경향은 이들이 삶을 사는 공간이 연안에 위치하고 있었다는 사실, 그리고 이들 대다수는 국제 교역에 종사하는 상인들로 저 멀리 시장들과 사람들 그리고 장소들에 대해 잘 알고 있어야 했었던 사실에 힘입어 강화되었다.[48]

이제부터는 지역별로, 즉 동아프리카, 인도, 동남아시아의 순서로 보다 자세히 들여다보자. 언제 이슬람이 동아프리카에 들어왔는지에 대해서는 아주 많은 이들이 관심을 기울여왔다. 이슬람의 도래 이전에도 이미 아랍 세계와 동아프리카 사이에 교역이 활발했음을 보여주는 기록들이 많다. 『주항기』(*Periplus*)에 의하면 1세기에 동아프리카와 예멘 사이에는 상당히 광범위한 접촉이 있었으며, 아랍 상인들과 현지인들은 서로 폭넓게 교류하고 결혼도 많이 했다. 전(前)이슬람 시기 중동에서 건너온 도자기들이 소말리아와 모잠비크 등지에서 발견되었는데, 이들 대부분은 사산 왕조 하의 페르시아에서 온 것으로 밝혀졌다.[49] 아랍 상인들이 이슬람을 믿은 연후에도 물론 계속해 동아프리카와의 교역에 종사했다. 8세기 초나 중반 정도에 동아프리카 최초의 모스크들이 이들 아랍 상인들의 편의를 위해 세워졌다. 물론 이들 아랍 상인들 중의 얼마간은 현지에 정착한 이들이었을 것이다. 이 모스크들은 매우 작았으며, 목재나 나무 욋가지들, 진흙 반죽과 같이 내구성과는 거리가 먼 재료들을 이용해 지어졌다.

초창기 무슬림들의 동아프리카에 대한 묘사를 보면 현지인들은 아직 개종하지 않았음이 분명하다. 아랍의 이야기집인 10세기 『인도의 불가사의』(*Wonders of India*)에는 [동아프리카 연안에 있는] '잔지'(Zanj)를 마법사, 식인종, 이상한 새들과 물고기들이 있는 기이하게 상스러운 장소로 묘사한다.[50]

알 비루니(Al-Biruni)는 11세기 초 동아프리카를 여전히 야생의 그리고 대체로 비-이슬람적인(un-Islamic) 장소로 보았다.[51] 11세기 후반부터 현지인들은 이슬람으로 개종했으며, 이때부터 우리는 존 미들톤의 말대로 스와힐리 문명에 대해 이야기하고 무슬림으로서의 스와힐리 사람들의 고유한 특징을 발견할 수 있다.[52] 킬와에서 목재로 지은 모스크들은 더 커졌으며 석재를 이용한 모스크도 건축되었다. 1300년경이 되면 킬와의 주요 모스크 규모는 세로 12m 가로 30m로 정도로, 무슬림 거주자들이 많았음을 암시한다.[53] 라이트는 12세기와 이를 전후한 시기에 일정 규모의 공동체들은 모두 이슬람을 수용한 것으로 보인다고 주장한다.[54]

'불완전'(partial)했다고 하더라도 이슬람으로의 개종은 해안 거주자들, 즉 스와힐리인들을 내지 거주자들과는 더욱 더 확연히 다르게 만드는 데에 일조했다. 위치로 인해 스와힐리 연안 사회는 내지와 비교해 인도양을 가로지르는 훨씬 넓은 세계를 향해 열려있었다. 스와힐리인들의 이슬람 수용은 이러한 개방성에 힘입었다. 하지만 이들이 새로 수용한 이슬람에는 더 살펴볼 바와 같이 이슬람 도래 이전의 토착 신앙이 아주 많이 스며들었다.

아랍인들은 인도 연안 지역과 오랫동안 교역해 왔으며, 인도인들 또한 아랍 세계와 오랫동안 무역을 해왔다. 아랍인이 무슬림이 된 이후에도 교역은 계속되었으며, 무슬림이 인도 대륙의 내지 상당 부분을 지배하기 오래 전 아주 일찍이 인도 연안 지역에서 이슬람으로 개종하는 이들이 생겨났다. 이에 대해 초기의 한 포르투갈인은 말라바르에서의 엄격한 힌두 카스트 계급제도로 인해 최하층 사람들이 많이 개종했다고 전했다. 코레이아에 따르면, 더할 나위 없이 성공적이었던 무역과 종교의 결합 그리고 이슬람 안에서의 모든 신자의 평등사상이 개종을 이끌어 내고 말라바르에 마필라 무슬림(Muslim Mapillah) 공동체를 형성시키는 데 크게 기여했다. 그는 이 지역에서 우세한 권력을 차지하고 있던 나이르(Nairs)•와 모멸적인 지위에 있던 하층 카스트들에 대해 설명한다. 홍해 지역이 말라바르의 중요한 교역 상대였다는 사실로부터 짐작

• 남인도 케랄라 주에 거주하는 상층 힌두 카스트 집단으로 사무라이와 비슷한 무사계급이다. 전통적으로 모계제를 기본으로 한 사회로 가계가 모계를 통해 계승된다.

컨대 홍해 지역에서 왔을 것으로 보이는 무슬림들은 하층 카스트의 짐꾼들이 우연히 나이르라도 마주치면 죽임을 당할 수 있기에 자유로이 나다닐 수 없음을 (힌두) 통치자들에게 말했을 것이다. 그러나 하층 카스트에 속하는 말라바르 사람들이 이슬람으로 개종하면 '이들은 원하는 곳 어디든지 자유롭게 다닐 수 있을 것이며 오랫동안 장거리를 여행할 수 있으며 다양한 사람들과 어울릴 수 있을 것이었다. 일단 무슬림이 되면 바로 말라바르 사람들의 법과 관습을 따르지 않아도 되기 때문이었다.' 이런 식으로 논리를 펴며 때로는 얼마간의 뇌물도 주면서 (힌두) 통치자들을 설득시켰다. 억압을 심하게 받고 있었던 하층 카스트의 사람들은 이슬람으로 개종하면 원하는 곳에서 살고 원하는 음식을 먹을 수 있었기 때문에 쉬이 개종을 선택했다. 무슬림들은 이들에게 의복을 주기도 했다. 결과적으로 무슬림으로의 개종 노력은 상당히 성공적이었으며, 이는 다시 교역상의 성공, 특히 홍해로의 향신료 무역의 흥성으로 이어졌다.[55]

또 다른 초기 포르투갈인이 남긴 기록을 보면 마필라는 이슬람으로 개종한 뒤에도 이전의 힌두교 관행을 완전히 버리지 않았음을 분명히 알 수 있다.

> 그리고 이 말라바르 땅에는 무어인들이 아주 많다. 그들은 이 땅의 이교도들과 똑같은 말을 쓰고 나이르(Nayres)처럼 벗고 다니지만 이교도들과는 확실히 다르게 조그마한 둥근 모자를 쓰고 수염을 길게 기른다… 무어인들은 다방면으로 이교도의 관습을 따른다. 아들에게 재산의 반이 상속되며, 조카(여동생들의 아들)에게 나머지 절반이 상속된다. 무어인들은 무함마드(Mafamede)파에 속하며 금요일을 성일로 여긴다. 이 땅에는 모스크들이 정말 많다. 무어인들은 부양할 수 있는 한 여러 명의 아내와 결혼하며 하층 카스트에 속하는 이교도 첩들도 많이 둔다. 그들은 아내들과 첩들에게서 태어난 아이들을 모두 무어인으로 만들며 때로는 아내들과 첩들을 무어인으로 만든다. 그리하여 이 악의 세대는 계속 말라바르에서 증가한다. 인도인들은 그들을 마필라(Mapuleres)라고 부른다.[56]

13세기 후반부터 동남아시아에서 이슬람으로 개종하는 이들이 나타났다 수마트라 북단에 있는 사무드라-파사이(Samudra-Pasai)에서의 개종은 널리 알려져 있다. 그러나 자바 동부에서 보듯이 14세기 후반이 되어서야 왕국 전체가 집단으로 개종하는 사건들이 발생했다. 이슬람 왕국들은 14세기에 등장했는데 처음에는 수마트라 북부에서 그리고서는 자바 연안 지역에서 나타났다. 15세기 중반부터 믈라카에도 개종 물결이 들이닥쳤다. 이 장이 다루고 있는 시기의 끝 지점인 1500년 시점에서 본다면 이슬람은 자바 연안 지역, 말레이 반도, 필리핀 남부, 그리고 수마트라에 깊이 자리 잡았다. 말루쿠에서 이슬람 개종자들이 생기기 시작했지만 전체적으로 자바 동부는 아직 이슬람의 영향하에 있지 않았다.[57)]

한 포르투갈 역사가는 중요한 의미가 있었던 믈라카 통치자의 개종을 간략하게 설명하면서 다음과 같이 교역과 종교의 밀접한 관계를 강조했다. '아라비아 항구들을 출항한 배들이 믈라카에 가곤 했는데, 어느 해 한 카시즈(*caciz*)•가 이곳에 와서 무함마드의 법을 설교했다.' 그는 왕에게 영향력을 행사할 수 있는 사람이 되었으며 이슬람의 위대성에 대한 강력한 인상을 주었다. 왕은 개종하게 되었으며, 예언자 자신의 이름을 받는 영광을 얻었다. 얼마 후 15세기 수마트라에서의 상황을 전하는 기록에서도 교역과 종교 간의 밀접한 관계를 볼 수 있다. 내지 사람들을 잔인하고 야만적이고 사악하며 호전적으로 묘사하면서 이들 중 얼마간은 식인들이라고 했다. 그러나 연안 지역에 사는 이들은 교역을 위해 이곳을 찾았던 무슬림들의 영향으로 개종한 선량한 이슬람교도였다. 현지인들은 외국인 무슬림들이 가져온 물품을 선호했으며 외국인 무슬림과 현지 여성들이 결혼하면서 더욱 더 많은 이들이 개종하게 되었다고 한다.

인도양 지역에서의 이슬람이 규범적인 이슬람과 얼마나 거리가 있는지에 대해 많은 학자들이 관심을 기울여 왔다. 그러나 무슬림도 아니며 게다가 서양의 동양학자라고 할 수 있는 이들이 믿음의 '다섯 기둥'(Five Pillars)••이나

• 후아이스(Houaiss) 포르투갈어 사전에 따르면 아랍어 "qasīs"(종교의 대가, 신앙이 독실한 종교가)에서 유래했다고 한다. 복수형 cacizes으로 자주 쓰이며 "인도, 페르시아 및 북아프리카와 같은 과거 식민지 지역에서 특히 기독교인 또는 무슬림 사제"를 지칭하기 위해 사용된 용어이다. 이 책에서 인용하는 전거들에서는 전적으로 무슬림 학자나 종교가를 지칭하고 있다.

꾸란에 기반을 둔 '순수'(pure) 이슬람의 비계(飛階)를 세우고 규범적인 이슬람으로부터의 일탈을 정의한다는 것은 아무리 봐도 이상하기 짝이 없다. 이들은 이렇듯 이상적인 척도를 만들고 나서 여러 지역에서의 이슬람 관행을 평가하고 비-이슬람적이라거니 혼종적이라거니 하면서 비난하듯 평가한다. 역설적이게도 서양인의 이슬람에 대한 경직된 해석은 지난 수십 년간 이슬람 부흥주의자들의 종교에 대한 독단적인 해석과 크게 다르지 않다.

인도양 전체 연안 지역에서의 이슬람 관행과 실행에 관한 연구는 그야 말로 방대하다. 포우벨스(Pouwels)의 주장에 따르면 일반적으로 17세기까지 스와힐리 연안에서 이슬람은 현지 상황에 적응하면서 내면화하는 형태로 실천되었으며 지역적인 색채가 강했다.[58] 동아프리카의 현대 이슬람 연구자들은 이슬람화 현상을 보다 중립적인 입장에서 바라본다. 이들은 신학상의 디니(dini), 즉 종교와 실천상의 밀라(mila), 즉 관행을 구분해서 본다. 전자는 성전을 비롯한 문헌 중심의 이슬람이며, 후자는 그렇지 않다.[59]

파킨(Parkin)은 인도양의 이슬람 공동체를 개괄하고 다음과 같이 지적했다. '모스크 안에서 하는 기도는 의심할 여지없이 이슬람 신앙을 보여준다. 그러나 모스크 밖으로는 뭔가 다른 형태의 예배가 일어나고 있을 가능성은 언제나 있다'[60] 그러나 바로 이 경향은 모범적인 무슬림들의 우려를 자아냈다. 때문에 이들은 연안 공동체들의 이슬람 수용 이래 계속 실천을 '정화하고'(purify), 일탈을 바로잡는 데에 관심을 기울였다. 이슬람 전문가들은 인도양의 여러 지역을 두루 다니며 활동했는데, 그 덕분에 인도양에서는 두 가지 통합성이 마련되었다. 첫째 이슬람 전문가 자신들이 종교의 연결선 역할을 하게 되었으며, 둘째, 이들의 활동으로—오늘날까지도 계속되고 있는— 연안 지역에서 보다 규범적인 이슬람을 지키는 이들의 숫자가 천천히 지속적으로 늘고 있다. 물론 현대로 올수록 이들의 활동상에 대해 보다 자세한 내용을 알 수 있다. 그러나 이 장에서 다루는 시기에도 이들은 활발하게 활동했다.

•• 이슬람 "종교의 지주(支柱)가 되는 기본원리"인 다섯 기둥은 샤하다(신앙고백 – '하나님(알라) 이외에는 어떠한 신도 존재하지 않고 무함마드는 하나님의 전령이다.'), 쌀라(기도 – 매일 5번의 정규적 기본예배), 하즈(순례 – 일생에 한 번 메카 순례), 싸움(금식 – 라마단 달의 금식), 자카(자선 – 가난한 사람에게 직접적으로 혜택이 가는 자발적인 종교세)이다.

이 시기 이슬람 중심부에서 인도양 연안 지역 주변부를 여행하는 이슬람 학자들이 많았다. 여행을 유발시킨 요인들이 여러 차례 생성되면서 종교 전문가라고 할 수 있는 이슬람 학자들은 하드라마우트와 오만에서 동쪽으로 그리고 예멘에서 서쪽으로 대거 방출되었다. 샤리프와 사이이드(Sayyids)•, 그리고 이슬람 지식이 있는 학자들은 인도양의 모든 연안지역에서 아주 인기가 많았다. 이들은 샤리아(shariah)••, 또는 인도양에서 우세를 점했던 샤피이파(Shafi's)•••에 대한 지식을 가지고 있었다. [율]법은 대양의 통합성을 보증해 주는 인장이며, 그 위에서 도시의 번영이 실현된다'. 이들은 또한 바라카(baraka)••••, 즉 신의 은총이라는 아우라를 가졌다. 샤리프들의 가족은 모두 교역에 종사했지만 재판관, 관리, 수피수도사(sufis), 선생의 역할도 했다.[61] 이들은 대략 1200년 이후에 인도로 이주했다. 오늘날에도 구자라트의 '아랍인'(Arab) 공동체는 하드라마우트(Hadhami) 상인들의 후손이라는 이야기가 있다. 이슬람 전문가들은 약 1250년 이후에는 동아프리카로, 1300년경에는 말레이시아, 인도네시아, 필리핀으로 향하기 시작했다. 그리하여 인도양 전역에서 믿음과 재물 모두를 얻을 수 있는 커넥션을 가지고 있었던 상인들과 학자들이 함께하는 광대한 계보가 탄생했다.

• "장로" 등을 의미하는 아라비아어로, 이슬람 이전부터 최근까지 유목민의 장로는 이 호칭으로 불리며, 이슬람 신비주의 교단의 장로 또한 이 말로 불린다. 때로는 무함마드의 정통 직계로 인정되는 사람들을 뜻하는 샤리프와 동의어로 사용되기도 한다.

•• 이슬람교의 율법이며 규범 체계이다. 꾸란과 하디스에 나오는 규칙들과 원리들이며 그 후 판례들과 율법으로 편찬되어 샤리아가 되었다.

••• 이슬람 사회에서 종교법인 피크를 가르치는 네 학교 중의 하나로 상당히 보수적인 것으로 알려져 있다. 공식적인 학교이자 전통적인 학자들과 주요 권력자들의 본산이며, 전 세계 무슬림의 28%가 샤피이 학교에 다니는 것으로 추정된다.

•••• 아랍인의 주력관념(呪力觀念)으로, 이슬람 이전에는 이 비인격적이고 불가시적(不可視的)이며 방산적(放散的) 에네르기가 신성한 사물로부터 발해져서 번영·번식을 가져다준다는 신앙이 있었다. 이슬람교는 이 신성관을 알라의 지배 밑에 합리화시키며 바라카를 지상과의 관계로부터 단절시키고 이를 하늘과 결부시켰다. 이것은 알라가 주는 축복의 힘이 되어 선택받은 사람에게 주어지는 은혜라고 하였다. 이슬람 교도는 바라카를 발하는 것으로서 꾸란의 글, 예언자, 성자의 인격을 들고, 특히 무함마드와 그 자손은 바라카의 힘을 갖는 것으로 되어 있다. "시아파"에서는 "이맘"과 그 자손에 바라카를 인정하고 있다. 일반 신도는 이들 성자(聖者)의 묘에 접하면 바라카를 전해받을 수 있으며 힘을 얻게 된다고 하였다. 이슬람의 민간신앙은 이 바라카 관념이 기초로 되어 있다.

스테판 데일의 뛰어난 연구 덕분에 우리는 말라바르 지역 마필라에 대한 자세한 내용을 알 수 있다. 그는 오늘날 케랄라라고 부르는 이 지역에서 이슬람은, 내지에 있는 대제국 투르크-페르시아 통치자들이 하나피파(Hanafi)•에 속했던 데 반해, 샤피이파였음을 지적한다. [율법]학자들은 예멘, 오만, 바레인, 바그다드 등지에서 케랄라로 왔다.[62] 바르보자는 이들이 얼마나 많았으며 얼마나 다양했는지에 대해 다음과 같이 썼다.

> 캘리컷 도심에는 외국인 무어인들이 많다. 이들은 파르데시(*Pardesis*)라고 불렸다. 아랍, 페르시아, 구자라트 등 여러 지역에서 와서 이곳에 정착한 이들이다. 이곳의 교역 규모가 매우 커지면서 수많은 이들이 아내와 아이들을 데리고 모여들었으며, 그 숫자는 계속 증가했던 것 같다.[63]

이슬람은 케랄라에서 계속 동남아시아, 특히 16세기에는 수마트라 북부에 있는 아체 그리고 필리핀으로까지 흘러 들어갔다. 해항도시들은 연결지로서 중요한 역할을 했다. '동남아시아에서 도시들은 국제적인 이슬람과 멀리 농촌 내지로까지 뻗어 있었던 현지 무슬림 공동체를 잇는 중요한 연결고리였다.'[64]

이들 연결고리는 참으로 강력했다. 그러나 오늘날과 비교해 교통통신 수단이 원시적이었던 이 시기에 있었던 활발한 왕래가 의미하는 바가 너무 과장되어서도 안 된다. 하드라마우트인들은 인도양에 널리 퍼져 있었지만 아라비아 남부에 있는 자신들의 고향과 얼마나 밀접하게 관계를 유지했는지는 분명치 않다. 물론 오늘날 이들의 고향과의 관계는 매우 밀접하지만, 이전 시기에도 그랬다고 단언할 수는 없다. 근세 이후와 비교해 남아있는 자료는 거의 없지만 민족, 정치권력, 이슬람의 분파 문제는 근세 이전에도 중요했다고 볼 수 있다. 이븐 바투타는 인도양 주변에서 현지 무슬림들과 함께 있으면서 자만심을 마음껏 드러냈던 신앙의 중심지나 그 가까이에서 온 자칭 학자들이나 전문

• 정식 명칭은 하나피 마드하브로 수니파에서 법적으로 인정한 네 마드하브(학파 또는 파) 중에서 가장 오랜 전통을 자랑하는 학파이며 가장 많은 사람들이 따르는 학파이다. 수니파의 다른 3법학파에 비해서 지역적 법관행이나 학자의 개인적 견해에 얼마간 관대한 것이 특징으로, 상업과 상인에게 관심을 보이는 학파로서 알려졌다. 이 파는 셀주크 왕조, 오스만 왕조의 역대 군주의 보호를 받아, 오스만제국 및 인도의 무굴제국에서 가장 권위 있는 법학파였다.

가들의 모습을 보여준 한 예에 불과하다. 그는 중심지에서 온 아랍인들에게 언제나 찬사를 보내며 소개와 칭찬을 아끼지 않았던 반면, 현지인들을 무시하거나 하찮게 여겼다. 캘리컷에서 콜람으로 여행하던 중 케랄라의 한 마을에서 한 경험이 이를 잘 보여준다. 여행에는 열흘이 걸렸기에 밤에는 닻을 내리고 마을에 머물렀다. 유쾌한 여행은 아니었다. '내가 고용한 인부 한 사람을 제외하고 배에는 무슬림이 단 한 사람도 타고 있지 않았으며, 그 인부는 뭍에 내리기만 하면 불신자들과 술을 마시고 소동을 부리는 통에 정말 짜증스러웠다.' 홍해의 서부 해안에 있던 흑인 무슬림들에게 아주 긴 독설을 남긴 이븐 주바이르도 예외는 아니었다.[65]

이슬람을 공고히 하는 데에 기여했으며 아주 다양한 공동체 사이에 커뮤니타스(communitas)를 창출해낸 또 하나의 해양 커넥션이 있었다. 메카로의 순례이다. 순례는 항해 여력이 있는 모든 무슬림에게는 절대적인 의무였다. 무슬림들은 널리 알려져 있던 수많은 성지들은 물론 잘 알려지지 않은 지역의 성지들도 방문했다. 이븐 바투타, 시디 알리 레이스(Sidi Ali Reis)•, 이븐 주바이르 모두 무덤, 모스크, 마드라스 등 성지들을 방문하기 위해 수없이 길을 우회하며 여행을 했다. 그러나 무엇보다도 하즈가 압도적으로 중요했다.

무슬림들은 메카에 도착하자마자 이슬람의 권위와 장엄함에 압도되고 감동을 느꼈다. 매우 다양한 민족, 사회적 지위, 부와 나이를 초월해 수천 명의 순례자들이 하나같이 똑같은 의식을 치르면서 수일을 보냈다. 메카 순례를 성공적으로 마치고 고향에 돌아온 이슬람교도를 의미하는 하지••는 믿음의 표본으로 지역 사회의 존경을 받으며 영향력을 가졌다. 하지들은 메카와 성지들에서 목격했던바 규범적인 이슬람에 더 가깝게 실천하도록 지역 사회 사람들을

• 세이디 알리 레이스(Seydi Ali Reis, 1498-1563)라고도 쓰며, 오스만의 제독이자 항해자였다. 『국가의 거울』(Mir'ât ül Memâlik)와 같은 여행기 그리고 『우주의 거울』(Mir'ât- i Kâinât)과 『지역의 바다 및 천문과학과 항해과학』(Kit'b ül Muhit : El Muhit fî İlmi'l Eflâk ve'l Buhûr)과 같은 항해와 천문학 저서로 이름 높다. 그의 저서들은 기술, 방향 결정 방법, 시간 계산, 나침반 사용, 별, 태양 및 달 달력, 바람 및 해류에 대한 정보는 물론 오스만 지역의 항구, 연안 정착지 및 섬에 관한 포르톨라노 정보를 담고 있어 수많은 언어로 번역되었으며 오토만 시대의 가장 훌륭한 문학 작품으로 간주된다.

•• 여성의 경우 하자(Hajia)라고 불린다.

인도했다는 의미에서 앞에서 언급한 종교 전문가들의 활동에 힘을 보태 주었다. 이와 관련한 상세한 정보는 근대 초기에 더욱 많이 드러나기에 보다 구체적인 내용은 다음 장에서 다룰 것이다. 이븐 바투타와 이븐 주바이르 둘 다 하지들에 대해서도 기록해 놓았다. 흥미로운 점은 두 기록 모두 어떻게 하지들이 정해진 절차에 따라 종교 의식을 진행했는지에 대한 규범적인 측면만을 다루고 있을 뿐 영적인 측면에 대해서는 아무런 언급도 하지 않았다. 이븐 주바이르는 1183년 서부 연안의 항구 아이다브에서 히자즈로 가면서 불쾌한 경험을 했다.

> 아이다브 사람들은 순례를 이용해 이득을 취하는 부당한 행위를 한다. 포개 앉아야 할 정도까지 지랍(jilab)에 많은 사람들을 태우기 때문에 순례자들은 마치 닭장 안에 꽉차있는 닭들 같다. 더 많은 사람들로부터 더 많은 이득을 얻으려는 탐욕에 이끌리고 있기 때문이다. 이 배의 주인은 편도 여행을 하는 순례자들에게도 왕복 비용을 받아낼 것이다. 이후에 바다에서의 상황이 어찌 될지 전혀 상관치 않고, '배를 빌려주는 것은 우리 일이고, 목숨을 지키는 것은 순례자의 일이다'라는 속언을 들이댈 것이다.[66]

무슬림 상인과 종교, 무역과 신앙, 또는 한 영국인 관찰자의 표현대로 경전과 재물 사이에는 밀접한 연관이 있음을 여러 차례 강조했다. 이슬람은 특정한 사회적·상업적 사고방식과 관행을 권장했으며, 이슬람 율법에는 교역이나 여행을 고무시키는 부분들이 있다. 이제 보다 일상적이고 물질적인 문제, 그리고 이 시기 인도양에서의 교역으로 관심을 돌릴 것이다. 분명 수많은 이슬람교도들이 교역에 관여했음을 볼 테이지만 그렇다고 아라비아 해에서조차도—인도양 동부와 그 너머 중국은 차치하고라도— 이 시기를 '이슬람 시기'(Islamic period)로 볼 수는 없다.

매력적인 향신료 교역에 대해서는 상당히 폭넓은 연구들이 이루어졌다. 향신료 교역이 전체 교역의 작은 일부분에 지나지 않았음을 감안해 본다면 객관적으로 그럴 만한 가치가 있는 것보다 과분한 관심을 받아온 것도 사실이다. 그러나 향신료 교역은 원거리교역을 이해하는 데에 아주 적합한 예를 제공하기 때문에 이 시기의 인도양 교역에 대한 논의를 시작하기에는 적합한 주제라고 할 수 있다. 향신료가 어디에서 왔는가? 이 장이 논의하고 있는 시기 후추의 주요 생산지는 말라바르였다. 말라바르는 아시아산 후추의 약 3분의 2가량을 생산한 것으로 보인다. 시암(현재 태국), 수마트라 섬 그리고 순다 제도에서도 후추가 나왔다. 계피는 스리랑카에서만 얻을 수 있었는데, 그중에서도 특히 서부 연안에 있는 칠라우에서 왈라웨까지의 넓이 20~50마일(32~80km) 길이 200마일(321km)에 해당되는 지역에서 대부분 생산되었다. 육두구와 그 씨껍질을 이용한 메이스는 반다제도의 6개 섬에서만 생산되었다. 정향은 말루쿠 제도 중 최대의 섬인 할라헤라 섬의 서부 연안에 있는 여러 작은 섬들에서 자랐다.[67]

1500년 이전 향신료 교역의 주요 결절 점들은 여럿 있었다. 점차로 15세기에 현지 상인들은 말루쿠 제도의 향신료를 흥기하고 있던 중계 무역지 믈라카로 가져갔다. 포르투갈인 총독 알폰수 드 알부케르크(1509~1515)는 이런 상황을 다음과 같이 묘사했다. '다른 세계가 있고 다른 항로가 있다고 해도 모든 이들이 이 도시[믈라카]에 기댈 것이다. 세상에서 이야기하는 온갖 종류의 약품과 향신료를 모두 여기에서 발견할 수 있기 때문이다….'[68]

상인들은 인도양 전역에서 그리고 심지어 더 먼 곳에서 향신료와 다른 상품들을 사기 위해 믈라카로 왔다. 중국으로의 대규모 교역은 중국인 상인들이 수행했으며, 서방으로의 무역은 여러 지역에서 온 무슬림 상인들이 맡았다. 우세한 집단은 구자라트에서 온 무슬림이었을 것이다. 동시대를 살았던 유명한 약재상 토메 피레스(Tomé Pires)•는 '믈라카의 부와 번영은 캄베이 없이는 있을 수 없으며, 캄베이의 부와 번영은 믈라카 없이는 있을 수 없다'고 말했다. 그는 믈라카에서 향신료가 나간 루트에 대해 다음과 같이 부연 설명했다. '캄베이[원문 그대로. 구자라트]는 항해해 가야 할 가장 중요한 장소들을 향해 두 팔을 펼치고 있는 것과 같은 형상이었는데, 오른팔은 아덴까지 들어가고 왼팔은 믈라카를 향해 뻗어있다.'[69] 향신료와 다른 상품들은 통상 북쪽으로 캘리컷으로 향하며 그곳에서 다시 구자라트와 북부 인도의 대

• 리스본 출신의 약제상으로 포르투갈이 믈라카를 점령한 직후인 1512년부터 1515년까지 믈라카에 머물면서 인도와 동남아시아 해양부를 두루 다녔으며 이 경험을 바탕으로 16세기 『동방제국기: 홍해에서 중국까지』(Suma Oriental)를 저술했다.

시장들로 들어가거나, 해로로 아라비아 해를 건너 걸프나 홍해로 들어가며 거기에서 다시 중동 전역과 오스만 터키 제국으로 흘러 들어가 유통되었다. 이들 향신료 중 얼마간은 다시 이집트를 거쳐 알렉산드리아로 가며, 그곳에서 이탈리아 상인들 특히 베네치아 상인들에게 팔려 유럽 전역에서 판매되었다.

15세기와 그 이후에도 아시아 향신료는 대부분 아시아인들에 의해 소비되었다. 인도만 하더라도 유럽에 비해 두 배 많은 고급 향신료를 소비했다. 1500년 아시아 향신료 총생산량 가운데 많아 봐야 4분의 1 정도가 유럽으로 갔다. 중국은 최대 소비국으로 동남아시아 후추 총생산량의 75% 정도가 중국으로 갔다. 마르코 폴로는 푸젠(福建) 남동부의 항구 도시 찬조우(泉州)에 대해 다음과 같이 썼다.

> 향신료와 온갖 종류의 값비싼 물품들을 실은 인도의 배들이 자주 들어왔다… 그리고 장담컨대 기독교 국가들을 최종 목적지로 알렉산드리아나 다른 곳으로 향하는 후추가 배 한 척 분량이라면 찬조우 항구에 들어오는 후추는 100여 척의 분량에 달한다. 찬조우는 세계에서 가장 규모가 큰 두 상거래 중심지들 중의 하나이기 때문이다.

나중에 그는 조금 더 진지하게 한 척의 배가 향신료를 싣고 서쪽으로 즉 아덴과 알렉산드리아로 떠난다면 10척의 배들이 북쪽으로 중국을 향해 갔다고 말했다.[70] 로드리히 프탁(Roderich Ptak)은 (그도 인정컨대 그다지 중요치 않았던) 정향 교역에 대한 흥미로운 추정치를 내놓았다. 1500년경 총생산량은 6,000바하(bahars, 1바하는 약 210kg)였다. 5,000바하가 믈라카로 갔는데, 구자라트 상인들이 그중 60~70%를 구매해 서방으로 가져갔다. 유럽에서 소비된 양은 약 300바하, 즉 총생산량의 5% 정도였다.[71]

아시아의 향신료 교역은 잘 통합되어 있었다. 예를 들어, 최대 상업 중심지 믈라카와 최대 생산지 말루쿠 제도는 식량을 수입에 의존했다. 많은 다른 상품들 특히 인도에서 수입된 옷감은 향신료 교역의 구성 요소였다. 일부 환적 지역들에서의 높은 세금, 바다에서의 잦은 폭풍과 조난 사고에도 불구하고 수

익률은 꽤 높을 수 있었다. 15세기 후추 1kg은 생산지에서는 은 1~2g, 알렉산드리아에서는 은 10~14g, 베네치아에서는 은 14~18g 가격이었으며, 유럽인 소비자들은 은 20~30g의 가격을 지불했다. 그러나 높은 비용과 세금으로 인해 유럽인 상인들 중에서도 향신료 교역을 독점하다시피 했던 베네치아 상인들도 40% 정도의 수익을 올렸을 뿐이라고 한다. 그럼에도 사실 판매수익은 그야말로 엄청났다. 16세기 초 믈라카에서 중국으로 후추를 가져간 상인들은 400%의 이윤을 남겼다. 캘리컷에서 육두구의 씨껍질을 말린 향미료인 메이스의 가격은 반다 섬 생산가의 12배에서 15배가량 비쌌으며, 육두구의 가격은 생산지 가격의 30배 정도였다.

다양한 고가치 상품들이 원거리로 교역되었다. 용연향도 그중 하나였다. 향유고래의 내장에 있는 응결물로 처음에는 회색이었다가 색깔이 점차 변하면서 사향과 상당히 유사한 좋은 향기를 내는 이 진귀한 용연향은 지배계층 사람들의 향수와 향료로 쓰였다. 보석도 대표적인 고가치 원거리 상품이었다. 15세기에 아바 산 루비는 스리랑카 산보다 고급품으로 중시되었다. 다이아몬드는 인도 남부 비자야나가르(Vijayanagar)와 인도 북부 베라르(Berar)에서 생산되었다. 스리랑카에서 나온 사파이어와 에메랄드는 캘리컷으로 향했다. 고급 도자기는 중국에서 왔다. 또 다른 사치품인 진주도 교역되었다. 마나르 만과 페르시아 만에서 생산된 진주는 최상품으로 간주되었다. 마르코 폴로는 마나르 만에서 이루어진 진주 채취에 대해 다음과 같이 언급했다. 물의 깊이는 약 10~12패덤[약 20m]이었으며, 잠수부는 작은 배를 타고 나가 4~12패덤까지 잠수했으며, 할 수 있는 한 오랫동안 물 안에 머물렀다. 주로 계절풍이 바뀌는 사이 기간인 3월과 4월에 잠수했다. 왕은 전체 채취품의 10분의 1을 세로 가져갔다.[72] 1330년 바레인에 있던 이븐 바투타도 최근까지 거의 변한 바가 없는 당시 잠수 기술에 대한 기록을 남겼다.[73]

대부분 해항도시들은 이때까진 정도의 차이는 있어도 화폐를 주조했으며, 금은 교역에도 광범위하게 관여하고 있었음을 시사해주는 단편적인 증거들도 있다. 금은 교역은 16세기 후반 아메리카산 금과 은이 들어오자 급격하게 변했다. 1500년경 최소한 전체 유럽 생산량의 약 4분의 1에 해당하는 1,750kg의 금(20,500kg의 은에 상응)이 유럽에서 아시아로 흘러들어왔다.

인도양에서 주요 금 생산지는 짐바브웨에 있었다. 생산은 10세기 초나 이보다 앞서 서서히 시작되어 11세기에서 15세기에 절정에 달했으며 이후 급속히 쇠퇴했다. 처음에는 사금을 채취하는 형태, 즉 충적토를 물속에서 씻어내는 방법이 가장 흔했지만 얼마 후에는 상당히 발전된 암초채굴 기법도 이용되었다. 이 금은 소팔라•를 거쳐 수출되었으나 주요시장은 킬와였다. 15세기 말 쇠락하기 이전까지 킬와에서는 매년 10톤의 금이 거래되었다. 이 사정에 밝았던 한 포르투갈인의 기록에 따르면 1506년 평화 시에는 최소 100만 최대 130만 마티클(maticals)이 매년 소팔라에서 수출되었으며, 아마도 6,000kg에 조금 못 미치는 양인 5만 마티클 정도가 앙고시에서 나갔다.[74]

또 다른 형태의 화폐였던 개오지조개••도 금 못지않게 중요했다. 바다 달팽이의 일종으로 인도양에서는 서로 다른 여러 형태의 개오지조개들이, 아프리카 연안지역 대부분에서는 2.5cm 정도 크기의 황색의 개조지조개가 화폐로 사용되었다. 최상품은 몰디브 산으로 보통 보다는 크기가 작았으나 휴대나 운반하기가 수월했다. 개오지조개의 크기는 가치에 아무런 영향을 미치지 않았다. 언뜻 보기에는 화폐로 통용되기에는 이상하다고 여겨질지 모르지만, 개오지조개는 여러 가지 중요한 이점을 가지고 있었다. 내구성이 강하며, 위조할 수도 녹일 수도 없다. 또한 아름답고 신비로운 줄무늬와 반점들이 있는 개오지조개에는 귀금속에서는 볼 수 없는 심미적인 매력이 있다. 조개 화폐를 뜻하는 라틴어 명칭인 사이프레아 모네타(*Cypraea moneta*)에서 알 수 있듯이 또 다른 매력도 있다. 사이프레아는 다산의 여신인 아프로디테 혹은 비너스의 고향으로 여겨지는 '사이프러스'(Cyprus)에서 왔으며 여성성을 상징하기도 한다. 이븐 바투타는 이 조개 화폐의 생산 과정을 다음과 같이 묘사했다. 바다에서 주워 모은 다음 안의 살이 다 녹아 없어지고 껍질만 남을 때까지 구덩이에

• 소팔라는 동아프리카 모잠비크 중남부이고 풍구에 강의 하구 가까이에 위치하는 해항도시이다. 금의 적출항으로서 발전했으며 오랫동안 북방의 연안도시 킬와의 지배하에 있었다.

•• 카우리조개, 돈개오지, 자패무리, 별보배고둥이라고도 한다. 외양의 화려함과 견고성 때문에 아주 오래전부터 화폐로 사용되었다. 돈과 관련된 한자어에 조개 패(貝)자가 들어간 것도 우연이 아니다. 개오지조개는 이라크의 선사시대 유적지에서 발견되는데, 7세기경 아라비아의 낙타 대상들이 이 조개껍질을 100개씩 엮어 화폐로 사용했다고 한다.

넣어두었다.

이렇듯 멀리 떨어져 있으며 잘 알려지지 않았을 섬들에서 인도양 전역과 그 너머 아프리카와 중국으로까지 널리 교역되었던 상품들이 생산되었다. 광범위한 개오지조개 교역이 있었으며 9세기부터는 그 범위에 위난(雲南)까지 미쳤다. 일부분은 육로를 통해 일부분은 인도 동부와 동남아시아를 거쳐 해로로 이루어졌다. 인도 동부와 동남아시아 모두에서 개오지조개는 통화로서 수요가 많았다. 이븐 바투타의 기록은 흥미로운 사실을 알려준다. 몰디브의 거주자들은 공통 화폐인 디나르(dinar)•를 받고 개오지조개를 팔거나, 벵골에서 온 쌀과 교환하거나, 바닥짐으로 모래 대신 이들을 사용했던 예멘 사람들에게 팔았다. 이븐 바투타는 나중에 서아프리카에 있는 말리(Mali)와 가오(Gao)에서도 개오지조개를 보았다.[75]

노예무역은 광범위하게 행해진 또 다른 형태의 고가품 교역이었다. 잔즈(Zanj)••, 즉 아프리카인 노예에 관해서는 7세기 초 이슬람의 도래 직전 사산왕조의 페르시아에서 처음 보이지만, 동아프리카에서 온 노예를 '상품'(product)으로 이용한 노예무역은 8~9세기에야 본격화되었다. 가장 중요한 노예무역 항로는 8~10세기 동아프리카에서 아바스제국의 수도인 바그다드까지였는데, 이곳에서 노예는 티그리스-유프라테스 델타에 있는 바그다드 남부 늪지에서 물을 빼고 땅을 일구는 뼈 빠지는 노동을 시키는 데에 이용되었다. 이 노예무역은 아바스제국의 쇠락에 일조했던 869~883년 거대한 노예반란•••이 일어나기 전까지 크게 흥성했다. 그러나 중동으로의 노예무역은 계속되었다.

더 멀리 떨어진 곳에서 다른 아프리카 노예들도 발견할 수 있다. 아랍 하바쉬(Arabic Habash)를 비속하게 부르는 표현인 하바시(Habashis) 혹은 에티오

• 지금도 세르비아 및 중동과 북부 아프리카 일부 국가들의 화폐 단위이지만, 각각 독자적으로 발행되고 있기 때문에 가치는 각기 다르다.

•• 아랍어로 '흑인의 땅'을 의미하며 주로 동아프리카 스와힐리 연안 지역과 이 지역에 살고 있는 반투(Bantu)인을 지칭한다.

••• 잔즈반란을 의미한다. 잔즈반란은 869년 ~ 883년간 이라크 남부에서 벌어진 흑인 노예들과 일부 아랍/베두인들의 반 아바스 반란이다. 비록 진압되었지만, 한때 바스라와 와시트를 점령하며 바그다드를 위협하였고 아바스 왕조의 쇠퇴와 이슬람 세계의 분열을 가속화시켰다. 진압 이후 아바스 왕조는 노예들에 대한 당근과 채찍 정책을 쓰며 이라크 남부를 개간해 나갔다.

피아 사람들은 최소한 13세기 초부터 노예로 인도에 팔려나갔다. 아랍 상인들은 이들을 당(唐)과 송 시기에 중국으로 데려갔다. 노예무역은 동남아시아에서도 널리 행해졌는데, 이곳에서는 멀리 아프리카에서 데려 온 이들이 아니라 동남아시아 지역 사람들을 노예로 이용했다.76)

이제까지 사치품 내지는 고가품 원거리교역에 대해 이야기해왔는데 이는 분명 중요했지만 결코 지배적인 교역품은 아니었다. 하나의 예로, 9세기부터 14세기까지 중동의 여러 지역에서 중국 도자기가 다수 출토되었다. 그러나 아주 멀리에서 온 이 상품은 전체 출토품의 1%도 되지 않을 정도로 비중이 낮다. 이런 극소수의 출토물을 통해서는 중국인 상인들이 중동에 왔었는지도 확인할 수 없다. 이보다, 도자기는 여러 단계와 수많은 손을 거치면서 항구에서 항구로 이어지는 릴레이 무역으로 거래되었다.77)

릴레이 무역은 소규모의 생산지들과 교환지들을 대규모의 해항도시들과 연결시키는 매우 복잡한 네트워크로 구성되었다. 이 주제로 인도양 주변 어느 지역이라도 살펴볼 수 있지만, 동아프리카를 하나의 전형으로 내세워 설명할 수 있다. 동아프리카의 교역 품목들과 말린디•에 있는 교역 공동체들 모두 복잡한 특징을 가지고 있었다. 말린디의 무슬림 거주자들은

> 대단한 상인들이며, 옷, 금, 상아, 그리고 다른 다양한 상품들을 캄바야(Cambaya) 왕국의 무어인들을 비롯한 이교도들과 거래한다. 그리고 이들의 항구에는 매년 상품을 가득 실은 수없이 많은 배들이 들어오며, 이들은 거기에서 수많은 금, 상아, 밀랍을 구매한다. 이 거래에서 캄베이(Cambay) 상인들은 엄청난 이윤을 챙기며, 이쪽저쪽에서 많은 돈을 번다. 이 도시에는 쌀, 수수, 그리고 일부분은 캄바야 왕국에서 가져온 밀이 지천에 깔려 있다.78)

도자기, 보석, 향신료처럼 기록이나 흔적을 많이 남기지 못했지만 이보다 훨씬 더 인간 생활에 필수적인 상품들도 교역되었다. 식량과 식수가 가장 대표적

• 현재 케냐의 도시로 인도양과 접한 해항도시이다. 인도양에 진출한 무슬림 상인들이 이곳에서 무역을 하면서 발전했다. 1414년 정화의 함대도 이곳을 방문했으며 1498년 바스쿠 다 가마가 인도를 항해하고자 이븐 마지드를 항해사로 고용한 곳도 이곳이었다.

이었다. 호르무즈의 경우, 이븐 바투타의 기록에 의하면 '이 섬[자룬, Jarun]에서 물은 값이 나가는 상품이다. 이 섬에서 얼마간 떨어진 곳에 약수터와 빗물을 모아놓는 인공 수조가 있다. 섬사람들은 물 담는 가죽 포대를 들고 그곳으로 가 물을 퍼 담아 등에 지고 연안가로까지 와서 이 포대들을 배에 실고 도시로 가져간다.'[79] 이와 비슷하게 모잠비크에서도 물은 '수입'(import)해야 하는 상품이었다.

식량 교역도 매우 광범위하게 행해졌다. 자체적으로 거의 식량을 생산하지 않는 거대한 해항도시들이 있었다. 15세기 믈라카와 호르무즈는 모두 각기 5만 정도에 이르는 많은 인구를 가지고 있었던 것으로 보인다. 믈라카에는 이렇다 할 농업이 없었던 관계로 물론 토지세도 없었다. 믈라카의 모든 쌀은 페구, 자바, 시암에서 왔다.[80] 호르무즈는 필수품을 아주 멀리서 충당했다. 쌀은 차울(Chaul)•을 비롯해 여러 곳에서, 곡물은 신드를 거쳐 펀자브와 페르시아 본토에서 들여왔다. 밧줄, 쇠, 코코넛은 케랄라에서, 나무는 동아프리카에서 가져왔다.[81] 아체는 필요 물자를 페구, 벵골, 아라칸, 수마트라에서 구했다. 쌀은 내지 국가인 비자야나가르(Vijayanagar)에서 연안 국가인 스리랑카와 걸프로 수출되었다. 벵골과 페구는 인도차이나 서부, 수마트라, 스리랑카, 몰디브로 쌀을 공급했다. 신품종 식용작물들도 광범위하게 교환되었다. 아프리카종 수수는 인도로 갔으며, 벼 종과 바나나 같은 동남아시아 산 작물은 동아프리카로 갔다. 마지막으로 언급할 필수 품목은 동아프리카의 맹그로브 나무이다. 맹그로브는 매우 단단하고 밀도가 높은 나무이며 물보다 더 무거우며 흰개미의 공격에도 끄떡없다. 맹그로브 나무는 언제나 표준 길이인 2.6m로 잘려지며, 10세기부터 홍해, 남부 아라비아, 걸프에서 건물 건축에 사용되었다. 라무 지역과 루피지 델타에 엄청 큰 맹그로브 적재장들이 있었다.[82]

어떤 상품들은 정말이지 아주 원거리로 교역되었다. 13세기 대추야자 꿀은 바레인에서 생산되었으며 인도를 여행했던 불교 순례자들 덕분에 중국에서 수요가 아주 많았다. 위대한 중국의 정화 제독은 기린 여러 마리를 베이징으로 데려갔는데, 그중 한 마디는 말린디에서 또 한 마리는 벵골에서 가져갔다.

• 이전 포르투갈령 인도의 도시, 뭄바이 남쪽에 위치.

후자는 말린디의 통치자가 벵골의 통치자 사이푸딘(Saifu'd-Din)에게 주었던 기린이었을 것이다.[83] 가장 놀랍고 불가사의한 것은 1944년 오스트레일리아의 레이더 팀이 오스트레일리아의 노던 테리토리 앞바다에 있는 베셀제도에 속한 멀리 마친바 섬의 해변에서 발견한 킬와(Kilwa) 산 이슬람 동전 5개이다. 모두 연도는 적혀 있지 않지만, 새겨진 글에서 보건데 두 개는 아마도 10세기, 나머지 3개는 14세기 초의 동전으로 보인다. 어떻게 이 동전들이 인도양을 횡단해 그 멀리까지 가게 되었는지에 대해서는 알 수 없다.[84]

원거리무역은 계절풍의 영향 하에 놓여 있었다. 1000년경 최장거리 항해였던 걸프 지역에서 중국으로의 항해를 예로 들 수 있다. 아랍인 지리학자들에 따르면 오만에서 중국까지의 항해는 예외적으로 48일 만에 이루어진 경우가 있기는 했지만 대체로 100여 일 정도가 소요되었다. 생각보다 짧게 걸렸다고 보일지 모르지만 항해 시간만 그렇게 걸렸다는 의미이다. 항해 도중 일정 정도는 교역에 종사하기 위해 그리고 일정 정도는 항해에 유리한 계절풍이 불기를 기다리게 위해 여러 차례 닻을 내려야 했기 때문에 걸프에서 출항해 광저우(칸톤)에 입항하기까지 걸린 실제 시간은 최소 6개월이었다. 다우는 바다가 너무 거칠어지기 전인 9월이나 10월에 출항해 걸프를 내려갔으며 그리고서 북동계절풍을 타고 12월 중순경에는 말라바르 도착했다. 이들은 이곳에 머물면서 교역에 종사하며 벵골 만에서 사이클론 시기가 끝나기를 기다렸다. 1월에 다시 말라야로 항해했으며 막바지 북동계절풍을 이용해 믈라카 해협을 돌아다니다 남중국해에서 계절풍을 타고 4월이나 5월에 광저우에 도착했다. 귀항은 10월에서 12월 사이에 이루어지는데 이 때 북동계절풍이 불어 이들을 다시 믈라카, 벵골 만을 지나 인도의 서부 연안에 데려다주었다. 걸프로 돌아오는 마지막 단계의 항해는 남서계절풍이 시작되는 시기에 행해졌으며 그해의 중반기경에 고향으로 돌아올 수 있었다.[85]

이로부터 500년 후에 있었던 또 다른 예를 들어보자. 16세기 초 바르보자는 이 시기의 주요 원거리교역 항로들 중 하나였던 말라바르 특히 캘리컷에서 홍해까지의 항로에 대해 주목할 만한 기록을 남겼다. 그는 홍해와 이집트에서 캘리컷으로 와있었던 무슬림 상인들에 대해 다음과 같이 묘사했다.

상품을 가득 싣고, 계절풍 때가 되면 언제나 10척이나 15척의 배들이 홍해, 아덴, 메카로 들어오며, 그곳에서 이익을 남기고 상품을 팔며 얼마간은 주다(Juda)의 상인들에게 넘겼다. 주다의 상인들은 넘겨받은 상품들을 작은 배에 싣고 토로로 가며, 토로에서 다시 카이로로, 카이로에서 알렉산드리아로, 그리고 베네치아로 돌아간다. 이들 상품은 후추(대량), 생강, 계피, 카다몬•, 미로발란••, 타마린드•••, 카시아 피스투라(골든 샤워 트리), 온갖 종류의 보석, 알갱이진주, 사향, 용연향, 루바브(대황, 장군풀), 침향(沈香), 대량의 면직물, 도자기였다. 이들 중 얼마간은 주다에서 동, 수은, 버밀리언••••, 산호, 사프란, 나염 벨벳, 장미 향수, 칼, 나염 낙타털 천, 금, 은을 비롯해 캘리컷에 가져와 팔 수 있는 수많은 물건들을 실었다. 이들은 2월에 와서 같은 해 8월 중순부터 10월 중순 사이에 돌아갔다. 이들은 이 무역으로 아주 큰 부자가 되었다. 이들은 다른 외국인 상인들을 데리고 가기도 했다. 후자들은 도시에 정착해 배를 건조하고 교역에 종사했으며 왕은 이들로부터 중세를 거두어들였다.[86)]

위의 두 예를 통해 이 장에서 다루는 시기 원거리 해양 교역 구조에 중요한 변화가 있었음을 알 수 있다. 바르보자가 남인도에서 분기된 하나의 교역 구조를 묘사하고 있다면, 첫 번째 예는 걸프에서 중국으로의 직접 교역의 윤곽을 보여주고 있다. 11세기경 교역권은 분절되어 있었다. 일군의 상인들과 배들이 아라비아 해에서 남인도로 상품을 가져와 그곳에서 교역했으며, 다른 일군의 배들과 상인들이 동남아시아로 상품을 가져가서 그곳에서 교역했으며, 다시 또 다른 일군의 배들과 상인들이 중국으로 상품을 가져가 교역하는 형태였다. 남인도는 언제나 배들이 들르는 중간 기항지로 교역이 일어나는 장소라는 점에서는 변함이 없었지만, 이전에는 같은 상인과 배가 이곳 너머로까지 계속 항해해 갔다면, 후에는 그렇지 않았다는 데에 차이점이 있다.

이전 시기, 즉 8세기부터 걸프에서 중국까지의 원거리교역의 주체는 대체

• 카르다몸이라고도 하며 서남 아시아산 생강과의 속하는 몇 식물의 씨앗으로 만드는 향신료이다.

•• 인도, 미얀마 산 가리륵의 열매를 건조한 것으로 염료, 잉크, 민간약으로 이용한다.

••• 콩과로 타마린드가 없었더라면 수없이 많은 커리 또한 존재하지 않았을 것이랄 정도로 중요한 향신료이다.

•••• 주홍빛을 내는 안료이다.

로 페르시아 상인들이었다. 걸프의 동부에 있는 시라프가 주요 중심지였다. 동아프리카를 포함해 인도양 전역에서 온 물품들이 여기로 집결되었다. 후에는 호르무즈에서 위로 올라가 서부 연안에 있는 줄파르(Julfar)가 중요해졌으며, 더 후에는 호르무즈가 그 위상을 차지했다. 또 다른 오랜 교역 중심지는 현재 파키스탄의 데발(Daybul, Debal)이었다. 아랍인들도 이 교역에 참가했는데 얼마 지나지 않아 페르시아인보다 더 중요한 상인들이 되었다. 후에 중국인들 또한 12세기부터 특히 14세기에 아라비아 해로 진출해 교역했다. 그러나 11세기경부터 바그다드에서 광저우로의 직항 항로는 쇠퇴했으며, 이를 대신해 다른 상업중심지인 해항도시들이 흥성했다. 바그다드, 호르무즈, 캄베이, 캘리컷, 믈라카, 광저우 등 주요 해항도시들과 이 해항도시들의 네트워크에 상품을 공급했던 벵골 만과 같이 수많은 간선 루트들을 연결하는 한층 단거리 항로들이 발전했던 것이다. 이에 따라 원거리교역의 방향에 본질적인 변화가 일어났다. 이전 시기에 바그다드에서 광저우로의 동서축이 교역 방향이었던 반면, 이후 시기에는 바그다드에서 인도로의 남북 방향, 그리고서 동남아시아로의 동서 방향, 그리고서 중국까지로 다시 남북 방향으로 분기되었다. 여기에서 오늘날 남북 교역의 초기 형태를 볼 수 있다. 북쪽에서 인도와 중국은 직물과 도자기처럼 제조품을 공급했으며, 남쪽은 상아, 노예, 금, 향신료와 같은 가공되지 않은 열대 산물을 공급했다.

12세기나 약간 이후부터는 아라비아 해, 벵골 만, 남중국해라는 세 개의 교역 공간들이 작동했다. 중국인들과 인도인들은 믈라카로 갔으며, 페르시아인들과 아랍인들은 인도까지만 갔다. 1330년대에 널리 여행했던 왕대연(汪大渊)이 남긴 기록은 중요한데, 거기에서 그는 싱가포르 해협을 경계로 서양과 동양으로 나누었다.[87] 교역 공간이 복수로 나뉘게 된 이런 중대한 구획화 현상은 같은 배로 계속 직항을 하면서 여러 장소에서 계절풍을 기다려야 함을 감안해 볼 때 상인들의 입장에서 효율성이 낮다고 느낀 결과일 수 있다. 또한 남인도에서 강력한 촐라 왕국의 등장과 함께 중요한 인도인 상인공동체가 흥기한 결과일 수도 있다. 교역에 대한 정치의 영향이라는 주제로 관심을 옮겨가기 전에, 750년부터 아바스제국과 618~907년까지의 중국 당 제국의 부와 안정이 위험천만한 원거리교역을 조장하고 격려한 배경이 되었다는 사실을 기억할 필요가 있다. 9세기 말부터 남인도에서 촐라 왕국이 흥성하면서 어떻게 교역에 영향을 미쳤는가에 관한 연구는 많지 않다. 그러나 길드와 유사하며 국가 권력과 복잡한 관련을 맺고 있었던 강력한 촐라 상인 조직들은 두 가지 중요한 혜택을 누렸음에 분명하다. 첫째, 촐라 왕국이 제공한 안정으로 바그다드나 광저우가 누렸던 것과 같은 효과, 즉 부유하고 안정된 국가로 인해 해외에서 들어온 사치품에 대한 수요가 많았다. 둘째, 촐라 왕국에 기반을 둔 상인들은 동쪽과 서쪽 모두와 교역했다. 특히 동쪽으로는 동남아시아와 무역했는데, 여기에서 이들은 13세기까지 수마트라에 기반을 두고 믈라카 해협을 지배했던 강력한 무역 제국 스리비자야와 대규모로 교역했다. 이 원거리 커넥션에서 남인도는 지주 역할을 했다고 보인다. 이 장이 다루는 시기의 후반부에는 다른 인도인들도 이 원거리 커넥션에 합세했다. 서부 연안에 있는 수많은 상업중심지인 해항도시들과 13세기부터 중요한 이슬람 국가였던 구자라트에 기반을 두고 있던 무슬림이 그들이었다. 인도를 넘어선 무역은 점차로 인도인 무슬림들이 지배했으며, 아랍인들과 소수의 페르시아 상인들의 활동은 아라비아 해로 제한되었다.

이제 더 동쪽으로 가서 중국으로의 항로, 교역, 항구들을 살펴볼 차례이다. 중국의 상품, 특히 도자기는 매우 이른 시기부터 인도양 전역에서 거래되었음을 언급했다. 캘리컷에서 보았던 배들에 대한 이븐 바투타의 더할 나위 없이 훌륭한 묘사도 앞서 살펴보았다. 그가 묘사한 것은 14세기 초의 상황이었지만, 훨씬 이전부터 아라비아 해에서는 중국 상품들을 볼 수 있었다. 중국 도자기는 최소한 8세기부터 스와힐리 연안에 그리고 이보다 조금 늦게 모리셔스에도 들어왔다. 중국 상품들은 릴레이식으로 여러 차례 환적되었으며, 이 중 얼마간은 의심할 여지없이 육로로 걸프까지 와서 다시 해로로 운송되었다. 실제 중국인들이 인도양에서 교역에 종사한 시기는 12세기부터였다고 추정된다.

엄청난 위용을 자랑하는 중국 배 상당수는 경제적인 기능은 물론 정치적인 기능을 했다. 그 유명한 조공무역 체제에 대해 언급하고 있는 중이다. 표면상으로 조공은 이국 통치자가 중국 황제의 우월성을 인정하고 이를 표시하기 위해 공물을 보내는 문제였다. 그러나 공물의 상당 부분은 사실 교역품이었으며, 당시 조공체제는 정치적인 우위 확보라는 문제만큼이나 교역을 진작시키는 방법이었다. 13세기 말 새로운 몽골 제국 원(元)은 교역 확장에 관심이 많았다. 1286년 말라바르에서 수마트라에 이르기까지 10여 개 왕국 통치자들이 조공을 했다.[88] 마르코 폴로는 정치-무역사절단이라 할 수 있는 조공무역사절단과 함께 본국으로 돌아왔다. 폴로 일행은 1290년경 해로로 페르시아에 이르렀을 때 현지 통치자 아르군 칸(Arghun Khan)의 배우자가 될 몽골의 공주를 대동하고 있었다. 그는 600명의 선원, 관리들과 함께 14척으로 이루어진 선단에 타고 여행했다. 이들은 자이툰(Zaiton, 泉州)에서 출항해, 참파와 말레이 반도에서 기항했다. 수마트라에 이르러서는 태풍을 피하기 위해 다섯 달이나 기다려야 했다. 그리고서 이들은 니코바르 제도 인근을 지나 스리랑카, 인도의 서부연안 그리고 계속해 호르무즈로 항해했다. 그러나 일행이 도착했을 때에는 이미 아르군이 사망한 후였으며 이 공주는 아르곤의 아들인 가잔 칸(Mahmud Ghazan)의 부인이 되었다. 이와 비슷한 항해 경험에 대해서는 중국 사료에도 기록되어 있다. 이에 의하면 중국에서 수마트라까지 가는 데에는 40일이 걸렸다. 거기에서 '겨울'(winter)을 보내고 다시 출발해 30일 후에 말라바르 연안에 닿았다.[89] 중국 기록으로부터도 상품의 집산지이자 상업의 중심지에서 무역이 흥기했음을 다시 한 번 알 수 있다. 이제 배들은 예전보다 단거리를 항해했으며 계절풍이 바뀔 때까지 기다릴 필요가 없었다. 상인은 상업중심지에서 물건을 넘기고 집으로 돌아갈 수 있었다.

쿨케(Kulke)는 13세기 중국 남부에는 사원 등을 갖춘 비교적 규모가 큰 인도인 거주지가 있었으며 인도 남부 촐라에는 중국인 거주지가 있었다고 주장한다.[90] 중국인들이 인도에 와서 교역에 종사했지만, 이보다 더 많은 인도인들이 중국에 가서 교역에 종사했던 것 같다. 폴로는 그의 시기에 인도인 상인들이 아랍 상인들을 대체했으며, 광저우(Canton)가 아니라 현재의 취안저우(泉州) 당시 무역상인들에게 자이툰으로 알려진 중국 제일의 해항도시에서 중요한 공동체를 형성하고 있었음을 분명히 보여주었다. 그는 취안저우에 대해 다음과 같은 유명한 구절을 남겼다.

> [취안저우에는] 멀리서 향신료와 다른 온갖 값비싼 물품들을 실은 모든 인도 배들이 자주 들락거린다. 또한 이 항구에는 모든 여러 주변 국가들[蠻

> 地 출신 상인들이 오고 가는데, 여기에서 가장 놀라운 질의 상품과 보석, 진주를 구입할 수 있기 때문이다. 이곳에서 수입해 간 상품들은 만지 전역에서 유통된다.

한참 후 말라바르에 오게 된 그는 '배들이 특히 만지의 대도시를 비롯해 사방에서 이곳으로 온다. 이곳에서는 다소 질이 낮은 향신료가 만지와 서양으로 수출된다'라고 썼다.[91]

취안저우는 대만 맞은편에 있는 샤먼(廈門)의 북쪽에 위치했다. 무슬림들은 이곳에서 아주 일찍부터 심지어 7세기부터 무역에 종사해왔으며, 1350년에는 취안저우 중심지에 6~7개의 모스크가 있었다.[92] 이들이 수입한 상품 중의 하나가 동아프리카와 중국 간에 교역 관계를 생성시킨 코뿔소 뿔이었다. 푸젠 상인들은 10세기 말이 되어서야 위험을 무릅쓰고 큰 바다로 나가기 시작했다. 인도 상인들은 적어도 일찍이 6세기 초에 광저우에 있었다.[93] 12세기부터 남인도 출신 클링(Kling)• 상인들이 취안저우에 모여들기 시작했다. 이들은 14세기 중반 취안저우에 고향 마두라이에 있는 사원을 본 딴 커다란 시바 사원을 세웠다. 그 즈음 중국 상인들은 힌두교도와 무슬림을 따돌리고 중국과 믈라카 간의 무역을 장악했다. 이 교역은 장엄한 국가 주도적인 정화(鄭和)의 탐험에 의해 고무 · 발전되었을 것이다. 이제 정화에게로 관심을 돌려보자.

정화가 세운 비석에서 그의 자부심과 우월감을 엿볼 수 있다. 비문에는 다음과 같이 쓰여 있다.

> 우리는 무한한 수역을 수만리 이상 가로질렀으며, 하늘만큼 높이 치솟아 오른 산더미 같은 거대한 파도를 만났으며, 투명한 파란 물결 저 너머 멀리에 감추어진 야만인들의 지역들을 보았다. 구름인 듯 밤낮으로 고상하게 펼쳐져 있는 우리의 돛들은 마치 우리가 대로를 활보하듯 야만적인 파도를 가로지르며 별처럼 빠르게 항해를 계속했다…

• Keling이라고도 쓰며, 동남아시아 특히 말레이시아, 인도네시아, 싱가포르, 브루네이 등 말레이 군도에서 남아시아 특히 인도(때로는 파키스탄, 방글라데시)에 기원을 두고 있는 이들을 부르는 용어이다. 초기 정의는 중립적이었고 동부 인도의 역사적인 칼링가(Kalinga) 왕국과 관련이 있었지만 나중에는 인디언 혈통의 사람들에 대한 경멸적인 용어로도 쓰였다

또 다른 비문에서는 이렇듯 남다른 자긍심이 한 발 더 나아간 것을 볼 수 있다. 그는 항해를 하면서 '중국 문화의 변혁적인 영향력에 저항하고 이를 존중하지 않는 외국인들을 생포했으며, 폭력과 약탈을 일삼는 도적들을 몰살시켰다. 그 결과 해로는 깨끗하고 조용해졌으며 현지인들은 평화로이 자신들의 업을 계속할 수 있게 되었다'[94]라고 새겨 넣었다. 현대의 많은 학자들도 정화와 비슷한 주장을 한다. 밀즈(Mills)에 따르면 1433년 정화의 원정에 대한 마환(馬歡)의 기록을 소개하면서 정화의 원정으로 7명의 왕들을 포함해 67개국의 사절단들이 중국에 조공했으며 충성을 맹세했다. 명의 권력이 최고조에 달했던 1420년대에 영락제(永樂帝)가 파견한 선단에는 400척의 함대, 2,700척의 연안 전함, 400척의 무장 수송선, 명 선단의 자랑거리이며 선박 마다 500명이 탈 수 있는 250척의 보물선이 포함되었다. 밀즈는 앞뒤 가리지 않고 과감하고 열정적으로 '중국은 일본에서 아프리카 동부 해안까지 이르는 광대한 수역에서 헤게모니를 장악했다'고 주장한다.[95]

정화의 원정은 같은 시기인 15세기 초 포르투갈의 활동과 비교되곤 한다. 중국인이 인도양 전역을 항해하고 있었던 시기 가령 1422년을 보면 포르투갈인은 북위 26°에 있는 보자도르 곶에도 이르지 못했다. 정화의 최대 선박은 길이가 400피트였던 반면 바스쿠 다 가마의 것은 85~100피트에 지나지 않았다. 많은 역사학자들은 정화의 함대가 희망봉을 돌 능력을 가지고 있었으며(돌았을지도 모른다), 북쪽으로 더 나아가 서구 유럽을 발견할 수도 있었다고 본다. 그랬다면 세계사는 근본적으로 아주 다르게 전개되었을지 모른다.

그러나 실제 벌어진 상황은 이보다 훨씬 덜 흥미롭다. 1403년과 1433년 사이 명 왕조 영락제의 후원에 힘입어 총 여섯 차례의 원정이 이어졌다. 이들 거대한 함대들은 인도양 연안 도처를 항해했으며 멀리 지다와 까마득히 아래로 스와힐리 해안에까지 이르렀다. 원정 때마다 100척에서 200척 사이의 배들이 동원되었으며, 이들 중 40척에서 60척은 그 유명한 길이가 150m까지도 되었던 거대한 보물선들이었다. 각 선단에는 27,000여 명이 타고 있었을 것으로 보인다. 그러나 대다수 배들은 이보다 훨씬 작았는데, 예를 들어 물을 운반하는 배가 그랬다. 베이커는 조심스럽게 대형 보물선의 크기도 너무 과대평가되어 왔다고 주장한다. 대형 보물선의 길이는 230피트(70m) 정도였을 수 있다(이 또한 당시로서는 매우 큰 축에 속했다).[96] 정화의 원정은 조공과 무역의 일체화를 특징으로 하는 조공체제의 계속이나 연장으로 파악해야 한다. 그러나 정화의 함대들은 인도양에서 조공과는 별 관계없이 상품들을 한 장소에서 다른 장소로 가져가 팔고 사는 본질적으로는 행상 무역이라고 할 수 있는 교역에도 관여했다. 이들은 동남아시아 산 백단향과 인도산 후추를 아덴과 도파르•에, 인도 산 후추를 호르무즈에, 백단향과 쌀을 모가디슈에, 그리고 아마도 벵골에서 가져온 쌀을 몰디브에 가져갔다.[97]

충분히 이해할 수 있지만 정화는 사실 역사가들을 홀렸으며 그의 항해가 가지고 있는 중요한 세 가지 맥락을 무시하게 만들었다는 점을 지적할 필요가 있다. 첫째, 정화의 활동은 비록 규모는 컸지만 오랜 전통의 연속선상에 있었다. 둘째, 소위 조공체제는 인도양 전역에 대한 중국의 종주권과는 아무런 관계가 없었다. 셋째, 원정 기간 대부분의 시간을 다른 많은 상인들과 마찬가지로 별로 특기할만한 특징 없이 인도양 교역에 종사했다. 이제까지 사적으로 여행했던 이븐 바투타와 마르코 폴로, 그리고 중국의 대형 선박들과 일반적으로 중국인 상인들을 살펴보았다. 중국인 상인들은 종종 정부의 해금령을 무시하고 중국 연안과 동남아시아 간 교역을 지배했으며, 정화의 원정이 종료된 15세기 중반까지도 믈라카에서 인도의 서부 연안에 이르는 지역에서(이를 넘어서지는 않았지만) 교역에 참여했다.

전반적으로 중국인 상인들과 국가가 주도한 원정은 인도양에 커다란 역할을 하지도 중요한 영향을 미치지도 않았다. 이제부터는 약 1500년경까지 인도양의 항구들, 항로들 그리고 교역가들에 대해 논의하고자 한다.

당시 인도양 주변에 있었던 항구들은 여러 방식으로 범주화될 수 있다. 어떤 항구들은 지리에 힘입은 바가 컸다. 관문에 해당하는 지역에 위치했기 때문이거나 생산적인 후배지를 가지고 있었기 때문이었다. 어떤 항구들은 순전히 교환의 중심지였으며, 어떤 항구들은 자신들의 산업을 가지고 있었다. 어떤 항구는 보다 큰 내지 국가에 종속되어 있었으며, 어떤 항구들은 해항도시

• 오만의 남부 고원지대에 있는 해양실크로드 상의 요지에 위치한 도파르에서 생산되는 진귀한 향료인 유향은 고대부터 지중해와 중동 지역에서 거래되는 대표적인 무역 상품이었다.

국가들 혹은 동남아시아의 용어를 빌려온다면 항구 정치체였다. 앞서 해항도시들은 가까운 내지 즉 움랜드, 후배지, 그리고 해운을 통해 연결하고 있는 세계 해외 지역인 전면지를 두고 있음을 언급했다. 이러한 특징으로 인해 해항도시는 정의만 보아도 당연히 내지보다 훨씬 더 코스모폴리탄적이었다. 해항도시를 찾아오는 이들은 내지의 농촌 사람들과는 많이 달랐다.

> 이들은 가장 진취적이고 정열적인 사람들에 속하며 이들의 시야는 시간이 지날수록 외부에 노출될수록 더욱 넓어지며, '여행을 하면서 그을린'(tanning of travel) 이들의 피부는 바다처럼 깊은 빛을 띠고 있다. 이들은 확장된 대우주에 대한 자각 의식을 가지고 지역 사회에 들어가며, 다른 지역 사회의 전문지식과 기술을 전해 주고 그 지역 사회의 환대를 받으며 주민들에게 새로운 생각을 수혈한다.[98]

인도양에서 주요 해항도시들은 어디에 위치하고 있었는가? 동아프리카에서부터 시작해 보자. 저 멀리 남쪽에 있는 소팔라는 내지 깊숙한 곳에서 가져온 금과 상아를 세계에 공급했다. 금은 지금 짐바브웨인 내륙 제국 무타파에서 채굴하거나 선광했으며, 인도와 중동에서 온 직물을 비롯한 제조품들과 교환하기 위해 연안으로 수송되었다. 북쪽으로는 킬와가 약 1250년부터 1330년 사이—이 시기로 거슬러 올라가는 커다란 모스크와 궁전이 있는데, 후자는 현대까지도 사하라 남쪽에서는 최대의 지붕을 자랑하는 석조 건물이다— 이 연안 최대의 상업중심지였다. 1500년경 최대 해항도시는 몸바사였다. 몸바사는 남쪽에서 온 상아와 금이 서쪽과 북쪽에서 온 상품들과 교환된 주요 상업중심지였다. 이 시기 말린디는 이보다 조금 더 작은 규모의 중심지였다. 모가디슈는 홍해와 하드라마우트로의 근접성으로 인해 중요한 항구가 되었다. 스와힐리 연안에 있는 이들 항구들은 모두 정치적인 자치체로 상호 치열한 경쟁을 벌였으며 심지어 충돌하기도 했다. 당시 가장 중요한 내지 국가는 무타파 제국이었으나, 연안에까지 지배력을 미칠 정도는 아니었다. 이 해항도시들 중 어느 곳도 중요한 생산 중심지는 아니었다. 이들은 내지에서 온 상품들, 특히 금과 상아를 수출하는 아울렛의 역할을 했다. 이에 따라 내지와의 커넥션은 무엇보다도 중요했다. 그러나 여기에서 교역된 주요 상품들은 다른 곳에서와 마찬가지로 수많은 작은 다우들이 연안을 따라 가져온 맹그로브 막대, 값싼 직물, 식량, 심지어 물과 같은 보잘것없는 벌크 상품들이었다.

연안을 따라 가다보면 아덴이 보이는데, 이곳은 홍해 입구에 위치하고 있기 때문에 언제나 중요한 해항도시였다. 아덴은 교환 중심지였다. 아덴은 이를 둘러싸고 있는 산들로 인해 내지와는 단절되어 있기에 거의 섬과 같았으며 후배지도 없다. 홍해에는 해항도시들이 여럿 있지만, 최대 해항도시는 의심할 여지없이 지다였다. 지다는 때로는 정부 정책에 힘입으면서 수세기 동안 주요 항구로 기능했다. 1429년 맘루크 술탄은 동양에서 온 향신료는 오직 지다에서만 게다가 자신의 대리인들에게만 판매해야 한다는 법령을 발하기도 했다.[99] 바로 이 15세기에 지다 항구는 아랍인들에게 '홍해의 신부'(Bride of the Red Sea)로 알려졌다.[100] 포르투갈인의 도래 이전에 행해졌던 교역에 대한 포르투갈의 기록은 지다의 중심적인 역할을 분명히 보여준다. 바루스는 지다가 향신료 교역의 중심이라고 썼다. 그는 지다의 건물, 교역과 상업을 묘사하면서 인도에서 온 거의 모든 배들이 이곳에 들렀기 때문에 지다는 '홍해 입구 안쪽에 있는 아라비아 연안 전체에서 가장 뛰어나고 유명한 지역'이었다고 기록했으며, '상품들이 끊임없이 이곳에 들어오고 이곳에서 나갔기 때문에 이 도시[지다] 대부분 거주자들은 상업과 교역에 종사했다'고 덧붙였다.[101] 이어서 그는 어떻게 상품들이 카이로에서 오게 되었으며, 배가 지다에 기항했는지를 묘사했다. 거기에서 상품들은 계절풍으로 결정되는 항해 시간에 맞추어 아덴을 거치지 않고 바로 아라비아 해로 들어갔다. 이들은 서풍이 우세한 때인 항해 시즌에 홍해를 떠났으며 동풍을 타고 다시 돌아왔다.[102]

걸프에서의 상황은 시기에 따라 달라졌다. 이 장이 다루는 시기의 초기 아바스제국이 번영을 구가하고 있었을 당시 가장 큰 배는 바그다드는 고사하고 바스라에도 들어갈 수 없었다. 티그리스-유프라테스 강 어귀와 델타 지역은 항해하기 매우 어려웠기 때문이다. 10세기 전반 잠시 소하르는 걸프 지역 그리고 아프리카와 연결된 중요한 항구였다. 오만으로부터 쳐들어온 부예조•

• 부와이흐조라고도 불리며, 320~932년부터 447~1062년까지 이란과 이라크를 지배했던 왕조이다.

에 약탈당한 후에 시라프가 소하르를 대체했다. 시라프는 큰 배가 짐을 부리고 이들 화물이 더 작은 배에 실려 멀리 북쪽에 있는 대도시들로 갈 수 있는 장소인 시라즈의 남부, 걸프의 동부 연안에 위치하고 있었다. 배들은 사라프에서 남쪽으로 무스카트와 소하르로 가며, 그리고서 데발이나 말라바르에 있는 항구들로 간 다음에, 스리랑카를 돌아 믈라카로 가며, 하노이까지 올라간 다음에 광저우에 닻을 내린다. 전형적으로 이 교역은 처음에는 전부 무슬림 상인들—얼마간의 페르시아인들과 점차적으로 아랍인들—에 의해 수행되었으며, 약 1000년경부터 파편화되어 여기저기서 환적이 일어나고 매매가 이루어지면서 일정 해역에 중국인들도 등장했으며 인도인들도 참여하게 되었다.[103] 후기 아바스 시기인 11세기와 12세기에 걸프에서 커다란 해항도시는 시라프에서 걸프를 따라 내려가다 보면 있는 작은 섬 키시(Qeys, Qais or Kish)였다. 이곳으로 인도인들은 향신료를 가지고 왔으며, 예멘, 이라크 그리고 파르스에서 온 이들은 실크와 직물, 밀, 보리, 수수를 가져왔다. 또한 동아프리카로부터 대량의 노예, 상아, 금, 목재, 가죽과 용연향을 들여왔다. 말은 이곳에서 데칸으로 나갔다. 진주도 이 항구에서 나간 또 다른 주요한 수출품이었다. 이곳에서 중국 도자기도 많이 발굴되었다.

걸프 입구에 위치한 호르무즈는 언제나 중요한 상업 중심지였으나 15세기에 더욱 번성했으며 유명해졌다. 이들 중요한 교환 거래 중심지들 대부분은 당시 어떤 외부의 정치적 권위로부터 간섭받지 않고 독립적이었다. 이들은 중동 심지어 유럽 상품들이 인도양 전역에서 온 상품들과 거래되는 중요한 중심지들이었다. 황량한 연안에 위치하고 있었으며 식량은 고사하고 물조차도 부족한 이들 대다수 상업 중심지들은 주요 생산지로서의 기능은 없었으며 일정 규모의 후배지도 가지고 있지 않았다. 하지만 이들은 북쪽에 있는 지역을 남쪽과 동쪽에 있는 지역들과 연결하는 경제적 경첩의 역할을 했다.

걸프에서 동남쪽으로 오면 양상은 변한다. 인더스 델타 주변 지역에 있는 항구들, 즉 처음으로 이슬람 세력에 의해 정복되고 이슬람으로 개종한 남아시아 지역은 규모가 크고 상당히 생산적인 후배지를 가지고 있었다. 인더스강 입구에 있는 데발, 혹은 밤보르(Bambhore)는 미사 퇴적의 결과 11세기부터 쇠락하기 시작했지만 매우 오래된 상업중심지였다. 라하리 반다르(Lahari

Bandar)가 이를 대체했다. 15세기부터 연안에서 강을 거슬러 올라가 200km 나 되는 곳에 위치한 타타(Thatta)도 중요한 항구였다.

구자라트의 대형 항구들은 틀림없이 중요한 상업 중심지였으나, 이들은 인디고, 초석(硝石), 그리고 특히 각양각색의 면직물과 같은 상품들의 중요한 생산 중심지들에서 멀지 않은 해안가에 위치하고 있었다. 일부 제조 과정은 바로 이들 해항도시 안에서 이루어졌다. 여기서 다루는 시기 최대의 해항도시는 캄베이 만의 안쪽에 있는 캄베이(Cambay, 캄핫)였다. 이는 이 만의 주변과 내부에 있는 다른 많은 항구들과 마찬가지로 독립적인 도시 국가는 아니었다. 캄베이는 중요한 무슬림 술탄국 구자라트의 일부였다. 여기에서 거래량은 막대했으며 상인들은 뛰어난 역량이 있었으며 생산, 교환, 신용의 네트워크가 잘 연결되어 있었다. 이러한 항구에서, 다시 말해 생산적인 내지를 가진 해항도시에서 육지와의 관계는 아덴과 호르무즈와 비교해 확실히 더욱 중요했다. 아덴과 호르무즈 같은 곳은 주변 내지에서 온 상품이 아니라 인도양 전역에서 온 상품들의 교환에 의존했으며, 따라서 직접적으로 가까이 위치한 내지에서 무슨 일이 발생하는지에 대해서는 거의 관심이 없었다.

인도의 서부 연안을 더 따라 내려가다 보면 보이는 항구들은 부분적으로 그 내지들이 덜 생산적인 지역이었다는 이유 때문에도 중요성 면에서 떨어졌다. 다음으로 설명해야 할 주요 해항도시들은 지금 인도 케랄라 주가 위치하고 있는 말라바르 연안에 있었다. 제일의 해항도시는 강력하고 독립적인 통치자, 사무드리 라자(Samudri raja) 또는 자모린(Zamorin)•이 통치했던 캘리컷(Calicut, 코지코드)이었다. 캘리컷은 많은 '해외'(foreign) 상품들의 시장이었을 뿐만 아니라 내지에서 대량 수확된 후추의 집산 중심지이자 분배 중심지였다. 이 지역에서는 여러 시기를 거치면서 여러 항구 정치체들이 흥망을 거듭했다. 그중 하나가 크랑가노어(Cranganore, 코덩겔러)인데, 이는 해변에서 15마일 내지 쪽에 그리고 여러 강들이 만나는 지점에 위치했다. 엄청나게 많은 상인들이 그곳에서 향신료를 취급했다.[104] 말라바르 항구들 중에서 어떤 항

• 남부 인도 케랄라 지방의 캘리컷을 중심으로 말라바르 해안을 지배했던 힌두 왕이었다. 자모린은 바다(海)의 왕(王)이라는 뜻을 가지고 있다.

구도 제조업 중심지는 아니었으나 그렇다고 단순한 교환 중심지도 아니었다. 이들의 경우(서에서 동으로 다시 동에서 서로 교역을 위한 정류장들의 역할을 했다) 지리적 위치는 후추가 대량으로 생산될 수 있는 내지와의 관계 속에서 힘을 발휘했다. 바로 이 요소 때문에 수 세기 동안 이 지역에서 주요 항구들이 존재할 수 있었다.

스리랑카와 그 주요 해항도시인 콜롬보에서도 상황은 마찬가지였다. 콜롬보의 위치는 말라바르 항구들의 위치와 유사하며, 스리랑카는 질 좋은 진짜 계피가 생산되는 유일한 섬이었기 때문이다. 벵골 만으로 시선을 옮기면, 이 장이 다루는 시기의 말 코로만델 연안에 있는 주요 해항도시는 풀리캇(Pulicat)이었다. 풀리캇은 비자야나가르 힌두제국에서 생산된 제품들, 특히 직물을 가져왔지만 정치적으로는 별다른 간섭을 받지 않았다. 벵골 지역에서 가장 중요한 항구는 치타공(Chittagong)이었는데, 이 항구도 마찬가지로 정치 중심지 가우르(Gaur)로부터 별다른 통제를 받지 않았다. 언급할 필요가 있는 마지막 해항도시는 믈라카이다. 싱가포르에서 연안을 따라 가다보면 있는 믈라카는 15세기 최대 무역 중심지 중의 하나였으며, 15세기 후반경에는 최대 상업 중심지로서 뿐만 아니라 이슬람의 전파 중심지로서 두각을 드러냈다. 이 대시장에서는 인도양 전역과 훨씬 너머에서 온 상품들이—중국산 실크, 도자기, 인도네시아산 향신료, 인도산 직물, 수많은 유럽산 상품들— 거래되었다. 믈라카는 순수한 교환 중심지의 역할을 했다. 지역에서 생산된 제품은 없었으며 지역 산물도 특별히 없었다. 믈라카는 당시 인도양 교역의 커다란 경첩으로 한편으로는 남중국해를 다른 한편으로는 지중해를 포괄하는 '대'(larger) 인도양이라고 부를 수 있는 세계를 연결시켰다.

이제 이들 해항도시를 일군 장본인인 상인들로 관심을 돌려보자. 상인은 어떤 상품을 다른 상품과 교환하거나 다른 이들에게 팔 의도로 돈을 주고 물건을 사는 이들이다. 많은 해항도시에 있었던 몹시도 복잡하고 다양한 상인들을 일일이 살펴보는 작업은 지루하고 무의미할 것이다. 때문에 여기에서는 주요 상인공동체를 중심으로 볼 것이며, 이들 상인공동체의 역할을 설명하려고 노력할 것이다. 멀리에서 온 상품들을 취급하지만 자신은 특정한 시장에 계속 머무르는 상인들이 있었던 반면 여기저기를 돌아다니며 흥정하고 상품을 사고파는 상인들도 있었다. 후자의 경우 인도양의 거의 모든 해안을 두루 다녔다.

상인에 대한 논의를 전개하면서 16세기 초 유럽인들이 남긴 기록을 조심스럽게 이용할 수 있다. 유럽인들은 인도양에서 더욱 커다란 이득을 얻고 심지어 이를 통제하기 위해 인도양에서 행해지고 있었던 교역 방식을 이해하고자 노력했다. 그 과정에서 1500년경 발견한 사실을 기록으로 남겼는데, 이에 따르면 유럽인들은 구자라트에서 만났던 상인들에게 깊은 인상을 받았던 듯하다. 플로렌스에서 온 한 상인은 1510년 서부 인도에서의 경험을 다음과 같이 기록했다.

> 우리는 스스로를 세상에서 가장 영민한 사람들이라고 믿는데, 여기 사람들은 모든 면에서 우리를 능가한다. 여기에는 40만에서 50만 더컷•을 가진 무슬림 상인들이 있다. 그리고 우리가 펜으로 하는 것 보다 이들은 암산으로 훨씬 더 계산을 잘한다. 그리고 이들은 우리를 흉내 내며 놀리기도 한다. 이들을 저항할 수 없게 만드는 우리 손에 쥔 칼을 제외한다면 무수히 많은 면에서 이들이 우리보다 우월한 것 같다.[105]

초기 포르투갈인 목격자라고 할 수 있는 그 유명한 토메 피레스는 같은 시기에 대해 다음과 같이 쓰고 있다.

> 이들은 상거래가 무엇인지 정말 잘 이해하고 있는 사람들이다. 구자라트 사람들은 상거래에 너무 열정적이어서 이와 관련된 범죄는 용서받을 수 있다고 말한다. 가게의 직원이나 도매상인이 되고자 하는 우리나라 사람들은 [구자라트]에 가서 배워야 한다. 무역 비즈니스는 다른 어떤 고상한 활동을 방해하는 것이 아니라 상당히 많은 도움을 주는 그 자체로 과학이기 때문이다.[106]

우리는 이 시기 인도양의 무역이 점점 더 무슬림에 의해 수행되어 왔다고 알고 있다. 인도양은 '무슬림의 호수'(Muslim lake)였다. 이는 많은 부분 사실

• 12~16세기에 유럽 대륙에서 사용된 금화이다.

임에 틀림없으며 전혀 이상한 일이 아니었다. 이슬람이 홍해의 심장부에서 바다를 넘어 인도양 전역으로 퍼져있었기 때문이다. 연안 사람들이 대부분 먼저 개종했을 것으로 예견할 수 있으며, 사실도 이와 크게 다르지 않았다. 그러나 이 장이 다루는 시기에 중요한 변화가 있었다. 초기에 인도양 무역과 아마도 캘리컷을 제외한 시장들을 지배했던 이들은 홍해와 이집트에서 온 아랍 무슬림이었던 반면, 후기에 특히나 인도를 지나 벵골 만이나 그 너머로 향하는 교역에서 중요한 역할을 했던 이들은 구자라트와 벵골과 같은 연안 지역 출신의 현지 무슬림 개종자들과 인도양 지역으로 이주했던 중동의 무슬림이었다.

방금 열거했던 시장들을 잠시 둘러보면 이 점은 더욱 명확해질 것이다. 동아프리카 해안에서의 연안 무역은 12세기 이슬람으로 개종했던 지역민인 스와힐리인들에 의해 수행되었다. 이들은 내지를 해외 시장과 연결시키는 중개인의 역할도 했다. 이들에게 상황은 아주 특별하고 매우 유리했던 것으로 보인다. 대부분 인도양과 그 내륙에서 사용가치는 비교적 안정적이어서 희귀하고 금전적 가치를 지닌 품목들은 어디에 있든 거의 같은 가치를 인정받았다. 그러나 아프리카 내륙에서는 사정이 달랐다. 금과 상아는 그곳에서 생산되었지만, 이들이 유래한 사회에서 금과 상아는 별반 가치가 없었다. 그보다는 옷감과 유리구슬이 훨씬 더 가치 있게 평가되었다. 인도와 중동에서는 완전히 정반대였다. 이런 더할 나위 없이 보완적인 상황은 서로 다른 사용가치를 가진 이들 두 지역들을 연결시켰던 스와힐리 중개인들에게는 커다란 이점으로 작용했으며, 당연히 이들은 거대한 이익을 취할 수 있었다. 14세기 당시 킬와의 번영은 정점에 달했다.[107] 대부분의 해외 원거리교역은 하드라마우트와 예멘 출신 무슬림에 의해 수행되었다. 이들은 스와힐리 해항도시들에서 매우 중요한 사람들이었다. 많은 통치자들은 멀리 북쪽에서 온 이들 상인의 후손들이거나 이들과 결혼 등으로 인척 관계에 있었다. 힌두교도도 꽤 많았는데, 이들은 철에 따라 구자라트에서 왔으며, 무슬림들과는 달리 정주하지는 않았다.

몇몇 정주한 힌두교도들이 아덴의 대시장 그리고 더 멀리 홍해에도 있었으나 의심할 여지없이 이 지역은 무슬림들, 이 경우 아랍 무슬림들이 지배적이었다. 이 장이 다루는 시기 초창기에 유대교도인 카리미(Karimi) 상인들이 이집트와 시리아 일대를 통치했던 맘루크 술탄국과 지중해 일대에서 중요한 역할을 했다. 고이테인(Goitein)이 보여주는 바와 같이 1100년경 이들은 인도양 무역의 주요 참여자들이었다. 걸프에서도 마찬가지여서, 10세기 짧은 기간 중요한 항구로 부상했던 소하르에도 상당한 규모의 유대인들이 있었다. 그러나 여기에서 주요 상인들은 아라비아 해 도처에 있는 항구들을 들락거렸던 오만 출신 이바디 무슬림(Ibadi Muslims)이었다.108) 절정기 시라프에는 엄청난 부를 일군 상인들이 있었다. 12세기 초 중국에까지 무역을 했던 압불 카심 라미시트(Abul Qasim Ramisht)는 매우 부유했다. 그의 가족이 사용한 은 쟁반은 무게가 1톤이나 된다는 소문이 있었다.109) 이 장이 다루는 시기 후반부에 걸프에서 호르무즈는 상당히 다양한 지역에서 온 교역가들이 모인 코스모폴리탄적인 대도시 중의 하나였다. 유럽인들과 힌두교도, 여러 지역에서 온 무슬림들이 있었으나 대다수는 현지인 즉 페르시아인이었다. 구자라트에서 내지 무역과 국내 시장은 힌두교도와 자이나교도가 장악했는데, 이들은 어느 정도 대양 교역에도 종사했다. 그러나 더 중요한 상인들은 현지인 무슬림, 페르시아인 무슬림, 아랍인 무슬림, 그리고 벵골인 무슬림과 같이 다양한 배경을 가진 무슬림들이었다. 이곳에서와 캘리컷 두 곳 모두에서 원거리무역은 널리 퍼진 가족 네트워크를 이용할 수 있었던 대부분 '외국인'(foreign) 무슬림들에 의해 수행되었으며, 현지인 개종자들은 연안 무역과 내지 무역에 종사했던 것으로 보인다. 모퉁이를 돌아 코로만델 연안으로 오면 힌두교도 무역업자들, 특히 켈링(*klings*)이—정확하게 말하자면 마락카야르(Marakkayars)라고 불리는 남인도의 힌두교도들— 더 적극적인 역할을 하고 있음을 알 수 있다. 이 공동체의 어떤 이들은 이슬람으로 개종했으며 추리아(chulias)로 알려져 있다.110) 벵골에는 중요한 페르시아 상인공동체가 있었다. 최대의 시장이었던 믈라카에 가장 다양한 상인 집단들이 있었다. 대부분은 무슬림이었던 말레이 세계에서 온 현지인들에 더하여 각양각색의 무슬림들, 코로만델과 구자라트에서 온 힌두교도들 그리고 물론 중국인 무역업자들도 있었다.

그렇다면 대시장에서 이들 상인공동체들의 위치는 어떠했나? 이븐 바투타의 기록을 다시 이 주제에 대한 서언으로 삼을 수 있다. 그는 전형적인 상황을 보여주는 상세한 기록을 여럿 남겼다. 1330년 그는 모가디슈에 도착했다.

배가 정박지에 다다르면 작은 배들인 숨부크(sumbuqs)로 맞이하는 것이 이 이곳 사람들의 관습이다. 각 숨부크에는 이곳의 젊은이들이 몇 명씩 타고 있는데, 이들 각자는 뚜껑으로 덮은 음식을 담은 커다란 접시를 가지고 와서 그 배에 있는 상인에게 '나의 손님이십니다'라고 말하며 그 접시를 건넨다. 다른 청년들도 다른 상인들에게 똑같이 한다. 배를 정박하고 나서 상인들은 이들 젊은이들 중에서 그의 주인이 된 이의 집으로만 간다. 예외가 있었는데, 이곳에 자주 들락거리며 이미 이곳 주민들과 잘 알고 있는 경우 원하는 곳에 머물 수 있었다. 상인들이 그의 주인집에 주거를 정하면, 그 주인은 자신의 상품들을 그에게 팔며 그를 위해 상품들을 산다. 만약 누군가 그에게 너무 낮은 가격으로 무언가를 사거나 그의 주인이 부재한 상태에서 그에게 무언가를 팔면 거래는 무효가 된다. 이러한 관행은 상행위 관여자 양측 모두에게 유익했다.[111]

얼마 후 이븐 바투타는 오만 남서부에 있는 자파리(Zafari) 즉 카파르(Khafar) 또는 도파르(Dofar)라고도 불린 곳에 도착했다.

자파리 사람들은 교역에 종사하며, 이를 빼면 아무런 생계 수단도 없다. 배가 인도나 다른 곳에서 오면 술탄의 노예들이 해변으로 내려가 숨부크를 타고 배가 있는 곳으로 가는 것이 이들의 관행이다. 이 때 노예들은 배의 선주나 그의 대리인을 위해, 그리고 선장인 루반(rubban)을 위해, 그리고 배의 기록자인 키라이(kirai)를 위해 준비한 예복을 가지고 간다. 뭍에 오르면 이들을 위해 세 마리의 말이 준비되어 있다. 이들은 말을 타고 북과 나팔의 연주 속에서 해변에서 술탄 궁전까지 간다. 이들은 술탄의 궁전에서 재상인 비지어(vizier)와 아미르 잔다르(amir jandar)에게 인사를 한다. 환영 접대는 배에 타고 있던 모든 이들을 대상으로 3일 밤낮으로 이어지며, 3일째 밤이 오면 이들은 술탄의 궁전에서 식사를 한다. 자파리 사람들은 선주의 호감을 얻으려고 그렇게 한다…[112]

그리고 마지막으로 몇 년 뒤에 이븐 바투타는 몰디브에서

배가 섬에 도착하자 관례대로 빈랑과 그린 코코넛인 카란바(karanbah)을 든 섬사람들이 타고 온 조그만 보트인 카나디르(kanadir)로 손님을 맞이한다. 이들 각자는 배에 승선해 있는 사람들 중 그가 선택한 이에게 가져온

선물을 건네면, 그 사람은 그의 손님이 된다. 그런 다음 그는 마치 친척이라고 맞이하는 양 그의 상품을 손님의 주인이 된 집으로 날랐다. 결혼을 원하는 방문자는 누구나 그렇게 할 수 있지만, 떠날 때가 되면 여성과 이혼해야 한다. 몰디브의 여성은 이곳을 절대 떠나지 않기 때문이다.[113]

이븐 바투타가 경험한 것은 그 시대에 매우 일반적인 관행이었다. 12세기 퀼론(Quilon)에 있었던 유대인 여행가 벤야민(Benjamin of Tudela)에 따르면 외국 상인들이 도착하면 왕의 서기 세 사람이 배에 올라와 이들의 이름을 적고 이를 왕에게 보고했다. 그리고서 왕은 이들의 상품을 보호해 주었는데, 그의 주장에 따르면 지키는 사람 없이 그냥 노지에 놓아두어도 아무 문제가 없었다고 한다.[114] 마르코 폴로는 개략적으로 아마도 지나치게 추켜세우면서 인도 상인에 대해 다음과 같이 쓰고 있다.

[인도 상인들은] 세계에서 최고의 상인들이며 가장 신뢰할 만한 사람들이다. 이들은 어떤 것에 대해서도 거짓말을 하지 않기 때문이다. 만약 한 외국 상인이 이 나라의 방식을 알지 못해 이들에게 의뢰하고, 그의 상품을 이들에게 위탁하면, 이들은 상품들을 맡을 것이며, 이 외국인이 이득을 취할 수 있도록 열심히 노력하며, 그가 기꺼이 주는 것을 제외하고는 그 어떤 부가 수수료도 요구하지 않으면서도 가장 이득을 남길 수 있도록 외국인이 가져온 상품을 팔 것이다.[115]

또한 16세기 구자라트의 대형 항구였던 캄베이에서 행해진 관행을 보여주는 이야기도 있다. 이 장이 다루는 시기 이후인 16세기를 묘사하고 있지만, 캄베이는 포르투갈의 정치적 영향력을 거의 받지 않았음을 알 수 있다. 프랑스인 뱅상 르 블랑(Vincent Le Blanc)은 1570년대 중반 캄베이에 있었다. 그는 다음과 같이 기록했다.

그곳[캄베이]의 도매업자들과 소매업자들은 수완이 뛰어나고 평판이 좋은 이들로 교역은 신의를 바탕으로 수행되었다. 그리고 다른 이들의 상품을 마치 자신의 귀한 물건인양 보관하고 통풍에도 세심한 주의를 기울였다. 또한 이들은 상인들에게 머물 집, 창고, 음식, 그리고 때때로 각양각색의 상품들을 제공했다. 집은 크고 훌륭하며 언제라도 이용할 수 있도록 모든 나이대의 여성들을 제공했다. 일정한 대가를 치르면 이들을 살 수 있고 다시 팔 수도 있으며, 원한다면 가장 유익하고 가장 상냥한 여성을 고를 수 있다. 삶에서 필요한 모든 것이 저렴하게 제공되며, 그곳에서 별 불편함 없이 훨씬 커다란 자유를 맛보며 살 수 있을 것이다. 매매 물품에 대한 관세요율을 지불한다면 더 이상의 아무것도 요구받지 않으며, 모든 외국인들은 자신의 종교를 공개적으로 드러내고 현지인들과 똑같은 자유와 권리를 누리고 지낼 수 있다.[116]

그러나 무지한 야심가들이 현지인을 대리인으로 지정해서 바가지를 쓰는 경우도 있을 수 있었다. 토메 피레스는 포르투갈 정복 이전 시기 믈라카에 들어간 배의 선장이나 상인지도자들이 어떻게 10~20명의 지역 상인들과 가격을 흥정하며, 그리고서 서로 상품들을 어떻게 나누어 가는지를 묘사했다. 이는 판매가 매우 신속하게 이루어졌음을 의미하는데, 계절풍 시스템을 고려한다면 이는 중요한 사항이었다.[117] 이 장에서 다루는 시기 캘리컷에서도 마찬가지였다. 외국인 무슬림 상인들인 파르데시가 도착하면, '이들이 누구라도 바로 왕은 나이레(*Nayre*)를 배정해 그를 보호하고 그에게 봉사토록 했으며, 샤칭(*Chatim*)이라는 서기로 하여금 그의 회계를 보고 그의 일을 돌보도록 했다. 또한 중개인으로 하여금 그가 필요로 하는 상품을 얻을 수 있도록 일을 잘 도모하게 했다. 이들 세 사람은 매달 괜찮은 급여를 받았다.'[118] 이러한 묘사는 정화의 함대에 타고 있었던 마환(馬歡)의 기록에서도 확인된다. 마환의 기록은 상당 정도로 국가가 교역을 지배하거나 교역에 편의를 제공했음을—이 둘은 하나로 어울러져 있었던 듯하다— 느끼게 해준다. 그는 캘리컷에서 후추는 국가 창고에 보관되어 있고, 정가에 팔리며, 관리의 허가를 받아야만 매매할 수 있다고 적었다. 배가 도착하면 관리들과 사람들은 그 배가 실어갈 상품들과 배에 있던 이들이 현지인들에게서 구매하기 원하는 상품들의 가격을 바로 배 위에서 흥정했다. 이들 가격은 한 치의 어긋남도 없이 지켜져야 했다. '사방에서 외국 배들이 이곳으로 온다. 그러면 이 나라의 왕은 거래를 지켜볼 관리과 서기를 비롯한 사람들을 내보낸다. 이들은 바로 관세를 거두어 당국에 가져간다.'[119]

초기에 있었던 아래의 두 사례는 상당히 호의적인 상황, 즉 상인들이 육지 권력과 항구 관리자들의 강탈에 대응할 수 있었던 상황을 보여준다. 오만을 떠날 때는 가난했으나 큰 부를 일군 한 유대교 상인은 13년 후인 912년 엄청나게 많은 중국 상품을 싣고 소하르로 돌아왔다. 질투에 사로잡힌 사람들이 바그다드에 있는 칼리프에게 그의 상품을 몰수하라고 종용했다. 그러나 오만의 총독은 이런 일이 밖에 알려지기라도 한다면 그의 항구에 아무도 교역하러 들어오지 않을 것임을 알기에 걱정이 많았다. 그는 상인공동체의 수장들을 모두 모아놓고 벌어지고 있는 상황을 이야기했다. 상인공동체의 수장들은 시장을 모두 문 닫고 청원서를 칼리프에게 보냈으며, 총독은 이 유대인 상인이 체포되는 것을 막을 수 있었다. 부주르그(Buzurg)는 아마도 이 실제 사건에 바탕을 둔 듯한 매우 비슷한 이야기를 전한다. 그는 어떻게 해서 오만에 있던 부유한 유대인 상인이 부당하게 통치자에게 체포되었는지를 말한다. 이 사건은 모든 상인들과 외국인들에게 매우 좋지 않은 인상을 주었으며, 그가 체포되었다는 말이 나가자 배들이 오만으로 오려 하지 않았다. 시장들이 모두 문을 닫고 외국인 상인들은 떠날 채비를 했다. 화가 난 현지인들은 '배가 더 이상 여기에 들어오지 않으면 우리는 삶의 근간을 빼앗기게 될 것이다. 오만에서는 사람들이 필요한 모든 것을 바다로부터 얻는 도시이기 때문이다.'라고 말했다.[120]

1498년 이전 인도양에서 무력이 사용되었음을 보여주는 증거는 거의 없다. 핵심은 상호 경쟁이었다. 어떤 해항도시도 상인들을 함부로 다룰 수 없었다. 그러면 상인들이 다른 곳으로 떠날 것이기 때문이었다. 이들 아시아 해항도시들은 강요가 아니라 많은 상인들이 자유롭게 무역에 종사할 수 있도록 편의시설을 제공함으로서 번영했다는 점은 매우 중요하다. 통치자들이 제공한 것은 기회, 공정한 대우, 무역을 촉진시키는 인프라였다. 이들은 낮고 비교적 공평한 관세, 법과 질서를 보장했으며 그 밖에 따로 한 일은 거의 없었다. 교역 관련 업무를 수행하는 관리들은 무역을 조장시키고 해외에서 온 상인들을 환대하라는 지시를 받았다. 요약하자면 외부에서 온 상인들은 공정한 경쟁의 장을 원했다. 만약 이러한 장이 펼쳐지지 못한다면 상인들은 다른 곳으로 방향을 바꿈으로써 보복할 수 있었다.

그렇다면 이들 상인공동체의 토대는 무엇이었는가? 다양한 나띠오들(*natios*: 지중해에서 유래한 단어로, 인도양의 상인공동체들을 지칭하는 데에도 사용될 수 있다)을 구분 짓는 중요한 특징은 권력이나 부가 아니었으며, 분명 이 전근대 전-민족국가 시대에는 국적도 아니었다. 이들은 여권을 소지하고 다니지 않았으며 주권 국가들 간 국경에 대해서는 거의 혹은 아무것도 알지 못했다. 역사학자 필립 커틴은 얼마 전 전근대 교역을 특징짓고 있다고 생각한 '교역 디아스포라'(trade diasporas)에 관한 책을 썼다. 이 개념에 의하면 여러 상인들은 예를 들어 유대인들 혹은 아르메니아인들에서 보이는 바와 같이 몇 원천지들에서 세계로 퍼져나갔다.[121] 그러나 이들의 이산에 대해 그리고 이들의 친족 관계와 커넥션에 대해 그가 부여하고 있는 중요성은 별반 설득력이 없어 보인다. 이 시기 모든 상인들은 티베트에서 교역하는 아르메니아인이건 캄베이에서 장사하는 구자라트 자이나교도이건 상관없이 모두가 이와 같이 비슷한 커넥션을 통해 활동했다. 디아스포라라는 개념 자체에 문제가 있는 것 같다. 그가 디아스포라로 범주화한 많은 집단들은 어떤 근거지나 고향과 강력하고 끈끈한 관계를 유지하고 있었기 때문이다. 말할 필요도 없이 인도의 힌두교도들과 무슬림 해외 교역업자들 그리고 나라는 없지만 근거지들 특히 이스파한의 뉴 줄파를 근거지로 삼았던 심지어 아르메니아인들도 마찬가지였다.[122]

이 상인공동체들이 교역 디아스포라가 아니었다면 어떤 기준으로 이들을 보아야 하는가? 분명 모든 상인들이 돌아다니는 행상인들은 아니었다. 여러 상인 집단들은 주요 교역 중심지들에 대리인들을—종종은 친족관계인— 두고 있었다. 여기에는 최소한 두 가지 이유가 있었다. 첫째 일정 시간 일정한 시장에 근거지를 두고 있는 이들은 그 지역의 언어와 관행을 익히고 방문하는 친족들에게 최신의 고급 정보를 제공할 수 있었다. 앞서 살펴보았던바 어떤 항구 관리자들은 외부에서 오는 상인들에게 중개인들을 제공하기도 했지만, 많은 경우 상인들은 현지에 기반을 둔 자신들의 사람들을 더 선호했다. 둘째, 계절풍으로 인해 지역의 지속적인 접촉 창구를 둘 필요가 있었다. 계절풍을 이용해 도착하고 다음 계절풍에 떠나야 하는 상인들에게 현지인들은 가격을 올리기만 하고 그는 고향으로 돌아가는 계절풍을 이용하기 위해 정해진 시간에 떠나야만 한다면 협상력을 제대로 발휘할 수 없었기 때문에 상당히 불리한 입장에 놓일 수 있었다. 그러나 그곳에 누군가가 계속 상주한다면 언제라도 시장 가격이 낮아질 때 상품을 구입하고 높아지면 상품을 내다 팔아 최대의 이익을 실현할 수 있었다.

상인 네트워크는 놀랄 정도로 광범위했으며 유라시아 전체에 뻗어 있었다. 15세기 초부터, 지중해에서 향신료 교역을 지배했던 베네치아인들은 베네치아에서 알레포, 바그다드, 바스라, 호르무즈, 디우, 타브리즈, 아마도 마슈하드와 사마르칸트까지 많은 통신원들(correspondents)과 연합 상사들(associated merchants' firms)로 이루어진 네트워크를 가지고 있었다. 그 목적은 상품과 상품의 이동에 관한 정보를 얻는 것이었으며 이는 물론 성공적으로 달성되었다. 아르메니아인들은 암스테르담에서 모스크바 그리고 이스탄불에서 코친과 아비시니아에까지 걸치는 이와 유사한 네트워크를 가지고 있었다.[123]

이 중 얼마간은 친족에 기반을 둔 네트워크였는데, 이 네트워크의 교집합은 친족 관계와 종교 공유였다. 아르메니아인들은 특정한 형태의 기독교를 실천했다. 유대인들은 자신의 종교인 유대교를 가지고 있었다. 보다 큰 교역집단들은 내부적으로도 갈래가 나누어져 있었다. 힌두교도는 확실히 카스트에 의해 분절되어 있었다. 교파 분열에 관해 우리가 가지고 있는 많은 정보는 인도양에서 주요 이산 교역 공동체인 무슬림 공동체들과 관련된다. 앞에서 여러 차례 언급한 바와 같이 상인들과 종교 전문가들은 이 장이 다루는 시기에 서로 손을 잡고 함께 활동했다. 어떤 상인은 특정한 수피파(이슬람교의 신비주의자) 교단에 속할 수 있으며 어떤 종교 전문가는 스스로를 위해 교역에 종사할 수 있었다는 점에서 상인과 종교인이 확연히 다른 집단이었다고 말할 수 없다. 15세기 이란의 파르스에 있는 카제룬(Kazarun)이라는 곳에서 온 한 집단에 대해서는 익히 잘 알려져 있다. 이들 공동체의 연대감은 같은 종교를 믿고 실천하는 것뿐만 아니라 같은 지역에 거주하고 있다는 사실에도 기반을 두었다. 상인들은 모두 이 도시 출신의 한 무슬림 성인을 신봉하는 이들이었다. 이들은 모두 그의 축복을 받고 바다에 나갔으며 항해를 성공적으로 마치고 돌아오면 답례로 일정액을 헌사했다는 점에서 이 성인의 후계자들은 '영적 보험'(spiritual insurance)을 판 것이 된다. 이 네트워크에는 캄베이, 캘리컷, 퀼론, 광저우에 있는 사람들이 포함되어 있었다.

그러나 개별 상인공동체의 특징만을 논의해서는 충분하다고 할 수 없다. 구자라트에서 힌두교도와 무슬림은 경제적으로 상호 교류했다는 분명한 증거들이 있다. 예를 들어 무슬림 상인들은 자주 힌두교도 중개인들을 이용해 필요한 상품을 획득했다. 이와 비슷하게 유대교도들은 아르메니아인들과 교역했다. 이러한 예는 얼마든지 찾을 수 있다. 연안 사회에 대한 논의로 다시 돌아가면, 해로를 이용해 교역하는 모든 이들은 종교에 상관없이—종교가 같으면서도 상인이 아닌 이들과 비교해— 공통점을 많이 가지고 있었다. 무슬림 바다 상인은 무슬림 농민 혹은 멀리 내지에 있는 이슬람교 율법학자인 물라(mullah) 보다도 유대교도 바다 상인을 더 잘 알고 더 편안하게 느낄 수 있었다. 바다의 물리적인 현상들, 그리고 항구와 주변은—배, 매춘부와 여관, 계절풍의 역할, 세관 앞에서 벌어지는 승강이질— 바다를 오고가는 이들을 다른 모든 사람들과는 다르게 만드는 경험을 누적시키는 역할을 했다.[124]

상인 집단들은 항구 정치체 내에서 비교적 자율적으로 활동했다. 1511년 포르투갈의 정복 시 믈라카에는 중요한 네 개의 상인공동체들이 있었다. 이들 각각은 사반다르(shahbandars)라고 부르는 수장을 중심으로 자유로운 삶을 살았으며, 이 곳 통치자와는 거의 혹은 전혀 상관없이 자치를 했다. 이들 중 구자라트인들이 가장 중요했다. 많은 이들이 정주하고 있었으며, 매년 1,000여 명의 상인들이 구자라트에서 이곳을 방문하러 왔다. 서쪽에서 온 상인들, 즉 인도에서 온 상인들 특히 코로만델에서 온 켈링인들, 인도네시아, 향신료제도, 필리핀과 같이 동쪽에서 온 말레이인들, 그리고 대부분 남중국에서 온 이들뿐만 아니라 일본과 오키나와에서 온 동아시아인들도 믈라카에서 주요한 상인 집단을 형성했다. 이들은 민족별로 구획된 지구, 믈라카에서는 캄퐁(kampongs)이라고 부르는 지구에 살았으며, 각 집단은 이 항구 정치체 '국가'(state)에 대표자로 사반다르를 보냈다. 술탄은 적극적으로 교역에 참가했으나 통치자라는 직위를 이용해 어떤 특혜를 얻으려고는 하지 않았다.[125] 이와 비슷하게 구자라트의 항구들에서도 각각의 상인공동체들은 자신의 지도자들을 가지고 있었다. 물론 이 지도자들은 믈라카와 같이 독립된 해항도시국가가 아니라 커다란 내륙국가(landed state)에 속하는 한 도시에 살고 있는 구성원이었기에 권력은 그다지 크지 않았다. 캘리컷에는 구자라트 힌두교 상인들, 여러 원적지에서 온 외국인 무슬림들(가장 중요한 이들은 홍해와 카이로에서 온 이들로 파르데시(*pardesi*)라고 불린 사람들), 그리고 마필라(Mapillahs)로 불린 현지 무슬림들 사이에는 명백한 구분이 있었으며 각 상인공동체는 자치적으로 운영되었다. '이들은 온갖 종류의 상품을 가지고 사방에서 항해해 오며, 이 도시에는 이들 자신의 무어인• 총독(Moorish Governor)이 있다. 이 총독은 왕에게 일정 사안에 관해 보고해야 하는 의무를 제외하고는 왕의 간섭 없이 이 상인들을 지도하고 규정에 따라 벌을 준다.'[126]

대부분 정치 엘리트들은 직접 흥정하고 협상하기보다는 중개인을 내세워 교역업무를 처리한다. 구자라트에서 무슬림 총독들과 통치자들은 종종 힌두교도와 자이나교도 중개인들을 이용해 사적 무역을 돌보게 했다. 동남아시아에서 해항도시 통치자들은 활발하게 교역에 참가했으며 때로는 권력자로서의 위치를 이용하는 경우도 있었다. 그러나 점차 이들은 사우다가르 라자(saudagar raja)라고—통치자의 공식적인 사업 대리인으로 전형적으로 남인도 출신 무슬림이 담당— 부르는 준(準)관료를 이용했다. 사우다가르 라자는 경제와 조정 간의 중개인 혹은 조정관으로 소임을 다했다.[127] 여기에서 왕이나 귀족이 직접적이건 중개인을 통해서건 무역에 종사했다는 사실과, 국가가 무역을 지휘하고 통제하면서 중상주의적 정책을 추구했다는 사실은 완전히 다른 사안임을 지적할 필요가 있다.[128]

자세히 들여다보면 실상은 항구마다 달랐다. 말레이 세계에서의 상황은 특히나 달랐던 것으로 보인다. 말레이 세계에는 광대한 영토 제국이 없었으며 대신 작은 다수의 정치체들이 있었다. 이 모든 정치체들은 정도의 차이는 있어도 모두 해상 무역에 의존했다. 이 지역은 이제까지 논의했던 어느 지역들보다 훨씬 더 해양적이며, 해양과 더욱 합체되어 있었다. 대양의 대부분 다른 곳 특히 인도나 중국과는 달리 동남아시아의 모든 대도시들은 해항도시였거나 가항 하천(可航河川)에 위치하고 있었음에 주목해야 한다. 가항 하천 도시

• 이슬람계인으로서 이베리아 반도와 북아프리카에 살았던 사람들을 지칭하는 용어로 쓰여왔으며 그들은 아랍계나 베르베르족의 후손들이다.

의 예로는 페구, 아바, 프놈펜, 아유타야를 들 수 있으며, 해항도시의 예로는 파사이, 믈라카, 아체, 팔렘방, 빠따니, 브루나이, 마닐라, 마카사르, 반텐, 데막, 그레시크/수라바야(Gresik/Surabaya)를 들 수 있다.

다른 어떤 경우보다 항구 정치체들의 통치자들은 해양 교역에 훨씬 더 커다란 역할을 했다. 무역은 이들에게도 그리고 그 후배지에 있는 일반적으로 그리 넓지 않았던 내륙 지역에도 중요했기 때문이다. 이 도서 세계에서 섬은 해안과 밀접하게 관련되어 있으며, 대양에서의 교역 양상은 아체, 페락, 크다, 조호르와 같이 인도네시아에 있는 작은 연안 국가들에는 물론 버마, 태국과 같이 본질적으로 내륙 국가들까지도 영향을 미쳤다.[129)]

국가의 관여를 보여주는 실례를 들 수 있을까? 실제 동남아시아에서는 가뭄에 콩 나듯 있었다. 수마트라의 제해국가로 7세기부터 13세기까지 믈라카 해협을 통제했던 스리비자야는 극단적인 예에 속한다. 아룬 다스 굽타(Arun Das Gupta)는 국가의 적극적인 개입 상황을 보다 개괄적으로 다음과 같이 묘사한다. 항구는 술탄이 지배했으며, 해상 무역은 술탄의 통제 하에 있었으며, 노예가 생산한 향신료도 그의 통제 하에 있었다.[130)] 향신료를 독점하기 위해 포르투갈이 동남아시아에 진입함에 따라 이 공간에서 강제성이 더욱 증가했을 것으로 보인다. 아체의 통치자는 후추 생산을 통제했으며 심지어 후추를 유럽인에게 공급하지 않으려고 일정 지역의 후추 경작지를 모조리 없애버리기까지 했다.[131)] 동남아시아의 경우 인도양의 여타 다른 지역들보다도 무역에 대한 국가의 간여가 분명 더 많았다. 이는 본질적으로 이 지역의 지리적인 위치에서 결과했다고 볼 수 있다. 그러나 이는 물론 상대적으로 그렇다는 이야기이다. 분명 어떤 인도양의 국가 혹은 항구 정치체도 현대 국가들이 통상적으로 행사하고 있는 정도의 경제적 통제에 근접했던 적은 없었다.

실제 바다를 항해했던 이들이 남긴 기록들을 보면서 이제까지 논의해 왔던 항구, 상품, 상인에 관한 주제를 마무리하고자 한다. 바다를 항해했던 이들 중 대다수는 소상인 혹은 레인의 절묘한 표현을 빌면 바다 프롤레타리아트(sea proletariat)였다. 이들은 대부분 단거리를—이쪽에서 저쪽 연안, 혹은 내지 수로들, 내륙 가까이에 있는 케랄라의 후미진 강들 혹은 티그리스-유프라테스 델타의 늪지— 오고갔다. 이들은 주요 해항도시들에서 확실히 자리 잡고 있었던 대상인들의 관심 영역 밖에 있는 수없이 많은 낯선 곳들을 찾아다녔다. 허구의 인물이지만 원형적인 의미를 지니고 있다고 주장할 수 있는 신드바드는 멀리 떨어진 아마도 안다만 제도라고 보이는 어떤 장소를 방문한 적이 있는데, 그곳에서는 사람들이 안장 없이 말을 타는 것을 보았다. 그가 안장을 만들어 사용토록 하니 이들은 모두 기뻐하며 그에게 많은 선물을 주었다.[132)]

여기에서도 지나치게 엄격한 범주화를 경계해야 한다. 행상인들은 때로 운이 정말 좋아서 매우 귀한 물건을 손에 넣을 수도 있었으며, 대상인들이 체면을 떨어뜨린다며 필수품 거래를 하지 않았다고 추정할 만한 아무런 근거도 없다. 신드바드는 전형적인 인도양 상인으로 이해할 수 있다. 전하는 바에 따르면 그는 하룬 알 라시드의 황금 통치기 당시 번영하고 화려했던 바그다드에 살았다. 그의 첫 항해에서 '우리는 바스라를 출항해 날마다 밤마다 바다를 항해해 이 섬에서 저 섬으로 이 육지에서 저 육지를 방문하면서 물건을 팔고 교환했다.' 두 번째 항해에서도 마찬가지였다. 이들은 '수주일 간 섬에서 섬으로 바다에서 바다로 항해하면서 들르는 항구마다 중요한 인물들과 상인 지도자들에게 우리의 존재를 알리고 큰 이득을 남기고 물건을 팔고 교환했다.' 그리고 다시 그의 다섯 번째 항해에서, 바다의 노인(Old Man of the Sea)에게서 빠져나온 유명한 사건 이후 코코넛을 거래하고, 그것들로 후추와 계피를 샀으며, 후추와 계피를 팔아 많은 이익을 남겼으며, 진주의 바다에 이르러서는 잠수부를 고용할 수 있었다. 그는 '막대한 재산'(immense fortune)을 모았다. 그리고서 그는 알로에 나무를 사서 바스라에 있는 집으로 돌아왔다.[133)]

고시는 『오래된 땅에서』(*In an Antique Land*)라는 제하의 민족지적 연구에서 아주 먼 거리를 여행했던 이들을 묘사했다. 1220년대 아덴에는 '아주 유창하고 화려한 어법으로 세계 이곳저곳 돌아다녔던 경험을 이야기했기에 마르코 폴로와 이븐 바투타와 같은 후기 중세 여행가들의 여정마저도 무색하게 만들어버린 듯한' 최소한 두 명의 유대인 상인들이 있었다. 한 명은 당시 아덴에 살았던 푸스타트(또는 포스타트, 현재 카이로)의 저명한 유대인 아부 사이드 할폰(Abu Sa'id Halfon)이었다. 그는 이집트, 인도, 동아프리카, 시리아, 모로코와 스페인을 여행했다. 다른 한 명은 모로코 출신으로 이집트, 아덴, 남유럽, 인도를 여행했던 아부 지크리 시질마시(Abu Zikri Sijilmasi)였다.[134)]

13세기 키이스(Qais, Qeys)의 한 상인도 마찬가지였다. 그는 150마리 낙타에 상품들을 가득 싣고 40명의 노예와 하인들을 거느리고 다녔다. 그는 '페르시아 산 사프란을 비싼 가격으로 팔 수 있는 중국으로 실어가고, 그리고서 중국에서 접시를 사서 그리스로 가고, 그리스 산 양단을 인도로 가져가고, 인도 산 강철을 알레포로 가져가고, 알레포의 유리를 예멘으로 그리고 예멘의 물무늬 직물을 페르시아로 가져가기를' 원했다.[135] 1300년경의 한 상인은 알레포에서 태어나 바그다드, 호르무즈, 인도, 중국을 돌아다녔으며 중국 다섯 차례나 오고갔다. 그는 인도에서 아덴으로 돌아갔으며 그곳에서 통치자에게 모든 것을 강탈당하고 이집트로 갔다.[136]

게니자(Geniza) 문헌에 대한 고이테인의 뛰어난 연구는 유대인 상인들에 대한 보다 상세하고 생각을 자아내는 정보를 제공한다. 한 상인은 자신의 이익을 위해서 그리고 다른 이들의 대리인으로써 널리 여행했다. 이 상인은 트리폴리 출신이었지만 카이로에 살았다. 11세기 말 그는 자신과 다른 이들의 상품을 싣고 홍해를 거쳐 인도로 가려했다. 먼저 그는 카이로를 떠나 인도에 팔 산호를 얻기 위해 투니지아를 향해 서쪽으로 항해했다. 그리고서 카이로로 돌아와 홍해로 내려갔고, 마침내 지금 뭄바이 북부에 있는 안힐바라(Anhilvarah)에 도착했다. 그곳에서 그는 자신과 튀니지, 이집트, 아덴의 고객들을 위해 상거래에 종사하면서 1년 넘게 머물렀다. 애석하게도 돌아오는 길에 그가 탄 배가 좌초되는 바람이 고향이 돌아오지 못했다.[137]

고이테인은 고된 복원 작업을 통해 12세기 초 지금 튀니지에 있는 마흐디야(Mahdiyya)에서 카이로로 이주해 온 주요 유대인 상인의 조카 알란(Allan)에 대해 기술했다. 조카 알란은 아덴으로 갔으나 불황으로 시장 거래가 원활하지 못하자 팔고 남은 상품을 챙겨 인도로 갔다. 그는 마침내 말라바르에 있는 한 도시에 도착했으나 '폭동과 유혈사태가 일어나 도시에 있던 이들이 모두 도망갔다.' 그와 동행자들도 야밤에 철과 직물이 든 짐을 싣고 말라바르에 있는 파카네르(Fakaner)로, 거기에서 가장 남쪽에 있는 쿨람으로 피신했다. 그곳에서 이들은 아덴으로 항해했는데, 도중에 선장이 병에 걸렸다. 열흘 후 이들은 북부 락샤드위프(Laccadives, Kakshadweep) 해안에서 난관에 부딪쳤다. '선장이 뇌졸중으로 쓰러져 죽었다. 우리는 그의 사체를 바다에 던졌다.

이제 배에는 사령관이 없게 되었으며… 우리에게는 해도도 한 장 없었다.' 겁에 질린 승객들은 쿨람으로 다시 돌아가길 원했다. 쿨람에서 이들은 친절한 대접을 받았으며 다시 아덴으로 출항했다. 시즌 초에 아덴에 도착했기 때문에 그는 자신의 상품인 철과 향신료를 아주 좋은 가격에 팔 수 있었다. 그는 후추를 가지고 카이로로 가려 했으나, 아덴에서는 후추 가격이 매우 높았기에 그는 다시 인도로 돌아가서 후추를 구매하기로 했다. 인도로 가는 배에서 아덴까지의 왕복 항해를 위해 150바하르(bahars)•를 둘 수 있는 공간을 전세 냈다.[138]

해항도시의 통치자가 자신과 도시에 이익이 되는 방향으로 교역에 관여했음을 폭넓게 논의한 바 있다. 통치자나 그 대리인이 때로 교역에 간섭했음을 보았으며, 해상 교역에 영향을 미친 정치적 요인들에 대한 개괄적인 논의로 이야기를 매듭지었다. 이제 육지 제국의 흥망성쇠가 해상 교역에 미치는 영향에 대해 살펴볼 것이다. 이 점과 관련해서는 최근 유럽사 연구동향이 기술에 영향을 미치고 있음을 느낄 것이다. 최근 유럽사 연구동향에서는 어느 정도 경제적인 교환과 발전을 설명하게 위해 다시 국가를 소환하고 있다. 경제는 단순히 시장의 보이지 않는 손에 관한 문제만은 아니다.[139]

역사학자들은 이 장에서 다루는 시기에 두 차례, 대제국들이 인도양 세계에 사치품 시장과 보호를 제공했다는 사실에 특히나 많은 관심을 기울여왔다. 중국과 아바스제국 간의 거대 교역은 750년 이후 아바스 국가의 흥기와 개화 그리고 618년에서 907년까지 중국에서 당(唐)의 비슷한 상황들과 관계가 있었다. 이집트에서 파티마 왕조, 남인도에서 촐라 왕국, 중국에서의 송 왕조는 11세기와 12세기에 동일한 결과를 가져왔다.

상업의 성행과 제국의 안정 간에는 비록 수량화하기는 어렵지만 연관성이 있는 것이 분명해 보인다. 이런 제국들은 통상 대부분의 재원을 바다가 아니라 육지에서 얻으며, 일반적으로 이 장의 시작 부분에서 지적한 바와 같이 해상 교역과 상인에게 적대적이거나 기껏해야 무관심했다. 그러나 상인들은 관

• 인도의 일부에서 사용하는 무게 단위로 223파운드에서 625파운드로 다양하다.

세 수입원이었으며, 아마도 더 중요하게는 조정에 진기희귀품을 제공하는 공급자였다. 일반적으로 말해 강력하고 안정된 제국은 분명 해상 무역을 포함해 전반적으로 경제 활동에 유리하게 작용했다. 어떤 국가들은 실제로 상당한 간섭 정책을 구사했다. 스리비자야는 얼마간 믈라카 해협을 통제했다. 11세기 초 남인도의 촐라는 파괴적인 습격을 단행해 이에 대응했다. 말레이 반도, 수마트라, 니코바르 제도에 있는 13개의 항구들이 라젠드라 촐라(Rajendra Chola)의 공격을 받았다.

일반적으로 제국의 쇠락은 상당한 혼란을 초래해 교역에 악영향을 미친다고 인식되어왔다. 다른 한편 제국이 몰락하면서 이를 방어하기 위해 축적된 부가 방출되며 그리하여 유동성이 증가하기도 한다. 제국의 멸망 기에 있었던 몇 가지 주목할 만한 사건들은 분명 무역에 영향을 미쳤다. 마지막 수십 년 동안 당 제국은 불안정했으며, 광저우는 약탈당했으며, 외국 상인들은 878년 반란군에게 학살당했다. 이와 동시에 863~883년 저지대 메스포티미아에서 잔지 노예들은 반란을 일으켰는데, 이는 아바스제국의 몰락에 기여한 것으로 평가된다. 후에, 아바스제국에 대한 최후의 일격(*coup de grâce*)이 된 1258년 몽골의 바그다드 침략은 교역에 심대한 지장을 초래했다. 이 장이 다루는 시기 정치가 대양에 개입한 또 다른 예는 명(明) 시기 정책 변화의 결과로 생긴 1430년대 정화의 원정 항해의 중단에서 볼 수 있다. 정책 변화의 정확한 이유는 아직도 논쟁거리 이지만, 정화의 원정 항해는 조정의 명령으로 종료되었으며 이후 중국의 대외 교역은 크게 제한되었다는 점은 분명하다. 그러나 이와 때를 같이하여 믈라카가 흥기했다. 믈라카의 흥기로 대원정이 더 이상 필요 없었는지 아니면 믈라카의 흥기가 정화의 원정 항해의 종결로 남겨진 공백을 메웠었는지의 문제는 '닭과 계란의 문제'(chicken-and-egg)이다. 어찌되었든 두 사건 간의 상관성은 증명하기 쉽지 않다. 아마도 더욱 유념해야 할 점은 해양 교역에 종사했던 상인들에게 영향을 미친 훨씬 더 항상적이고 중요한 고려사항들은—자신들의 수입품이 팔고자 하는 지역의 수요를 충족시키는지 그리고 가격은 충분히 높은지와 같은— 따로 있었다는 사실이다.

1340년대 초 이븐 바투타는 그가 탄 배가 해적의 공격을 받기 직전까지는 인도의 서부 연안을 따라 즐거운 마음으로 항해하고 있었다.

불신자들이 12척의 전함을 타고 우리 앞에 나타났으며, 우리를 공격하고 압도해 버렸다. 이들은 내가 만일의 경우를 대비해 잘 보관하고 있었던 모든 것을 가져갔다. 실론의 왕이 주었던 진주와 루비를 강탈해 갔으며, 신앙심이 깊고 두터운 사람들과 성인들이 주었던 옷가지와 물품들을 가져갔다. 바지만 남겨두고 모든 것을 다 가져갔다. 이들은 모든 사람들이 가지고 있었던 모든 것을 앗아가고 나서 해변에 우리를 내려놓았다. 나는 캘리컷(Qaliqut)으로 돌아와 한 모스크에 들어갔다. 한 법학자가 나에게 옷을, 카디(qadi)• 가 터번을, 한 상인이 또 다른 옷가지를 주었다.[140]

위의 인용은 그가 극도로 필요할 때에 어떻게 이슬람 네트워크에 기댈 수 있었는지를 보여줄 뿐만 아니라 인도양의 해적 문제에도 관심을 갖게 한다. 흥미롭게도 마르코 폴로도 이와 비슷한 상황에 봉착한 적이 있었다. 마르코 폴로의 경험은 이븐 바투타의 경험보다 약간 앞선다. 마르코 폴로가 사망한 해는 1324년이었으며 이븐 바투타는 그 다음 해에 모로코를 출항하면서 첫 하즈 길에 올랐기 때문이다.

마르코 폴로는 인도 서부 연안에 대해 다음과 같이 쓰고 있다.

매년 100여 척이 넘는 해적선들이 바다로 나간다. 해적들은 아내와 아이들을 데리고 나가서 여름 내내 들어오지 않는다. 이들이 쓰는 방법은 통상 20~30척의 해적선들이 함께 가담하여 스스로 바다 저지선이라고 부르는 포위 작업, 즉 배들 사이의 간격을 5마일 내지 6마일 정도 유지하며 20여 척의 배로 100여 마일 정도의 바다를 엄호한다. 어떤 상선도 이 저지선을 빠져나갈 수 없다. 어떤 해적선이라도 지나가는 배를 발견하면 불이나 연기를 피워 신호를 보내며, 그리고서 모든 해적선이 포위를 좁히고, 상인들을 잡고 약탈한다… 그러나 지금은 상인들이 해적의 방식을 잘 알고 있고, 인력과 무기를 잘 갖추고 바다를 항해한다. 이렇듯 규모가 큰 배는 해적들을 두려워하지 않는다. 그러나 여전히 때때로 불행한 사건이 일어나기도 한다.

왕의 묵인 하에 많은 해적들이 바로 이 연안에서 배를 띄워 나가서 상인

• 이슬람법에 기초해 판결을 내리는 재판관으로 이슬람 종교법에 정통한 자를 말한다. 카디의 판단은 반드시 이슬람 학자들의 입장을 대변할 수 있어야 한다.

들을 약탈한다. 해적들은 왕과 일종의 계약을 맺어, 약탈한 말들은 모두 왕에게 바치고, 다른 약탈품은 모두 자신들이 가졌다. 왕은 인도의 통치 지역에는 말이 없는 관계로 해외에서 말을 많이 사들여 와야 했기 때문에 그렇게 했다. 몇 가지 다른 화물들 이외에도 말이 없이는 그 어떤 배도 이곳에 들어올 수 없었다. 이런 관행은 있을 수 없는 일로 왕답지 않은 행동이다.[141]

두 여행가들이 묘사하고 있는 유쾌하지 않은 경험은 해적들의• 활동과 관계가 있다. 어떤 경우든 해적 활동은 해항도시나 다른 정치체의 실질적인 해군 활동과는 구분해서 보는 것이 중요하다. 당시 정화의 항해와 스리랑카, 섬들, 촐라의 말레이 세계에서의 활동을 예외로 한다면, 인도양에서는 사실 해군이 없었기 때문이다. 실질적인 위험은 해적에서 비롯되었는데, 어떤 해적은 어떤 정치체와도 아무 관련 없이 자치적으로 활동한 것으로 보이며 어떤 해적은 적어도 느슨하게나마 마르코 폴로가 지적했듯이 지역 통치자와 연관되어 있었다. 해적은 아주 널리 퍼져 있었다. 그러나 여기에서 해적은 보는 사람의 시각에 따라 완전히 달라진다는 사실을 염두에 둘 필요가 있다. 다음 장에서 자세하게 논의하겠지만 소위 해적이라고 불린 사람들은 스스로를 이와는 아주 다르게 인식했다.

이븐 바투타가 탄 배는 심지어 상당히 큰 배도 어렵지 않게 공격할 태세를 갖추고 있었던 이 약탈자들과 한 차례 이상 접전을 치렀다. 그는 무함마드 빈 투글루크(Muhammad bin Tughluq)의 공식 사절단으로 중국에 가기 위해 캄베이 만을 출항했다. 사절단은 여러 배로 구성되어 있었으며, 그중 한 척은 70마리의 말을 태우고 있었기에 상당한 규모였을 것으로 추정된다. 이븐 바투타가 탄 배는 50명의 노 젓는 사람들과 50명의 아비시니아인 전사들이 타고 있었다. '후자는 바다에서의 안전을 보장하는 이들이다. 이런 사람들 한 명만 배에 타고 있어도 인도인 해적들과 이교도들이 배를 넘보지 못할 것이다.'[142] 이따금씩 해적들에게 안식처를 제공했던 믈라카 해협에 대해 중국인들은 불

• 이븐 바투타의 이야기에서는 일반적인 해적을 의미하는 piracy를 쓰고 있으며, 마르코 폴로의 이야기에서는 해적으로도 번역되기도 하며 인도양 연안의 사략선이라고도 번역되는 corsair를 쓰고 있다. 그러나 사략선은 국가의 특허장을 받았으나 해군이 약한 나라나 무역에 의존하는 적을 약화시킬 목적이 강했다고 보기에, 여기서는 모두 해적이라고 번역한다.

만에 찬 기록을 남겼다. '지역민들은 매우 위험한 해적들이다. 만약 이들이 외국배를 만나면 작은 보트를 타고 수백 명이 수일 동안 적을 쫓는다. 순풍에 운이 좋으면 피할 기회가 있다. 그렇지 않으면 해적에게 뱃길이 가로막히고 재물은 털릴 것이다. 바다를 돌아다니는 여행자들은 이들 강도에게 당하지 않도록 조심해야 한다.'[143]

어떤 해적들은 거의 국가와 유사한 조직을 가지고 있었던 것 같다. 이븐 마지드는 캘리컷 남부에서 해적을 보았는데, 이들은 케랄라 후미를 근거지로 하고 있었으며, '자신들의 통치자의 지배를 받고 있었으며, 숫자는 약 1,000명 정도였으며, 육지 사람들이자 바다 사람들로 모두 작은 배를 가지고 있었다.'[144] 12세기 호르무즈 근처 걸프에서도 상황은 비슷했다. 이란 남부에 있는 키시(Kish) 섬은 어느 정도는 해적 국가라고 할 수 있는데, 적대적인 기록에는 해적 국가로 언급되었다. 이곳 사람들은 인도의 서부 연안을 오르내리며 그리고 동아프리카를 횡단하며 지나가는 배들을 급습했다. 1135년 이들은 매우 대담한 행보를 했다. 아덴의 통치자에게 차후 예정인 급습으로부터의 보호를 대가로 아덴의 일부를 요구하는 편지를 보냈던 것이다. 이 제안은 거절당했으며, 그 후 해적 아미르(Amir)는 15척의 선단을 보내 아덴 항구에 들어가 기다리도록 했다. 상륙 의도는 없었다. 이보다는, 아덴으로 들어가는 상선들을 나포할 요량이었다. 마침내 걸프에 있는 시라프의 아불 카심 라미시트(Abul Qasim Ramisht)가 소유한 두 척의 배가 나타났으나, 아덴에서 파견한 군대의 도움을 받아 이들 해적을 물리칠 수 있었다.[145]

바다 여행자들에게 자연현상은 해적보다도 훨씬 더 두려운 대상이었다. 사람들은 바다에서의 위험을 피하기 위해 여러 다양한 의례와 의식을 행했다. 일반적으로 바다는 육지보다 더 적대적이고 불확실하며 위험하고 통제할 수 없다고 인식되었다. 바다에는 강력하고 불확실한 바람과 조류, 변덕스럽고 변화가 심한 날씨, 허술하기 짝이 없는 배 모두가 위험을 불러올 수 있었다. 이러한 바다의 위험에 맞서기 위해 여러 의례와 의식은 이용되었다.

이런 의례와 의식을 맹목적인 미신으로 폄하해 버리기 쉽지만, 파머는 그 유용성을 밝히는 데에 주력했다. 바다에서 위험에 처했을 때에 이용하는 주문, 의식, 종료 의례는 두 가지 긍정적인 효과를 가져 온다. 먼저 위험에 처한 이들의 불안과 공포를 덜어주며, 또한 승선하고 있는 이들 간의 협력과 연대감을 증진시키며, 이는 다시 위험에 빠진 배를 구할 가능성을 높여준다.[146) 바로 이러한 맥락에서 아래 예에서 보이는 이 시기의 의례와 의식을 평가할 필요가 있겠다.

이제껏 그랬듯이 이븐 바투타로 시작해 보자. 1347년 그는 중국에서 남쪽으로 항해하고 있었는데, 바다 한 가운데서 길을 잃었다.

> 43일째 되는 날 동틀 무렵 바다에서 약 20마일 떨어진 곳에 산이 보이기 시작했다. 바람은 우리 배를 바로 그 쪽으로 데려가고 있었다. 선원들이 놀라서 말하기를 '근처에 육지가 없고 바다에 산이 있을 리 만무한데 어떻게 이런 일이. 만약 바람이 우리를 그쪽으로 데려간다면 우리는 죽고 말 거야.' 모든 이들은 스스로를 낮추고, 헌신하겠으며, 언제나 회개하고 뉘우치겠다고 신에게 간절히 기원하며 호소했다. 우리는 예언자 무함마드를 통해 알라를 찾았으며 신의 축복과 평화가 깃들기를 기도했다. 상인들은 앞으로 자선을 많이 하겠다고 맹세했다. 나는 그들이 한 말을 기록했다. [위험이 지나가고 나면 그들 스스로가 한 맹세를 상기시키고 싶었다.] 바람이 어느 정도 잦아들었으며 해가 돋자 우리는 그 산이 공중에 떠올라 있음을 보았고 이것과 바다 사이에 빛이 보임을 알게 되었다. 우리는 다시 한 번 놀랐으며, 나는 선원들이 눈물을 흘리며 서로에게 안녕이라고 말하는 것을 들었다. '뭐가 문제야?' 그들은 말했다. '우리가 산으로 여긴 건 로크(rukhkh)•야. 만약 그것이 우리를 보았다면 우리는 죽은 목숨이야.' 우리는 그 실체로부터 10마일도 떨어져 있지 않았다. 그 때 지극히 높으신 신이 우리에게 순풍이라는 축복을 주어 바로 이로부터 멀어질 수 있었다. 우리는 그 진상을 볼 수도 알 수도 없었다.[147)

바투타와 동선자(同船者)들이 한 행동은 상당히 규범적인 이슬람 사상에 따라 바다에서 위험을 피하고자 한 것이었다. 이러한 예는 여럿 있다. 1200년경 한 중국의 기록에 의하면 말라바르에는 '바람과 파도를 잠재울 수 있는 성수가 있다. 외국 상인들은 불투명 유리병에 이 물을 채우고, 이들이 갑자기

• 아랍어에서는 불사조를 의미한다.

거친 바다에 들어가면 바다를 진정시키기 위해 이 물을 바다에 뿌린다.'[148] 이 물은 그 유명한 잠잠(Zamzam)의 물로, 메카에 있는 잠잠의 샘이라는 불린 곳에서 퍼온 것으로 다양한 마술적인 속성을 가진 것으로 믿어졌다. 무슬림은 또한 바다에서의 재난에 특화되어 있는 다양한 기도문을 가지고 있다. 가장 잘 알려진 것 중의 하나는 이슬람력[무함마드가 메카를 떠난 서기 622년을 원년] 656년으로 거슬러 올라가는 바다의 기도(Litany of the Sea, Hizb al-bahr)이다.[149] 또한 무슬림에게는 풍요와 물, 물고기, 바다와 연관된 특별한 성인인 크와자 키즈르도 있었다. 그는 여러 수피파 전설에 등장하며, 위험한 바다를 항해하는 뱃사람을 인도하는 성인으로 자주 기도의 대상이 되었다.[150] 어떤 무슬림은 이븐 바투타가 1329년 오만 근처에서 목격했던 경우처럼 바다에서 위험에 처하면 보다 체념하는 태도를 취하기도 했다. 폭풍이 몰아닥쳤다.

> 배에는 꾸란을 외우고 있고 글을 잘 쓰는 한 순례자가 우리와 동행하고 있었다. 그는 바다에 폭풍우가 이는 것을 보고 그가 가지고 있던 망토로 머리를 감싸고 있어 잠이라도 자고 있는 것처럼 보였다. 신이 우리에게 닥쳐왔던 폭풍을 잠잠케 하여 우리를 안심케 했을 때가 되어서야 그에게 물었다. '마울라나 키르드(Mawlana Khidr)여, 무엇을 보셨습니까?' 그는 대답했다. '폭풍이 왔을 때 나는 계속 눈을 뜨고 영혼을 받아주는 천사가 오는지를 지켜보고 있었네.' 이들을 볼 수 없었기에 나는 '신에게 찬송을 드립니다. 만약 우리 중 누군가 빠져 죽어야 하다면 천사를 보내 그 영혼을 받아주십시오.' 그리고서 눈을 감고 있다 얼마 후에 눈을 다시 떠 보아도 똑같은 상황만 계속 반복되었네. 신이 우리에게 닥친 곤경을 없애줄 때까지 말일세.[151]

1444년 아브드르 라자크(Abd-er-Razzak)는 호나바(Honavar, Onor)에서 호르무즈까지 해로로 여행해야 한다는 생각에 불안하고 걱정스러웠는데, 우연히 다음과 같은 꾸란의 글귀가 눈에 들어왔다. '아무것도 두려워마라. 너는 부정한 이들의 손으로부터 보호되었다.' 그는 이를 좋은 징조로 여겼다. 그럼에도 그는 호나바르에서 호르무즈까지 가는 65일 간 말로 다 할 수 없는 끔찍한 여정을 겪어야 했다. 그의 배는 공해에 나오자마자 격렬한 폭풍을 만났으며,

그는 신에게 그와 동료들을 구해줄 것을 간청했다. 그의 이야기는 이슬람적 이미지와 은유로 가득 차 있다. 바다에서 폭풍을 만난 한 풋내기 선원의 놀랄 정도로 멋진 묘사이며 내 생각에는 콘래드의 묘사를 포함해 유럽 문학사를 수놓은 최고 이야기들에 비견할 만하다.

돌연히 바다 표면 위로 거친 바람이 불었으며 사방에서 신음인 듯 울음인 듯 소리가 들려왔다. 밤, 배, 바람, 곶은 모두 우리의 마음에 재난의 예감을 가져다주었다. 갑자기 역풍이 불어와 마치 술을 마신 사람 마냥 난폭해진 바람은 배를 뚫어 버릴 기세로 덤벼들었다. 배의 몸체를 이루고 있으며 끊임없이 줄지어 있는 것처럼 보이는 구조를 가진 판자들이 따로 떨어져 있는 문자들의 자모처럼 나누어지려는 찰나에 있었다… 헤엄 실력에 관해서라면 물고기에 비견될 수 있을 것 같은 선원들이 닻처럼 물속으로 투신하려고 애를 썼다. 온갖 상태의 바다를 항해하는 데에 익숙해 있었지만 선장도 비통의 눈물을 흘렸으며 그가 알고 있던 이제까지의 과학 지식을 깡그리 잊어버린 듯했다. 돛은 찢겨져 나가고 돛대는 바람의 충격을 이기지 못하고 완전히 내려앉았다. 이 배의 떠있는 집에 거주했던 다른 등급의 승객들은 매우 값어치 있는 물품들을 파도 위에 내던졌으며, 수피 식으로 자발적으로 속세의 재화를 모두 없애버렸다. 인간에게 너무나 귀중한 목숨 자체가 위험에 처해 있는데 그 누가 돈과 물건이 의미 있다고 생각하겠는가? 바다가 보여주는 모든 위협적인 공포가 내 눈앞에서 펼쳐지고 있는 이 상황에서 나 자신도 이미 안 되는 것은 안 되는 것으로 포기하고 죽음을 기다렸다. 정신은 인사불성 상태로 혼미해진 데다가 죽는다는 깊은 슬픔으로 인해 나의 입술은 마르고 눈은 젖었으며 내 자신을 온전히 바다와 같이 신에게 맡겼다. 산과 같은 파도가 밀려와 배는 하늘 가까이로 들어 올려졌다. 다시 격렬한 바람에 이끌려 배는 잠수부처럼 바다의 바닥으로 내동댕이쳐졌다.

그는 열심히 기도했으며 그의 운명을 되돌아보았다.

나는 한참을 스스로를 반추해보고 있었으며, 이제까지 내가 겪었던 모든 절망과 고난을 돌아보았으며, 마침내 신의 신성한 약속이 떠올랐다. '고난을 당한 이의 기도를 들어주고 그 고통을 몰아내버리는 신은 누구인가?'[꾸란, 27장, 63절] 갑자기 신의 무한한 은총을 보여주는 미풍이 불어오기 시작함을 느꼈으며… 행복의 동쪽에서 환희의 아침이 동트기 시작했다… 폭풍은 순

풍으로 바뀌었으며 거친 파도는 멈추었으며, 내가 바라던 데로 바다는 거짓 말처럼 그렇게 잔잔해졌다.152)

아브드르 라자크의 이야기를 통해 우리는 당시 바다를 항해한다는 것이 진짜 어떤 의미였는지에 대해 어렴풋하게나마 조금 알 수 있다. 다른 많은 기록들도 '미신'(superstition)에 대한 이야기와 방금 인용했던 바와 같이 바다에서의 삶이 가지고 있는 위험에 대해 이야기한다. 이러한 위험이 아브드르 라자크와 같은 풋내기 선원에게는 특히 강력한 충격을 주었으리라는 것은 짐작할 수 있다. 이 시기 무슬림이 교역에 커다란 역할을 했다는 점을 고려해 볼 때, 많은 기록들이 교역에 종사하기 위해서 혹은 여가로 바다를 여행한 무슬림들에 의해 쓰였음은 분명하다. 이슬람의 기행 문학은 수도 없이 많고 내용도 방대하다. 아바스제국 절정기에 나온 『천일야화』(*The Book of the Thousand Nights and One Night*)는 가장 잘 알려져 있으나, 10세기부터 거대 고래, 인어, 여자만 사는 섬, 코끼리를 먹는 뱀 등과 같은 믿기 어려운 이야기들을 방대하게 수집해 쓴 부주르그(Buzurg)의 이야기집•도 있다. 신드바드도 마찬가지로 흥미롭고 재미있는 이야기이며, 그를 통해 적어도 왜 사람들이 바다 항해를 원하는지에 대한 환기적인 설명을 들을 수 있다. 그는 끊임없이 안전하고 일상적인 육상에서의 삶을 떠나 모험과 수익을 향해 바다로 나갔다. '나는 [바그다드]에서 비할 데 없이 즐거운 생활을 하고 있었는데, 어느 날 멀리 있는 나라들과 처음 보는 이상한 사람들, 섬들 사이로의 항해 그리고 이제까지 내가 몰랐던 것들을 찾아 나서고 싶은 오랜 열망이 나의 머리를 헤집고 들어왔다. 또한 장사하던 습성이 다시 내 안에서 스멀거리며 올라왔다.' 그는 모든 항해의 시작을 이렇게 설명한다. 예를 들어 그의 여섯 번째 항해의 시작에 관해서 보자.

• Buzurg Ibn Shahriyar는 페르시아의 쿠지스탄에서 태어난 이슬람 여행자, 선원, 지도 제작자 및 지리학자라고 추정된다. 953년 그는 시아파, 오만, 바스라 등지에 있는 무슬림 선원들로부터 서사를 수집해, 『인도에 관한 놀라운 이야기집: 내지, 바다, 섬들』(The Book of the Wonders of India: Mainland, Sea, and Islands)을 저술했다고 한다.

하루는 문 앞에 앉아 바람을 쐬고 있었는데 그 어느 때보다도 행복한 느낌이 나를 사로잡았다. 일군의 상인들, 어떻게 보아도 여행에서 방금 돌아왔음이 분명한 사람들이 거리를 지나는 것이 보였다. 이 광경은 나에게 여행에서 돌아오는 것이, 먼 항해를 마치고 태어난 땅을 다시 보는 것이 얼마나 커다란 기쁨을 주는 일인가를 상기시켰다. 이런 생각만으로도 나는 다시 여행에 나서고 싶어졌다. 나는 값이 나갈만하고 바다에 적당한 상품들을 챙겨 바그다드 도심을 떠나 바스라로 향했다. 거기에서 나처럼 장사할 물건뿐만 아니라 상인들과 군인들로 가득 찬 커다란 배를 찾았으며, 나는 짐을 배 위에 실었다. 이내 우리는 바스라에서 평화로이 출항했다.153)

하즈 수행이라는 종교 의무를 충실히 이행하기 위해 많은 무슬림들이 해로로 여행했다. 이븐 주바이르는 단순히 '아이다브에서 지다로 홍해를 가로지르는 길에서 끔찍한 항해 경험을 했다. 이 위험 수역에서의 항해는 어렵기로 악명 높았음을 고려해 보면 그의 항해가 그다지 이례적이지는 않았을 것이다. 직선거리로는 약 300km에 이르는 이 뱃길을 가는 데에는 8일이 소요되었다.

바다는 갑자기 뒤집히고, 바람은 심술궂었으며, 산호초는 여기저기서 나타나고, 돛을 올리거나 내리거나 혹은 닻을 올릴 때에 모든 것이 얽히고 부러지는 등 계속되는 항해 기어의 결함으로 인해 비상사태가 이어졌다. 산호초 사이를 지나가면서 여러 차례 지랍(jilabah)의 바닥이 산호초에 부딪쳤으며 희망을 버리라고 외치는 듯한 압도적인 굉음을 냈다. 우리는 여러 차례 죽었다고 다시 살아나곤 했다…154)

1444년 아브드르 라자크가 경험한 폭풍에 대해서는 인용한 바 있으며 어떻게 그의 기도가 배를 구했는지도 보았다. 이 사건은 호르무즈로 돌아오는 귀항 항해 중에 발생했다. 첫 바다 항해로 1442년 호르무즈를 출항했을 때 그는 이미 불안감에 휩싸여 있었다. '바다(그리고 본래 한도 끝도 없는 대양) 항해에 따라오기 마련인 사건과 위험은 신의 전지전능함을 가장 잘 드러내는 징표이며 숭고한 지혜를 보여주는 최상의 증거이다.' 그의 배는 마침내 1442년 5월, '폭풍과 해적의 공격이 무서운' 계절풍 말미에 호르무즈를 출항했다. 이는 무시무시한 항해였다. '배 냄새를 맡자마자 바로 바다의 모든 공포가 나를 엄습했으며 나는 완전히 기절해버렸다. 3일 동안 쉬고 있는 숨만이 내 안에 삶이 남아 있음을 드러내는 유일한 징표였다.' 배가 계절풍 철을 놓치는 바람에 모두 무스카트에서 내려야 했기에 그에게는 그나마 다행이었다. 그리고서 그는 병이 났으며, 마침내 1442년 9월경 캘리컷으로 18일간에 걸친 쾌적한 항해를 했다. 그의 몸은 이 항해 동안 많이 회복되었다.

> 요약하면, 바다의 공기는 건강을 더욱 좋게 했으며, 나에게 완전히 나을 수 있다는 희망을 주었다. 건강의 아침은 내 희망의 열망 위에서 동이 트기 시작했다. 날카로운 화살 같은 것이 일으킨 내 병의 상처는 치유되기 시작했으며, 이제까지 너무나 불안했던 생명수는 그 순수성과 투명성을 회복했다. 기분 좋은 산들바람이 불기 시작한 지 얼마 지나지 않았으며 배는 바람의 속도로 수면 위를 지났다.[155)]

다시 우리의 영웅 이븐 바투타로 돌아가면서 이 긴 장을 마무리 할 것이다. 풋내기 선원이었던 그는 당시 상황에 대한 귀중한 기록을 남겼다. 어떻게 명망 있는 학자라는 그의 지위 덕택에 그의 여정이 편안해졌는지에 대해서는 자주 언급했다. 그는 가는 곳마다 대접을 받았으며 동료 이슬람교도들로부터 후원과 도움을 받았다. 『이븐 바투타 여행기』(*Rehla*)는 다른 많은 종류의 해로 여행들, 그리고 아브드르 라자크가 발견한 것과 같은 다른 많은 위험과 즐거움을 환기시키는 이야기를 들려준다.

그는 출발부터 우려가 앞서고 불편한 상태에서 해로 여행에 나섰다. 그는 1329년 지다에서 아비시니아 출신이 소유한 한 잘바(jalba, 판자를 엮어서 만든 작은 배)에 승선했다. 샤리프는 다른 잘바를 타고 그와 함께 여행하기를 원했지만, '샤리프가 탄 잘바에는 낙타가 많이 실려 있었기 때문에 그 질바에 타지 않았다. 이제까지 한 번도 해로로 여행해 보지 않았기에 무슨 일이 있을까 두려웠다.' 그해 말에 그는 자신이 먹었던 음식에 대한 기록을 남겼다. 그는 조그만 배를 타고 오만 근처에 있었다.

> 이 배에 타고 있는 동안 내가 먹었던 음식은 말린 대추야자와 생선이었다. 아침 마다 모든 [선원들]은 물고기를 잡곤 했다… 그들은 물고기를 토막

으로 자르고 조리해서 배에 있는 모든 사람들에게 선장은 물론 그 누구에게도 더도 덜도 없이 똑같이 나누어 주곤 했다. 나는 생선과 함께 말린 대추야자를 먹었다. 나는 약간의 빵과 과자를 가지고 있었으며…이를 다 먹고 나서는 나머지 사람들과 마찬가지로 생선을 먹어야 했다.[156]

이후 그는 바다에서 좋은 일도 나쁜 일도 모두 겪었다. 그는 신드 강에서 신드에 있는 라하리(Lahari)의 총독과 함께 상당히 호화로운 여행을 했던 적도 있다. 필요한 짐들과 다양한 종자들을 위해 15척의 배들이 동원되었다. 연주자들과 가수들도 있었다.

처음에는 북과 트럼펫이 울리고 그리고서 가수들이 노래를 불렀다. 이들은 이른 아침부터 점심때까지 번갈아가며 계속 악기를 연주하고 노래를 했다. 때가 되면 배들은 한 군데로 모여 들었고 서로 간격을 좁게 했으며 배 사이에 오고 갈수 있는 통로가 만들어졌다. 연주자들은 그리고서 총독의 처소(ahawra)로 왔으며 그가 식사를 마칠 때까지 노래했다. 자신들도 식사를 끝내고 나서 마침내 자신들의 배로 되돌아갔다.[157]

몇 년 뒤에 하게 된 또 다른 항해는 매우 힘들었다. 1340년대 중반 그의 배는 코로만델 연안에서 좌초되었다.

항해하던 중 갑자기 강풍이 불어 닥쳤으며 우리 배는 거의 물에 잠길 지경이었다. 우리 배에는 경험 많고 박식한 조종사가 없었다. 우리는 암석에 부딪쳤으며 겨우 좌초를 면하는가했더니 이내 얕은 물 쪽으로 밀리더니 거기에서 결국 좌초되었다. 우리는 죽음에 직면하게 되었으며, 사람들은 가지고 있는 모든 것을 버렸으며 서로에게 마지막 인사를 했다. 우리는 돛대를 넘어뜨려 배 밖으로 던졌으며, 선원들은 나무 뗏목을 만들었다. 우리는 연안에서 약 2파르사크(farsakhs)•에 있었다. 내가 뗏목을 타러 아래로 내려가려하자 나의 동행들이(나는 2명의 노예소녀들과 2명의 동행자들과 함께 여행하고 있었다) 나에게 말했다. '우리를 남겨 두고 내려가실 겁니까?' 그래서 나보다 그들의 안전을 먼저 생각해서 다음과 같이 말했다. '너희 둘은 내려

• 거리를 나타내는 아랍의 구 계량법, 1파르사크는 5~5.5km에 해당한다.

가고 내가 사랑하는 이 소녀도 데려가라.' 다른 소녀가 말하기를 '나는 수영을 잘합니다. 나는 뗏목 줄만 붙잡고 있겠습니다.' 그리하여 나의 두 동행자들은… 그리고 한 소녀가 뗏목으로 갔으며 다른 소녀는 물 위에서 헤엄쳤다. 선원들은 뗏목에 끈을 묶어 주었고, 그는 이에 의지해 떠 있었다. 나는 그들에게 값어치가 나간다고 여긴 모든 것과 보석, 용연향을 건네주었으며, 바람이 도와주는 바람에 뗏목을 타고 간 사람들이 무사히 해변에 도착했다. 나는 배 위에 머물러 있었다. 선장은 방향키를 잡고 해안으로 배를 몰았다. 선원들은 뗏목을 4개 더 만드는 작업을 하고 있었지만, 일이 끝나기도 전에 밤이 찾아왔으며, 배는 물에 잠겼다. 나는 배의 뒷부분에 있는 선루(船樓)에 올라가 아침이 밝을 때까지 거기에 있었다. 곧 일단의 불신자들이 배를 타고 우리에게로 왔으며 우리는 이들과 함께 마바르(Ma'bar) 연안의 해변으로 갔다.[158]

이븐 바투타의 노예소녀들에 대한 걱정을 읽을 수 있는데, 그는 '그들 없이는 결코 여행하지 않는 것이 나의 습관이다'라고 쓴 적이 있다.[159] 그러나 그가 언제나 똑같은 두 소녀들과 동행하지는 않았다. 둔(Dunn)이 이븐 바투타의 여행을 재구성한 뛰어난 책에서 표현한 바에 의하면 '이븐 바투타는 오랫동안 버리고 떠나는 것을 일삼은 사람으로 여러 무슬림 세계에 많은 아이들을 남겼으리라 짐작해 볼 수 있다.'[160] 그는 다마스쿠스에서 모로코 여인에게서 얻은 아들이 있었는데 10살에 죽었으며, 부하라에서 노예소녀에게서 딸을 얻었는데 죽었으며, 델리에서 딸 하나, 말라바르에서 노예소녀에게서 또 다른 딸, 몰디브의 한 아내에게서 딸을 얻었다. 그는 몰디브에서만도 '여러 여성들과 결혼했다.' 그는 '결혼하기 원하는 방문자는 누구나 결혼할 수 있지만, 떠날 때가 되면 이혼해야 했는데, 이들 여성들은 자기 나라를 결코 떠나지 않았기 때문이다.'[161] 그가 항상 최소한 한명의 노예소녀와 함께 여행했음을 감안해 본다면 그의 자손들이 인도양 전역과 그 너머에 흩어져 있을 것이라고 추측은 틀리지 않을 것이다.

이 문제에 관해서라면 이븐 바투타는 결코 예외에 속하는 인물이 아니었다. 무슬림이 아니어도 여행자들은 '모든 항구에 아내들'(wives in every port)을 두고 있었다고 가정할 수 있다. 빈센트 르 블랑은 캄베이에서 발견한 이런 시스템에 깊은 인상을 받았다. 그러나 이는 당시 어떤 다른 사회들보다 무슬림 사회에서 더 많이 발견되었다. 앨런 빌리어즈가 같이 항해한 선원들 중의 어떤 이들은 각기 다른 장소에 여러 명의 아내를 두고 있었다. 수르(Sur)•에서 온 한 나코다는 펨바 섬에 아들을, 코모로 제도에 또 아들을, 아프리카 내지에서 온 두 번째 부인에게서 딸을 얻었다.[162] 수명의 '합법적인'(legal) 아내를 허용하는 무슬림의 관행 그리고 이론적으로는 오직 시아파에서만이나 실제로는 더 광범위했던 무타(muta)라고 불리는 임시 결혼 관행으로 인해 무슬림이 이런 기존의 해양 전통을 따르는 것이 훨씬 더 쉬웠다. 이 문제에 관해서라면 이븐 바투타는 누구보다 양심적이었던 것 같다. 몰디브에서 그는 적어도 떠나기 전에 아내들과 이혼했기 때문이다.

• 오만 만 연안에 있는 수르는 오만의 수도 무스카트에서 남동쪽으로 150km 떨어져 있다. 역사적으로 동아프리카와의 무역 중심지였으며 선원들에게 중요한 목적지였으며 오늘날에도 수르의 삶에서 바다는 중요한 부분이다.

인도양 세계의 유럽인들

이 장은 18세기 중반까지 시작된 유럽인의 도래와 그 영향을 분석한다. 그 목적은 앞 장에서 묘사했던 인도양 구조의 어디에 어떻게 유럽인이 위치했는지를 살펴보는 데에 있다. 이제까지 알고 있었던 바와 달라 보일지 모른다. 이 장은 18세기 중반까지 250여 년 동안 유럽인이 인도양에서 존재했던 방식은 분명 장소마다 시기마다 달랐지만 이들이 인도양의 교역, 사람, 심지어 정치에 미친 영향은 전반적으로 제한적이었음을 밝힌다. 다음 장에서는 유럽인이 대체로 적응할 수밖에 없었거나 혹은 전혀 알지도 못했던 인도양의 지속적인 구조에 대해 자세히 논의할 것이다. 여기에다 인도양의 역사 서술을 지배해왔던 교역뿐만 아니라 배를 타고 있었던 이들의 종교 생활과 사회사도 살펴볼 것이다. 마지막으로 이전 세기들과 비교해 인도양이 한층 더 넓어진 세계의 훨씬 더 중요한 부분이 되었음에 주목할 것이다. 호르텐과 퍼셀의 용어를 빌자면 더욱 관심을 기울여 기술해야 하는 역사는 대양에서의(*in*) 역사이다. 다시 말해 지리적인 경계 너머를 보는 역사가 자율적인 듯 기술되는 대양의(*of*) 역사보다 더 중요하다. 이 장에서 다루는 시기까지 인도양과 다른 세계와의 관계 맺음은 나쁘지 않았다. 이 책의 마지막 두 장에서는 유럽의 변화에 따라 어떻게 인도양과의 관계 맺음이 달라졌는지, 인도양이 자본주의적 세계경제에서 어떻게 주변이 되어갔는지를 살펴볼 것이다.

인도의 학자이자 외교관이었던 파니카는 포르투갈 항해자이며 탐험가였던 바스쿠 다 가마가 인도 남서부에 도착했던 1498년을 기점으로 바스쿠 다 가마 시대의 아시아 역사에 관한 글을 썼다. 오늘날 그를 따르려는 역사가들은 거의 없다. 그러나 '이어서 발생한 결과라는 관점에서 보면 바스쿠 다 가마의 인도 항해는 중요한 사건이었다'는[1] 그의 주장에 동의하는 이들은 있을 것이다. 빅토리아 시대의 영국 제국에 대한 영국인의 기록에서는 꽤 많이 발견되는데, 바스쿠 다 가마의 인도 항해는 나중에 유럽의 인도 지배에 결정적인 쐐기를 박은 사건이라고 보는 경향이 있다. 유럽인들이 인도양에 들어왔으며 분명 이 장이 다루는 시기에 인도양에서 이들의 수는 증가했다. 그러나 이를 19세기에야 분명해지는 유럽의 인도 지배가 시작된 사건으로 보는 시각은 매우 목적론적인 관찰이다. 알다시피 수천 년 동안 인도양에는 로마인, 그리스인을 포함해 수많은 '외국인들'(foreigners)이 있었다. 바스쿠 다 가마를 비롯한 초기 유럽인들은 인도양 주변에 살며 인도양을 횡단했던 매우 폭넓고 다양한 사람들 중의 극히 일부였다. 인도양에서 유럽인들은 때로는 적대적인 때로는 평화로운 관계를 맺었지만 18세기 말 권력 국면이 변하기 전까지 인도양을 지배하기는커녕 영향을 미치는 존재도 아니었다.

앞 장에서 묘사했던 정화의 원정을 상기하는 것도 균형 잡힌 시각을 갖는 데에 유용할 것이다. 정화는 그야말로 막강한 대규모 함대를 지휘했다. 1405년의 첫 함대에는 62척의 대형선들이 포함되었으며, 이들 중 몇은 100m가 넘는 길이를 자랑했다. 이 항해에는 약 28,000명이 동원되었다. 포르투갈인이 서아프리카 해안을 느리게 내려가기 시작했던 15세기 초 (이들은 1415년 모로코에 있는 세우타를 차지했다) 중국의 함대는 희망봉 가까이까지 갔음을 기억해 보자. 정화의 함대가 희망봉을 돌아 항해했다고 생각하는 이들도 있다. 15세기 말에야 유럽인들은 희망봉을 돌았으며 16세기 초 인도양의 동쪽 끝인 믈라카 해협에 이르렀다. 그렇다면 15세기 초에 믈라카 해협에는 중국의 거대한 함대들이 있었던 반면 16세기 초에는 훨씬 더 작은 유럽의 배들이 있었음을 상상할 수 있다. 역설적이게도 해항도시 믈라카는 15세기 초 중국 황제에게 처음으로 조공을 보냈으며, 16세기 초에는 포르투갈에 의해 점령되었다.

균형 잡힌 시각을 갖는 데에 또 다른 유익한 예를 찾을 수 있다. 앤드류 헤스의 주장에 따르면 포르투갈이 세우타를 함락한 1415년과 마젤란이 세계

일주 항해를 떠난 1522년 사이 유럽의 해양 팽창 또는 해양 제국이 시작되었다. 동시에 오스만제국도 해양 팽창에 가담했다. 이 두 세력은 16세기 인도양 북부에서 충돌했다. 1520년 술탄이 된 술라이만(Suleyman) 시기에 오스만은 크림 반도에서 예멘에 이르는 연안선을 통치했으며 흑해와 지중해의 대부분을 지배했다. 그러나 포르투갈과 오스만제국은 매우 달랐다. 앞으로 보겠지만 포르투갈은 기본적으로 해양 국가였지만, 육지 지배를 핵심으로 한 오스만에게 해사는 언제나 들러리에 불과했다. 1526년 술라이만은 아예 인도양에 관심을 잃었으며 대신 헝가리로 눈을 돌렸다.[2)]

개략적으로 말해 인도양에서의 유럽인들은 다음과 같은 방식으로 존재했다. 16세기부터 18세기까지 유럽인들은 몇 항구를—이 중 몇은 정복을 통해 몇은 새로 항구를 만들면서— 장악했다. 이 항구들은 전적으로 해양 중심이었다. 유럽인들은 이들 항구에서 대부분 원거리 해양 교역만을 통제했으며 항구 주변 지역인 움랜드를 취해 식량의 공급처로 삼았다. 현지인들의 항구들은 달랐다. 이들은 심지어 내륙 국가에 속해있지 않은 경우에도 움랜드 뿐만 아니라 내지와도 연결되어 있었기 때문이다. 육지에 기반을 둔 대국들의 최소한 묵시적인 지지나 후원이 이들 항구의 생존에 불가결한 요소였다. 18세기 유럽인들의 몇 항구들은 그 후배지들과 밀접하게 연결되었으며, 얼마 후 유럽인들은 그 후배지들을 정복했다. 이로 인해 상황은 완전히 바뀌었으며, 항구들의 중심은 전면지에 대한 집중에서 후배지를 더 바라보는 데로 옮겨갔다.

나는 나중에 포르투갈이 인도양에 정치(politics)를 들여왔음을 논증할 것이다. 이런 문맥 하에서 해양 교역과 해사에 대한 아시아 통치자들의 태도를 개괄적으로 살펴볼 것이다. 어느 경우를 보더라도 해항도시들의 아시아 통치자들과 육지의 대제국 지배자들의 사고방식은 완전히 달랐음을 볼 수 있다.

앞 장에서 밝힌바 몸바사, 킬와, 모가디슈, 아덴, 호르무즈, 캘리컷, 믈라카와 같은 자치적인 해항도시들의 지배자들은 세입을 전적으로 교역에 의존했다. 아시아에서 일반적으로 국가들의 세입원은 토지와 토지에서 나온 산물에서 비롯되었는데, 규모가 아주 작은 땅을 지배하는 통치자들에게 토지는 가용 세입원이 될 수 없었다. 후자들 중 얼마간은, 특히 동남아시아의 왕들은 지배자라기보다는 상인의 자격으로 직접 교역에 종사하기도 했다. 만약 이들 통치자들이 정치권력을 이용해 (독점이나 강제 구매와 같은) 자신만을 위한 상업 이익을 취한다면, 이들이 전적으로 의존하고 있다시피 한 외국인 상인들을 결과적으로 내쫓게 되는 사태가 초래될 것이었다.

동남아시아의 여러 항구 정치체들에서 정치와 교역 간의 연결고리는 이슬람 대제국이나 중국과 같이 육역국가들에서의 상황보다도 인도양에 있는 해항도시들의 그것과 훨씬 더 비슷했다. 카티리탐비-웰스(Kathirithamby-Wells)는 말레이 세계에서 중계무역 항구와 정치의 중심지는 언제나 동일했음을 보여준다. 항구 정치체들의 지배자들은 교역으로 위신과 사치품을 얻었으며, 교역은 이들의 경제적 · 정치적인 권력 기반이 되었다. 지리적인 위치로 인해 인도나 중국과는 달리 이들에게 농사는 훨씬 덜 중요했으며 해사와 따로 떨어질 수도 없었다. 여기에서 농사와 해사는 상호보완적이었다. 일정 상품들을 독점하고 정치적인 통제를 통해 사적인 경제 이익을 추구하고자 했던 동남아시아 통치자도 때로는 있었다. 그러나 대다수 통치자들은 앞에서 개괄했던 방식, 즉 모든 상인들에게 공정한 환경을 제공해 주면서 많은 상인들이 자신이 관할하는 항구에 계속 찾아와 닻을 내릴 수 있도록 하기 위해 노력했다.

이들 해항도시의 통치자들은 이런 평화로운 질서 하에서 수행되는 교역을 위협하는 어떤 외부 세력에도 맞설 것이었다. 유럽인들이 도래해 일정 상품의 교역을 독점하고 다른 상품의 교역에 과세하거나 좌지우지하고자 했을 때 이들 해항도시 혹은 항구 정치체들은 당연히 저항했다. 어떤 곳에서는 성공했으며 어떤 곳에서는 실패했다.

이 시기 육역 제국들에서의 상황은 완전히 달랐다. 이들 육역 제국들이 무역, 상인, 바다에 대해 가지고 있었던 태도에 대한 역사가들의 해석은 각기 다르다. 국가는 아무런 관심도 없었다고 보는 이들이 있는가하면, 국가는 착취적이고 악의적인 측면에서 관심을 보였다고 보는 이들도 있으며, 정치권력과 경제 이익은 상호 유익한 결합 관계였다고 보는 이들도 있다. 이와 관련된 논의에서 우선 동아프리카는 제외시킬 수 있겠다. 동아프리카에서 다룰 만한 유의미한 제국은 무타파가 유일한데, 바다에서 먼 내지에 위치하고 있었을 뿐만 아니라 이 장에서 다루는 시기에 무타파 제국은 이미 쇠락의 길을 걷고 있었기 때문이다. 여기에서는 세 무슬림 국가들 즉, 오스만제국, 사파비(또는 사바위)제국• 그리고 무굴제국을 다룰 것이며, 특히 무굴제국에 주목할 것이다. 오스만제국은 인도양에서 본다면 멀리 떨어져 있으며 유럽과 중동 지역에서 되도록 광대한 영토를 소유하고자 했다. 오스만과 사파비 간에 벌어졌던 고질적인 전쟁들을 보면 이 두 국가들이 얼마나 육역 영토 중심적이었는지 그리고 이들이 인도양에서 해양과 관련해 중요한 역할을 할 수 있는 여지는 거의 없었음을 알 수 있다.

인도의 해양 국가들(seaborne states)도 크게 다르지 않았다고 말할 수 있다. 1572년 무굴에 정복된 이후까지를 포함해 구자라트 지역에서 무슨 일이 있었는지를 보자. 구자라트 무슬림 통치자들의 생각은 한 통치자가 했다고 전하는 다음과 같은 말에 간결하고 명확하게 압축되어 있다. '바다에서 벌어진 전쟁은 상인들의 일이며, 왕의 명망과는 하등의 상관도 없다.' 이들의 관심은 토지를 지배하고 그 위에서 삶을 기대는 농민들을 통제하고 토지와 농민에게 세금을 부과하는 데에 있었다. 이들의 전체 세입에서 차지하는 관세 수입은 무시해도 좋을 정도로 적었다. 이들이 바다에서 어떤 활동을 벌인다 해도 이는 육사(陸事)를 그야말로 보조하는 정도였다.

무굴제국의 거취도 최소한 해사(海事)에 관해서는 매우 비슷했었던 것 같다. 구자라트를 정복한 무굴제국의 황제 아크바르(Akbar)는 그 때 바다를 처음이자 마지막으로 보았다. 그는 일군의 무리와 함께 캄베이에서 잠시 바다로 나와 바다의 광경을 즐겼다. 그러나 그뿐 그는 해사에 거의 관심이 없었다.

메카로 순례자들을—수라트에서 떠나 해로로 여행하게 될— 보내고 싶다는 열정에 사로잡힐 때에야 그는 비로소 바다를 생각했다. 그러나 이정도의 관심으로는 해군을 조직한다거나 하는 정책은 나올 수 없었다. 17세기 후반 무굴제국의 황제 아우랑제브(Aurangzeb)는 '대륙이 주는 즐거움을 누리는 데에' 만족했으며 '신은 그들[기독교도들]에게 통치하라고 그 불안정한 요소[바

• 1500년경부터 1737년까지 이란을 지배한 제국이다. 유프라테스 강에서 아프가니스탄에 이르는 대제국을 건설하며 이란 전역을 평정하고 이슬람 시아파를 국교로 세웠다. 최전성기 아바스 1세 시기에는 이란적 특색을 지닌 이슬람 문화가 번영했다. 수니파의 오스만 투르크와 대립이 끊이지 않았으며 1722년 아프간족의 침입으로 인해 1736년 멸망했다.

대]를 할당해 주었다며 기독교도를 바다의 왕자들이라고' 칭했다.[3] 무굴제국 황제들과 상류계층의 전반적인 사고방식은 토지에 기반을 두었다. 명망은 살찌고 온순한 농민들이 살고 있는 얼마나 더 넓은 대지를 지배하느냐에 달려 있었다. 영광은 기갑 부대를 이끌고 평원을 질주하며 벌어지는 육지에서의 전쟁 승리에 달려 있었다. 황제를 포함해 궁정에 있는 이들에게 바다는 경이롭고, 호기심을 불러일으키고, 기괴한 일이 벌어지는 먼 곳이었다. 이들에게 바다는 권력과 영광을 쟁취할 수 있는 무대가 아니었다.

1617년 아크바르를 계승한 자한기르(Jahangir)도 캄베이에 왔었다. 그는 회고록을 통해 진귀한 과일들이나 용감한 사람들과 같이 그의 호기심을 자아냈던 대상들에 대한 기록을 남겼다. '소금 바다의 해변에서 야영을 하고 있었던 며칠 동안 나는 상인들, 교역가들, 가난한 사람들, 캄베이 항구 거주자들을 불러들였다. 나는 각자의 상황에 맞게 명예의 의복이나, 말, 또는 여행 경비 또는 생활에 도움이 될 만한 물품들을 내려 주었다.' 그는 '승리를 거둔 주인이 도착하기 전 유럽의 항구들에서 교역을 위해 캄베이에 왔었던 몇 척의 그래브(ghurab, ghorab, grab)들이 고향으로 귀항하려던 참이었다. 열흘째 되던 토요일 이들은 한껏 치장하고 내 앞에 나타났다. 작별을 고하면서도 그들은 자신들의 일인 장사에 대해 계속 이야기했다.' 그는 '내가 보고 싶었던 것은 바다, 썰물과 밀물이었기에 여기에서 열흘을 머물렀다'라는 말로 캄베이 방문에 대한 기록을 마무리했다. 그리고 그는 아마다바드•로 떠났다.[4]

무굴제국을 비롯해 인도 대국들의 통치자들은 해양 교역을 포함해 일반적으로 교역에 대해 대체로 수수방관했다. 바렌서(Barendse)가 표현한 대로, 무굴제국과 사파비제국 모두 교역을 이용하지도 고무시키지도 않았다. 이들 제국에는 교역 정책이라고 부를 만한 행적이 거의 없었다.[5] 그러나 때로 상인들과 통치자들의 이해관계는 일치했으며, 전자가 후자를 돕는 것은 전자 스스로를 돕는 것과 다를 바가 없기도 했다. 옴 프라카쉬(Om Prakash)와 반 산텐(Van Santen)의 연구는 무굴제국 인도에서 국가와 상인 간의 관계는 앞에서 언급했던 바보다 훨씬 더 가까웠음을 보여준다. 예를 들어, 무굴제국은 금은

• 서부 봄베이 북쪽에 있는 도시로 현재 구자라트의 주도이다.

의 수입을 적극 장려했으며, 매우 정교한 주조 기술을 가지고 있었다고 한다.[6] 옴 프라카쉬는 인도 교역의 본질적인 요소로 '상품용 금은'(bullion for goods)을 들고 있는데, 이는 매우 적절한 지적이라고 할 수 있다. 상인들은 분명 금은을 얻고자 했으며, 통치자들 또한 금은 비축량을 늘리려고 했다. 인도의 통치자들은 일반적으로 말해 귀금속을 수없이 쌓아놓고 싶어 했다. 당시 유럽의 통치자들과 마찬가지로 이들 또한 금은을 많이 가진 나라가 부국이라고 인식하고 있었다. 유럽의 상품은 인도에서 별반 수요가 없었던 반면 인도의 상품은 인도양 전역과 유럽에서 언제라도 대기 수요가 있었기 때문에 '금은주의자'(bullionist)의 염원은 유럽에서 보다 인도에서 훨씬 더 수월하게 이루어졌다.

힌두교도이건 무슬림이건 대다수 인도 통치자들의 일반적인 태도는 일종의 소극적 자비에 가까웠다고 말할 수 있을 것 같다. 교역은 분명 국고 세입을 늘려줄 수 있었으며, 행복하고 풍요로운 백성들을 지배할 수 있는 통치자라면 더할 나위 없이 훌륭했겠지만, 좋은 방향이든 나쁜 방향이든 실제 통치자가 교역에 간여하는 경우는 극히 드물었다. 18세기 초부터 한 마라타의 국정운영 기술서는 다음과 같이 조언했다.

> 자본가들은 왕국의 영예이다. 이들 때문에 이 땅이 번창하고 인구가 많다. 이들이 없었다면 볼 수도 없었을 상품들이 이들을 통해 확보되었다. 위기가 닥치면 이들이 빌려준 자금으로 통치자들은 어려움을 극복할 수 있다. 이들을 보호하면 커다란 이점이 따라온다. 때문에 이들은 존경받아야 한다. 어떤 이유에서라도 이들에게 압력을 가하거나 괴롭혀서는 안 된다.

마찬가지로,

> 만약 적의 영토를 급습하거나 바다 원정 시에 부유한 상인을 사로잡으면, 그는 적절한 몸값을 지불할 것이다. 몸값을 치를 때까지 잡고 있어라. 지불이 되면 예를 갖추어 대우하여 고향으로 돌려보낸다. 장사하는 이를 적의 병사들이나 피고용자들처럼 혹독하게 다루는 것은 좋지 않다.[7]

대제국의 쇠락은 해상 무역의 쇠퇴를 포함해 경제 전반에 문제를 야기한다는 주장이 있어왔다. 학계에 영향력이 있었던 아신 다스 굽타는 이 논지의 지지자였다. 그의 주장에 따르면 18세기 오스만, 사파비, 무굴 등 세 이슬람 제국들의 몰락은 인도양 교역에 악영향을 미쳤다. 이들 제국은 적어도 일정 수준의 정치사회적 안정은 물론 법과 질서를 제공했으며 외부로부터의 공격으로부터 국경을 방어했다. 이들 제국은 지역에서 강력한 힘을 가지고 있는 세력들을 일정 정도 제어할 수 있었으며, 가능한 곳에서는 거의 약탈에 가까운 후자들의 지역세입 강탈 행위를 억제하고 대신 중앙 정부에 정기적으로 공물이나 세금을 내도록 했다. 보다 예상 가능한 중앙 정부의 세제와 세율은 상인에게 더욱 유리했다. 농촌이 화폐경제에 편입되면서 상인의 역할은 더욱 커졌다. 상인은 돈을 주고 농민의 작물을 구매했으며 농민은 이를 이용해 토지세를 냈다. 상인은 농민에게 구매한 작물에 이윤을 붙여 다른 지역 시장에 내다 팔았다. 상인에게는 정보와 통신이 필요하며, 이면에서 제국도 마찬가지였다. 제국의 통신망으로 인해 통치자는 먼 곳에서 발생한 사건을 알고 대처할 수 있었으며 상인들 또한 먼 시장에 대한 정보를 얻고 신용장을 통해 자금을 전송할 수 있었다. 그러나 이런 일들은 제국이 붕괴해 무정부상태로 빠지면서 중단되었다.[8)]

이상의 주장을 보다 확실하게 논증하기 위해서는 이제까지 이루어진 것보다 훨씬 더 많은 연구가 축적되어야 한다. 이런 총괄적 주장을 의심하게 만드는 사례들도 있기 때문이다. 제국의 몰락으로 일정 해항도시와 일정 상품이 영향을 받을 수 있을지라도 해양 교역 자체는 그렇지 않을 수 있다. 18세기 이슬람 권역의 쇠락이라는 관념은 여전히 논란거리이다. 예전 유럽의 역사 기록을 보면 이슬람 제국들의 쇠락, 붕괴, 혼란을 언급하면서 서구 정복을 정당화했다. 18세기 오스만의 쇠락이라는 관념은 이제 더 이상 보편적으로 수용되고 있지 않다. 무굴제국을 계승한 국가들이 나무랄 데 없이 정상적으로 존속했던 인도에서도 마찬가지이다. 한때는 무법 무도한 약탈자 집단이라고 낙인찍혔던 심지어 마라타 왕국•도 예전에 인식되었던 것 보다 훨씬 더 조직적이

• 인도 중서부 마라타족이 17세기 중엽 세운 독립 왕국으로 인도 최대의 세력이 되었으나 영

고 자애로운 왕조였음이 드러났다. 요컨대 쇠락이라는 관념 자체에 의문이 제기되고 있다.

어떤 경우이든, 이들 광대한 제국이 압력을 받고 있었던 만큼 교역과 경제에는 어떤 보상이나 이득도 따라왔다. 무굴제국이 적들과 싸우기 위해 150년이 넘게 축척해온 엄청난 양의 금은을 시장에 풀면서 유동성은 증가했으며, 경제의 어떤 부문들은 이로부터 이득을 보았음에 분명하다. 상인들은 상황이 많이 불안하거나 탐욕스러운 토지소유자들이 있는 지역에는 아예 가려고도 하지 않았기 때문에 교역이 행해지는 장소는 변했을지 몰라도 교역은 여전히 계속되었다고 볼 수 있다. 게다가 많은 상인들에게 상거래 장소에서의 정치 상황은 사업 성공을 결정짓는 하나의 요소였을 뿐이었다. 상인들의 번영이나 몰락에 영향을 미치는 더 중요한 요소들은 이들의 상품이 그 지역의 수요를 충족시키는지 그리고 상품을 필요한 제때에 누구보다도 먼저 시장에 공급할 수 있는지와 관련이 있었다.

만약 육역국가의 몰락이 해양 교역의 쇠락을 가져온다는 관념이 여전히 불충분한 증거에 기반하고 있다면, 이를 대신해 유럽인들의 활동을 살펴보고 이들과의 경쟁이 토착의 인도양 상인들에게 문제를 가져다주었는지를 질문해 볼 필요가 있다. 이 장과 다음 장에서 상당히 많은 지면을 할애해 이 주제에 접근할 것이다. 그러나 우선 결론적으로 18세기 후반이 되어서야 사실이 그렇게 전개되었다고 말할 수 있다. 서로 상반되는 견해들을 절충하는 하나의 방법으로 먼저 현지인들이 수행했던 인도양 교역이 쇠락하게 된 여러 원인을—내부에서의 정치적인 격변과 유럽인들로 인해 발생한 경쟁을 포함해— 규명해 보고자 한다.

집단적이고 조직적으로 인도양에 처음 도래한 유럽인은 포르투갈인이었다. 한 측면에서 보면 교역과 정치에 대한 이들의 태도는 인도양 연안의 제왕들이나 항구 정치체 지배자들과는 완전히 달랐다. 이들은 대양에 대한 주권을 주장함으로서 무역을 통제하고 관세를 부과할 수 있다고 믿었다. 또 다른 측면

국과의 전쟁에서 점차로 쇠퇴하여 1818년에 멸망했다.

에서 보면 이들은 인도양의 육역제국이 아니라 항구 정치체 지배자들과 유사한 태도를 보였다. 이하에서는 인도양에서의 포르투갈인의 활동에 대해 다소 광범위하게 서술할 것이다. 이는 포르투갈인이 인도양에 심각한 영향을 미쳤음을 보여주기 위한 것이 아니라, 너무나 많은 역사서들이 이들의 실제적이거나 잠재적인 중요성을 강조하고 있기 때문에 포르투갈인의 활동을 장소와 시기라는 맥락에 더욱 객관적으로 위치시킬 필요가 있다고 보기 때문이다. 또한 16세기 인도양에 포르투갈인이 있었다는 사실 이외에도 또 어떤 다른 사실들이 있었는지에 대해서도 서술할 것이다.

포르투갈인에 대한 초기의 반응은 경탄에서 적의 그리고 경멸에 이르기까지 다양했다. 나이저 델타(Niger Delta)•에 살고 있는 어부인 한 칼리바리(Kalabari)인은 1500년경 처음 백인을 보고 매우 당황했다.

> 처음 백인을 본 사람은 카누를 타고 강을 따라 내려가고 있었던 어부였다고 한다. 두려움에 휩싸인 그는 한걸음에 집으로 달려 왔으며 그가 본 것을 사람들에게 이야기했다. 그와 마을 사람들은—이들 세계를 침범해 들어온 이상하고 괴물 같이 생긴 것의 나쁜 기운을 없애는 방법으로— 몸과 마음을 정화하기 시작했다.

포르투갈인들이 처음 콜롬보에 들어오자 지역민들은 다음과 같이 왕에게 보고했다.

> 우리 콜롬보 항구에 매우 희고 대단히 아름다운 종족 사람들이 왔다. 이들은 윗도리를 입고 철 모자들 썼으며 단 한 순간도 쉬지 않고 왔다 갔다 한다. [이들이 빵과 포도를 먹고 아라크주••를 마시는 것을 보고 마을 사람들은] 이들이 돌을 삼키고 피를 마신다. 마을 사람들이 물고기 한 마리 혹은 라임 한 개를 주면 이들은 2~3개의 금전이나 은전을 주었다. 이들의 대포 소리는 세상 끝에서 나는 천둥소리보다도 더 크다. 이들의 포탄은 수

• 니제르 델타라고도 표기하며, 나이지리아의 대서양에 있는 기니만에 위치한 니제르 강의 삼각주이다.

•• 인도 · 동남아시아 지역에서 제조되는 증류주의 총칭으로도, 쌀 · 야자 수액으로 만든 독한 술을 지칭할 때도 쓰인다.

리그•를 날아가며 돌과 쇠로 구축한 진지를 박살낸다.9)

자민족 중심주의적인 중국 명(明) 시기였던 16세기 후반부터의 기록들을 보면, 포르투갈인들은 인간의 처신 규범을 완전히 무시한 악귀로 묘사된다. 한 예를 들면,

> 그래서 그들[포르투갈인들]은 잡아먹기 위해 10살 남짓한 아이들을 몰래 돈을 주고 사려고 한다… [아이들을 잡아먹는] 방법은 먼저 커다란 철 솥에 국 같은 것을 끓이고 나서 철창에 가두어 놓은 아이를 이 솥에 집어넣는다. 김이 날 정도로 삶아지면 아이를 건져 철수세미 솔로 피부껍질을 벗긴다. 숨이 아직 붙어 있는 아이는 죽인 다음에 내장을 꺼내 쪄서 먹는다.10)

포르투갈인들도 마찬가지로 정말 터무니없는 생각을 지닌 채 인도양에 도착했다. 르 고프는 인도와 인도양이 중세 유럽 사상에 미친 영향에 대해 연구했다. 그에 따르면 중세 유럽의 이국적인 판타지에는 엄청난 부, 무서운 괴물 그리고 심지어 고귀한 야만인도 있었다.11) 존 맨더빌의 『맨더빌 여행기』(*Travels*)는 14세기 초반부터 포르투갈을 비롯해 유럽 각지에서 널리 읽혔다. 그의 여행기는 '사실'(fact)과 '허구'(fiction)를 한데 엮은 기이한 이야기들이 주를 이룬다. 그는 말라바르에는 기독교도와 유대교도가 있으며, 코로만델에는 성 토마스의 묘지가 있다고 썼다. 그의 여행기에는 후추나무, 과부가 된 여성을 산 채로 태우는 풍습뿐만 아니라 길이가 30피트가 넘는 장어들과 인도양에 있는 5000개의 섬들에 대한 이야기도 나온다. 그는 인도인들은 토성 아래에 있기 때문에 그다지 여행을 하지 않는다고 설명했다. 호르무즈는 매우 덥다고 하면서 한 이야기를 통해 그가 여행기에 풍미를 붙이는 방식을 엿볼 수 있다.

> 그러나 그 섬 그곳은 너무나 덥다. 사람의 몸도 녹일 정도의 폭염 때문에 남자의 불알이 정강이까지 늘어져 내려와 있다. 그래서 그곳 남자들은 이를 묶어서 위로 올리고 어떤 연고를 발라 시원하게 하고 아래로 처지지 않도록

• 거리의 단위, 1리그는 약 3마일, 또는 4.8km이다.

한다. 그렇지 않으면 이들은 살수가 없을 것이다.[12)]

양측 모두가 상대에 대해 가지고 있었던 무해한 공상은 이내 보다 냉엄한 현실에 길을 내주었다. 포르투갈은 인도양 연안 주변에 있는 주요 관문들과 전략적인 장소들을 재빨리 파악했다. 초기 기록과 문헌 그리고 역사를 보면 포르투갈이 인도양을 통제하기 위해 필수적인 장소들을 얼마나 열심히 찾았는지를 알 수 있다. 고아(1510), 콜롬보(1505. 요새는 1518년에 세워졌다), 믈라카(1511), 호르무즈(1515), 디우(1535) 그리고 아덴이 포르투갈의 이러한 목적에 기여할 수 있는 가장 전략적인 장소들로 파악되었으며, 포르투갈은 아덴을 제외하고 필요한 모든 항구들을 점령할 수 있었다. 이 해항도시들은 포르투갈의 점령 이전 모두 번영하고 있었으며 전략적으로 중요한 위치에 있었다. 고아는 아라비아 해를 통제할 수 있는 중심에 위치하고 있었다. 콜롬보는 전략적인 지점에 위치하고 있었으며 계피에 접근할 수 있는 통로였다. 믈라카와 호르무즈는 주요 관문들을 제어했으며 중요한 상업중심지들이기도 했다. 디우는 캄베이 만 입구를 통제할 수 있는 위치에 있었다. 동아프리카의 경우 남부에 있는 모잠비크는 여러 가지 이점을 가지고 있었다. 모잠비크는 남부 연안에서의 교역을 쉬이 통제하고 적대적인 이슬람 세계에서부터 금을 얻을 수 있는 소팔라에 이르기까지 교역로를 봉쇄할 수 있는 위치에 자리하고 있었다. 또한 모잠비크는 포르투갈이 점령한 다른 해항도시들과는 색다른 점이 있었는데, 이는 식민지 수도 고아에서 본국 수도 리스본까지의 포르투갈-인도 왕복 항해를 의미하는 카레이라(*carreira*, Carreira da India)에서는 꼭 필요한 필수적인 중간 기착지였다. 이는 나중에 희망봉이 네덜란드에게 제공했던 역할과 비슷했다. 이론상 항해는 출항해서 바로 목적지에 닿는 것으로 보이지만, 실제 대선들은 배를 수리하고 필요 물자를 얻기 위해, 인도로 가는 항로에서 화물을 모으기 위해, 혹은 다음 계절풍을 기다리기 위해 도중에 아프리카 연안에서 기착할 필요가 있었다. 때문에 모잠비크는 고아와 리스본 간 사슬의 필수적인 고리의 역할을 담당했다.

포르투갈이 이들 전략적인 항구들을 취한 데에는 여러 가지 목적과 이점이 있었기 때문이다. 이들을 점령함으로서 포르투갈은 이전에 인도양 교역, 특히 향신료 교역을 지배했던 무슬림들을 약화시킬 수 있었다. 이들 전략적인 항구들은 포르투갈 해양 제국의 광대한 해상 네트워크의 결절점으로 기능했다. 이곳들은 포르투갈 세력에 필수적이었던 함대들과 카레이라를 위한 부두와 시설을 제공했다. 개종 운동을 시작하는 교두보 역할도 했다. 또한 포르투갈 엘리트들이 그럴듯한 직함을 가지고 시대착오적인 중세의 생활양식에 탐닉할 수 있고 임기 동안 거대한 사적 이익을 챙길 수 있는 기회를 제공했다. 한마디로 표현한다면 포르투갈은 인도양에서 새로운(*de novo*) 위계질서를 만들어내려고 애썼다. 군사적이 아니라 경제적으로 경쟁이 이루어졌던 자유 무역항구들이자 자치적으로 운영되었던 해항도시들을 무력으로 점령한 포르투갈은 리스본이 고아를 지배하고 고아가 다른 해항도시들을 통제하는 식의 구조를 만들어 내고자 했다. 인도양에서 점령한 항구들을 통해 포르투갈이 성취하고자 했던 정치적인 야심은 상당히 획기적이었다고 말할 수 있다.

그렇다면 포르투갈이 성취하고자 했던 바는 무엇이었나? 포르투갈은 제국을 만들지도 그렇다고 해양 제국을 세우지도 못했다. 서브라만얌과 토마스는 다음과 같이 언급한다.

> 16세기 초반 '포르투갈령 인도'(Portuguese India)는 지리적으로 분명하게 구획된 공간으로 이루어진 것이 아니라, 포르투갈 왕과 신민들이 아시아와 동아프리카에 가지고 있던 영토들, 시설물들, 상품들, 사람들 그리고 행정적 이해관계의—이들은 모두 해양 네트워크로 함께 연결되어 있었다— 복합체였다.[13)]

포르투갈 해양 네트워크의 목적은 무엇보다도 경제적인 데에 있었다. 초기부터 포르투갈은 일방적으로 향신료 교역은 오직 자신만이 혹은 자신의 면허를 가진 자들만이 취급할 수 있다고 선언했다. 이를 위반한 사람들, 즉 이전부터 향신료 교역에 종사하고 있었던 상인들은 심한 처벌을 받을 것이며 향신료는 압수될 것이었다. 이 목적을 달성하기 위해 포르투갈은 전략적으로 위치한 일련의 해항도시들을 점령했으며 인도양 수역을 돌며 '불법'(illicit) 상인들을 징치했다.

이렇듯 항구들을 점령하고 해안을 순찰한 데에는 좀 더 커다란 야심도 작용하고 있었다. 포르투갈은 인도양의 모든 무역에 관여하고 관세를 부과하고자 했다. 포르투갈은 인도양에서 교역에 종사하는 모든 선박들로 하여금 포르투갈 당국이 발행한 일종의 면허증인 카르타스(*cartaz*)를 발부받도록 했다. 카르타스 제도의 핵심은 아시아의 배들로 하여금 포르투갈이 관할하는 요새들이나 도시들에 기항하게 하고 그곳에서 다시 출항하기 전에 관세를 지불하도록 하는 데에 있었다. 배가 실을 수 있는 물건들 그리고 교역할 수 있는 장소들이 엄격히 제한되었다. 특히 적대적인 지역에서 온 무슬림들은 이들 항구에 들어올 수 없었으며, 무기와 향신료 등의 교역은 금지되었다. 포르투갈 함대는 연안을 돌면서 모든 배를 조사했다. 카르타스가 없는 배, 규정을 위반한 배는 잘 봐주면 몰수, 최악의 경우 침몰시켜버렸다.

포르투갈의 이런 체제는 깡패단이 더 난폭하게 굴지 않는 조건으로 돈을 뜯어가는 행위와 다를 바 없었다. 포르투갈은 스스로 만들어낸 폭력으로부터 보호를 제공하는 대가로 돈을 버는 사업을 했기 때문이다. 이 체제는 분명 아시아 교역가들이 기항할 만한 요소요소에 포르투갈이 세관을 설치했을 때에서야 가장 효과를 발휘할 수 있었다. 그렇게 하는 데에는 오랜 시간이 걸렸으며 그 과정에서 이 체제의 가혹성도 다소 누그러졌다. 코친과 고아에서 포르투갈 세관들은 아주 일찍이 설치되었으며, 이후에는 디우에 그리고 훨씬 이후에는 다만과 숄에도 세관이 들어섰다. 이는 결국 포르투갈 체제에 관한 두 가지 사실을 보여준다. 첫째 포르투갈은 여전히 기본적으로 해양과 연안 도처에 세력을 떨치고 있었지만, 이 제국의 무게중심은 변했다는 사실이다. 16세기 중반 카레이라와 본국으로의 교역을 중시했던 데에서 훨씬 더 아시아 중심적으로—예를 들어 아시아 무역을 심하게 옥죄고 통제하기보다는 고무시키면서 세금을 부과하는 쪽으로— 바뀌었다. 둘째, 포르투갈은 어느 정도 규모가 있는 영토는 정복할 수 없었으며 때문에 바다에서 돈을 벌어야 했다. 그리하여 절대적으로 카르타스 체제와 해양 관세수입에 의존할 수밖에 없었다. 이 측면에서 포르투갈은 구자라트와 같은 육역국가들과는 완전히 달랐다고 할 수 있다. 포르투갈령 인도(Portuguese Estado da India)는 육상 교역과 비교해 해상 무역에서 15배나 더 많은 세입을 거두었다. 포르투갈령 인도에서 전체 세입

중 관세가 차지하는 비중은 약 60%였다. 반면 구자라트에서 이 비율은 6%정도에 지나지 않았다. 포르투갈은 디우에서 상당히 많은 세입을 확보했다. 16세기 후반 호시절에 디우에서 얻은 세입은 고아 전체 세입의 약 6분의 1 정도에 해당했다. 전쟁 때문에 구자라트와 호르무즈 간 교역이 막히자 구자라트와 대부분의 교역을 하고 있던 호르무즈의 술탄은 이전보다 훨씬 적은 세입을 고아에 보낼 수밖에 없었다. 포르투갈에게 고아와 캄베이 간 교역은 그 무엇보다도 심지어 카레이라보다도 더 중요했다. 그러나 구자라트의 관점에서 보면 이 교역은 전체 교역량의 5% 정도만을 차지하는 사소한 부분이었다.[14)]

이제 포르투갈의 목적이 성공했는지 보기 전에, 두 가지 쟁점을 검토해 볼 필요가 있다. 첫째는 어떻게 포르투갈이 이 체제를 어떻게 정당화했는지, 둘째는 포르투갈의 정당화를 우리가 어떻게 이해할 수 있는지이다. 포르투갈의 역사가 주앙 드 바로스는 다음과 같이 포르투갈 체제를 정당화했다. 포르투갈인은 아시아에서 바다의 주인이었으며, 모든 배들이 포르투갈의 안전 통행 면허 즉 카르타스를 발급받도록 했다. 포르투갈의 적들과 무역하는 배들은 발견 즉시 나포할 수 있었다. 관습법에 의하면 바다는 모두에게 개방되어 있었다. 그러나 이 관습법은 기본적으로 로마법의 원칙이 지배하고 있었던 유럽에서 그것도 기독교도들 사이에서만 적용되었다. 이와는 달리 힌두교도와 무슬림들은 로마법의 밖에 있었으며, 모든 사람은 영원히 타오르는 불구덩이에 들어가지 않으려면 기독교 율법만을 지켜야 했다. 더욱이 힌두교도와 무슬림들은 아시아 해역에서 자신들에게 통행권이 있음을 주장하지도 않았다. 포르투갈인의 도래 이전에 아시아의 그 누구도 바다를 정복하고 세습하는 소유물로 여기지 않았기 때문이다. 앞서 행해진 어떤 법적 행위들 즉 선례가 없었기 때문에 힌두교도와 무슬림에게 현재 혹은 미래에도 아시아 바다의 통행권은 없었다.[15)] 이런 식의 사고는 꽤 일찍부터 구체적인 징후를 드러냈다. 1499년 포르투갈의 왕 마누엘은 '에티오피아 · 아라비아 · 페르시아 · 인도의 정복 · 항해 · 무역의 왕'(Lord of the Conquest, Navigation and Commerce of Ethiopia, Arabia, Persia and India)임을 자칭했다. 지금은 고인이 된 찰스 박서는 당시 포르투갈은 희망봉의 동쪽 그 어디에도 단 한 척의 배도 가지고 있지 않았음을 여러 차례 지적한 바 있다.

포르투갈의 이런 주장이 타당한지 보기 위해 당시 포르투갈이 인도양에 대한 지배나 주권 혹은 종주권을 행사하려고 어떻게 시도했는지 볼 필요가 있다. 그리고 포르투갈이 자신의 목적을 달성하기 위해 사용했던 엄청난 폭력이 인도양에서는 전에 없었던 새로운 현상이었는지도 질문해 볼 필요가 있다.

법적 문제는 꽤나 복잡하다. 포르투갈이 인도양에 발을 들인 1498년, 마레 노스트럼(Mare Nostrum, 우리 바다라는 의미로 지중해를 칭함)에 대한(to) 로마의 권리 주장, 그리고 일반적인 제해권 추구 성향도 이들과 함께 인도양에 들어왔다. 몰라의 지적에 따르면 유럽에서는 아주 예전부터 '바다의 지배는 해항도시의 자연스럽고 당연한 목적이었다.'[16] 1498년 포르투갈인들은 미지의 해양(*mare incognita*)에 들어왔다. 이들은 이 해역을 공해(公海, *mare liberum*), 즉 바로스가 언급한 바와 같이 이전에 어떤 국가나 어떤 개인도 권리를 주장한 적이 없었던 해양으로 간주했다. 영해(*mare clausum*)와 공해를 명확하게 구분하기 시작한 이는 17세기 초 네덜란드의 해양권리를 옹호하는 역할을 맡았던 그로티우스였다. 그러나 영해라는 개념은 15세기 중반까지 거슬러 올라갈 수 있다. 포르투갈이 한 주장의 타당성을 평가하는 데에 중요 핵심은 인도양이 이미 기존의 해양 강국들에 의해 통제되었는지 아니면 누구나 자유롭게 오고가는 바다였는지에 있다. 알렉산드로비치는 공해에서는 항해의 자유가 있었다고 한다. 그로티우스는 공해를 차지했다고 선언한 포르투갈을 비웃었는데, 그전에 이미 아주 많은 사람들이 이 바다 위를 자유롭게 항해했기 때문이었다. 그로티우스는 1498년 이전 이 대양을 항해한 사람들은 분명 많았겠지만 그 어떤 국가도 주권이나 종주권을 주장한 적이 없었다는 포르투갈의 주장에는 반박하지 않았다. 그리하여 그는 유럽인이 들어오기 전 인도양은 모두에게 열린 공동의 것(*res communis*)이었다고 말했다.[17] 이는 최후의 공유재(혹은 커먼즈, commons)로서의 해양이라는 오늘날의 개념과도 매우 유사하다.

포르투갈의 입장에서 보면 인도양에 대해 이제까지 통행권을 주장한 세력이 없었기 때문에 그 누구에게도 속한 바다가 아니며, 필요하다면 포르투갈은 무력을 사용해서라도 그에 대한 권리를 주장할 수 있다는 논지는 타당했다. 인도양에는 법적 공백이 존재하며 포르투갈은 원한다면 이 공백을 채울 수 있다고 보았으며 실제로 그렇게 했다.

또 다른 쟁점은 포르투갈의 도래 이전에 인도양에 국가 폭력이 있었는지, 있었다면 얼마나 일반적이었는지와 관련된다. 사실 앞 장에서 이 문제에 대해 어느 정도 다루었다. 요약하자면 포르투갈의 도래 이전에도 분명 인도양 바다에서 폭력은 있었다. 해적은 매우 광범위했으며 상선들은 많은 피해를 입었다. 이에 대해 좀 더 자세히 보자. 아시아에는 스리비자야나 촐라와 같이 제해권을 장악했던 국가들이 이 시기에도 과거에도 있었다. 그러나 이들 강대국 어느 곳도 강력한 해군을 가지고 있지는 않았다. 해군은 육군을 보조하는 군사력으로 간주되었으며 언제나 부수적인 역할을 수행했을 뿐이었다. 아마도 강력한 해군이 굳이 필요치 않았을 수 있다. 캘리컷, 믈라카, 캄베이, 호르무즈를 비롯한 여러 해항도시의 통치자는 지나가는 배들을 강제로 자신의 항구에 기항하도록 하지는 않았다. 포르투갈이 인도양에 국가 폭력을 들여왔다고 말해도 지나친 이야기가 아니다.

모든 폭력이 포르투갈이라는 국가에 의해 직접 행사되었다고 할 수는 없지만 국가의 암묵적인 수용 하에서 폭력이 행사되었음은 물론이다. 토마스 교수는 다음과 같이 썼다.

> 포르투갈이 인도양에 도입한 지배 체제의 주목적은 부분적으로만 달성되었지만, 이와는 정반대로 이 지배 체제의 부산물이라고 할 수 있는 것들은 예상을 훨씬 뛰어넘어 커다란 활약상을 보였다. 주로 갈취, 뇌물, 횡령, 해적 행위를 들 수 있다. 사실 포르투갈 당국의 손이 닿지 않았던 벵골 만은 이러한 활동이 일어나기 더없이 이상적인 장소였다.[18)]

그는 특히 상선 나포와 같은 해적 행위로 보건데 포르투갈의 존재 자체로 이미 인도양에 폭력이 내재되게 만들었다고 한다. 국가가 인가한 해적 함대들은 포르투갈의 체제 밖에서 배를 약탈했으며, 수익금은 국가가 정한 비율에 따라 당국 관리들과 해적선 선원들이 나누어 가졌다. 나는 중요한 이 사실을 기반으로 토마스 보다 한발 더 나아가 추론할 것이다. 포르투갈은 일방적으로 인도양을 닫힌 바다 즉, 일종의 영해로 선언했다. 포르투갈 왕은 선언의 실효성을 확보하기 위해 군사력을 동원했다. 그러나 병사들에게 복무의 대가를 직접 지불하는 대신, 포르투갈의 이 선언을 무시한 이들을 약탈하게 했으며 희생자들로부터 빼앗은 전리품의 일부를 가지게 했다. 이는 많은 사회에서 발견되는데, 폭력깡패가 유리창을 깨는 등 더 난폭하게 굴지 않는 대가로 상점 주인에게 돈을 뜯어내는 갈취 행위와 아주 비슷하다. 포르투갈의 아덴 함락 실패도 포르투갈 선장들에게는 그다지 나쁘지 않았다. 이들은 마음껏 돌아다니며 약탈하고 노획했으며 뇌물을 받아냈다. 만약 아덴이 함락되었더라면 그럴 수 있는 기회는 그다지 많지 않았을 것이다.

아시아 수역에서 평화로운 교역이 일반적으로 수용된 규범이었음을 보여주는 하나의 방법은 처음 유럽인의 요구에 직면했던 아시아인이 했던 반응과 대처 방식을 보는 것이다. 당시 알고 있던 관행을 정면으로 벗어나는 그야말로 듣도 보도 못한 요구에 대해 지역민들은 당혹감을 감출 수 없었다. 1502년 포르투갈이 캘리컷의 통치자에게 '외국인'(foreign) 무슬림 교역자들을 추방하라고 요구했을 때, 후자는 '[그들은] 캘리컷에서 외국인이 아니라 원주민으로 살아왔으며, 왕국에 거대한 이익을 가져다주며 공헌했던 4,000명을 추방한다는 것은 생각조차 할 수 없다'라며 거절했다. 1세기 후 자바 동부의 수라바야 통치자는 네덜란드로부터 적인 포르투갈과 교역하지 말라는 요구를 받았을 때, 그는 '우리가[네덜란드가] 포르투갈과 적대적인 관계임은 그로서는 어쩔 수 없는 일이며 그는 누구와도 적대적이기를 원하기 않는다. 또한 그의 신민들이 먹고 살아야 하기 때문에 이들에게 포르투갈과의 무역을 금할 수 없다'고 말했다. 그 세기의 후반 마카사르의 교역은 크게 증가했다. 네덜란드의 기록에 따르면 마카사르의 항구에 온갖 상인들이 많이 모여들었는데, 이는 통치자가 '외국인들을 매우 정중하게 대했으며' 모든 이들이 '자유롭고 공개적으로 장사할 수 있도록 했으며 친절한 대우에다가 관세도 아주 적게 받았기' 때문이라고 한다. 마카사르를 탐탐치 않게 여긴 네덜란드는 1669년 이 해항도시를 점령해 버렸다.[19)]

케랄라의 한 무슬림 거주자였던 유명한 자인 알딘(Zain al-Din)은 그의 형제가 긴 시를 통해 그랬던 것처럼 포르투갈을 공개적으로 맹렬히 규탄하는 글을 썼다.[20)] 그의 독설은 처음 인도양에 들어왔던 포르투갈인들에게 보였던 현지인들의 상냥하고 호기심어린 태도와는 대조를 이룬다. 16세기 말 현지인들은 포르투갈을 더 잘 알게 되고 더 두려워했다. 그는 어떻게 포르투갈이 체제 밖에서 항해하는 배들을 공격했는지에 대한 그리고 이런 행위를 강력하게 비판하는 글을 썼다. 그는 무슬림을 상대로 포르투갈이 저지른 잔악한 행위들을 상세히 열거하면서 다음과 같이 덧붙였다.

> 이 박해 시스템에 더해, 이들 프랑크 족속들(Franks)은 지나가는 배들을 나포하고자 구자라트, 콘칸(Conkan), 말라바르, 아라비아 연안으로 출격한다. 이런 식으로 해서 이들은 대단히 부당하게 어마어마한 부를 얻었으며 수많은 사람들을 포로로 잡아갔다. 이렇게 해서 얼마나 많은 명문가 출신 여성들이 잡혀가고, 감금되고, 이들에게 겁탈당해 기독교도의 아이를 낳고…[21]

만약 포르투갈의 폭력이 인도양에서 전에 없던 새로운 것이었다면, 이를 어떻게 설명할 수 있을까? 인도양에도 기왕에 폭력이 존재했다는 겉으로는 그럴듯한 주장이 아니라, 유럽과 모로코에서 포르투갈이 앞서 했던 경험을 살펴보아야 한다. 포르투갈은 적대적인 무슬림과의 오랜 투쟁으로 인해 강퍅해져 있었다는 주장이 있다. 그러나 인도양에 있는 무슬림은 포르투갈이 싸웠던 적이 아니었다. 하나의 예만 들면 케랄라 지역의 무슬림인 마필라(Mapillahs)에게는 반기독교 투쟁이라는 전통은 없었다.

포르투갈의 반-무슬림 편견은 너무도 선명했으며 16세기에는 대놓고 이를 드러냈다. 이는 포르투갈이 무슬림의 통치로부터 해방을 위해 했던 유혈투쟁의 기억 그리고 이전에 북아프리카에서 군복무를 해야 했던—시신 절단과 같은 잔혹 행위가 빈번하게 일어났던 무슬림 적들과의 고통스럽고 잔혹한 싸움이 벌어졌던— 많은 포르투갈인들의 기억의 뿌리에서 뻗어져 나왔다. 이 기억이 대단히 잔인한 결과를 초래했다고 지적하는 연구자들이 많다. 리차드 할은 최근 그의 연구에서 다음과 같이 주장했다.

> 15세기 마지막 몇 십 년간 모로코의 십자군 전쟁은 훨씬 먼 곳에서 나중에야 전개될 정복활동에서 드러나게 될 포르투갈인들의 행동 양식을 결정해 버렸다. 많은 젊은 기사들은—상류층 출신의 피달고스(*fidalgos*)— 가차 없

이 행해진 약탈, 강간, 살인에서 잊을 수 없는 교훈을 얻었다. 이들은 무슬림의 생명은 남자든 여자든 아이든 모두 기독교의 적들이기 때문에 아무 쓸모가 없다고 생각하게 되었다.[22]

디피와 위니어스는 이를 비기독교도에 대한 무시와 경멸이라는 좀 더 넓은 맥락에 위치시키면서, 말미에 다시 한 번 형성적인 경험으로서 모로코에서의 경험을 지적했다. '이 시대의 유럽인들은 비기독교인들에 대해 거의 완전히 무감각했으며 자신들 이외의 문화에 대한 관심이나 이해하고자 하는 태도를 전혀 가지고 있지 않았다. 특히 포르투갈인들에게 거의 1세기에 가까운 모로코에서의 증오에 찬 전쟁은 이들의 태도를 냉혹하고 잔혹하게 만들었다.'[23] 토마스도 포르투갈이 인도양에 들어오기 전에 세우타와 더 남쪽에서 행했던 사략선을 이용한 수많은 해적 행위들을 예로 들고 있다. 그렇다면 포르투갈이 북아프리카에서 경험했던 선례가 아시아에 그대로 들여온 것이라고 말할 수 있다. '모로코가 포르투갈의 귀족 청년들에게 일종의 군사 훈련소 역할을 했기 때문에, 인도에서 복무한 대부분의 지휘관들은 인간 사냥감을 찾아 돌아다녔던 실전 경험을 가지고 있었으며, 이를 영광으로 왕으로부터 답례를 받을 만한 가치가 있는 행위로 심지어는 종교적인 가치가 있는 활동으로 여겼다.'[24]

아시아에서 한 포르투갈의 행동 양태를 설명하기 위해, 북미와 오스트레일리아 역사학계에서 상당히 중요하게 다루어지고 있는 변경 사회(frontier society)라는 개념을 차용할 수 있다. '현지인들'(natives)이라는 '엄청나게 많은 무리들'(teeming hordes)속에 둘러 싸여있는 환경은 포르투갈인 사회를 일반적으로 거칠고 폭력적이며 사치스럽게 만드는 데에 일조했다. 포르투갈의 정착지에는 군인들과 선원들이 상당히 많았다는 점도 상황을 더욱 악화시켰다. 바다 순찰이 불가능한 계절풍 기간 동안에 이들은 제대해야 하거나 급료를 제대로 받지 못하는 일이 허다하게 발생했으며, 바로 그 즈음 특히 고아와 다른 지역들이 매우 위험한 지역으로 변했다.

변경 사회에 응축 내재되어 있는 압박감 그리고 특히 포르투갈의 지나친 연대의식의 강조를 탈영병 취급 방식에서 분명하게 볼 수 있다. 1512년 비자푸르가 고아를 공격했다. 비자푸르는 완패했으며, 비자푸르를 위해 싸웠던 포르투갈 탈영병 19명을 고아에 넘겨주어야 했다. 알부케르케는 이들을 죽이지 않겠다고 약속했다. 그는 약속을 지켰지만 '나는 경고의 표시로 그리고 반역 행위와 이들이 한 악행을 기억시키기 위해 이들의 코, 귀, 오른손과 왼손의 엄지손가락을 자르라고 명령했다.' 또한 알부케르케는 생포한 다른 변절자들을 산채로 태워죽었다. 이렇게 가혹한 처벌은 이후에는 없었던 듯하지만, 16세기 포르투갈은 지배 지역을 스스로 떠난 수많은 이전 병사들이나 거주자들, 특히 단순히 벗어난 것이 아니라 국가의 적을 위해 군복무를 했던 변절자들을 심하게 비난했다.[25] 여기에서 말한 폭력의 문제는 아시아인에 대한 것이 아니라 같은 포르투갈인에게 행해진 것이지만, 이는 이 사회가 서로 간에건 아시아의 '타인들'(Other)에 대해서건 상당히 폭력적이었음을 말해준다.

폭력에 대한 논의를 마무리하기 위해, 유럽인 도래 전에도 그리고 후에도 인도양에 널리 퍼져 있었던 해적을 살펴볼 필요가 있다. 이미 몇몇 포르투갈인들이 가담한 해적 활동에 대해서는 언급한 바 있다. 벵골에는 다음과 같은 내용의 노래가 전해진다.

> 정말 무서운 포르투갈 해적들 하마드(Harmads)•가 [삼각주에 있는 곡물을 실은] 배들의 움직임을 주시하고 있다. 배들을 따라 몰래 연안의 깊고 후미진 구석까지 들어간다. 이들은 배들을 약탈하고 선원들을 학살하며, 해변의 뱃사람들과 선장들은 하마드가 두려워 공포에 떨고 있다.[26]

포르투갈인을 뒤이어 다른 유럽인들도 인도양에 들어왔다. 콜세어(corsairs)로 보이는 영국 해적선 두 척이 1635년 처음으로 인도양에 모습을 드러냈는데, 이들은 '홍해, 페르시아 만, 코로만델 연안을 포함해 희망봉에서 중국과 일본까지' 약탈할 수 있는 영국왕의 면허장을 가지고 있었다. 이들은 2년 뒤 4만 파운드의 가치가 있는 약탈품을 가지고 영국으로 돌아갔다. 그중 한 배의 항해사였던 데이비드 존스는 나포한 배에 구멍을 뚫어 가라앉히기를 좋아했다. 바다에서 익사한 사람들이 간다는 바다의 해저를 데이비 존스의 감옥(Davy Jones' Locker)이라고 불린 이유도 여기에 있다.[27]

• 잔혹함으로 악명높인 포르투갈 해적들 또는 노예 상인들을 일컫는다.

그렇다면 해적은 누구인가? 포르투갈에게는 그 무역 통제 시스템을 어기고 무시한 사람들, 누구보다도 특히 말라바르의 마필라 상인들이 해적들이었다. 오늘날에는 이들을 부득이 포르투갈 시스템을 피해 이전 수세기 동안 해왔던 것처럼 후추나 다른 상품들을 팔려고 노력했던 전통적인 교역업자들로 본다. 유럽인들이 경쟁자들에게 해적이라는 오명을 씌우고 해군의 '합법적인'(legitimate) 공격 대상으로 삼았던 경우는 수없이 많았다. 포르투갈의 무역 통제 정책이 사실상 해적행위를 증가시켰다고 할 수 있다. 많은 아시아 상인들이 재물을 빼앗겼으며 단지 살아남기 위해서도 점차 해적으로 변모했기 때문이다. 말라바르 상인들의 예는 이를 잘 보여준다. 자인 알딘(Zain al-Din)이• 이들의 대변인이었다.

해적은 매우 다양하며 해적에 대한 국가들의 태도도 각양각색이었다. 어떤 해적들은 국가의 암묵적이거나 심지어 공개적인 인정 하에서 활동했으며, 이런 경우 콜세어로 간주할 수 있다. 1610년 마크란 연안에 있는 카딜(Qadil)의 셰이크는 해적 행위를 허용하면서도 관심을 가지고 지속적으로 통제했다. 특히 정기적으로 이 항구에 들어와 필요한 상품을 가져갔던 포르투갈의 배들은 표적이 되면 곤란했다. 셰이크와 해적들은 포르투갈 배는 건들지 않기로 합의했다.[28] 말라바르에서도 비슷했다. 캘리컷의 통치자들은 쿤할리(Kunjali) 콜세어••에 대해 때에 따라 알기도 하고 모르기도 했으며 모른다고 주장할 때도 있었다. 미첼은 18세기 초 카리브 해에서 해군 함대들도 해적과 같은 행위를 서슴없이 저질렀음을 지적한다. 호위를 위해 고용된 군함의 승무원들은 높은 급여를 받았는데, 군함이 안전하다는 인상을 주었기에 이들은 상인들로부터 프리미엄을 받고 화물을 불법으로 실어 날랐다. 어떤 경우에도 해적은 호위를 받고 있는 상선대를 절대 공격하지 않았다.[29] 인도양에서도 마찬가지여서, 포르투갈 선원들과 선장들은 그만한 대가를 받고 해적행위를 눈감아 주기도 했다.

• 인도 남서부에 위치한 카르나타카 주 비자푸르의 사관(史官) 자인 알 딘(Zain al-din al-Ma'bari)은 1584년경 『성(聖) 전사들에 대한 선물』(Tohfut al-Mujahideen)을 저술했다. 이 책은 16세기 말라바르에 있는 포르투갈인들에 관한 중요한 아랍어 역사서이다. 자인 알 딘은 이 책을 통해 포르투갈에 대한 무슬림의 투쟁을 촉구했다.

•• 16세기 현재 케랄라 주에 있는 코지코드 당시 캘리컷이라고 불렸던 지역의 힌두교도 통치자였던 자모린이 무슬림 해군사령관에게 준 칭호 할리 마라카르(Kunjali Marakkar)를 의미한다. 쿤할리 마라카르들은 1502년과 1600년 사이 포르투갈과 일련의 해전을 치렀다.

상인들도 마찬가지였는데, 이들은 종종 의심쩍은 '훔친'(hot) 물건들을 얻기 위해 해적 행위를 암묵적으로 지지하기도 했다. 크다에서 보우리는 다음과 같이 썼다.

> 1675년. 영국에 속한 조그만 배가 아친(Achin)에서 최상품들을 가득 싣고 출항했다가 해적을 만났다… 이들은 배를 습격했으며 선장 사무엘 웨어와 선원 두 명을 죽이고 배를 나포했다. 이들은 뱃머리에 있던 다른 선원들을 아친으로 돌려보냈으며, 대담하게 케다(Queda)까지 와서 물건들을 수야 칸(Suraj Khan, Sarajah Cawn), 출야르(Chulyar) 그리고 역시 불한당이라고 할 수 있는 케다(Quedah)의 사반다르에게 팔았다. 이 불한당들은 최상품들을 매우 헐값으로 살 수 있었기에 물품 상자에 표기되어 있는 영국식 기호와 숫자를 보았음에도 불구하고 어떻게 이들이 이 물건들을 손에 넣었는지는 묻지 않았다.[30]

어떤 면에서 보면 해적은 교역이 번성하고 있었음을 보여주는 징후일 수 있다. 해적은 다른 이들의 수고와 노고를 빼앗아 생계를 꾸려가면서 아무것도 돌려주지 않는 인간 기생충이라고 할 수 있다. 기생충인 이들에게 상업이 번성함에 따라 숙주를 쉽게 찾을 수 있을 때가 가장 좋다. 키드 선장과 같은 많은 유럽인 해적들은 17세기 말 카리브 해에서 인도양으로 옮겨왔다. 이 시기 '해적 항로'(pirate round)•에서 가장 유명한 나포 사건은 1695년 홍해 어구에서 헨리 에브리 선장과 4척의 해적선들에 의해 탈취된 무굴의 배 간지-이-자와이(*Ganj-i-Sawai*) 나포사건이었다. 이 배는 무굴 황제 아우랑제브를 위해 귀금속, 말안장과 굴레를 포함해 양과 가치 모두 막대한 화물들을 싣고 있었다. 승객들 중에는 순례자들이 많았으며, 이들 중 얼마간은 지배계층에 속했으며 황제와도 연이 닿아 있는 이들이 있었다. 여성들은 강간당했으며 배는 약탈당했고, 400명 정도의 해적들은 각자 모두 1,000파운드라는 거액을 챙겼다.[31]

보다시피 해적은 국제적인 문제이며, 또한 파악하기 어려운 문제이다. 어떤 이에게 해적은 다른 이에게는 합법적인 상인 혹은 심지어 '자유 투사'(freedom

• 17세기 말 18세기 초 주로 영국 해적들이 다녔던 항로로, 대서양-아프리카 남단-마다가스카르-예멘과 인도 연안을 이른다.

fighter)이기도 하기 때문이다. 16세기 인도양에서 포르투갈이 성공을 거두었는지에 대한 분석도 마찬가지이다. 먼저 여러 다른 장소들에서 행해진 이들의 활동을 여러 다른 수준에서 살펴볼 필요가 있다. 포르투갈의 향신료 교역 독점 시도를 보면서 논의를 시작해야 할 장소를 찾을 수 있다. 향신료 교역 독점은 포르투갈의 최고 야망이었으며, 이 분야에서의 성공과 실패는 16세기 포르투갈의 전반적인 성공 여부를 보여주는 사례가 될 것이기 때문이다.

아시아의 향신료 무역을 독점함으로써 포르투갈은 상호 관련된 두 가지 목적을 성취할 수 있기를 바랐다.[32] 인도양에 도착했을 때 포르투갈인들은 대부분 향신료 교역은 무슬림들이 담당하고 있음을 발견했다. 무슬림들의 자리를 꿰찬다는 것은 참된 신앙(True Faith), 즉 기독교의 승리라고 생각했다. 아마도 더욱 중요하게는, 독점은 포르투갈이 아시아에서 향신료를 싼 가격에 사서 유럽에 비싼 가격으로 팔아 이윤을 많이 남기는 것을 의미했다. 이 두 목적은 신과 부(Mammon)•의 행복한 결합을 의미했다. 16세기 초 포르투갈은 목적을 성취하는 데에 가까워지고 있었다.

이득은 거대할 수 있었다. 역사가들은 여러 가지 추정치를 내놓았다. 어떤 계산에 따르면 포르투갈은 말라바르에서 1퀸틀(quintals)••의 후추를 운임 포함 6크루자두(cruzados)에 구매했다. 리스본에서의 최소 가격은 22크루자두로, 260%의 수익을 가져왔다. 버리는 양을 추정치에 비용으로 계상시키고도 150%의 이윤이 남았다. 포르투갈의 독점을 가능하게 했던 말라바르 연안 요새들에서 소요되는 비용을 뺀다 해도 90%의 이윤이 남는 것을 알 수 있다. 1505년 인도와 리스본에서 향신료 가격은 정해져 있었다. 후추는 인도에서는 헌드레드웨이트(hundredweight)•••당 3더컷(ducats)••••이었으며, 리스본에서는

• 매먼은 신약성서에서 물질적인 부와 탐욕을 뜻한다. 부의 신이라고 번역되며 개인의 삶에서 거의 신과 같이 중요해진 돈, 재산을 의미한다.

•• 주로 곡물의 무게의 재는 단위로 1퀸틀은 112파운드로 약 50.8kg에 해당한다.

••• 백중(百重)이라고도 번역된다. 질량 단위로 미국에서는 100파운드(45.48kg), 영국에서는 112파운드(50.8kg)에 해당한다.

•••• 중세 이후부터 20세기 후반까지 유럽에서 무역용 동전으로 사용된 금은 동전이다. 많은 종류의 더컷이 있었으며 금속 함량과 구매력도 각각이었다. 베니스의 금 더컷은 현대 달러와 같은 국제적인 위상을 확보하고 있었다.

22더컷에 팔렸다. 인도와 리스본에서의 다른 향신료 가격 비율을 보면 계피는 0.75 대 19, 정향은 7.5 대 60~65로 육두구는 4 대 300이었다. 이 세기 후반 포르투갈은 스리랑카에서 계피를 퀸틀 당 15크루자두에 사서 이를 적어도 75, 어떤 때는 100크루자두를 받고 팔았다. 고디뉴(Godinho)는 향신료 교역을 전체 세입이나 다른 상품 교역과 비교해 설명했다. 1515년 향신료 교역은 포르투갈에 약 100만크루자두의 이익을 가져다주었다. 이는 전체 기독교 성당들의 수입과 맞먹는 액수였으며, 금과 귀금속 교역 가치의 두 배에 해당했다.[33]

포르투갈이 아시아 향신료 교역에서 성공하자 유럽의 향신료 공급 장소에도 변화가 생겼다. 리스본은 최소한 당분간은 베네치아를 대체했다. 이런 현상은 일찍부터 눈에 띄었다. 1502~3년 유럽에서 광산업체와 금융업체를 운영했던 부호 후거가 수출했던 헝가리 산(産) 동의 24%가 안트워프로 갔으나 1508~9년 이 수치는 49%로 올랐으며, 이는 향신료를 얻기 위해 리스본에 지불하는 데에 사용되었다. 1501년 포르투갈인 선장 카브랄(Cabral)이 양질의 향신료 상당량을 싣고 리스본으로 돌아오자, 마누엘 왕은 베네치아 사절에게 '이제부터는 당신들이 이곳으로 배를 보내 향신료를 실어가야 할 것이다'라고 말했다. 베네치아 관계자들도 '이전에 향신료를 사기 위해 돈을 가지고 베네치아로 왔던 헝가리인들, 독일인들, 플랑드르인들과 프랑스인들 그리고 산 너머에 있는 이들 모두가 이제 리스본으로 방향을 돌릴 것이다'며 암울하게 예견했다.

그러나 16세기 중반 레반트 무역은 활기를 되찾았으며, 포르투갈이 유럽에 공급할 수 있는 몫은 급격히 작아졌다. 16세기 초 포르투갈은 유럽에 매년 2만에서 3만 퀸틀을 공급했으나 세기 말에는 약 1만 퀸틀로 공급량이 줄었다. 반면 1585년 아체는 매년 4만에서 5만 퀸틀의 향신료를—대부분 후추— 홍해, 중동, 지중해에 있는 시장들로 보냈다. 1515년 포르투갈은 말라바르 생산량의 30%를 취했으나 세기 말에는 3~4%만을 가져갔을 뿐이다.

포르투갈의 노력에 무슨 문제가 있어서 레반트가 활기를 되찾게 되었는지, 무엇 때문에 16세기 중반에 브로델의 말을 빌면 '지중해가 인도양의 보물을 다시 탈환할 수 있었는지?'를 보자.[34] 포르투갈은 애초부터 지역 통치자들에게 일정정도 향신료 무역을 허용함으로써 이들을 회유해야 했다. 기존의 교역업자들, 특히 케랄라의 마필라들은 대담하게 포르투갈 함대를 무시하고 교역에 종사했다. 대량의 후추가 포르투갈이 통제할 수 없었던 육로로 거래되었다. 마지막으로 아덴 함락의 실패로 인해 향신료가 홍해, 중동, 지중해에 닿을 수 있는 통로를 열어두게 되었다.

그러나 16세기 아시아와 유럽 간에 거래된 상품에 향신료만 있었던 것은 아니었다. 또 다른 중요한 상품은 금은이었다. 16세기 초부터 스페인은 아메리카에서 대서양을 가로질러 이베리아로 상당량의 금을 수출했으며, 세기 중반에 심지어 더 많은 양의 은, 특히 페루 포토시의 엄청나게 풍부한 광산들에서 채굴한 은을 수출하기 시작했다. 이들 금은의 상당량은 유럽, 인도양, 아시아로 흘러들어갔다. 그러나 포르투갈과 희망봉 루트는 금은 교역에서도 우세한 지위를 차지하는 것과는 거리가 멀었다. 훨씬 더 많은 양의 금은이 희망봉을 돌아서가 아니라 홍해를 거쳐 인도양으로 들어왔다. 상당량의 금은이 지중해에서 인도양으로 들어왔지만 대부분은 앞으로 살펴보겠지만 포르투갈의 개입 없이 이루어졌다.

현대적인 관점과 감수성에서 본다면, 16세기와 17세기 포르투갈이 인도양에서 한 공식적인 주장과 행동은 어떤 식으로도 용납되거나 정당화될 수 없고 도덕적으로 비난받아 마땅하다. 원래 평화롭고 개방적인 인도양에서의 무역 시스템을 무시하고 포르투갈은 무력을 이용해 강제로 이 중 얼마간을 독점하고 나머지는 통제하고 과세하려 했다. 이는 도저히 받아들일 수 없는 비관적인 상황이었다고 보인다.

그러나 현장에서의 혹은 바다에서의 현실은 매우 달랐다. 언급한 바와 같이 포르투갈의 목적은 아시아에서 향신료를 싸게 구입해서 전통적인 지중해 루트보다 저렴한 가격으로 유럽에 팔아 많은 이윤을 남기는 것이었다. 포르투갈은 향신료 교역을 독점해 다른 이들의 접근을 막고자 했지만 이제까지 보았던 바와 같이 어떤 경우에도 이러한 노력은 별다른 성과를 거두지 못했다. 그러나 포르투갈은 향신료 생산은 물론 육상 교역도 통제하지 못했지만 일부분 해양 교역을 독점하고 있었던 까닭에 향신료를 구입할 수 여력이 있는 한 길이 아예 없는 것은 아니었다. 그러나 포르투갈에는 해외로 내보낼 수 있는 자금이 충분치 않았다. 향신료 값을 치를 자본이 필요했던 포르투갈은 부득이 아시아 역내교역(country trade)에 복잡하게 연관되게 되었다.

이 문제에 관해 동아프리카는 뛰어난 사례 연구를 제공한다. 포르투갈은 동아프리카에서 향신료 대금을 지불하는 데에 이용될 수 있는 상품, 즉 짐바브웨 평원에서 나온 금이 있음을 재빨리 알아챘다. 만약 금을 확보하거나 이를 독점할 수 있다면 향신료 대금 지불에 아무런 문제가 없을 것이었다. 그러나 금도 대금을 지불하고 가져와야 한다는 사실이 이내 명백해졌다. 그렇다면 금과 교환할 수 있는 상품이 필요했는데, 포르투갈에서 생산한 상품은 아니었다.

동아프리카의 또 다른 귀한 수출품인 상아의 경우도 마찬가지였다. 여기에서 코끼리는 아주 멀리 떨어진 곳에서 사냥되었기 때문에 공급을 통제할 수 있는 가능성은 없었다. 그러나 어느 정도 포르투갈이 상아의 수출을 막을 수는 있을 것이었다. 그럼에도 불구하고 포르투갈에게는 여전히 상아 대금을 지불할 수 있는 방책이 있어야 했다. 동아프리카의 평원과 그 외 지역에서 수요가 있었던 유일한 품목은 구자라트 산 구슬과 직물이었다. 구슬과 직물은 금과 상아의 생산자들이 원했던 전통적인 교역 품목이었다. 그렇다면 수많은 다른 지역들에서와 마찬가지로 여기에서도 포르투갈은 기존의 교역 양상에 적응해야 했다. 구자라트의 직물을 동아프리카에 계속 공급하는 것이 포르투갈의 더 큰 그림에서 필수적이었던 셈이다. 그리하여 포르투갈은 아라비아 해에서 전개되고 있던 복잡한 역내 교역 망에 들어서게 되었다. 이 경우 구자라트 산 직물을 동아프리카의 금이나 상아와 교환하고, 이를 다시 향신료 대금으로 지불하면서, 향신료를 인도양 네트워크로부터 빼내 유럽의 시장으로 보냈다.

지역별로 더 자세히 분석하고 있는 연구들도 위에서 개괄한 내용과 크게 다르지 않음을, 그리고 16세기 포르투갈의 정책과 성공에는 상당한 편차가 있었음을 보여준다. 특히 16세기 말 포르투갈의 주요 관심은 무역을 너무 엄격하게 통제하기보다는 무역을 고무시키고 세금을 부과하는 방향으로 옮겨갔다. 최근의 연구들은 16세기 동안 점차 포르투갈인들은 정복보다는 무역에 기대를 걸었으며 아시아인의 삶과 경제 내부로 더 들어왔으며 본국과의 접촉은 점차 약해졌음을 강조한다. 이제 인도양의 연안 주변에 미친 포르투갈의 정치적 영향을 개괄하고, 특히 무역에 미친 영향을 살펴볼 것이다.

사하라 남부 동아프리카에서 유일하게 중요한 제국은 지금 짐바브웨 지역에 위치했던 무타파 혹은 모노모타파(Monomotapa)였다. 이 제국은 바다에

접해 있지 않아 대량 생산된 금과 상아를 소팔라나 킬와로 운송해 그곳에서 수출해야 했다. 포르투갈인들은 이 교역에 별다른 영향을 미치지 못했다. 독점을 시도했으나 성취한 바는 거의 없었다. 포르투갈이 도래하기 이전부터 금 수출은 사양길에 접어들었으며 이러한 경향은 16세기에도 계속되었다. 상아는 포르투갈에게 중요한 수출품이었으나, 다른 여러 무슬림 집단들이 취급하고 있는 상품이기도 했다. 16세기 후반 포르투갈인들은 내지 멀리 잠베지 강• 계곡에까지 들어갔다. 처음 그곳에 갔던 이들 중에 한 명이었던 대담한 예수회 신부 곤살로 다 실베이라(Gonçalo da Silveira)는 1561년 무타파 궁전에서 교살당했다. 후에 다른 포르투갈인들이 거주지구라고 할 수 있는 프라조(*prazos*)를 만들었다. 이들은 때로 무타파 통치자의 권위를 인정하기도 부정하기도 했다. 무타파는 17세기에 쇠락했는데, 포르투갈인들의 활동이 어느 정도 영향을 미쳤을지도 모른다.

포르투갈은 오스만제국••과 외교 · 군사적으로 복잡하게 얽혀 있었다. 이 강력하고 팽창주의적인 이슬람 국가는 포르투갈 당국에게는 언제가 커다란 위협이었다. 16세기 전반부 오스만제국은 이슬람 성지들을 포함해 이집트와 홍해 지역을 점령했다. 이는 또한 바스라와 바그다드 주변 지역을 중심으로 이라크도 지배했다. 1580년대에 투르크의 소함대가 동아프리카 연안을 급습하자 포르투갈의 우려는 더욱 커졌다. 포르투갈은 오스만의 팽창에 대응하고자 몸바사에 거대한 요새인 포르 지저스(Fort Jesus)를 건설했다. 훨씬 더 유명한 사건은 1538년 디우 원정이었다. 강력한 오스만 함대는 구자라트 군대와 함께 포르투갈의 요새를 포위했으며 우여곡절 끝에 물러나야 했다. 오스만은 이후에도 16세기 내내 포르투갈에게는 두려운 적으로 남아있었다. 그러나 육지 지향적이었던 이 강대국은 인도양 보다는 지중해와 중동, 특히 이란에 더 관심을 두고 있었기에 때문에 포르투갈은 오스만제국에 대해 너무 신경을 쓴다거나 두려워할 필요가 없었다.

• 남아프리카에서 인도양으로 흐르는 강이다. 2,574km 길이의 잠베지 강은 잠비아에 수원이 있으며 앙골라를 통과하여, 나미비아, 보츠와나, 잠비아, 짐바브웨의 국경을 따라 흐르다가 모잠비크를 지나 인도양과 만난다.

•• 오스만 투르크 제국 또는 투르크제국이라고도 부른다.

포르투갈이 상대해야 했던 다음으로 중요한 국가는 이란의 사파비제국이었다. 사파비제국은 포르투갈이 막 인도양에 자신의 입지를 세우려 하고 있던 1500년에 창건되었다. 이 왕국은 16세기에 오스만제국과 일련의 전쟁을 치렀으며 바로 이 사실 때문에 포르투갈은 사파비제국과 친선 관계를 유지하려고 노력하는 한편 사파비제국으로 하여금 오스만제국에 맞서도록 부추겼다. 후추는 호르무즈 해협을 거쳐 이란의 항구들로 갈 수 있었으며 그 대신 페르시아로부터 실크를 실어가야 했다. 그러나 이런 무언의 동맹은 모래 위에 쌓은 성과 같았다. 1622년 사파비와 영국 연합군이 포르투갈로부터 호르무즈를 탈취했기 때문이다.

포르투갈령 인도의 주요 교섭 당사국은 중요한 두 인도 무슬림 국가였던 비자푸르(Bijapur)와 무굴제국이었다. 비자푸르는 포르투갈의 수도 고아와 접경해 있었다. 사실 고아는 1510년 포르투갈이 비자푸르로부터 빼앗은 지역이다. 양국의 긴장 관계는 16세기 내내 지속되었다. 포르투갈 영토에 인접한 폰다(Ponda)의 지역 통치자들은 종종 포르투갈의 우려를 자아냈는데, 1570년 비자푸르는 이들과 같이 포르투갈 지역을 공격했다. 고아와 비자푸르 간 교역이 많지 않았던 것도 바로 이러한 긴장 관계 때문이었다. 주요 교역 상품이었던 면직물은 비자푸르에서 보다는 우선적으로 구자라트에서 가져왔으며, 고아의 식량은 대부분 더 남쪽에 있는 카나라 지역에서 가져왔다. 말할 것도 없이 포르투갈의 활동은 비자푸르에 별다른 영향을 미치지 못했다. 이 지역은 1680년대에 무굴제국에 정복되었으나 이 사건에서도 포르투갈이 한 역할은 없었다.

인도양 교역 시스템에 편입되면서 얼마 되지 않아 포르투갈은 구자라트와의 관계가 목적 달성의 성패를 좌우한다는 사실을 깨달았다. 물론 포르투갈의 목적은 향신료 무역 통제였다. 비록 구자라트가 향신료 생산지는 아니지만 구자라트의 상인들은 믈라카에서 홍해에 이르기까지 향신료 교역에서 중대한 역할을 하고 있었다. 아시아 교역에서 포르투갈의 두 번째 주요 관심사인 카르타스 시스템 운영에서도 마찬가지였다. 카르타스 시스템이 어디에서라도 기능하려면, 구자라트에서 기능할 수 있어야 했다. 구자라트는 포르투갈 함대들이 캄베이 만에 있는 대부분 대형 항구들을 감시할 수 있는 최적의 장소에 위치하고 있기 때문이었다. 또 다른 중요한 목적은 리스본에 보낼 수 있는 향신료 이외의 다른 상품들을 획득하는 것이었다. 구자라트 직물은 포르투갈 본국으로 향하는 화물의 상당 부분을 차지하게 되었다. 마침내, 아시아 역내무역(inter-Asian trade)에 점차 더 깊이 개입함에 따라 포르투갈은 구자라트에서 생산되는 상품들에 접근하는 것이 필수적이라는 사실을 알게 되었다. 이 상품들은 해양 아시아 전역에 잘 알려져 있었으며 포르투갈인들이 항해하는 어느 곳에서나 수요가 있었기 때문이었다.

다른 이슬람 영토국가들과 마찬가지로 무굴제국은 바다보다는 육지에 중심을 두었다. 이는 포르투갈의 해양 활동이 통상 무굴제국의 안중에는 거의 없었음을 의미했다. 가끔 포르투갈은 무굴제국의 엘리트들이 소유한 배를 공격하거나 나포했으며, 그러면 무굴은 발생한 상황에 대응하는 식이었다. 그러나 무굴이 해양에 전혀 관심이 없었던 것은 아니었다. 무굴에게 메카로의 바다 순례길은 중요했다. 세계에서 가장 중요한 항구들 중의 하나인 수라트는 하즈에 나선 인도인 무슬림들에게도 절대적으로 필요한 항구였으며, 무굴은 이 출구가 막히지 않도록 신경을 많이 썼다. 다른 한편, 포르투갈은 구자라트, 디우, 다만, 바세인에 있는 요새들이 육지로부터의 공격을 막아내기에는 역부족이라는 사실을 알고 있었다. 고아는 수출 상품의 상당량, 특히 면직물을 구자라트에 의존하고 있었다는 사실도 포르투갈에게는 중요했다. 다시 말해 포르투갈은 구자라트와 긴 전쟁을 할 여력이 없었다. 그렇다고 구자라트 항구를 너무 오래 봉쇄할 수도 없었다. 이는 인도양 전역과 유럽으로의 포르투갈 교역의 중단을 의미했기 때문이다. 사실상 교착 상태였으며 양측 모두 이러한 사실을 알고 있었기에 대부분 사안에 대해 서로 유화적인 태도를 취했다. 포르투갈은 암묵적으로 하즈 통행이 계속되도록 허용했으며, 얼마간의 배에는 무굴인들이 '무료로'(free) 승선할 수 있도록 해 주었다. 포르투갈은 무굴 황제들을 개종시키려고 노력하기도 했다. 예수회 선교사들은 목적을 달성하지 못했지만, 무굴제국 조정에서의 생활에 대한 매혹적인 기록을 후세에 남길 수 있었다.

포르투갈은 동남아시아에서는 중요한 해양 제국이나 육지 강대국과 대면하지 않아도 되었지만 중국에서는 사정이 달랐다. 명제국은 16세기에 강력했으며 극히 자국 중심주의적인 제국이었다. 외국인들은 중국 관리들에게 교언영색 해야 했으며 기록에서 보듯이 명은 포르투갈인을 식인종이나 악의적인 마귀로 여겼다. 중국과의 관계에서 포르투갈은 훨씬 열세였다. 1520년대 초 한 포르투갈 함대는 중국연안 순찰 함대에 크게 패했다. 후에 1550년대 중반 포르투갈인들은 마카오에 정착할 수 있게 되었으나 항상 명 관료들의 통제를 받는다는 조건하에서였다. 그러나 16세기 말에 이르러 포르투갈은 마카오와 일본을 잇는 매우 수익성 좋은 무역 공간을 발견했으며 여기에서 많은 이득을 취할 수 있었다.

결론적으로 16세기 인도양 주변의 주요국들과 포르투갈의 관계는 대부분 크게 나쁘지 않았다. 그 이유는 부분적으로 해양에 관심이 있던 포르투갈과 육지 지향적이던 인도양 주변 주요국들이 충돌할 만한 일이 별반 없었기 때문이다. 물론 포르투갈의 도래가 인도양 국가들의 흥망성쇠에 어떤 식으로도 영향을 미쳤다고 볼 수 없다.

아시아에서 포르투갈의 정치적인 영향력이 별로 중요치 않았다면 경제적인 영향력에 대해서는 어떻게 평가할 수 있을까? 포르투갈은 잘 통합되어 있던 동아프리카 연안 교역 시스템을 교란시키고 대체시키려고 노력했다. 포르투갈의 의도가 분명해지자 기존 무슬림 상인들은 때로는 이에 영합하기도 했지만 많은 이들은 포르투갈의 통제가 미치지 않는 지역들에서 무역을 계속했다. 연안선의 길이와 특히 크고 복잡한 잠베지 델타에서의 까다로운 항해를 감안해 보면 포르투갈이 미칠 수 있는 통제의 범위는 제한적일 수밖에 없었다. 서로 다른 시기에 세 항구들 즉 앙고시•, 몸바사, 파테는 포르투갈을 대놓고 무시하면서 자신들의 교역 방식과 활동을 고수했다. 다시 말해 사실상 기존의 자유로운 열린 교역 시스템은 계속 유지되었다고 할 수 있다. 16세기 초 앙고시는 멀리 북쪽에 있는 항구들에서 온 배들이 이용하는 중요한 교역 중심지가 되었으며, 모잠비크와 소팔라에서는 포르투갈인들 보다 물건을 아주 싸게 팔았다. 포르투갈도 이런 사실들을 알았다. 이에 맞서기 위해 포르투갈은 잠베지 강 유역 즉 세나, 테트, 켈리마네로 진출했다. 그러나 몸바사는 계속해 구자라트 상품을 가득 실은 배들을 남쪽으로 보냈다. 포르투갈은 이에 대한 분

• 현재 모잠비크 남풀라 주의 도시이다. 오래전부터 무슬림의 교역 중심지 중의 하나였으며, 15세기 말에는 술탄국이 세워졌다. 금과 상아의 주요 교역 장소로서 16세기 중반까지도 포르투갈의 강력한 경쟁국이었다.

노와 오스만에 대한 두려움 때문에 몸바사를 점령했다. 그러나 하나의 공백이 채워지자마자 바로 또 다른 공백이 생겨났다. 17세기 포르투갈에 여러 차례 공격을 받았음에도 불구하고 라무에 있는 파테와 다른 항구들이 포르투갈에 대항해 '불법'(illegal)교역의 중심지들이 되었기 때문이다.[35]

중동 남부 연안에서의 상황은 다소 달랐다. 그곳 시장들에서는 포르투갈인들의 활동으로 일시적이긴 했어도 중요한 변화가 일어났다. 그곳에서 포르투갈은 수십 년간 어느 정도 후추를 비롯한 향신료 무역을 독점할 수 있었다. 이는 향신료를 취급했던 기존의 시장들과—걸프에 있는 아덴, 지다, 바스라와 지중해에 있는 알렉산드리아, 알레포•— 무슬림 상인들이 큰 타격을 입었음을 의미한다. 그러나 포르투갈의 독점 체제는 16세기 중반에 대체로 무너져 내렸으며, 그 결과 기존의 시장들은 다시 활기를 되찾았다. 그 어느 곳보다 아덴은 가장 커다란 충격을 받았으며 1538년 오스만제국에 점령된 이후에도 계속 쇠락의 길을 걸었다. 반면 홍해에 있는 모카 항구가 새로이 중요한 시장으로 부상했다.

하드라마우트 연안을 따라가다 보면, 이 지역의 연안 무역에는 별다른 변화가 없었던 것처럼 보인다. 그러나 호르무즈에서는 사정이 달랐다. 걸프의 입구를 통제하는 이 해항도시는 1515년 포르투갈에 점령되었다. 포르투갈의 호르무즈 점령 의도는 걸프로 올라가는 그리하여 육로로 동부 지중해로 가는 향신료 무역을 봉쇄하는 데에 있었다. 그러나 포르투갈은 주적인 오스만제국의 위협을 상쇄하기 위해 이란의 샤(Shah of Iran)••를 회유할 필요가 있었기 때문에 얼마간의 후추가 계속 이 루트를 따라 걸프로 들어갈 수 있도록 용인했다. 그럼에도 불구하고 호르무즈의 쇠락은 분명해졌으며 더 이상 다양한 상인 공동체들이 정주하는 중요한 시장이 될 수 없었다. 많은 이들이 바스라로 또는 페르시아의 항구 반다르아바스로 옮겨갔다.

• 시리아 서북부의 도시로, 지중해와 유프라테스 강의 사이의 전략적인 지점에 위치해 있어 고대로부터 아시아와 유럽 간의 교역의 장소였다. 특히 인도, 티그리스와 유프라테스 영역 그리고 남쪽의 다마스쿠스에서 온 상품들의 중계 교역지였다. 오스만제국 시대에는 콘스탄티노플과 카이로 다음가는, 제국의 제3의 도시였다.

•• 사피비 왕조의 군주를 의미한다.

신드•에서 주요 항구는 라하리 반다르(Lahari Bandar)로, 포르투갈 상인들과 무슬림 교역가들에게 인기가 있었다. 그러나 가장 큰 시장들과 가장 세력 있는 상인공동체들은 구자라트에 있었다. 포르투갈 함대는 다만과 디우에 있는 기지들에서 출항해 캄베이 만으로의 관문을 가로지르며 해안을 정찰할 수 있었으며, 구자라트에 있는 대형 항구들인 수라트, 캄베이, 고가(Gogha), 바루치에 들고나는 배들을 긴밀하게 통제할 수 있었다. 포르투갈의 이러한 정찰 활동 그리고 군대와 해군을 동원한 포위작전과 무력시위를—예를 들어 1529~1534년간, 1546~1548년간에 발생한 포위작전— 겪으면서 대다수 구자라트 상인들은 카르타스를 받고 디우에서 관세를 지불했다. 포르투갈과 구자라트 상인들은 필요 시 기꺼이 협력했으며 서로 융통성을 발휘했음을 보여주는 증거는 꽤 있다. 포르투갈은 홍해를 적대적인 투르크 무슬림의 지역으로 간주했음에도 불구하고 홍해로의 교역을 허용했다. 또한 순례자 교역을 계속 묵인했다. 포르투갈 당국은 구자라트 상인들이 제출한 화물평가서를—관세의 기초가 되는— 그대로 인정하기까지 했다. 포르투갈은 유연성을 보이고 구자라트는 포르투갈의 권위를 묵인하면서 상당히 조화로운 관계가 형성되었다. 구자라트의 배들은 정기적으로 디우에 기항해 관세를 지불하고 카르타스를 발급받았다.

전반적으로 16세기 동안 구자라트에서 일어난 무역 변화는 아주 사소했다. 그러나 남동쪽으로 눈을 돌리면 마주치는 첫 해항도시에서 상황은 판이하게 달랐다. 15세기 말 디우는 대시장이 되었으며 오스만의 영향 하에 있었다. 대형 무역선들이 이곳에 들어와 구자라트와 멀리 동쪽에서 온 상품들과 중동과 유럽에서 온 상품들을 거래했다. 포르투갈의 주요 목적이었던 디우의 함락은 1535년에 이루어졌다. 그 결과 무슬림 상인들은 디우를 떠났다. 디우는 이제 인도양 배들이 강제로 기항해 관세를 지불하는 장소로 변했다. 물론 시장으로서의 기능은 상당히 위축될 수밖에 없었다. 이제 힌두교도와—일반적으로 바니아(Banias)라고 불린— 구자라트에서 온 자이나교도가 남아 있는 주요 상인공동체였다. 대형 해항도시 캄베이에는 100여 명 정도의 포르투갈인들이 정착

• 파키스탄의 네 개의 주 중에 하나로 인더스 강 하류에 있으며 남으로는 아라비아 해와 접해 있어서 일찍이 문화적으로나 상업적으로 발달했고 이 지역에 파키스탄 최대의 도시인 카라치가 있다.

해 있었으며, 통상 현지 여성들과 결혼했다. 이들은 매우 이질적이고 다양한 민족들로 이루어진 무역상들 모자이크의 일부를 구성했다. 캄베이 내부 경제는—내지 상인들, 은행가들, 상점주인들, 중개인들, 주요 '자본가들'(capitalists)을 포함해— 힌두교도와 자이나교도 상인들이 지배했다. 또한 이들 중 많은 이들이 교역가로 배에 화물을 실었으며, 심지어 무슬림이 우세한 홍해 지역을 비롯해 여러 해외 지역에 정착했다. 그러나 여전히 주요한 해양 무역가들은 무슬림들이었다. 시라즈, 홍해, 심지어 터키 출신의 부유한 외국인 집단들도 많았지만, 이들 대다수는 이슬람으로 개종한 이들의 후손들로 당시는 이미 현지화된 지역민들이었다. 포르투갈이 이들의 활동에 미친 영향은 미미했다. 캄베이와 다른 항구들에서 들여온 구자라트 상품들은 포르투갈로 출발하는 배라면 반드시 실어야 할 필수 화물이었다. 포르투갈인들은 고향으로 향하는 커다란 나우(*naus*)•들에 구자라트 산 직물을 가득 실었다. 그러나 구자라트 전체 교역에서 포르투갈과의 교역이 차지하는 비중은 아주 작았다.

캄베이 만 입구에 위치하고 있는 캄베이는 토사가 쌓이는 바람에 16세기 동안 쇠락했다. 커다란 배들은 점차 더 캄베이에 들어갈 수 없었다. 독립 술탄국 구자라트가 1572년에 무굴제국에 통합되면서 상인들은 캄베이보다는 수라트를 선호했다. 16세기 말 수라트는 인도와 인도양에서는 물론 전 세계에서도 가장 큰 시장이었을 것이다. 수라트에는 많은 유럽인들이 찬탄을 금치 못했던 거대한 부를 가진 힌두교도와 자이나교도 상인공동체들이 있었다. 또한 수라트에는 포르투갈이 독점하고자 했던 상품들을 포함해 전 세계에서 온 물품들이 가득했다. 이곳에는 힌두교도와 자이나교도(이들은 카스트와 경제 참여 분야에 따라 세분되기도 했다) 뿐만 아니라 아르메니아인, 유대인, 포르투갈인, 그리고 페르시아와 터키에서 온 무슬림을 포함해 여러 상인공동체들이 있었다.

고아와 구자라트의 경제 관계는 상당히 비대칭적 혹은 일방적이었다고 말할 수 있다. 포르투갈 쪽에서 구자라트와의 교역은 필수적이고 중요했던 만큼

• 15~16세기 포르투갈이 아프리카 연안, 아시아, 아메리카로의 교역을 위해 이용했던 범선으로 포르투갈어로는 나우(nau), 카라카(carraca)로, 영어에서는 캐럭(carracks)이라고 하며, 스페인에서 만들어진 것은 나오(nao)라고 부른다. 기존의 캐러벨의 단점을 수정하여 원양항해에 적합하게 설계되었으며 크리스토퍼 콜럼버스의 기함 산타마리아호도 캐럭이었다.

아주 호전적인 성향을 가진 총독이라도 구자라트와의 전쟁을 오래 끌어서는 안 된다는 점을 명심해야 했다. 장기전은 포르투갈령 인도의 경제에 재앙이 될 것이기 때문이었다. 두 번째 디우 포위작전이 끝난 후 1546~1548년 주앙 드 카스트로(João de Castro)의 보복 행위로 교역이 막히자 고아 거주자들은 그를 거세게 비난했다.

구자라트에 정착한 포르투갈인들 중의 얼마간은 고아에 있는 부유한 상인들의 대리인들이었으며, 다른 이들은 소규모 자영업에 종사했다. 이들의 주요 업무는 매년 캄베이 만에서 고아로 가는 소형 화물선 선단들을 위한 물건 구매였다. 200척 이상으로 구성된 선단이 매년 두 세 차례 오고갔다. 포르투갈 전함들이 이 선단들을 해적으로부터 보호해 주었다. 이들 선단은 고아의 경제에 절대적으로 중요했다. 카레이라로 본국으로 보내지는 대부분의 화물들은 이들 선단이 날라다 준 상품들이었다. 원로급 정치인들과 기독교 관계자들을 포함해 수많은 고아 거주자들의 부는 이들 교역 선단들과 밀접하게 연관되어 있었다.

16세기 구자라트가 인도양 지역에서 중요한 금융 시장으로 역할하자 보다 평화롭고 상호 이익이 되는 관계가 형성되었다. 힌두교도와 자이나교도 대상인들은 상인, 통치자, 신용이 좋은 사람들에게는 누구에게나 편견 없이 대출해 주었으며, 많은 포르투갈인들도 이들이 가지고 있는 무한한 재원을 충분히 이용했다. 여기에서 호혜적인 상호작용을 볼 수 있다. 16세기 포르투갈과 구자라트 간 관계의 본질을 보여주는 것은 전쟁이나 포위작전이 아니라 경제적 거래, 매매, 수용과 합의라고 할 수 있다.

인도 서부 연안 대부분에서 연안 무역이 우세했다. 여기저기에서 구매한 상품을 실은 배들이 가장 중요했던 수라트와 고아를 비롯해 주요 무역의 교차로들로 들어왔다. 하나의 예를 보면, 인도 서남부에 위치하고 있으며 쌀 생산 지역이었던 카나라에서 난 쌀은 연안의 위와 아래에 있는 다른 지역들과 멀리 호르무즈까지 수출되었다. 다음으로 주목할 만한 주요 시장은 포르투갈의 수도 고아였다. 고아는 후배지에서 가져온 상품이 별로 없었다는 점에서 후배지 없이 상품 거래에만 특화된 시장이었다고 말할 수 있다. 고아가 자랑하는 16세기의 번영은 포르투갈의 정책이 만들어낸 결과였다. 포르투갈은 고아에 인도양 무역을 집중시키려고 온갖 군사적 · 경제적 노력을 기울였다. 그 결과 고아는 비교적 작은 항구에서 강제에 기반 한 포르투갈의 주요 상업 중심지가 되었다. 포르투갈 시스템에서 고아는 수도로서, 그리고 상인들이 아시아 내에서는 물론 유럽으로의 교역을 위해 포르투갈이 소유하거나 그 면허증을 받은 나우들에 실을 상품들을 거래할 수 있는 가장 중요한 장소였다. 그러나 고아는 국가(포르투갈령 인도)의 군사적인 지원이라는 이점을 가지고 있었지만, 시장으로서의 순위는 구자라트에 있는 대형 항구들에 한참 뒤쳐져 있었다. 16세기 말 절정기 고아의 무역량은 전체 구자라트 항구들과 비교해 기껏해야 10분의 1 정도였으며, 수라트 한 곳만 해도 고아보다 훨씬 더 교역량이 많았다. 17세기 포르투갈령 인도가 약화되면서 차이는 더욱 더 벌어졌다. 1640년경 수라트는 고아 교역량의 4배를 취급했다. 상인공동체라는 면에서 보면 고아는 다른 포르투갈의 해항도시들과는 달리 상당히 예외적인 측면을 가지고 있었다, 다시 말해 인도양 세계에서 고아에서만 무슬림이 중요한 교역 공동체를 형성하지 못했다. 이는 전반적으로는 포르투갈의 무슬림에 대한 특정하게는 투르크에 대한 반감의 결과였다. 고아는 포르투갈이 통치했지만, 내부 경제는 사라스왓 브라흐민(Saraswat Brahmins)• 카스트가, 금융업은 구자라트에서 온 바니아(banias)•• 카스트가 지배했다.

고아에는 포르투갈 당국에 기대를 걸고 이주한 유럽인 상인들도 많았다. 포르투갈 정부와 조세징수도급 계약을 하거나 16세기 말 포르투갈을 위해 후추 무역에 종사했던 유럽인들은 특히나 중요했다. 16세기 말과 17세기 초 고아에서 무역을 크게 했던 독일인 페르디난드 크론은 고아에서 가장 성공한 유럽인에 속했다. 그는 자영 상인이자 주요 유럽인 무역상들의 대리인으로서 무역에 종사했다. 그의 성공은 일부분 정보 수집 능력에 힘입었다. 그는 정보원

• 인도 힌두 브라흐만의 한 하위집단으로 조상이 사라스바티(Sarasvati) 강 유역에서 살았다고 하여 붙여진 이름이다. 이들은 인도 대륙 북부에 널리 퍼져있는데, 그중 한 집단이 신드와 구자라트 연안지역에 살았다. 현재는 인도 서부 연안에 많이 산다.

•• 상인, 은행가, 고리 대금업자, 곡물 판매인 또는 향료 유통업자 및 현대의 수많은 기업가들의 공동체를 의미한다. 인도의 다른 지역보다 벵골에서 더 넓은 의미로 사용되며, 특정 카스트를 일컫기도 한다

네트워크를 통해 누구보다도 먼저 시장과 가격에 대한 소식을 접했다. 푸거 가문으로 건네받은 이 네트워크는 그의 고향인 아우크스부르크에서 고아까지(8,000km가 넘는 거리), 그리고 믈라카와 마카오에까지 뻗어 있었다.[36)]

케랄라 혹은 말라바르 연안은 포르투갈이 고아 다음으로 관심을 집중했던 지역이었다. 이곳은 포르투갈이 후추를 얻는 곳이자 포르투갈의 나우들이 코친에서 출항하는 곳이었기 때문이었다. 포르투갈로 인해 이 지역에서는 몇 가지 중요한 변화가 있었다. 1500년 단연코 최대 시장이었으며 홍해와 카이로에서 온 파르데시 무슬림이 우세했던 캘리컷은 포르투갈의 공격을 받아 쇠락했다. 외국인 무슬림들은 보다 안전한 곳으로 옮겨갔다. 지역 무슬림들, 즉 마필라라고 불린 이 지역 개종자들은 부득이 캘리컷에 머물 수밖에 없었으며 포르투갈 독점을 피해 후추 교역을 계속할 수 있는 방도를 찾아야만 했다. 이런 배경하에서 코친은 포르투갈의 꼭두각시 도시가 되었으며 포르투갈의 후추 교역 중심지가 되었다. 도심에는 포르투갈인들이 많이 정착하고 있었으나 포르투갈로 향하는 교역을 제외하면 대부분의 교역은 구자라트 상인들과 말라바르 힌두교도들이 담당했다.

전체 포르투갈령 인도라는 관점에서 보면 스리랑카는 예외적인 측면을 가지고 있었다. 포르투갈이 넓은 땅을 정복하려고 했던 유일한 곳이었기 때문이다. 스리랑카는 전략적인 위치와 계피의 독점 공급지라는 두 가지 이유로 인해 중시되었다. 콜롬보는 전체 포르투갈령 인도 체제의 핵심 중의 하나였다. 그러나 포르투갈이 해양 통제를 통해 콜롬보에서 이루고자 했던 계피 수출 독점이라는 목적은 달성할 수 없었다. 한 왕이 기독교로 개종하면서 포르투갈은 16세기 말 한 육지 전쟁에 휘말렸다. 포르투갈은 전쟁에 졌으며, 여기에 부었던 전쟁 비용으로 인해 16세기 말과 그 후에도 포르투갈령 인도의 재정적 궁핍은 가중되었다.

벵골 만에서 포르투갈의 의도는 빗나가기 일쑤였다. 가장 중요한 항구는 푸리카트(Puricat)였다. 16세기 포르투갈은 푸리카트와 인근 항구인 산토메(혹은 샌톰, San Thome)를 지배하고 특히 믈라카로의 매우 수익성이 높은 교역을 주도했다. 그러자 지역의 상인들은 더 북쪽에 있는 마술리파트남(Masulipatnam)으로 옮겨갔으며, 마술리파트남은 벵골 만 전체를 통틀어 가장 커다란 시장이 되었다. 이는 지역의 상인들이 포르투갈을 어떻게 피했는지를 보여주는 또 다른 예에 속한다. 이 경우에는 지역의 상인들이 푸리카트에서 마술리파트남으로 옮겨갔지만, 다른 경우에는 디우에서 수라트로, 혹은 호르무즈에서 반다르아바스로, 또는 소팔라에서 몸바사로 옮겨가는 식이었다. 마술리파트남은 골콘다(Golconda) 술탄국에 있는 드넓고 생산적인 후배지를 가지고 있었다. 켈링(Klings)이나 체티(Chettis)와 같은 힌두교도 집단들 그리고 추리아(Chulias)와 같은 무슬림들뿐만 아니라 얼마간의 구자라트인들과 페르시아 무슬림들이 중요한 상인공동체들이었다. 벵골 북부에서 중요한 시장은 치타공, 후에는 후글리였다. 지역 경제는 현지인인 벵골 상인들이 장악했으며, 원거리교역은 외부에 온 이들이 지배하기도 했다. 예를 들어, 주요 시장인 믈라카로의 교역은 믈라카에 기반을 두고 있던 켈링 상인들이 그리고 후추 교역은 페르시아인들이 주도권을 잡고 있었다.

이제 당시 최대 해항도시들 중의 하나인 믈라카를 볼 차례이다. 믈라카는 거의 전적으로 외국에서 온 상품들을 취급했던 시장이었다. 말레이 반도 내지에서 가져온 상품은 별로 없었다. 그야말로 전 세계에서 상품들이 믈라카로 들어왔다. 1511년 알부케르케의 정복 당시에 믈라카에는 4개의 주요 상인공동체들이 있었음을 앞에서 언급했다. 포르투갈의 통제는 이들에게 상당히 커다란 영향을 미쳤다. 포르투갈이 무역을 중앙집권화하고 세금을 부과하려 하자 특히 구자라트 상인들이 대거 탈출해 나왔다. 이들은 더 환대를 받을 수 있고 덜 부패한 항구들로 옮겨갔다. 믈라카의 쇠퇴는 북부 수마트라에 있는 아체의 번영을 가져왔다. 아체는 16세기 동안 특히 동쪽에서 가져온 후추와 서쪽에서 가져온 인도산 상품들의 주요 교역 중심지가 되었다.

그렇다면 포르투갈이 도래한 결과 16세기에 일어났던 인도양 무역에서의 변화를 어떻게 요약할 수 있을까? 중요한 키워드는 연속성이었음에 틀림없다. 대부분은 변하지 않았다. 가장 기초적인 수준부터 본다면 시장과 교역은 여전히 계절풍의 지배를 받았다. 주요 시장들은 여전히 구자라트와 같이 주요 생산지에 인접해 있거나 아덴, 믈라카, 호르무즈와 같이 교통의 요충지에 위치해 있었다. 이들 시장에서 거래된 품목들에도 거의 변화가 없었다. 예전처럼 교역의 상당 부분은 사실 인도양 연안 전역을 따라 길게 이어져 있는 특이할 것 없는 항구들 인근의 시장들에서 이루어졌던 연안 교역이었다. 교역을 지배한 상인공동체들에 관해 보더라도 변함없이 다양했다. 행상인들과 왕들을 포함해 수많은 상인들이 인도양을 가로지르는 교역에 참여했다.

포르투갈의 통제가 비교적 강력했던 지역, 즉 인도의 서부 연안에서 무슬림 상인들은 엄청난 압력을 받았으며 종국에는 짐을 싸야 했다. 그러나 다른 상인공동체들은 별다른 영향을 받지 않았다. 시장의 관점에서 보면 이전에는 중요했던 소팔라, 호르무즈, 디우, 믈라카 등 최소한 4개 해항도시들이 포르투갈의 점령으로 쇠락했다. 포르투갈은 호르무즈와 디우에서 관세 수입으로 엄청난 흑자를 낸 것 또한 사실이다. 그러나 이는 포르투갈의 강제 무역통제 시스템에 기인한 것이지 호르무즈와 디우가 시장으로서의 역할을 제대로 수행했기 때문에 얻어진 결과는 아니었다. 캘리컷은 점령을 피할 수 있었지만 포르투갈의 공격으로 심각한 영향을 받았다. 유일하게 성공한 곳은 포르투갈의 집중적인 노력 덕분에 번영했던 고아였다. 그러나 이미 언급했다시피 고아의 교역량은 구자라트 항구들의 10분의 1에 지나지 않았음을 기억해야 한다. 어찌되었든, 고아의 성공은 전적으로 포르투갈의 무역통제 정책의 성공 여부에 달려있었다. 네덜란드의 도래로 포르투갈의 입지가 도전받자 고아는 일고의 가치도 없는 곳이 되어버렸으며 이전에 디우가 그랬던 것처럼 쇠퇴했다. 이제 17세기에 일어난 변화들을 살펴보도록 하자.

17세기 중반 인도양에서 포르투갈의 공식적인 입지는 없는 것이나 마찬가지였다. 주요 요새들 대부분을—믈라카, 코친, 콜롬보, 호르무즈— 네덜란드에게 내주어야 했다. 동아프리카 연안에서 포르투갈령 인도는 1690년대까지 모잠비크와 몸바사에서만 겨우 까치발로 서 있는 형상이었다. 포르투갈이 명맥을 유지했던 곳은 티모르, 마카오, 고아, 그리고 인도 서부 연안에 있는 다만과 디우 정도였다. 일부 포르투갈령 인도는 해양 세력에서 육지에 기반을 둔 세력으로 변모했다. 번영하고 있던 농업기반 사회였던 바세인(1739년 당시 흥기하고 있던 인도 강대국 마라타 왕국에게 빼앗기기 전까지)과 다만에서 많은 포르투갈인들이 성공을 거두었기 때문이다. 부자는 가난한 나라에 있다는 속언이 있다. 물론 포르투갈 사무역 상인들 즉 까자두스(casados)는 16세기와 마찬가지로 계속 교역에 종사했다. 유일한 차이점은 16세기 후반에는 리스본으로 향하는 나우에 대량의 상품을 실어 보냈다면, 17세기에는 카레이라가 쇠락하면서 거의 전적으로 인도양 내 교역에 초점을 두어야 했다. 포르투갈인들은 벵골 만 전체, 인도의 서부 연안 그리고 스와힐리 연안 여기저기에서 활동했다. 영국 사무역 상인들처럼 이들도 아시아인 경쟁자들과 마찬가지로 별다른 특혜를 누리지 못했다. 국가는 쇠락했지만 포르투갈인 사무역 상인들은 무역에 계속 종사했다. 18세기 말 영국 세력이 확장되면서, 이들은 무슬림의 박해로 8세기 인도로 피신한 배화교도의 후손들인 파르시처럼 영국의 체제 안에서 중개인, 소상인, 영국인의 협력자로서의 역할을 수행했다.

이제까지 살펴본 내용을 바탕으로 인도양에 포르투갈의 도래가 가지는 중요성이나 의미라는 보다 까다로운 문제로 돌아갈 수 있다. 간략하게나마 몇 가지 주제들로 나누어 살펴볼 것이다. 무엇보다도 먼저 이베리아인들이 구축해 놓은 연결시스템(linkages)은 광대하고도 중요했음을 언급할 필요가 있다. 스페인은 아메리카와 유럽을 잇고, 아시아와 아메리카를 연결시켰다. 포르투갈은 남아메리카를 아프리카, 유럽과 접속시켰으며, 대서양과 인도양뿐만 아니라 북대서양과 남대서양을 연결시켰다. (후에 네덜란드는 인도양의 극서를 극동, 즉 오스트레일리아 서부 및 인도네시아에 연결시켰다.) 사람들은 아주 먼 곳까지 항해하기 시작했으며 여러 대륙에 걸쳐 널리 퍼져있던 이베리아 제국들을 위해 일했다. 두아르테 코에유 페레이라(Duarte Coelho Pereira)는 모로코와 서아프리카에서 포르투갈을 위해 일했다. 1509~1529년 그는 인도에서 임무를 수행했으며, 중국, 베트남, 시암을 두루 다녔다. 그리고서 그는 포르투갈로 돌아갔으며, 포르투갈 대사가 되어 프랑스로 갔다가, 후에는 여러 해군 지휘계통에서 일했다. 1534년 그는 브라질 동북부에 있는 페르남부쿠 식민지 자치 관구를 관장했으며 그곳에서 20년을 살았다.[37)]

포르투갈의 연결 시스템은 정말 인상적이고 상당히 광범위했다. 그러나 여기에서 아시아와 유럽은 홍해와 걸프를 거쳐 이미 수 세기 이전부터 연결되어 있었음을 기억할 필요가 있다. 로마는 2000년 전에 인도와 폭넓은 교역 관계를 발전시켰다. 이후로도 아시아 상품들이 지중해와 유럽 시장들로 계속 들어갔다. 그중 향신료가 가장 중요했다. 유럽인들은 고기를 양념하거나 보존하기 위해 후추를 비롯한 향신료가 필요했다. 향신료 교역은 유럽인 소비자들에게 뿐만 아니라 아시아 생산자들과 상인들에게도 매우 중요했다. 또한 이는 향신료 교역에 대한 세금부과로 재원을 상당 부분 충당했던 이집트 맘루크 왕조(1250~1517)의 통치자들에게도 마찬가지로 중요했다.

1498년 이전에도 분명 접촉이 없었던 것은 아니었지만, 포르투갈이 새롭고 더 빠르고 더 효과적인 길, 즉 희망봉을 도는 루트를 찾아 유럽과 아시아를 연결시켰기 때문에 그 상업적인 커넥션이 상당히 강화되었다고 주장하는 역사가들이 있다. 적어도 이론상으로 이 희망봉 루트는 말루쿠 제도에 있는 향신료 생산 지역에서 인도양을 횡단해 홍해로 들어가고 그리고서는 육로로 알렉산드리아로 향하는 루트보다는 덜 번거롭고 더 빠르다. 희망봉 루트는 도중에 육지 통치자들, 특히 맘루크 왕조에 관세를 납부할 필요가 없었기 때문에 비용도 덜 들었다. 더욱이 당시 해양 수송은 육상 운송과 비교해 상당히 비용 대비 효율이 높았던 것도 사실이다.

그러나 실제 희망봉 루트는 이론적으로 기대했던 바를 충족시켜 주지 못했다. 결국 희망봉 루트를 이용한 항해도 수개월이 걸리는 길고 고된 항해였다. 포르투갈 배들이 도중에 침몰하거나 아주 긴 항해를 해야 경우도 자주 발생했다. 사망률이 아주 높고 발병률도 높아 포르투갈에서 출발한 배들은 치료차 모잠비크에 기항했다가 다시 인도를 향해 출항하곤 했다. 나우들이 통상 과적하는 경향이 있었던 데다가 화물 관리가 제대로 이루어지지 않아 향신료를 비롯한 화물들은 아주 불량한 상태로 리스본에 도착하기 일쑤였다. 1497년과 1590년 사이 약 171,000명이—대부분 포르투갈인들— 인도를 향해 포르투갈을 떠났다. 그중 약 17,000명이 항해 도중 조난 사고와 병으로 목숨을 잃었다. 포르투갈로 귀항하기 위해 출항하는 배에 탔던 105,000명 중에서는 11,000명이 가는 도중에 목숨을 잃었다. 같은 시기 거의 비슷하게 약 10%의 배가 사고를 당해 침몰했다. 이 통계 수치들은 아주 크게 놀랄 정도는 아닐지 몰라도 당시 사람과 배의 손실률이 적지 않았음을 잘 보여준다.[38)]

이 맥락에서 생각해 볼 필요가 있는 문제가 둘 있다. 첫째, 유럽 역사가들은 유럽으로 들어가는 향신료 교역의 변화상에 대해 많은 연구를 해왔다. 그러나 이 교역은 의심할 여지없이 분명 유럽에게는 중요했지만 아시아에게는 그렇지 않았음을 기억해야 한다. 아시아의 향신료 전체 생산량의 10분의 1정도만이 유럽으로 갔다. 대부분의 향신료는 아시아 내에서 소비되었다. 예를 들어 중국은 무굴제국과 마찬가지로 거대한 양의 생강과 후추를 소비했다. 유럽으로 들어가는 향신료 무역에만 초점을 둔다는 것은 사실상 향신료 교역의 대부분을—지중해 근처 어느 곳으로도 향하지 않았던— 무시하는 것이 된다. 포르투갈은 이 아시아 간 향신료 교역을 거의 통제하지 못했다.

둘째, 우리가 사용하고 있는 지리학적 범주 구분이 잘못된 것일 수 있다. '아시아'(Asia), '유럽'(Europe)이라고 표기하면서 이 글을 쓰고 있지만, 너무나도 익숙한 이 용어는 설명하는 부분 보다 감추는 부분이 더 클지 모른다. 초기 근대에 대해 서술하면서 아시아는 정적이었고 심지어 후진적이었으며 유럽은 성공적이고 다이내믹했다는 잘못된 인상을 줄 수 있다. 아마도 이런 불필요한 저의가 끼어들 수 있는 여지를 없애는 방법 중의 하나가 유라시아라고 불리는 지역을 상정하는 것일 수 있다. 유라시아에는 아시아에 더해 동부 지중해와 오스만제국이 포함되며, 이집트를 거쳐 홍해와 아라비아 해를 포괄한다. 이들 지역들은 모두 수백 년 혹은 수천 년 간 상품과 사람의 거래와 이동으로 상호 복잡하게 연결되어 있었다. 이런 시각에서 본다면 희망봉 루트는 유라시아에서 하나의 대안적인 교역 루트가 열린 셈이지만 전통적인 루트들은 대체하지는 못했다고 말할 수 있다.

하지만 유럽인인 포르투갈인이 아시아에서 중요한 역할을 한 것은 확실하지 않나? 포르투갈인들이 행한 많은 위업과 가져간 많은 것들을 아시아인들은 이룰 수도 만들 수도 없었지 않나? 이러한 반문들이 있을 수 있으나, 확실한 대답은 '글쎄, 사실 그렇지 않다' 이다. 포르투갈이 뛰어났던 몇 안 되는 분야들 중 하나는 맹위를 떨친 해군이었다. 배에 대포를 장착하는 기술을 익히고 있었기 때문이었다. 포르투갈이 비록 바다와 그 위를 지나가는 배들을 통제하지는 못했지만, 바로 이 능력으로 인해 인도양 전역에서 상당한 성공을 거둘 수 있었다.

조금 더 문화적인 측면에서 포르투갈이 르네상스 유럽의 과실들을 인도에 가져다주었다는 주장이 있다. 문제가 다분히 많은 주장이다. 첫째, 주로 성당과 반종교개혁 운동의 영향을 강하게 받은 포르투갈은 자체가 르네상스라고 알려진 일련의 발전상을 공유하지 못했다. 포르투갈의 박해로 수많은 유대인들이 북쪽 저지대•로 달아나야 했다. 남아 있는 이들이 개종한 이후에도 유대인들에 대한 박해는 계속되었다. 이는 포르투갈의 지적인 삶과 풍토에 장기간 악영향을 미쳤다. 르네상스의 특징인 지식의 보급을 가능하게 해주었던 위대한 상징으로 간주되곤 하는 인쇄기를 예로 들어 보자. 인쇄기는 예수회 덕분에 1556년 고아에 들어왔다. 1679년까지 이 인쇄기를 이용해 40권의 책이 출판되었는데, 단 3권만이 종교가 아닌 세속에 관한 주제를 다루었다. 이 중에서 가장 유명한 책은 고아의 대학자, 가르시아 드 오르타(Garica d'Orta, Garcia de Orta)의 『인도 식물과 약물 이야기』(*Colóquios dos simples e drogas he cousas medicinais da Índia*)이다. 다른 37권은 모두 종교에 관한 책이었으며, 이들 중 얼마간은 단순히 반유대교 혹은 반힌두교 선전물에 지나지 않았다. 가르시아 드 오르타의 책이 포르투갈에서보다 다른 유럽 지역에서 훨씬 더 영향력이 있었다는 사실도 시사하는 바가 크다.

장기적인 관점에서 포르투갈이 다른 유럽인들이 아시아에 들어올 수 있는 문을 그리고 아시아를 완전히 변화시키는 문을 열었다고 말할 수 있을까? 환언하면 아시아 대부분 지역이 유럽 강대국들에 의해 식민화되고 매우 극적이고 해로운 결과를 가져오게 될 미래의 전령이 포르투갈이었다고 말할 수 있는가? 대답은 '그렇지 않다'이다. 앞에서 지적했다시피 많은 지역에서 포르투갈은 국가나 개인 차원 모두에서 상대 아시아 국가들이나 개인들과 비교해 특별한 이점을 가지고 있지 않았다. 포르투갈인들은 아시아 사람들만큼이나 전근대적 혹은 초기 근대적이었다. 이는 문화, 사회, 종교 부문에서 분명한 사실이었으며, 만약 그렇지 않았다고 말한다면 인종 차별주의자가 될 것이다. 상품 생산, 교역 관행, 기술과 같은 부문에서도 마찬가지였다. 세계 간 불평등은 서구 유럽이 산업화되면서 나타난 현상이었으며, 18세기 말에야 부유한 세계와 가난한 세계가 확연히 구분되기 시작했다. 산업화의 결과 서구는 아시아의 많은 지역을 석권할 기술적인 능력을 가지게 되었으며, 실제로 그 능력을 사용했다. 경제력과 군사력이 증가하면서 서구는 필연적이다시피 아시아를 식민화하는 데로 나아갔다고 볼 수 있다. 포르투갈이 1498년 희망봉을 돌지 않았

• 유럽 북해 연안의 벨기에, 네덜란드, 룩셈부르크 지역을 이른다.

더라도 이런 일은 발생했을 것이다. 포르투갈은 그야말로 온 힘을 기울인 노력으로 대단한 성취를 이루어냈지만, 이는 흐름이나 영향을 만들어내지 못한 일회성 성취라고 평가할 수 있다.

이와 같은 포르투갈의 상대적인 실패 이유에 대해서는 많은 논의가 있어왔다. 이전에 어떤 영국인들은 포르투갈 사람들은 부패하고 비효율적이며 혼종적이고 잔인하며 가톨릭교도였기 때문에 실패했으며, 이는 하나도 놀랄 만한 일은 아니라고 말했다. 물론 말도 안 되는 이야기다. 보다 설득력 있게 설명하기 위해 몇 가지 요인들을 살펴보아야 한다. 첫째는 포르투갈의 목적이 애초에 너무 야심적이어서 본질적으로 성취하기 어려웠다는 점이다. 지도를 잠깐만 들여다보아도 명백해지는데 포르투갈은 거대한 해양 공간을 통제하려고 노력했다. 1600년경 포르투갈 인구는 약 2백만 명이었다. 반면, 악바르 대제가 통치하는 무굴제국의 인구는 1억 명이 넘었다. 무굴제국에는 50만의 인구를 가진 도시들이 여럿 있었다. 1600년 고아의 인구는 6만 명이었으며, 그중 1,500명이 포르투갈인과의 혼혈인인 메스티쿠스(mesticos)였다. 16세기 마지막 분기 희망봉 너머에 있었던 포르투갈인은 약 14,000~16,000명이었다. 요컨대 포르투갈의 실패를 가져온 근본적인 하나의 요인은 그야말로 인구 부족이었다.

포르투갈은 현지에서의 사정을 계속 고려하고 타협해야 했으며, 이는 포르투갈의 행동반경을 심하게 제약하는 결과를 낳았다. 예를 들어 말린디의 왕은 포르투갈이 원하는 만큼 충성을 다하지 않았다. 그리하여 남부에 대한 포르투갈의 통제력을 약화시킬 것이 분명함에도 불구하고 말린디의 왕이 구자라트와 계속 교역하도록 허용할 수밖에 없었다. 동아프리카 연안에서 포르투갈은 언제나 인접한 후배지에 있건 혹은 무타파의 지배자처럼 아주 멀리 떨어져 있건—포르투갈은 무타파에서 교역하기 위해 그 왕에게 일종의 조공물이라고 할 수 있는 쿠르바(*curva*)까지 받쳤다— 사정을 불문하고 현지 통치자들을 회유하는 데에 항상 신경을 써야 했다.

포르투갈은 때로 지식과 정보가 부족했으며, 자신에게 영향을 미칠 수도 있는 새로운 상황에 대한 인식도 부족했다. 이 두 요소 모두 동아프리카와 관계되는데, 금과 질병을 각각의 예로 들 수 있다. 먼저 금에 관해 보자. 포르투갈은 동아프리카 고원의 금이 포토시의 금처럼 커다란 노지 광산에서 나온다고 생각했다. 포르투갈이 이와 같은 광산을 찾을 수 있다면 금 수출을 통제하고 독점할 수 있다고 보았다. 두스 산투스(Dos Santos)는 현실을 알고 나서 느낀 실망감을 다음과 같이 묘사했다.

> 포르투갈인들은 금이 나는 땅에 들어가 바로 자루에 금을 가득 채우고 원하는 만큼 많은 금 자루를 들고 나올 수 있을 거라고 믿었다. 그러나 광산 근처에서 수일을 보내며 깜둥이들이 금을 얻기 위해 얼마나 어렵게 애를 쓰고 있는지를 그리고 목숨까지도 위협하는 위험을 무릎 쓰고 땅 속 깊이 들어가 돌 속에서 어렵사리 금을 캐내야 한다는 사실을 알았다. 포르투갈인들의 희망은 절망으로 변했다.[39]

쇼나인들이 옷감이 필요할 때면 교환을 위해 비정기적으로 여기저기서 단기간 채취했던 것이 금이었다. 여기에는 금이 대량으로 채굴되거나 통제할 수 있는 광산이 따로 있지 않았으며, 온 종일 금만을 채취하도록 실제 채취자들을 강제할 수도 금을 많이 채취하게 할 수도 없었다. 쿠토(Couto)는 다음과 같이 돌려 말하고 있지만 사실을 잘 알고 있었다. '깜둥이들 수가 워낙 많았기 때문에 언제나 많은 금을 채취했다. 비록 이들의 본성이 게을러 터져 몸에 걸칠 수 있는 옷감 한 두필만 살 수 있을 정도의 금을 얻으면 더 이상 일하려고 하지 않았지만 말이다.'[40]

새로운 상황에 관해 보자면, 포르투갈인들은 계절풍 양상과 같이 인도양에서 맞이한 새로운 환경에 적응하기도 했지만 실패하기도 했다. 후자의 경우를 잘 보여주는 예가 포르투갈인들의 목숨을 정말이지 수없이 앗아갔던 질병이었다. 포르투갈인들의 의복과 식습관이 상황을 더욱 악화시켰다. 특히 모잠비크 섬은 건강에 해로운 곳으로 악명이 높았다. 말 그대로 수백 명이 그곳 병원에서 숨을 거뒀다. 1507년 포르투갈이 요새를 건설하고 있을 때에도 병원을 먼저 세우는 것이 필요해 보일 정도였다. 병원이 들어서고 나서도 사망률은 여전히 매우 높았다.[41] 그렇다고 다른 지역들에서 상황이 더 나았던 것도 아니었다. 1528년 누노 다 쿤하(Nuno da Cunha)의 함대는 동부 연안을 따라 항해하고 있었다. 총독으로 부임하기 위해 인도로 가는 길이었다. 그는 병에 걸린 200명의 포르투갈인들이 치료가 필요했기 때문에 잔지바르에 이들을 남겨놓았다. 그리고서 그는 800명의 부하를 데리고 몸바사에서 겨울을 보냈다. 그중 370명이 이 '겨울'(winter) 몇 달 안에 생을 마감했다.[42] 얄궂게도 아프리카인들이 유럽의 질병에 걸리는 경우보다 포르투갈인들이 아프리카 질병에 걸리는 경우가 더 많았던 것 같다. 유럽인들은 오세아니아와 아메리카에 치명적인 전염병을 퍼트렸다. 그러나 포르투갈은 이처럼 전염병을 인도양에 널리 퍼트리지는 않았다. 대부분 동아프리카인들은 유라시아의 전염병에 이미 어느 정도 면역이 되어 있었던 것으로 보인다. 아마도 반투인들이 남쪽으로 이동하면서 또는 연안에서 내지로 이동하면서 면역성이 파급된 결과일 것이다. 포르투갈인에 비해 동아프리카인은 유라시아의 또는 이 경우에는 아프라시아의 질병 풀(disease pool)과 더 오래전부터 더 밀접하게 연관되어 있었던 것 같다.

포르투갈의 인도양 경영에는 오늘날의 시각에서 본다면 비효율성 그리고 심지어 부패가 심했다. 공금 횡령도 만연했다. 포르투갈 관리들은 모두 인도양에서 3년 임기를 마치고 나면 거부가 되리라 기대했다. 부패가 정확한 용어인지는 문제 삼을 필요가 있다. 오늘날 공직자의 행동 규범을 기준으로 근대 초기 포르투갈인을 비롯해 누군가를 평가하는 것은 적절치 않기 때문이다. 그러나 포르투갈 관리들은 국가의 이익에 반하는 행위에 자주 관여했음은 의심할 여지없는 사실이었다. 부분적으로는 관리의 적합한 행동 기준에 관한 전근대적 사고와 관련이 있지만, 근본적인 원인은 인도양에 있던 포르투갈인들이 하나의 단일한 사회구성체의 성원들이 아니었다는 데에 있다. 이들의 계층은 다양했으며 다양한 이해관계를 가지고 있었다. 포르투갈 당국의 정책과 경쟁해야 하는 이들도 많았으며 심지어 관리들 중에서도 이런 이들이 있었다. 관리들은 포르투갈 왕과 왕의 무역을 위해 일해야 했지만 자신들의 사적 무역에도 신경을 써야 했다. 대부분 이들이 국가와 왕을 위해 복무한 대가로 받은 보수에는 광범위한 무역 특권이 포함되어 있었기 때문이다. 1604년 한 칙령에는 모잠비크의 지휘관들(captains)이 너무 자주 요새 방어 의무를 방기하고 잠베지 강에서 자신들의 사적 교역을 살피느라 많은 시간을 보낸다고 질책하고 있다. 당시 지휘관들이 주로 만나는 사람들은 교역에 종사하고 있던 요새 거주자들과 완전히 포르투갈의 시스템 밖에 있는 월경인들이었다.

디우의 지휘관들은 '불법'(illegal) 교역을 눈감아 주는 대가로 뇌물을 받아 챙졌다. 불법교역 상인들에게 요새에 있던 대포마저 판 경우도 있었다. 한 요새의 신참 지휘관은 당시 널리 퍼져 있었던 사고방식을 잘 보여준다. 그가 작별을 고하기 위해 수도원을 방문했을 때 한 성직자가 그에게 다음과 같이 충고했다. '가진 것에 만족하고, 가난한 이에게 호의를 베풀고, 정당한 일을 하십시오.' 그는 다른 사람들처럼 가질 수 있는 모든 것을 다 가질 것이라고 맞받아치면서 다음과 같이 덧붙였다. '내가 요새로 가는 이유는 무엇보다 부자가 되어 돌아오기 위해서 입니다.' 위대한 역사가 디오구 도 코투(Diogo do Couto)는 당시 상황을 다음과 같이 요약했다. '왕이 재산을 늘리기 위해서는 거치는 손들이 적어야 하며, 관료들의 손이 덜 닿을수록 왕의 재산은 더욱 더 늘어날 것이다.'[43)]

마지막으로, 포르투갈이 인도양에서 보다 평화로운 방식으로 교역에 참여했더라면—사실과는 정반대로— 이라고 가정해 보자. 초기 근대 포르투갈이 시도했던 통제와 독점은 인도양에서 수용되어왔던 관행을 정면으로 거슬리는 행위였음을 보여주는 증거는 많다. 포르투갈 이전에 인도양에서 어떻게 교역이 일어나고 있었는지에 관해서는 앞 장에서 다루었기 때문에 여기에서는 동아프리카에 대해 약간의 상세한 설명을 보태고자 한다. 포르투갈이 들어왔을 때 그곳에서의 교역은 거의 자연 상태와 같았다. 포르투갈의 역사가 바루스(Barros)에 따르면, 바스쿠 다 가마가 모잠비크에 도착했을 때 그를 맞이한 페스(Fez)•의 한 원주민이 술탄의 교역 방식에 대해 다음과 같이 말했다. '낯선 배가 들어오면 필요한 것이 무엇인지 묻고 이를 주어 보낸다. 배에 탄 이들이 상인들이라면 그 나라에서 교역할 수 있으며, 만약 다른 곳으로 가던 항해자들이라면 술탄은 이들에게 필요한 것들을 주어 보낸다.'[44)] 4년 뒤, 포르투갈은 소팔라에서 평화와 우의를 원하며 이 항구에서 다른 상인들과 똑같은 대우를 받기를 원한다고 했다. 소팔라 통치자는 기꺼이 수락할만하다고 대답했다. 그는 모든 상인들을 환영했다. 통치자는 이들 상인들로부터 많은 이익을 보고

• 모로코 중앙 북부의 산기슭의 페스 강 연안에 위치한다. 모로코의 대표적인 고도로, 789년 이드리스 이븐 압둘라가 건설하여 810년 아들 이드리스 2세 시대에 이드리스 왕조의 수도가 되었다. 13세기에 마리니드 왕조가 강 양쪽에 새로 페스를 건설하였다. 그 후 유명한 모스크와 화려한 왕궁이 건설되었다. 대서양과 지중해를 연결하는 교통로의 요지에 위치하여 상공업도 발달하였다. 메디나로 불리는 옛 시가지는 세계 최대의 복잡한 미로로 알려져 있으며, 이슬람 세계의 독특한 양식을 볼 수 있다.

있었다. 포르투갈인들은 다른 모든 상인들과 같은 조건하에서 교역에 종사할 것이기에 환영을 받았다.[45)]

고디뉴는 권위 있는 연구 저술에서 이 문제를 다루었다. 그에 의하면 1501년과 1502년 포르투갈은 무력에 의존하지 않고 소팔라의 금교역에 접근했다. 그러나 1505년, 매우 전투적인 지시를 받고 임명된 인도 총독 알메이다(Almeida)가 도착하면서부터 모든 상황이 안 좋은 방향으로 전개되었으며, 약탈, 노략질, 강요, 강제 독점 정책이 실시되었다.[46)] 이유는 여러 가지였지만, 동아프리카의 킬와와 몸바사가 포르투갈에 적대한다는 것도 그중 하나였다. 그러나 이는 누워서 침 뱉기였다. 킬와의 통치자는 캘리컷에서 온 무슬림들로부터 포르투갈이 인도의 이 해항도시에서 했던 만행에 관한 이야기를 전해 들었으며 이로부터 영향을 받았기 때문이다.[47)]

당시 동시대 포르투갈인들도 무역과 무력이라는 이상한 조합에 대해 신랄하게 논평했다. 어떤 이는 정말이지 '전쟁은 무역과 상극이다'라고 말했으며, 1500년 카브랄과 함께 인도로 항해했던 한 베네치아인은 '교역을 하고 싶다면 경쟁자의 배를 털어서는 안 된다'고 말했으며, 한 귀족은 '교역과 폭력은 남극과 북극보다 더 상반되는 개념이다'라고 언급했다.

때로 포르투갈의 무력은 분명 의도와는 완전히 다른 결과를 가져왔다. 포르투갈이 칸누르(Cannanore, Kannur) 통치자의 조카와 여섯 사람을 돛에 넣어 꿰매고 배 밖으로 던져 익사시킨 사건 이후, 포르투갈은 그의 숙적이 되었다. 한 당대인의 기록에 따르면 디우의 포르투갈 지휘관의 행위가 너무 포악했기 때문에 이웃한 구자라트가 그 요새를 정면 공격했다. '구자라트의 왕과 지역의 무슬림들이 만약 기독교도였다고 해도 무슬림으로 개종했을 정도로 요새의 지휘관이 이들을 못살게 굴었기 때문에 그가 지키고 있던 디우는 결국 포위당하게 되었다.'

포르투갈은 아시아 해항도시들에서 평등 원칙을 존중하면서 교역에 참여할 수 있었다. 앞서 언급한 바와 같이 아시아 해항도시들은 누구나 환영함으로서 번영했으며 모두에게 교역 시설을 제공했기 때문이다. 분명 기존의 상인들은 포르투갈인들과 치열하게 경쟁해야 했겠지만 과거의 행적으로 보아 이들이 먼저 무력을 휘두르지는 않았을 것이다. 처음 통치자들도 포르투갈의 의도가 명확하게 드러나기 전에는 이들은 무역하러 왔으며 자신은 관세 수입을 늘릴 수 있을 것으로 생각해 포르투갈인들을 환영했다.

포르투갈이 인도양에서 평화 교역을 지향했더라면 해양의 윤리적 질서에도 도움이 되었겠지만 경제적인 이점도 누릴 수 있었을 것이다. 함대를 구축하고 요새를 세우기 위해 막대한 비용을 들일 필요가 없었기 때문이다. 일찍이 1525년 한 베네치아인 대사는 군사와 해사에 투입되는 거대한 재정 지출이 의미하는 바를 다음과 같이 정리한 바 있다.

> 포르투갈에 관한 소식과 정보에 접하면서—이 왕국에 가장 정통한 이들이 장담하면서 한 이야기들을 통해— 무엇보다도 먼저 나는 포르투갈 왕은 일반적으로 생각하는 것보다 훨씬 더 돈이 없다고 믿게 되었다. 그는 그야말로 거액의 돈이 필요한 인도로의 항해, 수많은 요새들과 함대들을 유지하기 위해 너무나 많은 돈을 써버렸기 때문이다…[48]

포르투갈인들은 중동 상인들인 파르데시가 그랬던 것처럼 캘리컷에 머물면서 직접 동남아시아에 갈 필요도 없었을지 모른다. 또는 17세기 매우 성공적이었던 네덜란드인들의 모델을 취했을 수도 있었다. 네덜란드동인도회사는 고급 향신료를 독점하기 위해 말루쿠 제도에서 무력을 사용했지만, '역내 교역'(Country Trade)에는 비교적 평화적으로 관여하면서 더 많은 돈을 벌었다. 사실 그렇게 한 포르투갈인들도 있었다. 포르투갈인들이 상대적으로 더 성공했던 지역을 살펴보면 포르투갈 왕과 정부의 간섭이 적었으며 그 결과 폭력이 훨씬 덜 사용된 지역이었음을 알 수 있다. 대륙 간 무역을 고려하지 않는다면, 포르투갈의 국가와 개인 모두에게 아시아 역내무역은 커다란 수익을 가져다주었다. 일본과 중국 간의 항해들, 그리고 믈라카와 인도 간의 항해들은 엄청난 수익을 가져왔다. 이들 항해들은 포르투갈로 가는 카레이라의 특징인 배타성을 가지고 있지 않았다. 여러 측면에서 포르투갈의 아시아제국은 본국에 의존하지 않고 재정적으로나 정치적으로 모두 독립적으로 운영되었다. 바로 그 외곽에 수천 명에 이르는 포르투갈인들이 있었다. 이들은 전통적인 아시아 교역의 풍요로운 씨실과 날실의 일부분으로 편입되었으며, 어떤 특정한 혜택이나 불이익 없이 교역에 종사하고 있던 수많은 다른 이들과 같은 위치에서 아시아 교역에 참여했으며 성공했다.

포르투갈이 유럽으로 가는 향신료 공급을 독점했다 하더라도 아시아 상인들은 크게 우려한다거나 관심을 두지는 않았을 것이다. 기독교 유럽이 전체 향신료 생산량의 10%도 안 되는 양을 소비했기 때문에 90%의 향신료를 통제하고 있었던 무슬림 상인들은 말루쿠 제도에서 시작해 이집트에 이르는 지역에 이르기까지 이슬람이라는 같은 종교를 믿었던 이들과 계속 교역했을 것이다. 그러나 앞에서 개괄한 목적과 선입견 때문에 포르투갈은 이러한 평화적인 무역 경쟁 전략을 시도할 수 없었다. 여러 요인들을 종합적으로 고려해 볼 때 포르투갈이 폭력에 근간한 독점 이외의 방법을 강구할 수 있는 여지는 거의 없었다고 보인다.

포르투갈의 원래 의도에 근본적인 결함이 내재되어 있었다는 논지에 동의하지 않는 이들도 있을 것이다. 그럼에도 불구하고 포르투갈이라는 국가가 그렇게 했어야 했다는 나의 주장과 같은 방식대로 실제 많은 포르투갈인들이 행동했다는 사실은 흥미롭다. 즉 이들은 '현지인들 속으로 들어갔으며'(went native), 포르투갈의 시스템 밖에서 그리고 기존 현지의 시스템 안에서(*within*) 만족스럽게 그리고 수익을 남기며 무역에 종사했다. 이러한 적응이나 혼요의 문제를 다루기에 앞서 북부 유럽인들을 먼저 소개하려고 한다.

포르투갈의 시인 루이스 드 카몽이스가 대표하듯 포르투갈은 바스쿠 다 가마가 이전에 그 누구도 항해한 적이 없는 바다를 항해했다고 주장했다. 리스본에서 희망봉을 돌아 아마도 현재의 델라고아 만•까지라면 충분히 그렇게 말할 수 있다. 그러나 델라고아 만에서 인도양까지는 말도 안 되는 주장이다. 포르투갈을 뒤이은 네덜란드도 마찬가지였다. 다른 점이 있다면 남대양(southern ocean)의 질풍노도의 남위 40°대와 50°대 '발견'(discovery)이었다. 인도네시아에서 기반을 잡고 나서 얼마 안 있어 네덜란드는 희망봉 남쪽으로 쭉 내려가 남대양을 가로질러 오스트레일리아의 서부 연안에서 인도네시아의 북쪽으로 오는 루트가 있음을 알게 되었다. 이 루트는 마다가스카르에서 되돌아온 인도

• 아프리카의 모잠비크 남단에 있으며 인도양에 면한 만으로 로렌수마르케스 만이라고도 한다.

네시아인들이 이용했을 가능성을 제외하면 이전에 항해된 적이 없었다.

네덜란드와 영국은 이베리아 반도 사람들이 개척해 놓은 교역에 끼어들고자 했다.[49] 교역에 대한 이들의 태도는 오늘날 가장 극단적인 자유 시장주의 경제론자의 그것만큼이나 긍정적이었다. 1711년 조지프 에디슨은 '문명 동력으로서의 교역'(Trade as a Civilising Force)이라는 글에서 다음과 같이 말했다.

> 자연은 인류로 하여금 서로 교섭하고 교류하게 하려는 목적을 가지고 있는 것처럼 보인다, 다시 말해 자연은 각기 다른 세계의 여러 지역에 그 축복을 나누어 줌으로써 지구의 사방에 있는 사람들이 서로 의존하고 힘을 합해 공통의 이해관계를 발전시킬 수 있도록 각별히 신경을 쓴 것처럼 보인다.[50]

동양의 신비는 이제 미스터리나 전설이 아니라 상품을 중심으로 이야기되었다. 사무엘 페피스는 이를 잘 표현하고 있다.

> 브루커 전하(My Lord Broucker)와 에드먼 풀리 경(Sir Edmund Pooly)은 나를 인도 배로 데리고 갔으며, 세상에서 사람이 볼 수 있는 가장 엄청난 부의 현장을 보여주었다. 후추는 여기저기 너무도 많아 밟지 않도록 조심조심 걸어야 했다. 정향과 육두구가 있는 곳에서는 무릎으로 기어야 했다. 방들이 모두 꽉 차 있었다. 그리고 짐짝에 들어있는 실크는… 내 생애에 처음 보는 고결한 광경이었다.[51]

다음 인용문은 데니스 롬바르드가 했던 매우 강력한 경고로 내가 항상 마음에 새기고 있는 글이다.

> [나는] [동인도]회사들에 대한 연구를 할 때 이들이 만들어지고 발전된 아시아라는 맥락에서 탈각되지 않도록 노력하는 태도가 중요함을 강조하고 싶다. 유럽에서 보면, 회사들은 의심할 여지없이 놀라운 능력을 지닌 자치 조직들로 19세기 식민 제국들의 도래를 알리는 선구자처럼 보인다. 아시아에서 보면, 회사들은 다른 무엇보다도 신참내기로서 수세기 동안 존재하고 있었던 시스템 안으로 들어올 수 있는 가장 나은 방법을 찾기 위해 절치부심했던 조직들로 보인다.[52]

앞서 개괄한 유형론에서 보면 네덜란드와 영국은 포르투갈처럼 몇 항구들을 신설하고 기존 항구들에 교역 거점들을—상관(factories)으로 알려진— 마련했으며, 포르투갈과는 달리 때때로 내지에서 생산에 관여하는 두 번째 단계로 옮겨갔다. 내지를 정치적으로 지배하는 세 번째 단계로의 움직임은 18세기 이후에야 나타났다. 유럽인들은 코로만델 연안에 첸라이를 비롯해 여러 항구들을 세웠다. 그러나 이런 사실은 유럽이 지역 교역에서 성과를 거두었다거나 현지의 항구들과 비교해 더 성공했음을 의미하지는 않는다. 인도의 서부 연안에서도 마찬가지였다. 영국은 1660년대 뭄바이를 건설했지만, 대형 항구 수라트를 제치는 데에는 70년이 더 걸렸다. 치명적인 최후의 일격은 교역에서가 아니라 군사적인 무력에서 나왔다. 1759년 수라트는 영국에 점령되었다. 인도네시아에서도 마찬가지였다. 마카사르를 무력으로 정복한 이후에야 네덜란드는 자카르타(바타비아)를 얻을 수 없었다.

네덜란드는 16세기 인도양에 들어서기 이전 수십 년간 특히 발트 해와 북해에서 해양 경험을 했다. 또한 네덜란드는 포르투갈 리스본에 들여온 향신료를 유럽 내에서 유통시키는 데에도 기량을 발휘한 바 있다. 1580년 스페인이 포르투갈을 정복했을 때 향신료에 접근할 수 있는 통로가 막혔는데, 이를 계기로 몇 네덜란드 선원들이 향신료의 공급지로 직접 항해를 결행하게 되었다. 초기에 이들이 거둔 수익은 만족스러운 수준 이상이었다. 이후 인도양으로 돌진은 그 누구도 제어할 수 없었다. 1598년 5개 무역 회사들에 소속된 22척의 배들이 아시아로 향했다. 그중 한 회사는 400%의 수익을 냈다. 경제와 정치 엘리트들은—이 둘은 서로 밀접한 관계를 가지고 있었다— 네덜란드인들 간의 경쟁은 비효율적이라는 인식을 공유하게 되었다. 이 문제를 해결하기 위해 국가는 상인들에게 하나의 단일 조직을 결성하도록 했으며, 1602년 네덜란드 동인도회사(Dutch East India Company, VOC)가 탄생했다. 네덜란드는 VOC에게 인도양 무역 독점권을 주었다. 여기에서 네덜란드의 정책이 가지고 있는 중요한 두 가지 특징을 볼 수 있다. 네덜란드인들은 국가가 아니라 한 무역회사 덕택에 아시아에 있게 되었다. 그러나 국가는 아시아에서의 준-국가 권리를 회사에 매각하고 그 대신 회사의 성공으로부터 이득을 취했다는 점에서 국가와 회사는 밀접한 관련을 가지고 있었다. 인도양에서도 VOC는 무역과 무력을 적절하게 섞어가며 이용했다. 이에 더해 네덜란드는 포르투갈보다 훨씬 더 많은 관심과 노력을 집중했으며 그 결과 더 많은 결과를 얻었다.

영국의 경험은 네덜란드와 유사했다. 영국 또한 드레이크나 호킨스와 같이 해적이자 군인이기도 했던 이들의 활동을 포함해 해양 경험을 가지고 있었다. 1600년에는 영국동인도회사(English Est India Company, EIC)를—네덜란드의 VOC와 비교해 훨씬 더 적은 자본과 상업 지식을 가지고— 세웠다. EIC는 VOC보다 훨씬 덜 호전적이었다. EIC의 한 관리가 '최악의 평화도 최선의 전쟁보다는 낫다'는 말을 했다고 한다.

포르투갈은 북부 유럽인들의 침입에 저항했지만, 대부분 지역에서 그 세력을 유지할 수 없었다. 네덜란드가 일련의 포르투갈 요새들을—1633년 믈라카, 1658년 콜롬보와 스리랑카 전부를 그리고 1660년대에는 말라바르의 모든 항구들을— 정복하는 사이 영국은 네덜란드를 보조하는 역할을 담당했다. 네덜란드는 인도의 양쪽 연안에 있던 기존의 항구들에도 교역소를 세웠으며, 1619년 당시에는 별반 중요치 않았던 자카르타 항구를 점령했다. 바타비아로 이름을 바꾼 이 항구는 이 지역에서 네덜란드인들의 수도로서 역할하기에 적합한 위치에 자리하고 있다고 여겨졌다.

포르투갈과 마찬가지로 네덜란드도 향신료 무역 통제를 목표로 했다. 아이러니하게도 네덜란드는 상당히 성공했지만, 포르투갈이 실패할 수밖에 없었던 같은 이유들 때문에 네덜란드도 결국 성공하지 못했다. 자본, 투지, 냉혹함, 무력은 포르투갈의 초기 성공에 모두 도움이 되었으나, 종국에는 희망봉을 경유한 포르투갈의 무역뿐만 아니라 레반트(Levant)•로의 육로 교역의 종말을 가져왔다. 일찍이 1600년 대량의 후추를 실은 6척의 포르투갈 캐럭(carrack)••들이 리스본에 짐을 내렸을 때에 시국의 변화가 확연히 감지되었다. 북부 유럽에 있는 포르투갈의 전통적인 시장들에 네덜란드가 대량 수송해온 상품들이 이미 널려 깔려 있었기에 포르투갈은 상품을 팔기 어려웠다. [53]

• 동부 지중해 및 그 섬들과 연안 제국들을 이른다.

•• 15~16세기 이베리아 반도에서 유행했던 범선으로 주돛대가 3개가량 있고 삼각형 모양의 돛을 달았으며 대포를 장착하기도 한 범선으로, 앞서 언급했듯이 포르투갈에서는 나우라고도 불렸다.

표면상 네덜란드는 상당한 성공을 거두었지만, 실제를 보면 후추 교역의 통제를 통해 얻은 것은 마침내 거의 완전하게 독점할 수 있었던 곳에서 나는 질 좋은 향신료 정도였다. 대체로 후추와는 달리 질 좋은 향신료는 제한된 몇 지역에서만 자라기 때문이었다. 네덜란드는 스리랑카에서 1638년에 처음으로 계피 화물을 얻었으며, 매입가의 두 배로 암스테르담에서 팔았다. 1658년 이 섬에서 포르투갈인들을 추방해 버린 이후 이제 완전 독점을 행사할 수 있게 된 네덜란드는 원하는 가격을 부를 수 있다고 생각했다. 1658년에는 15스튜어버스(stuivers)•에서 36스튜어버스로 가격을 올렸다. 전반적으로 이윤은 막대해졌다. 안토니 리드의 주장에 따르면 17세기 중반까지 VOC는 말루쿠에서 향신료를 구입하면서 지불한 금액 대비 유럽에서는 약 17배의 가격으로 그리고 인도에서는 약 14배의 가격으로 팔 수 있었다. 그러나 한 푼의 이윤도 아시아로 돌아가지 않았다.[54]

계피, 정향, 육두구, 메이스는 VOC의 '유명한 네'(famous four) 향신료였다. 한 프랑스인은 1697년 '네덜란드인의 향신료 교역에 대한 시샘은 정부의 애인에 대한 질투를 넘어선다'고 썼다. 네덜란드인들은 정향, 육두구, 메이스가 나는 말루쿠 제도에서 엄청나게 무자비한 행동을 자행했다. '공포 정치'(policy of frightfulness)을 추구했던 총독 코헨(1619~23, 1627~29)하에서 수많은 반다 해 사람들이 강제 추방당했으며, 그 자리에 네덜란드인들을 정주시켰다. 후자의 편의를 돌보게 하기 위해 동아프리카, 페르시아, 벵골, 일본 등 여러 지역에서 수많은 노예들을 끌고 들여왔다.[55] 1636년 네덜란드인들의 잔악한 행위의 결과 어떤 섬에는 현지인들이 560명밖에 남지 않았다. 이 섬에는 539명의 네덜란드인과 834명의 자유 외국인들(free foreigners)이 거주했다. 노동력 부족 문제를 해결하기 위해 네덜란드는 아라칸과 벵골에서 2,000명의 노예를 수입해야 했다. 밀반출의 가능성을 차단시키기 위해 반다 제도의 다른 섬들에 있는 육두구 나무들을 모두 잘라버렸다. 정향 생산 지역에서의 네덜란드의 정책도 마찬가지로 살벌했으며 지나치게 성공적이었다. 네덜란드가 생산을 너무 잘 통제한 나머지 1665년에는 정향 부족 상태가 빚어졌을 정

• 네덜란드 화폐 단위로 1/20 길더 가치이다.

도였다. 생산은 아주 긴밀하게 통제되었다. 1710년 VOC의 중역진은 암보이나에서 정향 수확이 185만 파운드에 달할 것이라며 '비탄에 잠겼다'(with grief). '허용할 수 있는'(acceptable) 수준인 약 50만 파운드로 생산량을 낮추기 위해 엄청난 양의 정향을 없애버렸다.[56)]

다른 유럽 세력들과의 경쟁도 서서히 정리되었다. 영국은 1682년에 반탐을 내놓아야 했지만 이후 남서 수마트라에 있는 벤쿨렌(현재 붕쿨루)을 보유하면서 어느 정도 후추를 얻을 수 있었다. 스페인은 1663년에 티도레를 떠났으며, 1641년 믈라카 상실로 상징화되듯 포르투갈도 더 이상 네덜란드의 경쟁 상대가 아니었다. 정향, 육두구, 메이스를 둘러싼 경쟁은 1669년 마카사르의 정복으로 종결되었으며 이후 네덜란드는 이들 향신료 독점으로부터 수백 퍼센트, 심지어는 4,000퍼센트에 이르기까지 천정부지의 수익을 올렸다. 네덜란드는 정향 교역을 독점하고 있었기에 1677년부터 1744년까지 유럽에서 정향 가격을 고정시킬 수 있었다. 더욱이 네덜란드는 유럽이 아시아와의 교역에서 마주했던 커다란 문제를 극복할 수 있었다. 유럽의 상품은 통상 인도양 지역에서 시장을 발견할 수 없었으며 금은주의자들의 시대에 금은의 유출은 바람직하지 않은 현상으로 여겨졌다. 그러나 네덜란드는 운이 좋았다. 아시아에서의 향신료 판매로 이득을 얻었으며 이를 다시 유럽에 보낼 상품을 사는 데에 이용할 수 있었기 때문이다.

그러나 이러한 네덜란드의 장밋빛 그림은 이미 그 안에 문제를 품고 있었다. 아시아와 유럽 모두에서 곤란한 상황들이 많았으며 1790년대 VOC의 파산에서 극적으로 드러나듯이, 아래 이야기할 두 요소의 결합으로 인해 18세기에 이윤은 크게 줄었다. 첫째, 향신료 중에서도 후추가 언제나 중요한 상품이었음을 기억할 필요가 있다. 17세기 유럽에서 후추에 대한 수요는 매년 약 700만 파운드였다. VOC의 '유명한 네'(famous four) 향신료들을 모두 합한 수요는 매년 100만 파운드 정도에 지나지 않았다. 문제는 네덜란드가 후추를 완전히 통제하지 못했다는 데에 있었다. 후추는 여러 지역에서 산출되었으며 따라서 네덜란드가 모든 생산지를 통제할 수는 없었다. 예를 들어 드넓은 후추 생산지인 인도의 남서 연안에서 네덜란드의 힘이 미치는 곳은 해안지역 정도였다. 많은 후추가 네덜란드의 통제를 빠져나가 육로로 운송되었다. 1664년

한 네덜란드인 사령관은 그의 부관에게 보낸 편지에서 다음과 같이 해야 할 일을 정리했다.

> 후추 무역은 모든 사람들이 둘러싸고 춤을 추고 있는 신부와 같다고 생각하고, 매년 대량의 말라바르 후추를 회사에 가져오기 위해 최선을 다할 것을 부관에게 권고한다… 동시에 부관은 현지인들이 후추를 몰래 육로나 해로 어디로든지 빼내는 것을 막아야 한다.

네덜란드가 말라바르에서 직면한 상황은 포르투갈이 이 지역 전체에서 마주했던 상황과 별반 다르지 않았다. 즉 생산 지역은 내지였으며 유럽의 세력은 연안 지역과 바다에서만 유효했던 상황이었다.[57] 심지어 말루쿠 제도에 대한 VOC의 통제도 실상 엄청 높은 비용을 치르면서 유지되었다. 고급 향신료의 약 3분의 1이 아시아 시장에서 팔렸다. 후추 또한 사정이 크게 다르지 않았기에 VOC가 아시아 시장에서 가격 책정을 신중히 해야 하는 것도 커다란 문제였다. 가격이 너무 높아지면 아시아인의 구매력이 떨어지겠지만, 너무 낮아지면 다른 유럽인들이 인도에서 고급 향신료를 구입해 유럽으로 가져다 팔 것이었다.

독점과 통제를 계속 유지하는 데에도 그리고 새로운 향신료 생산 지역이 등장하는 것을 막는 데에도 비용이 꽤 들었다. 일찍이 1663년 한 네덜란드 관리는 '[후추 무역] 때문에 회사가 그렇게 오랫동안 지불해 왔으며 앞으로도 계속 지불해야 하는 이 엄청난 비용'에 대해 암울하게 언급한 바 있다. 밀수도 특히 문제였으며 심지어 VOC의 직원들도 밀수에 가담했다. 한 세기 전 포르투갈도 똑같은 문제를 안고 있었다. 반다 제도의 노예들과 이들의 네덜란드인 주인들인 페르케니어스(*perkeniers*, 현지인 어머니에게서 태어난 이들로 VOC의 면허를 받은 영업권 보유자)는 아주 수완이 좋은 밀수꾼들이었다. 또한 특히 다른 섬들에서 약간 품질이 낮은 기다란 육두구가 생산되었으며 대용품으로 거래될 수 있었기에 독점을 유지하는 비용은 거대해질 수밖에 없었다. 방대할 뿐만 아니라 비용이 많이 드는 군사와 민사 인력과 시설을 갖춘 VOC는 금방이라도 터져버릴 듯 비대하고 융통성 없는 조직이 되었다. 아시아에서 VOC 고용자 수는 기하급수적으로 늘었다. 1625년 2,500명에서 1700년경에는 13,000명으로 늘었으며, 18세기 중반에는 20,000명의 군사 · 민간 인력이 있었다.[58] 네덜란드가 1680년에서 1720년 사이에 가장 성공적이었다는 사실은 네덜란드가 궁극적으로 이윤이 더 많이 남는 면, 차, 아편 무역에서 커다란 역할을 하지 않았음을 의미한다. 17세기 중반기 이후 직물은 향신료보다 유럽에서는 물론 아시아에서도 훨씬 더 넓은 시장을 가지고 있었다.

유럽에서도 문제가 있었다. 유럽인의 향신료 소비는 17세기를 통해 어느 정도 고정적이거나 아마도 조금 감소했을 것으로 보인다. 16세기에 유럽인의 향신료 소비는 최소한 배가되어 소비가 크게 늘었지만, 이제 향신료가 더 싸지고 더 광범위하게 이용되면서 더 이상 부나 사치의 상징이 아니게 되었다는 데에서 문제가 발생했다. 향신료에 대한 선망은 감소했으며 상대적으로 덜 소비했다. 새로운 사치품과 기호 작물들(커피, 초콜릿, 코코아, 술, 담배)이 향신료와 경쟁하게 되었으며 심지어 어떤 경우에는 향신료를 대체했다. 새로운 채소류(아스파라거스, 시금치, 아티초크, 토마토, 피망, 멜론)가 유럽인의 식탁을 풍성하게 하면서 풍미를 더해주던 향신료의 역할은 줄었다. 또한 유럽에서 고기 소비량이 감소했으며 좀 더 간단한 요리 방식이 더 유행했던 것 같다. 요약하면 역설적이게도 VOC의 독점은 트로이의 목마처럼 도움이 되는 것 같아 보였지만 안에 함정을 감추고 있었다. VOC는 결국 가치가 떨어지고 있는 상품을 독점하거나 통제하려 했으며, 처음에는 변변치 않아 보였지만 궁극적으로 더 생산적인 상품들을 무시하게 되었다.

향신료 교역에 대한 네덜란드의 영향은 예외적이었다. 최근 연구 동향을 보면 영국이 인도 동부에서 땅을 차지하기 시작한 최소한 18세기 중반까지 대부분 시간 동안 대부분 지역에서는 연속성이 작동했음을 강조한다. 18세기 중반부터 전체 방정식이 변했으며 인도양 지역은 점차 더 유럽인들, 특히 영국인들의 지배 하로 들어갔다. 이후 해항도시들의 식민화로 인해 아시아 시장들은 위축되었다. 인도를 비롯한 인도양 주변 지역을 식민 지배하고 있던 국가와 그 무력의 엄호를 받은 유럽인들이 속속 아시아 상인들을 대체했다.

북부 유럽인들의 도래 시점과 18세기 중반 사이 150년 동안 벌어진 변화

속에서 18세기 이후의 징후를 읽어낼 수 있다. 변화의 징후는 상인공동체들에서 보다는 주요 시장들의 위상에서 더 잘 드러났다. 대체적으로 이 기간 동안 유럽인들이 지배하게 된 새로운 해항도시들과 시장들이 흥기했다고 말할 수 있다. 아시아 상인들을 새로운 시장들로 끌어들이기 위해 강제적인 방식이 동원되기도 했다. 1620년대부터 VOC의 수도였던 자카르타와 1641년 포르투갈인을 몰아내고 점령한 믈라카가 적절한 예를 보여준다. 인도에서 가장 두드러진 예로는 3개의 해항도시들을 들 수 있는데, 1640년대 첸나이, 1660년대 뭄바이, 1690년대 콜카타는 모두 EIC에 의해 거의 처음 해항도시로 건설되었다. 이들 새로운 항구들의 등장과 함께 희망봉을 돌아 더 많은 화물들이 유럽 시장으로 향하자, 아라비아 해에 있던 전통적인 많은 항구들이 쇠락했다. 스와힐리 연안의 항구들도 대부분 침체에 빠졌다. 아덴과 호르무즈는 계속 기울었다. 인도의 서부 연안에서 한때 큰 시장이었던 수라트는 1730년대가 되자 뭄바이에 추월당했다. 그렇지만 영국의 항구 뭄바이가 수라트를 넘어서는 데에는 70년이 더 걸렸음을 기억해야 한다. 전통적인 해항도시는 하루아침에 무너지지 않았다!

상인공동체들은 상당한 유연성을 드러내곤 했다. 이들은 언제든 새로운 시장으로 옮겨갈 준비가 되어 있었다. 뭄바이가 수라트보다 빠르게 성장하고 있던 시기 수라트의 상인들은 뭄바이로, 코로만델 상인들은 첸나이로, 그리고 인도의 여러 지역의 상인들은 콜카타로 이동했다. 구자라트 상인들도 잔지바르로 거처를 옮겼으며, 예를 들어 관세 징수를 책임지는 등 잔지바르의 경제에서 주요한 역할을 담당했다. 변화의 또 다른 예로 들 수 있는 것이 수라트의 파르시• 공동체이다. 이 공동체는 17세기 말까지 이 도시의 교역에서 그다지 중요치 않았으나 이후 점차 더 우세를 확보하고 있던 영국인들의 대리인들이 되면서 보다 더 커다란 역할을 맡게 되었다. 파르시 상인공동체의 구성원들 또한 뭄바이로 갔으며 18세기 이 해항도시의 무역에서 중요한 인물들이 되었다. 그러나 탈구 혹은 단층 현상도 있었으며, 유럽인의 영향력이 확대되면서

• 인도에 거주하는 조로아스터교도를 일컫는 말로 '파시' 혹은 '파시 교도', 혹은 '파시족'이라고도 한다.

새로운 상인 집단들이 나타나기도 했다. 말루쿠 제도의 고급 향신료 무역을 독점하려한 네덜란드의 시도가 17세기 중반에 어느 정도 성과를 거두면서 네덜란드인들은 전통적인 말레이 상인들을 대체했다. 그러나 인도인 상인들은 인도네시아와 계속 교역했으며, 이를 봉쇄하려는 네덜란드의 시도를 우회할 수 있었다.

지역 지배자들은 북부 유럽인들의 활동에 대해 각기 다른 방식으로 대응했다. 육역 제국의 지배자들에게 영합하는 경우도 있었다. 중국에서 북부 유럽인들은 현지 항구 당국의 묵인과 용인 하에서만 교역할 수 있었으며, 굴욕감을 줄 정도는 아니라고 하더라도 매우 주도면밀한 감독을 받았다. 홍해와 걸프에서 특히 사파비 제국이 18세기에 무너지기 시작하면서 이들은 보다 덜 강력한 국가들을 상대하게 되었다. 이보다 전에 북부 유럽인들의 상대적인 위치는 EIC가 포르투갈로부터 호르무즈를 함락하는 이란인들을 도와준 사건에서 아주 잘 드러난다. 그러나 이 사건으로 얻은 이득은 거의 없었다.

인도에서는 교착상태가 계속되었지만 포르투갈이 당면했던 상황과는 달랐다. 포르투갈은 바다에서 세력을 가지고 있었지만 육지에서는 스스로 인정했듯이 별다른 힘이 없었다. 네덜란드와 영국의 동인도회사들의 경우 포르투갈이 성취한 바 있던 캄베이 만에서의 무역 통제와 같은 것을 실행할 수 없었다. 더 중요한 사실은 이들의 경우 해항도시들 연안뿐만 아니라 생산 중심지가 있는 내지에도 상관을 두었는데, 이는 이들을 때로는 매우 취약하게 만들었다. 회사들은 정치 엘리트 소유의 배들을 포함해 바다에서 인도 배들을 나포할 수 있었으며 실제로 그렇게 한 적도 있지만, 무굴제국은 항구와 내지에 있는 유럽인들을 붙잡아 들임으로써 이에 보복했다. 교착상태가 계속되다가 18세기 무굴 세력이 쇠락하면서 힘의 균형이 깨어졌다. 그 결과 아마도 가장 운명적인 결과로 영국은 이 기회를 이용했으며 중요한 이권을 얻어냈다. 1719년 영국은 돈을 선지급하고 무굴제국에서 국내 관세를 면제받았다. 이로서 영국인들은 인도인 경쟁자들과 비교해 처음에는 잠재적이었으나 나중에는 실제화된 거대한 이점을 가지게 되었다.

해항도시 통치자들의 반응도 다양했다. 앞에서 본 바와 같이 네덜란드는 1세기 전에 포르투갈이 장악했던 많은 해항도시들을 넘겨받았다. 코로만델 연안에 있는 해항도시들처럼 독립적인 해항도시들은 포르투갈에 대항하기 위해 북부 유럽인들을 반겼다. 그러나 이곳과 서부 연안 모두에서 유럽인들은 자신들의 항구들을 세웠다. 첸나이와 뭄바이가 대표적이다. 인도양에서 유럽인들의 무역 규모가 증대함에 따라 이들 항구들은 융성했으며 인접한 인도인 경쟁 해항도시들의 무역을 서서히 잠식해갔다.

이러한 현상은 동남아시아에서도 발생했다. 항구 정치체의 여러 통치자들은 경쟁에서 이기기 위해 열심히 노력했다. 이 와중에서 경제에 대한 국가의 통제가 더욱 강화되었다. 아체는 노예 노동력을 이용해 국영농장을 운영하며 후추 생산에 간여했으며 네덜란드가 넘보는 것을 막기 위해 후추 생산 지역 일부를 없애버리기도 했다. 반텐의 통치자는 도시민들을 강제해 얼마간 포도나무를 심게 했으며, 마카사르의 통치자는 무역을 감독했으며, 아유타야에서 대부분 해외 무역은 왕가의 독점에 속하게 되었다. 그러나 이러한 노력은 모두 헛수고로 끝났다. 17세기 중반부터 이전에 번영했던 많은 말레이 항구들은 네덜란드와의 경쟁에서 열세를 면치 못했다.[59]

북부 유럽인들의 인도양에서의 활동에는 또 다른 측면이 있었다. 영국과 네덜란드의 동인도회사들 모두 유럽과 광범위하게 교역했으며 포르투갈의 역할을 대체했다. 우리는 여기에서 대양에서의(*in*) 역사를 쓰고 있다. 옴 프라카쉬는 인도양에서의 역사 기술의 표준이 될 만한 시기 구분법을 보여준다.[60] 첫 시기인 약 1680년까지 VOC는 지배적이었다. 그는 VOC의 역내 교역(country trade) 참여가 성공요인이었음을 강조한다. 17세기 중반 VOC의 아시아 교역 참여는 네덜란드의 성공에 핵심요소였으며, 그 기반은 일본과의 지속적인 접촉 그리고 고급 향신료의 통제에 있었다. 그리하여 17세기 말 경 유럽과의 교역량이라는 면에서 볼 때에 영국이 네덜란드를 이미 따라잡고 있었지만, 거대한 아시아 역내무역으로 인해 네덜란드의 전체 교역량은 영국보다 여전히 훨씬 더 많았다. 두 번째 시기는 1680년에서 1740년 사이이다. 이 시기 VOC에 대한 EIC와 일부 다른 유럽인 회사들의 도전은 성공을 거두었다. 이 시기 양질의 면과 생사에 대한 유럽 수요의 폭발적인 증가가 결정적인 요소로 작용했다. 이제 인도에 자리를 확실히 잡은 영국이 이 기회를 특히 벵골에 있는 상관들을 통해 이용할 수 있었다. 마지막 시기인 1800년까지, 영국은 일사천리로 네덜란드를 앞서 갔다. 그럼에도 불구하고 프라카쉬는 VOC가 쇠락하지 않았다는 사실에 주목한다. 사실 VOC는 영국의 급속한 팽창에 필적할 만한 속도로 발전하지 못한 것뿐이었다. 이제 유럽인들의 수요 변화와 영국 정부 정책의 변화로 새로운 교역 상품이 된 차와 대부분은 인도네시아에 나중에는 중국으로 갔던 아편 무역의 급속한 증가를 살펴보자. 중국 무역이 우위를 확보했다. 광저우로의 아편 수출량은 배가되었으며 18세기의 마지막 분기에는 세배가 되었다. 차 소비량이 크게 늘어난 덕분에 1784년에 영국의 관세 수입은 줄어들었다.

VOC와 EIC의 주요 차이점은 아시아 역내무역, 즉 대양의(*of*) 역사에 대한 태도에 있었다. VOC는 '역내'(country) 교역에 상당히 깊이 관여하고 있었으며, 이로부터 참으로 많은 이익을 남겼다. 위대한 네덜란드 총독 코헨은 VOC가 뛰어들고자 했던 교역이 가지고 있었던 복잡성에 대해 다음과 같이 묘사했다.

> 우리는 구자라트에서 온 직물을 수마트라의 연안에서 후추와 금으로 교환하고, [코로만델] 연안에서 온 리알 은화•와 면을 반탐에서 후추와 교환하고, 백단향, 후추, 리알 은화를 주고 중국 상품과 중국 금을 얻을 수 있다. 우리는 중국 상품으로 일본에서 은을 가져오며, 코로만델에서 온 직물을 향신료, 다른 상품들, 리알 은화와 교환하고, 아라비아에서 온 리알 은화를 향신료와 다양한 다른 소소한 상품들과 교환할 수 있다. 이런 식으로 이렇게 모두가 연결된다.[61]

VOC는 고용자들의 사적 무역을 엄격하게 금지시켰는데, 이는 아시아에서의 활동을 특징지었던 네덜란드의 경직성을 그대로 드러낸다. 회사는 새로운 원거리 루트 몇을 이용할 수 있게 되었으며 아시아 상인들과의 경쟁에서 우세할 수 있었다. 네덜란드의 성공은 일부분 1640년대부터 일본에서 교역을 허용받은 유일한 유럽 세력이었다는 사실이 빚어낸 결과였다. 일본에서 거둔 네덜란드의 이윤은 거대했다. 또 다른 틈새에서도 네덜란드는 이례적인 성공을 거두었다. 몰디브는 앞서 언급했듯이 대체 통화로 상당히 광범위하게 사용되었

• 당시 이란, 오만, 예멘 등에서 통용된 화폐다.

던 개오지조개껍질 중에서도 가장 작기 때문에 최고로 쳐주던 개오지조개껍질의 생산지였다. VOC는 스리랑카에서 개오지조개껍질 무역을 장악할 수 있었다. 1763년 개오지조개껍질 8만kg, 즉 8,574만 개의 개오지조개껍질을 실은 14척의 배들이 몰디브에서 왔다.[62]

반면, EIC는 유럽으로의 무역에 집중했으며, 팩터factors)라고 부른 자신의 직원들이 사적 이익을 위해 지역 교역에 참여할 수 있도록 허용했다. 인도양에서 영국인들의 사적 무역은 17세기 말 확대되었으며 18세기에는 더욱 팽창했으며, 18세기의 마지막 분기에는 동쪽으로 더 진출해 중국을 상대로 했다. 회사와 개인의 화물을 실은 수많은 EIC 배들이 인도양 연안 주변에 머물면서 가격을 흥정하는 등 여러 면에서 행상 교역이라고 부를 수 있는 상거래에 종사했다.

대규모로 때로는 매우 성공적으로 역내 교역에 참여했음에도 불구하고 유럽은 여전히 대량의 금은을 인도양 지역으로 보내야 했다. 인도양 지역에는 유럽산 상품이 팔릴 수 있는 시장이 없었다. 퍼버(Furber)가 언급한 바와 같이 '유럽이 충분히 많은 은을 가지고 있지 않았다면 동인도 무역은 지속되지 못했을 것이다.'[63] 이 말은 결국 세계가 하나로 통합되기 시작했다는 주장에 힘을 실어준다. 금은은 남아메리카에서 왔으며, 유럽인의 배에 실려 지중해나 중동을 거치거나 희망봉을 돌아 대부분은 인도양으로 흘러들어왔다. VOC의 유럽 수출품 중에서 평균 3분의 2가 금은—17세기에는 페루의 은, 18세기에는 브라질의 금—이었다. 1660년과 1720년 사이 네덜란드가 주요 무역상대 지역인 벵골에 수출한 품목 중에 12.5%의 상품을 제외하면 나머지는 모두 금은이었다. EIC도 마찬가지였다. 1660~1720년 동안 영국의 아시아 전체 수출품 가운데 20.6%만이 상품이었으며 나머지는 모두 금은이었다.[64]

당시 대부분 통치자들은 영국의 왕이건 무굴의 황제이건 모두 되도록 많은 금은을 소유하고 있는 국가가 부국이라고 믿었던 금은주의자들이었다. 금은주의는 당시 지배적인 경제 사상이기도 했다. 그럼에도 불구하고, 회사들이 국내 정치에 미친 영향력과 국내 재원에 한 기여가 상당했기에 회사들은 막대한 양의 금은을 수출할 수 있었다. 모든 것이 얼마나 예기치 않은 우연의 결과였는지를 강조할 필요가 있다. 신대륙의 발견 그리고 그곳에서의 거대한 은 광상의 발견으로 유럽인들은 그렇지 않았다면 인도양 무역에 들어설 엄두조차 낼 수 없었을 많은 금은을 확보했다. 그 파문과 영향력은 엄청난 것이었다.

인도양에서 여러 우여곡절을 겪었으나 결국 그다지 성공했다고 볼 수 없는 프랑스의 시도도 언급할 필요가 있다. 프랑스인들은 인도양을 전혀 이해하지 못했던 것 같다. 프랑스의 회사들은 일반적으로 자본이 부족했으며, 국가가 상인들의 압력을 수용하면서 창설되었던 네덜란드와 영국의 회사들과는 달리 처음부터(*de novo*) 국가가 개입했던 회사들이었던 탓에 다른 유럽인 경쟁자들을 상대하기에는 역량이 부족했다. 게다가 프랑스인들은 이미 다른 이들이 선점하고 있었던 교역과 해항도시들에 뒤늦게야 도착했다. 그럼에도 프랑스는 1640년대에 마다가스카르에, 1670년에는 부르봉 섬(Ile de Bourbon, 레위니옹)에 식민지를 세우려 했다. 1710년에 프랑스는 모리셔스로—당시 프랑스의 섬을 의미하는 일드프랑스(Ile de France)로 개명하고— 관심을 돌렸다. 이 섬은 포르투갈이 발견했으며, 1598년에는 네덜란드가 이름을 붙이고 소유권을 주장했지만 1617년에도 사람이 살지 않는 무인도였다. 이후 이 섬은 1640년대에 VOC가 세운 중요한 케이프 식민지(Cape Colony)와 인도네시아를 오가는 배들을 위한 중간 기착지로 이용되었다. 프랑스도 모리셔스를 식민화하려고 노력했으나 프랑스인들의 정착은 실패로 돌아갔으며 결국 1710년 얼마간의 흑단과 지금은 멸종된 도도새를 배에 싣고 철수해야했다. 모리셔스는 나폴레옹 전쟁 시기인 1810년 영국에 점령되었다. 같은 시기 영국은 프랑스인들이 1750년에 정착했던 로드리게스 섬과 1770년에 식민화한 세이셸 제도도 점령했다.

프랑스인들은 인도양 노예무역에 종사했던 여러 유럽인 집단들 중의 하나였다. 노예무역은 오랜 역사를 가지고 있으며, 수백 년간 동아프리카에서 중동에 걸친 광범위한 교역이었다. 17세기 인도에서 노예 수요는 매우 적었지만 동남아시아에서는 상당히 많았다. 특히 아체를 예로 들 수 있는데, 이곳에서는 늘어난 인구를 먹여 살릴 식량 공급을 위한 농업뿐만 아니라 후추 농장과 주석 광산이 확대되면서 노예가 많이 필요했다. 네덜란드는 열정적으로 노예무역에 돌입했으며, 인도에서 기근이 발생할 때마다 사람들을 사들이는 일을 아주 능숙하게 해냈다. 코로만델에 기근이 들면 네덜란드는 매년 천명 이상을 배에 실어 인도네시아로 데려갔다. 네덜란드는 마다가스카르에서 노동력을 강탈하다시피 해서 케이프 식민지로 데려와 일을 시켰으며 심지어 얼마간은 아메리카로 보냈다.[65] 17세기의 후반 EIC는 아프리카, 특히 마다가스카르에서 수백 명의 노예를 사서 수마트라에 있는 붕쿨루에 보냈다.

프랑스는 인도양 서부에서 노예무역에 참가했다. 노예무역은 프랑스가 마스카렌 제도에서 농업, 특히 설탕 농장을 발전시키면서 더욱 중요해졌다. 마다가스카르는 이곳에 노예를 공급했던 제일의 장소였으며, 나중에는 동아프리카 연안도 노예 공급지로 이용되었다.

유럽인들은 18세기가 흘러가는 동안 인도양에서 중요한 존재로 부상했다. 심지어 1750년대 VOC와 EIC는 벵골 지역의 주요 수출품인 실크 수출의 거의 40%를 취급했다.[66] 스틴스고르(Steensgaard)는 유럽인들이 얼마나 중요해졌는지를 통계로 보여주려 했다. 그에 따르면 1600년경 전체 인도 해외 무역량은 약 6만 톤이었다. VOC만 보면 1620년대에 1만 톤, 1700년경에는 3만 톤을 취급했다. 18세기 중반 유럽의 인도양 상품 수요는 인도양 내부 교역량을—내지 시장은 고려하지 않은— 앞질렀을 것으로 보인다.[67]

해항도시의 영향력 정도를 보기 위해 고안한 도식에 따르면 세 번째 단계는 해항도시의 지배자가 생산에 관여할 뿐만 아니라 생산이 일어나고 있는 토지를 실제 장악하는 단계이다. 네덜란드는 말루쿠 제도에서 일찍이 이 단계로 진입했지만, 당시로서는 전형적인 사례는 아니었다. 1760년대 영국이 벵골에서 세입권을 얻고 난 뒤 지각변동 급의 변화가 일어났다. 그때부터 영국의 정치권력은 EIC와 영국 상인들에게 유리하도록 그야말로 인정사정없이 사용되었다. 처음으로 생산자들이 영국의 강제 체제에 편입되었으며, 새로운 무역 네트워크가 생성되었다. 콜카타와 뭄바이의 영국인 상인들은 인도양과 남중국해 교역을 지배하게 되었으며, EIC는 유럽으로의 교역에서 명백한 우위를 차지하게 되었다. 영국인들은 벵골에서 거둔 토지세를 이용해 상품 매입 자금으로 쓸 수 있었기 때문에 그리고 유럽에서 지불 가능한 환어음을 이용해 벵골에 있는 유럽인 상인들로부터 돈을 빌릴 수 있었기 때문에, 더 이상 본국에서 금은을 들여와 상품 대금을 지불할 필요가 없게 되었다.

아신 다스 굽타는 유럽의 우세와 아시아의 쇠락이 시작된 시점을 연결시켰으며, 이는 위대한 이슬람 제국들의 퇴조로 인해 발생했다고 설명한다. 그에 따르면 물론 그 사이에 중요한 이행기가 있었다. 해적의 공격을 받을 가능성이 낮아짐에 따라 유럽 배가 점차 더 선호되었으며 아시아 시장에서 아시아 상인과 아시아 상품을 실어 날랐다. 18세기에는 유럽 배가 유럽의 상품을 유럽이 통제하는 항구들로 실어 날랐다. 아신 다스 굽타는 어떻게 유럽인들이 내지로 들어가기 시작했는지에 대해서도 설명한다. 처음 유럽은 소규모 군대로 자신의 내지 교역을 보호했을 뿐이었지만, 얼마 안 있어 실제 상품 공급에까지 개입하게 되었다. 18세기 중반 뭄바이는 수라트의 교역을 접수했다. 그의 표현에 의하면 '19세기로의 전환기에는 인도양에서 유럽 배가 의심할 여지없이 우위를 차지했으며 인도 배는 망각으로 항해해 들어갔다.'[68] 이에 관해서는 다음 장에서 자세히 다룰 것이다.

유럽인들은 역내 교역에 관여하면서 인도양의 교역 패턴과 리듬에 더 익숙해질 수 있었다. 이들은 인도양의 문화적 환경에 적응했으며 동화되었다. 구자라트 상인들과 디우의 포르투갈 관리들 사이에 어떤 암묵적인 이해가 있었는지는 이미 언급했다. 동아프리카에서도 마찬가지였다. 공적인 선언이나 공표의 저변에는 협력, 동화, 의존과 관련 있는 완전히 다른 층위가 있었다. 종교적으로 매우 증오했고 너무 위협적인 존재라고 인식했던 무슬림과의 관계에서조차 이와 같은 층위는 존재했다. 특히 초기에 포르투갈은 상품을 얻기 위해 인도 남부의 무슬림 교역 네트워크의 신세를 많이 졌다. 협력을 얻어내고자 포르투갈은 무슬림을 잘 대우하고 선물을 주었으며, 꼭두각시 술탄들이 통치했던 인도 남부의 해항도시들에서는 새로운 술탄 옹립과 같은 문제들을 무슬림과 함께 풀어가려고 했다.[69]

사람들 간의 상호 교류를 보여주는 예들도 수없이 많다. 가장 대표적인 예는 이 지역에서 상당히 많았던 이문화출신자 간의 결혼, 그리고 이 지역에서 행해진 기독교적 혹은 이슬람적 실천 관행들에서 찾아볼 수 있다. 복서(Boxer)가 '기독교, 무슬림, 토속 신앙의 원만한 혼합'(amicable mixture)이라고 표현한 혼종주의적 종교 관행은 성직자들의 반대에도 불구하고 새로 개종한 반투 사람들뿐만 아니라 백인들, 혼혈인들, 고아 사람들 사이에 널리 퍼져 있었다. 이러한 기꺼운 혼합과 혼종 현상은 1633년 세나에서도 있었다. 포르투갈인, 중국인, 자바인, 말라바르인, 스리랑카인, 그리고 다양한 아프리카 지역 출신자의 자녀들이 같은 교회 학교를 다녔다. 고아에 있던 성폴 대학도 마찬가지였다.

저변에서의 혼종 현상은 다양한 맥락에서 그 모습을 드러냈다. 1606년 가스파르 산 베르나디노(Padre Gaspar San Bernadino) 신부가 시유•에 도착했다. 이곳에는 포르투갈 사람도 기독교도도 없었으며 지역민들은 성직자를 본 적도 없었다. 그러나 디우에서 온 두 힌두교 상인들은 그가 누구인지를 알아보았다. 이들은 포르투갈어를 유창하게 구사했으며 신부의 통역사 역할을 하며 지역의 왕에게 기독교 신부의 모든 말과 행동을 설명했다. 만다 섬 탁와(Takwa)에서는 16세기 포르투갈의 청백 접시들이 모스크 옆 세정을 위한 물단지 받침으로 쓰였다.

인도양 전역, 특히 벵골 만과 동남아시아의 여러 지역에서 '현지인 속으로 들어간'(going native)—즉, 복잡하고 유서 깊은 교역 네트워크에 동화되었던—포르투갈인들에 관한 연구는 상당히 많다. 이들은 포르투갈의 공적 채널 밖에서 교역에 종사했으며 여러 아시아 언어들을 구사할 줄 알았으며, 성직자들의 조언을 들을 기회도 거의 없었다. 이들은 다중언어와 이질성을 특징으로 한 해양 세계에서 장사하고 살고 결혼했던 가령 아르메니아인, 유대인, 시라지인(shirazis)••, 투르크인을 비롯한 다른 사람들과 별반 다르지 않았다.

공적 구조의 밖에 있던 포르투갈인들은 대부분 요새에서 군인으로 복무했던 이들로 결혼해서 '가장'(householders)이 되었다는 의미로 까자두스로 불렸다. 이들 중 많은 이들이 국가가 통제하는 요새와 연안의 바깥에서 더 좋은 장사 기회를 찾아냈다. 이들은 다른 지역들로 갔으며 스와힐리인, 무슬림, 힌두교도를 가리지 않고 그곳에서 만난 이들과 상거래를 했다. 이들이야말로 트

• Siyu는 케냐의 북쪽 해안 근처 인도양에 있는 파테 섬에 위치한 거주지이다. 1415년 침몰한 정화 함대의 생존자들이 이 섬에 정착해 살았다는 이야기가 고고학적 발굴과 시유 거주자들의 DNA검사에서 사실로 증명되고 있다고 한다.

•• 지금의 이란 파르스 주의 주도인 시라즈에서 조상들이 왔다고 주장하는 이들로 스와힐리 연안과 근처 인도양 제도에 거주하고 있는 민족이다.

랜스경계인(transfrontierfolk)—경계 양쪽에 걸쳐 있다기보다는 경계의 한 쪽에서 다른 쪽으로 넘어가서 거의 동화된 이들을 일컫기에 더 적절한 용어—이라고 볼 수 있다. 이런 트랜스경계인은 아시아 연안 지역, 스와힐리 연안, 캄베이, 벵골 만 어디에서건 발견할 수 있었다.

초기에 포르투갈인들이 동아프리카와 인도에서 했던 '닮은꼴 찾기'(search for the similar)에서도 일종의 상호교섭을 엿볼 수 있다.[70] 동아프리카와 인도 모두에서 포르투갈인들은 미지 세계의 사람들과 종교들을 받아들이고 어울리기 위해 노력했으며, 자신들에게 익숙한 방식으로 이들을 이해했다. 이들은 당시 대다수 유럽인들에게는 미지의 종교인 힌두교를 믿는 이들을 만났으며, 힌두교가 기독교의 일종이라고 생각했다. 이들은 동방에 기독교 국가를 건설했다는 전설상의 황제인 프레스터 존을 찾아 그와 함께 무슬림을 남쪽에서 공격할 수 있기를 고대해 왔기에 이미 온 정신이 기독교도를 찾는 데에 있었다.

조금 더 사회적인 영역에서도 인도에 있던 많은 포르투갈인들은 인도양 연안 환경에 동화되고 자연스럽게 어우러졌다. 심지어 가르시아 다 오르타(Garcia da Orta)를 포함해 포르투갈인 의사들은 인도의 치료법이 유럽보다 뛰어난 경우가 많다고 여겼다. 힌두교 관행에서 연유한 오염에 대한 지식들을 습득하기도 했다. 포르투갈 남성과 아시아나 아프리카 여성이 접촉하고 함께하는 경우도 많았다. 그 결과 혼혈인 메스치수(mestiço)• 인구가 상당히 증가했다. 포르투갈령 인도의 수도인 고아에서도 포르투갈인의 인구는 인도인보다 훨씬 적었다. 1600년 고아 전체 인구는 약 75,000명이었으며, 그중 1,500명이 포르투갈인과 메스치수였으며, 20,000명이 힌두교도 그리고 나머지는 현지 기독교도였다.

의학 분야에서 일어난 혼종성은 상호교섭을 보여주는 대표적인 예다.[71] 16세기까지 유럽, 무슬림 세계, 인도에서의 의학 지식과 의료 행위는 비교적 큰 차이가 없었던 것 같다. 각기 다른 지역에서 각기 다른 전문성이 앞서갔을지라도 어떤 한 지역이 특히 더 우수한 의술을 가지고 있지는 않았다. 이들 세 지역의 전통적인 의학 시스템 간에는 상당 정도의 상호 교섭이 있었다. 그러

• 혼종, 잡종, 혼혈을 의미한다.

나 어떤 질병은 특정한 지역에서만 나타난다는 인식도 있었다. 예를 들어 외국인들은 어떤 인도 질병은 이곳에만 있는 '특이한'(different) 병으로 현지에서 쓰는 치료법이 최선책이라고 보았다. 아시아에서의 첫 유럽인의 도시였던 포르투갈의 수도 고아에서 이런 현상은 특히나 두드러지게 나타났다.

차이와 상호교섭을 보여주는 또 다른 예는 방혈이었다. 방혈은 유럽에서는 질병 예방 차원과 기력 회복 차원 모두에서 거의 보편적으로 쓰인 치유법이었다. 유럽인들은 인도에 와서도 계속 이 치유법에 의존했다. 나중에 성인의 반열에 든 프란치스코 하비에르는 1542년 1월에 병이 들었다. 그는 한 편지의 끝에 다음과 같이 적었다. '더 긴 편지를 쓰고 싶은 마음 가득하나, 병이 나는 바람에 이마저도 지금은 쉽지 않습니다. 오늘만 해도 일곱 번이나 방혈을 했는데, 딴에는 잘 버티고 있습니다.'[72] 1670년대에 열병에 걸린 카레 신부(Abbé Carré)는 방혈을 해야 한다고 고집했다. 의욕이 넘친 비전문 방혈사가 그의 몸에서 아주 많은 양의 피를 뽑아냈다.

> 방혈은 나를 너무나 기력 없게 만들었으며 지금도 이에 대해서는 말조차 하지 싫다. 그러나 비록 내가 매우 허약한 상태지만, 열을 나게 했던 원인[즉 과도한 피]을 없애버리니 당연히 열이 조금 떨어졌다. 즐겨 먹었던 많은 소소한 별미들을 8일 동안이나 먹지 못하면서—어떤 때는 이것, 어떤 때는 저것, 정말이지 간신히 참아냈다는 점을 이실직고 말해야겠지만— 피를 계속 줄여 나갔다. 8일이나 10일 동안 시력, 기억력, 감각에는 아무 문제가 없었지만 너무나 허약한 상태였기에 무슨 일이 있었는지는 아무 기억도 나지 않는다.

고아의 로얄병원에서 방혈은 상당히 자주 처방되었으며, '나쁜'(bad) 피가 나오지 않을 때까지 30~40차례나 이루어지는 경우도 있었다. 방혈에서도 문화교섭을 볼 수 있다. 프랑스 여행가이자 인도 무역의 개척자인 타베르니(Tavernier)의 이야기에 따르면,

> 유럽인들이 자주하는 방혈에 대해 언급해야겠다. 안색을 되찾고 건강을 회복하기 위해, 방혈한 이들은 20일 동안 아침과 점심 그리고 저녁에 하루 3잔 암소 오줌(pissat de vache)을 마시라는 처방을 받았다. 그러나 이를 마시는

일은 여간 곤욕스러운 것이 아니어서 회복기의 환자들은 건강을 되찾고 싶은 마음이 아무리 간절해도 가능한 한 조금만 마셨다. 이 처방전은 이 나라의 우상 숭배자들[즉 힌두교도]로부터 배운 것이었으며, 회복기의 환자들이 이 처방을 지키든 말든 이를 마시도록 처방된 20일이 지나야 퇴원할 수 있었다.

아마도 이런 혼효성은 포르투갈이 주요 정치권력으로서의 세력을 잃은 이후에도 포르투갈어가 오랫동안 해양 아시아에서 통용되었던 이유를 설명해줄지도 모른다. 스리랑카를 점령한 네덜란드는 새로운 신민이 된 이들과 포르투갈어로 소통할 수밖에 없었다. 1757년 플라시 전투에서 클라이브(Clive)는 예하 부대 병사들에게 포르투갈어로 말해야 했다. 케이프에서도 마찬가지였는데, 1765년 킨더슬리 부인은 네덜란드인들의 노예들에 대해 열성적으로 다음과 같이 썼다.

[이들은] 원래 동인도의 여러 지역에서 왔다. 놀라운 사실은 이들이 네덜란드어를 배우지 않고 네덜란드인들이 이들의 방언, 즉 포르투갈어라고 불리는 것을 배웠다. 이는 일종의 변질된 포르투갈어이다. 그중 얼마간은 말레이어였는데 이는 네덜란드 [동인도]회사령인 믈라카와 인도 동쪽에 있는 섬들에 그 기원을 두고 있다.

그는 인도에서도 비슷한 현상을 보았다. 그는 아주 낮은 계층에 속한다고 보았던 인도 기독교도에 대해 다음과 같이 묘사했다. '이들의 언어는 파리아 포르투갈어(*Pariar* Portuguese)라고 불리는데, 이는 거의 모든 유럽의 언어들과 인도의 언어들을 정말 끔찍할 정도로 마구 뒤섞여 놓은 혼합어이다. 그러나 이는 힌두스탄의 여러 곳, 특히 해안 지역을 방문하는 여행자들에게는 꽤 유용한 방언이며 심지어 인도의 공통어(*lingua Franca*)로 불린다.[73)]

그러나 관용은 차치하고라도 상호교섭의 정도도 과장해서는 안 된다. 포르투갈의 공식 정책은 무자비했으며 자민족 중심적이었다. 물론 저변에서 혼요현상이 일어났지만 인종 차별 의식이나 행위도 버젓이 자행되었다. 포르투갈의 식민지 사회는 매우 엄격한 등급 사회였다. 위계질서의 맨 위에는 포르투갈에서 태어났으며 유대인의 피가 섞이지 않은 이들이 자리했다. 개종한 유대인들 즉 신기독교도들(New Christians)은 상당히 의심스러운 존재로 여겨졌다. 위대한 석학 가르시아 다 오르타는 유대교를 버리지 못했다는 이유로 사후 유죄판결을 받았다. 그의 무덤은 파헤쳐지고 뼈는 태워졌다. 그의 여동생은 산채로 화형에 처해졌다. 위계질서의 다음을 차지한 이들은 인도에서 포르투갈 부모 밑에서 태어난 카스치수(*castiços*)•였다. 포르투갈 여성이 동양으로 온 경우는 드물었기 때문에 카스치수의 숫자는 많지 않았다. 어쨌든 이들은 포르투갈에서 태어난 이들보다 열등한 존재로 간주되었는데, 그 이유는 인도인 유모의 '오염된'(contaminated) 젖을 먹었기 때문이다. 위계질서의 다음은 혼혈인 집단인 메스치수가 차지했는데 이들은 수적으로 많았으나 중상비방을 수시로 당해야 했으며 여러 가지 면에서 불리한 처지를 감수해야 했다. 거의 모든 경우에 아버지는 포르투갈인, 어머니는 아시아인이었다. 아프리카인과 포르투갈인 혈통의 혼혈은 지위가 더 낮았다. 그 다음에는 인도인 기독교도가, 그리고 그 다음에는 인도인 비기독교도가 포르투갈 식민지 등급 사회를 구성했으며, 맨 아래에 흑인노예가 있었다. 고아에는 노예인구는 상당히 많았다. 이들은 가사를 도맡았으며 때로는 주인들의 침모, 유모, 윤락녀로 고용되었다. 이들은 매우 야만적으로 취급되기 일쑤였다. 고아 시장에서 가장 비싼 노예는 요리, 노래, 바느질을 할 줄 아는 젊은 처자였다는 사실에서 이들이 쓰임을 당한 방식을 읽어낼 수 있다. 괜찮은 아라비아 말이 500크루자두를 넘었을 때에 이 처자들은 30크루자두에 팔렸다.

개신교도인 네덜란드인들과 영국인들도 현지인들과 섞이고 교류했다. 이들은 아시아인들과 아프리카인들의 경험에서 배우기도 했다. VOC는 모리셔스를 점령하고 나서 유럽식 농법을 도입했으나 실패했다. 이들이 부린 노예들은 모리셔스와 토양과 초목 면에서 많이 비슷한 마다가스카르에서 온 이들이었다. 네덜란드인들은 마다가스카르 노예들로부터 모리셔스에 더욱 적합한 농업 기술을 배워야 했다. 이와 비슷하게 프랑스인들은 마다가스카르에서 작물을 재배하는 방법을 현지 사람들로부터 습득했다.

그럼에도 불구하고 네덜란드와 영국의 식민지들에서 인종 차별 행위는 아

• 포르투갈어로 좋은 종자, 순종, 순수를 의미한다.

주 흔했다. 대부분의 식민지들에서 인도인들은 유럽인 지배자들의 거주지와는 떨어져있는 '블랙 타운'(black towns)에 살아야 했다. 자카르타에서 네덜란드인 인구는 비교적 적었다. 1673년 이 도시에는 2000명이 넘는 네덜란드인, 726명의 유라시아인, 거의 3000명의 중국인, 5000명이 넘는 '검은 포르투갈인들'(black Portuguese)•, 약 3000명의 말레이 현지인, 그리고 13,278명이나 되는 노예가 있었다. 노예들은 대부분 가사 노동과 쇼와 같은 오락업에 종사했으며 얼마간은 중국인들이 경영하는 농장에서 노동력으로 이용되었다.

자카르타에서의 인종 차별도 대체로 고아와 비슷했다. 바로 위에서 인용했던 인구통계는 인종에 따른 엄연하고 엄격한 차이와 차별이 있었음을 보여준다. 또한 VOC는 누가 모자를 쓸 수 있으며 양산을 들 수 있는지까지도 규정한 엄격한 윤리 규제 법령을 시행했다. 오직 총독만이 여섯 필의 말이 끄는 마차에 탈 수 있었다.

인도양 연안의 항구 정치체에서 정말 중요한 집단은 누구였는가? 어떤 특정한 집단이 도시의 운영에 필수적이었다는 주장이 있다. 브뤼세(Blussé)는 여성들이—어떤 계층의 네덜란드인도 아닌— 도시의 작동에 필요한 본질적인 지지대라며 이들을 기둥을 받치는 여인상(女人像柱)을 의미하는 카리아티드(caryatids)라고 표현했다. 마찬가지로 중요한 집단은 중국인들이었다. 현지 힌두교도들과 구자라트 힌두교도들이 고아 경제에서 중요한 역할을 했던 것과 마찬가지로 중국인들은 자카르타에서 매우 중요한 역할을 했다. 도시에 먹거리를 대주고 현지 경제에 전반적으로 참여했던 중국인들은 없어서는 안 되는 필수적인 존재였다. 그럼에도 불구하고 대학살과 추방사건이 발생하기도 했으나 이들은 언제나 다시 돌아오곤 했다. 대학살은 자카르타의 잔인하고 '인생은 짧다'(life is short)는 식••의 특성을 드러낸 사건이었다. 고아와 같은 유럽인의 도시들은 종종 안팎으로 위협을 받고 있다고 느꼈다. 그리하여 고아의 식민지 사회는 아메리카 신대륙이나 다른 곳에 신설된 식민지들에서 잘 드

• 아프리카-포르투갈인(Afro-Portuguese)라고도 하며, 흑인혈통 출신의 포르투갈인을 이른다. 대부분은 포르투갈의 아프리카 식민지 (앙골라, 기니 비사우, 상투 메 프린시 페, 카보 베르데 및 모잠비크) 출신이며, 일부는 사하라 사막 이남의 아프리카 국가에 기원을 두었다.

•• 주로 도덕적으로 의심스러운 행동을 정당화하는 표현으로 쓰인다.

러난 고전적인 프론티어 사회들과 상당히 닮아 있었다. 거리에서는 싸움과 소동이 일상적이었으며, 형의 집행은 소름끼치도록 야만적이었으며, 정치범에게는 말할 것도 없지만 엄혹한 캘빈주의적 규범을 어기고 도덕적 또는 사회적 일탈행위를 한 사람들에게도 공개적인 장소에서 채찍질이 이루어졌다.[74]

짧은 예상 수명도 긴장감으로 가득하고 생명에는 무관심한 '프론티어'(frontier) 심성을 더욱 조장시켰다. 자카르타에서의 사망률은 매우 높았으며 네덜란드인들의 사고방식이 상황을 더욱 악화시켰다. 네덜란드인들은 질병이 공기를 통해 들어온다고 믿었으며, 그리하여 창문을 계속 닫아두었기 때문에 집 안에 있는 사람들은 타들어갈듯 한 무더위를 참아야 했다. 이들은 유럽식의 옷을 입고 유럽식의 음식을 먹어야 한다고 고집했지만 적도 가까이에 위치하고 있는 이 도시에서 이러한 고집은 충족될 수도 바람직하지도 않았다. 자카르타에는 작은 강들이 여럿 있는데 네덜란드인들은 자카르타를 암스테르담과 더 똑같이 만들기 위해 운하를 팠다. 결국 운하는 질병을 확산시키는 하수 도랑의 역할을 하게 되었다. 고아에서도 수인성 질병이 창궐했지만, 포르투갈인들은 네덜란드인들보다 훨씬 더 잘 다른 문화에 적응하고 동화되었던 것 같다.

EIC는 그 직원들이 행하는 사적 무역을 묵인할 준비가 되어 있었으며, 이는 사실 18세기 영국의 성공 요인들 중의 하나였다. VOC는 초기에 직원들에게 얼마간 사적 무역을 허용했지만 얼마 되지 않아 바로 회사의 독점을 빈틈없이 시행하기로 결정했다. 최소한 이론상으로 회사의 어떤 직원도 사적 무역에 종사할 수 없었다. 회사를 그만둔 사람들만이 개인 무역을 할 수 있었다. 이는 앞서 언급한 포르투갈인들에 비해 훨씬 적은 네덜란드인들이 현지인들 속으로 들어가 아시아 무역의 씨실과 날실에 참여했음을 의미한다. 그러나 물론 현지인들과 함께 한 네덜란드인들도 있었다. 예를 하나 들면 어떤 이는 '원하는 만큼 많은 여성들과 함께하며… 거의 벗은 상태로 하루 종일 노래하고 춤추고… 며칠 동안 계속 술에 취해 있을 수 있는' 말루쿠 제도에 있는 한 섬에서 삶을 즐기면서 살았다.[75]

이제까지 편견과 상호 교류 또는 반감과 이종 교배가 혼효함을 보았다. 페르시아의 사절 술라이만(Sulaiman)은 다른 것에 대한 이해, 즉 문화를 횡단한 상호 이해가 쉽지 않았음을 상기시켜준다. 처음 아프리카인과 아시아인이 유럽인을 보았을 때 얼마나 괴상한 존재로 느꼈는지를 언급한 바 있지만, 200년 후에 술라이만에게도 같은 일이 벌어졌다. 그는 1685년 첸나이에서 한번은 해변에 나갔다가 제임스 2세의 대관식을 축하하기 위해 열린 영국인들의 파티에 참가하게 되었다. 그가 거기에서 한 경험은 엄청나게 기이하기 짝이 없었다. 영국인들은 신발을 벗지도 않았으며 카펫 위가 아니라 의자에 앉았으며, 이들은 개를 데리고 다녔으며, 여성들도 그 자리에 함께 참석했다. 적어도 약간은 마음에 들었던 부분에 대해 그는 다음과 같이 썼다.

> 틀림없이 이런 여성들은 격려해 주어야 한다. 아름답게 전부 뒤쪽으로 모아서 빗어 넘긴 이들의 머리는 사이프러스 나무처럼 흔들렸으며, 오랜 연인 가슴의 마른 정원을 단비로 적신다. 장밋빛 붉은 색으로 반짝이는 이들의 뺨은 하늘 선녀들의 그것과 같았으며 함께 하는 벗들의 가슴에 새로운 생명의 활기를 불어넣었다. 이렇게 이들의 미모가 발하는 빛은 인정을 받았으며, 여성이라는 사실에도 불구하고 이들은 이 축하연 자리에 함께 했다.

파티가 계속되면서,

> 포옹과 키스로 파티가 활기를 띠기 시작했다. 여기저기서 가는 허리의 여인들을 포용했으며 이들의 얼굴은 장미 와인 빛으로 붉어졌다. 축하연 분위기가 너무 열을 띠면서 겸손한 절제의 베일은 활활 타올라 없어질 것 같았다. 어떤 이의 다른 한 사람에 대한 우정의 깊이는 어떤 이가 다른 한 사람의 아내에게 보이는 애정의 정도로 표현된다는 것이 이들이 정한 또 다른 규칙이다… [댄스] 돌기가 다 끝나고 이들은 서로의 꿀 같은 입술로부터 목 타는 키스를 낚아챘다.[76]

이제까지의 상호 교류와 교섭에 대한 논의에 이어 다음 장에서는 1500년부터 1750년까지 인도양에서 지속되었던 구조에 대해 논의할 것이다. 이제까지 상당히 많은 자료를 바탕으로 인도양의 많은 지역에서 유럽의 영향이 매우 제한적이었음을 보여주었다. 다음 장에서는 초점을 완전히 바꾸어 유럽인들의 활동, 이들의 성공과 실패를 다루기보다는 인도양 내부 사정을 세밀하게 들여다 볼 것이다.

근세 인도양 세계

유럽인들, 이스타두(estado)•, 회사들, 개인 무역업자들은 복잡하고 혼란스러운 통상 환경 하에서— 합의에 이르거나 타협하는 데에 어려움을 느꼈던 적이 한두 번이 아닌— 경제적 삶을 살았다. 복잡한 인도양 교역의 패턴을 알기 위해서는 많은 정보와 지식을 축적할 필요가 있었다. 1703년 한 네덜란드 상인은 시장에 정말로 위험 요소가 많다는 사실을 상관에게 다음과 같이 보고했다.

> 시장에서 가격은 너무나 다양하다. 날마다 다를 뿐만 아니라 시간마다 다르기 때문이다. 여기에는—다른 곳에서도 마찬가지지만— 중개인, 해양 무역업자, 중소 상인, 가게 주인, 다양한 부류의 행상인들이 너무나 많이 있으며 만나서 상대하는 상인마다 가격을 달리 부른다. 한 상인은 1파운드[약 0.5kg]나 그 아래로 팔 수 있는데, 다른 상인은 1마운드[maund는 약 35네덜란드파운드]에, 또 다른 상인은 10에, 또 다른 상인은 100에, 이렇게 해서 1,000이나 100,000까지도 갈 수 있다. 상황이 이렇기 때문에 만약 한 상인이 다음 상인에게서 이문을 취한다고 하면 시장 가격의 차이가 어떨지 상상할 수 있을 것이다.[1)]

앞 장에서 VOC의 코엔 총독이 파악한 역내 교역의—그의 회사가 들어갈

• 포르투갈어와 네덜란드어로 국가를 의미한다.

수 있기를 희망했던— 실상에 대해 살펴보았다. 18세기 말에도 사정은 변하지 않았으며 거의 같았다. 유럽인들이 들어가기에 이 교역 세계는 여전히 복잡하기 짝이 없는 만화경 같았다. 제임스 포브스는 1770년대의 뭄바이에 대해 다음과 같이 기술했다.

> 부소라, 무스카트, 호르무즈, 그리고 페르시아 만의 다른 항구들은 [뭄바이] 상인들에게 진주, 생사, 카르메니아 울, 대추, 말린 과일, 장미 향수, 커피, 금, 약품, 꿀을 공급해 주었다. 수많은 배들이 매년 면직물과 금은을 중국으로 실어 날랐으며, 차, 설탕, 도자기, 실크, 난징(南京) 무명, 그리고 다양한 쓸모 있는 물품과 장식품을 가득 싣고 돌아왔다. 자바, 믈라카, 수마트라, 그리고 동부 섬들에서는 향신료, 용연향, 향수, 아라크주, 설탕을 가져왔다. 마다가스카르, 코모로 제도, 모잠비크, 그리고 아프리카 동부 연안에 있는 항구들에서 온 화물은 주로 상아, 노예, 약제였다. 인도의 여러 곳에서는 상아, 백단, 후추, 계수나무, 계피, 다른 사치품들과 함께 면, 실크, 고운 면직물인 모슬린, 진주, 다이아몬드, 각종 귀금속이 생산되었다. 이렇듯 가치가 큰 교역은 유럽인들 또는 뭄바이의 현지 상인들이 소유한 배들에 의해 이루어졌다. EIC의 무역과는 아무 상관없이 완전히 독자적으로 진행되었다.[2)]

세계 곳곳에서 온 엄청나게 많은 상인들의 본가라고도 할 수 있는 커다란 해항도시들이 가지고 있는 특징은 다양성이었다. 마누엘 고디뉴는 1663년에 수라트에서 본 사람들에 대해 다음과 같이 묘사했다.

> 수십 만 명이 넘는 사람들이 있었다. 밝은 피부의 무갈인들(white Mughals), 인도 무슬림들, 온갖 종류의 이교도들, 여러 국가 출신의 기독교도들, 그리고 수라트에 거주하거나 장사하기 위해 전 세계에서 이 항구 도시로 온 사람들이었다. 수라트에서 우리는 스페인인, 프랑스인, 독일인, 영국인, 네덜란드인, 플라망인•, 덩케르크인(Dunkirkians), 이탈리아인, 헝가리인, 폴란드인, 스웨덴인, 터키인, 아랍인, 페르시아인, 타타르인, 조지아인, 스키타이인,

• 벨기에 플랑드르 지방과 프랑스 북부 지방에 살고 있는 게르만 민족으로 네덜란드어를 사용한다.

말라바르인, 중국인, 벵골인, 싱할라인, 아르메니아인 그리고 끝도 없이 많은 다른 이상한 야만인들을 보았다.

〈그림 3〉 동인도의 수라트. 라스피첸(Raspischen) 제작. 1836. ⓒ 국립해양박물관. 런던.

교역에 관해서는 다음과 같이 썼다.

> 이 항구를 찾아오는 외국 배들은 셀 수 없을 정도로 많다. 연중 어느 때라도 수라트에서 중국, 믈라카, 아친, 마카사르, 몰루카 제도, 자카르타, 몰디브, 벵골, 테나세림(Tenasserim)•, 실론, 코친, 카나노르(Cannanore)••, 캘리컷, 메카, 아덴, 수에즈, 모가디슈, 키슘(Kishm)•••, 무스카트, 마다가스카르, 호르무즈, 바스라, 신드, 영국 등 세계 곳곳으로 향하는 배들을 볼 수 있다.[3)]

이제 인도양에서 지속적으로 기능했던 교역 구조를 설명하고자 한다.

• 현재 타닌타리(Tanintharyi)로 불리는 테나세림은 미얀마의 한 구로, 좁고 긴 남부의 끄라 지협을 포함한다. 서쪽은 안다만 해, 동쪽은 태국, 북쪽은 몬 주와 접한다.

•• 현재 칸누르(Kannur)로 불리며, 인도 서남부, 아라비아 해에 면한 항구 도시이다.

••• 지금은 케슘(Qeshm)이라고 하며, 이란 남쪽 호르무즈 해협과 클래런스 해협 사이에 위치한 섬이다.

1591~1592년 동방으로의 첫 영국 탐험대를 이끈 랭커스터 바스쿠 다 가마가 1세기 전에 그렇던 것처럼 동아프리카 연안을 따라 올라오면서 하나의 경제 세계에서 또 다른 경제 세계로 발을 들여놓았다. 동아프리카의 최남단에서 그는 '매우 미개하고 매우 야수 같은 흑인들'(certaine blacke salvages, very brutish)에 대해 언급했다. 영국인들은 칼 두 자루를 주고 황소를 사고, 칼 한 자루에 어린 암소 한 마리를 얻었으며, 이들보다 더 사소한 물품을 주고 다른 것을 얻기도 했다. 그리고서 탐험대는 그랑드코모르 섬(Great Comoro)•을 비롯해 더 익숙하고 세련된 세계에 도착했다. '무어인 식으로 무릎까지 내려오는 진홍색 새틴 가운을 입은 그들의 왕이 우리 배에 올랐다. 우리는 최선을 다해 그를 접대했으며 지역의 상황과 상품들에 대해 대화를 나누었다.'[4]

'아시아인들'(Asians) 또한 서로 다르다는 사실은 잘 알려져 있었다. 어떤 의미에서 당시에도 혹은 그 어떤 때에도 '아시아인'(Asian)이라는 하나의 실체는 분명 없었다. 페르시아 대사인 술라이만은 벵골 만에 있는 한 섬에 흥미를 가지고 다음과 같이 언급했다.

> [시암에서 페르시아로 되돌아가는 길에] 우리가 항해 여정에서 거쳤던 많은 이상한 섬들 중의 하나는 안다만이었다. 이 섬은 잘 살고 상당히 푸르렀다. 거기에는 개처럼 긴 이빨을 가진 식인종 집단이 산다. 이들 야만인의 이빨이 너무 길어 입 밖으로 삐져나와 있지만 다른 신체부분들은 보통 인간과 같다. 이들의 옷을 보면 음부를 나뭇잎으로 덮을 뿐 아무것도 입지 않는 것을 좋아했다. 불행히도 이들 손에 떨어지기라도 한다면 불쌍하게도 이들의 먹잇감이 될 것이다. 때문에 사람들은 안다만에 가지 않으며 그 섬이나 거주자들에 대해서는 별다른 내용이 알려져 있지 않다.

다른 수준이기는 하지만 그는 불치 유물에 표하는 스리랑카에서의 숭배 의식에 대해서는 그다지 흥미를 느끼지 않았다. '실론의 왕과 이 섬에 사는 모든 인도인들은 말도 안 되는 것을 믿으며 우상 숭배에 푹 빠져있다.'[5]

위 예들은 문명의 차이를 드러내고 있다. 무슬림도 차이가 많기에 뭉뚱그

• 코모르어로는 응가지자 섬(Ngazidja)으로, 인도양 코모로 제도 최북단에 위치한 섬이다. 코모로 제도에서 가장 큰 섬이며 중심 도시인 모로니는 코모로의 수도이기도 하다.

려 하나로 이해해서는 안 된다. 무슬림은 아주 다양하며, 가장 넓은 범주로 보아도 이들이 당시 인도양에서의 교역을 통제했다고 보기는 어렵다. 인도의 각기 다른 곳에서 온 힌두교도들, 대륙 동남아시아에서 온 불교도들, 아르메니아인들, 유대교도들, 기독교도들도 모두 인도양 무역에 참여했다. 중동 중심부에서 온 이들부터 말레이 세계나 심지어 구자라트와 같이 가장자리에서 온 이들까지 무슬림 '공동체'(community) 내에는 서로를 의심스럽게 바라보는 시선도 많았다. 위대한 항해자 이븐 마지드는 말레이 세계에서 표면적으로는 같은 종교를 가진 이들에 대해 다음과 같이 언급했다. '이들은 어떤 규범도 따르지 않는 사악한 사람들이다. 불신자가 무슬림과 결혼하고. 무슬림은 신앙심이 없는 여성과⋯ 이들은 대놓고 술을 마시며, 항해에 나서기 전에 기도도 하지 않는다.'[6] 오스만제국의 한 귀족은 1538년 현지의 구자라트 무슬림은 매우 해이하기 짝이 없다고 말했다. '기도 시간에 이들은 그냥 노래를 부른다. 이들 대다수는 신앙심이라고는 없는 자들이다.'[7]

교역 물품을 일일이 열거한다면 정말이지 번잡한 일만 될 것이다. 이보다 이 시기에 일어난 변화에 집중해 보는 것이 좋을 것이다. 이 과정에서 르네 바렌스의 조언을 기억하고, 인도양에 유럽인이 도래하면서 변화도 일어났다고 보는 시각에 주의할 필요가 있다. 약 1300년부터 1750년까지 전반적으로 원거리교역은 거의 남북 방향으로 이루어졌다. 즉 인도와 중국에서 생산되고 부가가치가 높은 상품을 남쪽에—동아프리카, 동남아시아— 가져가고, 그곳으로부터 노예, 상아, 얼마간의 금을 비롯해 열대 원자재를 가져오는 식이었다.

대다수 교역품들은 생필품과 같은 사소한 상품들이었으며 통상 유럽 동인도회사들 차원에서는 관심을 두지 않았던 상품들이었다. 이 교역을 지배한 것은 얼마간의 유럽인들을 포함해 현지에서 활동하고 있던 상인들이었다. 1730년대부터 벵골에서 수라트로의 설탕 교역을 언급하고 있는 한 프랑스어 자료에 따르면, 설탕은 바닥짐으로 실려 해안에서 멀어져 갔으며 얼마간은 페르시아와 홍해로 재수출되었다. 벵골-믈라카-수라트 루트에서 아편이 나가고 설탕과 납-주석 합금이 들어왔다. 벵골은 쌀을 코로만델과 말라바르 연안에 제공했으며, 쌀, 생강, 거친 피륙, 설탕은 바로 벵골에서 홍해에 있는 모카까지 갔으며, 설탕과 거친 피륙은 바스라로 향했다.[8] 대부분 해항도시들은 해외나 내지로 재수출할 상품을 거래했을 뿐만 아니라 대부분 원자재와 생활필수품을 수입했다. 호르무즈는 극단적이기는 하지만 전형적인 예를 보여준다. 호르무즈는 쌀을 촐과 인도 서부 연안의 다른 항구들에서 가져왔으며, 곡물은 신드를 경유해 펀잡에서 그리고 페르시아 본토에서 가지고 왔다. 로프, 철, 코코넛은 말라바르에서 왔으며, 나무는 동아프리카, 특히 하드라마우트를 거쳐 소말리 연안과 소코트라에서 왔다. 이 변변찮아 보이는 상품들은 사무역에 종사하는 유럽인들이 소유한 배들에 실려 수송되었다. 그 다음 단계에서는 보다 하급 수준에서 교역이 행해졌다. 즉 소상인들이 작은 현지의 배들 타고 연안과 섬들을 여기저기 다니며 교역에 종사했다.

이들 상품 중 일부는 먼 내지에서 왔거나 결절점인 해항도시에서 먼 내지로 갔다. 해양사학자들은 기실 해상 교역은 육지에서 오며 육지에서 소비되는 상품의 교역이었음을 잊지 말아야 한다고 지적한다. 해로를 이용한 해상 교역은 자체로는 별반 의미가 없으며 육지에 사는—반드시 연안에 위치한 육지일 필요는 없는— 사람들에게 필요한 상품을 제공하기 때문에 더 커다란 의미가 있다. 한 예로 걸프에 있는 반다르아바스는 광대하고 많은 루트들의—어떤 해로는 멀리 있는 전면지를, 또 어떤 육로는 아주 다양하고 때로는 아주 먼 후배지를 연결하는— 중심 혹은 '척도'(scale)였다. 반다르아바스에서 대상(caravan) 루트들은 케르만과 이스파한, 마슈하드, 부하라, 히바까지 갔으며, 야즈드에서 발흐, 칸다하르, 타브리즈, 심지어 캅카스까지 뻗어 있었다.[9]

상품들은 그야말로 아주 다양했다. 이제까지 향신료 무역에 대해 상세하게 논의했지만, 다른 고가품들도 많았다. 진주도 그중 하나인데, 주요 생산지는 바레인 주변 걸프 지역, 스리랑카와 인도 사이에 있는 만나르 만이었다. 진주는 광범위한 지역에서 거래되었으며 귀하게 여겨졌다. 페르시아 대사 술라이만—그를 중립적인 관찰자라고 볼 수는 없지만—에 따르면, 바레인에서 온 진주가 만나르 만에서 온 것보다 뛰어났다. '불행히도 다른 모든 진주들은 바레인에서 온 진주와 만나면 수치심과 큰 슬픔을 느끼며 밝은 안색을 이내 잃어버렸다. 기회와 때를 중시하는 보석 상인은 광택이 덜한 이들 인도산 진주

를 행복이라는 상품진열장의 아래 선반으로 밀쳐냈다.'[10]

또 하나의 고가품 거래는 아주 크고 아주 가치 있는 동물, 즉 코끼리 무역이었다. 코끼리는 바로 이어 이야기할 코뿔소만큼은 아니지만 놀라울 정도로 먼 거리를 여행했다. 포르투갈은 인도에서 산 코뿔소를 리스본까지 싣고 갔으며, 그리고서 이탈리아로 데리고 갔다. 코뿔소는 교황에게 선물로 바쳐지기도 전에 죽었다. 골콘다의 술탄은 아라칸, 테나세림, 실론에서 코끼리를 수송해 올 수 있는 대형 배를 여러 척 소유하고 있었다. 배 한 척에는 '이 등치 큰 동물을 14마리에서 26마리까지 실을 수 있었다. 코끼리는 짐으로 따지자면 어마어마한 화물이었을 것이며 배는 엄청 튼튼하게 건조되어야 했을 것이다.' 항해하는 동안 코끼리 먹이로 주기 위해 엄청난 양의 플랜테인도 같이 실렸다. 코끼리는 정말이지 다루기 힘든 화물이었을 것이다.

> 500~600톤(tunns)의 커다란 배가 대상인이자 벵골(Bengala)의 저명인이며 이름이 나르삼 칸(Narsam Cawn)[나시브 칸, Nasib Khan]인 사람이 소유한 무거운 짐을 수송했다. 실론(Cehlone)에서 귀향하던 항해 길에서 코끼리 한 마리가 제대로 단속되지 않아 있는 힘을 다해 이빨로 배의 측면을 갉아내는 통에 2시간 이상 이 코끼리를 그렇게 둘 수 없었다. 어쩔 수 없이 커다란 배로 데려갔는데, 날씨가 좋고 연안에서 30리그 정도 밖에 떨어져 있지 않아 그나마 모두 살아남을 수 있었다.

만약 코끼리가 항해 동안 살아남고 뭍에 발을 디딘 지 3일 동안 살아 있으면 돈이 지불되었다. 그 가격은 크기에 따라 500에서 800루피(Rs) 사이였다.[11]

인도양 연안 지역에 대한 간단한 조사로도 주요 무역품이 무엇이었는지 쉬이 알 수 있다. 당시 동아프리카 연안에서는 홍해와 하드라마우트 지역으로 보내는 상아를 제외하고는 대부분 가치가 낮은 소소한 상품들이 교역되었다. 이 교역의 대부분을—그중 최소한 양으로 따지면— 차지한 주요 품목은 아라비아 연안에서 집을 짓고 배를 건조하는 데에 필요했던 맹그로브였다. 동아프리카 연안의 스와힐리 사람들이 아니라 고객으로 방문한 무슬림 상인들이 맹그로브 교역을 담당했다.

홍해는 줄곧 유라시아의 남부를 북부, 즉 동부 지중해와 연결하는 주요한 루트였다. 여기에서 교역의 일부는 비용을 충당하고 음식을 사기 위해 여행 도중에 소소한 장사를 하면서 성스러운 도시들로 향했던 순례자들에 의해 이루어졌다. 그러나 주요 교역은 메카와 지다에서 이루어졌는데 이는 순례자들과는 거의 혹은 아무런 관계도 없었다. 1580년경 매년 40~50척의 대선이 향신료와 상품을 싣고 와서 기항했다. 몇 년 후에 로보는 지다에 대해 다음과 같이 서술했다.

> 이 시기 [지다는] 동양 전체에서 이곳으로 향하는 수많은 배들, 이곳에서 발견할 수 있는 부유한 상인들, 꾸란을 따르는 이들의 메카로의 순례라는 악명 높은 미신적인 관습…으로 인해 너무나 유명했다. 이 세계적인 시장이 가지고 있는 엄청난 부와 이 도시에 실려 온 엄청난 상품들로 인해 막대한 사업 이익을 얻을 수 있기 때문에 지다(Juda)로 항해하는 배들은 인도에서 너무나 유명했으며, 무언가가 아주 비싸고 가치 있음을 드러내고자 할 때 사람들은 메카와 지다에서 온 배라고 말한다.[12)]

이 장에서 다루는 초기 근대 내내 구자라트는 중요한 교역 센터였다. 구자라트는 면직물과 다른 상품들을 대량으로 생산했으며, 하즈를 떠나는 입구였을 뿐만 아니라 무갈 제국의 심장부로 보내는 수많은 수입상품의 관문이기도 했다. 16세기 초 토메 피레스는 캄베이에 대해 각각 홍해와 믈라카로 두 팔을 뻗고 있는듯한 형상이라고 썼다. 포르투갈의 실정으로 구자라트인들이 캄베이를 떠나면서 예전에는 커다란 해항도시였던 이곳의 쇠락에 일조했다. 구자라트인들은 캄베이 대신에 벵골 만 도처에서 그리고 말레이 세계, 특히 아체에서 교역했다. 이 지역 동인도회사들에게 구자라트인들은 열정적이고 때로는 우위에 있는 경쟁 상대였다. 17세기가 되자 수라트는 캄베이를 대체했다. 이는 중요한 변화였지만, 유럽인이 영향을 미쳐 생긴 변화는 아니었다. 17세기와 그 이후에도 수라트는 전문적이고 다양한 상인공동체들, 거대한 원천 자본, 인도양 연안 전역을 아우르는 커넥션을 두루 갖춘 세계에서 가장 커다란 항구들 중의 하나였다. 1700년경 이 해항도시는 100척이 넘는 배들의 모항이었다. 이 배들은 대부분 200톤에서 300톤에 이르는 중형 크기의 배들로 전체 톤수로 보면 최소한 자체 중량만 해도 20,000톤에 달했다. 총 교역 가치는 최

소 1,600만 루피(Rs)다. 이 중 유럽인들은 150만 루피만을 소유했다.[13)]

말라바르에서의 현지 교역, 특히 후추 교역은 처음에는 포르투갈인들 그리고 1660년대부터는 네덜란드인들 때문에 지장을 받았다. 코로만델 연안은 영향을 덜 받았다. 17세기 중반에 술탄국 골콘다의 항구들, 특히 마술리파트남은 벵골 만 교역에 적극적으로 참가했다. 이 시기 영향력 있는 인물 중 한 사람이 페르시아의 귀족이자 상인인 미르 줌라(Mir Jumla)였다. 그가 소유한 배들은 1640년대에 인도양 전역을—벵골, 수라트, 아라칸, 아유타야, 아체, 믈라카, 조호르, 반탐, 마카사르, 실론, 반다르아바스, 모카, 몰디브— 수많은 화물을 싣고 (물론 다른 많은 이들의 화물들을 포함해) 돌아다녔다. 코로만델 연안의 항구들에서 온 상인들은 벵골 만 전역, 버마의 아라칸, 페구 등지에서 교역했다. 이들이 최고로 친 거래 중의 하나가 인도의 직물을 향신료와 교환하는 것이었다. 네덜란드의 독점이 비교적 효과를 거두는 시점이 되자 이 교역은 쇠퇴했다. 그러나 코로만델 연안의 상인들은 구자라트 상인들처럼 이곳저곳으로 옮겨갔으며 VOC의 통제가 덜 미치는 지역들에서 교역을 계속했다. 이 지역들 중의 하나가 반텐이었는데, 여기에서 인도 남부의 상인들은 중요한 심지어 지배적인 역할을 했다.

말레이 세계의 북쪽 즉 중국에서 온 상인도 이 지역에서 활동했다. 앞 장에서 심지어 인도양 서쪽에서 광범위하게 수행된 중국인들의 교역은 15세기 중반에 막을 내렸음을 보았다. 그러나 중국인들은 계속 멀리 믈라카까지 왔으며, 이 중 얼마간은 1511년 포르투갈의 믈라카 점령 이후에도 그곳에서 교역했다. 17세기에 자카르타(바타비아)와 그 움랜드에는 상당한 규모인 중국인 정주자들과 상인공동체가 있었다. 그러나 당시 중국의 주요 무역 상대는 상당량의 은을 가져올 수 있었던 일본이었다. 17세기 중반 일본은 유럽인 상인들을 모두 추방했으며 네덜란드인들만이 매우 제한된 공간에서 머물 수 있었다. 푸젠(福建) 출신 중국인 상인들은 아무런 영향을 받지 않았으며, 네덜란드인들 보다 일본과의 교역을 훨씬 더 잘 수행했다. 17세기 중반 중국에서 있었던 명에서 청으로의 왕조 변화는 전반적으로 보았을 때 일시적으로만 무역에 영향을 미쳤을 뿐이었다.

그렇다면 당시 주요 상인들은 누구였을까? 상인들의 스펙트럼은 행상인부터 엄청난 자본을 운영하는 경제거물에 이르기까지 다양했다. 한쪽 끝에는 지위나 신분 면에서 미천한 현지인들이 있었다. 이들은 연안을 오르내리며 인도네시아 한 섬에서 다른 섬으로 혹은 벵골에서 마실리파트남, 또는 몸바사에서 모가디슈로 오가는 단거리 교역에 종사했다. 어떤 이들에게는 이들 단거리 항해도 중요하고도 길게 느껴질 수 있었다. 또 다른 미천한 이들은 훨씬 더 멀리 바다를 항해했다. 이들은 더 대단한 사람들이—아마도 대상인들, 정치 엘리트들, 유럽인들— 소유한 배에 자신의 화물을 실었다. 이들은 어떤 곳에서는 이윤을 조금 남기고 어떤 곳에서는 손해를 보면서 수년을 행상하면서 돌아다니기도 했다.

사실 알려진 바가 매우 적은 위와 같이 원자화된 사람들 위에는 훨씬 더 분명히 모습이 드러나는 상인 세계에 속한 이들을 볼 수 있다. 아르메니아인들이 뛰어난 예를 보여준다. 민족, 친족, 종교는 교역 활동과 관련해 매우 중요했다. 많이 인용되어온 아르메니아의 상인 호브하네스(Hovhannes)가 전형적인 사례를 제공한다. 그는 행상인과는 아무 관계가 없었으며, 처음에는 이란 이스파한에 있는 뉴 줄파(New Julfa) 교외지역에 살고 있는 부유한 아르메니아 상인들, 그리고 후에는 인도 아그라에 거주하는 부유한 아르메니아인들의 대리인이었다. 그러나 우리의 논의와 관련해 중요한 점은 그가 상당히 넓은 지역에 흩어져 있던 공동체의 일원으로서 교역에 종사했다는 데에 있다. 그의 일기에는 1682년부터 1693년까지 한 여행이 자세히 기록되어 있다. 이 기간 동안 그는 반다르아바스와 수라트, 그리고서는 거의 1년을 보낸 아그라를 돌아다니며 장사했다. 거기에서 그는 티베트로 갔다가 다시 인도로 돌아와서 파트나로 그리고서 벵골로 갔다. 발을 디뎠던 모든 곳에서 그는 상당히 널리 퍼져 있었던 아르메니아 상인공동체에 속한 사람들과 접촉했으며 이들의 도움을 받았다. 그는 어디에서 장사를 할 것인지 무엇을 거래할 것인지에 관한 사항을 기록했다. 17세기 한 아르메니아 상인의 매뉴얼에 보면 호브하네스가 방문했던 모든 지역에서 필요하다고 지시한 사항이 그대로 들어가 있다.[14]

아르메니아인들은 상업 세계에서 볼 수 있는 전형적인 중개인들이었다. 박해는 이들에게 기회가 되었던 듯하다. 이들은 16세기 말 페르시아의 아바스 1세의 정책으로 인해 아르메니아를 떠나야 했으며 이스파한 근처의 뉴 줄파에 정착했다. 이주로 인해 이들은 교역 루트들과 상품들에 더 쉬이 접근할 수 있었다. 이들은 페르시아어를 말할 수 있었기 때문에 무슬림 세계 전역에서 활동할 수 있었으며, 기독교인들이었기 때문에 유럽인들을 상대하는 데에 이점을 가질 수 있었다. 여기 저기 흩어져 있던 아르메니아 공동체들로 구성된 네트워크 덕분에 아르메니아인들은 중심 근거지인 뉴 줄파에서도 멀리 있는 시장들의 가격과 경제 사정에 대한 고급 정보를 알고 있었다. 뉴 줄파에는 규모가 상당하고 때로 친족에 기반을 둔 상사들이 여럿 있었다. 이 상사들 중 한 상사만 하더라도 총 100여 명의 대리인들을 멀고 드넓은 인도양 연안 주변과 멀리 내지까지도 파견했다. 17세기 말 런던에 있던 아르메니아인들은 EIC 배들의 화물칸을 채우는 주요 화주(貨主)들였다. 이들은 멀리 스웨덴에서도 무역했으며 암스테르담에서도 중요한 상인 집단이었다.[15] 아르메니아인들의 교역은 16세기 이전 이집트를 탈출했던 유대인들의 교역과 많은 면에서 닮아 있다.

다른 거물급 상인들은 아르메니아인들에 비해 더 크고 더 안정적인 공동체의 성원이었다. 이와 같은 대상인들을 최근에는 '포트폴리오 자본가들'(portfolio capitalists), 즉 수없이 많은 상품들을 거래할 뿐만 아니라 은행업과 해운업을 포함해 다양한 종류의 사업을 여러 지역으로 분산해 투자 · 운영하는 이들로 묘사되어 왔다. 호상(豪商)이라고도 표현되는 이 대상인들 중 많은 이들은 무슬림이었으며 통치자들이나 귀족들 자체가 대상인인 경우도 많았다. 대상인들 중 그 누구도 비천한 신분에 속한 이들은 없었다. 유럽인들은 세상에서 가장 큰 부자로 명성이 자자했던 수라트의 자이나교도 대상인이며, 북부 유럽 무역회사들을 손쉽게 사고팔 수 있었던 버지 보라(Virji Vorah)를 찬양하는 글들을 남겼다. 1665년에 세상을 떠난 버지 보라는 그야말로 모든 것에 관심을 보였다. 그는 은행가이자 선주이기도 했으며 인디고와 후추 그리고 수없이 많은 다른 상품들을 파는 상인이었다. 그는 도매업과 소매업 모두에 관여했으며 무갈 제국의 귀족들에게 돈을 빌려주었다. 또한 유럽인들에게도 돈을 빌려주었으며 자신의 권력을 마음껏 휘둘렀다. 코로만델에서 버지 보라에 상응하는 사람은 카시 베란다(Kasi Veeranna)였다. 그는 중부 코로만델 연안 전역에서 사업을 했으며, 풀리캇, 첸나이, 산토메(San Thome), 타랑감바디(Tranquebar) 등지에서 동남아시아 대륙과 섬들 전역으로 배들을 보냈다. 그는 인도의 면제품을 유럽 회사들에 공급해주었던 주요 인물이기도 했다. 이 시기의 변화를 반영하듯 1670년대부터 인도에서의 상황이 불안해지자 그는 첸나이를 본거지로 하면서 광범위한 코로만델 연안 지역의 세금 대납업(tax farms)에 뛰어들었다.[16)]

대다수 대상인들은 자신이 여행하지는 않았지만 해안 지역의 해항도시들과 먼 내지 곳곳에 대리인들을 두고 있었다. 버지 보라는 캘리컷, 아그라, 부란푸르, 구자라트 내지 전역, 그리고 인도양 연안 주변의 중요한 모든 시장에 대리인을 두거나 혹은 커넥션을 가지고 있었다. 다른 구자라트 상인들, 특히 바니아라고 알려진 힌두상인 집단의 네트워크는 이보다 더 멀리 필리핀과 심지어 러시아까지 뻗어 있었다. 이들 대리인들은 같은 공동체의 성원인 경우가 많았으며 대상인과 어떤 식으로든 연관 있는 이들이었다.

코로만델 연안에 있는 추리아 공동체의 성원들은 구자라트의 바니아와 많은 면에서 유사했다. 보우리는 이들에 대해 매우 적대적인 글을 썼는데 흥미로운 사실 또한 보여준다. 1670년대 보우리가 다음과 같은 글을 쓰고 있었던 시점에 인도양 상인들은 유럽인들을 상대로 성공적으로 경쟁하고 있었음을 알 수 있다.

> 추리아 사람들은 아시아 거의 모든 왕국들과 나라들에 있는데, 무함마드파에 속하는 속을 알 수없는 불한당들이지만 그렇다고 무함마드의 율법을 아주 잘 지키는 이들도 아니다. 이들이 태어난 땅은 코로만델 연안의 최남단이다… 이들은 여러 곳에 걸쳐 살면서 (살고 있는 거주지에 적응하기도 전에 다른 곳으로 옮겨가는) 여러 동양의 언어를 쓰고 말하는 것을 배우며, 이로 인해 사람들을 속이고 기만하는 경우가 적지 않다. 또한 이들은 우리에게는 매우 큰 장애물이다. 이 악한들이 있는 곳이 어디든 우리는 현지인에게 아무 물건도 팔 수 없기 때문이다. 이들은 현지인들에게 영향을 미치며, 사적으로 현지인들에게 우리 상품이 코로만델 연안 혹은 수라트 혹은 벵골(Bangala) 혹은 다른 곳에서 얼마 하는지를 말하는데, 이는 많은 기독교도들에 대해 커다란 편견을 갖게 한다.[17)]

스티븐 데일은 중앙아시아, 러시아, 중동의 넓은 지역에 걸쳐 교역에 종사했던 힌두교 상인들에 대한 본보기가 될 만한 연구를 남겼다. 이들 힌두교 상인들의 예는 아르메니아인들과 마찬가지로 전 지구적 네트워크가 점차 더 확장되기 시작했음을 보여준다.[18] '세계 경제'(world economy)를 기술하기에는 아직 다소 무모할지 모르지만 분명 새로운 중요한 연결고리들이 만들어졌다. 가장 중요한 계기는 유럽인들의 희망봉 통과가 아니었으며 아메리카의 '발견'이었다.

아메리카의 등장, 금은의 획득, 그리고 동시에 이루어진 희망봉 루트의 별견은 분명 행운의 일치였다. 아메리카의 금은이 없었다면 유럽인들은 아시아에서 교역할 자금이 부족했을 것이다. 이들 금은으로 무장한 유럽인들은 결국 인도양 연안 일부 지역에 영향을 미쳤다. 18세기 초 벵골 산 직물에 대한 유럽의 수요로 인해 직물 산업에서 추가로 10만 개의 일자리가 만들어졌다. 금은 공급이 그야말로 거대한 규모로 증가하자 인도양 경제도 어느 정도 영향을 받았다. 예를 들어 특히 무갈 제국의 인도에서 야심찬 통치자들은 이제 토지 생산물에 대한 세금과 지세를 현물이 아니라 현금으로 요구했다. 그리하여 인도의 농촌도 화폐 경제에 편입되었으며 수없이 많은 외진 마을에도 시장들이 들어섰다. 인도양의 생산자들에게 피해를 미쳤던 대륙 간 경쟁 사례들도 발생했다. 17세기에 인도를 비롯해 다른 지역에서도 중요한 현금작물이었던 인디고와 설탕은 아메리카에서 생산된 보다 싸고 비슷한 산물들로 인해 밭에서 베어져나갔다. 나중에, 잔지바르 산 정향도 비슷한 이유로 잘려져 나갔다. 이제 상인 네트워크는 이전보다 더 멀리까지 뻗어나갔다. 해적들이 그랬던 것처럼, 포르투갈의 인도양 무역도 아메리카로까지 연결되는 커넥션을 가지고 있었다.

금은은 세계 곳곳을 흘러 다닌 상품들의 전형적인 예를 보여준다. 아메리카의 발견 이전에도 많은 유럽산 금은이 종국에는 인도양 지역으로 들어왔다. 그러나 남아메리카 금은 광산이 가동되면서 훨씬 더 많은 양이 흘러들어왔다. 이 무역에 대한 개괄은 두 가지 이유에서 매우 중요하다. 첫째, 금은 교역은 인도양 무역과 경제에서 일어난 중요한 변화를 보여주는 예이기 때문이다. 둘째, 하나로 통합된 세계의 출발점을—이 면에 관해서는 다음 장에서 자세히 다룰 것이다— 가장 잘 드러내 주는 예이기 때문이다.

일반적인 통념과는 달리, 이 장에서 다루고 있는 시기 대부분 동안 유럽에서 아시아로의 대부분 금은의 유입은 희망봉을 돌아 유럽 배에 실려서 이루어진 것이 아니라, 레반트를 거쳐 아시아의 배와 얼마간의 유럽 배에 실려서 이루어졌다. 이에 더해 스페인도 금은을 마닐라로 날랐으며 마닐라의 중국인 상인들이 중국으로 가지고 갔다. 이제 1560년부터 1668년까지 그리고 그 이후에도 일본이 엄청난 은을 생산하고 중국으로 수출했음에 주목할 차례이다. 플린은 다음과 같은 문장으로 금은 시장을 매우 간결하게 요약하고 있다. '일본과 스페인은 첫 번째 세계의 글로벌 시장에서 중요한 경쟁자였다. 중국이 가장 중요한 고객이었으며 인도가 뒤를 이었다.'[19] 최근에는 다소 지나칠 정도로 유럽이 한 역할은 '신세계와 중국 간 교역의 중개자'였다고[20] 표현되기도 한다. 요컨대 아메리카산 은이 유럽에 영향을 미쳤다는 유럽 중심적 시각과는 반대로, 초기 근대에 세 곳에서의 세계 통화의 흐름 모두 아시아와 관련을 가지고 있었다. 아메리카산 금은이 흔치 않게 아시아 배에 실려 태평양을 횡단하거나 유럽을 거쳐 아시아로 유입되었다. 그리고 아메리카 이외의 중요한 두 생산 지역들, 즉 동아프리카에서의 금과 일본에서 비롯된 은의 흐름 모두 아시아와 관련된다.[21]

여러 곳에 신작물이 들어왔다. 16세기에 신품종이 한 장소에서 다른 장소로 들어가는 것은 특이한 일이 아니었다. 오늘날 인도양 전역에 퍼져있는 몇 상품들과 스타일은 아주 먼 과거에 한 특별한 장소에서 온 것이다. 최고의 예는 바나나이다. 원래 인도네시아에서 생산된 바나나는 이주자들과 함께 마자가스카르로 갔으며 이후 아프리카에서 더욱 개량되었다. 동남아시아가 원산지인 일종의 순한 흥분제인 빈랑(檳榔)도 인도양 어디에서나 발견할 수 있다. 이븐 바투타는 학식에 대한 존경의 표시로 모가디슈에서 얼마간의 빈랑을 받았다. 뉴잇과 미들톤은 동아프리카에 들어와서 현지화된 산물, 작물, 기술을 표시한 긴 목록을—면, 쌀, 바나나, 코코넛, 망고, 아우트리거 카누, 직기, 정방형 가옥구조, 산호 시멘트를 이용한 건축을 포함한— 보여준다.[22] 사하라 사막 이남 아프리카는 수 세기에 걸쳐 멀리 동쪽에서 호르무즈, 하드라마우트, 에티오피아 북부, 수단을 경유해 온 바나나, 타로 토란, 돼지, 염소, 양, 소, 닭을 받아들였다.

아메리카에서 유럽으로 온 대부분의 식물들은 스페인에 의해 전파되었으며, 브라질은 아프리카 전역 그리고 인도와 중국에 옥수수, 카사바•, 고구마, 땅콩, 캐슈••, 파인애플, 고추, 파파야, 호박을 전해주었다. 스페인은 담배, 고추, 고구마, 옥수수, 아보카도, 구아바•••와 같은 아메리카 품종들을 세계가 이용할 수 있도록 했다.[23]

담배는 작물의 이동과 도입을 보여주는 좋은 예이다. 17세기 초 영국과 인도의 무갈 통치자들 모두 유해한 잡초를 피우는 역겨운 습관에 대해 맹렬히 비난했다. 포르투갈 제국 내에서 담배의 주요 생산지는 바이아••••였으며, 담배는 이곳에서 바로 고아로, 또는 리스본을 거쳐 인도양으로 수출되었다. 포르투갈은 담배를 마카오와 청(淸)으로 수출했다. 17세기 초에는 인도인 농부들이 담배를 부지런히 경작했으며 시장이 생기고 확대되면서 다른 새로운 지역들에서도 담배가 재배되었다.[24] 커피의 원산지는 예멘이지만, 1700년경 유럽에서 수요가 생기자 VOC는 자바에 커피 농장을 세웠다. 1715년경 자바에서는 2,000파운드가 안 되는 커피를 생산했지만 20년 후에는 거의 600만 파운드 정도를 생산했다.[25]

출처는 변하지 않았지만 유통의 구조와 범위가 변한 산물들도 있었다. 중국에서 온 차가 대표적이다. 1710년 EIC는 일종의 순한 흥분제인 차를 처음 10만 파운드(lbs)••••• 넘게 수입했다. 수입량은 곧 100만 파운드로 늘었으며, 1747

• 카사바는 길쭉한 고구마 같이 생긴 식물로 열대지방에서는 탄수화물 공급원으로 활용되어 왔다. 남미에서는 끓이거나 으깨거나, 튀김, 구이 등 다양한 요리에 활용한다. 카사바의 덩이뿌리를 말려서 채취한 전분을 타피오카라고 하는데 밀가루, 옥수수가루보다 찰기가 있어 빵을 굽거나 만두를 만들 때 사용한다.

•• 브라질 동북부~중부 지역의 아마존 우림과 대서양 우림의 전이지역이 원산지이다. 포르투갈 사람들이 브라질을 식민지화하기 전, 토속 인디언들은 캐슈넛을 불에 구워먹고, 캐슈사과의 즙을 짜서 발효시켜 술을 만드는 등의 방법으로 이 식물을 이용했다. 18세기 포르투갈 사람들이 인도로 도입한 후 인도에서 널리 재배하게 되었다.

••• 열대과일로 다양한 영양성분을 가지고 있다. 고대 잉카인들이 먹는 열매 중 하나로 잎, 열매, 뿌리, 줄기 모두 식용으로 가능하다. 페루에선 수천 년 전부터 페루에서는 설사와 복통, 구토, 기침, 생리통 등을 멈추는데 구아바를 사용했고, 브라질에서 또한 목이 따끔거릴 때 구아바 주스로 가글을 하고 입안을 씻어내는 등 그 약효가 여러 부문에 두루 사용되었다 한다.

•••• 브라질 중동부에 있는 주이다. 바이아는 포르투갈 어로 '만(灣)'이라는 뜻이다. 1510년부터 개척되기 시작했으며, 1549년부터 브라질 행정의 중심지였다. 그러나 17세기 이후 경제의 중심이 미나스제라이스로 옮겨지고, 수도가 리우데자네이루로 이전하면서 쇠퇴하였다. 커피·설탕·면화의 생산량이 많으며, 특히 코코아는 브라질 생산의 90%를 차지한다.

••••• 1파운드는 약 454그램에 해당한다.

년부터는 300만 파운드 이하로 내려간 적이 거의 없었다. 변변찮아 보일지 모르지만 매우 중요한 화폐였던 개오지조개껍질은 앞에서 언급했듯이 또 다른 훌륭한 예를 제공한다. 최상의 개오지조개껍질은 몰디브 산(産)이었다. 개오지조개껍질은 매우 광범위하게 유통되었는데, 특히 벵골 만에서는 일상적으로 유통되었으며, 팀북투, 베냉, 강가(갠지스) 강과 니제르 강 계곡에서도 사용되었다. 대부분 아프리카 노예는 개오지조개껍질을 주고 사들였다. 이외에도 공간적으로 넓게 연결되면서 유통되었던 산물들은 많았다. 1770년대에 '바다표범 러시'(seal rush)가 있었다. 뉴잉글랜드에서 온 바다표범 사냥꾼들은 남대양에서 바다표범을 사냥했으며, 광저우에 그 가죽을 팔고 차나 실크를 사가지고 돌아갔다. 18세기 초 사치스럽기로 유명한 구자라트의 '금 옷'(gold cloth)은 일본의 미카도•, 태국의 왕 그리고 예멘의 자이디파 이맘••이 구입했다. 마데이라 와인•••의 주요 판로는 인도와 광저우에 있던 유럽인 공동체였다. 해적은 전 세계적으로 활동했다. 코친의 유대교 회당인 시너고그를 장식하고 있는 250개 이상의 파랗고 하얀 버들 무늬 타일은 1760년경 중국에서 왔다. 이런 예들은 얼마든지 더 찾을 수 있다.

사람과 상품만 이동하는 것은 아니었다. 기독교의 종교적 위계질서도 전 세계로 퍼졌으며, 메카는 전 세계 무슬림이 찾는 성도가 되었다. 올드 고아에 있는 17세기 바로크 양식의 대형 교회들, 특히 세 대성당들과 봄 지저스 대성당은 인도식의 장식도 포함하고 있지만 유럽 성당을 모델로 했다.

사람이 움직이면서 질병 또한 퍼졌다. 아메리카에서 기록했던 엄청나게 높은 사망률은 인도양 세계 어디에서도 일어나지 않았다. 인도양 지역은 수 세기 동안 유라시아 혹은 아프라시안 질병 풀의 일부였기 때문이다. 인도양에 새롭게 등장한 가장 중요한 질병은 훨씬 더 치명적인 매독이었다. 콜럼버스의

• 御門, 일본의 군주인 덴노(天皇)의 별칭으로 쓰이기도 하며, 일본 황실이나 궁정 혹은 조정을 포괄하는 용어이기도 하다.

•• 규범 또는 지도자라는 의미를 가짐. 수니파에서는 칼리프와 같은 의미지만, 자이디파가 속하는 시아파에서는 알리의 자손으로서 시아파의 최고 지도자라는 의미로 왕이라고 할 수 있다.

••• 북아프리카 해안에 있는 마데이라 섬에서 생산되는 백포도주인 마데이라 와인은 15세기부터 아프리카, 인도, 남미에 수출되었다.

두 번째 항해를 같이 했던 누군가가 이 전염병을 유럽으로 가져갔다고 한다. 유럽에서 이 전염병은 놀라운 속도로 퍼졌다. 일찍이 1502년, 그리고 1505년에 광저우의 사례가 보고된 적이 있다. 이탈리아인 바르테마는 이곳 군주가 "'불랑기"[Frangi]• 질병을 앓고 있다'고 주장했다.[26] 그러나 전에 없었던 새로운 질병이 들어와서라기보다는 상품과 사람의 접촉 빈도가 잦아지고 인구 밀도가 높아지면서 인도양 주변에 사는 사람들은 질병에 더욱 취약해졌다. 하즈를 위해 수많은 사람들이 모여들었다. 그리고 특히 이 장에서 다루는 시기의 후반부터 해항도시들에서 인구가 급증했다. 인구가 집중될수록 광활한 대양이라는 보호물은 압도당했으며, 콜레라, 천연두, 페스트와 같은 대중성 질병이 더욱 창궐하게 되었다.

이제는 산물, 작물, 교역, 정치에서 벗어나 종교적인 이유로 인도양을 건넜던 사람들에 대해 살펴볼 차례이다. 인도양을 가로지르며 행해졌던 전도나 개종, 신자들의 믿음을 강화시키고자 열망했던 모범적인 종교인들의 여행, 그리고 순례를 살펴볼 것이다. 이들 세 가지 사안들은 매우 복잡하게 서로 얽혀 있었으나, 이해를 돕기 위해 어느 정도 분리해서 볼 필요가 있다. 사실 이 사안들은 앞서 논의했던 주제들과도 밀접히 연관되어 있었다. 예를 들어 이런 식이다. 포르투갈은 무슬림의 순례를 막고자 했으며, 논란의 여지는 있지만 포르투갈 선단들의 활동은 오히려 기독교 개종 활동에 장애가 되었으며, 대부분의 순례자들은 목적지로 가면서 무역에 종사했다.

개종은 상당히 모호한 개념이다. 개종은 아마도 수 세대가 걸리는 긴 과정으로 보아야 할 것이다. 물론 새로운 종교로의 진입 시점은 분명히 있다. 무슬림은 '알라 이외에 신은 없으며 무함마드는 그의 예언자이다'라는 신앙 고백을 공개적으로 하는 것을 출발점으로 한다. 기독교도는 세례와 함께 시작될 것이다. 그러나 이들 두 종교의 귀감이 될 만한 모범자들에게 단지 시작이 아니라 신앙을 공고히 하고 증진시키는 사명은 매우 중요했다. 이제까지의 사회적 습

• 한자문화권에서는 Franks의 음역(音譯)으로 불랑기(佛朗機)라고 썼으며, 유럽이나 유럽인 혹은 서구인(西歐人)의 호칭으로 사용되었다. 조선 후기에는 서양의 대포(大砲)를 말하기도 했다.

관, 관습, 믿음 체계는 모두 한쪽으로 밀쳐내야 했다. 개종이나 전도의 목적은 첨가적인 변화 즉 기존의 믿음 위에 새로운 상부구조를 놓는 것이 아니라, 대체적인 변화 다시 말해 완전히 새로운 세계관을 도입하는 것이었다. 교정자라고 부를 수 있는 사람들이 중요해지는 이유가 바로 여기에 있다. 이들은 이미 표면상으로는 같은 신앙을 믿는 이들의 실제 종교 관행 수준을 향상시키고자 노력했다. 이들을 선교사라고 부르기는 적절하지 않을 것이다. 선교사는 기본적으로 신앙을 전도 혹은 전파시키기 위해 노력하지 신앙을 증진시키기 위해 노력하지는 않기 때문이다. 개종에 대한 논의부터 시작해 보자.

개종은 주로 무슬림과 기독교도가 주도했다. 특히 가톨릭교는 개종에 많은 노력을 기울였다. 개신교 국가인 네덜란드와 영국은 자신의 신민들을 영적으로도 지도하고자 했지만 타민족을 개종시키는 일에는 별다른 노력을 하지 않았다. 이슬람과 기독교의 개종 노력에는 비슷한 점과 아주 다른 점이 모두 있었다. 유럽의 리스본과 로마에서 직접 관여했던 기독교의 전도와 비교한다면 무슬림의 개종 노력은 상당히 어설픈 수준이었다. 기독교 선교사들은 정치권력의 지원을 받았지만, 무슬림은 그런 측면이 거의 없었다. 기독교 선교사들은 외국인들이었지만, 무슬림은 그런 측면이 훨씬 적었다. 다른 한편, 무슬림과 기독교도 모두 전통적으로 '위로부터 흘러내리게 하는'(trickle down from the top) 전략을 구사했다. 때문에 신민들은 자연히 따라할 것이라는 기대를 하며 누구보다도 왕과 정치 거물들을 개종시키는 데에 온갖 노력을 기울었다.

개종 사업이라는 측면에서 본다면 무슬림은 기독교도보다 분명 유리한 입장에서 출발했다. 4장에서 무슬림의 개종 노력이 가지고 있었던 몇 가지 측면들을 살펴보았다. 기독교 선교사들의 이야기는—조금 더 정확하게 말한다면 불평은— 어떻게 이슬람이 확산되었는지를 알게 해준다. 한 예수회 선교사가 1560년 고아에서 한탄했던 바, 가장 충격적이고 통탄할 만한 일은 '저주받고 혐오스러운 무함마드 파의 카시즈들(*cacizes*)이 우리를 얼마나 당혹스럽게 만드는지 보고 있는 것이다. 메카, 페르시아, 다른 여러 곳에서 온 이들이 거의 백지상태의 순진무구한 힌두교도들을 감염시키고 오염시키고 있기 때문이다.' 무슬림의 메시지는 참으로 상당히 커다란 호소력을 가졌다. 이들은 때로 부전

승을 거두었다. 너무나 성공적인 이들 무슬림과 맞서기 위해 유일한 처방은 더 많은 기독교 선교사들을 파견하는 것이었다. 예수회 선교사는 다음과 같이 덧붙였다.

> 무함마드 파당은 잠들지 않으며, 이들의 카시즈들(*cacizes*)은 자신들이 선원들이 되어 저주받은 이들 종파를 설교하며 돌아다닌다. 이들은 이 일을 너무나 잘 해내고 있어 요 몇 년 사이 이 사악한 종파에 넘어간 수많은 이방인들을 보면 믿을 수 없을 정도이다. 여기에서 그들은 우리보다 아주 큰 이점을 가지고 있는 것 같다.

같은 시기 또 다른 예수회 신부는 무슬림의 개종 방법에 대해 상세하게 말해주고 있다. 그에 따르면 무슬림 '선원들인 래스카(lascars)'들은• 심지어 포르투갈 배들을 타고 항해하면서 이 배들이 기항하는 곳에는 어디든지 심지어 멀리 중국, 시암 그리고 자바까지 '악의 씨'(evil seed)를 뿌렸다.

이 장에서 다루는 시기 개종의 주 무대는 동남아시아였다. 인도네시아 서부는 포르투갈과 스페인이 들어오기 이전에, 대부분 인도에서 온 무슬림 특히 구자라트와 그 연안 지역에서 온 무슬림들에 의해 개종되었다. 자신들도 비교적 최근에 개종한 신참 무슬림들이 전도사 역할을 했다는 점, 그리고 교역에 종사하면서 이슬람을 전파하기 위해 바다를 고속도로로 이용한 점이 특기할 만하다. 동남아시아에서 많은 이들을 개종시킨 무슬림들을 '선교사들'(missionaries)이라고 할 수 있을지는 논란의 여지가 있다. 동남아시아에서 이슬람을 전도한 사람들 중에는 기독교 교단의 구성원들처럼 개종이나 전도를 직업으로 한 이들은 거의 없었다. 대부분 이슬람으로의 개종은 분명 의심할 나위 없이 신앙심이 있었으며 세상일에도 관여하고 있던 상인들이나 선원들 혹은 여행가들에 의해 이루어졌다. 많은 상인들은 수피 교단에 속했지만 다른 교단에 속했다 해도 무슬림으로 개종시키는 데에 노력한 것은 마찬가지였다. 이슬람을 전도했던 이들은 주로 상인들이었으며, 동료 무슬림들을 인도하고 이슬람 전도

• 16세기부터 20세기 중반까지 유럽 배에 고용된 희망봉 이동에 위치한 인도, 동남아시아, 아랍 출신의 선원이나 군인을 부르는 말이다.

에 힘쓴 종교 지도자들의 숫자는 소수에 불과했다.

인도양에 들어온 포르투갈은 무슬림과 격렬한 개종 경쟁에 돌입했다. 16세기 중반 시암에서의 상황은 선원에서 해적으로 그리고 기독교 선교사로 변신한 페르낭 멘드스 핀투(Fernão Mendes Pint)의 편지에 잘 표현되어 있다. 그는 예수회 동료들에게 시암에는 여러 가지 종교들이 있지만 이슬람이 아주 잘 해내고 있다고 말했다. 이미 수도에는 7개의 모스크들과 3만에 이르는 무슬림 가정들이 있었다. 개종은 아주 빠른 속도로 이루어지고 있었다. 그러나 왕은 이 모든 문제에 대해 수수방관하는 태도를 취했다. '왕은 모든 사람들이 원하는 바를 하도록 그대로 둔다. 신민은 무슬림도 이교도도 될 수 있다. 왕은 신민의 정신이 아니라 신체의 왕일뿐이라고 말하기 때문이다.'

기독교 선교사들은 가장 권력이 있는 사람들부터 개종시키려고 노력했다. 이런 방식은 일본에서는 어느 정도 효과가 있었으나 다른 곳에서는 그렇지 못했다. 인도에서 예수회는 무갈 황제 아크바르를 개종시키고 나면 나머지 인도인들도 황제를 따라 자연스럽게 개종할 거라고 기대했다. 그리하여 대 무갈 제국의 황제가 예수회에 귀를 기울이고 있다느니, 호의적으로 기울고 있다느니, 이제 더 이상 그를 무슬림이라고 부를 수 없다느니, 아주 가끔은 황제의 개종이 임박했다는 등의 황홀한 이야기들이 나돌았다. 그러나 이런 이야기들은 모두 아무 근거 없는 희망사항에 불과했다. 이는 아크바르가 어떻게 모든 위대한 종교적인 전통들로부터 필요한 미덕들을 받아들이고 수용했는지를 반종교개혁 운동• 측은 이해하는 못했음을 뜻한다. 예수회가 비탄에 잠겨 언급했던 바와 같이 아크바르는 언제나 그렇던 것처럼 무슬림으로 남아있었다. 고아에서 이루어진 예수회의 보다 낮은 계층에 대한 개종 노력도 크게 다르지 않은 결과를 가져왔다. 예수회는 고아 엘리트들의 개종을 고무시켰으며 개종하면 필요한 지위를 내주고 기타의 호의를 베풀었다. 1548년 락쉬만이 개종하기로 결정했다. 그는 대어였다. 주교는 의식을 거행하고, 총독은 그의 대부로 나섰다. 이제 루카스 데 사(Luquas de Sá)로 불리게 된 그에게 정부 요직이

• 루터와 캘빈의 종교개혁에 대한 가톨릭의 대항운동으로 17세기 초에 일어난 개신교에 대한 항거와 개신교 지역 내의 가톨릭교도화 운동을 의미하며 넓은 의미로는 가톨릭 자체 내의 모든 쇄신운동을 포괄하여 지칭한다.

자연스럽게 따라왔다.

유럽의 고향으로 보낸 편지에서 선교사들은 세속 당국으로부터의 지원이 부족하다고 불평하곤 했다. 스페인과 포르투갈의 대부분 총독들과 지휘관들은 정치와 특히 경제 문제를 개종보다 우선시했다. 선교사들의 사업은 종종 동료 기독교인들로 인해 수월해졌다기보다는 방해를 받아 더 어려워지기도 했다. 해양 아시아의 많은 지역에서 16세기와 17세기 포르투갈인들은 공적으로나 사적으로나 결코 바람직하다고 할 수 없는 평판을 받고 있었다. 포르투갈은 향신료와 다른 몇 산품들을 무력으로 독점했으며, 모든 해양 교역에 관세를 강제했으며, 아시아 무역을 통제하려고 노력했다. 무슬림들은 아라비아해에서는 대부분의 해양 무역을 그리고 해양 동남아시아에서는 점차 더 많은 해양 무역을 취급하게 되었다. 이런 정치 · 경제적 갈등은 종교적 적대감으로 번졌는데, 사실 이 둘은 공생적인 관계로 서로를 부추기고 강화시켰다.

포르투갈 국가의 공적인 정책만이 비윤리적 평판을 가져온 것은 아니었다. 포르투갈 무역 상인들의 사적인 행동들도 때로 포르투갈 전체의 평판을 나쁘게 했다. 사실 포르투갈 사무역 상인들은 다른 소상인들과 별반 다르지 않은 위치에서 인도양 교역에 종사했지만, 이들의 평판도 낮은 편에 속했던 것 같다. 이렇듯 포르투갈에 대한 좋지 않은 평판은 포르투갈 선교사들의 개종 노력에 어려움을 배가시켰으며, 카시즈들(cacizes)의 개종 활동을 그만큼 더 쉽게 만들었음에 틀림없다. 적대적인 한 스페인 신부가 아래의 약간 긴 글을 통해 인정했듯이 문제는 분명해 보였다. 17세기 후반 코친차이나에 대해 그는 다음과 같이 서술했다.

> 너무나 자유분방하고 야한 그곳 여자들은 어떤 배라도 도착하면 바로 배에 올라 남자들을 초대한다. 그들은 심지어 같은 나라 사람들과 결혼한 상태에서도 배가 들어오면 제멋대로 행동하며 원하는 것은 무엇이든지 자유로이 한다… 마카오에서 배 한 척이 이 왕국에 들어 왔으며, 그곳에 머무는 동안 포르투갈인들은 이들 이교도 매춘부와 아주 공공연하게 관계를 가졌으며, 이들이 출항 준비를 할 때면 이 여성들은 이들이 자신들의 몸을 사용하면서 빚진 바를 지불하지 않았다고 왕에게 불만을 호소했다. 그러면 왕은 빚을 갚을 때까지 배를 움직이지 못하도록 명했다. 이는 기독교도들에게서는 찾

> 아보기 힘든 사례로, 불신자들의 개종에 도움이 되기커녕 방해만 되었다. 이 왕국에서 이들이 너무 외설적으로 행동했기에, 왕 주변의 어떤 사람은 다음과 같이 말했다. '우리는 이들을 어떻게 다루어야 할지 모르겠습니다. 네덜란드인들은 한 여성에 만족하지만 [포르투갈의] 마카오 사람들은 많은 여자들에도 만족하지 않습니다.'

이들 두 종교의 개종 주역들 또는 혹은 적대자들 중 누가 상대적으로 성공을 거두었는지 수량화하기는 어렵지 않다. 무슬림을 먼저 보자. 전부가 무슬림인 중동을 제외한다하더라도 무슬림의 영향력은 동아프리카 연안에서 매우 강했다. 스와힐리인의 정체성은 대다수 아프리카인들과는 달리 무슬림이라는 데에 있다. 인도, 파키스탄, 방글라데시를 포함한 남아시아에서 오늘날 무슬림 인구는 4억 명이 약간 안 된다. 말레이 세계에서는 19세기 유럽인들의 영향으로 이곳으로 왔던 중국인 이주자들을 제외하면 절대다수가 무슬림이다. 기독교도를 보면, 위에 언급한 지역들 중에서 첫 번째와 세 번째 지역에서 기독교도의 숫자는 아주 극소수이다. 그나마 기독교로의 개종은 인도에서 비교적 성과를 거둔 편이다. 16세기 말 인도 전역에서 기독교 개종자 숫자는 175,000명으로 추정되며, 이들 대부분은 가난한 어부들이었다. 이들의 후손들이 오늘날 인도 전역과 아시아 곳곳에 살고 있다. 일정한 성과를 거두었음에는 분명하지만 기독교로의 개종에는 드러내기 주저되는 몇 가지 점들도 있다. 첫째, 16세기 말 인도 인구는 약 1억4천만 정도였음을 감안한다면 기독교 선교의 성공은 상당히 제한적이었다고 말할 수 있다. 최대의 성공은 분명 고아 도심 안에서 이루어졌다. 그 당시 고아 도시 인구의 3분의 2가 기독교도였다. 그러나 고아 전체(Velhas Conquistas, Old Conquests)에서 기독교도는 많아야 4분의 1 정도였다. 이와는 대조적으로 1600년경 남아시아의 무슬림 인구는 1,500만 명 정도로 추산된다.

개종한 이들은 종교적으로 중요한 장소, 즉 성지를 순례하곤 했다. 기독교도 쪽에서 보면 종교적으로 가장 중요한 두 장소 즉 성지•와 로마로의 순례는—손에 꼽을 수 있을 정도의 소수 신부들을 제외하면— 거의 불가능했다.

• 중세기 십자군 운동을 하면서 예수의 유적, 즉 예수의 탄생지와 예루살렘의 성묘소가 있는 팔레스티나를 가리켜 Holy Land라고 불렀다.

성인들의 묘소에 참배하러 가는 작은 규모의 순례는 분명히 있었다. 동양의 사도, 성 프란치스코 하비에르는 가장 잘 알려진 성인이며, 오늘날에도 그의 탄신기념일은 올드 고아에서 아주 성대하게 치러진다. 기적적으로 보존되고 있는 그의 시신이 공개되면서 의식의 열기는 고조된다. 심지어 이 때 성물의 일부를 때로는 대놓고 때로는 몰래 가져나올 수 있었던 운 좋은 사람들도 있었다. 그러나 분명 이 성인의 탄신기념일에 모이는 군중들 속에는 힌두교도들과 아무런 종교도 없는 이들도 많다. 사실 성 프란치스코 하비에르는 기독교도의 성인을 넘어 모두의 성인이이라고 할 수 있다. 또한 인도양의 많은 지역에서 기독교는, 특히 종교 재판에서 드러나곤 하는 반종교개혁파 가톨릭의 무관용과 편협성에도 불구하고, 개종 이전부터 있었던 관행과 믿음을 줄곧 포용해 왔다. 개종은 양방향에서 이루어지는 과정이기에 개종 이전의 종교 관행도 여전히 유지될 수밖에 없었다. 기독교로 개종한 이전 힌두교도들은 사회의 여러 부분에서 예전 관습을 그대로 유지했다. 음식에 관한 여러 가지 금기와 오염에 대한 관념은 이들에게 계속 영향력을 행사했다. 때로 인도 기독교도들은 대단한 포용력을 발휘해 힌두교와 기독교를 융합시켜 거의 하나로 만들어 버린 듯 보이기도 한다. 수 세기동안 기독교도였던 가족들에게도 카스트 관념이 지속되고 있는 사례는 이를 잘 보여주는 가장 좋은 예이자 가장 많은 연구가 이루어진 사례에 속한다. 로마의 규범이 기독교에 미친 영향만큼이나 인도의 기독교는 지역 환경의 영향을 많이 받았다.

힌두교도도 분명 순례를 하지만 거의 전적으로 육로를 이용하기 때문에, 여기에서는 이들의 적지 않은 순례 장소들이 해안이나 강변에 위치하고 있다는 사실만 지적하고 넘어갈 것이다. 동아시아의 불교도들은 대부분 해로를 통해 부처와 관련 있는 인도 북부의 성지들을 순례했다. 이 시기 일본인 불승들이 인도에 왔었다는 확실한 증거는 없지만, 있었다면 아마도 몹시 고된 여정이었을 것이다. 한 경건한 일본의 불교도는, 아마도 그가 갈수 없었던 이유를 설명하기 위해서였겠지만, 일본에서 인도까지의 여행은 하루에 8마일씩 가면 1000일이 걸리고 하루에 5마일씩 가면 1600일이 걸린다고 계산했다. 그는 일본의 해안가에서 주워온 돌에 만족해야 했다. '부처의 성스러운 유적 위로 쏟아졌던 빗물이 바다로 흘러들어갔다고 생각하니 해변에서 발견한 이 돌에 매우 친밀감이 느껴진다.'[27] 버마와 스리랑카에서 얼마간의 불자들이 인도 북부를 방문했다고 추정할 수 있다. 이들 두 불교 국가들 사이에는 종교적인 이유로 여행하는 사람들이 분명 있었다. 16세기와 17세기 포르투갈의 공격으로 스리랑카에서 불교가 위험에 처했을 때 버마의 아라칸 왕국이 소승불교를 보존하는 데에 중요한 역할을 했다고 한다.[28]

이 장에서 다루는 시기에 최대의 순례는 무슬림들의 성스러운 도시 메카와 메디나로의 순례였다. 성지 순례는 이슬람 신앙을 떠받치는 다섯 기둥들 중의 하나이자 반드시 지켜야 할 의무이다. 초기 근대 시기 인도에서는 매년 약 15,000명 정도의 무슬림이 이 경건한 의무를 수행했으며 전체적으로 200,000명 정도가 순례를 했다.[29]

무슬림의 순례를 의미하는 하즈는 여러 가지 면에서 중요했다. 무엇보다도 먼저 하즈는 무슬림의 경건한 의무였다. 그러나 순례자들이 홍해로 가면서 행한 행상으로 인해 소규모의 경제적 활동이 발생하기도 했다. 이들은 현대 여행자들이 수표를 쓰는 방식과 비슷하게 자신들이 가져온 물품을 팔아 여행에 필요한 음식, 숙소를 얻는 데 사용했다. 실제 하즈를 하는 기간, 즉 이들이 메카에서 머무는 며칠 동안, 성스러운 도시의 시가지는 엄청나게 다양한 상품들이 거래되는 거대한 시장이 되었다. 많은 상품들이 세속적인 생활용품이지만 얼마간은 종교적인 의미가 담긴 물품들이었다. 잠잠의 성스러운 우물에서 나온 물에 적신 수의, 카바 신전•을 쓰는데 사용했던 빗자루, 카바 신전을 덮었던 장식용 천을 비롯한 많은 품목들이 메카의 시장에서 팔렸다.

하즈에는 정치적인 국면도 작용했다. 성스러운 도시 메카와 메디나에 대한 통제는 16세기 이 도시들을 지배하던 세습 귀족들인 셰이크들을 명목상으로 지배하고 있던 이집트의 맘루크 왕조에서 오스만제국으로 넘어갔다. 오스만제국의 술탄들은 성지 수호자로서의 역할을 중시했으며, 메카와 메디나에 공공사업을 벌이고, 주민들에게 식량을 제공하고, 카이로와 다마스쿠스에서 헤자즈까지 이르는 순례 카라반들에게 재원을 제공했다. 이와 비슷하게 인도 무

• 메카의 대 모스크 안에 있는 육면체 모양으로 회색 화산암과 대리석으로 지어진 건물로 무슬림에게는 가장 신성한 곳이다.

슬림 통치자들도 하즈를 원하는 이들을 후원했다.

동아프리카나 동남아시아에서 온 순례자들의 숫자에 대해서는 신뢰할 만한 자료는 없다. 그러나 16세기와 17세기 메카는 물론 이슬람 세력권의 다른 중심지들과 상당히 광범위한 접촉이 있었다는 증거는 있다. 반텐의 술탄은 메카와 긴밀한 관계를 유지했다. 술탄들은 종교 수호자이자 후원자였다. 1638년 메카 당국은 반텐의 통치자에게 술탄의 칭호를 수여했으며 그의 아들은 두 차례나 하즈를 행했다.[30] 1581년 매우 값나가는 화물을 잔뜩 싣고 150명의 여자들을 포함해 페구 왕국의 귀족들이 승선하고 있던 배를 본 포르투갈 사람은 '이들의 거짓 예언가이자 입법자인 무함마드'에게 바칠 훌륭한 선물을 가지고 가고 있다고 말했다.

메카 방문의 영향은 정말로 매우 다양할 수 있었다. 유감스럽게도 때로는 이로 인해 이교도에 대한 편견이 강해지기도 했다. 1630년대 로보(Lobo)는 홍해 서부 해안에 있는 수아킨에서 디우로 항해하고 있었다.

> 배에는 많은 사람들이 탔고 있었는데, 대부분은 저주받고 가증스러운 곳을—다시 말하면 무함마드가 묻힌[sic] 메카로— 순례했던 이들이었다. 일단 그곳을 방문하면 그들은 거기 샤리프에게서 확실한 천국 통행권을 받는다. 그리고 그 신성한 땅인 메카를 떠날 때에는 기독교도를 마주치는 것보다 더 혐오스러운 일은 없게 된다. 우리를 보거나 우리와 상대하면 메카를 떠날 때에 아주 순수하게 정화된 육체와 영혼이 오염된다고 믿기 때문이다. 바로 이 이유로 인해 그들은 배에 우리가 있다는 사실 자체가 그들의 깨끗함을 더럽힌다고 생각해 못마땅하게 여겼다. 그리하여 우리와 일체 접촉이나 대화를 피하면서 존재하지 않는 것처럼 취급했지만 때로는 아침에 일어나 불시에 우리와 눈이 마주치기라고 하면… 그들은 세상에서 가장 불쾌한 무엇인가를 본 양 곧 바로 머리를 돌려 침을 뱉을 것이다…[31]

순례를 행하고 고향으로 돌아온 이들은 상당한 위신과 명망을 얻었다. 이들은 아라비아 해를 건너 길고 위험한 항해를 한 참으로 용기 있는 이들로 간주되었다. 또한 이들은 자신이 속한 공동체에서 이슬람의 표본으로 우뚝 설 수 있었다: 이것을 메카에서는 이런 방식으로 한다. 메카에 있는 사람들은 이러이러하게 말하고 저러저러하게 행동한다. 17세기 초 몰디브 제도에서 하즈를 행했던 이들은 매우 독특한 스타일로 수염을 기를 수 있었다.

> 아라비아에 갔다 온 이들 그리고 메카에 있는 무함마드의 무덤[sic]을 방문했던 이들은 지위가 어떻든 가난하던 부자이든 뭇사람들의 존경을 받는다. 그리고 참으로, 수없이 많은 가난한 이들이 그곳에 갔다 왔다. 이들은 고유한 특권을 가진다. 이들은 아지(*Agy*) [하지(hajji), 하즈(hajj)를 수행한 이들]로 불렸다. 그리고 이들은 순례 의무를 다했음을 인정받고 다른 이들과 구별하기 위해 모두 새하얀 면으로 된 옷을 입으며, 머리에는 마찬가지로 흰색의 조그만 둥근 모자를 쓰며, 손에는 십자가는 없는 염주를 들고 다닌다. 그리고 이런 차림을 유지할 여력이 없는 이들에게는 왕이나 상류층 사람들이 필요한 물품을 제공하기 때문에 그렇게 하고 다니지 않는 사람은 없다.[32)]

이들은 일상적인 수준에서 '순수한'(pure) 이슬람과 양립될 수 없다고 여긴 관행과 행동양식을 근절시키는 종교 '정화'(purify)에 관여했다. 이면에서 이들의 활동은 고아에서 가톨릭 종교 재판관 그리고 인도 가톨릭교도의 오류나 일탈 행위를 바로잡고자 로마에서 파견한 신부들이 행했던 활동과 크게 다르지 않았다. 상당한 두려움의 대상이었던 종교 재판관과 종교 재판소는 반종교개혁파 가톨릭의 편협성을 보여주는 최고의 본보기였다. 하비에르는 고아의 많은 현지 개종자들과 포르투갈인들이 신앙에서 멀리 벗어나 있는 것을 보고 매우 분개했다. 그는 종교 재판소 설치를 제안했으며, 사후 8년이 지난 1560년에 그의 꿈이 이루어졌다. 물론 이전에도 종교 이단자들은 처벌을 받았다. 1543년 한 신기독교도 의사, 즉 기독교로 개종한 유대인이 다시 유대교로 돌아갔다는 이유로 교회 재판소는 그에게 유죄를 선고하고 화형에 처했다. 이 형량은 그가 죄를 고백하고 사죄한 이후에 줄어들어 교살 후 화형에 처해졌다.

종교 재판소는 근래 기독교로 개종한 이들에게 남아있는 힌두교적 관행을 뿌리 뽑는 일에 집중했다. 이는 매우 가혹한 제도였는데, 많은 경우 개종은 충분한 시간을 갖지 못하고 급하게 이루어졌으며 깊이가 없었고 피상적이었기 때문이다. 결과적으로 많은 신 개종자들이 무지로 인해 종교적 신념에 위배되는 일을 저지를 수 있었으며, 종교 재판소의 엄격함과 단호함을 비켜갈 수 없었다. 과거 종교 관행에서 비롯되었지만 이미 사회적 관행이 된 행위조차 비난과 규탄의 대상이 되었다. 예를 들어 돼지고기를 먹지 않는 행위, 도티(*dhoti*)•나 촐리(*choli*)••와 같은 전통적인 인도 옷을 입는 행위, 소금을 넣지 않고 밥을 짓는 행위는 '힌두교도의 버릇'이라고 비난받았다. 모두 순진무구했을 것으로 보이는 이들이 종교 재판소로 끌려 나와 심문을 받았는데, 이들의 숫자는 1561년과 1623년 사이에 모두 3,800명에 이르렀다.

무슬림의 땅에는 종교 재판소 같은 것은 없었다. 무슬림을 정화하고자 한 이들이 우려하고 걱정했던 일들은 무엇이었나? 인도양 연안의 많은 지역에서 비정통적인 관행이 있었다는 증거는 아주 많다. 물론 여기에서 가치 판단은 되도록 삼갈 것이다. 이슬람에 관해 기술했던 이전의 서구 학자들과는 달리, 지역 사람들이 이슬람 법 즉 샤리아를 지키지 않았다고 비난하려고도 하지 않을 것이다.

이슬람 신앙의 중심에 있는 이들이 지역 무슬림들의 신앙을 조롱했던 몇 가지 예를 앞에서 인용했다. 1542년 말린디에서 프란치스코 하비에르는 현지 무슬림은 율법 준수에 매우 느슨하다고 불평하는 한 '카시즈'(caciz)를 만났다. 예전에는 모스크가 16개 있었던 말린디 도심에는 이제 3개만 남아 있었으며, 이들 마저도 후원자가 많지 않았다. 멀리 남쪽에 있는 소팔라의 1588년 상황을 보여주는 글에 따르면,

> 지금 이 나라들에 살고 있는 무함마드 파들은 당연히 여기서 태어나지 않았으며, 포르투갈이 이 지역에 오기 전 저쪽 아라비아 펠릭스(Arabia Felix)••• 연안에서 와서 소규모로 장사를 했던 이들이다. 포르투갈이 이곳을 정복하자 무함마드 파들은 계속 그대로 남아 있게 있었다. 지금 이들은 완전히 이교도도 아니고 그렇다고 완전히 무함마드 파라고도 할 수 없게 되었다.

• 인도 대륙에서 전통적으로 남성이 착용하는 옷으로, 보통 4.5미터 길이의 직사각형 조천 조각으로 된 도티로 남성은 허리와 다리를 감싼다.

•• 인도의 힌두교도 여성이 입는, 소매가 짧은 블라우스 또는 기장이 짧은 보디스(bodice)로서, 종종 허리에 밀착하는 부분이 열려 있다.

••• 아라비아에서 가장 번영했던 반도 남부를 가리키며, 때로는 예멘만을 지칭하기도 한다.

무슬림 수피 교단과 학파의 구성원들은 이슬람을 더 잘 지킬 수 있도록 하기 위해 매우 조직적인 방식으로 두루두루 세상을 돌아다녔다. 이들은 순례를 마치고 돌아온 대다수의 하지들보다—종교 지도자로서의 이들의 역할은 약했다— 훨씬 더 의식적으로 이 일에 집중했다. 메카와 메디나 그리고 다른 이슬람 중심지들에서 공부하고, 그리고서 무슬림 세계의 주변부로 갔으며, 거기에서 매우 큰 위신과 평판을 얻은 무슬림이 전형적인 교정자(rectifier) 상이었다. 예를 들어 싱켈의 아부 알-라우프('Abd al-ra'uf of Singkel)의 이력을 보면, 17세기 이슬람 세계에서 작동했던 수많은 연계, 네트워크, 커넥션 그리고 이 모든 관계들에서 성지가 가지고 있는 중심적인 역할을 분명히 알 수 있다. 그는 1615년경 수마트라 북부에서 태어났으며, 1640년경 이슬람을 공부하기 위해 헤자즈와 예멘으로 갔다. 그가 메디나에서 만난 한 스승은 쿠르드 태생 이브라힘 알-쿠라니(Ibrahim al-Kurani)였다. 그는 총 19년을 메카에서 보냈으며 상당히 신망을 얻었다. 특히 그는 그곳에서 수백 명 심지어 수천 명의 인도네시아인들에게 가르침을 주었으며, 그중 많은 이들을 자신이 저명한 성원으로 있었던 한 수피파 교단인 샤타리 교단(Shattariyya)•에 입회시켰다. 그는 수마트라로 돌아와 1661년 아체에 도착했으며, 거기에서 거의 30년 동안 존경받는 스승으로서의 삶을 살았다. 그는 메디나에 있는 이브라힘과 계속 연락을 주고받았으며, 그에게서 배웠던 바를 많은 인도네시아인들에게, 특히 홍해로 가는 도중에 아체에 잠시 머물렀던 자바 순례자들에게 가르쳤다.

인도에서도 마찬가지였다. 하지 이스라힘 무하디스 카디리(Hajji Ibrahim Muhaddis Qadiri)는 인도 북부 알라하바드 근교에서 태어났다. 그는 하즈를 했으며 그리고서 마카오와 시리아에서 공부했다. 그는 24년 만에 인도로 돌아와 아그라에 정착했으며 1593년 세상을 떠날 때까지 인도 무슬림 사이에서 명망이 높은 스승이었다. 이와 같은 무슬림 학자들의 폭넓은 관계와 영향력을 보여주는 마지막 예는 다시 인도네시아에서 찾을 수 있다. 셰이크 유수프(Shaykh Yusuf)는 1626년 술라웨시에 있는 마카사르에서 태어났으며, 통치

• 인도와 인도네시아에서 중요한 한 수피(Sufi) 교단이다. 15세기 티무르드 술탄과 긴밀한 관계를 유지했고 영적 인도를 했던 압둘라 샤타리 (Abdullah Shattari)가 창립했다. 이후 인도 문화 환경과 힌두교, 특히 요가 개념을 수용하면서 발전했다.

왕족과도 관련이 있었다. 그는 이슬람으로 개종했으며 18세에 하즈를 했다. 그리고서 그는 메카에서 수년을 공부한 뒤에 반텐으로 돌아왔다. 메카를 순례하고 공부했다는 명망을 가진 그는 술탄과 조정에서 매우 영향력 있는 종교 지도자가 되었다. 1682년 VOC가 반텐을 점령하자 유수프는 게릴라 저항 운동을 조직했다. 결국 그는 포르투갈에 항복했으며 자카르타의 교도소에 구금되었다. 이후 그는 여기 저기 흩어져 있는 VOC 해양 제국의 다른 영토들로 추방당했다. 처음에는 스리랑카로, 1694년에는 케이프 식민지로 2명의 아내와 가족들 그리고 12명의 제자를 포함해 모두 49명의 무슬림들과 함께 추방되었다. VOC는 그를 고립시키려고 노력했으나 그럼에도 불구하고 1699년 죽기 전에 그는 수 명을 더 이슬람으로 개종시킬 수 있었다.[33)]

기독교과 이슬람의 규범적인 측면과 통속적인 측면을 모두 보았다. 두 측면 모두에서 바다에서 위험에 처한 이들이나 안전한 항해를 위해 신의 은총을 바란 이들이 여러 의식과 의례를 행하고 여러 관행을 발전시켰음을 볼 수 있다. 호르덴과 퍼셀은 지중해 맥락에서 이 주제를 다루면서 인도양에도 적용될 만한 중요한 두 가지 논평을 했다. 이들은 선상에서 이루어진 의식은 '일상적이고 정상적인 상태에서 피상적으로 성수를 뿌리는 것과 같은 단순한 의식이 아니라, 세계가 경험되는 방식을 구성하는 매우 실제적이고 필수적인 의식이었다'라고 지적했다. 이들은 또한 '시기가 달라도 종교 체제가 달라도 환경에 대한 종교적인 대응에는 누구 봐도 명백한 연속성과 단순 반복적인 유사성이 존재한다'[34)]라고 언급했다. 종교가 서로 다른 선원들이 때로는 아주 비슷한 의식을—통상 자신들은 인식하지 못했지만— 행하는 경우도 볼 수 있다.

포르투갈의 배에는 거의 언제나 신부들이 타고 있었으며, 항해하는 동안 이들은 아주 커다란 역할을 했다. 인도로 출항할 예정인 신부들은 고난의 뱃길을 견디려면 몸이 건강해야 했기 때문에 사순절 금식도 면제되었다. 이들은 돛을 올리기 전에 총고해를 하는데, 이는 바다에서 죽더라도 고백하지 않은 죄악을 없게 하거나 적게 하기 위해서였다. 신부들은 배가 위험에 처하면 앞장서 배에서 돌며 의식을 행했다.[35)] 1629년에 있었던 한 항해는 신부들의 역할을 전형적으로 보여준다. 배에 타고 있던 예수회 신부들은 신앙고백을 듣고 병자들을 돌보는데 많은 시간을 보냈다. 배 한 척이 좌초하자, 선상의 예수회 신부들은 배의 뒷부분에 있는 선루에서 밤새 신앙고백을 들었다. 죽음을 앞둔 이들에게 신의 은총이 필요했기 때문이다. 또 다른 배가 좌초하자 한 신부는 바다를 잠잠케 해 달라는 기도와 함께 성물을 끈에 매달아 물속에 넣었다. 그리고서 그는 다시 신앙고백을 들었으며 모든 사람들에게 종교적 의미가 있는 물건들을 나누어주었다.[36]

위험에 처한 배에 있었던 사람들은 자주 성 프란치스코 하비에르의 보호를 구했다. 모잠비크 연안에서 조난을 당한 한 예수회 신부는 허우적거리며 조류에 밀려 이리저리로 밀려가다 날카로운 산호초에 부딪쳐 다리가 심하게 부러지고 피를 흘렸다. 신부가 전혀 수영을 할 줄 몰랐다는 사실이 심히 위험한 상황을 더욱 위태롭게 만들었다. 어찌되었든 그는 하비에르의 성물을 목에 두르고 있었으며 그 덕분에 구조되었다.[37] 로보 신부는 벨렝(*Belém*)이라는 이름을 가진 멋진 다른 배를 타고 포르투갈로 돌아가기로 했다.

> 무엇보다도 내가 이 배를 좋아한 이유는 이 배가 무겁게 않게 화물을 조금 실었다거나 강한 배였기 때문이 아니라, [1663년에] 인도로 가는 뱃길에서 아주 결정적으로 중요했던 어느 날 밤 배가 위험에 빠졌을 때에 성 프란치스코 하비에르가 위대하고 선명한 기적을 보여주었기 때문이다. 모잠비크에서 정박하면서, 이 캐럭은 강력한 태풍의 공격을 받았으며 5개의 케이블 중에서 4개가 끊겼다. 남은 하나로는 도저히 버틸 수 없을 것이라고 생각한 불행한 선원들은 모든 희망을 이 성인의 성유물에 걸고, 유일하게 남아있던 케이블에 묶어 물속으로 내렸다. 바람은 더 격렬해졌으며 배는 산호초에 너무나 근접해 있어서 밤새 내내 남은 하나의 케이블이 버티지 못한다면 살아남기 어려울 것이었다. 사람들은 매 순간 바로 코앞에 잔인한 죽음이 기다리고 있음을 느꼈다. 심지어 더 놀라운 일은 아침에 닻을 올렸을 때에 발견한 것이지만 닻 두 개가 모두 부서져 몸체인 자루만 남아 있었을 뿐이었다. 이 사건으로 기적이 일어났음이 밝혀지고 세상에 알려졌으며, 인도에서 많은 이들의 감탄과 환희를 자아냈다.[38]

무슬림도 바다에서의 위험을 비슷한 방식으로 피하곤 했다. 17세기 말 한 무슬림 선원이 걸프로 들어가는 입구에서 '신을 달래기 위해 배에 있는 모든 화물의 견본을 실은 범장한 조그만 배를 물에 띄웠다. 이를 띄우면서 배의 안전을 기원하는 기도를 하고, 이 배가 해안 쪽으로 향해 가면 선원들은 기도가 통한 것으로 여긴다.'[39] 1673년 카레 신부는 무슬림이 바다 위에서 행한 일들을 세세히 기록했다. 이들은 무함마드의—항해의 성인 크와자 키즈르(Khwaja Khizr)•일 가능성이 더 높아 보이지만— 말을 적은 작은 종이 깃발을 돛대에 매달았다. 무슬림은 커다란 그릇을 돌려 온갖 종류의 음식을 담게 한 다음에 이를 배 밖으로 던져버렸다. 이들은 모두 바닷물에 몸을 담그는데, 이는 '이 배에 탄 200명 이상이나 되는 어린 노예들과 저지른 더러운 불순물을 씻어내기 위해서였다.' 이들은 페르시아에 묻기 위해 가져가는 뼈가 있는지 검사한다며 모든 짐을 다 수색했다. 사체는 액운을 가져온다고 믿었기 때문이다. '요약하면 20여 일 동안 이런 저런 미신적인 행동을 했으나 별다른 소용은 없었다.'[40]

얼마간의 힌두교도들도 해로로 여행했음에 분명한데, 힌두교가 규범상 바다에 적대적이라거나 이와는 반대로 그렇지 않다고 주장하는 상반된 연구들이 있다, 그러나 분명한 것은 힌두교도들은 오염된 음식, 물, 사람들과는 접촉을 피해야 했다. 딘 무함마드(Dean Mahomet)가 목격한 바와 같이 이는 문제를 일으킬 수 있었다.

> 한 저명한 반얀 상인이 영국 배를 타고 봄베이에서 수라트로 가고 있었다. 그는 마실 물을 준비해 배에 실었는데, 통상 2~3일이면 끝날 짧은 항해 동안에 필요한 양이었다. 그러나 잔풍과 역풍으로 인해 항해 여정은 지체되었으며 그가 가져온 물은 바닥이 났다. 배 위에 물이 많았음에도 불구하고 그는 다른 물은 마시지 않았으며, 갈증으로 쓰러질 지경에 이르렀다. 그러나 아무리 간청하고 애원해도 그는 다른 물은 마시지 않으려 했다. 그의 종교가 금기시하고 있었기 때문이며, 그에게는 이 금기가 생명 자체보다도 더 중요했기 때문이다. 그는 갈증과 이로 인해 생긴 열 때문에 극심한 고통을 느꼈다. 때마침 갑자기 산들바람이 불어오지 않았다면 그는 정말 죽었을 것이다. 수라트 근처에 있는 갠더비(Gandevi)로 그를 데리고 갔다. 도착했을 때 그는 몸을 가눌 수 없을 정도로 허약했으며 그의 영혼은 입술 사이에서 겨우 헐떡거리고 있었다.[41]

• 17세기 그림에 의하면 그는 바다 배경에 큰 물고기 위에 서 있다.

마지막 예는 예수회에 속한 마누엘 고디뉴가 보여주는 길고 재미있는 이야기이다. 자민족 중심적 성향을 무시하고 본다면 그의 이야기로부터 여러 종교들의 관행에는 상당히 공통점이 많이 있음을 알게 될 것이다. 형식은 달랐지만 의식과 의례는 기도를 신에게 전달하고 좋은 결과를 가져다주는 수단으로 인식되었다. 1663년 그는 수라트에서 걸프로 가는 무슬림 배에 무슬림 복장을 하고 승선했다. 무스카트 근처에서 그가 탄 배가 멈추었다.

> 무슬림들은 그 시기[2월이었다]가 되면 바람이 멈춘다는 사실을 잘 알지 못했으며, 배에 불경한 사람들이 타고 있어서 신과 그의 거짓 예언가가 내린 벌이라고 생각했다. 이런 생각에 미혹된 선장인 나쿠다는 무슬림이건 힌두교도이건 기독교도건, 어른이건 아이건, 여자건 남자건 모두 바다에 들어가 몸을 씻으라고 했다. 잔잔한 바다로 그가 맨 먼저 뛰어들며 나머지 사람들에게 본을 보였다. 곧 다른 이들도 부득이 혹은 기꺼이 그를 따라 바다로 뛰어들었다.

나쿠다는 고디뉴와 그의 유럽인 동행자들에게도 바다에 들어가라고 했다. 다행히 상어가 나타나는 바람에 그럴 필요가 없게 되었다.

> 바람을 다시 불게하려는 첫 번째 시도가 실패하자, 이들은 우리 모두를 벼랑으로 몰고 갈 뻔한 또 다른 방법을 생각해냈다. 이들은 매우 긴 꼬리를 가진 나무로 만든 작은 말을 플루트와 케틀드럼의 소리에 맞추어서 선미루에 매달았다. 와우 이것 봐라, 말을 매다는 순간 말 머리가 향하고 있는 쪽으로 북풍이 불어왔다. 바람이 너무나 강하고 격렬했기에 우리는 하루 반 만에 아라비아 펠릭스 연안까지 밀려갔다…

이 의식은 지나칠 정도로 성공적이었던 것 같다. 바람이 너무 강해 배가 좌초될 뻔했으며, 고디뉴는 너무 불안하고 걱정스러웠다.

> 그리고서 같이 승선하고 있던 벵골의 브라만 카스트 출신인 한 힌두교도가 나에게 다가와서 낙담할 필요 없으며 이 위기를 극복할 수 있기를 바란다고 말했다. 그는 이들의 라마에게 의례를 행하면 바라던 평온을 곧 얻을 것

이라고 덧붙였다. 말을 마치고나자 그들 중 한 사람이 짐 꾸러미에서 금속으로 만든 라마의 우상, 핸드벨• 하나, 그리고 같은 금속으로 된 심벌즈 2개를 꺼내 들고 뱃머리로 향했으며, 깨끗한 옷을 입은 다른 힌두교도들이 그를 따랐다. 이들은 우상 앞에서 노래하고 연주하고 춤을 춘 다음에, 신두르(sindhur)라고 부르는 붉고 강한 향기가 나는 분말을 몸에 뿌렸다. 얼마 지나지 않아 이들은 행렬을 지어 배를 돌면서 심벌즈에 맞추어 노래를 부르며 거기에 있던 모든 사람들에게 향기로운 연고, 과자, 사탕, 코코넛, 설탕을 나누어주었다. 행렬의 끝에 이들은 바람을 등진 상태에서 코코넛을 바다에 던졌으며 날이 저물 때까지 계속 노래하고 춤추었다. 그러나 내가 보기에 이들의 기도와 행렬은 힘겨운 날을 즐겁게 보내자는 목적 이외에는 어떤 목적도 달성하지 못했다. 태풍은 잦아들지 않았으며 무슬림들은 힌두교도들을 조롱하기 시작했다. 어떤 우상도 악마가 한 짓을 되돌려놓을 수 없었으며, 악마의 짓도 우상을 파괴해 버릴 정도는 아니었다.

고디뉴는 힌두교도 때문에 봉변을 당한 적이 있었다. 힌두교도는 모든 생명체를 존중하기 때문에 몸에서 잡은 이를 죽이지 않고 그의 침대 쪽으로 던졌다. 이들은 또한 고기를 얻기 위해 도살하기로 되어 있던 소를 살리려고 돈을 줄 테니 팔라고 소동을 벌였다. 어찌되었든 결국 그 소는 죽었다.

이들이 걸프의 입구에 거의 다 왔을 무렵 다시 폭풍이 휘몰아쳤으며 배는 대단히 위험한 상황에 처했다.

배는 바람과 파도 앞에서 속수무책인 부표처럼 물 안으로 들어갔다 나왔다를 반복하면서 페르시아의 암석들이 있는 쪽으로 밀려갔다. 여자들의 아우성, 아이들의 울음소리, 선원들의 부르짖음, 고급 선원들의 혼란, 맹위를 떨치는 바람, 격노하는 파도, 섬광처럼 번뜩이는 벼락, 칠흑같이 어두운 밤, 부서지는 천둥소리, 계속 주기적으로 치는 번개, 무섭게 일렁거리는 파도, 삭구들이 부딪치는 소리, 그리고 마지막으로 모든 이들에게 엄습한 죽음의 공포, 이러한 불행을 경험했던 사람들은 아마도 잘 알 것이다… 나는 태풍이 불기 시작하면서부터 '당신의 보호에 우리를 맡기오니'(Sub tuum praesidium)를 암송했다. 태풍은 멈출 기미가 보이지 않았다. 프랑스 성직자가 살아있다기보다는 죽어있는 상태에 가까운 나에게 다가왔다. 우리 둘은 무릎을 꿇고

• 음율이 있는 타악기의 하나로, 손으로 쥘 만큼 작은 종을 흔들어 소리를 내는 악기이다.

단 하나의 어떤 성인만으로는 이 위험 속에서 안심이 안되었기에 하늘에 계신 모든 거룩한 존재들에게 여러 가지 맹세를 했다. 그리고서 하나님에게 기도했다. 우리는 그의 성스러운 이름과 영광을 찬양하고, 신앙심 없는 자들이 신성을 모독하고 있음을 고발했다. 무슬림들은 이런 시련이 신과 그의 거짓 예언자가 준 벌이라고 말하고 있음을 고했다. 나쿠다가 무스카트로 항해하지 않았더라면 좋았을 텐데 [고디뉴는 나쿠다에게 뇌물까지 주며 무스카트에 들리지 말고 항해해 달라고 했으나, 승선하고 있던 대다수 무슬림 상인들은 무스카트에 기항하기를 원했었다] 결국 그렇게 했으며 심지어 같은 종교를 가진 이들에게까지도 좌절감을 주게 되었음을 고했다. 힌두교도들은 소를 죽여서 그 죄로 태풍이 불었다며 무슬림들은 물론 기독교도들도 모두 매도하고 있음을 고했다. 세상에, 우리가 이런 기도를 마치기가 무섭게 갑자기 바람 방향이 남에서 북으로 변했으며, 거센 풍랑이 순해졌다. 그리고서 파도가 태풍에 지친 배를 아라비아 해의 반대편으로 데려다 주었으며, 많은 화물을 물 밖으로 던져버렸기 때문에 배는 수면 위를 미끄러지듯 아주 빠르게 움직였다. 하나님은 그의 신성한 이름을 매우 사랑하사, 불신자들 가운데 그의 이름이 거룩함을 잃지 않도록 죄인들을 단죄치 아니하심이 처음 있는 일은 아니었다…

얼마 있다 배가 걸프 입구에 있는 곶으로 들여가고 있었다.

그 날 정오 즈음에 일곱 폭 길이와 두 폭 남짓 넓이의 작은 배가 갑판 옆에 준비되어 있었다. 이 배는 선체 형태나 돛, 삭구, 깃발을 비롯해 모든 점에서 우리 배의 축소판이었다. 곧 한 선원이 케틀드럼을 쳤으며 선장은 휘파람을 불었다. 힌두교도이든 무슬림이든 선상의 모든 이들이 모여들었다. 각자는 배에 실은 상품 견본을 가지고 와서 이 작은 배에 실었다. 대단한 환호성 속에서 이들은 배를 바다에 띄어 보냈다. 승선한 모든 이들은 이 작은 배가 작은 돛을 가득 채운 바람에 의해 멀어지는 것을 곶을 돌아 보이지 않을 때까지 지켜보았다. 이 의식이 무슨 의미를 가지고 있는지 물어보는 과정에서 나는 이 작은 배는 마산담 곶(Masandam cape)을 도는 모든 배들이 바다에 바치는 공물임을 알게 되었다. 이 곶은 너무나 험해 인도에서 올라가는 길에 공물을 바치지 않은 이들은 되돌아 나가는 항해에서 반드시 목숨을 잃을 것이기에, 이 공물은 이들 모두에게 안전한 항해를 보장하는 수단이었다. 만약 희망봉을 돌 때에도 이런 방식으로 이렇게 쉬이 문제가 없을 수 있다면 매년 이와 비슷한 공물을 희망봉에도 바치는 것이 좋을 것이다.

그러나 희망봉에서는 마산담 곶처럼 이런 방식이 잘 통하지 않을 것이라고 생각된다. 힌두교도와 무슬림을 태웠던 포르투갈, 영국, 네덜란드 배들도 이 길을 지날 때면 언제나 거의 예외 없이 똑같은 의식을 치른다. 그러나 이 배들은 공물로 바칠 작은 배에 힌두교도나 무슬림이 금기시하는 소와 돼지 그리고 다른 동물들의 내장을 싣는 등 이들의 종교를 조롱했다. 물론 이런 행위는 힌두교도나 무슬림에게는 매우 역겨운 짓이었다.[42)]

이제까지 초기 근대 시기 인도양을 오가던 배에 승선했던 이들의 현실 세계에 접근해 보려고 애썼다면, 이제 당시 배에 오른 듯 실제 항해를 간접 경험하면서 이 장을 맺도록 하겠다. 바다의 신선한 공기를 들이마실 시간이다. 직접 목격담들을 농축시킨 마무리 부분은 이제까지 독자를 잡아두었던 분석적인 긴 내용이 가져다주었을 지루함에서 벗어나게 해줄 것이다. 앞으로 인용하려는 많은 이야기들은 당시 인도양 항해의 위험을 생생하게 보여주며, 그리하여 위에서 인용했던 종교적 의식과 미신이 해낸 중요한 기능도 드러내준다. 먼저 로보 신부의 유럽으로의 귀향 항해에 동행해 보자. 좋은 신부의 항해는 매우 좋지 않게 시작되었다. 그는 극심한 뱃멀미에 시달렸다.

메스꺼움으로 속이 계속 뒤틀리고 토가 나오는 것은 경험해본 사람만이 알 수 있는데, 심지어 알아볼 수 있을 정도로 서로 다른 각양각색의 체액을 모두 토해냈다. 요 며칠 동안 먹고 마시는 것은 물론 다른 모든 인간으로서의 기능도 모두 멈추어버렸다. 마침내, 구토와 이것이 불러일으키는 두려움이라는 면에서 보면 인간에게 이보다 고통스러운 병은 없다. 다행히 멀미는 8일째에 멈추었다. 그 주간 겪은 고통 때문인지 남은 항해 기간 동안 나는 고문에 가까운 그런 고통을 다시는 겪지 않았다.

나중에 배가 위험에 처했다. 로보 신부는 다음과 같이 그가 겪은 폭풍을 생생하게 묘사했다.

동남쪽으로 잔뜩 흐리고, 어둡고, 무시무시한 하늘은 엄청난 힘으로 우리를 떨쳐 내버릴 채비를 하고 있음에 분명했다. 스물 스물 그렇게 되는가 싶더니 갑자기 그리고 전혀 의식하지 못한 사이에 쏜살같이 우리를 낚아채려는 것 같았다. 아무리 우리가 미리 경고를 알아차리고 신경을 쓰고 있었다 해도, 태풍 또는 허리케인이라 불리는 갑작스럽게 몰아닥친 맹렬한 강한 비바람을 피할 길은 없었다. 얼마 간 우리의 신경을 거슬렸던 바람을 뒤이어 더 날카로운 폭풍이 불어 닥쳤다. 돛이 바람을 받아 터져 버릴 듯이 부풀어 올랐으며 모든 사람들은 '빨리 돛을 내려! 돛을 내려!'라고 소리쳤다. 어찌해 볼 수 없는 적이 바로 우리 곁에 있었으며 피해는 그야말로 피할 수 없었다. 한 순간에 돛들이 다 뭐 하나 남기지 않고 갈기갈기 찢겨 나갔다. 태풍은 너무나 강력해, 만약 돛이 새것이어서 바람의 압력을 견뎌 낼 수 있었다고 하더라도 돛대와 돛의 활대들이 분명 산산이 부서지고 배 위로 떨어졌을 것이며 이로 인해 위험한 상황이…[43]

바다에는 폭풍 말고도 다른 자연 재해들이 있었다. 에드먼 바커는 1591년, 영국의 첫 동방 탐험대를 인솔했던 제임스 랭카스터의 배를 타고 막 희망봉을 돌아 인도양에 들어서고 있었다.

아침 10시경 무시무시한 벼락이 내리쳤으며 그 자리에서 바로 우리 중 네 사람의 목숨을 앗아갔다. 이들은 목이 비틀려 부러지는 바람에 한 마디 말도 못한 채 쓰러졌다. 그곳에 있던 94명 중에서 성한 사람은 아무도 없었다. 어떤 이들은 앞을 볼 수 없었으며, 어떤 이들은 팔다리에 멍이 들었으며, 어떤 이들은 가슴을 다쳐 이틀 후에 피를 뽑아내야 했다. 어떤 이들은 마치 팔다리를 묶어 몸을 비트는 고문을 당한 것처럼 쭉 뻗어 있었다. 그러나 [신에게 감사하게도] 즉사한 4명을 제외하고 나머지는 모두 건강을 되찾았다. 이 벼락으로 우리의 큰 돛대는 완전히 부서졌으며 나무 안으로 10인치 정도 박혀있던 못들은 벼락으로 생긴 높은 열로 녹아버렸다.[44]

때로는 사람들이 스스로 위험을 불러오기도 했다. 예를 들어, 로보가 탄 배는 대단히 위험한 상황에서도 같이 뱃길을 가고 있던 포르투갈의 다른 배에게 도움을 요청하지 않기로 결정했다. 이유는 '우리 배의 사정이 다른 배에 알려지는 것은 좋지 않은 일이다. 왜냐하면 우리 배의 손실은 불을 보듯 확실하며, 저쪽 배가 더 빨리 포르투갈에 도착해 배에 싣고 있는 향신료를 더 좋은 가격에 팔기 위기 위해 우리를 버릴 것 또한 분명하기 때문이다.'[45]

1673년 2월 카레 신부는 수라트에서 출항하면서 많은 난관에 부딪쳤다.

정오 즈음, 회사의 배들 중 하나에 짐, 음식, 여행에 필요한 모든 것을 부치고, 나는 넓은 수라트 정박지 안으로 들어갔다. 거기에는 약 20여 명의 상인들이 동쪽에 있는 여러 나라들로 출항할 준비를 하고 있었다. 나는 수라트에서 힘 있는 무어인 상인인 아가 라히미(Agha Rahimi)가 소유한 배에 승선했다. 나와 동시에 배에 오른 그가 마지막 지시를 주고 배웅하고 있는데 떠들썩하고 왁자지껄한 소리가 들려왔다. 이 배의 절반 정도를 자신이 사용하고자 전세를 낸 한 부유하고 영향력 있는 페르시아 상인이 이미 사람과 화물로 가득 찬 배에 실을 요량으로 화물을 싣고 오는 4척의 큰 배들을 보고 선장에게 불같이 화를 냈다. 배 주인이 더 싣고자 한 약 200에큐(écus)• 상당의 화물은 이미 500명의 승객과 100만 에큐 상당의 화물을 싣고 있는 이 배를 바로 과적 위험에 노출시킬 수 있었다. 최근 과적으로 인해 비극적인 사건이 여러 번 발생했다. 과적으로 작년에 수라트 정박지를 떠나면서 4척의 좋은 배들이 바다 아래로 사라졌다. 승객이기도 한 상인들은 모두 이 페르시아인의 편에 서서 아가 라히미에게 항의하며 화물을 더 실을 거면 배에서 내리겠다고 위협했다. 그러나 배에서 내리기 전에 그는 페르시아로 가는 항해 요금을 올림으로서 화물을 더 싣지 못한 손실분을 만회시킬 수 있었다. 덕분에 우리 모두는 일반적으로 부과되는 요금의 배를 지불해야 했다.

배가 출항할 수 있었지만 사정은 그다지 좋지 않았다.

선상에 승객들이 아주 많음을 보고 우리의 나코다는 이 배의 선장과 협의해 놀랍게도 선실을 얻어냈다. 선실 가격은 파리의 그 어떤 숙박시설 보다도 비싸다고 자신 있게 말할 수 있다. 출발 전 부유한 페르시아 상인은 6명이나 되는 아내들을 다른 승객들의 눈에는 띄지 않으면서 자신의 눈 아래 두려고 1,000에큐[225파운드]를 지불하고 배의 특등실을 빌렸다. 선미루 아래에 있는 중간 크기의 두 객실은 300에큐[67.50파운드]였으며, 보다 작은 선실과 구석에 있는 공간은 600~700리브르(livres, 45~47.50파운드)였다. 부유한 상인들은 아내들을 다른 이들로부터 격리시키기 위해 엄청난 비용을 지불했

• 에큐는 방패라는 뜻으로, 문장의 방패가 디자인되어있는 것에 유래한다. 1266년 처음 발행된 것은 금화였지만. 후에 은화로 발행되었다. 후자는 특히 17~18세기의 프랑스 은화였다가 프랑스혁명 이후 사라졌다.

다. 그리고 이 배에는 그런 사람들이 많았기 때문에 선실을 구하는 일이 상당히 어려웠다. 나는 이 거처 문제를 선장과 의논했으며, 그는 자기 선실 근처에 있는 적당한 장소를 내주었는데, 어찌되었든 지내기에 그다지 불편하지는 않았다.[46)]

신부는 항해하는 동안 '반 다스가 되는 [페르시아 상인의] 아내들'(half-dozen wives)과 즐겁고 느긋한 시간을 보냈다.

이 장에서 다루는 시기 동안 인도양 지역의 상인들과 무역업자들은 점차로 유럽인의 배 또는 최소한 유럽인 승무원이 승선하고 있는 배를 더 자주 이용했다. 이 배들은 바다 항해에 더 안전하고 해적에 덜 취약하다고 여겨졌기 때문이다. 물론 그렇다고 유럽 배를 이용한 항해가 언제나 즐겁고 안전한 것은 아니었다. 페르시아 대사인 술라이만은 태국으로 가는 유럽 배를 타고 코로만델을 출항했다.

우리의 도착항이 아주 멀지 않았기에 선장은 불필요하게 많은 식량을 가져갈 필요가 없다고 생각했다. 그러나 바람이 잦아들면서 여정은 예고 없이 지연되고 식량은 바닥났으며 승선하고 있는 모든 이들은 최악의 상황을 맞이했다. 6개월이나 되서 완전히 맛이 가고 벌레와 개미가 가득해 평소 같았으면 먹을 수 없는 빵 조각을 약간의 주저함도 없이 먹었다. 오래되어 말라비틀어진 빵 조각은 그야말로 최고의 꿀맛이었다.[47)]

위에 든 예들은 예외적인 경우였다고 할 수 있다. 대부분의 항해는 승객들에게 가장 참을 수 없었던 것이 지루함이었을 정도로 큰 사건 없이 마무리되었다고 봐야 한다. 장 오빈은 16세기 초 고아에서 호르무즈로 가는 '정상적인'(normal) 항해의 패턴을 잘 보여준다. 그가 탄 배는 고아의 비자푸리 총독의 소유로 되어 있던 오래되고 쉽게 기우는 배였다. 1510년 포르투갈이 고아를 점령했을 때에 전리품으로 손에 넣었으며 산타 마리아 두 몬트호(*Santa Maria do Monte*)로 개명되었다. 이 배는 쌀과 철을 싣고 77일 간을 항해해 호르무즈에 도착했으며, 고아로 돌아오기 위해 적당한 계절풍이 불기를 기다려야 했다. 크게 먼 거리라고 할 수 없는 이 항해에는 꼬박 1년이 걸렸다. 나가는 항해 즉 외항에는 140명이 승선하고 6필의 소와 174톤의 화물을 실었다. 돌아오는 길에는 71필의 말을 실었다. 선장은 이탈리아인이며 승무원 대부분은 조종사와 포병을 비롯해 심지어 악사들도 모두 무슬림들이었다. 승객도 여러 명 있었는데 몇 사람은 포르투갈인들이고 몇 사람은 아르메니아인들이었다. 포르투갈인들은 배에서 시중드는 9명의 노예를 데리고 있었다. 여성도 4명이 있었는데, 이들은 7명의 노예와 가족들과 함께였다. 모든 면에는 이는 매우 일상적이고 특기할 점이라고 하나도 없는 항해였다.[48)]

북부 인도의 강들을 따라 여행하는 것은 심지어 상당히 편안하고 즐거울 수 있었다. 1740년대 벵골을 방문한 한 프랑스인은 승객들을 보호해 주는 긴 지붕이 있는 길고 가벼운 배를 타고 강을 거슬러 올라갔다. 그가 탄 배에는 16개의 노가 있었다. 이들은 중간 부분은 들어가 있고 양쪽 끝은 위로 나와 있는 생김새였는데, 이는 강이 얕은 곳에서 좌초될 때에 쉬이 다시 배를 물에 띄울 수 있게 했다. '이렇게 생긴 배는 아주 편리했다. 공간도 꽤 넓어 우리 두 사람이 편안하게 잠을 잘 수 있었으며 뒤쪽에서 또 다른 한 사람이 잠을 잘 수 있었다. 부엌 시설을 갖춘 배가 우리 배를 따라왔다', 그리고 그에게는 통역사와 양산을 씌워주는 사람도 있었다. 이 배는 매우 여유롭게 하루에 평균 6리그, 약 12마일 정도의 속도로 항해했다.[49)]

강을 따라 노를 저어가며 하는 항해는 너무나 기분 좋은 것이어서 인도인들과 유럽인들 모두 실제 여가를 즐기기 위해 배를 타기도 했다. 마카오와 고아에 있었던 포르투갈인들은 때때로 저녁에 크루즈에 나섰다. 다음은 딘 무함마드가 데카에 도착해 남긴 기록이다.

> 왕위에 오르면서 대 무굴제국의 통치자(Nabob)는 예전 관행에 따라, 아드리아 해에 있는 베네치아의 총독(Doge)의 관습과도 비슷하게, 세계에서 가장 특이한 바지선 중의 하나로 삼순다르(samsundar)[행렬용 바지선]라고 불리는 배를 처소삼아 그 위에서 강이 주는 기쁨을 즐긴다. 삼순다르는 은으로 씌워 있으며, 중앙에는 즉위식 날에 쓸 왕관이 놓여 있다. 선미 가까이에는 은으로 된 난간이 에워싸고, 금으로 수를 놓은 값비싼 커버로 둘러쳐진—그 아래에 왕은 비스듬히 안락하게 기댄다— 빛나는 의자가 있다. 이 배와 그의 시종들을 태운 예사롭지 않은 또 다른 배의 가치는 상당해 10만 루피

정도로 추정된다. 수많은 최고 저명 인사들이 그와 동행했으며, 이 긴 의식의 장려함을 더하기 위해 이 호사스러운 행사에는 엄청난 돈이 들어갔다.[50)]

당시 배의 크기를 알려 주는 자료는 고르게 분포해 있지도 일관성 있지도 않다. 1700년경 수라트 선단은 대부분 중형 크기로 200~300톤 정도였을 것으로 보이는 100척이 넘는 배들로 구성되었다. 인도의 일부 배들, 특히 정치 엘리트들이 소유한 배들은 이보다 훨씬 더 컸을 것으로 보인다. 1612년 홍해에서 사리스(Saris)는 유명한 무갈의 귀족 압둘-라힘(Abdur-Rahim)이 소유하고 있는 두 척의 배를 측량했다. 라히미호(*Rahimi*)는 선수에서 선미까지 153피트였으며, 선미 돌출부는 17피트였다. 폭이 42피트였으며, 깊이는 31피트였다. 무함마디호(*Muhammadi*)는 길이 136피트, 돌출부 20피트, 넓이 41피트, 깊이 29.5피트였다. 주 돛대는 108피트였으며 주 돛대의 하활은 132피트였다.[51)] 이에 비한다면 초기 포르투갈인들의 항해는 작은 배들로 이루어졌다. 1497~1499년 바스쿠 다 가마의 가장 큰 배는 길이가 100피트였다. 1535~36년 고아와 리스본 사이를 항해했던 가장 작은 배는 돛대가 둘인 푸스타(fusta, or foist)로 길이 20피트 넓이 6피트 정도였다![52)] VOC의 최대 선박은 길이가 50m(164피트)가 넘었으며 홍해에 있던 무갈 제국의 배들에 필적했다. 1629년 웨스턴오스트레일리아 연안에서 좌초된 VOC선단의 자랑이었던 바타비아호(*Batavia*)는 길이가 59m(193.6)피트였다.

포르투갈의 커다란 나우들 그리고 나중에 동인도회사 배들은 아시아에서 건조되었다. 값싼 노동력과 재료로 인해 인도에서의 톤당 건조 비용은 유럽의 절반 정도였다. 이유는 부분적으로 코킹, 즉 선박의 구멍이나 틈을 메우는 작업 때문이었다. 유럽에서 건조되는 배에 필수적이었던 코팅 작업에는 매우 많은 비용이 들었는데, 어찌되었든 이 기술은 저렴한 전통적인 북부 인도 방식인 은촉붙임과 비교해 아무런 이점이 없었다. 인도 배들은 햄프로 만든 밧줄이 아니라 코이어로 만든 케이블과 밧줄을 이용해 왔다. 코이어는 바닷물 속에서 더 강해지기에 더할 나위 없이 좋았다.[53)]

인도인 배 만드는 사람들은 철 못의 사용과 같은 몇 가지 유럽식의 배 건조 기법을 받아들이기 시작했다. 연안이 아니라 대양 무역을 위한 배를 건조할 때 이런 현상은 특히 더 두드러지게 나타났다. 유럽인 관찰자들에 의하면 인도 장인들은 기술이 매우 뛰어났으며, 유럽의 기술에 더 나은 측면이 있다고 생각하면 이를 수용하는 데에 주저하지 않았다. 보우리는 인도양 지역의 선주들을 위해 코로만델에서 배를 건조하는 작업을 목격했다.

> 그곳의 최고 배 건조 명장들 중 여러 명은 영국인들의 영향을 많이 받았으며, 영국동인도회사와 그 대리인들을 위해 배를 건조했던 사람들의 기술을 옆에서 열심히 관찰하면서 배웠던 이들이다. 이들은 배를 아주 잘 만들었으며 자신들이 하고 있는 일에 대해 아주 잘 알고 있었으며, 세계 어느 곳에서와 마찬가지로 아주 신중하게 배를 진수시켰다…

그는 특히 골콘다 술탄이 소유한 1,000톤이나 되는 거대한 배에—수리를 위해 물에서 끌어내고 있었던— 대해서도 언급했다.[54)]

지난 수 세기 동안 유럽인들은 배 크기당 필요한 선원 비율을 상당 정도 줄일 수 있었다. 14세기에 1톤 당 한 사람의 선원이 필요했지만 1600년경에 비율은 4톤 당 한 사람 정도로 낮아졌다. 이런 경향은 인도 배에서도 마찬가지였을 것 같다.[55)]

인도양에서 유럽 배에 오른 선원들은 일반적으로 유럽인들 못지않은 아시아인들이 많았다. 고급 선원은 앞에서 언급한 고아에서 호르무즈로 가는 배에서 보았듯이 네덜란드인이거나 영국인 혹은 다른 유럽인들일 수 있었지만, 나머지는 인도양 지역 사람들이었다. 카레티(Carletti)는 포르투갈 배를 타고 마카오에서 믈라카로 항해했다.

> 포르투갈인 선장, 항해사, 운항사, 기관사, 그리고 다른 고급 선원들이 배를 지휘했다. 아랍인, 인도인, 터키인, 벵골인 선원들은 매월 많은 돈을 받고 즐거이 일했다. 이들을 통솔한 이는 사랑(saranghi, sarang)이라고 불린 십장이었으며 앞서 말한 선원들의 출신지에서 온 이였다. 선원들은 사랑과 많은 것을 나누고 그를 존경하고 그에게 복종하기 때문에 배의 포르투갈인 선장, 항해사, 기관사도 이 사랑의 말을 존중했다. 그리고 이들은 모두 처첩과 함께 동선했다. 이는 괜찮아 보이지도 적절치도 않았으며 무어라 명확하게 말하기 힘든 혼란을 가져왔다.[56)]

선원들은 일이 있는 곳이면 어디든 마다않고 갈 채비가 되어 있었던 듯하다. 1625년 소규모 포르투갈 선단이 EIC 배들을 공격하기 위해 출발했다. 포르투갈 선단에 타고 있던 이들 중에서 200명 이상이 영국인, 스코틀랜드인, 아일랜드인, 네덜란드인이었다. 인도양 현지 선원들은 대부분 무슬림이었으며, 이들은 심지어 무슬림 배를 공격하는 배에 승선하는 것도 꺼려하지 않았던 듯했다. 무슬림 정복자들에게서 몸바사를 빼앗기 오기 위해 출항했던 포르투갈 선단에는 주로 무슬림들이 타고 있었다. 1698년 이런 선단에 속한 4척의 배에는 126명의 '백인'(white) 그리고 376명의 '비백인(non-white) 선원들과 포병들이 타고 있었다.[57)]

많은 배들이 수많은 승객들을 실어 날랐다. 모든 배에는 소상인과 대상인들이 타고 있었지만, 홍해로 가는 배에는 대부분 메카로 순례 가는 이들이 탔으며, 유럽 배들은 유럽의 해양 제국들에서 일할 사람들을 태웠다. 최대의 하즈 배에는 1,000명 혹은 1,500명의 순례 승객이 탈 수 있었다. 외항하는 포르투갈의 대형 나우는 전형적으로 120~200명의 승무원들과 500에서 1,000명의 승객을—대부분이 병사들— 태웠다. 모잠비크에서 400명 정도의 노예들을 더 태우기도 했다.[58)] VOC 배들은 이보다 사람들을 적게 태웠다. 해외로 가는 항해인 외항에는 200명, 그리고 귀항에는 110명 정도가 승선했다.[59)]

유럽 배에서 고급선원들은 항해 도중에 발생할 수 있는 사망률이 높지 않도록 온갖 신경을 써야 했다. 16세기에 걸쳐 포르투갈 배에 승선한 이들 중 약 10%가 질병과 난파로 목숨을 잃었다. 바스쿠 다 가마의 선구적인 항해에서 인원 감소율은 상당히 높았다. 그는 왕복 항해 동안 63%의 요원과 65%의 화물을 잃었다.[60)] VOC는 이보다는 훨씬 더 나았다. 이들은 외항에서는 2% 조금 넘는 화물을 잃었으며 귀항에는 4% 정도를 잃었을 뿐이었다. 최악의 사고 지역은 남아프리카 연안이었다.[61)]

유럽인들이 바람의 양상과 항로에 익숙해짐에 따라 사망률은 물론 항해 속도도 크게 개선되었다. 바스쿠 다 가마의 가장 빠른 배는 왕복 항해에는 733일이 걸렸으나, 6척으로 이루어진 카브랄이 이끈 다음 원정에서 항복 항해는 471일에서 505일 사이에 완수되었다. 여기에는 항구에 머물렀던 기간들이 포함되어 있다. 카브랄 배들의 실제 항해 시간은 외항에는 179일, 그리고 귀항에는 178~191일이었다. 이 정도의 기간이—외항 180일, 귀항 200일 그리고 왕복 항해 총 500일 정도— 포르투갈인들에게는 어느 정도 일반적인 기준이 되었다. 가장 빠른 경우 외항 항해는 106일, 귀항은 130일이 소요되었다.[62] 17세기에 유럽에서 나가는 외항에 필요한 통상적인 총 기간은 6~8개월, 귀항에는 7~9개월이 걸렸다. 아주 빠른 왕복 항해는 11개월이 걸렸지만 통상적인 왕복 항해 기간은 16~19개월 사이였다.

속도는 계절풍의 양상과 선원의 숙련도에 따라 달랐다. 지중해에서 매우 예외적인 경우에 속하는 최대의 속도는 하루에 약 200km였다.[63] 계절풍을 맞이해 경주하듯 간 속도라고 할 수 있다. 바스쿠 다 가마는 1498년 말린디에서 말라바르까지를 26일 만에, 평균 속도로 하면 하루에 200km 약간 밑도는 속도로 항해했다. 다음 세기, 네덜란드 배들이 초창기부터 이용했던 질풍노도의 남위 40°대에서는 하루에 약 150km의 속도를 낼 수 있었다.[64]

배에서의 승선 생활은 지루함에서 야만적인 잔인성 그리고 위험에 이르기까지 아주 다양한 상황에 따라 각기 달랐다. 앞에서는 인용을 통해 위험, 극적인 사건, 난파 등을 강조했지만, 사실 더 중요한 측면은 선상에서 일상의 지루함과 질병의 위협이었다. 한 여행자는 다음과 같이 썼다. '아무리 제왕이 집을 하사한다 해도 그 집 안에서만 6개월을 머물라고 한다면 그렇게 오랫동안 집 안에 갇혀 있으려 하는 사람은 아마도 없을 것이다. 하물며 온갖 불편함으로 가득 차 있는 배에서의 삶은 더욱 견디기 어렵다.'[65] 질병에 관해 보면 당시 사람들은 라임과 레몬이 괴혈병 예방에 어떤 도움이 된다는 사실을 어렴풋하게 알고 있었다. 그럼에도 불구하고 괴혈병은 두렵고 혐오스러운 질병이었으며 때로는 아주 많은 인명을 앗아갔다. 병에 걸린 이들은 극심한 고통 속에서 그리고 정신 착란상태에서 비명을 지르며 죽어갔다. 이는 잇몸에 영향을 주어 치아가 흔들거리고 빠지거나 다리에 영향을 미쳐 살이 썩어 들어가면서 부어올랐다.[66]

선상에 있는 수 개 월 혹은 수 주 동안 계층 간 분열 양상은 훨씬 더 선명해지고 악화되었다. 북부 유럽의 배 위에서 선원들은 잔혹한 규율의 희생양이었다. 17세기 외과의사로 VOC 배를 타고 다섯 차례나 항해 경험을 했던 니콜라스 데 그라프(Nickolaus de Graaff)는 다음과 같은 글을 남겼다.

선원들이 처벌을 받을 때면, 돛대 앞에서 굵은 밧줄로 아주 오랫동안 매질을 당하며, 무릎을 꿇고 용서를 애걸한다. 또는 돛의 활대로 물속에 밀어 넣거나 배 밑으로 세 차례 처박은 다음에 돛대 앞에서 매질한다. 또는, 이들의 다리에 사슬과 볼을 묶어 흑인 노예들과 마찬가지로 회사의 작업장에서 중노동을 시킨다. 또는, 수마트라의 서부 연안, 반다 제도, 모리셔스로 추방되거나 그렇지 않으면 희망봉 연안에서 멀리 떨어져 있는 로벤 섬 유형지로 보낸다. 이렇게 선원들을 길들이는 방법은 수도 없이 많다. 이들은 노예보다 하나도 나을 것 없는 취급을 당하며, 가장 밑에 있는 고급 선원의 손짓이나 부름에도 지체 없이 응할 준비가 되어 있어야 한다.[67]

선원과 승객의 질이 안 좋을 경우 의심할 여지없이 규율 문제는 더욱 심각해졌다. 18세기 VOC 배에 승선한 이들 중에는 독일인 부랑자들이나 극빈자들이 많았다. 포르투갈의 나우에 오른 군인들 중의 다수는 감옥에서 풀려난 지 얼마 안 되고 넝마를 걸치고 매독이나 다른 질병에 걸린 이들이었다.

나우는 자주 승객을 너무 많이 태웠으며, 엄청나게 많은 사람들이 선상에서 극도의 불편함을 겪어야 했다. 선미 선루에 마련된 지배계층의 선실도 지붕의 높이가 4피트 정도 밖에 되지 않아 불편했지만 나머지 승객들에 비하면 사정이 아주 나은 편이었다. 앞 장에서 이븐 바투타가 소실들과 노예들을 데리고 다니며 나름 멋지게 여행했음을 보았다. 이 장 앞에서는 수라트에서 호르무즈로의 항해에서 카레 신부는 매우 부유한 페르시아 상인들 부부들과 함께 했음을 보았다. 1601년 포르투갈을 향해 고아를 출발했던 부유한 상인 카레티도 마찬가지였다. 그는 일본인, 한국인, 모잠비크 흑인 등 3명의 노예들을 데리고 있었다. 그는 독실을 차지하고 있었으며 항해 도중 잡아먹을 요량으로 암탉 100마리를 배에 실었다.[68]

음식이야말로 사회 계층 차별이 가장 극명히 드러나는 지점이었다. 포르투갈 배에는 지배계층의 먹거리로 살아있는 닭, 양, 심지어 소와 같은 가축을 실었다. 말린 과일, 아몬드, 잼과 같은 보존 식품, 와인, 오일, 사탕, 치즈도 실었다. VOC 배에서도 마찬가지였다. 윌리엄 힉키는 선장과 같은 식탁에 앉아 음식을 마음껏 즐겼다. 아침 식탁에는 '커피, 차, 육지에서 구운 것과 마찬가지로 질 좋은 롤 케익, 그리고 더 놀라운 것은 신선한 버터, 토스트, 달걀,

햄, 소시지, 훈제 비프, 그리고 엄청나게 큰 치즈도 있었다.' 이 모든 음식을 맥주와 진까지 곁들여 먹었다. 점심은 훨씬 더 대단했으며 신선한 채소와 과일도 있었다. 식사 사이에 간식도 제공되었다.[69] 다른 한편 보통 사람들은 주는 대로 먹어야 했으며 음식은 아주 형편이 없었다. 비스킷은 배에 실린 지 1년이나 된 것들이었고, 말린 물고기의 상태는 먹을 수 없어서 버려야 하는 경우도 있었으며, 와인은 마실 수 없을 정도로 거칠었으며, 배분되는 물의 양도 매우 적어 마실 물도 부족한 상태였다.[70]

17세기 포르투갈 배와 인도 배에서의 선상 생활에 대한 두 이야기로 이 장을 마무리하고자 한다. 첫 번째 이야기는 예수회의 기록에서 가져왔다. 신부들을 포함해 '그 이상도 그 이하도 아닌 통 속에 든 정어리들 같이' 사람들은 매우 비좁은 배를 타고 여행했다. 이들의 객실은 물건들로 가득 차 있고 공간은 너무나 협소해 사람들이 '앉을 수도 설 수도 없었다. 선실에 들어가려면 뱀이 구멍에 들어가듯 수많은 통들과 상자들 사이를 비집고 들어가야 했다.' 열정적이고 엄격한 신생 교단인 예수회 신부들은 승선하고 있던 그 누구보다도 매우 철저하게 규율을 지키고 있었다. 이들은 선실에서 많은 시간을 보내지 않아야 했다. 그러면 건강에 좋지 않기 때문이었다. 이보다는 갑판 위에서 걸어야 했다. 옷과 객실은 자주 청소해야 했으며 시트는 최소한 8일에 한번씩 갈아주어야 했다. 이들이 선상에 가져온 음식은 매우 신중하게 선택된 것들이었다. 마실 물과 와인. 절인 고기, 햄과 소시지, 닭, 비스킷, 무화과, 건포도를 비롯한 말린 과일, 절인 올리브, 치즈, 견과류, 마멀레이드와 같은 단것이었다. 이렇게 음식이 고르고 풍부하다 보니 때로는 일반 승객들이 신부들에게 음식을 청하기도 했다. 예상할 수 있는 바와 같이 이들은 선상에서 종교적으로 중요한 역할을 했다. 배가 위험에 처했을 때, 또는 배가 이름을 따온 성인의 축일이 되었을 때, 예수회 신부들은 갑판 주변을 도는 행렬의 맨 앞에 섰다. 이외에도 이들은 성례를 주관했으며 일반적인 영적 상담을 해주었다.[71]

메카 순례를 위해 나섰던 항해들을 기록하고 있는 중요한 페르시아 문헌에 기반해 얀 카이사르(Jan Qaisar) 교수가 모범적으로 재구성한 인도 사례를 보자. 원작의 작가인 카즈비니는 아주 기본적인 조언을 해주었다. 예를 들어 승선하려는 사람은 배를 잘 살펴보아야 하며, 탈 것이지 말 것인지를 알려주는 징조에도 유념해야 한다. 배는 작지도 낡지도 않아야 하며, 배의 길이가 넓이보다 더 커야한다. 또한 돛대와 삭구도 점검할 필요가 있으며 승무원들이 부지런한지 아닌지도 살펴보아야 한다. 갑판에 있을 것인지 선실에 머물 것인지는 선택사항이지만, 어느 경우에나 따로 식량을 가져가야 한다. 이론적으로 승객은 명단에 이름을 올리고, 나코다는 이 명단을 가지고 있었다. 그러나 실제 승객 수는 다른 경우가 많았다. 카즈비니가 탄 배의 승객 명단에는 474명이 있었지만 배가 출항한 후에 보니 40명의 승객이 더 타고 있었다. 무겁고 큰 화물은 선창 안에 실었으나 승객들은 개인 짐과 화물을 옆에 두고 있었다. 카즈비니는 해로 여행을 생각하는 이들에게 되도록 배의 중간 주 돛대 가까이에 머물라고 조언했다.

물은 커다란 수조에 저장되어 있었으며 모든 사람에게 제공되었지만, 부유한 이들은 자신이 마실 물을 따로 가지고 탔다. 무슬림의 배였기에 이는 힌두교도의 오염 문제와는 차원이 달랐다. 단지 언제든지 쉬이 마실 수 있으며 더 깨끗한 물을 마실 수 있다는 생각에서였다. 정말이지 온갖 음식들을 선상에 가져왔다. 공동된 음식물은 쌀, 남아시아 요리에 쓰이는 일종의 버터인 게(ghee), 마른 콩류에 향신료를 넣고 끓인 인도의 스튜인 달(dal), 소금에 절인 물고기와 버터, 훈제 물고기, 빵, 과일 등이었다. 부유한 이들은 염소나 가금류를 배에 싣고 필요할 때 잡아먹었다. 계란은 곱게 간 소금 속에 저장했다. 카즈비니는 커피나 와인과 같은 식음료에 대해서는 아무 말을 하지 않았으나 흡연은 추천했다.

그는 건강에 관해서도 몇 가지 조언을 했다. 그는 배에 의사와 방혈사를 승선시킬 것을 권장했다. 이외에도 뱃멀미로 토할 것 같은 비위를 가진 이들에게는 과일과 주스, 그리고 점액질 체액의 사람에게는 꿀이나 설탕 섭취와 같은 치료법을 제안했다. 그는 괴혈병에 대해서는 언급하지 않았다. 항해가 비교적 짧고 신선한 식료품을 얻을 수 있는 기항지가 수없이 많았던 인도의 배에서 괴혈병은 별로 심각한 질병이 아니었다고 추정할 수 있다. 선상에서의 생활은 상당히 즐겁기도 했다. 사람들은 종교적이고 도덕적인 문제들에 관해 공부했고 토론했다. 선상에서는 시낭송회와 음악회가 열렸으며, 어떤 이들은 사적인 장소에서 쉬고 어떤 이들은 놀음을 하며 즐겼다.[72]

7장

영국과 인도양

이제부터는 지난 250년의 인도양 역사를 때로는 주제별로 때로는 시기별로 다룰 것이다. 이 장 대부분은 19세기에 초점이 있지만 주제에 따라서는 20세기로 넘어가기도 한다. 마찬가지로 다음 마지막 장은 20세기에 일어난 사건을 주로 다루지만 사안에 따라서는 그 이전 시기로 거슬러 올라가기도 한다. 사실, 이 장과 다음 장은 하나의 장으로 생각해도 좋다.

인도양과 그 연안 사람들의 역사에 급격한 변화를 가져올 1세기에 걸친 긴 과정이 18세기 중반에 시작되었다. 비교적 짧은 기간에 인도양 밖에서 온 세력이 인도양 주변 대부분 육지를 차지했으며, 인도양 자체도 이 세력의 해군 통제 하에 놓였다. 언제라도 동원될 수 있었던 해군에 정부 정책과 기술 발전이 더해지면서 천 년도 넘게 지속된 인도양 사람들의 해양 활동을 무력화시켰다.

문제의 외부 세력은 물론 잉글랜드와 스코틀랜드를 포함한 영국이었다. 1700년에도 인도양에서 별 존재감이 없었던 EIC는 급격하게 영향력을 확대했으며 점차 영국의 적극적인 지원을 더 많이 받으면서 국가의 병기가 되어갔다. 역사가들이 여전히 산업혁명이라고 부르는 과정에서 엄청난 경제 변화를 주도했으며 이로부터 이득을 본 것은 국가였다. 생산 기술의 질적 변화로 인해 세계사에서 처음으로 영국이 주도한 산업화된 유럽 국가들과 나머지 세계 사이에는 건너기 어려운 격차가 벌어졌다. 영국이 인도양에서 전례 없는 통제력을 발휘할 수 있었던 근저에는(*au fond*) 경제와 기술 부문에서의 엄청난 발전이 자리하고 있었다.

인도양에는 다른 유럽세력도 있었다. 인도양에서 VOC는 1세기 정도 영국보다 훨씬 더 나은 성적을 거두었다. 프랑스는 18세기에 도전장을 내밀었으며 영국과 몇 차례 전쟁을 치렀다. 7년전쟁(1756~63) 시기 인도 전장에서 승리한 이후 인도양에서의 영국의 우세가 시작되었다고 말할 수 있다. 이 시기에야 비로소 영국은 인도양에서 인도를 정복하고 중요한 관문들을 점령하는 긴 과정을 시작했다. 반면 VOC의 재정 문제로 인해 네덜란드의 영향력은 줄어들었다. 네덜란드는 나폴레옹 전쟁 말기 케이프 식민지를 영국에 내주었으며, 그 후 인도네시아 내부 개발로 관심을 돌렸다. 그 일환으로 19세기 네덜란드는 인도네시아의 수많은 섬들을 서서히 차지해 나갔으며, 특히 자바에서 강제 경작 농업을 실시해 생산성을 향상시켰다. 반면 프랑스는 19세기 인도차이나에 식민지를 건설하면서 만회할 수 있는 길을 찾고자 했다. 인도양에 있는 섬들은 이 시기에 주인이 바뀌었는데, 이 문제는 다시 다루어질 것이다. 포르투갈은 영국 체제 안에서 활동하는 처지가 되었으며 19세기 초 잠시 아편 무역에서 상당한 이득을 챙기기도 했다. 나폴레옹 전쟁 시기 고아는 영국 군대에 점령되었다.

중요한 사실은 인도양, 그리고 인도양 관련 사안을 모두 영국이 지배했다는 점이다. 1890년 세계 선박 톤수의 63%가 영국 깃발을 달고 항해했다. 18세기 말에 이르러 이 산업 국가는 뭄바이, 콜카타, 첸나이, 피낭 그리고 인도양의 가장자리를 넘어 시드니에도 주요 중심지를 건설했다. 이후 50여 년간 영국은 일련의 필요한 항구들을 점령하거나 세웠다. 1796년 콜롬보, 1806년 케이프타운, 1819년 싱가포르, 1839년 아덴, 그리고 인도양을 넘어 1842년에는 홍콩을 건설했다. 인도양에서 영국에 도전할 수 있는 세력은 없었기에 경쟁이 심했던 다른 대양들과 비교하면 인도양을 통제하기 위해 무력을 집중시킬 필요는 거의 없었다. 제국주의의 절정기였던 1914년 취역 중이었던 영국 해군 선박은 대서양에 39척, 태평양에 43척이 있었는데 반해 인도양에서는 12척만이 있었다.[1)]

19세기 그리고 어떤 면에서는 20세기에 들어서도 영국의 지배는 인도양을 특징지었다. 20세기 후반기와 그 이후 인도양 연안 국가들의 주권 회복에 대해서는 다음 장에서 논의할 것이다. 구체적인 두 가지 예를 통해 영국의 우세라는 문제에 대한 논의를 시작해 보겠다. 하나는 어떻게 유럽 후발 주자들이 부득이 영국 체제 안에서 움직이게 되었는지를 보는 것이다. 19세기 초 여러 독일 왕국들은 인도양에서 남겨진 부분은 시암, 잔지바르, 터키 정도임을 발견했다. 1846~1848년 대형 해항도시 함부르크에서 온 배들은 비집고 들어갈 곳을 찾아 인도양 이곳저곳을 돌아다녔다. 아미란테 제도(Amirantes)•, 세이셸 제도, 코모로 제도, 마사와••, 지다, 호데이다•••, 아덴, 잔지바르를 기웃거렸으나 거의 아무런 결실을 거두지 못했다. 독일이 통일된 이후에야 상황이 나아져 동아프리카와 태평양에서 어느 정도 식민지를 획득했다. 이들 식민지를 통해 독일은 인도양에 들어올 수 있었다.[2] 또한 영국의 우세는 독립을 유지했던 지역들에게 독으로 작용했다. 예를 들어 1800년경 잔지바르는 동아프리카와 섬들 모두에 진출해 있던 영국과 프랑스를 상대할 수 있었다. 그러나 영국이 프랑스를 패배시키고 1815년 나폴레옹 전쟁을 끝내자, 술탄들은 영국에 충실하고 종속적인 협력자들이 되어갔다. 잔지바르의 술탄들은 실질적인 통치자의 요구에 맞게 정책을 펼쳐야 했으며 그렇게 했다.

물질적이고 군사적인 부문에서의 우월성은 문화적이고 도덕적인 우월성에 대한 믿음으로 흘러갔다. 영국인 작가들은 현지인들에 대한 경멸이나 자신들의 우월감을 공공연히 표현했으며 때로는 현지인들의 수준을 향상시키려는 희망을 드러내기도 했다. 톰싯 부인은 1884년 콜롬보를 방문했다. '가난한 이들의 오두막 안에는 우리에게는 필수품인 것들이 하나도 없는 것 같다. 이들은 바닥에 앉아 식사를 하지만, 온화하고 행복해 보인다. 내 생각에는 이들에게 보이는 약간의 교양과 품위는 영국인들을 보고 따라 배웠기 때문인 것으로 보인다.'[3]

역사나 종교에 대해서도 마찬가지였다. 후기 빅토리아 시대의 필치로 유명하며 이 장에서 다루는 여러 주제에 도움을 주게 될 조지 커즌은 페르시아의 역사를 다음과 같은 문장으로 시작했다. "나는 느리게 움직이는 동양의 시계추가 빠르게 덜컹거리며 달리는 서양의 수레바퀴에 자리를 내주면서 전개되

• 세이셸의 외곽에 있는 산호섬들로 이루어진 제도이다.

•• 에티오피아 북부, 홍해에 면한 항구 도시이다. 원래 이탈리아의 식민지 에리트레아의 수도(1885~1900)였다.

••• 아라비아 반도 서남부, 홍해에 면한 아랍 예멘 공화국의 항구 도시이다.

었던, 페르시아가 지나왔으며 여전히 지나고 있는 야만에서 문명으로의 자취를 추적하고자 한다."[4] 유명한 탐험가이자 자화자찬에 능한 리차드 버튼의 아내인 이사벨 버튼은 1858년 지다에서 일어난 폭동으로 유럽인 몇 명이 목숨을 잃은 사건에 대해 1876년에 회고하면서, 사건 처리는 미흡했는데 그 이유는 유럽 강대국들이 동양의 미신을 말소시킬 기회로 삼지 못했기 때문이라고 말했다.

> 메카가 세계를 향해 문호를 개방하고 여행객들이 예루살렘과 다른 '성스러운 도시들'(Holy Cities)에서 보호받을 수 있도록 요구했어야 했다. 문명의 진보를 방해하는 이들 구태를 모든 곳에서 전부 쓸어버려야 할 때이다. 세계는 더 이상 좌시하지 않을 것이다. 메카는 종교와 상업의 중심지만이 아니다. 메카는 정치 음모의 주요 원천지로 이단에 대한 정복과 복수 계획이 부화되는 둥지이기도 하다. 그리고 일전에 내가 언급했던 바와 같이 서구로 콜레라를 퍼뜨리는 진원지이기도 하다. 참을 수 없는 것을 참는 적절치 않은 감성을 발휘함으로써 그들이 어둠 속에서 인류에 반하는 행위를 계속 하도록 놓아두어야 하는가? 절대 있을 수 없는 일이다![5]

영국의 지배는 앞서 포르투갈과 네덜란드가 했던 방식과 아주 비슷하게 처음에는 일련의 연안지역을 차례차례 점령하면서 확대되었다. 인도양 연안에 있는 해항도시들 중에서 싱가포르, 아덴, 케이프타운의 사례는 이미 앞에서 언급했다. 그러나 영국 경제가 상인 자본에서 산업 자본 단계로 이행하자 이 새로운 산업에 원자재를 공급할 지역을 지배할 필요성이 대두되었다. 그 결과가 영토 점령이었다. 이제까지 적용해왔던 도식에서 보면 이제 영국은 해항도시를 지배하고 생산에 일정한 영향력을 행사하는 데에서 영토를 지배하고 생산 과정 전체를 통제하는 세 번째 단계로 진입한 것이 된다.

영국이 인도양 주변의 광대한 지역을 지배하면서 생긴 결과에 관해서는 이제까지 꽤 많은 연구가 축척되어 왔다. 우리의 관심은 영국의 지배가 해양에 미친 영향이지만, 맥락을 이해하기 위해 육지에 대한 영국의 광범위한 영향력을 보여주는 몇 가지 예를 특히 인도를 중심으로 들어 보도록 하겠다. 18세기 후반 코로만델에 관한 아라사라트남(Arasaratnam)의 연구는 경제적 통제와 정치적 지배 사이의 함수 관계를 잘 보여준다. 직물은 코로만델 연안의 주요 생산품이었는데, 영국은 인도인이건 유럽인이건 막론하고 모든 경쟁 구매자들의 접근을 차단하는 데에 신경을 썼다. 1770년대 EIC는 직물 생산자인 방직업자들과 직접적인 관계를 수립하기 시작했다. 중간 상인들은 설자리가 없었다. 결국 EIC가 인도 방직업자들을 지배하고 종속시킴에 따라 인도식의 '선대제도'(putting out system)는 약화되었다.

인도 방직업자들과 다른 잠재 구매자들로부터 격렬한 항의가 잇달았다. 그러나 EIC가 지배하거나 통제하는 지역은 확장되었으며, 때로는 무력이 동원되고 강제는 더욱 심해졌다. 인도에서 이러한 사건들이 일어나고 있을 무렵, 영국에서는 방직기를 이용해 직물 생산이 더욱 효율적으로 이루어지게 되었다. 1800년 말 EIC는 다른 유럽 경쟁자들을 모두 제치게 되었다. 방직업자들의 지위는 크게 낮아졌다. 인도인 물주들과 상인들의 지위도 마찬가지였다. 이들이 운신할 수 있는 폭은 매우 제한적이었으며 결국 자율성을 잃어버리고 생산자들과 EIC 사이에서 중개인 역할을 맡게 되었다.

북쪽에 있는 벵골에서도 1765년 EIC가 이 번창했던 지역의 토지세 징수권을 얻자마자 거의 같은 현상이 벌어졌다. 이제 벵골의 방직업자들은 직물을 다른 곳에 팔기에 앞서 EIC의 요구를 먼저 충족시켜야 했다. EIC가 지불한 강제 가격은 역사가가 말하듯 '너무나도 형편 없었다'(extraordinarily poor). 벵골에서도 정치적 지배와 경제적 통제 사이의 밀접한 함수 관계를 볼 수 있다. EIC는 벵골의 농민들로부터 거두어들인 토지세를 재원 삼아 벵골의 직물을 구입했기 때문이다.[6] 아편 무역은 또 하나의 예를 제공한다. 1773년 EIC는 아편 독점권을 장악했으며 1797년부터는 그 누구도 사적으로 아편을 경작할 수 없었다. 농민은 정해진 토지에서 아편을 경작해야 했으며 생산된 아편을 정해진 가격에 모두 EIC에 넘겨야 했다. 만약 정해진 경작지에서 EIC가 원하는 양 만큼 생산하지 못하면 그만큼 벌금을 내야 했다.[7]

마라타 왕국의 저항 때문에 영국이 서부 연안의 구자라트로 들어온 시점은 조금 늦었으나, 1818년의 저항이 실패한 이후 이곳의 상인들과 방직업자들이 맞이한 최후는 앞서 동부 연안과 내지에서 발생했던 바와 대차가 없었다.[8] 전반적으로 식민지 인도는 초기 단계에 있던 자신의 산업을 보호할 수 없었다. 이는 미국과 극명한 대조를 이룬다. 독립한 미국은 정부 정책을 통해 산업을 진흥시킴으로써 영국에 도전할 수 있었다. 영국 모직물에 대한 미국의 관세는 1828년 35%였으며 1832년에는 50%로 뛰었다. 1842년 품목에 따라 100%의 종가 관세(*ad valorem*)가 부가되기도 했다.[9] 식민지 인도에게 이러한 선택지는 아예 없었다.

우리의 관심 사항인 해사, 즉 해양에 관한 사안으로 돌아가 보자. 각론에 들어가기에 앞서 이 장에서 다룰 주요 주제에 대해 간략하게 개요를 살펴봄으로써 주제에 관한 배경 지식을 제공할 것이다. 가장 광의의 의미로 본다면 우리는 세계 경제의 탄생, 그리고 그 결과로 나타난 19세기 후반 거대한 트랜스내셔널 교역의 성장을 보고 있다. 1850년 약 900만 톤의 수송력을 가지고 있었던 세계의 상선대는 1910년에는 3,450만 톤을 수송할 수 있었다. 1인당 물동량으로 볼 때 국제 교역은 1850년과 1914년 사이 25배 성장했다.[10] 인도양 주위에 있던 지역들과 사람들도 이 세계 경제에 참여했으며 이전 그 어느 때보다도 예측 불허의 변동 속에 휘말렸다. 한 예로 1850년경 인도는 영국 수입 원면의 약 20%를 공급했는데, 미국의 공급량에 비한다면 미미한 수준이었다. 미국 남북전쟁 시기 인도의 수출은 호기를 맞이했으며, 뭄바이에서는 투기 열풍이 불기도 했다. 남북전쟁이 끝나고 미국은 다시 면을 수출했으며, 뭄바이의 주요 사업체들이 연달아 도산했다.[11]

인도양에서 유럽의 우세는 대서양과 태평양에서의 그것과는 맥락이 아주 달랐다. 사실 대서양과 태평양은 유럽인들이 만든 대양이었다고 말할 수 있다. 자주 언급했던 바와 같이 우리가 다루고 있는 인도양에서 사정은 이와는 판이하게 달랐다. 이곳에서는 매우 오래되고 정교한 기존 체제가 있었기 때문에 유럽인들은 이를 약화시키고 대체시켜야했다. 이 과업은 성공적이었다. 한 예로, 1913~1914년 인도로 들어온 해외 무역선 톤수의 72%가 영국이었으며, 인도 수출의 64%가 영국으로 향했다.[12]

브로이제는 인도양에 대한 서구의 영향을 다음과 같이 매우 깔끔하게 개괄하고 있다.

> 유럽의 침투는 해양 기술 분야에서 일어난 변화로 인해 증폭되었다. 대형 철강선과 증기력, 크게 증가한 교역량, 산업화가 한창이던 유럽의 수입과 수출 필요를 충족시킬 수 있는 새로운 형태의 교역 발전, 그리고 이 지역 내외 모두에서 일어난 유래 없는 승객 증가율은 이러한 증폭의 몇 가지 중요한 측면들이었다.[13]

이 장이 다루고 있는 시대를 크게 세 시기로 나누어 볼 수 있다. 처음은 1750년에서 1850년까지 범선의 시기로, 비록 점차 줄어들고 있었으며 대양 내 교역에 한정되었지만 현지인들은 여전히 일정한 역할을 하고 있었다. 하지만 현지인들은 인도양을 지구의 다른 쪽들과 연결시키는 데에는 아무런 역할을 하지 못했다. 다음은 1850년부터 1945년까지 증기선과 발동증기선의 시기로, 현지인들은 서서히 교체당했으며 의미 있는 참가자의 지위에서 배제되었다. 매우 뚜렷한 위계질서가 형성되었으며, 현지인들에게는 틈새의 아주 작은 시장만이 남겨졌다. 많은 이들은 유럽인의 배에서 보잘 것 없는 일자리를 채우는 신세로 영락했다. 마지막으로 다음 장에서 다루게 될 1945년 이후 시기에는 전문선인 벌크선과 컨테이너선이 등장했다. 이 시기에 인도양 주위에서 온 이들은 다시 우세한 지위를 되찾게 되었다. 그러나 새로운 유형의 선박에 필요한 서비스를 제공하는 방향으로 항구들이 발전하면서 기계화 특히 컨테이너화가 이루어졌으며, 이 과정에서 비숙련 노동자들의 고용 기회는 급격히 줄어들었다.[14]

이제까지 대양을 가로지르고 대양을 넘나드는 커넥션에 대해 여러 차례 언급했다. 이러한 커넥션은 이제 더욱 강화되었다. 우리는 호르텐과 퍼셀이 지중해 연구에서 이용한 구분 방식에 따라, 대양에서의(*in*) 커넥션과 대양의(*of*) 커넥션을 분리해 볼 것이다. 호르텐과 퍼셀은 '지중해에서의(*in*) 역사와(기독교권이나 이슬람권이라는 보다 더 광범위한 역사의 일부에 속하지만 우연히 그렇게 지중해에 위치한 지역에서 형성된 기독교나 이슬람의 역사와 같은) 지중해의(*of*) 역사는(이를 이해하기 위해서는 지중해 전역에 대한 확실한 장소 감각과 지중해 내에서의 차이나 비교 모두가 필수적이다) 다르다'는 사실을 발견했다.[15]

그렇다면 인도양에서의(*in*) 역사에서 인도양을 넘어서는 보다 넓은 커넥션은 어떻게 작동했는가? 때로 인도의 철도 침목으로 사용된 목재는 발트 해의 전나무였는데, 이는 영국에서 방부제의 일종인 크레오소트로 방부 처리된 이후에 인도로 선적되었다. 1830년대부터 북미에서 얼음이 화물로 뭄바이로 도착했다. 1800년을 전후해서 유럽과 미국의 배들이 인도양 남부에서 고래와 바다표범을 사냥했다. 바다표범의 가죽은 대부분 광저우로 팔려나갔다. 세이셸에서 가져온 개오지조개껍질은 서부 아프리카에서 노예를 매매하는 데에 사용되었으며, 노예무역이 종결된 이후에도 약 19세기 중반 벵골 만과 멀리 팀북투(Timbuktu)•, 베냉(Benin), 그리고 니제르 강 상류와 하류 지역에서 화폐로 사용되었다. P&O(Peninsular and Oriental Steamship Company)의 반동적인 인치케이프(Lord Inchcape)의 주동 하에서 선주들이 선원들의 급여를 삭감하자, 1925년 영국에서 대대적인 선원 파업 사건이 발생했다. 오스트레일리아의 노동조합원들은 영국의 동료들을 위해 파업 수당을 보내며 파업 선원들을 열렬히 지지했다. 파업이 끝나자 인치케이프는 프리맨틀에 있는 노동조합원들에게 따끔한 맛을 보여주겠다고 결심했다. 얼마 동안 그의 배들은 서부 오스트레일리아에 들어가지 않고 멜버른으로 직항했다.[16]

인도양의(*of*) 역사, 즉 그 인도양 내 커넥션은 수없이 많으며 다양했다. 다시 몇 가지 예를 들어 상황을 설명하겠다. 아편은 인도 동부에 있는 비하르에서 재배되었다. 19세기 중국 무역에서 아편이 한 역할은 잘 알려져 있으나, 이보다 앞서 자바로 들어간 상당량의 아편 무역에 대해서는 거의 알려진 바가 없다. VOC가 후자의 교역을 독점했다. 1670년대 VOC가 아편을 팔아 챙긴 수익은 5,000스페인달러를 밑돌았지만, 1720년대에는 83,000스페인달러를, 1800년에는 2,000,000스페인달러를 벌었다.[17] 또 다른 중독성 식품인 담배는 인도양과 그 주변에서 계속해 널리 유통되었다. 19세기 필리핀은 담배의 주요 생산지가 되었다. 19세기 쿠웨이트는 물을 모두 수입했으며 다른 생활필수품들도 인도양을 건너 먼 거리까지 오고갔다. 모리셔스와 잔지바르는 환금

• 현재 말리 공화국의 중부에 위치한 도시로, 13~16세기 서아프리카의 종교 · 문화 · 경제의 중심지 역할을 하고 있다.

작물들이 토지를 차지하고 있는 바람에 식량을 수입에 의존해야 했다. 해외에 있던 인도인 연기계약 노동자들(indentured labour)의 수요를 감당하기 위해 인도에서 쌀, 달(dhal), 기버터를 수입해야 했다. 모잠비크 섬은 과거와 마찬가지로 스와힐리 연안에서 심지어 인도에서 식량을 수입했다. 1839년 영국에 점령된 아덴은 영국 제국 체제의 중요 허브가 되었다. 가축은 소말리 연안에서, 곡물은 인도에서, 쌀은 콜카타에서 그리고 대추는 걸프에서 아덴으로 향했다. 거머리조차도 널리 교역되었다. 거머리는 일부 유럽 지역 특히 19세기 프랑스에서 매우 일반적이었던 의료 관행에 널리 쓰였으며 인도의 아유르베다 계통의 사혈(瀉血)이나 방혈(放血) 요법에도 이용되었다. 주요 생산자는 퐁디셰리에 잔류했던 소수의 프랑스인들이었으며, 이곳에서 모리셔스까지 광범위한 거머리 교역이 행해졌다. 거머리를 구할 수 있다는 사실이 포트루이스에 있는 약국들에까지 널리 홍보되었다. 한 번에 수천마리나 구입할 수 있었다. 1845년 패니 파크스(Fanny Parks)는 에섹스호(*Essex*)를 타고 영국으로 돌아가고 있었다. 그 배의 의사는 콜카타에서 만 마리의 거머리를 구입해 배에 실었다. 그는 케이프에서는 거머리가 구하기 어려워 한 마리 당 자그마치 반 크라운•을 받고 팔 수 있다는 사실을 잘 알고 있었다. 그는 거머리를 부드러운 진흙을 가득 넣은 커다란 항아리에 넣어 두었다. 유감스럽게도 폭풍으로 항아리가 깨졌으며 바닷물이 들어가 거머리는 모두 죽어버렸다. 이 세기 후반에 인도인 노동자들은 카리브 해로 실려 갔는데, 노동자를 수송하는 배들은 노동자 100명당 100마리의 거머리를 실어야 했다.[18)]

영국이 오세아니아에서 획득한 식민지들도 인도양을 가로지르는 새롭고 더 강한 커넥션을 만들어냈다. 특히 오스트레일리아에 있던 새로운 식민지들과의 커넥션을 예로 들 수 있다. '모국'(mother country)과의 관계에 집중하는 경향이 있는 오스트레일리아 역사가들의 관심을 끌고 있지는 않지만 당시 인도양을 횡단하는 커넥션은 상당히 발전했다. 영국이 이 지역에서 얻은 첫 식민지인 뉴사우스웨일스는 이내 인도와 아주 폭넓은 관계망을 형성했다. 1793년 인도에서 출발한 첫 배가 저장품, 가축, 식량을 적재하고 시드니에 입항했

• 당시 2.5실링, 지금의 12.5펜스에 해당하는 영국의 옛날 주화이다.

다. 1794~1795년에는 식량을 실은 4척의 배가 시드니에 도착했다. 1808년과 1825년 사이 자그마치 90척의 인도 배들이 뉴사우스웨일스에 닻을 내렸다. 1829년 서부 오스트레일리아 연안 퍼스에 영국 식민지가 세워졌는데, 바로 그 해에 식량 공급을 위해 자바로 선박을 보냈다. 1840년대부터 설탕 산업이 흥성하고 있던 모리셔스와 동부 오스트레일리아의 산업체 사이에도 밀접한 커넥션이 형성되었다.

오스트레일리아 식민지에서 인도로 수출된 특별한 품목이 둘 있었다. 인도에서는 말을 사육했던 시기도 그만한 장소도 없었다. 19세기 인도 시장으로 수출할 말을 키우기 위해 서부 오스트레일리아에 새로운 방목지를 만들기도 했으나 이 프로젝트는 결국 실패로 끝났다. 대신 동부 오스트레일리아 식민지가 오랫동안 인도 군대에 필요한 말을 대부분 공급했다. 말 교역은 1830년대에 시작되어 거의 1세기간 계속되었다. 19세기 후반부터 인도 군대는 거의 전적으로 오스트레일리아 산의 말을 의미하는 '웨일러'에―물론 모든 말이 뉴사우스웨일스에서 온 것은 아니었다― 의존했다. 말 교역은 1차 세계대전 시기 상당한 수요에 힘입어 20세기 20년대에 절정을 구가했다. 이 시기 59,000필이 퀸즐랜드에서, 21,000필이 빅토리아에서, 19,000필이 뉴사우스웨일스에서, 그리고 12,000필이 사우스오스트레일리아에서 수입되었다.[19] 또한 서부 오스트레일리아는 발트 해 연안에 철로 건설에 필요한 침목을 제공했다. 19세기 후반 카리나무•와 마호가니고무나무 목재가 상당량 수출되었다.

인도양 연안 주변 전체에 산재해 있던 영국 제국의 식민지들은―어떤 경우에는 멀리 내지로까지 뻗어 있었던― 서로 광범위한 커넥션을 공유했다. 여기에서는 인도에서 나가고 인도로 들어오는 커넥션에 집중해서 보고 있는데, 거기에는 그만한 이유가 있다. 이 시기를 포함해 인도양의 지주는 언제나 인도였다. 인도양을 이야기하면서 인도를 특별하게 다루어야 하는 이유이기도 하

• 라틴어 학명이 유칼립투스디베르시콜로르인 카리나무는 키가 최대 90미터까지 자라는 세계에서 세 번째로 큰 나무이다. 이 나무는 오스트레일리아대륙 남서쪽의 습한 지역에만 서식한다.

다. 19세기 인도는 영국 제왕의 보석이었다. 빅토리아 여왕이 여제로 불렸던 유일한 곳이 인도였다.

위대한 식민지 총독 조지 커즌은 인도가 영국 제국에서 차지하고 있는 중요한 위치에 대해 빅토리아 후기의 어법으로 다음과 같이 표현했다.

> 인도 없이 영국 제국은 존재할 수 없다. 인도에 대한 소유권은 영국으로서는 양도할 수 없는 지구 동반구에서의 영국 주권의 증표이다. 인도가 알려진 이래로 그 주인은 세계 절반의 주인이 되었다. 알렉산드르, 티무르, 그리고 바베르[Bāber, 인도 무굴제국의 창시자]를 인더스 강 동쪽으로 추동시킨 힘은 16세기에는 포르투갈로 하여금 잠시나마 주권을 가질 수 있게 했는데, 포르투갈은 이내 낡아빠지고 케케묵은 그 때 기억을 계속 중얼거린다. 그 힘은 지난 세기 초 페르시아의 왕을 10년이나 동양의 조정자로 만들었다. 그 힘은 또한 거의 프랑스에게 제국을—이 면에서라면 우리가 더 강한 용기와 더 많은 행운을 누릴 수 있었지만— 줄 뻔했다. 그 힘은 오늘날까지도 북의 거인 러시아의 야망을 부축이고 맥박을 빠르게 뛰게 하고 있다.[20]

인도의 보유는 상징적인 의미에서만이 아니라 실제 경제적인 측면에서도 매우 중요했다. 포프가 생생히 지적하고 있는 바,

> 영국 제국의 구조 건전성은 인도의 세계 교역에 달려 있었다. 영국의 입장에서 보면 유럽이나 미국과의 무역 적자는 인도의 세계 교역 흑자로 인해 상쇄되었을 뿐만 아니라 영국의 종합수지를 끌어올렸다. 따라서 인도의 상품 수출 능력은…

오스트레일리아는 여기에서도 일정한 역할을 했다. 1850년대 이곳에서 금이 발견되면서 이전에 영국에서 금을 보내 인도의 수출 상품을 결제하던 방식에 변화가 생겼기 때문이다. 이제 오스트레일리아의 금이 인도로 들어갔다. 이런 상황은 20세기까지도 변함이 없었다. 1910년 인도의 수출로 영국은 무역 적자의 50% 정도를 메웠다. 1차 세계대전 시기 영국은 큰 문제에 봉착했다. 영국은 미국산 상품 수입에 충당하기 위해 런던에 금보유고를 유지할 필요가 있었을 뿐만 아니라 인도에서도 전쟁 물자를 영국에 보내기 위해 금이

필요했기 때문이었다. 영국은 광범위한 제국의 커넥션을 이용해 여러 곳에서 —일본, 인도, 홍콩, 남아프리카, 그리고 오스트레일리아— 금을 모았다. 금괴는 오스트레일리아에서 화폐로 주조되어 인도로 보내졌다.[21]

7년전쟁이 종결된 1763년 이래 해양에서 영국 해군에 도전하는 세력은 거의 없었다. 있었다면 그것은 '해적'(piracy)의 위협이었다. 앞에서 누가 해적이며 누가 공인된 '국가'(state)의 일꾼이었는지의 문제는 간단치 않음을 언급한 바 있다. 미첼이 통찰력 있게 지적한바, '똑같은 한 사람이 때로는 상인, 때로는 해적, 때로는 해군 병사일 수 있었다.'[22] 이 장이 다루고 있는 시기의 초엽 유럽인들의 활동상에는 여전히 모호한 측면이 상당히 많다. 프랑스 혁명 전쟁 시기 인도양에서 영국 해군은 수적으로 충분치 않은 적이 있었다. 이 상황에서 영국 해군의 제일의 적은 프랑스의 공인 구축함이 아니라 허가를 받고 활동하고 있던 사략선이었다. 프랑스령 모리셔스 당국은 25척의 사략선에게 허가를 내주었으며 1793년에서 1802년 사이 공인 구축함이 40척을 나포한 반면 사략선들은 200척을 공격했다.[23]

이 장이 대상으로 하고 있는 시기의 초엽에는 얼(Earl)이 1832년에 묘사한 바와 같이 여전히 해적의 위협이 상당했다. 인도네시아의 한 해적은 150명의 부하를 거느리고 있었으며 대포 여러 대를 장착한 프라우를 가지고 있었다.

> 제도에 들끓고 있는 해적들은 모두 수마트라, 린진(Lingin), 보르네오, 마긴다노(Magindano), 술루에 있는 이슬람 왕국들에 속한 사람들이다. 가증스러운 아랍 종교에 오염되지 않은 현지인들이 이런 해적 행위에 가담하고 있다고는 알려져 있지 않다. 불행하게도 이 해적들의 손에 떨어진 유럽인들은 거의 다 죽임을 당하며, 나포된 선박에 타고 있던 현지인 선원들은 노예로 팔려나간다.[24]

인도 서부 연안에서의 상황도 마찬가지였다. 18세기 말 앙그리아(Angrias)•

• 18세기 인도 마라타 해군 제독으로, 인도 해안에서 영국, 네덜란드 및 포르투갈 해군에 대항하여 싸웠으며 죽을 때까지 무패를 기록했으며 유럽의 적들은 그를 해적이라고 부른 코나지 앙그리아(Kanhoji Angre, Conajee Angria)를 의미한다.

와 시디인들(Siddis)•이 EIC 선박을 터는 경우도 있었다. 그러나 유럽 선박들이 철갑선으로 바뀌면서—앞으로 자세하게 살펴보고자 하는 과정— 해적에 덜 취약하게 되었다. 유럽인들은 증기선에 포를 장착했으며 전신을 이용해 정보를 교환했다. 이제 위협을 느끼는 쪽은 현지의 배들이었다.

유럽 국가들은 등급별 대응 정책을 구사했다. 기본적으로 어떤 배가 동맹 혹은 클라이언트에 속하는지를 정의하고 이들의 배를 보호했으며, 가끔은 클라이언트 국가의 범죄 행위를 눈감아주기도 했다. 공격의 대상이 된 배는 클라이언트의 적들이었다. 1807년 서부 인도 카티아와르(Kathiawad)의 한 '해적'(pirates) 지도자는 이런 상황을 잘 표현했다. 그는 한 영국인을 향해 '요즈음 모든 상인들은 위험을 피하기 위해 EIC의 깃발 아래에서 보호를 받기 원하는데, 만약 내가 이들에 대한 강탈을 멈춘다면 어디에서 식량을 구할 수 있을지 모르겠고, 그렇다고 해오던 대로 한다면 결국 EIC의 눈 밖에 날 것이다'라며 침울하게 말했다.[25] 이와 비슷한 정책들이 말레이 세계에서는 네덜란드와 영국에 의해, 필리핀에서는 스페인에 의해 추진되었다. 다음은 영국이 19세기 초 걸프지역에서 해적이라고 정의했던 이들을 공격했던 사례를 보겠다.

지금은 아랍에미리트 연합국에 속해 있는 알시르(al-Sir) 지방에 카와심(Qawasim)이라는 한 부족 연합체가 있었다. 이들의 주요 항구는 무스카트 북부에 있는 라스알카이마(Ra's al-Khayma)였으며, 샤르자(Sharja)와 링가(Linga)도 이들의 지배하에 있었다. 카와심은 오만 만 남부에 있는 오만과 경쟁관계에 있었다. 19세기 초 카와심은 약 60척의 대형 선박, 수백 척의 소형 선박 그리고 20,000 군사를 가진 굉장한 함대를 이용해 심지어 EIC와 영국군을 공격하기도 했다.[26] 1820년대에 영국은 이러한 정황에 심각한 우려를 표명했다. 우선 경제적인 문제를 지적했다. 카와심은 인도와 걸프 간의 교역에서 영국에 뒤지지 않았다. 영국의 입장에서 보면 카와심은 걸프에서의 교역을 방해하고 있는 셈이었다. 그러나 실제 뭄바이와 걸프와의 교역은 1820년대에 3배

• 인도와 파키스탄에 거주하는 인종 집단으로 동아프리카 지역의 반투인들의 후손이라고 한다. 이들은 예전부터 상인, 선원, 계약 노동자, 노예 및 용병으로 활동했다

로 증가했다. 이로 볼 때 카와심이 교역을 방해한다는 영국의 주장은 정당해 보이지 않는다. 여기에는 정치가 관련되어 있다. 영국은 가치가 큰 잔지바르를 종속시키고 있던 사이드 술탄(Sayyid Sultan) 치하의 오만과 더욱 가까워졌으며, 오만과 경쟁관계에 있는 또 하나의 걸프 국가인 카와심을 해적집단으로 낙인찍었다. 필립 프란시스가 당시 하원에서 언급한 바, '(인도의) 총독과 의회는 그 이웃을 전쟁으로 치고 싶으면 언제나 그 목적에 맞추어 실정을 꾸며 댈 수 있었다.'[27)]

라스알카이마는 영국의 기습공격을 당했으며 1819년 12월에 점령당했다. 다음 달 승리자는 자신을 위한 평화를 도모하기 시작했다. 1804년부터 1856년까지 오만을 통치했던 사이드 술탄은(그는 1832년 수도를 무스카트에서 잔지바르로 옮겼다) 영국을 도운 대가로 보답을 받았다. 오만은 1820년 일반평화조약으로 특권을 얻었다. 이제 걸프 상인들은 모두 새로운 질서에 따라야 했다. 영국에 우호적이라는 사실을 보여주기 위해 아랍의 배들은 어디로 향하는지, 배가 얼마나 큰지 그리고 어떤 무기를 어느 정도 실었는지를 정리한 명부를 비치하고 있어야 했다. 기분이 정말 묘할 정도로 16세기 포르투갈의 카르타스 제도를 연상시키는 이 명부는 지나다 마주치는 영국 선박이 요구할 경우 보여주어야 했다.[28)] '비우호적인'(unfriendly) 배는 몰수당했다.

언제나 인용할 만한 조지 커즌은 당시 상황을 다음과 같이 표현했다. 19세기 초 걸프는 무정부 상태였다.

> 아랍인들의 코르세어(corsairs)는 연안을 적막하게 만들었으며 이 해적선단들은 연안 수역을 휩쓸고 다녔다. 노예사냥이 기승을 부렸다. 교역의 보장, 영토의 안전 따위는 있을 수 없었다. 이렇듯 오랜 무정부상태를 제압함으로써 이전과는 상황이 달라졌다. 해상 평화의 확보는 영국이 실용적인 정치적 수단을 통해 이룬 가장 성공적인 업적 중의 하나이다. 이전 페르시아만의 평정 그리고 앞으로의 현상 유지 모두 영국만이 할 수 있다. 부시르• 에 있는 영국주차관(British Resident)은 지금 이 시간에도 관계자들이 항소

• 이란 남서부의 페르시아 만에 면한 해항도시이다.

하는 법정의 판사이며 조약을 통해 이 수역의 평화를 유지하는 의무를 부여 받은 책임자이다.[29)]

이어 조지 커즌은 영국이 해적 연안(Pirate Coast)이라고 불렸던 지역이 트루시알 스테이츠•로 바뀌는 과정, 즉 걸프 지역의 여러 '국가들'(states)과 부족 연맹체들이 '휴전협정'(truces)에 서명하면서 영국 헤게모니 하에 놓이게 되는 과정을 설명한다. 영국은 이들 걸프 지역의 국가들에게 해상 노예무역을 종결시키고 바다에서 '무책임한 해적"(irresponsible buccaneers) 행위가 자행되지 않도록 요구했다. 그러나 중요한 점은 커즌이 아주 분명히 밝혔듯이 영국은 내지에서 발생한 일에는 아무런 관심도 가지고 있지 않았다. 영국의 유일무이한 관심은 교역 안전의 확보와 보호였다.

휴전협정이 체결되었다고 해서 육지에서 전쟁이 일어나지 않은 것은 아니었다. 물론 이는 휴전협정이 의도한 바도 기대한 바도 아니었다. 이 국가들은 부족 연맹체 구성원들 간의 반목, 상호 간의 소규모 습격, 산발적인 폭력 행위나 복수극에 복잡하게 연루되어 있었다. 아라비아에 대한 종주권을 주장한 바 없는 영국이 이들 내부 사정과 상호 관계에 개입한다면 오히려 매우 어리석은 행위일 것이다. 영국이 여기에서 자임한 임무는 걸프의 해상 평화 확보였다…[30)]

이와 같은 영국의 접근방식은 20세기 이 지역에서 석유가 중요한 자원으로 등장할 때까지도 지속되었다.

조지 커즌은 유럽 특히 영국이 인도양을 통제할 수 있었던 요인에 대해서도 말해주고 있다. 증기선, 수에즈 운하, 영국 지배 하의 양항들은 모두 영국의 인도양 지배에 가장 중요한 요소들이었지만, 해도도 이에 못지 않해 중요했다. 1770년대 존 해리슨이 경도를 계산해 내기 위해 크로노미터를 발명하면서 바로 아무런 문제없이 유럽 배들이 위치를 정확하게 파악하고 안전하게 항해할 수 있었다고 쉽사리 단정할 수 있다. 그러나 실제 서양 배들이 이런 확신

• 트루시알 스테이츠(Trucial States) 유나이티드아랍에미리트의 옛 이름이다.

을 가진 것은 수십 년이 지나서였다. 1786년 페이 부인이 탄 배는 식량이 곧 바닥날 상황이었지만 선장은 아무런 문제도 없다고 큰소리쳤다. 배는 세인트 헬레나 가까이에 있으며 곧 그곳에서 식량을 얻을 수 있다고 믿었기 때문이었다. 그러나 배는 사실 여전히 동아프리카 연안을 많이 벗어나지 못했다. 1817년까지도 여러 가지 오류와 실수 그리고 부주의한 해도 작성으로 인해 인도양 표준 해도에는 28°S와 74°E 부근에 실제 전혀 존재하지 않는 허구의 섬이 그려져 있었다.[31] 19세기에 들어서도 줄곧 유럽 항해자들은 이전 아랍의 항해자들과 마찬가지로 자신의 위치를 확인하기 위해 익히 알고 있는 육지나 섬이 나타나기를 학수고대했다. 77°E와 37°~38°S에 있는 세인트폴과 암스테르담 섬이 좋은 예다. 이 두 섬은 질풍노도의 남위 40°대를 이용한 선박들이 어느 지점에서 북쪽으로 방향을 돌려 인도로 향하거나 또는 동쪽으로 계속 항해해 오스트레일리아로 갈 것인지를 알려 주는 역할을 했다. 1860년대까지도 범선들은 계속 이 방법에 의존했다. 그러나 이 시점 항법은 발전했으며 오스트레일리아 골드러시를 찾아가는 배들은 이제 질풍노도의 남위 40°대의 이점을 충분히 이용하기 위해 이전보다 훨씬 더 남쪽으로 내려갔다.[32]

확실히 항해술과 해도 제작 기술은 19세기에 장족의 발전을 했다. 그리하여 에드워드 사이드의 용어를 빌리면 인도양은 외부인에 의해 만들어지고 '알려졌다'(known). 앎과 힘은 공생관계를 맺으며 공존한다. 영국인들은 정확한 해도를 만드는 데에 많은 시간과 노력을 기울였다. 윌리엄 오웬 선장은 영국 해군을 위해 동아프리카 연안 해도 작성 임무를 띤 '두 척의 배에서 1821년부터 1926년까지 5년간 머물면서 몹시 고된 시간을 보냈다. 이들 배와 다른 탐험대들이 심혈을 기울인 결과, 보다 정확한 해도들은 당시 유럽인들의 기술적인 우월성을 보여주는 증표이기도 한 수많은 해군 가이드 책자들에 실렸다. 정확한 해도를 이용해 더 많은 유럽인들과 배들이 인도양에 들어오자, 인도양 현지 교역자들과 배들은 인도양에서 축출되었다. 해도와 가이드 책자를 이용할 수 있었던 이들은—분명 대다수가 유럽인들이었던— 보다 안전하게 멀리까지 항해할 수 있었다. 설혹 현지의 배에 이러한 해도와 가이드 책자가 있다고 해도 이를 이용하기 위해 필요한 항해 장비도 이를 읽을 수 있는 사람도 배에는 없었다.

〈그림 4〉 동인도회사의 철갑 전함, 네메시스호(*Nemesis*). 아티스트 레섬(Leatham)과 판화가 리브(R. G. Reeve), 1841년 10월 26일. © 국립해양박물관, 런던.

해도와 가이드 책자들은 일방적으로 유럽인들에게 유리하게 작용했으며, 유럽인들은 1장에서 개괄했던 인도양의 심층 구조에 속하는 요소들이 가지고 있는 장애를 극복하거나 최소한 약화시킬 수 있었다. 이는 배와 사람이 바다에서 할 수 있는 일을 심각하게 제약했던 요소들이 약화되었음을 의미한다. 수천 년간 항해에 관한 전반적인 사항을 결정지으며 제약했던 계절풍은 이제 증기선 앞에서 크게 위력을 발휘하지 못했다. 영국 엔지니어들은 배가 접근하기 어려운 항구나 항구라고도 할 수 없는 지역의 악조건도 극복할 수 있는 방법을 강구해 항구를 건설했다. 증기선과 수에즈 운하는 거리도 바꾸어 놓았다. 1830년대 영국과 인도 사이 왕복 항해는 일반적으로 2년이 걸렸다. 그러나 1850년대 증기선은 이 거리를 2~3달로 단축시켰으며, 1870년대 전신의 등장으로 통신은 하루 만에 가능해졌다.

앞 장에서 바람을 이용한 범선에게 닥쳤던 위험과 곤란에 대해 상당히 폭넓게 논의했다. 바람에 의존하는 배는 크기에 상관없이 적어도—심미적 관점은 아니지만— 경제적 관점에서 보면 분명하고 커다란 약점을 가지고 있었다.

범선에는 선원이 아주 많이 필요했다. 인도양 서부의 다우들은 각자의 길을 가는 선원들, 승객들, 상인들로—이들 세 집단을 분명히 따로 구분하기는 어려웠지만— 온통 북새통을 이루기 일쑤였다.

19세기 초반 인도양 주변 상황에는 편차가 심했다. 걸프와 아라비아 남부 연안과 같이 현지인 배들이 활약하는 지역도 있었다. 다른 지역에서는 증기선의 영향 이전에도 이원적인 경향이 확실히 뿌리를 내렸다. 영국 범선은 원거리교역은 물론 고가의 단거리 교역도 장악했다. 근대 항해 기술에 접근할 수 있었으며, 최대 무역회사인 EIC와 유럽인 개인 무역업자들이 유럽인이 소유한 유럽식의 배들만 이용했기 때문이다. 증기선이 들어서자 이러한 경향은 더욱 분명해졌다.

유럽인의 배가 현지인의 배 보다 많은 이점을 가지고 있었음을 여러 번 언급했다. 16세기 유럽의 배는 못으로 연결되어 더 견고했기 때문에 대서양의 폭풍에도 잘 견딜 수 있었다. 때문에 유럽 배에는 대포도 실을 수 있었다. 현지의 화물을 처리하는 업자들은 유럽 배가 기술적으로 나았기 때문에 그리고 일부는 해적의 공격에 덜 취약했기 때문에 유럽 배를 점차 더 선호하게 되었다. 항해술의 발전도 이에 일조했다. 유럽 배는 1760년대부터 선체를 구리로 씌워 열대성 유해동식물의 기생을 막았다. 물론 정말 중요한 질적인 혁신은 증기 기관의 사용이었다.

증기 기관은 영국 산업화의 원동력이었다. 증기는 처음에는 물을 퍼내는 데에 이용되었으며 그리고 나서는 기계를 돌리는 데에 이용되었다. 19세기 초반에는 육지에서의 이동 수단에 이용되다가 바다에서의 이동 수단에 활용되었다. 증기로 가는 배는 19세기 초에 발전했지만 대서양 횡단 증기여객선의 정기 운항은 1838년에야 시작되었다.[33] 인도에서의 첫 증기선은 1819년 아와디(Oudh)의 나와브(Nawab)를 위해 건조된 작은 유람선이었으며, 처음 인도에서 증기여객선이 정기 운항한 곳은 강가[갠지스] 강이었다. 1821~1822년 영국인들은 콜카타로 배를 견인해오기 위해 두 척의 증기 예인선을 건조했다. 증기로 추진되는 경흘수선인 원시적인 포함(砲艦)이 1824~1826년 1차 버마전쟁 시에 사용되었다. 1828년부터 철갑 증기선이 강가 강에서 숙박 시설이 있는 배와 짐을 실은 바지선을 견인하는 데에 이용되었다. 초기 증기선이 보여준 위력은 대단했다. 콜카타에서 알라하바드까지 지역의 배로는 3개월이 걸리는 780마일의 거리를 증기선으로 3주 만에 가서 바지선에 예인되었다.[34] 그러나 초기의 증기선은 여전히 문제가 많았다. 증기선 운항 비용이 너무 높았고, 강의 모래톱 때문에 알라하바드까지 가는 데에도 어려움이 따랐으며 그 이상은 올라가지 못했다. 1837년 당시 인도 식민지 총독은 당대의 영웅으로 추앙받던 오클랜드 경이었다. 그와 여자형제들은 수많은 수행단원들과 함께 '플랏'(flats)이라고도 불린 여러 대형 바지선에 타고 강가 강 상류로 향했다. 그러나 강물이 비교적 많았어야 했던 10월임에도 불구하고 증기선은 얕은 강물 때문에 계속 강바닥에 부딪쳤다.[35] 항해 가능한 강이 거의 없었던 남부에서 증기선은 별 쓸모가 없었다. 북부의 큰 강인 인더스 강에서는 다른 문제가 있었다. 강한 조류를 헤쳐 나갈 수 있을 정도로 강력한 증기선은 통상 중량이 상당했기 때문에 인더스 강에 있는 모래톱을 지나갈 수 없었다. 곧 철로가 등장하면서, 본질적으로 기술적인 문제가 있었던 증기선은 인더스 강 항해에는 이용되지 않았다. 그럼에도 불구하고 좀 더 넓은 시야에서 보면 증기선은 서양의 우세를 분명히 보여주는 계기가 되었다. 1852년 한 소설에서 강가 강에서 증기선을 타고 있던 한 영국인 승객은 다음과 같이 말했다. '조용히 증기기관과 외륜선으로 강가 강을 종복으로 만들고 있는 우리 몇 명의 영국인들과, 같은 강가 강을 숭배하며 외치고 부르짖는 아시아인들 사이에는… 상상할 수 없는 격차가 있다.'[36]

바다를 항해해 온 첫 증기선이 뭄바이에는 1820년, 콜카타에는 1823년, 그리고 바타비아, 세마랑, 수라바야에는 1825년에 도착했다. 영국에서 인도까지 온 첫 증기선은 1825년 113일에 걸쳐 팰머스•에서 출항해 콜카타에 입항한 작은 외륜선이었던 것으로 보인다. 그 다음해 새로 부임한 총독 벤팅크(Lord Bentinck)는 증기선을 타고 인도 식민지에 도착했다. 증기선이 1840년 1차 아편전쟁에 사용되었으며, 같은 해 유명한 P&O가 재조직되었으며 2년 후에는 수에즈, 아덴, 실론, 첸나이, 콜카타를 연결하는 정기 노선을 운항하기 시작했

• 영국 잉글랜드 서남부 항구 도시로 대형선박이 연중 입항할 수 있어 잉글랜드 남해안에서는 가장 뛰어난 피난항이다.

다. 1852년 P&O는 EIC로부터 수에즈-뭄바이 루트를 인수했다. 이는 가장 유명하고 가장 이익이 남는 노선이 되었다. 같은 해 멀리 시드니까지의 정기 운항이 개시되었다.

이들 초기 증기선은 19세기 말 효율적인 대형 증기선과는 달리, 작고 지저분하고 비효율적이며 비쌌다. 대다수는 바람이 유리할 때는 여전히 돛을 사용했으며 필요할 때에만 증기에 의존했다. 1867년 설리반 선장은 영국 해군 슬루프형 범선인 다프네호(*Daphne*)를 타고 있었다. 이 배가 희망봉을 지나 인도양에 들어서면서 만난 강풍으로 한 장교가 배에서 바다로 떨어지는 사건이 벌어졌다. 선장이 배를 돌려 그를 구하러 갈 수 없었는데, '될 수 있는 한 증기를 이용할 요량으로 불을 지폈음에도 거의 2시간 동안이나 증기가 올라오지 않았기' 때문이었다.[37]

내연 기관이 하나인 초기 증기선은 엄청난 양의 석탄을 필요로 했다. 배에는 가능한 한 석탄을 많이 실어야 했기 때문에 우편물과 승객을 실을 수 있을 뿐 화물을 적재할 수 있는 공간은 없었다. 1856년 아이다 파이퍼(Ida Pfeiffer)는 150마력의 새 증기선을 타고 케이프에서 모리셔스까지 갔다. 상당히 높은 석탄 가격을 계산에 넣지 않아도 이 배를 한 달 운영하는 데에는 500파운드라는 막대한 비용이 들어갔다. 이 증기선은 시간당 1톤이 넘는 석탄을—케이프에서 석탄 가격은 톤 당 2파운드 10실링— 그야말로 집어삼켰다.[38] 이 증기선은 비교적 석탄 효율이 높은 축에 속했다. 초기 증기선들 중에는 하루에 50톤까지 석탄이 필요했던 경우도 있었기 때문이다. 석탄을 공급받기 위해 증기선은 항해 도중 여러 곳에—케이프타운, 아덴, 갈레— 자주 기항해야 했다. 1850년대 갈레는 한 해 50,000톤의 석탄을 수입했는데, 대부분은 멀리 카디프에서 들여왔다. 초창기에 대부분의 석탄은 범선에 실려 인도양 주위에 있는 항구들의 창고로 들어왔다. 증기선과 범선이 상호보완적으로 서로를 필요로 했던 시기였음을 알 수 있다. 1857년 스리랑카에 기항했던 선박의 3분의 1 정도만이 증기선이었으며 이들 증기선은 우편물과 승객만을 실어 날랐다.[39]

그럼에도 불구하고 증기선은 범선보다 상대적으로 더 예상 가능하고 높고 더 빠르고 더 경제적인 운송수단이었다. 심지어 1850년대에도 영국에서 뭄바이까지—이집트에서 수에즈까지는 육로를 이용하지만— 이동하는 데에는

105파운드밖에 들지 않았다. 반면 범선으로 케이프 루트는 1,000파운드가 그리고 이집트 루트는 350파운드가 소요되었다.[40] 정부 보조금 제도와 기술 혁신 두 요소가 증기선의 승리에 결정적인 역할을 했다. 보조금 제도를 먼저 살펴보겠다.

왜 표면상 자유방임주의를 표상했던 영국 정부가 증기선 운영에 보조금을 제공했는가? 1866년 인도성(印度省) 대신(Secretary of State for India) 찰스 우드(Sir Charles Wood)는 그 이유를 다음과 같이 간단명료하게 설명했다. '인도와의 우편 통신의 증가는 곧 인도와의 관계 증진, 교역 증가, 영국 자본의 투자 증가, 정열적인 영국 중산층의 정착 증가를 의미한다. 그리고 이 모든 요소들로 인해 영국의 부와 번영은… 크게 증가한다.'[41]

1815년 이후 영국 해군은 이미 인도양에서 압도적인 위세를 자랑했다. 이후 영국 제국이 1세기 넘게 확장되면서 제국 내 식민지들 간 정기적인 교통통신망 운영은 필수적이었다. 이에 따라 교역은 활발해졌으며, 안보는 강화되었고, 군대와 전쟁 물자를 필요한 지역으로 이동시킬 수 있었다. 제국 내 커뮤니케이션의 활성화를 위해 도입된 장치가 우편 계약제도였다. 영국의 증기선 회사들, 특히 P&O는 영국의 식민지 항구에서 다른 식민지 항구로 우편물을 수송하는 대신 정부로부터 엄청난 보조금을 받았다. 덕분에 영국의 증기선 회사들은 상당한 규모의 해병을 태운 대형 상선들을 운행할 수 있었다. 상선 해병의 중요성은 너무나 명백했다. 이들은 평소에는 상선에서 활동하다가 전쟁이 일어나면 해군을 도울 수 있도록 훈련받은 선원 예비군이었다. 실제 유사시 상선은 군대의 수송선 역할을 했다. 영국 제국의 한 일부에서 온 군인들이 상선에 타고 영국 제국의 다른 일부를 구성하게 될 지역을 정복하기 위해 동원될 수 있었다. 이렇게 영국의 조선업은 사실상 영국 제국의 건설과 운영에 밀접히 관련되어 있기에 정부의 보조금을 받았다고 할 수 있다.

실제 보조금은 처음에는 해군 본부가 나중에는 우체국이 지불했다. 1835년 첫 보조금이 수에즈와 인도 간 우편 서비스 제공 대가로 EIC에게 갔다. 1840년 P&O가 정기여객선 운항을 시작하자마자 이집트로의 우편물 공급 계약을 따냈다. 나중에 P&O는 인도양에서 가장 긴 대양 루트에 대한 보조금을 받았다. 증기선이 더욱 효율적으로 발전되고 이윤을 남기면서 화물까지 실어 나를 수 있게 된 이후까지도 보조금은 계속 지급되었다. 19세기 후반에도 지급된 보조금은 이즈음 시작된 독일, 프랑스, 네덜란드의 준정부 회사들이 보유한 정기여객선들로부터의 경쟁을 막는 데에 이용되었다.

보조금 액수는 실로 엄청났다. 1840년과 1867년 사이 450만 파운드, 1860년과 1890년 사이에는 600만 파운드에 상당하는 계약이 체결되었다. 전반적으로 보면 영국 정부가 증기선 회사들에 지원한 보조금은 총자본액의 약 25% 수준이었다. 1840년부터 1880년까지 P&O의 정기여객선이 받은 보조금은 경상비의 29% 그리고 총수입액의 28.5%를 차지했다. 이후 1880~1914년 사이에는 각각 18.8%와 15.7%로 감소했다. 20세기 초 보조금이 상당히 감축된 이후에도 P&O는 인도, 중국, 오스트레일리아로 오가는 우편물에 대해 33만 파운드의 보조금을 받았다. P&O의 정기여객선은 금괴를 실어 나르면서도 수익을 챙겼다. 성과가 괜찮은 해에는 20만 파운드가 넘는 수익이 있었다.[42] 또 하나, 1870년까지 부피가 작고 가치는 높아 수익성이 좋았던 화물은 아편이었다. 도덕론들의 비난을 피하기 위해 아편은 비밀리에 수송되었다. 영국의 다른 정기여객선 회사들이 아무런 정부의 지원 없이 경쟁해야 했던 때조차도 P&O에 대한 정부의 보조금 지급은 계속되었다. P&O가 제국의 심장 지역이자 인도양의 지주인 인도를 연결하는 사업을 했기 때문이다. 영국의 국위 선양이라는 이유 때문에도 정부의 보조금 지원은 20세기에 들어서도 계속되었다.

P&O는 프랑스 경쟁업체인 멧사제리잔페리알(Messageries Imperiales)과—이 업체도 신규 진출 업체인 네덜란드의 KPM(Koninklijike Paketwaar Maatchappij)과 마찬가지로 많은 지역 루트를 운영했다— 더불어 인도양을 가로지르는 원거리 루트를 지배했다. 이 경쟁업체들은 바다에서는 P&O와 경쟁해야 했으며, 지역 루트에서도 매우 성공적이었던 BI(British India Steam Navigation Company)와—기본적으로 P&O 루트로 연결되는 지선과 소규모 지역 루트를 운영했다— 경쟁해야 했다. 윌리엄 맥키논(William Mackinnon)이 이끈 스코틀랜드 회사였던 BI의 증기선들은 섬들을 왕복했으며 바다 연안은 물론 강을 오르내렸다.

BI는 1850년대와 1860년대 인도양을 특징 지웠던 증기선 사업 양상이 인도에서 어떻게 작동되었는지를 보여준다. BI는 정기 여객선 사업에 재정과 운영 기반을 제공했던 우편 계약을 [정부와] 체결함으로써 우편물 수송과 정기 운송 서비스를 제공할 수 있었다.

1860년대 말 BI가 뭄바이에서 바스라까지의 정기선 운항을 처음 시작했을 당시 바스라에 있던 BI의 에이전트는 다름 아닌 영국 정부가 파견한 직원이었다는 사실에서도 정부와 기업 간의 밀접한 관계가 잘 드러난다. 인도정부는 정기적으로 BI의 증기선을 이용해 군대를 이동시켰다. 1867~1868년 아비시니아까지 군대를 이동시키는 데에 BI의 증기선 9척이 동원되었다. P&O와 마찬가지로 BI는 정부의 보조금 덕택에 회사를 지속적으로 운영할 수 있었다. 1864년과 1870년 사이 우편 보조금을 제외하고 이 회사가 수익을 낸 해는 단 한 해에 지나지 않았다.[43]

1819년 카와심 '해적'(pirates)의 소탕 이래 영국은 걸프에서 우세한 세력이 되었다. 1862년 이 지역 우편 계약의 공개 입찰시 인도인 소유의 두 회사가 참여했으나 낙찰 받지 못했다. BI가 낙찰 받았는데, 여기에는 BI가 영국인의 회사였으며 영국 제국의 이해관계에 더 도움이 된다는 판단이 작용했을 것이다. BI의 증기선은 뭄바이를 무스카트, 반다르아바스, 부시르, 후에는 바레인, 바스라와 연결시켰다. 심지어 바스라에는 영국인 국외 거주자를 위한 바스라 클럽이 있었다. 여기에서 BI의 증기선은 바스라에서 바그다드를 운항하는 또 다른 영국인 소유의 회사 유프라테스티그리스증기선회사(Euphrates and Tigris Steam Navigation Company)의 증기선들과 연결되었다.[44]

다른 유럽인들은 영국이 만들어놓은 체제의 틈새 공간에서 활동할 수밖에 없었다. 1888년에 세워진 KPM은 영국의 우세에 도전하겠다는 의지를 표명했다. KPM은 인도네시아에서는 매우 성공적이어서 이 지역의 주요 허브라고 할 수 있던 싱가포르의 지위를 약화시킬 정도였지만, 원거리교역에서는 원했던 바 목적을 달성하지 못했다. KPM도 상당 정도 제국의 도구로 기능했다. 이는 인도네시아의 수없이 많고 멀리 떨어진 섬들에 네덜란드의 권위를 확대하는 데에 일조했으며, 군대를 수송했으며, 그 대가로 네덜란드 정부로부터 상당한 액수의 보조금을 받았다. KPM의 정기여객 노선은 중국, 일본, 벵골, 오스트레일리아, 태국까지 확장되었다.

BI는 언제나 정부와 밀접한 관계를 유지했다. 1893년 죽을 때까지 BI를 움직인 주요 인물이었던 매키넌은 정치 지도자이자 군사 지도자로 영국 제국을 동아프리카로 팽창시키는 데 크게 기여한 사람이었다. 그는 BI에서 뿐만 아니라 식민지 진출을 옹호했던 IBEAC(Imperial British East Africa Company)에서도 핵심 인물이었다. 매키넌의 회사들은 1882년 108척의 선박을 보유했다. 매키넌은 바틀 프레레(Sir Bartle Frere)와도 관계가 깊었다. 처음에는 식민지 총독 자문위원회 위원으로, 1860년대에는 뭄바이 총독(Governor)으로 있었던 프레레는 BI가 아라비아 해에서 자리 잡는 데에도 결정적인 지원을 했다. 프레레와 그의 가족은 물론 친구들도 BI에 투자했다. 매키넌은 인도성(India Office) 정치기밀국 국장(Secretary of the Political and Secret Department) 케이(W. Kaye)와도 가까운 사이였다. 케이가 매키넌으로부터 뇌조 한 박스와 차 한 상자를 선물로 받은 적이 있었다. 케이는 스코틀랜드에 있는 매키넌을 방문했으며, 매키넌은 케이를 위해 대부금에 연대보증을 섰다. 그 대가로 케이는 매키넌과 그의 여러 회사들이 정부의 계약을 따내고 정부의 다른 특혜 지원을 받을 수 있도록 도와주었다. 다른 고객인 유안-스미스(Euan-Smith)는 1872~1873년 프레레 파견단의 일원이었다. 그는 매키넌에게 조언을 했으며 그 대가로 돈을 빌렸다. 잔지바르에 있던 영국인 영사 존 커크(John Kirk)는 1887년 외무성에서 퇴직한 이후 IBEAC의 이사가 되었다. BI는 또한 포르투갈 제국을 연결시키는 우편 계약을 포르투갈로부터 따내는 데에도 성공했다. 그러나 1880년대에 BI는 동아프리카에서는 독일 회사들과, 아덴-잔지바르 루트와 아덴-카라치-뭄바이 루트에서는 BI와 경쟁하기 위해 한 해 약 60,000파운드의 보조금을 받고 있었던 프랑스 회사 멧사제리잔페리알과 경쟁해야 했다.[45)]

이 영국 회사들이 다른 유럽인들에게 경쟁하기 힘겨운 상대였다면 지역의 자본가들에게는 경쟁이 거의 불가능한 상대였다. 앞서 두 인도 회사가 걸프 지역에서의 우편 계약 경쟁에 입찰했으나 성공하지 못했음을 언급했다. 매키넌과 같은 이들은 쉽게 접근할 수 있었던 정부 고위직 인사들에게 선을 댈 수 있었던 지역민들은 없었기 때문이다. 1880년대부터 서양을 모방한 일본은 정부와 산업체 사이에 밀접한 연결 장치를 마련했다. 유럽의 식민지들은 그럴 여지가 없었다. 여기에서 하즈 승객과 화물에 대한 서비스를 제공하기 위해 1877년 한 뭄바이 무슬림 집단이 창업한 봄베이페르시아증기선회사(Bombay and Persia Steam Navigation Company)의 사운을 들여다 볼 필요가 있다. 이 회사의 등장으로 전통적인 범선들에게 남겨졌던 유일한 원거리 루트마저 사라졌다. 이 회사는 나중에 무굴라인(Mogul Line)으로 명칭을 바꾸었다. 1913년 영국이 소유하게 되면서 BI의 지배 하로 편입되었다. 후에도 비슷한 일이 벌어졌다. 자본금도 충분하고 경영에도 문제가 없었던 신디아 라인(Scindia Line)은 BI의 압력 때문에 연안 교역으로 활동을 제한해야 했다.[46] 대형 증기선 회사들 특히 영국 회사들은 어떤 아웃사이더도 파산시킬 수 있을 정도로 가차 없이 요율을 내릴 준비가 되어 있었던 일종의 카르텔인 협의 시스템(conference system)을 더욱 강화시키면서 시장을 계속 지배했다. 1884년 영국이 새로 식민화한 웨스턴오스트레일리아로 오가는 루트를 장악하고 있던 기존의 두 증기선회사에 도전장을 내밀며 웨스턴오스트레일리아에서 창립한 한 회사를 예로 들 수 있다. 화물 운송전이 이어지면서 톤당 요율은 40파운드에서 10파운드로 내려갔다. 마침내 이 회사는 백기를 들었으며 협의 시스템에 굴복했다. 예상할 수 있는 바와 같이 이후 요율은 다시 올라갔다. 거의 비슷한 시기에 아삼의 차 농장주들도 이 협의 시스템에 도전했지만 실패했다.[47]

정부의 보조금 지원은 19세기 후반 증기선이 우세할 수 있었던 하나의 이유였다. 또 다른 중요한 이유는 증기선을 훨씬 더 효율적으로 만든 기술 혁신이었다. 1838년부터 스크루 프로펠러는 외륜을 대체하기 시작했으며 1850년 이후 목재 대신 철을 사용해 배를 건조했다. 가장 중요한 돌파구는 1860년대 같은 증기를 두 번 사용해 필요한 석탄의 양을 절감시킨 복식증기엔진의 발전이었다. 복식증기엔진은 증기를 팽창시켜 평방 인치당 파운드 압력을 더욱 높게 유지시킬 수 있었다. 혁신은 계속되었다. 1870년대 말 강철이 철을 대신했으며, 1890년대에는 200프사이(psi)로 증기 압력을 높인 삼중확장엔진이 사용되었다. 20세기 초 증기터빈엔진과 디젤엔진이 개발되면서 또 하나의 중요한 돌파구로 작용했다. 기술 혁신에 따라 증기선의 크기는 커졌다. 1867년 P&O

선박 수마트라호(*Sumatra*)는 2,022총등록톤수(grt)였으나 1911년 마로자호(*Maloja*)는 무려 12,340grt나 되었다.[48]

기술 혁신이 가져온 또 하나의 중요한 결과는 필요 석탄양의 감소였다. 초기 증기선은 석탄을 공급받기 위해 이 항구에서 저 항구로 여기 저기 여러 곳에 기항해야 했으나, 이러한 기항지들의 수는 점차 더 줄어들었다. 1884년 한 승객에 따르면 그가 탄 증기선이 포트사이드에서 석탄을 싣고 나서 단 한 번도 멈추지 않고 웨스턴오스트레일리아로 항해해 갔다고 한다. 항해가 계속되는 동안 바닥짐으로 역할했던 석탄이 줄어들면서 갈수록 배의 안정성이 저하되었지만 말이다.[49] 이제 증기선은 우편물과 여객뿐만 아니라 화물도 이익을 남기며 실어 나를 수 있게 되었다. 인도양을 가로지르는 정기 화물 수송은 1866년에 시작되었다. 앞으로 살펴볼 바와 같이 아직 당분간 벌크 화물은 제외되었으나 그 외 대부분의 화물은 예상가능하고 신뢰할만한 증기선으로 수송되었다. 또 다른 혁신으로 인해 특히 남아프리카와 오스트레일리아에 있는 정착 식민지(settlement colonies)가 수혜를 입었다. 냉동 보존이 그것이었다. 1880년 처음으로 오스트레일리아 산 양고기 냉동 화물이 아주 양호한 상태로 런던에 상륙했다. 얼마 후 버터와 과일도 그 뒤를 따랐다.[50]

근대 증기선의 최대 장점은 상당 정도 자연을 극복할 수 있었다는 데에 있었다. 증기선은 수천 년간 인도양 항해를 구속했던 계절풍의 영향을 받지 않고 정기적인 항해를 가능하게 했다. 물론 완전히 목적을 달성하는 데에는 얼마간의 시간이 더 필요했다. 증기선이 초창기에 머물러 있던 1840년대 말 P&O는 수에즈에서 콜카타까지의 항해는 523시간 내에 그리고 귀로 항해는 542시간 내에 하며, 시간을 지키지 못할 경우 손해를 보상하겠다고 약속했다. 그러나 5월에서 7월까지의 계절풍 기간 동안에는 120시간이 더 필요했다. 하지만 이내 계절풍은 커다란 상관이 없게 되었다. 1913년 P&O 선박은 격주 금요일마다 런던을 출발해 수에즈 운하를 거쳐 오스트레일리아로 항해했다. 프리맨틀로의 항해는 정확하게 32일 걸렸으며 시드니까지는 41일이 소요되었다. 비스케이 만을 피해 기차로 마르세유로 갈 수 있었다. 기차는 런던에서 매주 목요일 오전 11시에 출발해 정확하게 금요일 오전 7시 10분에 마르세유에 도착했으며 배는 그곳에서 오전 10시에 출항했다. BI 선박은 이내 인도 서부 연안의 무시무시한 남서계절풍에도 아랑곳하지 않을 수 있었다. 1863년부터 이 회사는 콜카타와 뭄바이 사이를 오가는 정기여객 서비스를 제공했다. 배는 매달 1일과 15일에 두 항구를 떠났으며, 3주간의 항해 동안 14개의 정기 기항 항구들을 비롯해 필요시 비정기 기항 항구에도 들렀다.[51] 증기선이 정규적으로 운항되고 효율성이 입증되면서 식민 본국과 식민지 즉, 영국과 인도 간의 항해가 일상화되었다. 영국인 여성이 인도에 있는 남편을 만나러 왔으며, 인도에 있던 영국인은 고향에 가서 휴가를 보냈으며, 아이들을 영국에 보내 입학시켰다. 때문에, 이전 인도를 지배했던 외부 지배자들이 토착화라는 과정을 밟아야 했던 것과는 달리 이제 고국으로 오가는 일이 어렵지 않았던 영국의 인도 통치자들에게는 토착화할 이유나 여지는 없었다는 주장도 있다.

그러나 증기선의 효율성을 너무나 강조한 나머지 마치 현대의 크루즈처럼 입출항 시간이 정확하고 항해 도중 별다른 불편함이 없으며 항해가 지루하기까지 했다는 인상을 주어서는 안 된다. 콜린 맥켄지는 1890년 메르카라호(SS *Merkara*)에 탑승하고 있었다. 당시에는 다 그랬듯이 이 배에도 돛이 있었다. 따분하고 덥고 지루했던 수에즈 운하 항해를 마친 후에 배는 아덴에 기항해 석탄을 실었다. 도중에 멈추지 않고 바로 바타비아로 직항하기 위해 석탄을 많이 실었기 때문에 갑판 위에도 석탄이 산더미같이 쌓여 있었다.[52] 그가 탄 배는 다른 배들처럼 영국인들이 좋아하는 육식거리로 가축도 싣고 있었다. 해군함도 마찬가지였다. 1850년 노예선을 나포하기 위해 아프리카 연안을 돌았던 한 36포함선은 잔지바르에서 송아지, 양, 돼지를 비롯해 20~30마리의 가축을 실었는데, '주갑판은 마치 가축 농장 같았다.' 한 때는 '주갑판에 있는 포들 사이에 있던 여러 가금류를 제외하고 송아지만 하더라도 50마리 정도가 있었다.'[53] 심지어 위풍당당한 P&O의 배에도 가축과 사료를 실어야 했기 때문에 가축 농장 같은 장소가 있었으며, 승객들은 수많은 닭, 거위, 양, 돼지, 소가 내는 시끄러운 소리를 들어야 했다. 증기선은 연기와 새까만 재가 끊임없이 분출해 나오는 탓에 지저분하고 더러웠다. 바람이 배를 따라오기라도 한다면 연기가 배 위로 치솟아 검댕과 재가 그대로 갑판에 뿌려졌다. 선장이 할 수 있는 유일한 조치는 당분간 배를 돌려놓고 이들을 날려버릴 바람을 기다리는 것뿐이었다.[54] 1884년 톰슨은 포트사이드에서 전근대적인 방식으로 수행되는 석탄 하역 작업을 지켜보았다. 오리엔탈리스트의 태도를 유감없이 드러내며 그는 다음과 같이 묘사했다.

> 나는 석탄을 들여오는 이들을 보러 나갔다. 나로서는 이들이 이야기 속의 작은 도깨비들 같았다라고 밖에는 묘사할 방법이 없다. 이들은 새까만 사람들로 부대 자루만 걸치고 있는 듯 보였다. 그대로 드러낸 맨 다리, 발, 팔에는 온통 석탄 먼지를 뒤집어쓰고 있었다. 이들은 바지선에서 작은 광주리에 석탄을 담아 가파른 측면 난간을 넘어 배로 석탄을 날랐다. 이들은 거의 아무것도 보이지 않을 정도로 자욱한 먼지로 가득 찬 곳을 아주 바쁘게 오고갔다. 그러나 노래하고 웃으며 할 수 있는 한 커다란 소리를 내며 갑판 위를 내리달리고 있는 것으로 보건데 이들은 아주 즐거워하고 있음이 분명했다. 만약 자칫 미끄러지기라도 한다면 이들은 물속으로 빠질 것임에도 말이다. 나는 이 광경을 보면서 자족을 보여주는 좋은 예라고 생각했다.[55]

인도양의 지선 루트에서 상황은 훨씬 더 비위생적이었다. 조지 커즌은 예의 여느 때와 다름없이 생생하게 그리고 오리엔탈리스트의 시각에서 걸프 증기선에서의 상황을 다음과 같이 표현했다.

> 걸프 증기선의 앞 갑판에서는 상상을 초월할만한 정말 묘한 광경이 벌어진다… 사람들은 여기저기에서 눕고, 앉고, 웅크리고, 노래하고, 수다 떨고, 요리하고, 먹고, 잠을 잔다. 그리고 이불, 카펫, 상자, 돛천, 밧줄, 양, 새장의 새들, 우리안의 가금, 접시, 커다란 주전자인 사모바르, 솥과 냄비, 기름투성이인 보조 엔진, 철커덕거리는 체인 더미들이 어지럽게 놓여 있는 그 미로 속에서 말이다—이곳보다 더 다양한 언어들과 다채로운 모습들을 볼 수 있는 곳은 분명 어디에도 없을 것이다.[56]

커즌은 서양 운송 수단인 증기선을 이용했던 '아시아인'(Asians)을 묘사하고 있다. 이 지점에서 증기선이 확장되면서 지역의 선박이 마주한 상황은 어떠했는지 살펴볼 필요가 있다. 결론적으로 말해 이원성이 그 어느 때에 보다도 확연해졌다. 지역민들이 증기선으로 여객을 수송하는 업계에서 경쟁하는 것은 불가능에 가까웠지만, 지역민의 범선들은 당분간 연안 루트에서 계속 활동할 수 있었다는 사실은 이미 언급했다. 범선으로 실어 나른 화물은 주요 항구에서 증기선으로 옮겨지기도 했지만, 범선은 계속 연안과 강들을 오르내리며 저가의 상품들을 날랐다. 그러나 19세기 말 범선의 역할은 부정기 화물선의—유럽인이 소유하고 이전 시기의 행상인들처럼 한 항구에서 다른 항구로 떠돌아다니는— 등장으로 인해 점차 더 약화되었다. 이러한 이원성은 1900년 전후 걸프에서도 뚜렷해졌다. 미국, 오스트레일리아, 동아프리카로 갈 이라크의 대추야자는 바스라에서 증기선에 실렸던 반면, 남부 아라비아로 갈 상품들은 다우에 실렸다. 직물과 같은 인도 사치품은 증기선에 실려 걸프 지역에 도착했지만, 타일이나 목재와 같은 벌크 화물은 다우에 실려서 왔다.[57] 인도네시아에서 프로아(proa) 혹은 프라우는 오늘날에도 그렇지만 당시에도 일정한 역할을 했다. 1910년 증기선 한 척의 평균 적재량은 3,200쿠빅미터였으며, 지역의 쾌속 범선인 프로아는 28쿠빅미터였다. 증기선이 전체 화물의 90%를 실어 날랐지만 프로아도 여전히 경쟁력이 있었으며 특히 증기선 루트에 이르는 지선에서 커다란 역할을 했다.[58] 동아프리카에서도 마찬가지였다. 다우는 라무, 시르, 무칼라와 같이 증기선이 들어가지 못하거나 들어가지 않는 군소 항구들을 들렀다. 하드라마우트, 쿠웨이트, 오만에서 맹그로브는 매우 중요한 교역품이었는데, 맹그로브 교역은 오랫동안 다우로 이루어졌다. 앨런 빌리어즈는 이와 같은 다우의 항해에 대해 생생한 기록을 남겼다. 마찬가지로 다우는 몸바사와 같은 큰 항구들에 화물과 여객 모두를 실어 날랐다. 이들 큰 항구에서 화물과 여객은 다시 증기선으로 갈아탔다. 증기선은 새로운 루트와 시장을 만들어냈다. 앞서 언급한 전반적인 교역의 확장으로 증기선은 물론 전통적인 지역의 배들도 이득을 보았다고 할 수 있다. 전통적인 배들이 적어도 증기선을 보조하는 역할을 할 수 있었다는 사실은 지금도 마찬가지이지만 예전에는 더욱 유용성을 가지고 있었음을 의미한다.

인도양에서 잠시 대형 바크 범선이 벌크 화물을 나르기도 했는데, 이 범선의 소유주들은 유럽인이었다. 케이프나 케이프 혼을 경유해 오스트레일리아에서 영국으로 향했던 모직 교역은 19세기 말까지도 범선으로 이루어졌지만,

얼마 후 증기선으로 대체되었다. 중국에서 차를 실어 날랐던 클리퍼는 유명세를 톡톡히 치르기도 했다. 앨런 빌리어즈는 클리퍼에 대해서 '버겁게 짐을 실은 연으로 가득 찬 클리퍼'라고 멸시하는 투로 묘사했던 반면, 4개의 대형 돛대를 달고 케이프 혼을 지나 항해하는 바크에 대해서는 '상품을 실어 나르기 위해 인간이 만들어낸 창작물 중에서 바크만이 극히 아름답다'라고 썼다.[59] 에릭 뉴비는 1938~1939년 황혼기의 바크에 대해 생생한 기록을 남겼다. 그는 핀란드의 구스타프 에릭슨이—그는 공황기에 대형 바크들을 아마도 한 척당 약 4,000파운드 정도 되는 헐값에 사들였으며 부분적으로는 매우 소수의 선원들만을 고용하고 이들을 혹독하게 다룬 덕분에 당분간 이익을 남길 수 있었다— 소유한 네 개의 돛대가 있는 바크에 타고 있었다. 에릭 뉴비가 탄 모슐루호(*Moshulu*)의 메인 돛대는 높이가 200피트였으며 자체 중량이 5,300톤이었다. 이행기의 슬픈 징후는 이 배가 밀 화물을 유럽에 실어 나르기 위해 스펜서 만에 이르렀을 때에 너무 확연하게 드러났다. 이미 증기선이 수출 곡물을 모두 실어가 버린 탓에 남겨진 화물이 없었기 때문이다.[60]

에릭 뉴비나 앨런 빌리어즈, 그리고 앞서는 조셉 콘래드와 같은 이들은 범선 시대의 종말을 몹시 아쉬워했다. 에릭 뉴비는 증기선이 '바다를 무시한다'고 생각했다.[61] 1922년 앨런 빌리어즈는 한 증기선에서 근무했는데 이를 혐오했다. 이 증기선이 오스트레일리아인의 배이며 그로서는 인정할 수 없는 노동조합에 관여하고 있었다는 사실 외에도, 이 증기선의 생김새가 '모양 없는 덩어리'(clumsy lump) 같아서 그랬다고 한다. 일도 매우 지루하고 반복적이었기 때문에 증기선에서 선원은 '또 다른 형태의 막노동꾼에 불과'했다.[62]

앨런 빌리어즈의 지적은 옳았다. 근대는 배에서 일하는 이들의 역할을 완전히 바꾸어놓았다. 이런 경향은 사실 증기의 시대 이전으로 거슬러 올라간다. 18세기 말 영국 배의 관리 체제는 더욱 조직화되고 관료화되었다. 영국 배에 타고 근무했던 동인도인 선원인 '현지'(native) 선원에게는 특히나 더 그러했다. 영국 의회가 통과시킨 아시아 규약(Asiatic Articles)은 동인도인 선원이 영국 배에 값싼 노동력을 제공하면서도 영국에는 정착할 수 없도록 하려는 목적을 가지고 있었다. 그 결과 동인도인 선원의 임금은 영국인 선원의 5분의 1로 낮게 책정되었다. 전자는 항해 기간이 아니라 년 단위로 모집되었다. 선주에게는 매우 만족스러운 조건도 마련되었다. 동인도인 선원은 배 밖으로 나갈 수 없었다. 동인도인 선원은 술을 마시지 않기 때문에 좋은 노동자이며 동양인이기 때문에 참기 어려운 뜨거운 증기선 기관실에서도 일을 훨씬 더 잘할 것이 분명하다고 생각했다.[63] 마크 트웨인은 동인도인 선원을 어느 정도 이상화시켜 다음과 같이 묘사했다. 그는 P&O의 선박 오세아나호(*Oceana*)를 타고 1895년 12월 스리랑카를 향해 시드니를 떠났다.

> 나는 배에서 일하는 동인도인 선원들을 처음 보았다. 흰 무명 바지. 맨발. 허리에 묶은 붉은 끈. 밀집 무테 모자에 머리에 두른 빨간 스카프. 깊고 진한 갈색 얼굴. 짧고 검은 직모. 가늘고 부드러운 수염. 윤기가 흐르고 몹시 검은 피부. 온화하고 인상 좋은 얼굴. 기꺼워하며 순종할 줄 아는 인품. 능력도 있고. 그러나 위험에 처하면 절망적으로 공황 상태에 빠지는 사람들이 이들이다. 이들의 출신지는 봄베이와 부근 연안이다.[64] 이 배에서도 물론이지만 모든 배의 선상에는 명확한 피부색 선이 있어 누가 어디에서 무슨 일을 하는지를 결정짓는다.

배가 증기력을 이용하게 되었다는 것은 엔지니어와 갑판 사관(선장, 항해사 등)의 일을 제외하고 선상의 모든 작업이 기본적으로 탈숙련화, 즉 단순작업화되었음을 의미했다. 이전에 선상에서는 마스터, 견습생, 하인 등 배의 운항에 필요한 기술을 중심으로 형성된 관계가 지배적이었으며, 선원은 노동의 대가로 현물이나 일정 정도 자신의 화물을 실을 수 있는 공간을 받기도 했다. 이제 선원에게는 임금이 지급되었으며 선원은 엄격한 규율의 대상이 되었다. 선원 공동체도 더 이상 동료애를 기반으로 한 노동관계를 중심으로 이루어지지 않았다. 선원은 계층적 공동체의 구성원이었을 뿐이었다. 케이프 주변에서 맞이한 태풍 속에서 주 돛대에 올라갔던 선원이 느꼈던 자유도 신비함도 이제는 맛볼 수 없었다. 해공(海工, maritime work)에 종사했던 다른 이들의 사정도 마찬가지였다. 앞에서 특별한 기술 없이 포트사이드에서 석탄 하역 작업을 하는 이집트 사람들을 언급했다. 이렇듯 뼈 빠지게 힘들고 더럽고 위험한 종류의 일에 종사하는 이들의 모습은 인도양 어디에서건 목격할 수 있었다. 노동자들은 석탄을 싣고 갑판의 먼지를 떨어내고 배의 깊은 곳에서 석탄을 삽질하고 맨몸으로 무거운 화물을 선적하고 하역했다.

또 다른 기술적 진보를 상징하는 수에즈 운하의 개통과 항구의 발전을 살펴보기에 앞서, 해상에서의 속력에 관한 몇 가지 데이터를 보는 것도 의미 있을 것이다. 앞 장에서 범선이 꽤 빠르게 달리면 하루 200km까지 갈 수 있었음을 언급했다. 19세기에 남대양에서는 편서풍을 받아 하루 500km 이상 항해할 수도 있었다.[65] 팀 세버린의 복제 다우는 하루에 평균 약 140km를 갔다. 오스트레일리아에서 유럽으로 벌크 화물을 날랐던 대형 바크는 매우 빠른 속력을 보여주었는데, 이는 일부분 비용 절감을 위해 그리고 일부분 유럽에 먼저 닿으려는 경쟁적인 항해 관행 때문이었다. 한 바크는 남부 인도양에서 매우 위험하게도 8시간에 225km(126마일), 즉 하루로 환산하면 675km에 달하는 거리를 이동하기도 했다.[66] 앨런 빌리어즈는 케이프와 오스트레일리아 사이를 하루에 약 470km 정도 항해할 수 있다고 보았다. 이는 17세기 VOC 소속 선단의 속력과 비슷한 수준이었다. 현대의 전문가가 모는 요트는 이보다 훨씬 더 빠르다. 2001년 말 남대양에서 열린 볼보 라운드 더 월드대회에서 한 요트는 하루에 1,150km(640해리)를 달리는 기록을 세웠다. 시속 26.6노트의 속력이었던 셈이다. 기록상 가장 빠른 범선은 1993년 5,000m가 넘는 항로를 46.5노트로 돌파한 트라이포일러(trifoiler)였다.

그러나 이들 예는 이례적으로 빠른 속력을 보여준다고 할 수 있다. 북쪽으로 더 가서 계절풍대에 이르면 속력은 낮아졌지만 브로델이 주장한 지중해에서의 속력보다는 훨씬 더 높았다. 일반적으로 순풍을 받으면 배는 하루 150km 정도를 갈 수 있었다. 그러나 바람에 따라 속력은 매우 느려질 수 있었다. 1822년 패니 파크스의 배는 적도 부근에서 하루 종일 31km(17해리)밖에 앞으로 나가지 못했다.[67] 내지 수로에서의 항해는 더욱 느려질 수 있었다. 에밀리 에덴이 탄 '플랏'(flat), 즉 증기선으로 예인되는 대형 바지선은 여기 저기 부딪치면서 하루 평균 36km 정도의 속력을 냈을 뿐이다.

어림잡아 19세기 말 증기화물선은 평균 10~11노트, 증기우편선은 19노트까지 속력을 내기도 했으나, 평균 15노트 즉 한 시간에 15해리, 하루거리로 계산하면 650km 정도를 항해할 수 있었다.[68] 상황에 따라 배의 속력은 많이 달라졌다. 이사벨 버튼은 오스트레일리아인 로이드의 배로 여행했는데, 속력은 8노트에 불과했다. 그는 이유를 '선장의 관심은 온통 석탄뿐이었다'라고 설명했다. 수에즈 운하에서 배의 속력은 더욱 느려질 수밖에 없었다. 버튼은 1876년 수에즈 운하가 개통된 지 얼마 되지 않아 이곳을 지났다. 배는 낮 동안에만 움직일 수 있었으며 최고 속력도 6노트에 미치지 못했다.[69] 개빈 영은 1979년 한 지역의 배를 타고 콜롬보에서 몰디브까지 즐거운 여행을 했다. 그가 탔던 론치•는 6노트로 항해했으며, 변기 시트, 세면대, 의자, 탁자 등 갖가지 화물을 많이 싣고 있었다. 인도양에 있는 여타의 소형배가 그렇듯 배에는 돛대와 돛이 있었으며 바람에 따라 돛을 사용하기도 했다.[70]

다소 과한 표현이 될지 모르지만 증기선의 승리는 1869년 수에즈 운하의 개통으로 가능했다고 볼 수 있다. 이사벨 버튼이 언급했듯이 '이는 대 교역 벨트를 연결하는 마지막 고리이며, 우리의 뱃길은 이제 완전하고 안전하다.'[71] 배가 증기기관을 장착한 결과 극적인 변화가 일어났다. 배의 속력은 빨라졌다. 수송선의 수와 크기 모두 기하급수적으로 늘었다. 수송선의 평균 크기는 1880년 1,510톤에서 1938년 5,600톤으로 증가했다. 수송선의 수는 1870년 486척, 1880년 2,026척, 1890년 3,389척, 1900년 3,441척, 1910년 4,533척, 1920년 4,009척, 1930년 5,761척으로 늘었다. 개통한 지 일 년 후 수에즈 운하를 통과한 화물 톤수는 1875년 436,000톤, 1875년에는 200만 톤, 1895년에는 840만 톤, 1913년에는 2,000만 톤이었다. 거리의 횡포(tyranny of distance)는 크게 줄었다. 런던에서 바스라까지의 거리는 케이프를 거치면 11,440해리, 수에즈 운하 북쪽의 도시 포트사이드를 경유하면 6,700해리였다. 뭄바이까지는 각각 10,780해리와 6,370해리, 콜카타까지는 11,810해리와 8,020해리, 그리고 프리맨틀까지는 10,960해리와 9,440해리였다. 달리 표현하자면 항해해야할 거리라는 면에서 보면, 런던에서 뭄바이까지는 42%, 콜카타까지는 32.6%, 프리맨틀까지는 14.3%, 쿠웨이트까지는 42.5%, 싱가포르까지는 27.8%가 줄어든 것이 된다.[72]

수에즈 운하의 주이용자는 언제나 영국이었으며, 이사벨 버튼이 언급한 바

• 항구 내에서 연락 또는 교통수단으로 이용되는 작은 배로서 증기 기관을 주기(主機)로 하는 기정(氣艇)과 내연 기관을 주기로 하는 발동기정(發動機艇)이 있으며 함정에 싣고 다니면서 필요에 따라 연락, 교통수단으로 사용되는 단정(短艇)도 론치라고 한다.

와 같이 이는 영국 제국의 중요한 연결 통로였다. 영국은 수에즈 운하를 확실히 통제하고자 1882년 이집트를 점령했다. 1880년대 말까지 수에즈 운하를 이용하는 선박의 거의 80%가 영국 선박이었으며, 개통 이래 1934년까지 단 한 해도 빠짐없이 전체 이용자 대비 영국 배가 차지하는 비율은 최소한 50% 이상이었다. 수에즈 운하의 전략적인 중요성을 인식한 디즈레일리(Disraeli)가 1875년 이집트의 주식을 매입한 이래 유럽인들이 수에즈 운하 운영 회사의 주식 99%를 소유했다. 32명의 이 회사 이사들 중 30명이 유럽인과 미국인이었으며, 직원도 대부분 유럽인과 미국인이었다. 이사들은 상당한 급여를 받았으며 영국 정부도 주식보유로 인해 엄청난 이득을 챙겼다. 1875년에 400만 파운드를 지출한 이들은 1895년과 1961년 사이 배당금만 8,600백만 파운드를 받았다.[73]

영국이 수에즈 운하로 인해 얻은 간접적인 이득은 정확하게 수량화하기 어렵지만 거대했던 것만은 확실하다. 수에즈 운하로 인해 교역이 촉진되었으며, 제국의 심장인 인도와 더 빠르고 더 자주 연락을 취할 수 있었으며, 영국에서 식민지로 군대를 신속하게 이동시킬 수 있었다. 1882년 영국의 이집트 점령을 돕기 위해 인도 군대가 동원되었으며, 1885년 영국의 수단 점령을 위해 이집트 군대가 동원되었다. 수에즈 운하가 가져온 결과는 그야말로 셀 수 없을 정도로 많다. 수에즈 운하는 유럽과 인도양 사이 범선 시대를 종결시켰으며, 케이프 루트의 수익성도 크게 떨어뜨렸다. 증기선과 수에즈 운하는 아주 밀접하게 연관되었다. 물론 범선은 이 좁은 운하의 수로를 이용할 수 없었다. 케이프타운은 고립되었으며 영국 제국 체제에서 차지하는 중요성에서도 한참 밀리게 되었다. 반면 동아프리카와 동남아프리카가 더욱 가까워졌다. 16세기 이래 케이프 루트로 인해 빛을 잃었던 홍해 루트가 다시 부활했다. 지다에 기항했던 증기선은 1864년 38척에서 1875년 205척으로 늘어났다.[74] 케이프 루트를 항해했던 선박의 중간 기항지로 이용되었던 인도양의 섬들, 특히 마다가스카르, 코모로, 모리셔스는 이제 덜 중요해졌다.

이제까지 살펴보았던 세 요소들은 공생 관계에 있었다. 증기선은 점점 더 커졌으며, 이에 맞추어 운하는 점차 더 깊고 넓어졌다. 이와 유사하게 더 커진 배를 유치하기 위해 더 나은 항구가 필요했다. 물론 더 나은 항구는 더욱 더 큰 배의 건조와 운항 모두를 가능하게 했다. 1910년 한 엔지니어는 이런 상호 관계를 경주에 비유해 표현했다.

> 엔지니어들 간의 경주, 토목 공학의 중요한 두 분야를 보면서 오늘날 해양 세계에서의 상황을 이렇게 묘사할 수 있을 것이다. 한편에는 더욱 대형화된 배를 만들어내는 선박 디자이너가 있다. 다른 한편에는 대형 증기선이 떠있을 수 있기에 충분한 깊이를 가진 항구를 건설하려고 안간힘을 다하는 항구 엔지니어가 있다. 이는 힘겨운 경주이다. 전자가 앞서 달렸으며 후자는 경쟁자의 뒤를 쫓느라 진땀을 뺐다.[75]

19세기 이전 인도양 주변 많은 항구들의 상황이 좋지 않았음은 언급했다. 코로만델 연안은 위태로운 주변 환경으로 악명 높았다. 두 중요한 중심지인 콜카타와 자카르타도 위험천만한 하구퇴적지에 위치해 있었다. 한 미국인 방문자는 1830년대 자카르타에 대해 다음과 같이 묘사했다.

> 바타비아에서 배를 항구에 접안하는 방법은 범상치 않다. 물이 너무 얇아서 해안에서 3마일 정도 되는 지점에서 배를 멈추어야 한다… 해안에는 방책이 둘 있다. 나무로 되어 있으며 바다 쪽으로 뻗어 있는 방책의 길이는 직선으로 1마일 정도 된다. 방책 사이에는 운하가 있다. 운하 입구에는 바닷물이 하구의 모래톱을 치며 부서지는데, 특히 북서 계절풍 기간 동안에는 때로 너무나 거칠게 물결이 일어 배가 자주 뒤집히고 승객이 익사하거나 상어나 악어의 먹이가 될 위험에 노출되어 있었다.[76]

첸나이 연안에 상륙하려면 언급한 바와 같은 일련의 장애와 난관을 극복해야 했다. 1765년 킨더슬리 부인은 눈앞에서 벌어진 상황에 낙담하며 '산더미 같이 높고 거대한 파도 때문에 이틀간이나 이곳에 갇혀 있었다. 정말 놀랍게도 아주 조금만 바람이 불어도 이 해안에서는 거대한 파도가 일었으며 어떤 배도 감히 이를 뚫고 지나갈 엄두를 내지 못했다. 정말이지 끔찍할 정도로 높은 파도가 일었다'라고 썼다.[77]

후그리 강에서 멀리 떨어져 있는 콜카타에서는 파도 문제는 없었지만 다른 위험이 도사리고 있었다. 킨더슬리 부인은 첸나이를 떠날 수 있게 되자 한 친구에게 다음과 같은 내용의 편지를 보냈다.

> 드디어 캘커타에 도착했다고 알릴 수 있어 너무 기쁘다. 마드라스에서부터 오는 거리는 짧았지만 매우 위험한 여정이었다. 강가 강(갠지스 강) 입구는 강의 지류가 수도 없이 많고 그 사이 사이에 섬들도 많아 정말이지 항해하기 어려웠다. 강가 강의 많은 지류들은 그야말로 그 자체로도 큰 강들로 여러 지방을 흘러오면서 주변 토양을 비옥하게 하고 엄청난 규모와 위력을 자랑하며 포효하듯 흐른다. 모래언덕도 수도 없이 많은데 엄청난 양의 물이 엄청난 힘으로 흐르기 때문에 모래언덕의 상태는 수시로 바뀐다. 그래서 강가 강 입구의 복잡한 통로와 상태를 잘 알고 있는 매우 숙련된 항해사가 절대적으로 필요하다. 그렇지 못한 경우도 있어서 많은 배들이 위험에 처하고 때로는 좌초되기도 한다.[78]

1845년 패니 파크스는 증기선이 예인하는 배에 타고 콜카타를 떠났지만 여정은 쉽지 않았다. '아침 8시 증기선이 예인하고 있었을 때 에섹스호(*Essex*)가 모래언덕에 부딪쳤다. 배가 고약하게도 옆으로 기울어지나싶더니 순간 맹렬한 조류에 밀려 모래언덕 위에 걸치게 된 곤란한 상황에 처했다… 바로 2주 전만 해도 이쪽 강에는 이런 장애물 같은 것은 없었기 때문에 항해사도 너무 당황스러워했다.' 조류가 급습하면 정말 위험했다. '그날 저녁 조류가 상당히 강력해 배가 닻을 내린 후에도 한 사람이 조타실을 지키며 추이를 살펴보아야 했다. 닻을 내린 배를 조종한다는 것은 정말 희한하고 새로운 느낌이었다.'[79] 섬뜩한 광경을 목격하기라도 한다면 여행자의 고통은 더해졌다. 1810년 콜카타에서 강을 올라가고 있던 그레이엄 부인의 묘사를 보자.

> 전날 밤 강을 올라가면서 내가 처음 본 물체는 시체였다. 부풀어 올라 부력이 가득한 채로 물 위에 길게 늘어져 있었다. 시체는 내가 탄 배 옆을 둥둥 떠다녔으며 강물에 너무 오래 있어서 인지 거의 하얀색이었으며 물고기들이 그 주위에 모여들었다. 상륙 지점에 이르러 나는 또 다른 시체와 이를 물어뜯고 있는 들개 두 마리를 보았다. 그중 한 마리가 먼저 대퇴골을 물어 뜯어내더니 입에 물고 괴성을 지르며 달아났다.[80]

〈그림 5〉 세관 부두, 캘커타. 아티스트 도일리(Sir C. D'Oyly)와 판화가 디킨슨 사(Dickinson & Co.). ⓒ 국립해양박물관, 런던.

〈그림 6〉 마드라스. 아티스트 레이턴(Leighton)과 판화가 미솜(William Measom), 1848. ⓒ 국립해양박물관, 런던.

이 모든 상황은 정말이지 불만스럽고 불쾌하기 그지없었다. 사람과 특히 상품의 이동이 편안하고 편리한 새로운 항구가 건설될 필요가 있었다. 증기선에 서비스를 제공했던 주요 항구는 아덴, 몸바사, 뭄바이, 카라치, 콜롬보, 첸나이, 콜카타, 싱가포르, 프리맨틀, 자카르타, 그리고 동아시아와 이스턴오스트레일리아의 항구들이었다. 제국주의자들이 항구를 어떻게 건설했는지 보여주는 좋은 예가 자카르타이다. 앞서 살펴본 바와 같이 자카르타로의 접근은 상당히 어려웠다. 자카르타가 위치하고 있는 실리웅(Ciliwung, 네덜란드어로는 Tjiliwong) 강에서 나오는 토사로 인해 연안은 매년 30m가 넘게 확장되었다. 1819년 이래 싱가포르의 급격한 발전도 자카르타에 악재로 작용했다. 1832년 얼은 다음과 같이 언급했다.

> 이전에는 수많은 대형 정크들이 중국과 시암에서 그리고 수많은 프라우들이 제도 전역에서 자카르타에 기항했다. 그러나 영국이 싱가포르에 정착지를 세운 이후 이 자유항에서 누릴 수 있는 완전한 상업의 자유로 인해 현지 무역의 상당 부분이 빠져나갔으며 자카르타와 중국 간의 정크 교역도 완전히 멈추어버렸다.[81]

네덜란드는 행동에 들어갔다. 일찍이 1832년 자카르타에 2개의 긴 부두를 설치한 바 있으나, 이로서 문제가 해결된 것은 아니었다. 결국 네덜란드는 수도 자카르타에서 10km 떨어진 탄중프리오크에 완전히 새로운 항구를 건설하기로 결정했다. 항구는 1880년대에 완공되었다. 여기다 자카르타, 내항, 그리고 길이가 1,850m의 두 헤드(heads)와 125m에 달하는 주두(柱頭, capital)를 가진 외항을 철로로 연결시켰다. 그 목적은 싱가포르와 경쟁할 수 있는 항만체제 구축에 있었으며, 잠시나마 목적을 달성할 수 있었다. 그러나 싱가포르는 천혜의 양항인데다가 거의 모든 수입품에 관세가 부과되지 않는 자유 무역항으로 그 어느 항구들보다도 유리했다. 19세기 말 말라야에서 일어난 주석과 고무 붐은 싱가포르에 또 하나의 기회로 작용했다. 자카르타가 말레이 세계 내에서의 교역에서 이득을 남겼던 반면 싱가포르는 세계적인 주요 대양 항구로서의 자리를 지켰다.[82]

남쪽으로 가서 프리맨틀을 보자. 이는 축항 작업으로 항구가 어떻게 새로 워지는지 그리고 이 때문에 경쟁 항구가 어떻게 무력화되는지를 보여주는 좋은 예이다. 프리맨틀은 1829년 영국이 새로이 획득한 웨스턴오스트레일리아의 수도 퍼스의 항구였다. 그러나 실제 이 항구는 천예의 자연항은 아니었으며 장애물로 인해 항구에 진입하기 어려웠다. 때문에 우편증기선은 1852년 서비스 시작 시점부터 30년 동안이나 이 항구를 지나쳐 알바니로 갔다. 퍼스의 강력한 상인들과 정치인들은 이에 불만이 많았다. 그 결과 1873년 프리맨틀에 처음으로 길이 420m에 이르는 둑이 건설되었으며, 10년 후에는 1,150m로 확장되었다. 19세기 말에 프리맨틀에 훌륭한 내항이 건설되면서 알바니는 무용지물의 항구로 잊혀졌다.

첸나이의 성공적인 항구로의 변화는 영국 식민 기술사의 위대한 성취 중의 하나였다. 이에는 매우 오랜 시간이 필요했다. 인공 항구 건설 계획은 1872년에 승인되었으며, 5년 뒤에 두 개의 거대한 방파제를 놓으면서 실행에 옮겨졌다. 도중에 사이클론의 타격을 받는 바람에 방파제는 1895년에야 완성되었다. 이후에도 문제가 몇 가지 더 있었는데, 그중 하나가 입구 쪽에 일 년에 1피트 정도의 토사가 쌓이는 문제였다. 더 최악은 오래지 않아 방파제 디자인에 문제가 있음이 드러났다. 때문에 1906년과 1912년 사이 방파제는 완전히 새로 리모델링 과정을 겪어야 했다. 그리고서 1916년 또 한 차례 사이클론이 닥쳤으며 차벽의 끝부분과 등대 그리고 8,000톤의 암벽을 쓸어가 버렸다. 첸나이를 제대로 된 항구로 만들기 위한 기술 문제는 1925년이 되서야 해결되었다.

양항이 되려면 뭍에 있는 화물과 승객의 흐름과 움직임을 원활하게 해줄 수 있는 시설을 갖추어야 했다. 첸나이가 이런 시설을 갖추는 데에는 오랜 시간이 걸렸다. 19세기 말 한 엔지니어는 보고서를 통해 다음과 같이 불만을 드러냈다.

> 최고 수위선 표지판과 마드라스 시내 거리들 사이에는 상당한 혼선을 불러일으키고 아무도 관리하지 않는 철도 측선들과 두세 개의 볼품없는 창고들이 있다. 해변은 항상 목재, 석탄, 철도 재료, 잡화, 기계, 술병 등이 어수선하고 지저분하게 흩어져있다. 온갖 화물 꾸러미들이 해변에 하역되었다.

너무 커서 처리할 수 없는 화물은 그대로 방치되고 나머지는 사람들이 이고 지고 거리를 가로질러 세관까지 날라 와야 했다. 오래된 부두 위에 하역된 짐들을 화물차로 세관으로 밀어 넣어야 했다. 마스라스에서 관세를 낸 이후에 교역품은 10피트(30cm)의 세관 입구를 통해 안으로 들어가고 빈 화물차는 밖으로 나올 수 있었다. 그 결과 하물 인수자가 수 주 혹은 수개월 동안 화물을 가져갈 수 없는 일이 자주 발생했다. 기계용품과 철도관련용품들이 때로는 3~4피트 깊이에 이르는 해변 가에 무더기로 쌓여 있다. 이전 배가 부려놓은 화물이 기다리고 있던 화물 인수자에게 전해지기도 전에, 철도 측선이 부족한 탓에 또 다른 배의 화물이 기존 화물더미 위에 버려지듯 내던져졌다. 사실 화물 처리 방식은 더 이상 나쁠 수 없을 만큼 최악이다.[83)]

그리하여 뭍에서도 완전한 리모델링이 이루어져야 했으며 이 작업은 1906년과 1912년 사이에 완료되었다.

콜롬보는 프리맨틀과 상당히 유사한 예에 속한다. 애초에는 오스트레일리아와 싱가포르를 목적지로 하는 증기선들이 더 나은 자연항이 있는 갈레에 기항했다. 콜롬보는 스리랑카의 수입과 수출 교역을 담당했던 범선들이 기항하는 항구였다. 그러나 곧 갈레는 더 커진 증기선에 서비스를 제공할 수 없었으며, 정부는 콜롬보를 스리랑카의 주요 항구로 만들겠다고 결정했다. 그래야만 할 분명한 이유가 있었다. 콜롬보는 수도였으며, 19세기 후반 내지에 있는 농장들에도 접근성이 훨씬 더 뛰어났다. 더 넓게 보면 콜롬보는 사실 경쟁 항구인 뭄바이보다 홍해에서 동남아시아, 벵골 만, 오스트레일리아로 향하는 선박들에 서비스를 제공할 수 있는 훨씬 더 나은 위치에 있었다. 1880년대 콜롬보에는 깊이가 10m에 달하고 비바람에도 끄덕이지 않는 203헥타르에 달하는 계류장을 설치했다. 이로 인해 당시 최대 크기 증기선 25척이 동시에 정박할 수 있었다. 1890년대에는 더 많은 방파제, 어항, 그리고 18개의 부두를 갖춘 석탄 창고들이 완공되었다. 이 항구는 1880년대 초부터 1920년대까지 번영을 구가했다. 이전에 했던 논의와 관련시켜 본다면 콜롬보는 후배지와 전면지 모두를 가지고 있었기 때문이었다. 내지의 농장들은 수많은 수출품을 공급했다. 처음에는 계피, 1840년대부터는 커피, 1890년대부터는 차, 20세기 초에는 코코넛과 고무가 더해졌다. 1910년 입항톤수에서 콜롬보는 세계 7위를 차지했다.[84)]

카라치는 새로운 제국의 필요에 부응하기 위해 만들어진 모든 항구들을 대변하는 최고의 예에 속할 것이다. 인더스 강 어귀에는 수백 년간 군소 항구들이 여럿 있었지만 별다른 중요성은 없었으며 19세기 선호 항구였던 뭄바이로 가기 위해 지나치는 항구들이다. 1839년 영국이 카라치를 병합했을 당시 인구는 15,000명 정도였다. 카라치는 미국 남북전쟁으로 인해 인도산 면에 대한 수요가 폭발하자 붐을 맞이했다. 1857~1858년 그리고 1863~1864년 사이 면의 교역 가치는 3배로 증가했다. 미국에서 원면 생산이 다시 시작되자 카라치는 슬럼프에 빠졌다. 당시 영국은 펀자브운하식민지(Canal Colonies of the Punjab)에 광대하고 비옥한 새로운 지역을 개발하고 있었으며 1878년 이곳에서 카라치까지 철도를 놓았다. 카라치에서 교역은 다시 붐을 맞이했다. 교역가치는 1867~1868년 4천만 루피에서 1882~1883년에는 1억1천만 루피로, 1904~5년에는 3억3천만 루피로 증가했다. 이 놀라운 성과는 보잘것없는 항구를 양항으로 바꾼 대규모 엔지니어링 덕택이었다. 방파제(mole, breakwater), 제방(groyne), 부두(piers), 정박지(berths), 선창(wharves) 등이 건설되었으며 항구의 입구는 깊어졌다.[85)]

별거 아니라고 보일지 모르지만 준설작업은 항구의 발전에 매우 중요했다. 1914년까지 주변 초호(礁湖)들로 인해 최신 배들이 코친에 들어갈 수 없었다. 1920년대 영국은 길이 5km, 넓이 135m, 깊이 11m의 수로를 준설했으며, 준설된 흙은 아직도 이 항구에서 볼 수 있는 윌링던 섬이 되었다. 그 결과 코친은 상당히 발전했다. 1914년 영국이 점령한 바스라도 마찬가지였다. 군부대 엔지니어들이 바로 부두와 철로 조차장을 지었으며 현대식 크레인을 설치했다. 전쟁 후 이라크는 위임통치령이 되었으며 석유를 수출하기 시작했다. 석유 수출을 용이하게 하기 위해 샤트알아랍 강을 준설했다. 이전에는 수로가 너무 얕아 배는 연안에서 80km 심지어 160km 떨어진 먼 바다에서 화물을 처리해야 했다. 준설로 인해 흘수 9m까지 달하는 배도 바스라에 닻을 내릴 수 있게 되었다. 뭄바이의 경우 이미 훌륭한 자연항을 가지고 있었기 때문에 문제는 항구를 만드는 데에 있었다기보다 육지를 만드는 데에 있었다. 뭄바이는 원래 만조 시에는 서로 분리되고 간조 시에는 개펄로 이어진 7개의 섬으로 이루어져 있었다. 뭄바이의 역사는 개간의 역사였다. 이 도시는 습지, 바닷물이 증발하면서 침전된 염분으로 뒤덮인 평지, 고립된 섬들 그리고 심지어 바다를 간척하면서 만들어졌다.[86)]

대다수 항구들은 제국주의 강대국들 특히 영국의 새로운(*de novo*) 창작물이었다고 할 수 있다. 물론 이전에도 군소항구들이 존재했지만 항구는 서양에 의해 완전히 변신했다. 기존에 있던 항구가 증기선의 필요에 부합하도록 개량된 경우에는 콜롬보에서 본 바와 같이 확연하게 이중성을 드러냈다. 아덴에서도 마찬가지였다. 아덴에서 근대적인 증기선 항구는 마알라(Ma'alla)에 있는 전통적인 다우항구에서 6km 정도 떨어져 있다. 몸바사는 매우 오랜 전통을 자랑하는 항구였지만 19세기 말 영국에 의해 완전히 탈바꿈했다. 몸바사는 기본적으로 환적 항구였지만, 영국은 이 항구를 위해 후배지를 만들어냈다. 후배지 작업은 1896년을 시작으로 멀리 내지에 있는 빅토리아호(湖) 나중에는 캄팔라까지 철도를 부설함으로써 이루어졌다. 원래는 전략적인 이유, 즉 1차 세계대전 이전 경쟁 제국주의 국가인 프랑스나 독일로부터의 위협에 대비해 철도를 놓은 것이었지만, 그 철도는 이후 몸바사가 동아프리카의 주요 항구로 발전하는 데에 커다란 기여를 했다. 1960년 기준 전체 몸바사 면적의 70%가 바다 간척을 통해 형성되었다. 몸바사에서도 확연한 이중성을 볼 수 있다. 예전 다우항구였던 지역은 식민 통치자에게 전대의 귀물로 무시되었으며, 대신 증기선을 수용할 수 있고 영국인들이 많은 주요 상업지구로 바로 연결될 수 있는 항구 킬린디니가 새로 건설되었다.[87)]

몸바사가 흥기하면서—적어도 대양 루트와 연계되어 있었다는 면에서—다른 동아프리카의 항구들의 위상은 사소해졌다. 제국의 이해관계에 따라 어떤 항구가 특별한 지위를 차지하고 어떤 항구는 희생되는 이러한 현상은 인도양 전역에서 발생했다. 프리맨틀이 흥기하고 알바니가 몰락했다. 콜롬보가 갈레를 누르고 발전했다. 뭄바이가 흥하고 수라트가 쇠잔했다. 첸나이는 코로만델 연안에 있는 수많은 전통적인 항구들을 제쳤다. 싱가포르는 믈라카를 대신했다. 자카르타는 자바의 다른 항구들을 무력화시켰다. 남아프리카에서 더반은 케이프타운, 포트엘리자베스, 이스트런던을 대체했다. 더반은 1918년 남아프리카에 양륙한 총화물의 52%를 취급했다.

이들 식민지 해항도시가 한 역할은 이전 시기 해항도시와 비교해 중요한 차이가 있었다. 전-식민시기 해항도시에 관해서는 앞에서 광범위하게 논의했다. 당시 해항도시는 부분적으로는 위치와 부분적으로는 생산적인 후배지에서 나온 산물을 집산시킬 수 있는 능력 때문에 번영할 수도 있었지만, 대부분은 공정하고 안전하게 거래할 수 있다는 상인들의 믿음 때문에 흥기했음을 강조했다. 초창기 서양의 해항도시들 또한 종종 위와 같은 이유들 때문에 번영했다. 이들 해항도시는 심지어 동아시아와 유럽으로까지 확대된 광범위한 전면지를 가지고 있었으며, 내지로부터 각종 산물을 집산했다. 결정적인 변화는 유럽이 이들 내지의 산물을 교역만 하는 것이 아니라 내지 산물의 생산을 지배하기 시작하면서 그리고 종국에는 내지를 정복하면서 일어났다. 인도는 더 없이 좋은 예를 보여준다. 식민시기 해항도시는 이전과 달랐다. 처음으로 해항도시가 영향을 미치는 방향이 인도양 쪽이라기보다는 육지를 향했기 때문이다. 육지의 관점에서 보면 해항도시는 서양으로부터 산업 제품이 들어오는 입구이자 식민지에서 원자재가 나가는 출구가 되었다. 해양의 관점에서 보면 브로이제와 그의 동료들이 지적한 바와 같이, 해항도시는 '해양 세계를 구성하는 인터로킹 시스템의 결절점일 뿐만 아니라 해양 세계로 들어오는 입구였다.'[88] 이런 해항도시는 전적으로 제국이 만든 창조물이라고 할 수 있다. 서양인이 항구의 엔지리어링 작업을 감독했다. 그리고 철도의 경우와 같이 식민 재원으로 보증을 서고 서양 투자자에게 아주 좋은 조건을 제시하며 유럽에서 받은 융자를 통해 항구에 필요한 자금을 댔다. 투자의 기회나 새로운 과학 기술의 습득 장려라는 측면에서 보면 해항도시는 그 도시가 지리적으로 속한 지역이나 국가에는 아무런 후방연관효과를 주지 못했다. 그 지역이나 국가 내에서 보면 해항도시는 식민지 본국인의 집단 거주지였다. 그리고 여러 면에서 해항도시는 식민지를 식민본국의 대도시(metropole)에 편입시키고 종속시키는 과정에서 매우 중추적인 역할을 담당했다.[89]

그렇다고 해서 서양이 원하는 곳 어디에나 항구를 세울 수 있었던 것은 아니었다. 서양이 언제나 최고의 양항이나 지정학적으로 훌륭한 위치에 항구를 건설할 수 있었던 것도 아니었다. 전면지 그리고 후배지로의 접근성은 제국의 항구 건설 결정만큼이나 항구의 발전에 결정적인 영향을 미쳤다. 이 둘은 물론 밀접하게 연관되어 있었다. 콜카타는 최고의 예를 보여준다. 우리는 예나 지금이나 델타 지역에 있는 이 항구에 접근하는 것이 얼마나 어려운지를 보았다. 콜카타는 바다에서 80마일 떨어져 있으며 밀물과 썰물 간의 조차(潮差)가 위협적이라고 할 수 있는 수준인 22피트에 이른다. 그러나 이 도시가 본래 토사 위에 세워졌다는 사실은 이 도시가 탄생한 연유를 설명해 준다. 토사는 콜카타를 먹여 살리는 매우 기름진 농지를 제공했다. 19세기 주요 수출품은 토사에서 자라는 인도삼으로도 불리는 황마였다. 미로 같은 수로는 항해에는 위험 요소임이 분명하지만 저비용으로 광대한 하천 부근의 후배지로 오갈 수 있는 길이 되기도 했다.

19세기의 양상은 복잡하게 뒤섞여 있었다. 전반적인 경향은 제국 세력과의 경쟁에서 성공하는 것이 점점 더 어려워졌으며, 지역의 해상 상인들과 선원들은 제국이 관심을 가지고 있는 지역에서 같이 경쟁하기보다는 제국 체제의 틈새에서 활동하는 처지로 영락했다. 인도인 해운업과 인도인 조선업이 맞이한 운명이 좋은 예를 제공한다. 유명한 파시교도인 와디아(Wadia) 가문은 뭄바이에 아주 괜찮은 조선소를 세웠다. 1736년과 1821년 사이 이 가문은 100톤이 넘는 배 159척을 건조했으며 이들 중 15척은 1,000톤이 넘는 상당한 크기를 자랑하는 배였다. 일부는 영국 해군함으로 사용되기도 했다. 나바리노에 있던 코드링턴(Codrington)의 기함(旗艦) 아시아호(*Asia*)는 와디아 가문이 건조한 것이었다.[90] 이 가문은 1813년에는 74개의 포를 장착한 1,767톤의 콘월리스호(*Cornwallis*), 그리고 1821년에는 84개의 포를 가진 당시 최대였던 2,284톤의 강스호(*Gangs*)를 건조했다. 그러나 이 지역 현지 기업들은 증기선의 등장과 함께 쇠락했다. 증기선과 증기예인선은 영국에서 들여온 부품들을 조립해 만들어졌다. 그러나 영국의 우세는 주로 기술 발전과 진보의 결과인 동시에 명백하게 정치적인 뒷받침의 결과이기도 했다. 영국의 조선업자들은 심지어 철과 증기의 시대 이전에도 현지인보다 유리한 이점을 분명 많이 가지고 있었다. 1815년 선박등기법(Registry Act)은 인도인 선원과 인도인이 만든 선박의 시장 진입을 규제했다. 인도인이 건조한 배를 이용해 수입된 상품에는 별도로 15% 관세를 더 부과했으며, 배에 타고 있는 선원의 4분의 3이 영국인이어야 했으며, 법을 어길 경우 배는 몰수당했다.[91] 영국의 이러한 정책에는 전략적인 측면도 개입되어 있었다. 영국은 전시에 해군으로 전환될 수 있는 상선에

예비군으로의 숙련 선원들의 승선을 필수전략으로 중시했다.

시간이 가면서 인도인 해운업은 기술적인 요소만큼이나 정치적인 요인들 때문에 기울어갔다. 인도인에게 부족한 전문기술은 언젠가 배우거나 빌릴 수 있었을 것이다. 하지만 영국이 인도에서 제공했던 교육은 엔지니어가 아니라 사무원이나 점원을 만들어내는 데에 초점이 맞추어져 있었다. 앞서 인도인 경쟁자에게는 언감생심 바랄 수 없었던 보조금과 여타의 비호를 P&O가 어떻게 받았었는지 자세히 묘사한 바 있다. 인도인이 경쟁에 끼어들라치면 두 손 모두 들 때까지 맹렬한 운임인하 경쟁에 휘말려야 했다. 마찬가지로 인도인을 위해 경쟁을 규제하고 신참자의 진입을 막았던 영국의 협의 시스템은 독립국가가 아니었던 인도에는 있을 수 없었다.

인도의 열세는 눈에 보일 정도로 명백했다. 1857년 인도 항구들에 입항한 영국 선박과 인도 선박을 비교해 보면 이 시기에도 분명히 격차가 있었음을 알 수 있다. 인도인이 소유한 배는 35,000척이 넘으며 총 톤수는 120만 톤이었던 반면, 영국인이 소유한 배는 59,000척에 총 톤수는 240만 톤이었다. 1척당 평균 톤수는 각기 35.6톤과 41.6톤이었다. 19세기 말 상황은 더욱 극적으로 변했다. 인도인이 소유한 배는 2,000척을 갓 넘었고 총 톤수는 133,000톤에 평균 톤수는 57.8톤이었던 반면, 영국인이 소유한 배는 6,000척이 넘었고 총 톤수로는 760만 톤, 그리고 평균 톤수는 1,235톤이었다.[92]

현지인들은 영국제국 시스템 내에 있는 작은 틈새 공간에서 사업을 해야 했다. 현지 포르투갈인도 인도인이나 다른 아시아인들과 같은 입장에 있었다. 예전에 포르투갈 제국의 후원 하에서 활동했던 포르투갈인과 인도인은 이제 인도를 지배하고 있던 영국 시스템의 좁은 틈새시장에서 활동했다. 돈이 가장 잘 벌리는 사업은 아편이었다. 말과 아편은 인도 서부 연안에 있는 포르투갈의 항구들로 밀수입되었으며 중국에 있는 식민지 마카오로 보내졌다. 1830년 전후 영국인들도 일 년에 7,500상자가 넘는 아편을 광저우로 수출했다. 같은 시기 포르투갈인은 다만을 거쳐 1,800상자가 넘는 아편을 수출했다. 아편 교역의 상당량이 불법으로 거래되었지만 포르투갈 당국도 아편 무역으로부터 많은 세금을 거두어들일 수 있었다. 포르투갈령 인도의 새로운 수도 파나지에 있는 건물 대부분은 아편에서 얻은 수익 덕분에 건축될 수 있었다.

그러나 제국의 일부가 되면서 심지어 그 신민이 되면서 가지게 된 이점도 있을 수 있었다. 여러 인도인 집단들이 19세기 영국의 다른 식민지들에서 커다란 경제적인 역할을 했다. 이들은 상당한 자본의 흐름을 통제했다. 수라트에서 교역은 18세기 후반 분명 쇠퇴했지만, 세기 말까지도 수라트는 '여전히 서부 인도의 금융 중심지였으며, 정치적으로는 뭄바이에 뒤졌지만 뭄바이도 수라트의 금융 서비스를 이용할 정도였다.'[93] 필립 커틴은 '교역 디아스포라'(trade diasporas)에 관한 의미 있는 저서를 펴냈지만, 이 인도인 집단들은 고향과 강고한 관계를 유지했으며 자주 오고갔던 사실로 미루어 보건대 교역 디아스포라라는 개념을 이들에게 그대로 적용시킬 수는 없을 것 같다. 타밀나두의 체티(chetty) 상사들은 본사는 첸나이에 있었지만 남아프리카, 모리셔스, 실론, 버마, 말라야, 남베트남, 인도네시아에 지사를 두고 활동했다. 이들은 영국의 보호 하에서 지사를 두었던 지역들, 특히 버마를 근대적인 현금 경제로 편입시켰다. 인도인 상사들은 대가족 혹은 합동가족 회사였다. 대가족의 젊은 세대는 해외로 파견되었으며 일정 시간이 지나면 타밀나두에 있는 가족의 근거지로 다시 불러들였다. 이상에서 볼 때 영국의 다른 식민지들에서 활동했던 인도 상인들은 커틴이 주장하는 교역 디아스포라라기보다는 클로드 마르코비츠(Claude Markovits)의 순환 개념(notion of circulation)에 훨씬 더 가깝다.[94]

인도 상인과 관료는 동아프리카 연안에서도 중요한 역할을 수행했다. 주요 무대는 잔지바르였다. 1886~1887년 이 섬 수출량의 44%가 인도로 갔으며 수입량의 40%가 인도에서 들어왔다. 물론 이 수출입 대부분은 인도 상사들이 취급했다.[95] 대륙 간 원거리무역은 주로 유럽과 미국 상사들의 몫이었다. 1857년 잔지바르에는 유럽인 회사가 여섯, 미국인 회사가 셋 있었지만 모두 현지의 인도 중개인들을 통해 수입품을 팔고 수출품을 집산했다. 리차드 버튼은 1857년 다음과 같은 기록을 남겼다.

> 라다 밤하(Ladha Bamha)는 잔지바르에서 관세를 거둔다. 펨베(Pembe) 섬에서는 그의 조카가 같은 일을 한다. 몸바사는 라흠(Lakhmid)사람들과 믿음이 같은 그의 지인들 손에 있다. 팡가니는 툴시다스(Tulsidas)가 맡고 있다… 심지어 사다니(S'aadani)는 반얀(Banyan) 상인을 두고 있다. 활동적이

고 똑똑한 반얀인 람지(Ramji)는 바가모요(Bagamoyo)를 쥐락펴락하며, 키샨다스(Kishandas)는 킬와에서 관세는 거둔다. 이들 모두가 교역뿐만 아니라 거의 혈연으로 연결되어 있다는 사실은 굳이 말할 필요도 없을 것 같다.[96]

인도양에서 인도인의 해운업은 분명 위축되고 있었던 반면, 영국 주도의 세계평화를 의미하는 영국의 평화(British pax) 덕분에 인도인의 금융업은 성장했다. 물론 이 평화의 비용은 인도인 납세자들이 부담한 것이었다. 대체로 구자라트인이었던 인도인 금융업자들은 버튼도 지적한 바와 같이 인도양 서부 연안 전 지역에 있는 인도 상인들과 고리대금업자들에게—친족이거나 최소한 같은 공동체 구성원인— 돈을 대주었다. 1873년 바틀 프리어(Sir Bartle Frere)는 '인도인 중개인 없이는 단 한 건의 융자를 협의하거나, 대출을 성사시키거나, 어음을 현금으로 바꿀 수 없다'고 했다. 그리고

무역이 일어나는 곳이면 어디라도 무역은 인도인 상인의 손을 거쳐 이루어진다. 인도인 상인을 통하지 않고서는 유럽, 미국 혹은 인도 시장으로 나갈 상품을 얻을 수 없으며, 인도인 상인의 알선 없이는 어떤 수입 상품도 이 나라 현지인에게 유통될 수 없다… 멀리 있는 사람들에게 이러한 독점의 규모나 완전성을 충분히 전달하기는 어렵다.[97]

인도인들은 아덴 식민지에도 정착했다. 그곳에서 이들은 영국의 식민 행정요원으로 일했으며 소말리아와 에티오피아를 상대로 상업에도 종사했다. 아덴에 본부를 두고 잔지바르와 뭄바이에 지사를 두고 있었던 코와스지 디인쇼(Cowasji Dinshaw) 상사는 아덴과 동아프리카 간 증기선을 운행했다. 이 상사는 아덴에 조로아스터교 신전, 즉 배화신전 건설에 재정 지원을 했는데, 이 배화신전은 그 자체로 이 시기에 일어난 이문화 접촉을 보여주는 더할 나위없는 훌륭한 예이다. 사산 왕조의 정복 이래 남부 아라비아에 조로아스터교도가 존재하고 있었다는 증거는 없었지만, 영국의 영향 아래 그곳과 잔지바르에서 조로아스터교도가 새로 생겨났다. 팝스타 프레디 머큐리는 잔지바르 출신의 파르시로 인도에서 태어나고 교육받았으며 서양에서 명성과 재물을 얻은 전형적인 인물이다.

동남아시아의 중국인들도 이와 크게 다르지 않았다. 특히 말라야와 인도네시아에서 중국인들은 소매업 그리고 수출입 무역에서 상당히 중요한 역할을 했다. 말라야에서 주석 채굴업 그리고 인도네시아에서 고무 경작에 종사했던 이들은 주로 중국인들이었다.

다른 곳에서도 유럽이 모든 면을 다 장악하고 있지는 않았다. 모리셔스와 마다가스카르에서 식민 강대국들은 현지인에게서 농경에 관해 배워야 했다. 태국으로의 중국 정크 무역, 인도양 동부 연안 전역에서의 다우 교역, 인도양 전역을 다니는 행상인 교역 등 많은 지역 교역이 계속되었다. 1833년 방콕에 있던 얼은 다음과 같이 말했다. '우리가 방콕에서 본 쌍돛대 범선인 브리그(brig)의 주인은 코로만델 연안의 현지인이었다. 많은 켈링의 바다사람들은 상품을 가지고 멀리 내지에 있는 마을까지 들어가 팔고 다녔으며 설탕, 상아, 불그스름한 노랑인 자황 등과 교환했다. 때문에 배는 몇 달이나 강 위에 떠 있었다.'[98]

유럽인들이 인도양을 헤집고 다녔다고 해서 모두 다 현지인들보다 사정이 나았던 것도 물론 아니었다. 유럽인 선원들과 병사들도 많았으며 이들의 삶은 참으로 고단했다. 남대양에서 바다표범을 잡는 유럽인들은 자바나 인도의 극빈층보다 하나도 나을 바가 없는 삶을 살았다. 이들은 세인트폴 섬과 암스테르담 섬에 남겨져 바다표범을 죽이고 가죽을 벗기는 고된 노동을 견뎌야 했다. 몇 개월 혹은 몇 년에 한번 씩 이들과 바다표범 가죽을 실러 배가 돌아오곤 했다. 아프리카, 남극, 스리랑카, 오스트레일리아에서 1,500해리 정도 멀리 떨어져 고립되어 있는 이들 섬에서 짐승이나 조류, 어류 혹은 곤충의 알만 먹으며 연명해야 했다. 이들의 삶은 피땀으로 얼룩졌다. 1797년 기록에 의하면

> 바다표범은 연안과 넓은 만의 바위 위에서 따뜻한 볕을 쬐고 있는 동안 사람에게 잡힌다. 바다표범은 가죽밖에 돈 가치가 없기에 가죽이 벗겨진 바다표범의 사체는 그대로 방치된다. 수없이 여기저기 내동댕이쳐진 채 썩고 있는 바다표범 사체들 때문에 해변을 지나기가 매우 힘들다. 발을 옮길 때마다 구토를 유발하는 장면과 마주해야 했으며 이곳저곳 모든 곳에서 공기를 가득 채우고 있는 바다표범의 살 썩는 지독한 악취가 진동했다.

1820년 한 미국 배가 '전면에 빛이 들어올 수 있는 두어 개의 네모난 구멍을 남기고 일종의 관목으로 사방을 둘러쳐 하나도 보태지 않고 가축우리 같은 동굴'에 남겨졌던 두 사람을 발견했다. '바다표범 가죽 두 장으로 침상을 삼고 돼지우리 같이 지저분한 공간에는 이것저것 모든 것이 엉망으로 섞여 난장판이었다. 모두 것이 다 인간의 고통을 증거하고 있는 듯 했다.' 이 산업은 일찍이 이미 1810년경 바다표범을 전멸시킬 정도로 효율적이었다. 또한 화재에다가, 이내 안가는 데가 없이 돌아다니는 돼지, 사슴, 염소, 토끼와 같은 새로운 가축 종들이 들어오면서 원래의 동식물상은 희생물이 되었다. 예를 들어 돼지들은 바닷새 둥지를 뒤져서 그 알들과 어린 새를 잡아먹어 버렸다. 요컨대 한때는 '푸르렀던 섬들은 이제 갈색의 황량하고 모든 것을 다 빼앗긴 땅이 되었다.'[99]

미국과 유럽에서부터 멀리 바다로 항해했던 바다표범 사냥꾼과 고래 사냥꾼은 포획물을 팔기 위해 광저우로 갔다가 다시 고향으로 돌아가 벌어들인 이익으로 농장을 하나 사고 다시는 바다에 나오지 않기를 기원했다. 인도양을 항해했던 또 다른 이들은 누구였을까? 일반적으로 말해 이전 시기 해로를 이용했던 이들은 많지 않았다. 이용자는 대부분 연안지역에 사는 이들이었다. 이 장에서 다루는 시기 해로를 이용하는 이들은 더욱 많아졌다. 채무노동자처럼 어떤 이들은 인도 내지에서 왔으며 어떤 이들은 바다 건너 영국의 식민지, 즉 오스트레일리아, 뉴질랜드, 남아프리카에서 왔다. 순례자, 종교인, 병사, 채무노동자, 제국을 여행하다 고향으로 돌아가는 서양인, 그리고 노예도 인도양을 오고갔다. 먼저 노예를 살펴보자.

아프리카에서는 항상 노예무역이 성행했지만, 여기에서는 해로를 통해 이루어진 원거리 노예무역에 초점을 둘 것이다. 이 무역은 수 세기 동안 존재해왔다. 아프리카에서 중동까지의 구간에서 최대의 노예무역이 행해졌다. 초기에는 유럽인 중에서도 네덜란드인들이 주요 교역업자였다. 이들은 아프리카와 인도에서 상당히 많은 노예를 데려다 인도네시아의 가정과 농장에서 일하게 했으며, 마다가스카르에서 노예를 데려다 케이프에 팔았다. 포르투갈인들도 이 무역에 개입했지만 규모 면에서는 이에 비할 바가 되지 못했다. 그러다 유럽인들이 인도양의 섬들에다 농장을 세운 이래로 노예무역은 기하급수적으로 늘어났다. 믿을 만한 수치에 접근하기는 어렵지만 분명 수십만 명이 이 섬들에 보내졌으며, 이보다 더 많은 이들이 브라질과 쿠바로 보내졌다. 마스카렌 제도에 있던 프랑스인 농장주들은 처음에는 마다가스카르에서 노예를 들여왔으며, 다음에는 동아프리카 해안에서 데려왔다. 나중에는 세이셸 제도에서도 노예 노동이 사용되었다. 모리셔스와 세이셸 제도는 1814년 영국령이 되었으며, 노예무역은 영국이 이를 폐지한 1834년까지 계속되었다. 심지어 이후에도 광범위한 불법 노예 거래, 특히 프랑스의 부르봉 섬으로 보내는 노예무역이 성행했다. 이외에도 포르투갈령 모잠비크에서 브라질로, 그리고 잔지바르에서 중동과 북부 스와힐리 연안으로의 노예무역 흐름이 있었다. 여기에서 노예들의 처우는 사탕수수를 재배하는 유럽인의 농장들에서 보다는 훨씬 덜 억압적이었던 것으로 보인다. 파이퍼는 1857년 마다가스카르에서 이러한 차이에 대해 언급하면서, 유럽인의 소유가 되는 것보다 현지인의 소유가 되는 것이 훨씬 더 나았다고 주장했다.

> 반문명 국가들 중의 하나인 이곳에서 노예의 지위는 유럽인과 크레올인(Creoles)[인도양 지역에서 태어난 유럽인들]의 노예보다 훨씬 더 나았다. 노예는 해야 할 일이 거의 없으며 주인과 별반 다르지 않은 음식을 먹으며, 노예를 보호하는 법은 없지만 그렇다고 사적으로 처벌하는 경우도 거의 없다.[100]

노예가 모두 아프리카에서 온 것만은 아니었다. 1806년 모리셔스에서 노예의 10%는 인도 출신이었다. 노예가 모두 유럽인의 농장에서 일한 것도 아니었다. 많은 노예는 부두, 건설 현장에서 일했으며 걸프에서는 선원으로, 진주조개를 채취하는 잠수부로도 일했다.

영국이 노예제를 폐지하고 다른 곳에서도 인간을 교역하는 행위를 막는 조치를 취함에 따라 노예무역의 성격은 변했다. 반노예 정책에 대응하기 위해 프랑스인 농장주들은 노예를 재산이 아니라 채무 노동자로 가장했다. 노예무역이 완전히 근절되기까지는 만만치 않은 과정이 뒤따랐다. 한 영국인 장교는 동아프리카 연안에서 배를 지휘하며 지나가는 모든 배를 검사했던 설리반 선장에게 '계속 얼마 안 되는 노예를 실었다고 해서 배에 실력 행사를 한다면 내지로부터 필요한 물자를 다시는 조달하지 못할 것이다'라고 강변했다. 추적을 당한 다우는 해변에다 배를 대놓고 선원과 승객 모두가 내지로 도망쳐 버리기 일쑤였다. 영국이 노예무역을 막기 위해 마련한 순찰 체제의 공백으로 남아있었던 독립국 잔지바르가 특히나 문제였다. 잔지바르의 술탄이 노예 수출 금지를 납득했거나 이러한 요구를 수용한 시점은 1873년이 되어서였으며, 잔지바르 국내에서 노예제가 종결된 시점은 잔지바르가 영국의 보호령이 된 1897년 이후였다.

19세기 인도양 주변에 있던 식민지를 세 유형으로 분류해 보는 것도 도움이 될 것이다. 사람들은 각자 이들 세 유형의 식민지들 중 하나로 가기 위해 인도양을 건넜다. 첫째는 이주 백인이 현지 주민을 대체한 정착 식민지였다. 남아프리카와 오스트레일리아는 분명 이 유형에 속했다. 두 번째는 주로 수입된 인구로 구성된 농장 경영지들로, 모리셔스가 이 유형에 속했다. 마지막으로 유럽인이 현지인을 지배하면서 다수의 이주 인도인들과 중국인들을 끌어들여 통치한 혼합 식민지였다. 버마, 인도네시아, 스리랑카, 싱가포르 모두가 여기에 해당되었다.[101)]

노예제도가 폐지되자 새로운 형태의 노동력이 필요해졌다. 연기계약노동제도(indentured labour system)가 바로 그것이었다. 이는 가난한 사람들이 낮은 임금을 받고 계약 기간 동안 일해야 하는 제도인데, 계약 기간이 끝나면 다시 자유노동자가 되었다. 사실 이는 새로운 제도라고 할 수 없을지 모른다. 17세기 대서양을 가로질러 영국의 북미 식민지에서 운영된 적이 있었기 때문이다. 인도양에서 차이가 있었다면 규모였으며, 그리고 대다수 연기계약 노동자들이 인도인들이었다는 사실에 있다. 인도양에서 이 제도에는 계급 문제라기보다는 인종 문제가 개입되었다. 19세기와 20세기 초 세계적으로 사람들의 이동이 급격히 늘어났다. 이 중 상당 부분이 자유노동자의 북미로의 거대한 유입이라는 흐름을 타고 대서양에서 발생했다. 중국인 연기계약 노동자들은 동남아시아로, 그리고 인도인은 인도양의 섬, 남아프리카, 버마, 말라야, 그리고 멀리 피지, 구아나, 트리니다드로 움직였다.[102)]

인도양을 횡단한 연기계약 노동자 다수는 인도인들이었다. 남아프리카에서 노예제 폐지로 이를 대체할 노동력이 필요했으며, 지역민인 줄루인(Zulus)은 노동에 전혀 관심이 없었기 때문이었다. 1860~1868년, 1874~1911년 사이 약 176,000명의 인도인들이 수입되었다.[103] 당시 열대 지역 농장은 처음에는 설탕, 다음에는 커피, 차, 이후에는 고무 수출 붐을 타고 있었다. 모리셔스에서 1834년에 도입된 연기계약노동제도로 이 섬은 총 450,000명에 이르는 인도인 노동자들을 수용했다. 이 제도는 곧 인도양의 다른 곳으로 확대되었다. 1834년에서 1937년 사이 3,000만 명이 고향을 떠나 해외로 갔으며, 2,400만 명이 고향으로 돌아왔다. 이들 노동자는 인도에 머물며 일했을 때보다도 더 많은 돈을 벌었지만, 노동 환경은 때로는 잔혹하고 열악했으며 병에 걸려 일을 하지 못하면 임금을 받을 수 없었다. 그러나 몇 년간 버틸 수 있다면 적지 않은 돈을 고향의 가족들에게 보낼 수 있었다. 당시 아프리카 노동자는 멍청하고 게으르며 믿을 수 없어 거의 쓸모가 없으며 인도인이 낫다는 인식이 있었다. 인도인은 온순하고 근면하며 공손하다고 여겨졌다. 최소한 처음에는 그랬다. 인도인 노동자들이 자기주장을 하기 시작하자 이들에 대한 유럽인 농장주들의 스테레오타입은 변했다. 인도인들은 이제 탐욕스럽고 위약하고 지저분하기 때문에 인도인보다 중국인 노동자들이 더 낫다는 식으로 바뀌었다.[104]

연기계약노동제도를 노예제의 새로운 형태라고 부른다면 아마도 너무 비관적으로 말하는 것이 될 것이다. 농장에서의 상황은 매우 가혹할 수 있었던 것도 사실이지만, 다른 한편 숙련 노동자의 처우는 그다지 나쁘지 않았다. 항해 중 사망률에 주목해 보는 것도 전후 사정을 이해할 수 있는 하나의 방법이다. 인도에서 모리셔스로의 항해 중 인도인 사망률은 정착 식민지인 아메리카나 오스트레일리아로 향했던 백인 자유노동자의 사망률보다는 훨씬 더 높았지만 대서양을 횡단했던 노예들의 사망률보다는 훨씬 더 낮았다.[105] 이 수치가 보여주는 바에 더해 인도인 연기계약 노동자는 노예와는 달리 고향에 돌아올 수 있는 가능성이 훨씬 더 높았다. 버마의 경우를 보면 인도인 인구의 3분의 1이 매년 이 지역을 오고갔다. 약 450,000명의 인도인이 1834년과 1910년 사이 모리셔스에 왔으며, 그중 157,000명이 고향으로 돌아갔다.

인도양을 넘나든 인도인 군인들과 경찰 요원들도 다소간 강제된 이동의 범주에 넣을 수 있다. 이들은 영국 제국의 확장과 유지에 중요한 역할을 수행했다. 시크교도는 인도양 연안 대부분 지역에서 경찰 요원으로 이용되었다. 마찬가지로 구르카인• 용병은 홍콩에서 동아프리카에 이르는 지역들에서 경찰로 복무했다. 인도군은 인도 식민 예산의 50%에 이를 정도로 상당히 중요한 부분을 차지했다. 인도군은 영국군의 약 3분의 1의 급여를 받았으며, 1882년에는 이집트, 1885년에는 수단, 1900년에는 중국, 그리고 버마와 동아프리카로 여러 차례 차출되었다. 1차 세계대전에도 수많은 인도인 군인들이 동원되었다. 인도인 전투요원과 비전투요원은 동아프리카에서는 44,000명, 메소포타미아에서는 589,000명, 이집트에서는 116,000명 그리고 아덴과 걸프에서는 50,000명이 있었다.[106)]

이렇게 많은 이들이 대양을 건너 이동하면서 이와 더불어 전염병의 이동성도 커졌다. 그러나 대부분 인도양 지역에서의 전염병 문제는 처녀지인 아메리카와 태평양의 토착 인구를 절멸시키다시피 했으며 유럽인의 정복도 용이하게 만들었던 그런 문제와는 달랐다. 몇 섬들을 제외하고 인도양 대부분 지역은 유라시아 공통 전염병 풀에 속하기 때문에 일정한 면역성이 구축되어 있었다. 오히려 '인도양' 질병으로 더 위협을 느꼈던 쪽은 새로 도착한 유럽인들이었다. 그러나 이 지역에 새로운 전염병이 들어오지 않았다 해도 엄청나게 증가한 사람들의 이동으로 해항도시들에서 빈민가가 속출하고 빈곤화가 가속화됨에 따라 기존 전염병이 훨씬 더 큰 규모로 발발하곤 했다. 나병은 18세기 케이프에서 커다란 골칫거리였는데, 네덜란드인들이 데려간 말레이 하인들, 노예들과 함께 당도했던 것으로 보인다. 교통수단이 발전하면서 질병은 더 빠르게 확산될 수 있었다. 예전에는 콜레라, 천연두, 페스트와 같은 '집단'(crowd) 질병의 확산을 자연스럽게 제한하는 역할을 했던 광대한 대양이 이제는 더 이상 질병을 막는 장벽으로 기능하지 못했다. 새롭기도 하고 매우 치명적인 전염병인 콜레라가 19세기 동안 여러 차례 벵골에서 발생했다. 처음으로 엄청난 충격을 준 사건은 1817~1822년에 있었다. 콜레라는 순례, 군대 복무, 이주 노동을 위해 이동하는 사람들과 함께 더욱 멀리 확산되었다. 콜레

• 훌륭한 군인 자질을 지닌 것으로 알려진 네팔 민족.

라는 1821년 자바에 상륙했으며 125,000명을 희생시켰다. 인도양의 다른 끝에 있는 동아프리카에서는 1865년 특히나 더 치명적이었던 콜레라가 발발했다. 하즈로 인해 이 전염병은 급속히 퍼졌으며 메카에서의 사망률은 그야말로 소름끼칠 정도였다. 1865년 전체 90,000명 순례자들 가운데 15,000명이 죽었다. 1880년대에 우역(牛疫)•이 에티오피아로 들어왔다. 이는 아마도 인도에서 간 것으로 보이는데 에티오피아에 들어온 우역은 이후 10년 동안 동아프리카 연안을 따라 퍼지면서 파괴적인 영향을 미쳤다.[107]

이제 다시 인도양으로 나가서, 서양의 대형 증기선을 타고 인도양을 가로지르며 여행했던 이들의 실제 경험을 살펴볼 것이다. 서양인의 경험을 먼저 들여다보고 나중에 현지인의 지역 바다에서의 경험을 논의할 것이다. 인용할 만한 사례들은 너무 많으며 여기에서는 이들을 충분히 활용하고자 한다. 자칫 건조해지기 쉬운 내용에 깊이와 생기를 줄 수 있는 실제 해양 경험 사례들을 보여줄 것이며 이해할 수 없는 이야기나 바다 여행기로 도배하지는 않을 것이다.

1799년 콜카타에서 유럽으로의 여행기를 따라가면서 논의를 시작해 보자. 인용의 대상이 된 여행자는 콜카타에서 바지선에 올라 3일을 보내고 난 연후에 배에 승선했지만 실망감은 이루 말할 수 없었다.

> 선상에서 질서는 상상할 수 없을 정도로 문란했다. 선원들은 나태하고 경험도 없는 벵골 동인도인들(Bengal Lascars)이었고, 선실은 작고 어둡고 악취가 심했다. 내게 할당한 공간은 특히나 정도가 심해 생각만 해도 우울한 기억이 스멀거린다. 사실은 이러했다. 리차드슨 선장[그의 후원자]과 함께 마지막으로 승선했다. 좋은 자리는 모두 먼저 탑승한 승객들이 차지하고 있었다… 내 선실 한 쪽 옆에는 매우 정열적이고 섬세한 성격을 가진 신사 그랜드가 있었고 다른 쪽에는 아이가 세 명 있었는데 3살 난 여자 아이는 성미가 매우 까다로워 밤낮으로 울어댔다. 한마디로 이 배에 올라 내가 느낀 불편함과 괴로움으로 인해 이후 여행에서 맛보았을 수도 있는 즐거움까지 반감되었다.

• 바이러스에 의해 소나 그 비슷한 동물에게 발생하는 심한 전염병으로 고열과 소화기 점막의 염증 · 괴사, 심한 설사가 특징이다.

선장이 콜카타에서 시간을 허비하는 바람에 출항은 2주일이나 지연되었으며, 출항해서도 바다로 가는 길은 멀고 험했다. '바다로 나가는 길에 여러 차례 위기를 가까스로 모면했다. 배는 13.5피트 깊이의 물 위를 지나갔다. 그리고 6인치도 안 되는 물 밑에 놓인 여러 모래 언덕 위를 지나가야 했다. 조류가 빠져 나가고 있는 참이어서 만약 배가 모래 언덕에 걸리기라도 한다면 꼼짝달싹 못하게 될 지경에 처할 것이었다.' 콜카타를 떠난 후 한 달이 되어서야 배는 공해로 나갈 수 있었으나 물과 식량이 바닥나고 있었다. 배가 적도에 이르자 적도를 횡단해 본적이 없는 이들은 바다로 뛰어들어야 했다. 그러나 '내 차례가 되었지만 한 장교의 말 도움과 브랜디 몇 병을 선물로 주고 나서 이런 달갑지 않은 의식을 피할 수 있었다.'

기분이 좋지 않았던 이 여행자는 자신이 탄 배에 있었던 네 가지 문제를 지적했다.

> 첫째는 모든 배에 있을 것 같은 문제이다. 즉 맛있는 빵, 버터, 우유, 과일, 채소가 없다는 것. 이에 더해 심한 악취가 나는 물, 소금물로 양치해야 하는 점… 그리고 선미 전망대를 이용하는 데에 따르는 불편함과 그곳에서 젖거나 물에 빠질 위험이 있다는 점. 이에 더하여 긴장감과 불안감에의 끊임없는 노출, 한 장소 안에 갇힘, 그리고 배의 움직임으로 야기되는 멀미를 더해야 한다.
>
> 둘째 문제는 돈이 부족해서 생긴 일이다. 즉 작고 어두운 선실, 그리고 결과적으로 공기와 빛의 부족. 선원들의 등한시. 선실 부족의 결과 야기된 침상 부족. 그리고 자신의 편의만을 살피는 옆 선실 사람들의 전횡 내지는 무례함.
>
> 셋째 문제는 외국인들 내 입장에서 말한다면 비-유럽인들에게만 상관이 있는 문제이다. 즉 스스로 면도해야 하는 번거로움. 스스로 수염을 깎거나 손톱을 잘라야 하는 수고. 남의 눈에 띄지 않는 곳에서 목욕해야 하는 점. 나이프와 포크로만 먹어야 하는 불편함. 그리고 종교적 정화가 불가능하다는 점. 종교적으로 깨끗함을 유지할 수 없다는 점 때문에 너무나 불편했다. 선상에서는 관례적으로 아침 일찍 양동이로 물을 길어오는데, 어느 틈에 선원들이 그 물에 몸을 씻고 필요한 것도 모두 닦고 심지어 담가두기까지 했다. 물이 필요할 때면 내 구리 통으로 자주 물을 뜨러 가야했다. 그러나 날씨라도 좋지 않을 때면 수차례 시도가 허사로 돌아갔으며 결국 주둥이가 넓은 큰 물병 단지의 신세를 져야 했다. 그리하여 나는 종교적으로 정화하는 행위를 아예 그만 두어야 했으며 그 결과 내 종교의 다른 의무도 정상적으로 수

행할 수 없었다.

넷째 문제는 영국 배가 아닌 배에서만 일어나는 문제이다. 즉 거래를 하면서 내는 소란과 소동. 닻을 올리면서 주고받는 욕설. 배 바닥에 흥건하게 고여 있는 더러운 물. 그리고 선상에 있는 아무짝에도 쓸모없는 불필요한 모든 것들. 이에 더하여 지독한 악취를 내는 염장 물고기와 부패한 계란을 비롯해 항해 전에 준비했던 식품들. 좁은 갑판 위에 누워있는 이해 불가한 선원들의 습관. 눈 씻고 찾아보아도 볼 수 없는 선원들의 기율과 장교들의 과학적인 태도.[108)]

위에서 지적한 문제들은 모두 당시 배에서 일반적으로 볼 수 있는 현상이었지만 세 번째 불만은 이 여행자의 정체성과 많이 관련되어 있다. 덴마크의 배에 승선한 이 여행자는 사실 인도 무슬림이었다. 그러나 이 면을 제외하면 그가 한 관찰은 증기선 이전 시기 원거리 항해에 관한 다른 많은 여행기들의 내용과 크게 다르지 않다. 그는 음식에도 불만이 있었지만, 이는 주로 그가 저비용으로 여행했기 때문에 야기된 문제이기도 했다. 1811년 그레이엄 부인은 영국해군 프리깃함에 승선했으며, 그 함대 사령관은 식료품을 많이 실었다. '나는 선상에서 온갖 종류의 양, 젖 염소, 와인, 보존 식품, 피클, 과일, 야채, 다시 말해 원거리 항해에 안락과 편의를 더해 줄 수 있는 모든 것이 풍족하게 실려 있음을 보았다.'[109)] 그는 아주 즐거운 시간을 보냈다. '아침 식사 후 나는 언제나 3시간 동안 글을 쓰거나 독서를 했으며, 저녁 시간이 될 때까지 그림을 그리거나 자수를 놓았다. 저녁에 또 1~2시간 독서를 하고 저녁 산책을 했다. 때문에 날씨가 좋으면 지루할 새가 없었다.' 1930년대 말 오스트레일리아로 가고 있던 한 선실 승객은 다음과 같이 썼다. '이렇게 말하면 배안에서 우리가 먹고 마시기만 했다고 생각할 수 있지만, 우리는 8시 반에 방금 만든 음식으로 아침 식사를 하고 12시에는 고기, 바로 구운 빵, 차를 먹고, 3시 반에는 럼주에 물을 탄 그로그주를 마시고 비스켓을 먹었으며, 7시에 온갖 신선한 고기와 맛있는 음식을 먹었으며, 9시에 또 다시 그로그주와 비스켓을 먹었다.' 그래도 충분치 않다고 생각한다면 준비해 간 음식을 먹을 수 있었으며, 배가 항구에 기항할 때마다 신선한 먹거리를 구입할 수 있었다.[110)]

1845년 엠마 로버츠는 영국에서 동양으로 가는 여행자를 위한 필수적이고 실용적인 조언들로—무엇을 가져가야 하는지, 어떤 상황과 마주하게 되는지,

어떻게 행동해야 하는지— 가득 찬 책을 출판했다. 이 책은 증기선과 수에즈 운하 개통 이전 시기 선상에서의 생활을 아주 잘 표현하고 있다. 최고의 선실은 선미루 갑판에 있었는데 다음과 같이 매우 시끄러웠다.

> 닭장은 통상 선미루에 두는데, 우리 안에 갇힌 이 불행한 생물은 때로 아주 잠시 조용할 수 있지만 배가 움직일 때마다 닭장은 배 갑판에 부딪치고 닭은 시끄럽게 운다. 날씨가 나빠지거나 배가 움직이고 있는 동안 머리 위에서는 발자국 소리, 로프 끄는 소리, 물건 떨어지는 소리가 끊이지 않고, 닭, 오리, 거위 등의 꼬꼬댁 소리, 킥킥 소리, 삑삑거리는 소리가 커지면서 정말 참아내기 힘들게 된다…

그러나 이런 경험은 나중에 도움이 될 것이었다. '그러나 운명은 정해져 있다고 믿는 인도인을 놀라게 할 생각은 없지만, 선상에서의 이런 소음을 약간 즐길 수 있어야 한다. 이는 육지에서 견뎌내야 하는 무질서와 소음에 익숙해지는 준비 과정에 불과하기 때문이다.' 선실에는 긴 의자를 가져다 놓는 것이 좋은데, '배가 흔들리면 누워있는 자세가 제일 편하기 때문이다.' 물을 정수하는 장치가 필요한데 이는 '통(casks)에서 분배된 물은 아주 자주 상태가 나쁘기 때문에 감정이 온통 불쾌해지는 것을 막고, 세정하는 데에도 괜찮고 건강에도 좋은 물을 어느 정도 확보해야 하기 때문이다.' 선원에게서 서비스를 잘 받으려면 브랜디를 가져가라고 조언했다. '일반적으로 귀향 선상에서 보다 출항하는 선상에서 더욱 흥겨운 분위기가 연출된다. 처음 인도를 방문하는 승객들은 설레는 마음으로 청춘을 즐기며 어떤 이들은 연극이나 콘서트를 조직해 항해 과정의 무료함을 떨치며 즐기려고 한다.' 그는 바람직한 옷차림에 대해서도 길게 언급하고 있다.[111)]

프레데릭 트렌치는 유럽으로 가는 프랑스인 소유의 작은 배를 타고 첸나이를 떠났다. 항해는 견딜 만은 했지만 그다지 재미있지는 않았다.

> 바다에서 통상 그렇듯이 시간이 매우 지루하게 흘렀다. 날이 새면 독서하고 잡담하고 산책하고 나서 아침을 먹고, 점심시간을 알리는 종소리에 고물의 갑판에 있는 식당 겸 사교실로 내려가서 다음과 같이 원기를 북돋우는

음식 앞에 앉는다—오믈렛, 해시•나 양갈비 고기, 썰어 석쇠에 구운 감자 한 접시, 치즈, 3~4병의 클라레••, 그리고 아침 식사 후에 영국에 경의를 표하고 나면 우유 없이 약한 차 한 잔이 나온다. 그러나 이상하게도 얼마 되지 않아 배의 이런 음식들에 익숙해졌으며 보통은 배부르게 먹었다. 4시에 저녁을 먹고 나서는 쓰고, 읽고, 담배피고, 잡담하고, 걷고, 같이 승선한 이들의 말을 듣고 배웠다. 어제는 알락돌고래가 거대한 떼를 이루며 우리 배 주변에서 노는 것을 볼 수 있었다. 바다와 하늘만 보는 단조로움을 줄여주고 대화꺼리를 만들어 줄 수 있는 것이 있다면 무엇이든 대환영이었다.[112)]

음식은 원거리 항해에서 항상 중요한 관심거리였다. 페이 부인에게 모카에서 캘리컷으로의 항해는 불쾌한 경험이었다. 그는 같은 탄 승객들 누구도 마음에 들지 않았다. 한번은 배가 모카로 되돌아가야 할 것인가를 놓고 언쟁하다 선장과 한 승객이 결투를 할 뻔한 일이 있었다. 식량은 이내 바닥을 드러냈으며, 음식이 보이면 바로 잡아채야 한다는 사실도 알게 되었다. 그는 줄곧 선실에 머물면서 남편의 셔츠 만드는 일에 몰두했다. '이런 상황에서 마음의 평정을 잃게 만들었던 모든 일에도 불구하고 나에게 온화함을 그리고 즐거이 몰입할 수 있는 능력을 주신 하나님께 얼마나 자주 감사를 드렸는지 모른다.'

너무 맘껏 포식한 나머지 먹을 것이 일찍 떨어진 경우도 있었다. 1786년 페이는 다음과 같이 썼다. '처음에 테이블은 풍성하게 차려졌다. 우리 선장이 좋아하는 금언이 '하나로 족한 것으로 결코 둘을 만들지 말라'였다. 그 결과 모든 이들이 어떤 일이 벌어질지 예견했지만 그는 어떤 충고에도 귀 기울이지 않았다.' 그는 배가 식량을 조달할 수 있는 세인트헬레나 섬에 가까워지고 있다고 큰소리쳤지만, 얼마 후 배는 아직도 아프리카 동부 해안에 있음이 밝혀졌다.

물과 식량 상황을 살펴보고 착오가 있었음을 발견한 후에 우리는 하루에 물 1쿼트•••씩을 할당받아 사용해야 했다. 그리고 이곳에 도착하기 전 거의

• 고기와 감자를 잘게 다져 섞어 요리해 따뜻하게 차려 낸 음식이다.
•• 프랑스 보르도 지방(Bordeaux)의 레드 와인을 영국과 미국에서 지칭하는 말이다. 프랑스어로는 Clairet(끌레레)이라고 한다.
••• 약 1.14리터, 미국에서는 0.94리터이다.

한 달 동안 내내 소금에 절인 음식만을 먹어야 했다. 심지어 아이와 병자도 이 보다 나은 음식을 먹을 수 없었다.

여성에게 이 배에서의 식사는 또 다른 문제가 있었다. 그의 여행길 벗이었던 토팅엄 부인은

> 처음에는 선실 겸 요리실인 커디에서 식사를 했다. 그러나 신사들은 일반적으로 술을 너무 좋아해 우리에게는 최소한의 신경도 쓰지 않았다. 차를 마신 후, 이들이 매일 저녁에 하는 카드놀이에도 초대받은 적이 없다. 루이스 선장은 상당히 상스러운 표현을 써가며 끔찍할 정도로 심한 욕설을 해댔다. 게다가 너무나 무례하고 시끄럽게 떠들었기 때문에 토팅엄 부인은 아예 식당으로 나오지 않았으며 마지막 3주간은 선실에서만 머물렀다. 남편인 대령이 그가 필요한 것을 선실로 가져다주었다. 나에게는 이렇게 해줄 사람이 아무도 없었다. 나는 그들 사이에서 함께 지낼 수밖에 없었다. 그렇지 않았다면 굶주림을 감수해야 했다.

1815년 귀항 항해에서 페이 부인도 선실에 틀어박혀 있어야 했다. 그가 6명의 젊은 숙녀들을 인도로 데려가고 있었기 때문이었다. 그와 일행은 '항해 기간 내내 다섯 번 정도만 갑판에 나왔다. 이는 경솔한 애착 관계와 같은 불미스러운 일이 발생기지 않도록 하기 위해 선장과 내가 사전에 한 약속 때문이었다. 우리가 바라던 대로 계획이 성공했다고 말할 수 있어서 기쁘다.'[113]

배를 타고 이주 길에 올랐던 보통 사람들이 먹었던 음식은 엘리트층이 먹었던 것들과는 많이 달랐다. 랜슬롯 얼은 1882년 오스트레일리아로 자원 이민을 간 사람이었다. 그는 런던을 출발해 67일째 되는 날 알락돌고래 고기를 먹었다. '소금에 절이거나 보존 처리된 고기 즉 선원이 쓰는 말로 하면 염장쓰레기(salt junk)지만 이보다는 염장가죽(salt leather)이라고 부르는 것이 더 적당한 이 염장고기만을 먹은 지 3개월이나 되었기에 알락돌고래 고기는 너무나 반가웠으며, 신선한 것이라면 무엇이든지 우리에게는 매우 특별한 식사가 되었다.' 3일이 지나자 '감자 한 톨도 남아 있지 않아서, 톱밥 비슷하니 맛이 정말 없는 소위 보존 처리된 감자에 만족해야 했으나, 선원용 건방이 많이 남아

있어서 굶어 죽을 염려는 없었다.'[114] 오스트레일리아로 가는 죄수들과 자원 이민자들은 수개월 동안 기본적으로 빵과 물, 약간의 염장소고기, 그리고 이따금 치즈, 설탕, 차, 돼지고기를 먹었다.

원거리 항해는 지루하고 따분할 수 있었다. 패니 파크스는 선상에는 멋지고 용맹스러운 장교들이 많았기에 인도로의 항해가 즐거웠으며 이들과 이야기하며 즐겁게 시간을 보냈다. 그러나 1822년 귀향 항해는 매우 지루하고 따분했다.

> 지금까지 보면 이 항해가 가장 재미없는 항해이다. 아무 것도 보이지 않는다. 알바트로스 새 한 마리, 비둘기바다제비 몇 마리가 이따금씩 나타나곤 한다. 일전에 멀리서 물을 품어내는 향유고래 한 마리를 보았다. 끝없이 넓은 바다 외에는 아무것도 없다. 심지어 석양과 해돋이도 이젠 특별해 보이지 않는다…[115]

또한 랜슬롯 얼은 1882년에

> 로프로 만든 고리를 분필로 그린 원 안에 넣는 고리던지기 놀이 같은 게임을 하면서 시간을 보냈지만 배에서는 특히 해야 할 일이 없었기에 시간이 매우 무겁게 우리를 짓눌렀다. 우리는 배의 삭구와 로프 주위로 서로를 찾아다니며 손으로 치는 터치 놀이를 하면서 재미를 찾기도 있다. 기혼자와 미혼자가 편을 나누어 한 줄다리기 시합은 상당히 재미있었다. 기합을 넣으며 기혼자 편이 우리를 배의 여기저기로 끌고 다녔기 때문이다. 선원들이 우리에게 해보라고 알려준 게임들도 상당히 많았다.[116]

일기가 좋은 날에는 사람들이 춤을 추고 연극을 상연하고 인도 도착에 대비해 언어를 배우고 시간을 잘 보낼 수 있는 다른 방법을 찾아내곤 했다.

범선의 시기에 날씨는 모든 것을 좌지우지했다. 곧 폭풍에 관한 경험도 소개하겠지만, 열대지방에서 바람이 완전히 멈추어 잠잠해져도 유쾌하지 만은 않았다. 1822년 10월 패니 파크스가 탄 배는 제자리걸음을 하고 있었다.

> 열이 아주 강렬했다. 태양이 수직으로 내리쬐면서 머리가 띵할 정도로 광선을 퍼부었다. 가장 시원한 선실 그늘에 있는 온도계도 86°를 가르쳤다. 바

람 한 줄기 없었다… 돛이 돛대에 부딪쳐 퍼덕거렸으며, 우리는 24시간 동안 17노트만을 진전했을 뿐이다! 11일이 흐르는 동안, 우리는 샤워실에서 살다시피 했으며 건강은 영국을 떠날 때 보다 더 좋아졌다. 페르시아어를 공부하던 남편은 나에게 힌두어를 가르쳐 주기 시작했는데, 이는 나를 훨씬 더 즐겁게 해주었다. 열기에도 불구하고 선상에는 생기가 있었다. 밴드[선상에 있던 군악대]가 즐거이 연주를 했으며, 같이 탄 승객들은 상냥했으며, 평화로운 저녁을 맞이해 랜턴으로 불을 밝히고 깃발들로 장식한 선상에서 카드리유•와 왈츠를 추었다.[117]

폭풍은 참으로 무서운 사건이었다. 우리는 심각한 폭풍, 특히 케이프 아래 남쪽 해역에서 일어난 폭풍으로 생긴 모골이 송연해지는 경험담을 알고 있다. 여기에서는 1880년대 조그만 범선 헬레나 메나호(*Helena Mena*)를 타고 오스트레일리아로 이민가고 있었던 리차드 와이트의 경험을 보겠다. 남대양에서 악천후로,

바람이 한쪽으로 들이치면서 방벽 역할을 하던 2단 난간 판자가 바다와 수평이 되었으며, 마치 배의 측면을 물속에 때려 박기라도 하는 것처럼 파도가 배 측면을 치면서 쿵쿵, 탁탁하는 둔탁하고 무시한 소리를 냈으며, 배는 파도를 맞을 때마다 나뭇잎처럼 흔들렸다. 이렇게 배가 폭풍을 맞고 있을 때에 어쩌다 갑판에 나가게 된다면 폭풍을 맞고 있는 측면으로 쓸려가 바로 물에 빠져 죽을 것 같지만, 실제 배에서는 이런 일은 일어나지 않았다…

얼마 후에, 격렬한 강풍에 불어와

선원들은 돛을 걷어 올리느라 쉴 새 없이 분주히 움직였다. 물은 메인 스테이 세일 높이까지 올라왔으며, 파도는 산더미처럼 높게 일며 2단 난간 판자의 끝자락을 넘어왔으며 매 순간 배가 넘어 갈 것처럼 보였다. 나는 힘겹게 아래로 기어 들어가 어렵사리 침대로 갔다. 12시에서 3시 사이에 강풍은 최고도에 달해 배는 정말 놀라울 정도로 내던져지고, 구르고, 거꾸러지는 듯했다. 모든 것이 기상천외할 정도로 혼란스럽게 배의 한 쪽에서 다른 한 쪽으로 굴러 다녔다.[118]

• 4쌍 이상의 사람들이 네모꼴을 이루며 추는 춤으로 18~19세기 유행했던 프랑스의 사교댄스이다.

증기선과 수에즈 운하는 특히 정기성과 예견성으로 인해 해운에 비약적인 변화를 가져왔다. 항해에 며칠이 걸릴 것인지 그리고 심지어 몇 시에 도착할 것인지를 보장할 수 있었다. 항해에 따르기 마련인 지루하고 위험한 몇 가지 측면들이 사라졌다. 인간관계 또한 변했다. 수개월 동선자로 지내는 것과 몇 주 동선자로 지내는 것에는 많은 차이가 있었기 때문이다. 증기선의 시대는 영국 제국의 절정기와 동시에 찾아왔다. P&O야말로 특히나 이 사실을 전형적으로 보여주고 대변하는 동시에 이 사실을 만들어내는 데에도 일조했다. 19세기 후반 기술의 경이라고 할 수 있는 위풍당당한 대형 여객선들은 모든 이의 눈에 보이는 영국 제국 지배의 상징이었다. 영국인은 영국이 준설한 수로를 통해 영국 식민지의 항구에 있는 영국인이 건설한 정박지로 편안하게 항해하면서 때로는 눈에 보이게 때로는 은유적으로 항로에 있던 수없이 많은 지역들의 배들을 옆으로 밀쳐냈다.

19세기 후반 수에즈 운하의 개통으로 이전과는 많이 것이 달라졌다. 이제 알렉산드리아에서 다른 배로 갈아타거나 육로로 수에즈까지 가서 또 다른 배를 타고 홍해를 항해해 내려 올 필요가 없었다. 1838년 런던에서 인도로 갔던 엠마 로버츠의 여행 일정은 증기선을 이용해서도 길고 고된 여정이었다. 작은 증기선으로 런던에서 마르세유까지 가는 데에 14일이 걸렸다. 그리고서 그는 증기선을 타고 레그혼•, 몰타 그리고 알렉산드리아로 갔으며, 그 다음 작은 배를 타고 카이로에 도착했다. 다음 여행 일정은 육로로 3박 2일에 걸쳐 수에즈로 갔다. 증기선을 타고 수에즈에서 모카 그러고서 뭄바이까지는 16일 반나절이 걸렸다. 다 합해 그의 여행에는 61일이 걸렸다.

수에즈 운하가 개통되자 항해는 더욱 정기적으로 이루어졌으며 속도도 매우 빨라졌다. P&O 여객선은 언제나 가장 호사스럽기도 정평이 나있었다. 호사스럽다는 의미를 가진 영어 단어 POSH는 다들 선호하는 배의 그늘진 쪽을 의미하는 Port Out Starboard Home의 머리글자를 따서 만들어졌다는—언어학적 타당성은 없지만— 흥미로운 이야기가 있다. P&O 배는 우편물과 여객을 실어 날랐다. P&O 배에는 개를 태울 수 없었다. 레오나드 울프는 1904년

• 이탈리아 서해안, 리구리아 해에 면한 항구 도시 리보르노의 영어 명이다.

P&O 여객선 시리아호(*Syria*)를 타고 콜롬보를 출항할 때 그의 개를 제한이 덜 심한 다른 배에 태워 보내야 했다. 마크 트웨인은 1896년 실론에서 모리셔스로 가는 배의 일등실에 타고 항해했던 유쾌한 경험을 다음과 같이 기록했다.

> 열대 바다 위의 모습들. 아침 5시에 이들은 파이프로 물을 끌어 올려 갑판을 씻어 내리며, 방금 잠에서 깬 숙녀가 그곳에 나타나자마자 침상을 들고 아래쪽 선실로 내려간다. 그리고서 하나 둘 몸을 씻고 파자마를 걸친 남자들이 나와 다리와 발을 드러낸 채 1~2시간 정도 갑판 위를 걷는다. 커피와 과일이 서비스된다. 그제서야 나타난 고양이와 새끼 고양이들이 이리저리 돌아다닌다. 다음으로 이발사가 나와서 산들바람이 부는 갑판에서 우리의 수염과 머리를 정리해준다. 9시 반 아침을 먹으며 하루가 시작된다. 사람들은 눈처럼 하얀 린넨 옷을 입고 갑판 여기저기로 모여들어 독서하고, 담배피고, 바느질하고, 카드놀이 하고, 이야기하고, 낮잠을 자고 등등 한다… 마음대로 할 수만 있다면 나는 결코 [항구로] 들어가지 않을 것이다.[119)]

영국 제국의 위용은 심지어 영국 배에 승선하고 있지 않을 때조차도 정말이지 매우 확연하게 드러났다. 이사벨 버튼과 트레에스테• 영사인 남편 리차드는 이탈리아 배에 타고 항해했지만, 여러 차례 영국 제국을 위한 의식이 행해졌다. 이들은 1876년 5월 홍해에서 한 등대를 지났으며,

> 그들은 기를 조금 내렸다가 올리면서 경례를 했다. 선장은 여왕의 생일을 축하하기 위해 영국 상선기(red Union Jack)를 달고 우리에게 경의를 표했다. 로이즈(Lloyd's)는 이 행사를 기해 우리에게 특급 식사를 준비했으며, 클라레컵(claret-cup)••을 칵테일 했으며, 우리는 마지막에 여왕의 건강을 위해 '여왕에게 신의 가호가 있기를!' 열렬하게 '삼창을 세 번' 되풀이했다. 그런 다음에 프란츠 요제프 2세와 여제, 선장과 장교들의 건강[을 위한 건배가] 이어졌다. 나이 많은 선장은 이들 이례적인 장면에 상당히 감명을 받았다. 우리가 낡은 이탈리아 배에 영국식 환호성이 울려 퍼지게 했기 때문이다. 그는 샴페인을 주문했으며 매우 아름다운 연설로 우리 여왕과 우리를 위해 건배

• 이탈리아 동북부의 트리에스테 만에 면한 항구 도시이다.

•• 적포도주에 브랜디, 탄산수, 레몬, 설탕을 섞어 차게 한 음료이다.

했다. 뒤를 이어 갑판에서 우리는 '신이여 왕을 구하소서'를 노래했으며, 그리고서 오스트리아 국가를 불렀다.[120]

참으로 항해하면서 지나는 길이 너무나 영국적이어서 누군가에게는 약간 아쉽기도 했다. 나중에 런던에서 고위 관리가 되었던 하딩은 1913년 장려한 12,400톤급 증기선인 메디나호(*Medina*)를 타고 식민지 여행을 떠났다. 그는 당시 도미니언 왕립위원회(Dominions Royal Commission)의 총무였다. 확실히 몇 가지 진귀한 풍경이 눈에 띄었다. 포트사이드는 '2급 프랑스 해변 피서지 지구였으며… 14급 이스턴 타운(Eastern town)이었다. 가장 흥미로웠던 볼거리는 절반은 잠옷 같은 것에서 이미 익숙하게 보아왔던 것에 이르기까지 여러 다양한 옷들을 입고 있는 아이들, 그리고 아침 우유를 제공하기 위해 데리고 돌아다니는 염소들이었다. 사람들은 집 앞으로 데려온 염소의 젖을 짜서 병에 담았다.' 소집명령을 받으면 동인도인 선원들은 한쪽으로 백인 선원들은 다른 쪽으로 정렬했으며, '여러 가지 색의 장식 띠를 두르고 회사의 유니폼을 입은 이들의 모습은 매우 호기심을 자아냈다.' 그러나 대부분은 아주 익숙한 모습이었다. 아덴에 도착한 그는 여행이 정말 보람 있었다고 말한다.

만약 이 루트가 가지고 있는 놀라운 '영국다움'(Britishness)을 인식한다면 말이다. 3~4일은 편안한 마음으로 항해한다. 그리고서 모든 것이 약간 단조롭게 여겨질 무렵 상당히 영국적인 모습을 한 항구의 광경(실제 건물과 사람 모두)[그가 말하는 사람에 '영국인'(British)이 포함되는지는 알기 어렵다] 코닥 필름, 위스키, 우편 그림엽서 그리고 다른 영국적인 눈요깃거리들이 있는 항구를 보며 편안함과 즐거움을 되찾는다. 이 도시는 '제국의 피커딜리'(the Imperial Piccadilly)로 불려야 한다고 생각한다.[121]

일등석 승객은 아주 멋진 여행을 했다. 이사벨 버튼에 따르면 오스트리아 배에 타고 있던 그의 영국인 동승자들은 '엄청나게 큰 소고기와 양고기 덩어리를 하루에 네 번 씩이나 먹었다. 거의 아덴에 이르렀을 무렵 이들은 메뚜기 떼처럼 모든 음식을 먹어 치웠으며 저장고의 술을 다 비워버렸다.' 멜버른의

한 엘리트 가문 출신으로 뛰어난 연줄을 가진 루비 매든(Ruby Madden)은 영국 제국의 절정기에 인도양을 항해했던 전형적인 여행자였을 것이다. 그가 탄 배가 1902년 콜롬보로 가기 위해 프리맨틀을 출항하자마자, '나는 언제나 침대에서 아침을 먹고 그러고서 여유를 즐기며 옷을 입는다. 이렇게 하면 시간이 너무 길거나 따분하게 느껴지지 않는다.' 루비는 매일 다른 옷으로 갈아입었으며, 세탁 시설이 충분하지 않았기에 입었던 속옷은 현창 밖으로 던져버렸다. 주말 시골 별장에 있는 것처럼 노래하고 어울리며 시간을 보냈다. 그가 남긴 기록은 대부분 자신이 입었던 옷에 관한 것이며, 이에 대해 남자들이 그에게 보내는 관심과 반응이었다. 그는 콜롬보에서 배를 갈아탔으며, 짐이 옮겨지는 사이에 갈레 페이스 호텔에서 쉬었다. 뭄바이에 도착해 그가 만난 고위 관리는 여행이 한층 더 편안하도록 도움을 주었다. '그가 모든 일을 잘 돌봐드리라는 말을 남겼고, 짐을 숙소까지 가져다주기 위해 기다리고 있던 그의 하인에게 모든 일을 잘 처리하라고 맡겼기 때문에 세관과 관련해서 내가 신경 쓸 일은 아무것도 없었으며, 우리는 고무로 된 바퀴에다 하인과 마부가 시중드는 사랑스러운 빅토리아•를 타고 출발했다. 녹색과 금색 제복에 넓은 벨트와 터번을 두른 하인과 마부도 아주 멋져 보였다.'[122]

그러나 호화로운 일등석 여행이라도 우여곡절은 있었다. 인도를 지배하고 있던 이들 간의 엄격한 계층 구분과 분리 현상은 배가 출항하자마자 바로 드러나기 시작했다. 군인들, 인도 공무원들, 농장주들은 서로 어울리지 않고 줄곧 따로 떨어져 지냈다. 배가 인도에 가까워지면 펀잡 클럽(Punjab Club) 회원은 하얀 자켓에 검은 바지를 입으며, 콜카타 클럽 회원은 검은 자켓에 흰 바지를 입었다. 이러한 상호 분리의 정도는 한 총독의 딸에 관한 이야기(아마도 사실이 아닐 듯한)에 잘 요약되어 있다. 그는 일등석에 같이 탄 동행자들이 매우 고루하다고 생각했으며, 잘생긴 이등석 승무원과 하룻밤을 보냈다. 다음 날 아침 그 승무원이 그에게 다가갔지만 그는 아주 냉랑한 태도로 '내가 속한 사회에서는 여자와 잤다고 해서 그를 안다고 여기지는 않는다'라고 말했다.[123]

• 말 한 필 또는 두 필이 끄는 2인승 4륜 마차의 일종이다.

유치하고 잘난체하는 속물에 관한 이야기는 아주 많다. 1866년 설리반 선장은 반노예 활동에 종사할 영국해군 함정을 지휘하러 가는 길에 한 여객선을 타고 홍해 하류로 내려가고 있었다. 일부 승객은 마르세유를 거쳐 수에즈에 온 이들이고 일부는 알렉산드리아를 거쳐 사우샘프턴에서 온 이들이었는데, 이 두 그룹은 서로 어울리지 않았다.

> 사우샘프턴을 거쳐 온 승객들과 마르세유를 거쳐 온 승객들은 각기 상대방 사람들을 욕하고 비평하면서 자기들끼리는 친해졌다. 마르세유를 거쳐 온 이들은 체스 등을 함께 두면서 사우샘프턴을 거쳐 온 이들이 하고 싶어 하지만 하지 않는 무언가를 다 알고 있는 것처럼 이야기했다… 마르세유에서 온 이들이 같은 배에 타기 전에는 함께 웃거나 이야기해본 적이 없는 사우샘프턴에서 증기선으로 온 승객들은 왁자지껄 함께 웃고 떠들썩하게 이야기했다. 후자는 갑판에서 크로케•를 했으며, 전자는 갑판 아래에서 주사위 게임을 했다.[124)]

다소 지나치게 점잔을 빼는 경향이 있지만 직관력이 있었던 24살의 실론 공무원이었던 레오나드 울프(Leonard Woolf)도 동료 승객들 사이에서 일어난 변화를 알아차렸다. 처음에는 '의혹과 신중함이 교차한 탓에 분위기는 다소 무겁고 어색했다. 서로 모르는 수많은 영국인 남녀들이 당분간 열차, 배, 호텔에서 함께 생활해야 함을 알게 되면서 어김없이 생기는 현상이기도 했다.' 3주간의 항해가 계속되면서 이들은 '복잡한 카스트와 계급 체제를 가진 복합 공동체(complex community)'로 진화했다. 처음의 의혹과 신중함은 곧 사라지고 가까운 친구, 은밀한 관계, 사건, 사랑과 증오로 대체되었다. 계급이 매우 준엄하게 그 모습을 드러냈으며, 공무원, 군 장교, 농장주, 상인은 철저하게 분리되었다.[125)]

• 잔디 구장 위에서 나무망치로 나무 공을 치며 하는 구기 종목으로, 15세기경부터 프랑스에서 보급되기 시작하여 17세기에 영국에 전해진 경기이다. 오늘날은 경기로서는 거의 사라지고 레크리에이션 게임으로 보급되고 있는데, 미국에서는 로크(roque)라는 이름으로, 일본에서는 게이트볼(gate ball)이라는 이름으로 변형, 성행되고 있다.

〈그림 7〉 요트 선빔호. 아티스트 와일리(William Lionel Wyllie). ⓒ 국립해양박물관, 런던.

육지 사회에 기반을 둔 이러한 계급 혹은 계층 간 분리 내지는 차별은 유람선 여행에서도 두드러지게 모습을 드러냈다. 두 개의 엔진과 80톤의 석탄을 실을 수 있는 벙커에다가 3개의 돛대를 가진 수크너인 선빔호(*Sunbeam*)은 여가를 위해 출항한 최초의 유람선들 중의 하나였다. 선빔호의 유람 항해에 대해서는 상세한 내용이 알려져 있다. 선빔호는 길이 157피트, 무게 531톤이었다. 1876~1877년 이 유람선의 첫 항해에 승선했던 이들은 토마스 브레시 하원의원, 브레시 부인, 이들의 1남3녀 자녀들, 빙엄, 헐버트 프리어, 제임스 브라운 사령관, 영국 해군(RN), 스카이어 선장, 렉키, 영국해군예비군(RNR), 의사 헨리 포터 등이었다. 항해장, 선원의 식사를 준비하는 선실 요리사를 포함해 선원들은 23명이었다. 요리사, 요리사 조수, 간호사, 귀부인 시중 전담자, 여자 승무원이 승객의 편의를 돌보았다.[126] 토마스 브레시는 19세기 말 20세기 초 영국에서 잘 알려진 유명인사였다. 1836년에 태어난 그는 1868년부터 1885년까지 하원의원을 지냈으며, 1886년에는 남작, 1911년에는 백작의 작위를 받았다. 그는 여러 가지 직업을 가졌으며 여러 위원회에서 활동하고 있었지만, 선빔호를 타고 40만 마일이 넘는 거리를 여행할 시간을—1년 남짓한 기간을 떠나있어야 하는— 냈다. 그의 아내는 1876~1877년의 항해에서 있었던 흥미로운 경험을 책으로 펴냈다. 그의 남편은 '이렇듯 단순한 내용 속에서 직업적인 작가의 능숙한 기량을 기대하는 이들은 없을 것으로 생각한다'라는 문장을 서문에 남겼다.[127] 그러나 이 책은 잘 팔렸으며 프랑스어로도 번역되었다.

이 책은 영국 제국이 전성기를 구가하고 있던 시기 한 엘리트가 경험한 유람선 여행이 어떠했는지는 대해 아주 인상적으로 보여준다. 풍성한 식사와 좋은 와인이 매일 밤 제공되었다. 신선한 고기를 공급하기 위해 살아있는 가축을 선상에 실었으며 필요할 때마다 잡았다. 발파라이소에서 양 6마리, 닭 60마리, 오리 30마리, 비둘기 48마리를 실었다. 승객들은 매주 일요일 선상에서 예배를 보았으며, 브레시가 설교했다. 이들은 어떤 항구라도 마음에 들면 그곳에 오래 머물렀으며 느긋하고 여유롭게 항해를 즐겼다. 배에서 내리면 거의 매번 그곳 총독을 방문했는데, 총독들은 통상 아는 사이이거나 오래 전 토마스즈(Thomas's) 사립학교나 대학의 동창들이었다. 이들이 콜롬보에 있었을 때를 묘사한 문장에서 당시 이들의 의식과 분위기를 조금이나마 느낄 수 있다. '실론에는 독사가 엄청나게 많지만 사람을 아주 빨리 피해 달아나며 유럽인을 무는 경우는 없다.' 갈레에서 이들은 3명의 화부들을 고용했는데, '두 명은 봄베이에서 왔고 한 명은 모잠비크 출신의 전형적인 껌둥이로' 엔진실의 열을 아주 잘 견뎠다. '도롱뇽들이 유순해서 정말 다행이었다.' 이들은 육지에 있었을 때와 같이 바다에서도 일상생활을 계속했다. '우리는 주일을 지키기 위해 조금 더 신경 써서 옷을 입고 신사들로 말하자면 조금 더 정성스럽게 면도했다.' 알렉산드리아에서 이들은 오랜 친구인 리처드 버턴을 만났으며, 몰타에서는 에든버러 공작의 접대를 받았다. 이들이 포르투갈의 카스카이스에 닻을 내렸을 때 다른 배를 타고 온 3명의 숙녀들이 먼저 도착해 있음을 알게 되었다. 이런 상황은 브레시 부인에게 고민거리를 안겨주었다. '이 만에 먼저 닻을 내린 그들이 우리를 방문해야 하는지, 아니면 아마도 더 나은 여행자들이고 바다에서 더 오래 있었던 우리가 그들을 먼저 방문해야 하는지'가 딜레마였다.[128] 고민의 저변을 보면 배를 타고 여행하면서 겪은 해양에서의 경험을 중시하고 있음을 알 수 있다. 이와 동시에 브레시 부부는 육지 사회에서의 사고방식과 지위에 대한 인식을 그대로 간직하고 있음도 볼 수 있다. 이 경우 육로로 유럽을 여행하는 것과 배를 타고 여행하는 것 사이에는 아무런 차이가 없다.

일등석이나 이등석에 타지 못한 여객선 승객들의 선상 생활은 위와는 판이하게 달랐다. 인도로 나가는 군인들과 후에는 1차 세계대전에 복무하기 위해 식민지에서 오는 군인들은 아주 지저분하고 혼잡한 배를 타고 여행했다. 물론 장교들은 선실, 라운지, 흡연실, 도서실, 좋은 음식으로 가득찬 배의 4분의 3에 이르는 공간을 차지했다. 1914년 유럽의 전쟁터로 가기 위해 기마부대원과 함께 항해하고 있었던 윌프레드 피어스는 다음과 같이 불평했다. '훔쳐가는 일이 많았다… 해먹, 수건, 비누가 너무 자주 없어졌다. 나도 오버코트를 몇 번이나 잃어버렸다.' 기병은 자신의 말을 돌봐야 했으며, '상당 시간 말을 운동시켜야 하고 마구간을 모두 깨끗이 청소해야 하기 때문에 일이 상당히 많다.'[129] 식민지로 향하는 이민선에서는 모든 것이 혼잡하고 불편하기 짝이 없었다. 승객이 선상에서 일을 돕기도 했다. 알버트 로어링은 증기와 돛 모두를 사용하는 배에 승선했다. 그와 몇 사람들이 돛 운반을 도왔는데, '선장이 우리를 선실로 내려오라고 하더니 [돛을 가져오는 데에] 도움이 될 거라며 럼주 한잔씩을 주었다. 럼주를 반만 채운 것이 아니라 정말 잔 가득 채워 주었다. 멋진 선장이다. 아마 이런 선장은 없을 것이다.'[130] 오스트레일리아에서 런던으로 돌아가고 있던 또 다른 삼등실 승객은 자기 밥그릇을 자기가 설거지해야 했으며 목욕 시설은 따로 없었다. '날씨가 더울 때면 우리는 이른 아침 물 호스를 잠시 우리 쪽으로 돌릴 수 있었다.' 살코기를 저장하는 냉장고가 배에 있었지만, 삼등실 음식은 형편없었으며 좀 더 나은 식사를 원하면 승무원에게 돈을 따로 더 지불해야 했다. 어느 날 밤 그는 요리사가 '부자의 저녁 준비를 위해 얼음에 넣어 보관하고 있던 대구 14파운드를 저울에 올리는 것을' 보았다. 예배를 보거나 즉흥적으로 오락을 할 때에도 승객은 계급이 다르면 섞이지 않았다. 한 이민자는 홍해를 지나 매우 무더운 구간을 통과하고 있었다. 삼등실의 승객 4~5명이 '오늘 오후 더위로 실신했다. 일등석 승객 몇이 쓰러지려하자 선장은 배를 돌렸다.' 나중에 그는 말하기를 '일등실 살롱 갑판에서 오늘 밤 가장무도회가 있다. 그러나 우리는 아무 것도 볼 수 없다.'[131] 1920년대 한 전형적인 여객선에는 732명의 삼등실 승객과 12명의 일등실 승객이 있었다. 후자는 'A' 갑판을 장교, 의사, 주방장과 함께 사용했으며 한 쪽 끝에 식당이 있었다. 삼등실은 'C'갑판으로 선실에는 248개의 침상이 있었으며, 때로는 화물칸으로 이용되는 공간에 만들어진 간이 선실에는 434개의 침상이 있었다. 'B' 갑판에는 긴 의사가 있는 식당, 흡연실, 사교실, 산책할 수 있는 공간이 마련되어 있었다.[132)]

나는 이 책을 쓰면서 수많은 여행기를 읽었다. 내가 가장 좋아하는 여행자는 다른 이들에게는 매우 의외의 인물일 수 있다. 그의 이름은 주아니타 해리슨(Juanita Harrison)이며 1890년경 미시시피에서 태어난 흑인 여성이다. 그의 이야기는 아주 매력적이고 신선하며, 범속한 이들의 여행이 어떠했는지에 대해 잘 알려준다. 그에게만 해당되는 특수한 이야기는 너무 많이 인용하지 않을 것이다. 그의 가장 중요한 태도는 '어울리다 보면 인간들 사이에는 그렇게 많은 차이가 없다'였다. 1929년 3월 그는 수에즈에서 콜롬보로 가는 오리엔트 증기선회사의 오라나호(*Orana*) 삼등실에 타고 여행했다.

> 그래 오라나는 여왕이다. 나는 요청했던 바와 다르면 내릴 요량으로 바로 선실로 향했다. 사무장은 내가 원하는 것이 다 있다고 말했다. 그는 나에게 구석의 조용한 곳에 있는 상층 침상을 주었다. 나는 결혼하러 시드니로 가고 있는 사랑스럽고 유행에 민감한 젊은 그리스 처녀 둘과 함께 선실을 같이 썼다. 한 처녀의 피부는 너무나 희고 좋아 파우더를 한 번도 발라본 적이 없으며, 다른 이는 패션을 좋아하는 신여성이었다. 우리는 언제나 선실을 깔끔하게 정리했으며 모두가 같은 시간에 잠자리에 들었기 때문에 모든 것이 평화로웠다… 배에는 국비로 오스트레일리아로 가는 100여 명의 영국인들이 타고 있었다. 아이를 데리고 탄 젊은 부부, 17~22세의 청년들과 처녀들 모두 밝은 표정에 건강하고 잘생겼다. 삼등실이 있는 기분 좋게 널찍한 갑판에는 수영장, 단물과 다리미판이 있는 커다란 세탁실이 있다. 밤에는 대부분 여자들은 낮 동안 따듯해진 갑판 위에서 잠을 잤다. 이들이 제일 갑판을 사용하고 남자들은 제이 갑판을 사용한다. 단 하루 닭고기[그가 좋아하는]가 나왔는데, 그 날 나는 구명정 아래에서 잠을 자고 있었기 때문에 벨 소리를 듣지 못했다. 나는 크게 상관하지 않았으나 다른 사람들이 나에게 아쉽겠다고 말했다.

일주일 후 '시간이 너무 빠르게 지나 아쉬웠다.' 도중에 기항했던 곳에서 그는 인종차별이나 인종차별 혐오에 대한 생색내기조차도 전혀 느끼지 않고 밖으로 나가 돌아다녔다. '관광객이 이런 것들을 하지 않고 놓쳤다고 생각해봐.'

프랑스 배에 오른 그는 열정적으로 말했다. '프랑스인들과 다시 함께 있을 수 있게 되서 그리고 음식에 변화가 생겨서 너무 좋다. 승객 대부분이 프랑스인들이다. 한 영국인 부인과 딸이 테이블 내 옆 자리에 앉아 있었다. 이들은 여기에서 5년을 살았다고 하는데 인도에 대해서는 별로 아는 것이 없었다.' 그리고서 콜롬보를 떠나

> 어제 처음으로 우리는 거친 파도를 맞이해야 했으며 나는 방수 외투를 꺼내야 했다. 대부분 사람들이 멀미하는 이들을 돌보고 있는 동안 나는 선실 바닥을 문지르고 현창 거울을 닦고 벽 쪽에 있는 의자를 씻어 내렸다. 초보 선원이 이틀 동안 보이지 않았다. 그의 칫솔과 비누를 보고 그가 괜찮을 거라고 느꼈다. 배는 위아래로 올라갔다 내려갔다 했다. 나는 누구보다도 어떤 여성들보다도 먼저 갑판으로 가서 매일 아침 바다에서 해가 떠오르는 모습을 즐겨 본다. 어제는 처음으로 구운 닭, 상추 샐러드와 아이스크림을 먹었는데 너무 좋았다.

나중에, 홍해에서 '이 증기선 위에서 사람들은 집에서처럼 편안하게 원하는 것을 한다. 프랑스인, 독일인, 이탈리아인은 영국인보다 함께 여행하기에 훨씬 더 좋다. 영국인도 자기 나라에서는 괜찮은 사람들이다.'[133]

주아니타 해리슨은 밝고 낙천적이고 관대한 성격의 소유자인데, 놀랄만한 9년간의 바다와 주변 여행 기간 동안 그 성격을 그대로 유지한 것 같다. 그러나 다른 사람들에게 항해는 역(閾)의 시간(liminal time)일 수 있었다. 빅터 터너(Victor Turner)가 순례차 여행했던 이들을 분석하면서 역의 시간이라는 개념을 제시했으나, 이 개념은 나중에 모든 형태의 여행을 설명하는 데에 이용되었다. 이 개념의 핵심은 여행의 역의 단계(liminal stage)에서, 즉 출항단계나 도착단계와 달리 실제 여행하고 있는 단계에서는, 여행자 간에 강한 공동체 의식이 발전된다. 역의 시간은 '친숙하고 습관적인 대상과 공간적으로 분리되어 있을 때에…' 나타나며 '…역의 시간은 개별적이고 배타적인 관계 보다는 포괄적인 관계에 [중점을 둔다]… 이는 일상생활의 바깥이나 혹은 주변부에서 일어날 수 있는 어떤 상황이며, 일정 시기 정치와 지식 엘리트가 정당하다고 인정한 규칙이 덜 작동되는 상황과 시간'을 뜻한다.[134]

이 개념은 일정 정도 유용성을 가지고 있지만 상당히 조심해서 사용해야

한다. 예를 들어 앞서 보았듯이 식민지 총독의 딸은 남자 승무원을 성적으로 이용했지만 그와 같은 공동체에 속한다는 인식은 어디에도 없었다. 일반적으로 대부분 선상에서는 엄격한 분리 의식과 행동들이 나타나기 때문에 뭔가 '정당하다고 인정된 규칙'(the rules recognized as legitimate)이 더욱 공고해졌음을 알 수 있다. 새로운 식민지에 정착할 사람들을 태운 배에서 고급 선원은 항해하기 전에 아주 자세한 지시 사항을 소리 내어 읽어 주었으며, 밀항자와 전염병에 대한 엄격한 검사가 이루어졌다. 1912년 인도로 향했던 포스터(E. M. Forster)는 피스 헬멧•, 갑판 의자, 명함, 커머번드••, 클로로다인•••, 퀴닌••••을 가져갔으며, 인도에서 있을 때를 대비해 셀룰로이드 속옷은 입지 않았다. 아라비아 해안에서 다른 일등실 승객은 모두 옷을 갈아입었지만 그는 이브닝 타이를 찾을 수 없어 할 수 없이 모닝 드레스•••••를 입고 있었다. 이 모든 예는 좀처럼 역의 공간에서 있을 수 있는 행위라고 보이지 않는다. 또한 그와 동료 승객들과의 관계도 육지에서와 달랐다고 볼 수 없다. '그들은 선상에서 우리를 매우 이상한 시선으로 보았으나 무례하지 않았으며 우리를 '교수님들'(the professors)이라 불렀다. 여성들은 현지인 문제에 관해 매우 편견이 많고 사악하기까지 했다. 그들의 남편들이 더 나았다.' 이와 마찬가지로 예상 가능하고 일상적인 현상이었지만, 편집자에 따르면 포스터는 '헌신적인 동성애자'인 젊은 장교와 매우 친해졌다.'[135)]

그렇다면 해로로 여행할 때 사람들은 어떻게 달라졌는가? 마크 트웨인(Mark Twain)이 다음과 같이 말한 데에서 알 수 있듯이 어떤 이들에게 배 여행은 틀에 박힌 일상에서 벗어나는 환영할 만한 긴 휴식이었다.

• 아주 더운 나라들에서 머리 보호용으로 쓰는 가볍고 단단한 소재로 된 흰색 모자를 이른다.

•• 폭이 넓고 꼭 맞는 새시 벨트의 일종으로, 원래는 이슬람 제국의 남자용 허리띠였던 카마밴드(kamarband)에서 유래했다. 주로 남성용 턱시도를 입을 때 매는 비단 띠이지만 여성복에도 응용되고 있다.

••• 아편, 클로로포름 등을 함유하는 마취 진통제이다.

•••• 남미산 키나나무 껍질에서 얻는 약물, 과거에는 말라리아 약으로 쓰였다.

••••• 낮에 입는 남성의 최상급 정장 중 하나로 결혼식과 같이 격식을 많이 갖추는 경우에 입는 남성 예복이다.

> 읽고 답장을 해야 할 편지가 없다. 심신을 자극할 신문이 없다. 안절부절 못하게 하거나 놀라게 할 전신이 없다. 세상은 멀리 저 멀리에 있다. 세상은 이제 나에게는 존재하지 않게 되었다. 세상은 첫 며칠 동안 꿈처럼 점차 희미해지더니 이제 녹아내려 비현실이 되었다. 이와 함께 일과 야심, 번영과 불행, 의기양양함과 절망, 기쁨과 슬픔, 관심과 걱정도 마음에서 떠났다. 이 모든 것이 이제 더 이상 신경 쓰이지 않는다. 모두가 삶에서 사라진다. 태풍이 지나간 자리에 깊은 고요만이 남겨진 것과 같다. 권태, 피로, 걱정, 책임, 일, 울적함이 없다. 이런 고요함, 평화, 깊은 만족은 육지 그 어디에서 발견할 수 있는 그 어떤 것들과도 견줄 수 없다. 할 수 있다면 나는 영원히 항해할 것이며 다시는 단단한 땅 위에서 사는 삶으로 돌아가지 않을 것이다.[136]

바다 여행이 갖는 의미는 사람마다 달라 그야말로 천차만별이었다. 항해의 목적에 따라 그리고 여행자의 이전 생활 경험에 따라 많이 달랐다. 1822년 파니 파크스는 군대를 실어 나르는 배에 타게 되었으나 다행히 그의 여러 친척들이 복무했던 연대에서 온 이들이었기에 친근한 분위기에서 젊은 장교들과 이야기하며 좋은 시간을 보냈다. 그는 '성미와 기질이 완전히 본색 그대로 드러나는 선상에서 맺어진 우정보다 더 강한 우정은 어디에도 없을 것이다'[137] 라고 예리하게 지적했다. 처음 인도로 복무하기 위해 배를 타고 있던 이들에게 항해는 '상당히 다른 두 존재 영역 사이에 대단히 필요한 일종의 격리 시간이었다.' 또한 항해는 친구를 새로 사귀고 노련한 이들로부터 조언을 듣거나 가르침을 얻는 데에도 기여했다. 레오나드 울프는 50년이 지났지만 실론으로 항해를 시작했을 당시를 가슴 아프게 회상했다. 그는 실론으로의 출항을 '제2의 탄생'(second birth)이라고 불렀다. '선미의 난간에 기대어 칙칙하게 떨어지는 강 안개와 어둠 속에서 어머니와 동생이 손 흔드는 것을 보았을 때, 그리고 배가 느리게 바다를 향해 템스 강을 따라 내려가기 시작했다고 느꼈을 때, 나의 가족, 세인트폴, 캠브리지, 트리니티와 나를 연결시켰던 탯줄이 잘려나갔다.' 그는 크고 아름다운 1784년판 볼테르 전집 90권을 가지고 배에 올랐다. 처음에는 의구심도 있었지만 얼마 후 동료 승객들과 아주 잘 지낼 수 있었다. 정말이지 '배에서의 세계와 사회는 그가 나머지 생애를 보내도록 운명적으로 정해진 세상의 축소판이다.' 콜롬보에 도착했을 때 그는 '광경, 소리, 냄새에서 놀라울 정도로 현실적이지만 동시에 매우 비현실적인 무언가가 있음'을 발견했다. 집에 머물러 있으면 모든 것이 '가라앉고 무미건조하고 이미 받아들인 현실'이 되지만 여행하는 동안에는 '극장에서 연극을 하거나 꿈속에서 사는 것 같은 느낌이 든다.' 이 말들을 했던 울프는 실론에서 7년을 보냈다. 실론을 떠난 그는 가족이 30년간 살았던 퍼트니에 있는 집에서 돌아와 가족과 함께 살았다. 그는 캠브리지의 옛 친구들을 다시 만났으며 버지니아 스테판과 사랑에 빠졌다. 그는 떠나기 이전의 삶으로 다시 돌아갔으며, 아주 다른 환경에서 보낸 7년의 시간은 커다란 영향을 미치지 못했던 것 같다.[138]

많은 승객들에게 항해는 특별한 일이라고는 아무 것도 없는 아주 지루한 경험이었다. 지중해, 수에즈 운하, 홍해를 거쳐 인도양으로 가는 여정을 묘사한 여행기들은 모두 비슷하게 우울한 광경을 보여준다. 무엇보다도 모든 여행기들은 내향적인 시선, 즉 선상에서의 상황, 지루함, 음식과 식사시간, 오락, 사고와 죽음을 다룬다. 외향적인 시선이라면 날씨와 지나가는 배들, 날치(아주 자주 언급되었다)에 관한 것이었다. 대양은 사람들의 여행을 위한 단지 매체(medium)이거나—'물 밖에는 아무것도 없는' (가능한 한 빨리) 건너야 할 거칠고 위험한 바다였다.

많은 승객들은 역사의 향기가 가득한 지역에서 인류 기술사의 중대한 위업인 수에즈 운하를 통과하는 것은 그야말로 환상적일 거라고 기대했다.

> 홍해라는 말을 듣자 많은 생각들이 물밀 듯이 찾아들었다. 운하를 항해해 내려가면서 우리는 조셉과 메리가 예수를 데리고 이집트로 도망갔던 길을 가로질렀다. 홍해를 통과하면서 우리는 파라오를 압도했던 장소도 지나갔다. 선원들은 마차 바퀴를 찾았는데 닻에 걸려 있었다고 과장되게 이야기했다. 그러자 다른 한명이 게가 고무 타이어를 먹어치웠다고 화를 내며 응수했다. 배에서는 으레 그렇듯이 우리 배에서도 정말 이야기를 잘 꾸며내는 사람들이 많다는 생각을 했다.[139]

그러나 이러한 기대는 무너지기 일쑤였다. 조셉 우드하우스(Joseph Woodhouse)의 기록을 보면 '물론, 운하에 들어서서 그리고 운하를 통과하는 동안 잠시 승객들은 큰 관심을 보인다. 그러나 배가 더 앞으로 나아가고 운하 양쪽에는 단조로운 광대한 모래사막 밖에는 아무것도 없음을 보고는 이내 관심은 잦아든다.'[140] 에마 톰싯은 '어느 날 아침 우리는 12사도(Twelve Apostles)라 불리는 일련의 바위들을 지나갔다. 바위들은 그다지 크지 않았으며 별다르게 특이한 점이라고는 하나도 없었다. 승무원은 이 바위들에 관련된 이야기가 있지만 자신은 잘 모른다고 말했다. 당연히 나도 알 수가 없었다. 그게 다였다'[141]라고 적었다. 의사 매켄지의 여행기를 보면,

> 다시는 그다지 보고 싶지 않았던 수에즈 운하로 우리 배가 들어섰다. 양쪽 어디든 시선에 들어오는 건 온 통 따분한 사막뿐이며, 운하 그 자체도 흙탕물인데다가 지독하게 불쾌한 냄새까지 풍긴다. 내가 돌보고 있는 이들 중에서 장티푸스에 걸린 이들의 모습이 계속 내 마음을 떠나지 않았으며 배가 느리게 가고 있는 것을 참을 수 없었다. 열 때문에 숨이 막힐 듯이 후텁지근했다 [4월이었다]… 모래 언덕을 따라 (큰 걸음으로) 걷고 있는 아랍인 몇 명이—다수가 순례자들인— 시야에 들어왔다.[142]

수에즈 운하와 홍해는 무덥고 지루했다. 포스터는 대부분 승객들이 자신과는 다른 견해를 가지고 있을 수 있지만 수에즈 운하와 홍해에서 본 것은 누구나 이전에 이미 다 보았던 광경이라고 예리하게 지적했다. 운하는

> 어떤 면에서는 실망스러웠다. 동양에 대한 그림이 너무 많이 그려졌기에 새로운 것은 없었다. 수에즈 운하 항해는 마치 영국 왕립 미술관을 배로 통과하고 있는 것과 같았다. 앉아 있는 낙타 옆에 서있는 남자, 이어 앉아 있는 남자 옆에 서있는 낙타. 캠프에 있는 그림에서와 같은 아랍인들, 펠러커(felucca)•에 타고 있는 또 그림에서 본 것과 같은 아랍인들. 파라오의 불행이 벌어진 현장. 시나이 산과 구름 안에 잠긴 꼭대기에 있는 신.[143]

또 다른 문제는 열기였다. 1883년 한 의사의 아내는 홍해에 이르렀을 때를 이렇게 묘사했다. '너무 더워서 아무 것도 할 수 없다. 꼼짝하지 않고 가만히

• 홍해와 동부 지중해에 있는 전통적인 목조 범선이다. 하나 또는 두 개의 삼각돛을 달고 있으며 보통 선원 2-3명과 10명 정도의 승객이 타는 작은 범선이다.

있어도 숨이 막힌다. 움직이면 온통 땀이 분출한다. 레몬 스쿼시를 만들기에도 너무 지치지만 얼음이 아직 남아 있으니 얼음물로 견디며 지낸다.' 미풍이라도 불어오길 간절히 원했으나, '여기에서는 미풍이 불어오면 더없이 더워졌으며, 오븐에서 나온 뜨거운 열기가 얼굴을 휩쓸고 가는 것 같았다.' '사람들은 온통 배 위에 쓰러져 있었으며 우리 주변 갑판에도 널브러져 있었다.' 그러다가 바로 이 열기 탓에 한 승객이 죽었으며 한 아이도 그랬다. 아이를 '측은히 여기고 건강을 찾을 수 있도록 돌보았지만 아무 쓸모가 없었다. 크고 날카로운 낫을 든 사신(死神)이 또 하나의 꽃을 그의 다발 속으로 집어넣었다.' 비슷하게 1901년 '여기는 벌겋게 달아오르듯 덥다. 모두 거의 벗고 있었으며 구슬 같은 땀이 시냇물처럼 흘러 내렸다. 항해가 끝나갈 즈음 3스톤•이 넘는 살이 빠질 것 같다. 아래층에서는 잠을 잘 수가 없어서 애들을 위해 침상 두 개를 갑판으로 가지고 나왔다. 샘과 나는 갑판 의자에서 잠을 잤는데, 배의 한 쪽 갑판에서는 여자들이 다른 쪽 갑판에서 남자들이 밤을 보냈다.' 한 뚱뚱한 노인이 죽었다. '그는 술을 많이 마셨다고 한다… 그의 침상 아래에서 30개가 넘는 흑맥주 병이 발견되었다.'[144] 실천적인 사고방식을 가진 이사벨 버튼은 동료 승객들과 논의해 열기에 대처하는 방법을 찾으려 했다.

> 인도양과 홍해에 있었을 때 매일 밤 우리는 갑판에서 줄을 지어 잠을 잤다. 선실은 열을 품고 있는 오븐과 같았기 때문이다. 그리고 옷을 갈아입기 위해 가능한 한 빨리 화살처럼 아래층으로 내려갔다. 6시에 우리는 실내복을 입고 살롱에 갔으며 커피를 마셨다. 우리는 낮 동안 갑판에서 독서하고 이야기하고 잠을 잤다. 진지하게 독서할 때면 나와 남편은 조금 떨어져 있었다. 저녁에 우리는 같이 노래했다. 우리는 씻고, 흰색이나 유색 면이나 아마로 된 느슨한 실내복을 입었다.[145]

케이프 주변이나 인도양 같이 공해에서도 항해는 지루할 수 있었다. 음식에 대해서만 기록해 놓은 여행기가 아주 많다. 윌리엄 로렌스는 1884년 6월 11일 일기에 다음과 같이 적었다. '저녁 식사로 피클, 염장 돼지고기, 콩스프,

• 영국에서 1스톤은 6.35kg 혹은 14파운드에 해당한다.

감자가 나왔으며, 점심도 여느 날과 다름없었다. 우리를 둘러싸고 있는 것은 물밖에 없다. 마멀레이드•와 차.' 6월 18일 '저녁으로 강낭콩을 넣어 끓인 돼지고기와 스프, 저녁 후에는 평상시처럼 잠깐 잠. 선상에서 새 생명이 태어났으나 곧 사망. 언제나처럼 차. 차를 마신 후 우리 선실에서 연주회. 다른 쪽에서는 기도회.' 1890년 윌리엄 힐리도 마찬가지였다. '이렇게 오래 8~9일 동안 물밖에는 아무것도 볼 수 없으니 점점 더 따분해지고 있다는 사실을 제외하면 기록할 만한 특별한 것이 없다. 내일이나 혹은 수요일이면 우리는 콜롬보에 있게 될 것이고 그렇게 되면 기분 좋은 반전이 있을 것이다.' 그리고 콜롬보를 출항한 이후에는 '우리가 콜롬보를 떠난 이래로 아직 아무것도 보지 못했다. 심지어 지나가는 배도 없었다. 정말이지 아무 것도 보이지도 어떤 소리가 들리지도 않았다. 사방 어디를 보아도 물 뿐이니 물만 보는 것도 넌더리가 나기 시작한다.' 그리고 다시 아덴에서 출반한 지 6일째 되는 날 '우리는 지난 24시간 동안 범선 하나 증기선 한 척 보지 못했다. 이미 항해는 싫증나기 시작했으며 선상에 퍼져 있는 축 가라앉은 분위기는 너무 당연해 보인다. 물론 나도 아무 할 일 없는 시간이 끔찍이도 느릿느릿 흘러감을 느낀다. 배가 속력을 내기를 그리고 우리가 안전하게 목적지에 닿을 수 있기를.' 나중에 다시 '사람들은 선상에서의 일요일이 정말 지루할 정도로 단조롭다는 사실을 모두 안다.' 그리고 다음 날 '나는 독서에도 이미 싫증이 났다. 체스를 두거나 카드 게임을 하는 것도 마찬가지다. 사람들도 모두 진이 다 빠져 항해가 끝나기만을 학수고대 하고 있는 것 같다.'[146)]

다른 위험 요인도 있었다. 증기선 여행은 아주 안전하지도 편안하지도 않았다. 더위가 미친 영향에 대해 언급한 바 있지만, 가장 견고한 증기선일지라도 폭풍의 위협에서 자유로울 수는 없었다. 1,790톤에 길이가 103.7미터에 철갑을 두른 이축증기선이었던 파탄호(*Pathan*)는 7월 인도양에 들어서면서 남서 계절풍과 맞닥트렸다.

• 오렌지, 레몬 등의 과실을 껍질 포함해서 조려 만든 잼으로, 과피가 젤리 중에 보이는 것이다. 원래는 마멜로를 원료로 하였기 때문에 붙은 명칭이다.

가다푸이 곶(Cape Guardafui)을 지나자마자 배가 정말 무시무시하게 흔들리기 시작했다. 조지의 얼굴은 시체처럼 하얗게 되어 안락의자에 주저앉았으며, 몇 여성은 선미루를 따라 놓여 있던 매트리스 위에 엎드려 최악의 사태를 대비했다. 파도가 쓸어가는 바람에 아래층 갑판에는 이내 아무 것도 남아있지 않았다. 파도의 비말이 선장 선교위로 억수같이 쏟아졌으며, 굴뚝은 얼마 되지 않아 소금기 때문에 완전히 하얗게 되었다. 파도는 움직이는 산처럼 보였으며 이 대형 선박은… 볼품없는 장난감처럼 이리저리로 던져졌다.[147)]

배가 콜롬보를 출항하고 나서 하딩은 씁쓸한 듯 다음과 같이 썼다.

나는 항상 적도 주변이 가장 푸르른 하늘과 가장 뜨거운 열기로 가득 차 있는 고요한 지역이라고 상상했다. 그러나 우리는 때로 억수 같이 비가 퍼붓고 하루 종일 구름이 잔뜩 낀 하늘을 가르며 적도의 바다를—강풍이 불고 파도가 일며 배가 위아래 사방으로 요동치는 가운데— 항해했다. 다른 모든 것은 차치하더라도 끔찍할 정도로 습기가 많았으며 모든 사람들이 배 멀미를 하거나 극도로 지쳐 있었다. 나는 후자에 속했다.[148)]

어떤 위험과 불편함이 있었다 하더라도 일단 동양에 도착하면 특히 처음이라면 여행자는 언제나 예외 없이 뭔가 특별하고 기억에 남을 만한 일을 경험했다. 콘래드도 그랬다. 그는 작은 배를 탔다.

우리는 저려오는 팔로 힘겹게 노를 저어갔으며, 갑자기 한 줄기의 바람과, 꽃에서 나는 듯 향목에서 나는 듯 알 수 없는 향을 품은 희미하고 미지근한 숨결이 밤의 고요를 뚫고 다가왔다. 내 얼굴에 스친 동양의 첫 숨결이었다. 결코 잊을 수 없다. 이는 주술처럼 아주 미묘하게 사람의 마음을 사로잡았으며 신비로운 기쁨이 속삭이는 약속과도 같았다.

다른 사람들도 마찬가지였다.

그리고서 나는 동양 사람들을 보았다—그들이 나를 보고 있었다. 부두에는 온통 사람들로 가득했다. 나는 갈색, 구릿빛, 황색의 얼굴들과 검은 눈동자들, 동양인 무리의 광휘와 색채를 보았다. 이 모든 이들이 속삭임 없이,

한숨 없이, 미동도 하지 않은 채 한 점을 응시하고 있었다. 그들은 배들을 가만히 내려다보고, 밤에 바다에서 그들에게 다가오고 있는 사람들을 빤히 쳐다보았다. 움직이는 것은 아무 것도 없었다. 야자나무의 길게 갈라진 잎도 하늘에 기대어 가만히 서 있었다. 해변 가의 나뭇가지 하나 흔들리지 않았다. 가려진 집의 갈색 지붕이 녹엽을 뚫고 반짝이며 달려있는 중금속으로 만든 것처럼 보이는 커다란 나뭇잎 사이로 삐죽 튀어나와 있었다. 고대 항해자들이 본 동양도 이런 것들이었으리라. 너무나 오래되고 너무나 신비로우며 눈부시게 빛나면서도 침울하고 항상 현존하며 변하지 않는 위험과 약속으로 가득 찬 땅이었다.[149]

인도에서 복무하기 위해 바다를 건넜던 이들은 뭄바이가 가까워지자,

지난 며칠간 흥분되고 신나는 느낌이 커지기 시작했다. 날씨는 덥고 해는 쨍쨍했으며 날치가 잔잔한 바다 위에 작은 물방울을 튀겼다—모든 것이 아름다워 보였다. 공기, 분위기, 열기, 바람이 불어오는 길, 아마 심지어 냄새도 달랐다. 인도에서만 나는 냄새 딱 꼬집어 말하기 어렵지만 일부는 사람들 때문에 일부는 갖가지 초목들 때문에, 일부는 해가 진 직후 아주 빨리 깃드는 황혼과 가장 사랑스러운 향기에 실려 오는 시원함에서 비롯된 것일 터이다.[150]

1826년 EIC 군대에 복무하기 위해 아일랜드에서 왔던 프레데릭 트렌치(Frederic Trench)도 마찬가지였다. 첸나이에 가까워지자,

오늘 아침 4시 성 조지 요새에서 쏘아올린 기상신호탄 소리가 멀리에서 들려오자 아시아 연안을 처음으로 되도록 빨리 보고자 안달이 난 나는 서둘러 선미루로 나갔다. 나는 과일들과 꽃들이 풍기는 아늑하고 훈훈한 향기에 놀랍고도 기뻤다. 육지의 미풍은 우리를 해변으로 데려갔으며 약 5분 후에 오랫동안 바래왔던 항구 쪽으로 시선을 두니 육지와 수평선 바로 앞에 마드라스의 눈부신 하얀 집들이 보였다. 배가 천천히 가까이 접근하자 풍광은 더욱 뚜렷하게 다가왔다. 오랫동안 따분하고 끝이 없으며 항상 같은 광활한 하늘과 바다 말고는 아무 것도 없었던 곳을 벗어나다니 정말이지 기쁘기 짝이 없었다.[151]

이러한 정서는 대서양을 건너 아메리카로 항해해 갔던 것과 같이 단지 새

로운 장소에 도착했기 때문에 느끼게 된 바가 아니었음을 지적할 필요가 있다. 이러한 정서적 체험은 이해하기도 설명하기도 힘든 전설적이며 너무나도 다형적인 장소, 즉 동양에 도착했음을 의미했다.

이제까지 주로 인도양이라는 대양 여행에 대해 살펴보았으나, 연안 여행과 강 여행도 해양 여행의 범주에 들어간다. 마지막으로 연안 여행과 강 여행을 언급함으로서 유럽 여행가들의 긴 여행담을 마치고자 한다. 이사벨 버튼은 1876년에 중형 증기선을 타고 서부 인도 연안을 따라 뭄바이에서 고아로 갔다. 여행은 즐거웠다. '아름답도록 깨끗하고, 음식도 와인도 훌륭하고, 선실은 공기도 잘 통하고, 정중함이 가득하고, 바람과 너울에도 배는 흔들리게 않고 안정적이었다. 그러나 배 값은 아주 비쌌다.' 5월로 남서계절풍이 아직 시작되지 않았지만 바다는 거칠었다. 증기선은 연안에 멈추어야 했으며 승객들은 노로 저어 가는 배에 타고 고안 해변 가로 가야 했다. 거리는 8마일 정도였으나 위험이 도사리고 있는 구간이었다. 고아('악취가 진동하는 구덩이')에서 유쾌하지 않은 체류를 마치고 3주 후 다시 배에 올랐을 때에는 여정이 순탄치 않았다. 이들은 증기선이 도착하기를 나흘이나 기다려야 했다. 비록 증기선이 격주로 정확하게 운행되어야 했으나 이들이 탈 증기선은 일정보다 많이 늦었다. (배에 실제 오르게 된 과정에 대해서는 2장을 참고하기 바란다.)[152]

다시 주아니타 해리슨의 이야기는 위의 경험과 대조적인 상황을 보여준다. 1929년 그는 사람들이 꽉 들어찬 지역의 한 증기선을 타고 치타공에서 양곤으로 갔다.

> 수백 명이 삼등실에 타고 있었다. 보트의 한 쪽 끝에는 힌두교도 식당과 무함마드 식당이 있었는데 둘 다 매우 깨끗했다. 나는 무함마드 식당에서 닭 카레와 밥을 먹었다. 이 카레는 우리가 사용하는 말린 카레가루와는 전혀 다른 맛을 냈다. 여기에서는 아주 신선한 카레를 사용한다. 나는 너무나 많이 그리고 빨리 먹었다. 바다를 보니 멀미가 났으나 조금 있으니 기분이 다시금 아주 좋아졌다. 배에 오를 때 유럽 여자들은 갑판선객으로 여행할 수 없다는 말을 들었다. 나는 갑판선객 표를 가지고 있으며 더 이상의 돈을 지불할 여유가 없다고 말했다. 그리고 만약 내가 여기 타는 것이 싫다면 차액을 그쪽에서 지불해야 한다고 말했다. 모든 것이 잘 되어갔다.

나중에 '나는 신사이며 매우 똑똑한 교수와 신실한 불교도를 만났다. 불교도는 나에게 불교에 관해 2시간이나 이야기해 주었다. 감사하게도 내가 정말 듣고 싶었던 내용들이었다. 나는 아주 얌전히 앉아서 경청했으며 그가 하는 말을 모두 진실로 받아들였다. 다른 기독교도들도 인정하는 것처럼 나는 남의 말을 잘 들어주는 사람이다.'153)

1837년 에밀리 에덴은 남자형제와 함께 강가 강을 올라가는 배에 탔다. 그는 불편함, 너무 자주 있는 만찬 등등에 대해 불평을 늘어놓았지만, 사실 그는 매우 호화스럽고 영국 제국의 위엄을 보여주는 배에 타고 있었다. 같이 탄 그의 남자형제가 인도 총독인 오클랜드 백작이었기 때문이다. 증기선이 예인하는 '플랫들'(flats)에는 상당한 규모의 수행원들이 타고 있었다. 항해는 매우 천천히 이루어졌다. 첫 열흘 동안 배들이 움직인 거리는 200마일 정도였다. 배들이 계속 강바닥에 닿았기 때문이기도 하지만 오클랜드 백작이 지역 명사들의 초대를 받아 뭍에 자주 올라가야 했기 때문이기도 했다. 같은 해 에밀리의 여자형제 페니 에덴은 호랑이 사냥을 위해 콜카타 북서부에 있는 라지마할에 갔다. 그와 조카는 당시 260명의 수행원과 20마리의 코끼리를 대동했다. 강을 내려오면서 돌아오는 길에 이들은 매일 밤 닻을 내렸는데, '우리는 아주 멋진 모래언덕에 마련해 놓은 테이블에서 저녁 식사를 했다. 처음 조금 걸어 나가니 아무 것도 없는데—둑이 방갈로[강 보트들]를 가리고 있었기에— 곧 접시와 촛대 등이 보였다. 무척 이상하고 독특한 광경이었다.' 이런 호사스러움은 함께 있었던 하녀들이 겪은 고통과는 확연한 대조를 이룬다. 도중에 한 번도 멈추지 않고 얇은 강 위를 17시간이나 항해한 날이 있었다. 이는 '카스트 때문에 배에서 요리해 먹는 것이 허용되지 않았던 힌두교도들 [그의 선원들 중에 있는]에게는 정말 절망감을 안겨주었다. 이들 중 몇 사람은 24시간이 넘도록 아무 것도 먹지 못했다.'154)

우리는 이제까지 일종의 특권을 가진 유럽 여행가들에 주목했다. 한편으로는 이들의 여행기들이 영국의 호수에 속하게 된(British lake) 인도양이라는 바다 위에서 펼쳐진 삶을 생생하게 묘사하고 있기 때문이며, 다른 한편으로는 인용할 만한 기록을 많이 남겼기 때문이었다. 그러나 1834년과 1937년 사이 3,000만 명 정도의 인도인들이 고향을 떠나 해외로 갔으며 2,400만 명이 인도로 돌아왔다는 사실을 기억할 필요가 있다. 이들 다수는 처음에는 노예로 이후에는 연기계약 노동자로, 그리고 교역, 유흥, 종교상의 이유로 떠났던 현지인들이었다. 먼저 신앙심이 돈독했던 여행자들에 초점을 맞추어 볼 것이지만 신앙적인 경건함과 경제적인 부는 서로 복잡하지만 밀접하게 연관되어 있었음을 여기에서도 염두에 두어야 한다. 대다수 순례자들은 성지로 가는 길에 물건을 두고 흥정을 벌었다. 이와 유사하게 세속적인 성공과 종교적인 명망도 서로 연관되어 있었다.

앞 장에서 하즈에 대해 언급했다. 지다로의 통행은 증기선의 도입으로 상당히 편리해졌다. 그 결과 인도와 인도네시아에서 순례를 마친 하지의 숫자는 상당히 증가했다. 19세기 말 최소한 매년 10만 명이 순례를 마쳤으며, 그중 약 3만 명은 해로를 이용해 순례했다. 이사벨 버튼은 1876년 하즈 알 아크바르(Hajj al Akbar)•(아라파트 산에서의 하즈 시간이 금요일이었기에 특히나 상서로운 하즈)였기에 평소보다 더 많은 사람들이—그에 따르면 138,000명—운집해 있었을 때에 지다에 있었다. 그는 자신이 본 광경에 대해 장문의 기록을 남겼다. 그의 배에는 귀향하는 하지 800명이 타고 있었다. 이들이 탄 선실은 콩나물시루와 같았으며 몸조차 움직일 수 없는 상태에서 수명이 목숨을 잃었다. 이들은 '소말리아, 인도, 부하라(Bokhara)••, 코칸트(Kokand)•••, 카슈가르(Kashgar)••••, 튀르크멘(Turcomans)•••••, 페르시아, 타시밴드(Tashband), 러시아, 벵골… 등지에서 왔다.' 모두 식량이 부족한 데다가 배가 북동계절풍을 만나면서 생긴 악천후로 고생했다.[155] 1817년 존슨 대령은 작은 배로 걸프를 여행했다.

• 하즈 알 아크바르, 혹은 알하즈 알 아크바르(Al Hajj al Akbar)는 원래 줄히자(Zul-Hijjah)의 달에 행해지는 메이저 순례를 의미한다. 일 년 중 어느 때라도 할 수 있는 마이너 순례는 움라(Umrah)라고 한다.

•• 우즈베키스탄의 도시로 부하라 주의 주도이다. 20세기 초반까지 부하라 한국의 수도였고 서투르키스탄에 있어서는 정치 · 문화의 중심지였다. 특히 근대 페르시아어 문학의 발달에 이 도시가 남긴 영향은 크다.

••• 우즈베키스탄에 있는 도시로, 인도와 중국 간 캐러번 루트에 위치한 것으로 유명하다.

•••• 신장 위구르 자치구에 있는 도시로, 고대 소륵국의 수도였으며, 실크로드의 요충지로 이슬람의 거점도시로 발전했다.

••••• 중앙아시아에 있는 투르크메니스탄을 이른다.

> 커다란 선실에는 일부 화물 그리고 각자의 식량과 팔 물건 보따리를 가지고 들어온 30여 명의 남녀들이 옹기종기 모여 있었다. 이들은 카르나틱(Carnatic)•에서 온 무함마드교도로 쿠르발라(Kurballa)와 메카 성지로 순례 여행 가는 중이었다… 이 사람들의 북적거림과 혼잡함은 수많은 원숭이, 잉꼬, 고양이, 다른 가축들로 인해 배가 되었다.

모험심이 강한 엘우드 부인은 1820년대에 다우를 타고 홍해를 내려갔다. '배에는 잔뜩 물건들이 실렸으며 300명은 족히 넘는 하지들이 타고 있었다. 배는 물 속 깊이 잠겼으며, 갑판은 너무 혼잡해 지나갈 수조차 없어서 창문 쪽으로 드리워진 사다리를 통해 내 선실로 들어갈 수밖에 없었다.' 이들 외에 300명 정도의 다른 승객들도 있었는데, 이들은 무함마드 알리 군대의 포로가 된 누비아(Nubia)••의 여성들과 여자아이들이었다. 이들은 지다에 있는 노예 시장에 가서 팔릴 운명이었다. 이들의 가격은 두 당 2달러 정도였다. 허리 위로는 옷을 걸치지 않았으며 유리 구슬로 몸을 장식하고 있었지만, 이들은 '아주 행복해 보였다.' 얀보(Yambo)•••에서 그가 탄 다우는 하지들과 곡물들을 가득 실은 다른 많은 배들과 함께 항해했다.[156]

이전 장에서 본 무슬림의 정화(rectification) 노력은 19세기에 들어서도 계속되었다. 여기에서는 이제까지 많은 연구가 축적된 하드라마우트로 알려진 아라비아 반도의 남부 연안에 있는 지역 출신자들이 한 역할에 초점을 둘 것이다. 하드라마우트의 주요 항구는 알무칼라(al Mukalla)와 알시르(al Shihr)이다. 이 두 항구는 인도양 전역에 있는 항구들과 중요한 경제적 관계와 종교적 유대를 가지고 있었다. 하드라마우트인은 중요한 디아스포라 공동체였으며 오늘날에도 여전히 활발하게 활동하고 있다. 이들은 자바, 하이데라바드(Hyderabad)••••, 걸프, 동아프리카 전역에서 용병, 상인, 종교 권위자, 미천한

• 인도 동남 해안에 있는 지방으로 18세기 영불 식민지 쟁탈전의 중심지였다.
•• 이집트 남부의 나일강 유역과 수단 북부에 있는 지역이다.
••• 얀부로도 불리며, 홍해에 면한 해항도시, 현재 사우디아라비아 메디나 주에 속한 도시다.
•••• 하이데라바드 왕국(1724~1948)의 수도였으며, 문화적으로는 남부 인도 무슬림 문화의 중심지로 차르미나르 모스크 등 이슬람 건축물이 많다.

노동자로 일했다. 이들은 고향과의 관계를 유지하고, 교육을 위해 자녀를 고향에 보내고, 돈을 고향의 가족에게 송금하고, 그곳에서 은퇴생활을 하려고 노력한다. 최근 예를 들어 본다면 이들 중 한 명이 오사마 빈 라덴이다. 그의 가족은 사우디아라비아에서 건설업으로 매우 부유해졌으며, 하드라마우트인 디아스포라 공동체와 유대 관계를 유지했다. 그리하여 오사마 가문은 특정 이슬람 분파를 전도하는 데에 경도된 하드라마우트인의 극단적인 예를 보여준다고 할 수 있다.

여기에서 주요 관심사는 이슬람을 전파하고 정화하는 데에 하드라마우트와 이슬람 중심지에서 온 이들이 인도양 세계에서 지금도 하고 있는 역할을 그려내는 데에 있다. 무슬림의 종교적 활동 두 가지를 예로 들어 보면 이들이 당면했던 과제를 최소한 경험적으로 이해할 수 있을 것이다. 한편으로, 앨런 빌리어즈는 1940년 한 대형 다우에서의 종교적 활동을 고결한 승리(*Triumph of Righteousness*)라고 부르며 이에 대해 감동적인 글을 남겼다. 이 다우 선상에는 오직 한권의 책 즉 꾸란이 있었으며, 하메드 선장을 비롯해 사람들이 꾸란을 읽곤 했다. '하메드는 자주 사람들을 불러놓고 아주 즐겁고 적당한 목소리로 꾸란을 함께 소리 내어 읽었으며, 읽은 내용에 대해 몇 시간씩 같이 토론하곤 했다. 이들은 꾸란에서 완전한 만족을 얻은 듯이 보였으며 꾸란 읽는 일을 결코 지겨워하지 않았다.'[157] 사실 앨런 빌리어즈는 보통의 아랍인들 중에서 신앙이 독실한 이들을 묘사하고 있다.

앨런 빌리어즈가 묘사한 이들과는 현저히 다른 예를 새로운 성인, 즉 마스카렌 제도에 있는 레위니옹 섬의 성 엑스페딧(St Expédit)에 대한 신앙 관행에서 볼 수 있다. 성 엑스페딧의 기원에 관한 설명(서로 상충하는 여러 가지 설명들이 있다)에 따르면 1931년경 바티칸은 성물을 담은 상자를 레위니옹으로 보냈다. 성인의 이름을 표시한 라벨이 수송 중에 떨어져 나갔으며 남아 있는 글씨라곤 상자 측면에 이탈리아어로 쓰인 SPEDITO(긴급 배송을 의미하는)뿐이었다. 여기에서 성 엑스페딧이 유래했다고 한다. 아마도, 원래 이름은 알 수 없지만 그는 '진짜'(real) 성인이었을지 모른다. 어찌되었든 성 엑스페딧 숭배 현상이 일어났으며 그는 레위니옹 섬의 수호성인이 되었다. 레위니옹에는 그를 모시는 약 350개의 감실이 있는데, 모두 밝은 적색 페인트로 칠해져 있다. 이들 감실은 주술적인 힘을 믿고 광란에 빠질 수 있는 부두교적 요소를 비롯해 많은 의미 요소를 포함하고 있다. 성 엑스페딧은 이 섬에 있는 모든 종교에 호소력을 가졌다. 가톨릭계는 그를 받아들여 초기 순교자 성 엘피두스(St Elpiduce)와 합체시켰다. 힌두교도는 그를 비시누의 화신으로 보았으며, 그에게 기도하면 아이를 가질 수 있다고 믿었다. 무슬림도 수피 사당에서 처럼 그를 모신 감실에 면사를 매어 놓았다. 성 엑스페딧은 마다가스카르에서 온 조상의 영혼을 숭배하고 있는 노예 후손들에게도 중요한 성인이다. 이 섬의 몇 주술사들은 그의 힘을 무력화시키기 위해 또는 그 머리를 자신의 환생에 사용하기 위해 감실에 있는 성 엑스페딧 상의 목을 잘라내기도 했다.[158] 이러한 종교적 관행은 인도양 주변에 있는 대다수 사람들의 신앙과 관습에서 나타나는 특성이다. 울라마나 성직자의 경직되고 엄격한 정통주의와는 대조적이라고 할 수 있다. 그러나 여기에서 논지와 관련해 중요한 점은 이슬람 중심지에서 온 개혁가들은 인도양 주변에서의 이러한 종교적 관행을 정화해야 할 대상으로 여겼다는 점이다.

이슬람 중심지에서 온 이들은 '보다 순수한'(purer) 이슬람, 즉 꾸란과 예언자의 가르침에 더 가까운 이슬람이라고 생각하는 바를 옹호했다. 이들의 시각에서 보면 인도양 무슬림 세계 전역에서 지속적으로 영향력을 발휘하고 있는 이슬람 이전의 종교 관행이 가장 커다란 문제였다. 여성의 지위 문제나 알코올을 비롯해 금기시된 음식들의 섭취와 같이 서양에서 온 비종교적인 요소들의 영향력을 차단하는 것도 문제였다. 물론 이들로서는 성 엑스페딧의 숭배와 같이 비-이슬람적 관행도 없어져야 했다.

19세기 말라바르의 마필라 무슬림 사회에서 매우 영향력 있었던 사이드 파들(Sayyid Fadl)의 종교 활동을 살펴보면서 인도에서 논의를 시작해 보자. 그의 초기 활동은 4년간 메카와 히자즈를 무대로 했다. 인도로 돌아와 케랄라에서 정치 활동을 했으나 영국 식민지 당국의 박해를 받아 결국 1852년 아라비아로 떠났다. 그 후 이스탄불에 정착했으며 자말 알딘 압딘 알 아프가니(Jamal al-Din-al-Afghani)와 함께 범이슬람 운동의 가장 중요한 이론가들 중 한 명이 되었다. 메카에 머물렀던 동안 그는 매년 케랄라에서 순례 온 약 2,000명의 하지들에게 커다란 영향을 미쳤다.[159]

하드라마우트인은 스와힐리 연안에서 특히 더 커다란 역할을 했다.[160] 전형적인 인물은 사이드 아마드 빈 수메이트(Sayyid Ahmad bin Sumeyt)이다. 그의 아버지인 아부바크르(Abubakr)는 시밤(Shibam)•에서 태어났으며 하드라마우트인들의 샤리프이자 무역가이자 학자였다. 그의 아들 아마드도 상인이자 학자가 되었다. 그는 도중에 장사를 그만두었으며 아버지와 다른 학자의 지도를 받으며 그랑드코모르 섬에서 이슬람을 공부했다. 나중에 그는 잔지바르에서도 한 이라크 학자 밑에서 공부를 계속했으며, 1880년대에는 카디가 되었다. 이후에도 여러 유명한 학자들 밑에서 더 공부했으며, 이자자(*ijaza*)••를 받기 위해 세 차례나 하드라마우트를 방문했다. 1883년과 1886년 사이 그는 이스탄불에서 시간을 보내면서 유명한 하드라마우트인 사이드 파디 바샤 빈 알위 빈 사히(Sayyid Fadhi Basha bin Alwi bin Sahi)와 함께 공부했다. 1887년에는 알-아즈하르와 메카에서 공부했으며 1888년에는 잔지바르로 갔다. 이때부터 1925년 죽을 때까지 그는 매우 유명한 학자이자 선생이라는 명망을 누렸다. 모든 인도양 연안 지역에서 학생들이 찾아왔다. 그의 평판은 세계적이었다. 두 잔지바르 울라마(*ulama*) 간의 다툼을 해결하기 위해 메카의 무프티•••도 그의 의견을 청할 정도였다. 이집트의 명망 높은 학자들 또한 그에게 의견을 물곤 했다.

하드라마우트인 학자들과 상인들 그리고 이들의 집안과 가계가 극도로 범세계주의적(cosmopolitan)이었던 것과 마찬가지로, 19세기 이슬람 분파 중에서도 가장 활기차고 중요했던 수피 타리카들도 범세계주의적이었다. 수피 타리카들이 전문적인 학자들이 아니라 평범한 스와힐리인들에게 훨씬 더 커다란 영향을 미쳤기 때문이었다. 그러나 학자, 울라마, 특정한 타리카에 속

• 현재 예멘 중부 하드라마우트지방에 있는 도시이다. 3세기에 하드라마우트왕국의 수도가 된 시밤은 16세기까지 교역의 요충지로서 번영을 누렸다.

•• 이자자는 아랍어로 "허가증", "면허장" 등을 의미한다. 이슬람 종교 지식의 교수와 관계되는 이자자는 이미 그러한 권한을 가진 사람이 이슬람의 특정 텍스트나 지식을 다른 이들에게 전달할 수 있는 권한을 허가하는 증서이다.

••• 이슬람법의 해석 · 적용에 관해서 의견을 언급할 자격이 인정된 법학의 권위자. 샤리아 법정의 카디(재판관)는 중요하거나 곤란한 문제에 판결을 내릴 때에 무프티의 의견을 구하고, 후자는 반드시 문서로 의견을 제출하는데 이를 파트와라고 하며, 카디는 그에 의거해서 판결을 내렸다. 카디 외에 마자림(행정)법정, 군주, 개인도 무프티에게 파트와를 구할 수 있었다.

하는 사람들은 서로 분명하게 따로 구분되는 것은 아니었다. 대다수 학자는 특정한 타리카의 성원이기도 했다. 예를 들어 중요한 마필라 무슬림 학자인 사이드 파들은 알라위(Alawi) 타리카에 속했다. 그러나 방법론적으로 두 줄기로 구분해 살펴보는 것도 도움이 될 것이다. 이제 수피파로 관심을 집중해 보자.

인도양 연안에서 가장 영향력 있는 조직은 알라위 교단이었다. 매우 금육적인 교단으로 주요 성지는 이낫(Inat)에 있었다. 19세기 말 알라위 교단의 한 분파인 샤드힐리야(Shadhiliya)는 남쪽 멀리 모잠비크를 포함해 연안 지역 곳곳에서 지지자들을 얻었다. 이 분파의 창시자는 코모로 제도 출신인 셰이크 마룹(Sheikh Ma'ruf)이었다. 그는 하즈를 했으며 샤리프였다. 다시 한 번 광범위한 커넥션을 확인할 수 있는데, 그의 영향력이 가장 강했던 지역 중의 하나가 남부 소말리아였다. 그는 1905년에 죽었으며 코모로에 있는 그의 무덤은 동아프리카의 모든 샤드힐리야 분파에 속하는 이들이 순례하는 성지이다.

압둘 카디르 길라니(Abdul Qadir Gilani)를 따르는 카디리(Qadiri) 조직은 알라위와 마찬가지로 인도양에 널리 퍼져 있었다. 이 창시자의 전설은 말레이어와 자바어뿐만 아니라 스와힐리어로 번역되었다. 식민시기 카디리 네트워크는 메카에서 소말리아 연안을 따라 남부 아라비아, 키시마이우(Kisimaiu), 그리고 라무에서 몸바사, 보이(Voi), 나이로비, 캄팔라를 거쳐 벨기에령 콩고에까지 닿았다. 또 다른 네트워크의 한쪽은 독일령 동아프리카로, 또 다른 한쪽은 서쪽으로 수단을 거쳐 나이지리아와 말리(Mali)까지 이르렀다. 이들의 가르침은 하드라마우트의 항구들에서 인도네시아로까지 퍼졌다. 벨기에령 콩고에서 발견된 종교 관련 서적들이 인도네시아에서 사용하는 것들과 같았다는 사실은 하나도 놀랄 만한 일이 아니다. 이 네트워크는 매우 다채롭고 중요했다.

1880년 이후 오스만의 술탄 압둘 하미드 2세(Abdul Hamid II)가 진작시킨 범이슬람 운동은 무슬림 세계에 심대한 영향을 미쳤으며 번번이 반식민주의 운동과 연결되었다. 이슬람 통합이라는 개념, 그리고 이스탄불에 있는 칼리프의 중심성이라는 개념은 이 시기에 널리 퍼져나갔다. 이 운동과 이러한 개념들은 잔지바르 통치자들에 의해 더 널리 확산되었다. 술탄 바르가시(Barghash)는 압둘 하미드의 이름으로 쿠트바(khutba)•를 행했다. 술탄 알리(Ali, 1902~11)은 친히 이스탄불을 방문했으며, 잔지바르에서 있었던 금요 예배에서, 그리고 심지어 독일이 본토를 점령한 이후에도 본토에서 오스만 술탄을 칼리프로 명명했다. 잔지바르에서는 범이슬람 신문이 발행되었다.

상호 교류는 활발했다. 일부 동아프리카 학자들은 이스탄불에서 지냈으며 그곳에서 영향력을 떨쳤다. 중요한 잔지바르 학자인 이븐 수마이트(Ibn Sumayt, 또는 빈 수메이트, Bin Sumeyt)는 이스탄불에서 1년을 보냈으며 그의 동료 학자 하드라마우트인 파들 알라위(Fadl B. Alawi)와—범이슬람 운동의 주요 이론가 중 한 명이었던— 같이 공부했다. 그러나 1차 세계대전이 발발하자 터키와의 관계의 끈은 생각보다 부실했음이 드러냈으며 인도와 히자즈에서도 마찬가지였다. 힐라파트 운동(Khilafat Movement)••은 별다른 성과를 거두지 못했던 반면, 메카와 메디나의 샤리프 통치자는 오스만과 이들의 독일 동맹국들보다는 아랍 반란(Arab Revolt)•••과 연합국을 선택했다. 오스만은 독일과 오스트리아의 편에 서서 전쟁에 돌입하면서 이 전쟁을 '지하드'(성전, 聖戰)라고 명명했다. 그러나 동아프리카에서 오스만에 동조하는 이들은 매우 소수였다. 많은 이들은 이 지역에서의 가혹한 독일의 통치를 케냐에서의 보다 너그러운 영국의 통치와 대비시켰다. 잔지바르의 술탄은 독일과 터키를 상대로 선전포고를 했다. 그가 영국의 연금 수령자였음을 감안해 본다면 그리 놀랄 만한 일은 아니다.

19세기 말부터 식민 통치는 위에서 언급한 여러 움직임들과 더불어 외부로부터 들어온 정보의 영향을 받았다. 교통통신과 인쇄 기술의 발전으로 정보와 사상은 광범위하게 유통되고 확산되었다. 이집트, 뭄바이, 싱가포르, 피낭

• 이슬람 모스크에서 금요 예배 전에 하는 설교로 이 설교에서 그 당시 지배자의 이름을 큰 소리로 부르는 것은 그의 주권의 승인을 의미한다.

•• 1919~22년 인도 무슬림이 주도한 범이슬람 정치저항운동으로 반영투쟁을 통해 오스만 칼리프제도 폐지를 막고자 했다.

••• 오스만제국으로부터 독립과 아랍 통일을 목적으로 1916년 메카의 샤리프인 후세인 빈 알리가 주도한 반란을 이른다.

에서 인쇄된 기도 교범들이 자카르타, 몸바사, 그리고 다르에스살람(Dar es Salaam)• 등 인도양 전역의 중요한 이슬람 도시들에서도 유통되었다. 샤피이(Shafi'i) 학교의 종교법 교재들은 스와힐리어, 말레이어, 자바어, 암하라어••로 번역 출간되었다.

식민 통치에 대한 이슬람의 기본적인 대응 방식은 예언자 무함마드의 삶(그는 때로 아프리카인으로 그리고 서양인에 대한 저항운동의 지도자로 해석되었다)과 특히 무함마드의 탄신일인 마울리드(Mawlidi)를 점차 더 강조하는 것이었다. 무함마드의 탄신을 축하하는 마울리드 축제는 스와힐리 연안의 스톤 타운들(stone towns) 대부분에서 성대하게 거행되었다. 라무의 마울리드 축제는 가장 유명한 마울리드 축제인데, 그 인기는 오늘날에도 이슬람 세계의 광범위한 커넥션을 다시금 확인시켜 준다.

식민의 종결과 이슬람의 재생으로 동아프리카 이슬람에 새로운 경향이 나타났다. 케냐와 어느 정도는 탄자니아에서 스와힐리인들은 한계인화되었다. 이들은 노예무역을 했던 오만인들에게 협력했고 서양 식민 세력에게도 협력했던 부역자들로 간주되었다. 이러한 상황 앞에서 몇 가문들은 '제다, 메카, 무스카트, 두바이, 아부다비로 떠날 수 있는 야마니(Yamani)나 우마니(Umani) 부계와의 연관성을 들고 나왔다.'[161] 외부 세계와는 별다른 혈족 관계가 없었으며 의심의 여지없이 명망도 낮았던 다른 이들은 이슬람에 의탁해 긍정의 힘을 키우고 스와힐리 정체성을 더욱 다졌다. 심지어 어떤 이들은 더 전투적인 파라고 간주되는 시아파(Shi'i) 이슬람으로 개종하기도 했다. 잔지바르에서 1964년 반아랍 혁명 이후 외부로부터의 영향을 과소평가하는 시기가 있었지만, 최근 1985년 오만의 영사관은 탄자니아의 수도인 다르에스살람이 아니라 잔지바르에 들어섰다. 비슷한 시기에 본토의 정권이 반이슬람 정권이라는 인식 때문에 불만을 가진 잔지바르는 이슬람협력기구(Organisation of Islamic Cooperation)에 가입했다. 이에 대해 본토의 기독교 정치인들이 격렬

• 탄자니아의 수도이자 해항도시이다. 인도양에 면한 무역항으로 아랍어(語)로 '평화의 항구'를 뜻한다. 이는 1862년 잔지바르 제국의 술탄이 축항했다.

•• 에티오피아의 공용어.

하게 항의하자 1993년 가입 결정을 번복했다.

이들 커넥션은 더욱 더 확장된 하즈를 통해서 그리고 앞에서 묘사했던바 이전과의 비슷한 방식들을 통해 오늘날까지도 계속 유지되고 있다. 후자의 예를 하나만 들어보겠다. 케냐의 스와힐리 무슬림들은 최근 수십 년간 특히 사우디아라비아의 후원을 받고 있는 규범적인 이슬람(normative Islam) 운동의 영향을 많이 받았다. 몇 젊은 케냐 무슬림 지도자들은 사우디아리비아에 있는 마디나(Madinah) 대학에서 유학했다. 케냐의 학교들에서 히잡이 점차 더 많이 눈에 띈다. 이와 비슷한 경향이 탄자니아와 우간다에서도 발견된다. 세계에서 가장 큰 선교 운동인, 자마아트 타브리그(Jama'at Tabligh)는 우간다에서 매우 활동적이며 영향력도 크다. 인도에서 기원한 이 운동은 기존의 무슬림 공동체에 초점을 두고 있다는 면에서 매우 중요하다. 오늘날 여타의 부흥운동들처럼 이는 꾸란과 샤리아(*shariah*)가 유일한 행동 안내서이며 모든 입법의 기초가 되기를 바란다.[162] 비슷한 경향이 남아시아와 동남아시아 전역에서도 보인다. 석유가 풍부한 아랍 국가들로부터 재정 지원을 받고 있는 모스크들과 마드라사들이 많이 있다. 그러나 정통 이슬람 혹은 규범적인 이슬람의 승리는 완전한 것과는 거리가 멀다. 당국은 첨가적인 변화도 완전히 없애버리지 못했으며 대체적인 변화도 아직 갈 길이 멀다. 코모로 제도에서 여전히 프랑스 영토에 속해 있는 마요트 섬을 보면, 주민들은 모두 분명히 무슬림들이지만 많은 이들은 동시에 영적 매개자들이기도 하다. 심령 의식을 할 때에 이들은 불가피한 상충이 일어나지 않도록 꾸란의 글귀가 있는 부적은 떼어 낸다.[163] 히자즈에서 가장 열성적인 이슬람 정화주의자일지라도 규범적인 이슬람과 그 이전부터 있었던 오래된 비공식적인 믿음을 이렇듯 유연하게 공존시키는 관행을 완전히 없애기는 어려울 것이다.

하드라마우트인들을 비롯해 여러 종교 안내자들이 인도네시아에서도 활동했으며 오늘날에도 여전히 활동하고 있다. 앤 방(Ann Bang)은 어떻게 나크시반디 수피(Naqshbandi Sufi) 교단이 19세기 초 인도네시아에서 수많은 지지자를 확보할 수 있었는지를 보여준다. 이들은 이슬람 이전의 관행을 어느 정도 이슬람에 편입시켰다—수피파에게는 그리 이례적인 행동은 아니었다. 예를 들어 디크르(dhikr)•를 하면 신심이 깊은 이들은 다치지 않는다고 믿었다. 19세기의 후반에 이런 '비정통적인' 관행은 우리가 이미 여러 차례 언급했던 사람들, 즉 중심지 메카에서 교육을 받은 후 인도네시아에서의 종교 관행을 정화하기 위해 고향에 돌아왔던 학자들의 주요 공격 대상이었다. 유명한 네덜란드의 오리엔탈리스트 스녹 후르그론예(Snouck Hurgronje)는 종교적인 신비주의 색체가 강했던 아체에서 이들이 어떤 노력을 했는지를 알려준다. 이들 개혁가가 닭싸움, 아편 흡입, 노름, 남색과 같은 일탈행위를 없애는 운동을 시작했다.

인도네시아에서 개혁(reform)과 정화(purification) 운동의 차이는—스와힐리 연안과 비교해— 후자의 추동력은 주로 외부, 특히 하드라마우트인들 또는 최소한 하드라마우트에 있는 마드라사에서 공부했던 연안 출신자들에서 비롯되었다는 점에 있다. 인도네시아에서는 메카에서 공부했던 현지인들이 하드라마우트를 비롯해 외부에서 온 이들보다 훨씬 더 커다란 역할을 했던 것 같다. 1822년 자카르타에서 태어난 사이드 우트만(Sayyid Uthman)의 이력은 이를 잘 보여준다. 그의 아버지는 자바에서 살았지만 하드라마우트인 혈통을 가지고 있었다. 그는 하드라마우트에서 공부를 하고 여기 저기 널리 널리 돌아다녔다. 그러나 그의 영향력은 주로 자바에 있는 동료 하드라마우트인들에게만 한정되어 있었던 듯하다. 지역(local) 무슬림들에게는 별반 설득력이 없었다.[164]

이제까지의 기술로 인해 인도양 연안 전역을 아우르는 하나의 무슬림 '공동체'(community)가 존재하는 것처럼 오해해서는 곤란하다. 이 공동체에는 여러 종교 활동들과—서로 다른 학파들과 수피 교단들의— 민족에 기반을 둔 너무나 확연해 보이는 분리와 분열이 존재한다. 이미 언급했던 예지만 하드라마우트는 샤피이(Shafi)파••를 따르지만 인도양 연안의 다른 지역에서는 그렇

• 사전적 의미는 기억, 회상, 언급, 암송이며, 이슬람에서 신의 이름을 제창하고, 사념을 신에게 집중하는 종교 행위이다. 소리를 내거나 침묵 속에서 마음으로 '알라, 알라, 알라'와 같이 신의 이름이나, '라 일라하 일라 알라'(알라 이외에 신은 없다), '알라후 아크바르'(신은 위대하다)와 같은 말을 계속 반복하여 음송함으로써 스스로를 정화하고 마음의 평안을 추구한다.

•• 8세기 말령 이만 말릴크의 제자였던 무함마드 빈 이드리스 앗 샤피이에 의해 세워졌으며, 이슬람교 수니파가 공인한 4개 학파 가운데 하나로 수니 이슬람교의 정통 법학파이다.

지 않다. 예를 들어 인도에서 지배적인 정통파는 하나피(Hanafi)파•이다. 일반적으로 아랍인들에 의해 종교중심지로 여겨진 히자즈(Hijaz)와 남부 아라비아, 특히 하드라마우트에서 온 아랍인들은 스와힐리 연안, 인도, 혹은 말레이 세계와 같이 다른 지역에 있는 지역 무슬림들과는 일정한 거리를 유지했다. 종교중심지에서 온 이들은 현지 여성이 아니라 고향에서 아내를 취했으며, 아이를 현지가 아니라 고향에 보내 공부시켰다. 이들은 두 번째 부터는 현지인 아내를 얻을 수 있을지 몰라도 최소한 첫째 정식 부인은 아이를 위해서라도 아랍 혈통을 가져야 한다고 생각했다.

• 압 하니파의 이름에서 붙여진 수니파 이슬람의 법학파이다. 수니파의 다른 세 법학파에 비해서 지역적 법관행이나 학자의 개인적 견해에 얼마간 관대한 것이 특징이다. 상업과 상인에게 관심을 보이는 학파로서 알려져 있다.

대양에서의 역사

앞서 새로운 종교 사상을 전파하고 기존 종교 관행을 바로잡을 목적으로 드넓은 인도양을 건너다녔던 이들에 대해 살펴보았다. 이보다 더 앞서 경제적인 이유 때문에 인도양 위를 지났지만 자발적이었다고만은 보기 어려운 연기계약 노동자들의 대양 항해에 대해서도 논의했다. 이들과는 달리 경제적인 이유로 완전히 자발적으로 인도양을 넘나들었던 이들도 있었다. 예를 들어 19세기 말과 20세기 초 아라비아 해에서 영국의 제국 경제에 커다란 영향을 미쳤던 인도인 자본가들, 또는 인도에 본거지를 둔 금융업자들의 에이전트들이 이에 속한다. 인도양에서의 이러한 이동 양태는 이 장이 초점을 두고자 하는 20세기에 들어서도 계속 유지되었다. 다시 말해 20세기 초반의 상황은 앞 장에서 서술했던 바와 크게 다르지 않았다. 2차 세계대전 이후 인도양 연안 국가들이 독립하면서 이러한 경향에 브레이크 같은 것이 걸렸으며, 얼마 지나지 않아 밀려온 지구화 현상으로 인해 인도양은 더욱 커다란 영향을 받게 되었다. 이 장에서는 먼저 바다를 가로지르며 이루어진 보다 최근의 이동, 특히 경제적인 이유로 인해 발생한 이주부터 살펴볼 것이다.

하드라마우트인들은 이슬람을 전파하고 강화시키는 데에 기여했지만 종교적인 이유보다는 세속적인 이유 때문에 인도양을 횡단한 경우가 더 많았다. 어떤 이들은 인도로 움직였다. 많은 이들이 19세기 최대 번왕국이었던 하이데라바드•로 유입되었다. 어떤 이들은 용병으로 왔지만 성공해 토지 관리자가 되기도 했다. 이들 중 몇 명은 그야말로 거액을 벌어 돌아갔으며 고향에 작은 술탄국을 세우기도 했다. 1857년 인도 반란(Indian Rebellion)•• 시기 이들은 '우리는 이곳에 돈 벌러 왔지 종교를 위해 싸우러 온 것이 아니다'고 말하면서 이교도인 영국인들을 인도에서 몰아내는 데에 도움을 달라는 요구를 거절했다.[1)]

다른 하드라마우트인들은 오랫동안 집적된 상업과 재무관리 능력을 바탕으로 인도양 전역의 서비스 부문에서 중요한 역할을 담당했다. 1930년대 중반 약 11만 하드라마우트인들이 해외에 거주했다. 이는 하드라마우트 지역 전체 인구의 거의 3분의 1에 가까운 수치였다.[2)] 오늘날 하드라마우트인들은 인도네시아, 말라야, 동아프리카에서는 대부분 철수했으나 사우디아라비아와 걸프 국가들에서는 여전히 활발하게 활동하고 있다. 서구로 이주한 이들도 있는데, 대다수는 정치적 상황에 불안을 느낀 나머지 인도네시아를 떠나 서구에 정착한 이들이었다. 서비스 부문에서 성공했던 이들은 하드라마우트인들 뿐만은 아니었다. 걸프 출신의 두 가계도 영국 체제의 틈새에서 전형적인 매판으로 성공을 거두었다. 카누(Kanoo)가문은 1차 세계대전 이전 걸프에서 영국인들에게 서비스를 제공했으며, 바레인에 있는 앵글로-페르시아 석유회사(Anglo-Persian Oil Company) 그리고 무갈(Mogul) 증기선 회사의 대표자가 되었다. 나중에는 진주 사업에도 관여했으며, 후에는 아람코(ARAMCO, 사우디아라비아석유회사)에도 깊이 관여했다. 또 다른 가문인 알가님(Alghanim)은 알사바(al-Sabah) 통치 가문과의 가까운 관계를 기반으로 쿠웨이트에서 세력을 떨쳤다. 현재 알가님 CEO는 예상할 수 있듯이 미국에서 사업 경영 교육을 받았다.[3)]

• 영국령 인도 제국에서 영국의 간접통치를 받은 소규모 군주국을 번왕국 혹은 제후국 혹은 토후국(Princely States)이라고 한다. 영국 통치기에는 이전보다 감축되어 약 500여 개의 번왕국이 인도에 있었으며, 그중 하이데라바드 번왕국은 규모가 가장 컸으며 인구도 1,600만에 이르렀다.

•• 다분히 영국의 시각을 반영하는 인도 반란이라는 명칭으로 부르는 대신에 세포이 반란, 세포이 항쟁, 1857년 인도 항쟁, 제1차 인도 독립 전쟁이라고도 불린다.

앞 장에서 19세기 인도인과 중국인 노동자들의 대규모 이동을 살펴보았다. 중국인은 대부분 말레이 세계로, 인도인은 말라야에서 남아프리카까지 인도양 전역으로 나갔다. 이들의 후손들은 독립을 되찾은 국가들의 경제 부문에서 중요한 역할을 했다. 이주 중국인의 후손들은 말라야의 경제에서 지배했으며 인도네시아에서도 커다란 역할을 했다. 현재 모리셔스 인구의 52%가 인도인 혈통인데, 이들이 이 섬의 경제와 정치를 움직이고 있다. 이들 디아스포라 공동체는 다른 나라들에 있는 디아스포라 공동체들은 물론 조상의 고향인 아라비아, 중국, 인도에 있는 동포들과 가까운 친인척 관계로 결합되어 있으며 사업적으로도 긴밀한 관계를 맺고 있다. 인도인들은 식민 시기 동아프리카에서 중대한 역할을 했으나 독립 이후 시기에는 박해를 받기도 하고 추방당하기도 했다. 그 정도가 버마와 케냐에서는 심했으며 우간다에서는 더욱 심했다. 인도인들은 서구로 가거나 인도로 돌아올 수밖에 없었다. 이렇게 해서 다시 한 번 디아스포라가 된 이들은 더 이상 이전처럼 가난한 연기계약 노동자가 아니었으며 전문직 종사자나 상당한 재력을 가진 이들도 많았다. 사실 이들은 인도인 디아스포라라기보다는 인도인 순환(circulation)이라고 할 수 있다.

사람들은 일을 찾아 계속 바다를 건너 다녔다. 1970년대와 1980년대 인도와 파키스탄에서 석유가 풍부한 걸프 지역으로의 이동이 한 예에 속한다. 1977년 걸프 지역에는 파키스탄에서 온 이주노동자가 140,000명이 있었으며, 1981년 사우디아라비아에는 276,000명의 인도인 이주노동자들이 있었다. 그 중 다수는 인도의 서부 연안, 특히 고아와 케랄라 출신이었다. 1980년대 중반 인도 노동자들과 파키스탄 노동자들이 고향으로 송금한 외화는 총 60억 달러에 달할 정도로 상당한 규모였다.[4)]

『오래된 땅에서』(*In an Antique Land*)라는 고전적인 저서에서 고쉬(Ghosh)는 케랄라에서 한때 번영을 구가했던 항구들을 언급했다. 망갈로르(Mangalore)는 이븐 바투타와 포르투갈인 바르보자의 찬탄을 자아냈던 항구였다. 영국이 들어오면서 이 항구는 쇠락했다. 그러나 최근 이곳 출신 남자들이 걸프 지역에 가서 일하고 돈을 벌어오면서 항구 주변의 모습은 달라졌다. '우리 주변에 있는 모든 것들, 잘 가꾸어진 정원, 이러 저리 얽힌 TV 안테나가 서있는 파스텔 색조의 방갈로들은 조용하고 풍요롭게 사는 교외의 삶을 대변하고 있다.' 케랄라의 다른 지역에 대해서도 고쉬는 '또렷한 기하학적인 선들과 밝은 파스텔 색조를 사용한 얼마간은 새로 지어진 커다란 저택들은 집주인들이 페르시아 만과 연결되어 있음을 말해준다'라고 썼다.[5)]

서부 인도의 고아 출신 사람들, 즉 힌두교도가 아니라 기독교도는 여러 가지 측면에서 전형적인 예를 제공한다. 이들은 고아가 1961년 인도연합(Indian Union)의 구성부분이 되기 훨씬 오래 전부터 수백 년 동안 이주했다. 역설적이게도 예전 고아 사람들이 다른 곳으로 가거나 왔다 갔다 하는 사이 인도의 다른 지역에서 이주자들이 고아로 홍수처럼 밀려들었으며, 이로 인해 고아의 면모는 완전히 달라졌다. 고아 출신자들을 이주하게 만든 힘은 이전에도 그렇지만 지금도 고향에서의 가난 그리고 포르투갈의 영향으로 일찍부터 로마 가톨릭으로 개종했던 사실에서 비롯되었다. 힌두교도와 무슬림 모두에게 해당되는 음식 타부와 같은 것이 이들에게는 없다. 고아인은 어떤 종류의 음식도 요리할 수 있었기에 서양 배에 요리사로 취업하는 경우가 많았으며 승무원으로서의 역할도 잘 해냈다. 고아인들은 또한 오랜 식민 경험의 결과 다른 대다수 인도인들과 비교해 더 '서구화'(westernised)되었으며, 보모나 음악가 등 여러 역할을 적절하게 해낼 수 있었다. 고아인들은 어디를 가든 가톨릭 성당의 광범위한 네트워크를 통해 이루어지는 지원과 도움 그리고 조언과 정신적인 위안을 얻을 수 있었다. 고아 기독교인들은 인도양 지역에서 일어나는 변화에도 민감했다. 20세기 중반 많은 고아인들은 식민지 본국어인 포르투갈어를 가르치는 학교보다는 영어 학교에 등록했다.

고아인들에게 이주해 가고 싶은 지역은 한둘이 아니었다. 18세기와 19세기 초 주요 이주지는 포르투갈의 여타 식민지들, 특히 모잠비크였다. 이들과 다른 인도인들이 모잠비크의 경제를 지배하다시피 했다. 이후 19세기에는 동아프리카의 여타 영국 식민지들과 함께 영국령 인도가 그들에게 엘도라도였다. 1921년 해외에 나가 정착한 고아인들은 약 20만 명이었던 반면 고아에 살고 있었던 인구는 약 47만 명이었다. 지난 수십 년 동안 이들의 주요 이주지는 걸프 국가들이었다. 오늘날에는 뭄바이, 푸네, 카라치와 같은 남아시아 도시들에 그리고 더 멀리 나이로비, 캄팔라, 다르에스살람, 바레인, 아부 두바이, 멀리 런던, 리스본, 캘리포니아, 토론토, 시드니에도 상당한 규모를 자랑하는 고아인 공동체들이 있다. 모이라(Moira) 마을은 매우 전형적인 예를 보여줄 수 있는 듯하다. 한 연구자에 따르면 1980년 이 마을 인구 절반이 가톨릭교도이다. 이들 중 85% 사람들의 현금 수입원은 해외에 거주하는 친인척들이 보내준 송금과 귀향 이후 받고 있는 연금이었다.[6] 30년 전 차를 타고 고아를 둘러보았을 때 현지인들은 큰 집을 가리키면서 집주인들이 영국 배에서 주방장이나 요리사로 일했다고 일러주곤 했다. 고쉬가 조금 더 남쪽에서 보았던 바와 같이, 오늘날에는 잘 지어진 새 집의 주인들은 걸프에서 일하거나 걸프에서 돌아온 이들의 가족들이다. 이는 고아인을 비롯해 다른 디아스포라 공동체들이 순환하는 방식—상당 시간을 해외에 나가 있지만 친인척이나 고향과 강한 유대관계를 유지하고 있으며 돈을 고향으로 송금하고 고향에서 노후를 보내기 바라는—을 보여주는 예다. 고아 여성들도 지난 200년이 넘게 인도양을 가로질러 여행했다. 무슬림이건 힌두교도건 남성들의 전형적인 이주 형태는 가족을 고향에 두고 홀로 떠나는 식이었다면 여성들의 이주는 이와는 달랐다. 고아 여성들은 남편과 함께 해외로 노동 이주하는 경우가 많다. 고아 여성들은 부모를 만나고 가족의 결혼식과 장례식에 참가하고 딸의 신랑감을 고르고 고향의 재산을 관리하고 고아의 수호성인 성 프란치스코 하비에르의 시신 공개와 같은 중요한 종교 행사에 참여하기 위해 고아를 자주 방문한다.

대양을 가로질러 여행했던 상당히 다양한 사람들로 이루어진 태피스트리의 한 가닥 색실에 해당하는 것이 고아 여성들이라면 또 다른 한 가닥 색실은 행상인들이다. 이들은 끊임없이 연안 주변을 오고 가며 물건을 흥정하고 사고 판다. 소상인들의 이러한 행상은 수천 년 간이나 계속되었을 것이므로 전체적으로 본다면 이들이야말로 인도양을 가장 많이 돌아다닌 사람들이었을 것이다. 어떤 이들은 이동 방목하는 육지의 목축민처럼 일정한 뱃길을 따라 돌아다녔으며, 어떤 이들은 기회를 찾아 어디로든지 갔다. 1877년 싱가포르는 이미 잘 알려진 번성한 식민 항구였으며 인도양과 남중국해를 잇는 중대한 접점의 역할을 했다. 바로 이 싱가포르도 커다란 상선들에 비해 그다지 눈에 띄지 않았던 행상인들이 정기적으로 들리는 곳이었다. 안나 브레시(Lady Brassey)는 이들을 눈여겨보았으며 다음과 같은 글을 남겼다.

> 남서계절풍이 끝나갈 무렵이 되면, 갑판 없는 현지의 작은 배들이 싱가포르 남쪽으로 1,500마일에서 3,000마일이나 멀리 떨어져 있는 섬들에서 싱가포르로 온다. 이 배들은 작은 삼각돛을 달고 있다. 가족 모두가 배에서 산다. 아주 짧은 줄을 이용해 작은 횃대에 묶어놓은 앵무새들과 잉꼬들을 비롯해 수없이 다양한 새들을 너무 많이 싣고 있어서 배의 측면은 잘 보이지도 않는다. 배 위에는 백단향 나무가 가득 실려 있다. 짐칸은 향신료, 조개껍질, 새털, 남해 진주조개 등으로 가득했다. 이들은 이런 물건들을 싣고 섬에서 섬으로, 동네에서 동네로, 유리한 계절풍이 와서 고향으로 갈 때까지 유유자적하게 움직였다. 이들은 한 달이나 6주 정도 머물며, 가져온 물건을 철, 못, 얼마간의 직기용 담록색이나 인도 빨간색 실, 얼마간의 맨체스터 면과 교환한다. 그리고서 북동계절풍을 타고 돌아가는데, 돌아가는 길에 다시 여러 섬에 들려 이 물건들을 판다. 싱가포르보다 더 가까이에 네덜란드령에 속하는 섬들이 많지만 규제가 심하다. 때문에 소박한 현지인들은 법을 어기지 않는 한 원하는 대로 할 수 있는 영국의 이 자유 항구를 더 자주 찾는다.[7]

인도양의 서편에 있는 코모로 제도에는 그곳 굴지의 인도인 상인 가문의 기원과 관련된 이야기가 입으로 전해지고 있다. 이야기의 상당 부분이 익숙한데, 이는 영국 제국의 우산 아래서 살았던 하나의 삶의 방식을 말해주고 있기 때문일 것이다. 하지 야쿱 이스마엘(Hadji Yakub Ismael)은 구자라트의 쿠치 만드비(Kutch Mandvi)에서 포목점을 하는 집에서 태어났다. 기계로 짠 유럽산 옷감에 밀려 포목점 운영이 어려워지자 그는 장삿길을 찾아 해외로 나갔다. 처음에는 잔지바르 그리고서는 이라크, 마다가스카르, 아프리카의 여러 곳을 다녔다. 수년 동안 잔지바르를 기반으로 장사를 했으나 모든 상황이 여의치 않게 흘러가던 중 마침내 코모로 제도의 한 섬에서 좋은 기회를 찾게 되었다. 그는 잔지바르에서 옷감(즉 제조품)을 싣고 그랑 코모로(Grand Comoro)섬으로 가서, 이를 사이잘•, 코이어를 비롯한 현지 산물들과 교환했다. 1880년대의 일이었다. 훨씬 나중에 프랑스가 이 제도를 점령했을 때에도 그는 코모로 섬사람들과 활발히 거래했을 뿐만 아니라 동아프리카 연안과 섬들을 오고가며 여러 가지 물품을 교역했다.[8]

• 용설란과에 속하는 식물이다. 이 식물의 잎 섬유는 로프 · 바닥 깔개 등을 만드는 데 쓰인다.

1938~39년 한 다우에 올라 여행한 빌리어즈는 전형적인 행상 항해를 경험했다. 이 다우는 경제 기회가 있는 곳들로 그리고 계절풍으로 인해 갈 수 있는 곳들로 향했다. 1939년 8월 쿠웨이트를 출항한 다우는 무칼라에서 팔 대추를 구하기 위해 바스라로 갔다. 가는 도중 무스카트에 기항했다. 무칼라에서 화물을 실은 다음 승객을 태우기 위해 아덴으로 항해했으며, 다시 화물과 승객을 싣기 위해 무칼라로 돌아갔다. 그리고서 아프리카를 향해 출항했으며, 북부 소말리아에 있는 하푼에서 얼마간은 밀수를 했다. 모가디슈에서는 따로 교역할 일이 없었기 때문에 다우는 바로 라무와 몸바사로 가서 화물과 승객을 내려놓았다. 다시 잔지바르에 가서 일을 보고 루피지 델타에서 맹그로브 막대를 싣고 다시 잔지바르로 갔다. 그리고 무스카트와 바레인으로 가서 맹그로브 막대를 팔았다. 다우는 마침내 1939년 6월 쿠웨이트로 귀항했다.[9)]

최근 예로는 1968년 오스트레일리아 북서부 애시모어 리프 연안에 정박했던 12척 프라우(prahus)로 구성된 선단을 들 수 있다. 프라우들은 해삼, 대합조개, 내륜 조개 그리고 다양한 종류의 생선들을 샀다. 마두라에 본거지를 둔 이들은 팔 수 있는 모든 것을 행상하며 동부 자바 주변을 항해했다. 이들의 목적은 애쉬모어 리프를 떠나 말린 생선을 가득 싣고 티모르를 거쳐 마카사르로 가서 모두 팔고 수라바이에서 팔 코코넛과 코프라를 사고, 이를 수라바이에서 다시 팔고나서 마두라에 있는 고향으로 돌아가는 것이었다. 전체 여정은 통상 5개월 정도 걸린다. 이러한 패턴은 최소한 수 세기 전으로 거슬러 올라가며 백인이 오스트레일리아를 식민화하기 오래 전에 형성되었음에 분명하다.[10)]

인도양에서 영국 제국이 위용을 떨치고 있던 시기 서양인들 또한 이 바다를 항해하며 할 수 있는 최선을 다했다. 1920년대 서머싯 몸(Somerset Maugham)은 여러 곳을 여행했다. 동료 승객들에 관해 이야기할 때면 으레 그는 예리하거나 신랄하거나 거만한 태도를 드러냈다. 방콕에서 돌아오는 항해에서 그는 '이내 나는 이제까지 한 번도 본적이 없는 가장 이상한 사람들이 가득 찬 곳에 내던졌음을 알게 되었다. 거기에는 프랑스인 상인 둘, 벨기에인 대령과 이탈리아인 테너 가수, 아내와 동반한 미국인 서커스단 운영자, 그리고 은퇴한 프랑스인 공무원이 있었다.' 그가 말한 서커스단 운영자도 일종의 행상인이었다. 그는 20년 동안 포트사이드에서 요코하마까지—아덴, 뭄바이,

첸나이, 콜카타, 양곤, 싱가포르, 피낭, 방콕, 사이공, 후에, 하노이, 홍콩, 상하이를 거쳐— 동양을 오고갔다. 얼마 후 그가 하이퐁에서 나오는 길에 만난 미국인도 행상인으로 다양한 양말 꾸러미를 들고 20년간 자카르타에서 요코하마까지를 돌아다녔던 유대교도(불필요한 반유대 감정을 드러내는 이야기가 이어진다)였다.[11]

인도양 바다를 여행하거나 인도양 연안에 살았던 수없이 다양한 사람들을 살펴보았다. 대형 증기선에서의 선상 생활에 대해서도 되도록 자세히 들여다보았다. 그러나 드높은 기세를 자랑하던 P&O 증기선들 밑에는 보다 하급에 속하는 배들이 있었으며 오늘날에도 여전히 있다. 부정기 화물선들(tramp steamers)과 지역 연락선들(ferry boats)이 대표적이다. 이들 하급 배들의 소유권에는 변화가 있었다. 2차 세계대전까지 상대적으로 조금 더 큰 배라고 할 수 있는 부정기 화물선들은 거의 모두 인도양 밖에서 온 이들이 소유하고 있었지만, 독립 이후 상황은 변했다. 그러나 심지어 오늘날에도 인도양 해운은 외국에 등록한 배들이 담당하는 경우가 많다. 인도양 주변 국가들이(그리하여 중국과 일본을 빼고) 소유하고 있는 상선 규모라는 측면에서 본다면 1945년 이후 어느 정도 발전이 있었다. 인도양 국가들의 총등록톤수(GRT)는 1939년 세계 전체 58,000GRT 중에서 약 185GRT였다. 1957년에는 세계 전체 110,000GRT 중에서 879GRT, 1971년에는 세계 전체 247,000GRT 중에서 5,324GRT, 1982년에는 424,000GRT 중에서 27,000GRT이었다.[12] 한마디로 말해 개탄스러울 정도의 거의 완전한 종속에서 어느 정도 진전이 이루어지는 방향으로 나가고 있지만 아직도 가야 할 길은 멀다.

근현대 인도 해운업 연구의 대가라고 할 수 있는 브로이제는 영국이 점차 규제를 일정 정도 완화하고 일말의 경쟁을 허용하면서 인도 해운업이 어떻게 두 세계 사이에서 활로를 찾았는지를 보여준다. 1919년 신디아 증기선회사가 뭄바이에서 창업했으며, 어느 정도 연안 교역에도 종사할 수 있었다. 이 회사는 영국 기술과 전문가에 의존하기보다 인도에서 기술자를 키우기 시작했다는 사실도 지적할 필요가 있다. 1935년 인도 정부 법령으로 영국 해운업에서 인도인의 차별이 금지되었다. 그러나 1939년까지도 신디아가 유럽이나 일본과의 교역은 고사하고 인도 연안 교역의 절반을 처리한다는 데에도 영국은 반대했다. 2차 세계대전 발발 시점에 인도 선박의 선적량은 132,000GRT로 세계 총량의 0.2%에도 미치지 못했다, 이 중 120,000GRT를 신디아 소유 선박들이 취급했다. 당시 전통적인 인도 배들의 총 톤수도 이와 거의 같았을 것으로 보인다.[13] 이후 상당 정도 진전이 있었다. 1983년 인도는 6,240,000GRT를 수송했다. 다른 한편 일본이나 싱가포르와 비교해 인도는 매우 뒤늦게 컨테이너 수송선 시대로 들어갔다.

20세기 인도양 해운을 조망하기 위해 상당히 많은 승객과 화물을 실을 수 있는 대형 선박에서 시작해 규모가 작은 전통적인 범선으로 논의를 확장시킬 수 있다. 화물이나 화물선과 관련된 경제 지표는 뒤에서 다루기로 하고 먼저 승객에 초점을 두어 살펴보자.

영국 저널리스트 개빈 영의 여행을 상기하면서 이 주제로 들어가는 것도 하나의 방법이 될 것이다. 1979년 8월 그는 유럽에서 광저우까지 해로로 항해하기 위해 출발했다. 전체 여정은 7개월이나 걸렸으며 그 과정은 매우 지난했다. 그는 의도와는 달리 아주 자주 육로로 여행해야 했다. 2차 세계대전 이전 아니 10년 전만 해도 전 루트에 여객선이 다녔지만 그가 대양 항해에 나선 1970년대 말에는 이미 여객선들이 많이 없어지고 화물선들만 운행하는 구간이 많았기 때문이다. 그는 스와이어 앤 썬즈(Swire and Sons) 회사 소속의 배들을 이용하곤 했는데, 비행기가 대중화되면서 1979년만 해도 이 회사가 운영하는 여객-화물선들은 많지 않았다. 이 해운 회사는 당시 캐세이 퍼시픽 항공사를 소유하고 있었다![14]

서머싯 몸은 1920년대 말 방콕에서 당시 전형적인 허름한 여객-화물선에 승선했다.

> 나는 400~500톤의 허름한 작은 배로 방콕을 떠났다. 식당으로도 쓰이는 우중충한 휴게실에는 양 옆에 놓인 회전의자들로 인해 폭이 더 작아 보이는 작은 테이블 두 개가 놓여 있었다. 선실은 배의 깊숙한 곳에 있었으며 아주 지저분했다. 바퀴벌레들이 바닥을 기어 다녔으며 아무리 침착한 성격의 소유자라도 손 씻으러 세면기 쪽으로 가다 아주 커다란 바퀴벌레가 여유 있게 나다니는 것을 보고 놀라지 않기는 어렵다. 넓고 여유로우며 청명한 강을 내려가다 보면 푸른 강둑을 따라 강가에 박은 말뚝 위에 지은 조그만 초가집들이 군데군데 자리하

고 있었다. 강과 바다의 관문을 지나자 푸르고 고요한 바다가 내 앞에 펼쳐졌다. 바다를 바라보고 냄새를 맡으니 기쁨으로 가슴이 충만해졌다.[15]

50년 후에 개빈 영은 비슷한 항로를 지나가면서 서머싯 몸을 생각했다. 그는 싱가포르에서 쿠칭으로 가는 1,400톤급 페락호(*Perak*)에 승선하고 있었다. 그는 선실을 보고,

> 서머싯 몸이라면 만족했을 것이다. 침상, 화장대, 거울, 옷장, 하얀 인조가죽으로 씌운 두 개의 안락의자와 스툴이 있었다. 측면에 난 창은 사각의 목조로 되어 있고 커튼도 있다. 시원한 물을 넣은 보온병이 벽걸이 블래킷에 걸려 있었으며, 나처럼 비정상적으로 키 큰 사람이 머리를 다치지 않도록 고안된 틀 안에서 돌고 있는 커다란 선풍기가 천장에 매달려 있었다. 나는 가방에서 몸의 단편집을 꺼내 집에서처럼 화장대 위에 올려놓았다.

사실 영이 이 배의 유일한 승객이었다. 때문에 그도 선실 문에 붙어 있는 '승객 정보'도 모두 유물 같았다. 승객 정보에는 '승객들과 비번인 장교들이 쉬고 있을 때가 통상은 바다에서 가장 조용한 시간입니다. 부모님들께서는 이 조용한 분위기가 유지될 수 있도록 도와주시면 매우 감사하겠습니다.'

이는 사라져가는 해상 여객 수송의 일부 현주소를 보여준다. 영은 예전에 첸나이에서 안다만 제도에 있는 포트 블레어로 간 적이 있었다. 그는 인도 해운 회사 기준에서 보면 상당히 큰 10,300톤급의 배를 950명의 승객과 함께 타고 있었다. 영은 널찍한 식당에서 아침으로, '콘플레이크, 계란, 베이컨, 카레소스를 곁들인 마드라스 케이크'를 먹었다. 그는 다시 포트 블레어에서 콜카타로 향했다. 이번에도 그는 인도 해운 회사의 현대식 배를 탔는데, '승무원들의 서비스는 정말이지 너무 훌륭했다고 말할 수 있어서 정말 기쁘다. 집처럼 편안하게 지냈다. 모두 승무원들의 상냥한 태도와 행동 덕분이었다'라고 여객선 불편신고서에 적어 놓았듯이 그는 배 안에서 좋은 시간을 보냈다. 물론 '술이 취해 외설적인 행동을 하고 제멋대로 구는 승객들' 그리고 '기분이 내키고 좋아하는 선실에만 들락거리는 승무원들'에 대해 불평하는 승객들도 있었다. 또한 '사회-경제적 상황으로 인해 어떤 이들은 계속 어두운 곳에 머물러 있어

야 했다'고 불만을 제기하는 승객들도 있었다.[16] 오늘날 포트 블레어로 가는 방법은 첸나이 혹은 콜카타 어디에서건 비행기로밖에 없다. 아라비아 해에서도 마찬가지이다. 몸바사-뭄바이 루트는 항공 여행으로만 가능하다. 인도네시아에서 서양 여행객들은 불안한 여객선을 타고 길고 할 이야기가 많은 여행을 하기도 했다. 이 여객선들은 아직 섬에서 섬으로 계속 다니고 있는데, 이는 섬들로 이루어진 인도네시아는 해상 운송 수단이 보다 더 지속될 수 있는 훨씬 더 적절한 환경을 가지고 있다는 사실을 반영한다. 조그만 증기선이 한동안 첸나이에서 피낭과 싱가포르를 운행한 적이 있었다. 대부분은 타밀인과 다른 인도인 이주자들을 말레이시아에 실어가고 실어왔다. 이 루트는 얼마간 유지되었는데, 일반적으로 비행기에 싣기에는 너무나 크고 무거운 짐을 가진 승객들이 이 여객선을 이용했었기 때문이었다.

여객선의 종말은 연안 루트에도 찾아들었다. 많은 이들이 페리를 타고 뭄바이에서 고아를 향해 한가로이 인도의 서부 연안을 내려갔으며 그림 같은 여명을 보며 만도비 강 어귀에 도착할 수 있었다. 개빈 영은 1979년 바로 이런 여행을 했다. 고아에 가까이 가면서 그는 다음과 같이 썼다.

> 이등실 식당에서는 빙고 게임이 한창이었다. 이등 항해사는 숫자가 적힌 네모난 종이 위로 연신 몸을 구부리고 땀을 흘리면서 빽빽이 들어서 있는 사람들을 향해 숫자를 불렀다. '할머니의 나이 – 80… 공화국 건국 기념일 – 26… 펀자브의 날 – 5… 에누리 없는 1다스 – 12… 하키용 스틱 – 77.' 시크교도들은 깔끔하게 닦아놓은 갑판 위에서 카드놀이를 했다. 인도인 가족들은 거의 소풍 나온 분위기였다. 히피들은 오렌지를 까먹거나 자거나 포르노 사진이 있는 성인용 잡지를 보았다. 4마일 정도 떨어진 푸르른 해안선이 스쳐 지나갔다. 정각에 카디르(Kadir) 선장은 가벼운 지붕을 얹힌 저인망어선들 옆을 지나 푸른 새벽안개 속에서 고아에 배를 댔다. 선장은 프로브•를 집어넣으면서 의사들이 말하는 것처럼 '이제 안으로 들어갑니다'라고 말했다. 오래된 요새, 흰색의 교회, 불그스름하고 덩이진 땅, 절벽아래 부서지는 파도의 선들이 보였다.

그는 이 루트가 더 이상 채산성이 없다는 말을 들었다.[17] 사실 증기선은 운행

• 의사들이 인체 내부 검사에 이용하는 길고 가느다란 기구로 탐촉자, 탐침이라고도 부른다.

을 멈추었고 제트 켓(jet cat)이 등장했으나 이마저 인기가 없었다. 제트 켓을 타고서는 여유로움이 느껴진다거나 편안하지 않았다. 통로 쪽 자리에 앉은 이들은 같은 줄에 앉은 다른 이들이 구토 통에 토하기라도 하면 릴레이로 승무원에게 구토 통을 건네주어야 했다. 이제 고아에 가려면 비행기나 기차를 타야한다.

열정적인 아마추어 연구자들 덕분에 우리는 일반적으로 특별할 거라고는 없는 아주 평범한 화물선의 역사를 추적해 볼 수 있다. 이를 위해 살펴보려고 하는 화물선은 웨스턴 오스트레일리아 연안에서 수 년 동안 운행되었다. 선덜랜드(Sunderland)에서 건조된 2,425톤의 선박으로 1892년 다리우스호(*SS Darius*)라는 이름을 가지고 세상에 나왔다. 인도와 오스트레일리아 간 말 교역에 수년을 쓰임당한 후, 1912년 웨스턴오스트레일리아 정부로 팔려갔으며 오스트레일리아 원주민의 언어로 퀴나나호(*Kwinana*)라는 새 이름을 얻게 되었다. 이때부터 퀴나나호는 북부의 항구들에서는 일반 화물을, 킴벌리 지역에서는 살아있는 가축을 싣고서 연안 이곳저곳을 오고갔다. 가끔 견목과 백단향나무를 싣고 멀리 뉴질랜드, 남아프리카, 중국으로까지도 갔다. 1920년 12월까지 8년간 프리맨틀을 기점으로 전체 96차례라는 인상적인 항해 기록을 남겼다. 그리고서 배에 불이 났으며, 앞으로 더 쓸모가 없다는 선고를 받았다. 곧 이어 폭발 훈련에 이용되면서 배의 수명을 마감했다. 이처럼 보잘 것 없고 극히 평범하고 일상적으로 보이는 이 배의 이력은 사실 인도양 연안에서 활동했던 대다수 상선들과 수송선들의 이력을 전형적으로 드러내주고 있다.[18]

이미 언급했던 바와 같이 증기선이 완전히 우세했던 시기는 현대에는 물론 과거에도 없었다. 범선은 여전히 일정한 역할을 담당하고 있다. 1979년 개빈 영은 '육중한 목재로 된 세대박이—돛대 3개를 설치한— 돛배'인 220톤의 스쿠너를 타고 콜롬보에서 투티코린•으로 항해했다. 엔진은 없었으며 잠시 바람이 자면 범선이 멈추기도 했다.[19] 투티코린에 도착한 영은 개중에는 500톤에 이르고 엔진이 없는 47척의 원양 항해용 토니들(thonis)••로 이루어진 선단을 발

• 인도 타밀나두 주의 도시로 투투쿠디라고도 한다.

•• 몰디브에서는 도니(Dhoni)로 불린다. 대형 삼각범을 달고 있는 다목적 범선으로 오늘날에도 관광객을 이동시키는 수단이나 어선으로 사용되며 일반적으로 엔진도 장착되어 있다.

견했다. 이 토니들은 소금과 비료를 싣고 서부 연안으로 가서 바닥짐만 실은 채 돌아왔다. 4월부터 8월까지는 밀, 비료, 쌀을 싣고 동부 연안의 첸나이와 콜카타로 향하며, 콜롬보로도 갔다. 디젤 연료 가격이 상당히 높았기 때문에 이 토니들은 여전히 경쟁력이 있었던 셈이다. 목재를 이용해 400톤급 원양 항해용 선박을 만드는 사업이 붐을 타고 있었던 사우라슈트라(Saurashtra)•에서도 사정이 같았다.[20]

지금까지 살아남은 중요한 범선이 그 유명한 다우이다. 다우의 사라짐은 로맨틱한 서양인들의 관심을 계속 자극했다. 1939년 앨런 빌리어즈는 다소 이르게 다우를 위한 레퀴엠을 썼다.

> 아랍 항해사들의 전성기에 아랍의 다우는 동양의 바다를 휩쓸고 다녔다. 이제 실론의 최남단을 돈 지 반세기가 되었다. 옛날의 방식들, 오래된 계기들, 과거의 수학—아랍인이 아주 오랫동안 뛰어난 기량을 발휘한 영역—은 이제 모두 사라졌으며, 그 자리를 대신할 수 있는 것은 없었다. 봄베이의 고물 집적소에 가져온 증기선 나침반, 과거 오류투성이의 해도만이 남아 있을 뿐이다. 아랍인은 많은 지식은 사라져갔고 그만큼 과거 영광도 잃어버렸지만 여전히 다우를 타고 항해했다. 다우는 주로 소규모 연안 무역과 밀수에 종사했다.[21]

전통적인 범선이 할 수 있는 역할이 상당 부분 줄어든 것 또한 사실이다. 1960년대 초 평균 6,000여 척의 선박이 매년 아덴에 기항했는데 등록 순화물 총량은 약 3,000만 톤에 달했다. 그중 다우는 매년 평균 1,400여 척이었으며 등록 순화물 총량은 약 135,000톤에 불과했다.[22] 그러나 다우라고 불리는 배의 범주는 상당히 넓은데다가 다우 또한 변화했다는 사실을 분명히 인식할 필요가 있다. 수 세기 전에 이미 코이어는 못으로 대체되기 시작했으며, 이용 가능한 목재가 다르다보니 다양한 종류의 목재가 사용되었으며, 근대적 항법이 채용하기도 했다. 무엇보다 오늘날 실제 다우는 모두 비용 문제 때문에 바람이 좋을 때는 돛을 이용하지만 비상시를 위해 엔진을 장착하고 있다.

• 인도 서부 카티아와르 반도의 대부분을 포함했던 옛 주(州)이며, 현재는 구자라트 주에 속한 지역이다.

에드워드 프라도스는 다양한 유형의 다우가 변화한 경로와 다른 유형으로 대체되는 과정을 잘 설명해 준다. 그의 주된 관심 대상은 후리(huri)와 산부크(sanbuq)로 알려진 예멘 형(型) 다우이다. 이들은 더 커졌고 더 효율적으로 되었다. 배의 크기 제한에 관한 규정이 없었던 데다가 '수산물의 인기가 치솟자—냉동 기술의 발전과 도로망 개선 등에 힘입어— 후리는 엄청나게 늘어났다.' 그 결과 '철갑 화물선과 유리섬유 론치만큼이나 현대식 산부크도 지역의 전통적인 배들을 절멸시키는 데에 책임이 있다고 말할 수 있다.' 그가 묘사한 변화들 중에는 선체를 보호하기 위해 전통적으로 가축의 비계나 생선 기름을 끓인 물에 라임을 으깨 만든 것을 두 달에 한 번 간격으로 배 외부에 문지르던 방식에서 페인트를 칠하는 방식으로의 변화도 포함된다. 목재의 부족으로 인해 통나무가 아니라 지금도 쓰이는 표준형 판자를 이용해 배를 만들었다. 거의 모든 배에는 선외기용 트랜섬이 있어 더 오래 바다에서 조업할 수 있으며 잡은 물고기는 얼음을 넣은 섬유유리 박스 안에 몇 일간 보관할 수 있다. 사용되는 목재 종류도 달라졌다. 티크 대신에 소나무나, 진질(zinjil)이라 부르는 붉은 견목 계통의 목재가 사용되기도 한다. 전자는 이탈리아나 심지어 스웨덴에서 수입해 오며 후자는 인도나 자바에서 가져왔음을 볼 때 목재 교역 네트워크의 범위도 상당히 넓음을 알 수 있다. 심지어 짜서 만든 배(sewn craft)에도 코이어가 아니라 나일론실이 이용되며 선외기용 트랜섬이 있다.[23]

동아프리카 연안의 다우는—이 경우는 자하지(jahazi)라고 불러야 더 정확하다— 1980년대를 끝으로 더 이상 걸프 교역에 종사하지 않는다. 주로 맹그로브 막대를 실었는데 환경문제로 인해 교역량이 크게 줄었기 때문이다. 그러나 지하지는 많지는 않지만 여전히 건조되고 있으며 오늘날에도 연안을 오르내리며 교역에 이용되고 있다. 승객을 실어 나르는 경우도 있지만 밀수품을 수송할 때가 더 많다.[24] 걸프에서 지역 항해 다우와 원양 항해 다우는 모두 모터를 달고 있다. 어떤 다우는 순례자를 어떤 다우는 대추를 실어 나른다. 모터로 인해 걸리는 시간은 절반으로 줄었으며 필요한 선원수도 그만큼 줄어들었다. 돛에만 의존할 때에는 거추장스러운 대형 삼각돛을 다루는 데에 인력이 많이 필요했으며, 소규모 장사를 위해 배에 올랐던 승객들이 항해를 거들곤 했다.[25]

오늘날 다우 교역의 중심은 인도 서부 연안이다. 인도 경제에 상당히 규제가 심했던 시기, 즉 1980년대 말까지 이들 다우는 금지 품목을 인도로 밀수입하는 데에 집중적으로 이용되었으며, 그 때문에 살아남을 수 있었다. 밀수에 이용된 다우는 45피트 정도의 길이로 작고 볼품없이 보였는데, 다분히 의도성이 있었던 듯하다. 사실 이들 다우는 크고 강력한 엔진 2개를 장착하고 있는 것이 일반적이었다. 매년 상당량의 금이 두바이에서 밀반입되었다. 1981년 한 인도 다우가 걸프에서 인도로 밀수입하던 중에 나포된 적이 있었다. 이 다우는 8,807개에 달하는 일본제와 스위스제 시계를 싣고 있었다. 다우는 목재나 건축자재와 같이 일상에서 쓰이는 소소한 물품들을 케랄라에서 뭄바이로 실어 나르기도 한다. 1976~77년 뭄바이에 들어온 다우는 13,435척이었는데, 대부분 인도 서부 연안에서 왔다.[26]

오늘날 다우건조의 중심지도 인도 서부 연안이다. 이곳에서의 건조 비용이 다른 곳보다 훨씬 저렴하기 때문이다. 마틴에 따르면 1978년 오만에서는 20톤 정도의 슈이(shu'i)는 21,000달러였으며 모터를 달면 5,000달러를 더 내야 했다. 선채, 선실, 화장실은 인도산 티크, 돛대는 말라바르산 나무, 내부는 남인도 연안의 망고 나무를 썼다. 이렇게 건조된 배는 고깃배로 쓰였다. 그러나 1970년대 말 당시 900달러만 지불하면 실외기를 가진 12피트의 알루미늄 보트를 살 수 있었다. 일반적으로 걸프 지역이 다 그렇듯이 오만에서는 다우 가격이 너무 높아 시장성이 없었다. 인도의 다우건조 주요 중심지는 캘리컷에서 남쪽으로 10km 지점에 있는 베이포르 강•어귀에 위치한다. 선체가 될 티크 통나무가 내지에서 강을 타고 떠내려 온다. 이곳에 다우 건조를 의뢰하는 고객은 대부분 아랍인들이다. 1978년 마틴은 이곳에서 한 쿠웨이트 상인 고객이 주문한 다우를 건조하기 위해 500톤에 이르는 붐을 제작하고 있는 광경을 목격했다. 비용은 엔진을 제외하고 63,000달러였으며 건조에는 18개월이 걸렸다. 오만에서의 건조 비용과 비교해 확실히 상당히 저렴한 가격이었다.[27]

범선은 말레이 세계 일부 틈새 지역에서도 살아남았다. 동부 인도네시아에는 아직도 많은 프라우들이 활약하고 있다. 대부분 엔진을 정착하고 있다. 람

• 찰리야르 강이라고도 한다.

보(lambo)라고 불리는 엔진 없는 작은 범선인 슬루프들(sloops)도 있다.[28) 1884~1910년 기간에도 인도네시아에서의 전체 수송량의 95% 이상을 취급했던 것은 증기선들이었다. 프라우는 스와힐리 연안에서와 같이 주요 증기선 항로상에서 계속 움직였으며 지금도 마찬가지다. 쉴 새 없이 섬과 섬을 돌며 물건을 팔러 다니는 프라우들도 있다.

비교적 최근 두 다우 경험담을 빌리어즈의 고전적인 묘사와 비교해 보는 것도 재미있을 것이다. 개빈 영은 알라자호(*Al Raza*)라고 부르는 60피트 다우 화물선을 타고 두바이에서 카라치로 갔다. 선원들은 인도에서 태어난 이란 사람으로 나이가 지긋해 보이는 조타수 한 명을 빼고, 나코다를 비롯해 모두가 발루치(Baluchi)사람들•이었다. 다우에는 380마력의 일제 모터가 있었지만 중간에 작동이 되지 않아 화물로 실은 차에서 부품을 떼어내서 수리해야 했다. 나중에는 다우 엔진에 있는 발전기가 고장 나는 바람에 마찬가지로 화물로 실은 차의 엔진을 가동시켜 불을 밝혀야 했다.[29)

1990년대 중반 맥킨토시-스미스는 길이 10미터 중량 6톤의 신형 삼북(Sambuk, Sambūq)을 타고 승객과 선원을 모두 합해 23명과 함께 예멘에서 소코트라 섬으로 향했다. 배의 흘수선 아래는 티크였지만, 갑판은 소나무 그리고 나머지 선체 부분은 보다 값싼 견목으로 만들어진 배였다. 항해에는 2박1일이 걸렸다. 갑판은 상자, 석유통, 로프, 돛 등으로 발 디딜 틈이 없었다. 나코다인 살림(Salim)은 기본 나침반을 갑판에 못으로 고정되어 있는 상자 안에 설치했다. 그러나 그는 별자리를 잘 알고 있었으며 조류도 감안하면서 배를 조종했다. 배는 33마력의 일제 모터를 달고 있었으며, 대형 삼각돛은 비상시에만 사용되었다. 돛으로 가면 최소 5일 정도가 걸릴 거리였다.[30)

섬은 바다에 위치하며 본질적으로 해양적이라고 할 수 있다. 호르텐과 퍼셀은 지중해에 관해 집필하면서, 섬은 고립되고 외지고 멀리 있다는 고정관념은 오류라고 주장한다. 사실 섬은 전방위 '연결성'(connectivity)을 가지고 있다. 섬은 해상으로는 물론 연안 지역으로도 쉬이 접근할 수 있는 위치에 있다.

• 파키스탄 서부 지방의 유목민들로 주로 수니파 이슬람교도들이다.

리차드 그로브는 인도양 섬들을 언급하면서 '유럽인들로 하여금 자연과 보존 문제에 관해 새로운 사고를 하도록 고무시켰던 '에덴동산'(Edens)이라고 했다.[31] 섬이라는 맥락에서 바라본다면 앞서 다루었던 주제들 중 몇은 상당 부분 의미를 덜어내야 할 것이다

유럽인들이 섬들을 설탕, 커피, 차, 향신료, 코코넛 등의 농장으로 이용하기 이전, 대부분의 섬들에는 사람들이 살지 않았다. 식민 강대국들은 섬들로 노동력을—처음에는 흑인 아프리카 노예들 그리고서는 연기계약 노동자들— 끌어 들였다. 이 때문에 인도 출신 노동자들의 후손이 인구의 다수를 형성하게 된 모리셔스 섬에서 보는 바와 같이, 독립 이후 많은 섬들은 복잡한 사회문제를 안게 되었다. 이들과 크리올•과의 관계는 긴장과 갈등의 연속이었다. 잔지바르에서도 1964년 혁명으로 구 아랍 엘리트가 기득권을 내놓을 때까지 비슷한 상황이 이어졌다. 마다가스카르에서 말레이-폴리네시아 이주자들의 후손으로 고지대에 살고 있는 메리나인과 아프리카인의 후손인 연안 사람들은 서로 섞이지 않고 분리된 상태로 남아있다. 또한 섬들은 거대한 생태 변화를 겪어야 했다. 오래된 산림지대는 농작물에 자리를 내주어야 했으며, 이로 인해 땅 침식이 자주 발생했다. 야성화된 개들과 고양이들로 인해 토종 야생동물들이 죽어나갔다. 1670년대 모리셔스에서는 사람은 물론 돼지와 원숭이 때문에도 도도새가 멸종되었다. 세이셸 제도의 코끼리거북도 거의 같은 상태에 놓여 있다. 고립된 지형 구조로 인해 소코트라 군도••는 최근에야 외부 세계에 알려지게 되었다. 여기에서도 예전에는 수지를 이용해 지혈용 약품으로 널리 사용되었던 용혈수가 거의 사라질 위기에 처해있다. 방목 가축들 때문에 어린 묘목이 자랄 수 없기 때문이다.[32]

비록 영국에게 점차 더 주권을 침해당하고 있었지만 잔지바르는 19세기 내내 오만 술탄국의 통치 하에 있었다. 사회는 상당히 계층화되어 있었다. 아랍 기원을 주장하는 통치 엘리트들이 있었으며, 그 아래에는 아랍인의 후손임을

• 프랑스식 발음을 따라 크레올이라고도 한다. 원래 식민지 태생의 백인을 부르는 말이었으나, 오늘날에는 보통 유럽계와 현지인의 혼혈을 부르는 말로 쓰인다.

•• 인도양 남동부에 있는 예멘의 군도로, 특이한 동식물이 많이 사는 곳으로 유명해 인도양의 갈라파고스로 불린다.

설득력 있게 주장할 수 없었던 무슬림들이 있었으며, 맨 밑에는 노예의 후손들이 있었다. 그러나 정부의 행정과 상업 부문에서는 대개 쿠치(Kutch)•에 기원을 둔 인도 무슬림이 압도적인 지위를 차지하고 있었다. 잔지바르는 1963년에 독립했으며, 1964년 유혈 혁명 후 탕가니카와 합병하여 탄자니아라는 새로운 국가로 탄생했다. 혁명으로 아랍 엘리트 계층이 쫓겨났으며, 이들을 비롯해 얼마간의 인도 무슬림도 잔지바르를 떠나는 선택을 했다. 영국의 간접 통치로 인해 독립 후 사회불안을 겪어야 했던 잔지바르처럼, 과거 식민 강대국의 식민 정책이 남겨놓은 유산으로 인해 독립 이후 불안한 정국에 놓였던 섬들은 적지 않았다.

마다가스카르를 섬으로 다루어야 할지는 여전히 의문이다. 사실 마다가스카르는 많은 육지 국가들보다도 더 크기 때문이다. 매우 다양한 인종이 살고 있는 이 섬은 1896년부터 프랑스의 식민지가 되었다. 프랑스 식민통치가 남긴 유산 때문에도 1960년 독립 이래 마다가스카르의 역사는 파란만장했다. 지금도 세계은행과 국제통화기금이 마다가스카르 경제나 사회 정책에 대해 '조언하는'(advising) 상황에 있다.

코모로 제도를 구성하는 주요한 네 섬들에서도 민족 분열의 양상은 심각하다. 천 년 전 아랍인의 도래 이전에도 이미 말레이-폴리네시아인과 스와힐리어를 사용하는 아프리카인은 서로 분리된 채 살고 있었다. 스와힐리 연안에서와 같이 아프리카-아랍 혼혈인들이 거주하고 있던 3개 섬들과는 달리, 마요트 섬에는 마다가스카르에서 온 말레이-폴리네시아인들이 주로 거주하고 있었다. 19세기 후반 이들 네 섬들은 모두 프랑스에 의해 식민화되었다. 1975년 다른 섬들이 독립을 선택했을 때에 마요트는 프랑스에 남기로 결정했다. 독립한 2개 섬들의 최근 역사는 그야말로 격동의 역사였다. 쿠데타가 여러 차례 일어났으며 용병들이 결정적인 역할을 하기도 했다. 잔지바르처럼 코모로 제도에서도 사람들은 자신들이 이슬람 세계에 속한다는 인식이 강하다. 1993년 코모로 제도의 주요 3개 섬들은 아랍연맹(또는 아랍국가연맹)에 가입했다.

• 인도 서부 구자라트에 속한 행정구로, 서쪽은 아라비아해에 면하고 북서쪽은 파키스탄에 접하는 인도 최서부 지역이다.

유럽인의 인도양 도래 훨씬 오래 전부터 코모로 제도와 마다가스카르에는 사람들이 정착해 살고 있었다. 이제부터 살펴볼 무인도였던 다른 섬들과는 확연히 다른 점이다. 마스카렌 제도•, 레위니옹••, 모리셔스, 그리고 세이셸 제도를 예로 들 수 있다.

포르투갈은 16세기에 모리셔스를 발견했으며, 네덜란드는 두 차례나 이곳에 정착 식민지를 세우려고 시도했다. 유럽의 지배가 영속화되기 시작한 시점은 프랑스가 이 섬을 점령한 1721년이었다. 프랑스는 바로 사탕수수 농장을 만들고 아프리카 노예를 대거 들여와 노동력으로 사용했다. 18세기 말 인구는 6,000명의 백인, 대부분 인도인인 3,700명의 자유인, 그리고 거의 50,000명의 노예로 구성되었다. 나폴레옹 전쟁기인 1810년 영국은 이 섬을 점령했으며, 1835년에 노예제를 폐지했다. 이어 80년이 넘는 기간 동안 약 450,000 인도인 연기계약 노동자들이 이 섬에 들어왔다. 모리셔스는 1968년에 독립했다. 민족과 종교에 따른 분리 현상이 매우 심할 수밖에 없다. 인구의 절반 이상이 인도인 힌두교도이며, 인구의 약 30%는 크리올과 유럽인이고, 16%는 무슬림이며, 약 3%는 중국-모리셔스인 배경을 가진 이들이다. 사실상 200년간이나 그야말로 경제 자체였던 사탕수수 농장과 관련해 대토지를 소유한 이들은 프랑스-모리셔스인 엘리트이지만, 인도인과 크리올 소토지 자작농도 적지 않다. 이 섬의 경작 가능 토지의 90% 정도를 차지하고 있는 작물은 사탕수수이다.

모리셔스에서도 사회구성 집단들 간에 어느 정도 긴장 관계가 존재하고 있는 것은 분명해 보인다. 그러나 거주민 전체가 토착인이 없는 땅에 비교적 최근에 정착한 이들이었기 때문에 모리셔스의 약 100만 인구는 성공적인 다문화 사회를 구성하고 있다고 보는 이들도 있다. 언어도 모리셔스 사회의 다문화성을 반영하고 있다. 영어, 프랑스어, 표준 힌디어와 같은 공식 언어에 더하여 모리셔스 코리올과 모리셔스 보즈푸리어(Mauritian Bhojpuri)•••와 같은 지방 언어도 소통되고 있기 때문이다.[33] 3~4개의 언어를 하는 이들이 많다. 정

• 마다가스카르의 동쪽에 있는 화산 군도이다.

•• 마다가스카르의 동쪽에 있는 프랑스의 해외 주이다.

••• 동부 인도아리아어군에 속하는 언어로 인도 동북부와 네팔 코시 구 일대에서 사용되는 언어이다. 화자 수는 4천만 명 정도이다.

치 시스템은 어느 정도 자유롭고 개방적이다.

모리셔스는 단 하나의 수출 작물이었던 사탕수수에 대한 완전 의존적 경제에서 벗어나 경제를 다변화할 수 있었으며, 이는 모리셔스 다문화 사회의 조화와 공존에 일정 정도 역할을 했다. 살펴볼 바와 같이 관광이 급속히 발전했다. 정부는 이 섬을 인도양의 싱가포르로 만든다는 목적을 세웠다. 이를 위해 1970년에는 직물 공장을 세우고 수출가공공단을 만들었다. 현재 설탕은 수출 수입의 23%정도만을 차지하고 있다. 수출가공공단에 투자 유치를 위해 파업 금지, 무료 송금 서비스, 10년 면세와 같은 장려정책을 마련했다. 그 결과 외국인 투자는 1998년 1,100만 달러에서 1999년 4,700만 달러로 증가했다. 그러나 어떤 수출 상품이건 정책이나 시장 변동성에 노출될 수밖에 있다. 1988년 모리셔스 직물 수입을 확약했던 유럽연합이 어느 정도 목적을 달성했다는 판단을 내리고 모리셔스에서의 직물 수입을 제한했다.[34]

레위니옹도 마찬가지로 다민족 사회이다. 프랑스는 마스카렌 제도의 여타 섬들과 함께 이 섬을 점유했다. 19세기 초 영국이 이 지역 모두를 차지했다가 나폴레옹 전쟁 이후 프랑스에 레위니옹을 돌려주었다. 현재는 프랑스 본토 밖에 있는 프랑스 지방을 의미하는 해외 주(Départements)이다. 유럽, 아프리카, 인도, 중국, 마다가스카르, 코모로에서 온 이들의 후손들이 인구를 구성하고 있다. 모리셔스에서처럼 레위니옹에서 설탕 산업은 처음에는 노예 노동을 나중에는 연기계약 노동자로 온 인도 타밀인을 노동력으로 이용했는데, 오늘날 이들의 후손이 전체 인구의 6분의 1 정도를 차지한다. 프랑스의 일부로 존재하는 데에는 이점과 난점이 모두 있다. 한편으로 이는 본토와 유럽으로부터의 관광객의 대량 유입과 설탕 시장의 확보를 의미한다. 다른 한편으로 이는 임금이 프랑스 본토와 같은 수준이어서 레위니옹의 노동력은 다른 섬들의 보다 싼 노동력과 경쟁할 수 없음을 의미한다. 결과적으로 산업은 발전하지 못하고 있다.[35]

레위니옹에서 발견할 수 있는 종교의 혼종성은 복잡하고도 흥미롭다. 19세기 프랑스 당국은 대부분 하층 카스트 출신인 타밀인 노동자들을 대상으로 적극적인 개종 활동을 전개했다. 20세기 종교적인 압박이 느슨해지면서 가톨릭 관행과 힌두 관행이 자연스럽게 뒤섞였으며, 이러한 혼종 현상은 세례식이나 결혼식과 같은 의례에서 특히 두드러지게 나타났다. 앞서 언급했던 성 엑스페딧 숭배는 레위니옹 섬에서의 민간 종교 관행을 잘 보여주고 있는 사례이다. 각기 다른 종교 공동체에 속하면서도 모두 성 엑스페딧이라는 하나의 대상을 끌어안을 수 있는 곳이 레위니옹이었다. 그러나 지난 몇 십 년간 이런 혼종적이고 관용적인 상황은 상당히 변했다. 브라만 계층에 속하는 타밀인이 들어왔으며 이 섬에서 실천되고 있었던 힌두 관행에 대해 순화 운동을 적극적으로 펼쳤기 때문이다. 이 운동은 가톨릭 당국이 100년 넘게 걸려 거두어들었던 성과보다도 더 많은 성과를 이루었다. 민간 힌두교적 관행이 상당 정도 없어졌다. 예를 하나 들면, 이전 혼종이 만연했던 시기에 대다수 힌두교도 부모는 자녀에게 존이나 메리와 같은 서양식 이름을 지어주었다. 그러나 이제는 힌두 점성술에 따라 상서로운 이름을 선택한다. 오늘날 젊은 인도 부모는 이전 기독교적 영향을 버리며 인도식으로 아이의 이름을 지을 뿐만 아니라 생일에 따라 이름 첫 글자를 만들던 이전 민간 힌두교적 관행도 따르지 않는다.[36]

마지막으로 세이셸에 대해 간략하게 언급할 필요가 있다. 이 제도의 역사는 모리셔스나 레위니옹과 크게 다르지 않기 때문이다. 여기에서도 노예, 설탕 그리고 연기계약 노동자가 있었다. 그러나 이곳의 연기계약 노동자는 대부분 계약 기간이 끝나면 고향으로 돌아갔으며, 남아있던 이들은 모리셔스에서와는 달리 훨씬 더 규모가 컸던 기존 사회로 통합되었던 듯하다. 그러나 연기계약제도 이후에 들어온 인도인 자유 이주자들은 다소 달랐다. 이들은 상업을 지배하고 있으며, 얼마 되지 않는 중국인들과는 달리 개종하지도 다른 민족 구성원들과 통혼하지도 않았다. 특정한 민족이나 종교라는 공통분모로 묶기 이전에 기본적으로 모두 세이셸인이라고 간주될 수 있는 여타 섬사람들과는 거리를 두고 있는 듯 보인다. 이 제도는 1976년에 독립했으며 이후 경제는 주로 관광에 의존하고 있다.

여기에서 동북방향으로 한참 가다 보면 있는 몰디브는 상당히 다른 역사를 거쳐 왔다. 몰디브는 1,200개의 섬들로 이루어진 제도이며 그중 약 200여 개 섬에 사람들이 정착해 살고 있다. 기원전 500년 이래 사람들이 거주해왔던 것으로 보이는 이 제도는 단 한 번도 식민화된 적이 없었다. 앞서 언급했듯이 이븐 바투타는 이곳에서 즐거운 시간을 보냈다. 이들은 자신의 언어와 문자를 가지고 있다. 인구는 다민족으로 이루어져 있으며 스리랑카, 인도, 아랍, 아프리카와 인도네시아에 기원을 가지고 그 영향을 받은 이들이 어우러져 있지만, 오늘날 이들은 모두 무슬림이며 민족 집단 간 긴장 관계 같은 것은 전혀 없다. 이슬람은 공식 국가 종교이며 다른 종교는 금지되어 있다. 관광에 기반을 둔 경제는 붐을 맞이하고 있다.[37] 마지막으로 차고스 제도• 특히 디에고 가르시아 섬과 크리스마스 섬을 아주 간단하게나마 언급해야 한다. 디에고 가르시아 섬은 나중에 인도양에서의 전략 문제를 다루면서 더 자세히 들여다 볼 것이다. 크리스마스 섬은 19세기 말까지도 무인도였으며, 이후에는 이 섬의 인산염 침적물을 이용하기 위해 말레이 노동자들을 수입했던 클루니스-로스(Clunies-Ross) 가문의 영지였다. 이 섬은 1948년 이래 오스트레일리아의 영토가 되었다. 근래에 오스트레일리아는 이곳에 출입국 센터를 세워 난민지위 신청자를 수용하고 있다. 그 결과 인도네시아에서 오스트레일리아로 향한 난민지위 신청자들의 발이 이 섬에 묶여 있다.

증기선의 역할을 중심으로 19세기 기술변화가 인도양에 미친 영향에 대해 광범위하게 논의한 바 있다. 2차 세계대전 이래 새로운 기술이 계속 출현하면서 인도양의 해항도시들은 흥망성쇠를 겪었으며 인도양을 오가는 선박도 대형화되었다. 먼저 선박과 소유권의 변화를 살펴보자.

2차 세계대전 이후 선박은 극적이라고 말할 수 있는 변화를 경험했다. 컨테이너선, 광석수송 전용선, 유조선이 부정기 화물선을 대체했다. 파나마나 나이지리아와 같은 곳에 국적을 두는 편의치적선 제도가 확대되면서 전통적인 해양 강국들의 깃발을 단 선박 수는 줄어들었다. 1977년과 1987년 사이 유럽연합 구성 국가들의 등록 선박 톤수는 세계 전체의 30%에서 17%로 하강했다. 예전 영국은 세계 총 톤수의 22%를 차지했지만 현재는 2%만을, 미국은 33%를 차지하고 있었으나 지금은 5%만을 점하고 있다. 선박이 게양하고 다니는 국기에 따라 분류한다면 세계 최대 3대 선박등록국은 나이지리아, 파나마, 일

• 몰디브 제도의 남쪽에 위치하며 주요 섬인 디에고가르시아를 비롯해 에그몬트, 이글, 페레스보, 노스, 솔로몬 섬 등으로 이루어진 제도이다. 프랑스령에서 1814년에 영국령이 되었으며, 현재 영국령 인도양 영토(British Indian Ocean Territory)에 속한다.

본이다.[38] 전반적으로 제1세계에서 배를 이용한 여객수송은 1960년대에 멈추었으며 항공 여객수송으로 대체되었다. 대서양을 보면 여객수송은 1957년에는 항공과 해상에서 각 50% 비율로 균등했지만 1967년에 해상을 통한 여객수송은 7.5%로 떨어졌으며 1973년에 이르러서는 1%만을 차지했을 뿐이다.[39]

1950년대 미국과 멕시코 만을 오가는 컨테이너선이 등장했으며, 1960년대 초에는 북대서양으로 퍼졌다. 1984년에는 선진국 간 정기 해운의 75% 정도가 컨테이너화되었으며, 1990년대 초에는 세계 거의 모든 정기 해운이 컨테이너로 이루어지게 되었다. 컨테이너의 크기는 'TEU'(Twenty Foot Equivalent Unit) 단위로 매겨지는데, 표준 컨테이너는 20x8x8ft이며 어떤 것은 현재 40x8x8ft이다. 컨테이너선은 점점 더 커지고 있다. 1964~1967년 제1세대 컨테이너선은 1,000TEU였으나, 현재 컨테이너선은 6,000TEU 이상이다. 다시 말해 현재 컨테이너선은 최대 72,000DWT에 상당하는 화물을 나르고 있다.[40]

효율성에서 볼 때 이점은 분명하다. 수백 년 전 코로만델과 같은 많은 연안 지역에서는 배가 연안 멀리에 정박해야 했으며 그 화물과 승객들은 재차 보다 작은 배에 실려 육지에 닿았다. 이후 항구가 발전하면서 대형 선박들도 항구 안쪽으로 들어와 정박할 수 있었다. 그러나 화물 처리는 여전히 상당히 노동 집약적으로 이루어졌다. 화물은 통상 아주 다양한 형태와 크기의 상자들이나 통들에 담겨져 항구로 들어왔다. 부두 노동자들이 이들 화물은 일일이 배에서 부두로 날랐다. 이제 모든 화물은 컨테이너로 도착하며 이후 거대한 기중기를 이용해 한 사람이 배에서 부두로 이동시킬 수 있다. '로로'(ro-ro, roll on/ roll off) 방식이 바로 이것이다. 따라서 배가 항구에 머무는 시간이 아주 짧다. 오늘날 컨테이너선은 화물을 여러 차례 싣고 부리면서도 70일 만에 세계를 일주할 수 있다.

컨테이너 혁명이 초래한 영향은 실로 심대했다. 인도양 주변 항구들은 컨테이너 운송에 필요한 시설과 장비를 얼마나 빨리 갖추고 적절하게 서비스할 수 있느냐에 따라 운명을 달리했다. 콜롬보는 발 빠른 대응을 한 덕에 1980년대 남아시아의 허브 항구가 되었다. 지난 10여 년 동안 뭄바이는 완전히 새로운 컨테이너 항구를 건설했으며 콜롬보는 치열한 경쟁에 직면해야 했다. 동아프리카에서 몸바사가 콜롬보나 뭄바이와 같이 거점 항구의 역할을 해냈다. 1975년 컨테이너선 1,300척이 몸바사에 들어왔으나 1983년에는 자그마치 80,100척이 입항했다. 신항들이 속속 그 모습을 드러냈다. 미가공 철광석 수출을 위해 건설된 마르마가오(Marmagao)•가 한 예이다. 1950년대에는 거의 무명의 항구였던 마르마가오가 1960년대에는 인도에서 세 번째 화물수송량을, 1970년대와 1980년대에는 뭄바이를 뒤이어 두 번째 화물수송량을 자랑하는 주요 항구가 되었다.[41] 아라비아 남부에서 해항도시의 성공은 석유 생산지와의 근접성에 달려 있었다. 때문에 아덴은 별반 중요치 않은 항구로 도태되었으며, 오일 머니에 더 가까이 있는 두바이 부근 제벨 알리가 두각을 드러냈다.

컨테이너 혁명이 가지고 있는 중요성을 보여주는 예를 동남아시아에서도 찾을 수 있다. 컨테이너 이전 싱가포르는 동남아시아에서 최대의 항구 근처에도 이르지 못했다. 자카르타와 같은 식민지 수도들이 이 지역에서 커다란 역할을 했다. 이들은 식민 본국과 커넥션을 가지고 있었으며, 소형 증기선들로 —얼마간은 식민본국과 밀접한 이해관계를 맺고 있는 이들과 얼마간은 중국 이주민들이 소유하고 있었던— 수행되는 복잡하고 번잡한 지역 수송의 중심지였다. 지역의 전통적인 배에게 남겨진 역할은 주요 간선과 지선 항로를 보조하는 정도의 사소한 것이었다. 전반적으로 항구들의 사정은 별반 좋지 못했다. 예를 들어 방콕은 강을 따라 30km 올라가는 지점에 위치하고 있으며 하류의 모래톱으로 인해 최대 흘수선이 16피트 이하인 배만 들어갈 수 있었다. 1960년대 이루어진 준설작업으로 28피트 흘수선까지 가능해졌으나 날로 대형화되고 있는 신세대 선박이 들어갈 수 있을 정도의 깊이를 확보하는 것은 언제나 쉽지 않았다. 방콕의 항구 기능은 비효율적이기도 했다. 1965년 방콕은 24시간에 400톤을 하역했는데, 경쟁력이 갖추려면 8시간에 750톤 정도를 처리할 수 있어야 했다.

컨테이너선의 시대가 도래하면서 동남아시아 항구들의 부침은 피할 수 없었다. 컨테이너선에 효율적인 서비스 체계를 갖추지 못한 항구들은 방치되었으며 사라져갔다. 대안은 새로운 항만 시설뿐만 아니라, 동시에 도로, 철도,

• 모르무가오라고도 하며 인도 중서부 고아 주에 있는 항구 도시이다.

해로 등 각종 운송로를 통합한 복합 터미널을 가진 항구 건설이었다. 싱가포르는 이러한 상황에 매우 빨리 대응했으며 1970년대에 이런 항구를 이미 '가동'(on line)시켰다. 1983년 싱가포르의 정기선 화물의 절반 이상이 컨테이너화되었다. 오늘날 싱가포르는 세계에서 가장 큰 컨테이너 항구이다. 동남아시아의 여러 다른 항구들도 곧 싱가포르를 본받았다. 아세안 구성국들의 항구들에서 하역되는 컨테이너는 1972년 20만TEU에서 1978년 110만TEU로, 1983년에는 250만TEU로 증가했다. 싱가포르는 콜롬보, 뭄바이, 홍콩과 함께 지역의 허브 역할을 하고 있다. 싱가포르에 도착하는 약 70%의 컨테이너는 다른 곳으로 환적된다. 컨테이너선의 크기가 점차 커짐에 따라 이들 항구는 계속 확장되었다. 마치 한 세기 전 있었던 배와 항구의 규모 증가 경주 같은 현상이 일어난 것이다. 오늘날 6,000TEU 이상 대형 컨테이너선은 포스트-파나맥스라고 불린다. 3,800TEU 정도까지의 컨테이너선만이 파나마 운하를 통과할 수 있기 때문이다. 포스트-파나맥스는 케이프 혼을 돌아가야 함에도 불구하고 규모의 경제로 인해 상업성이 있다.[42)]

최종 결과는 이제까지 여러 역사 시기를 거쳐 왔던 '전통적인'(traditional) 인도양 항구 도시들이 사라지기 시작했다. 특히 예전에는 일반적이었던, 즉 항구가 중요했으며 항구를 중심으로 했던 해항도시의 잔상은 이제 거의 남아 있지 않다. 오늘날에도 분명 배가 기항하는 장소가 뭄바이, 콜카타, 바스라, 쿠웨이트, 몸바사, 방콕 등에 있지만 이들 해항도시에서 항구 기능은 가장 중요하지도 아주 중요하지도 않다. 오늘날의 해항도시는 모름지기 방점이 도시에 있으며 그 기능의 일부로 항구를 가지고 있는 도시이다. 항구는 더 이상 해항도시의 존재이유(*raison d'être*)를 규정하지 않는다.

또 하나의 중요한 변화는 오직 한 화물만을 실어 나르기 위한 목적으로 지어진 특화된 배의 등장이었다. 1930년대 아바단•에서 석유를 날랐던 유조선이 처음이었다. 유조선은 정말 거대하다. 오늘날 최대 유조선으로 알려져 있는 자르 바이킹호(*Jahre Viking*)는 길이가 458m, 무게가 565,000DWT이며, 빔이 68미터, 흘수가 23미터이다. 갑판도 넓어 선원들은 오토바이를 타고 다녀

• 이란 샤트알아랍 델타에 있는 섬으로 항구 도시이자 석유 정제 · 수출기지이다.

야 한다. 단일 화물을 적재하기 위해 만들어진 또 다른 종류의 거선들이 철광석, 보크사이트, 석탄, 인산염과 같은 건화물을 실어 나른다. 또 다른 형태의 단화물선으로는 일본과 한국에서 전 세계로 향하는 떠 있는 차고 빌딩 같은 볼썽사나운 자동차 운반선을 들 수 있다. 최근 시드니 항구에 들어온 한 자동차 운반선을 지역 신문은 다음과 같이 묘사했다. '배는 돼지 같이 정말 흉물스럽다—매력이라고는 하나도 없고 회색에다가 둥근 앞모양에 평평한 뒷모양을 한 50,000톤급의 벽돌 모양을 한 자동차 운반선은 황백색의 굴뚝에서 술 취한 듯 연기를 내뿜는다.' 생김과는 달리 자동차 운반선은 상당히 효율적이다. 이는 3,300대의 일제 차를 오스트레일리아 연안 주변의 5개 항구들에 실어 날랐다. 왕복 항해는 35일밖에 걸리지 않는다. 일반적으로 선박의 선장과 엔지니어들은 일본인이며 선원들은 인도인, 필리핀인이며, 등록은 파나마로 되어 있었다.[43]

단화물선은 특정 상품을 고속으로 적재할 수 있는 전문 항구가 필요하다. 석유를 위한 하르그(Kharg) 섬, 철광석을 위한 파라딥(Paradeep), 댐피어(Dampier), 마르마가오, 인광석을 위한 아카바(Aqaba)가 이러한 항구들이다. 이들 항구의 적재 장소는 전통적인 항구들의 그것과는 많이 다르다. 웨스턴오스트레일리아 북부에 있는 댐피어는 이와 같은 새로운 현상을 보여주는 사례 연구에 적합할 것이다. 1966년 리오 틴토(Rio Tinto)•의 방계회사인 해머슬리 아이런(Hamersley Iron)은 연안에서 300km 떨어진 곳에 있는 철광석 광산을 개발하기 시작했다. 6개 광산이 채굴되고 있으며 7번째 광산이 곧 가동될 예정이다. 통계를 보면 상당히 인상적이다. 객차 당 철광석 105톤을 실은 226량의 객차를 연결한 길이 2.5km 기차가 광석을 댐피어에 있는 부두로 실어 간다. 이런 기차가 하루에 일곱 차례 다닌다. 댐피어 사운드에 있는 항구에서 광석 적재를 위해 사용되는 두 부두의 길이는 각각 295m와 325m에 달한다. 두 부두가 처리할 수 있는 철광석 중량은 각각 180,000DWT와 250,000DWT이다. 210톤의 광석을 실은 2량의 객차가 수동으로 작동되는 조금 더 작은 부두에서 짐을 부리는 데에는 걸리는 시간은 130초이다. 자동으로 작동되는 더 큰 부두

• 리오 틴토 그룹은 1873년에 최초로 설립된 다국적 광산 및 자원업체이다.

에서 이 작업은 90초면 끝난다. 매년 많게는 500척의 배가 기항하는데, 출항 수로의 깊이가 15.5m밖에 되지 않기에 아주 큰 배는 만조를 이용한다. 이곳에서는 매년 자그마치 5,500만 톤의 광석이 전 세계로 수출된다.

이상의 통계는 모두 너무 인상적임에 틀림없지만, 걸프에 있는 원유 터미널과 마찬가지로 댐피어를 부두라면 몰라도 항구라고 불러야 할지는 무언가 꺼림칙하다. 최소한 앞선 시기 인도양에 있었던 그런 항구는 아님이 분명하다. 더 새롭고 크고 긴 부두에서 선적 과정은 매우 고도로 기계화되어 있다. 최소한 숙련 노동자들의 기기 작동으로 모든 일이 마무리된다. 이들 중 누구도 벌크선 선상에 오르내리는 법은 거의 없다. 항만 노동자들이 부두와 배를 오고 갔던 이전 시기와는 현저하게 다른 그림이다. 마찬가지로, 해항도시는 범세계주의적인(cosmopolitan) 성격과 다채롭고 이질적인 거주자들로 인해 내지 도시들과 구별되곤 했다. 그러나 이제는 아니다. 거대 선박들은 24시간에서 30시간 이내에 적재와 하역 업무를 마친다. 최대 소요 시간은 36시간이다. 선원들은 육지에 내릴 시간이 거의 없다. 선원은 거의 전부가 비-오스트레일리아 사람들이기 때문에 비자 문제 때문에도 뭍에 오를 수 없다. 선원과 부두 노동자들은 완전하게 분리되어 있다. 전자는 육지에 가지 않으며, 후자는 어떤 식으로든 바다와 별반 상호작용하지 않는다. 심지어 벌크선은 어떤 면에서 보면 바다를 개의치 않는 것 같다. 이들은 볼품없고 흉물스럽지만 상당히 효율적인 거대 괴물로, 이들의 항해는 예전처럼 대양의 심층 구조 문제에 크게 구애받지 않는다. 결국 바다가 졌다.[44)]

그 결과 나타난 사회적 변화도 드라마틱하기는 마찬가지다. 가장 분명하게 부두에서 노동하는 인구는 가파르게 내려앉았다. 이는 최소한 인도양 주변 제1세계에서 전통적으로 가장 전투적이었던 노동조합원들이었던 부두 노동자들의 종말을 의미했다. 이들은 높은 급여를 받고 노동조합 가입에는 별로 관심이 없는 숙련 노동자들로 대체되었다. 제3세계에서 항구에서도 대규모 '쿨리'(coolie) 노동력은 불필요해졌다. 선상에서도 마찬가지였다. 전반적으로 비숙련 인력에 매우 낮은 임금을 지불하고 제3세계 선원들을 고용하는 데로 이행되었다.

크루즈 여행을 통해 바다를 경험했다고 말한다면 사실 이는 매우 다른 형태의 해양 경험에 속한다. 오늘날 어떤 이들은 작은 요트로 어떤 이들은 거대한 크루즈를 타고 바다를 항해한다. 이들의 이야기를 통해 바다의 신선한 공기를 느끼는 사람들은 별로 없을 것이다. 이들은 의식의 한계에 도전하는 역(閾)적인 경험을 할 수도 말할 수도 없다. 한 작가는 크루즈 요트가 돛이 아니라 동력을 이용해 항구로 들어가자 엄청 화가 나서 다음과 같이 날선 말을 했다. '그들에게 항구는 모델 정도이며, 긴 여정을 따라 가다 멈추는 곳, 모두가 상상할 수 있는 요트 클럽 계류장, 요트 클럽 온수 샤워, 요트 클럽 만찬을 위해 멈추는 곳에 불과하다.'[45] 1992년 남편과 함께 요트로 싱가포르-갈레-오만-아덴-홍해-수에즈 운하를 항해한 한 오스트레일리아 여성의 이야기도 오늘날의 해양 경험이 무엇인지를 보여준다. 갈레와 오만 사이에서,

> 낮은 짧고 밤은 너무 지루하게도 길고 긴 것 같다. 나는 자정까지 잠을 이루지 못했으며, 어떤 때는 새벽 4시에서 7시까지도 깨어 있었다. 잠이 들어도 실컷 오래 잘 수도 있으련만 딱하게도 언제나 9시 정도가 되면 잠에서 깨는 버릇이 있다. 일반적으로 아침에 하는 일을—아침식사, 설거지, 배 청소와 뒷정리— 마치고 나면 아침이 바로 지나간다. 점심 후에는 책을 읽고, 음악을 듣고, 다른 사람들과 어울려 즐긴다. 알란[남편]은 6시간 마다 다른 요트들과 무선으로 연락을 주고받았는데, 가끔 즐겁게도 '요리정보 교환'(Recipe Swap)이나 '소확행 꺼리'(Trivial Pursuit)나 가벼운 마음으로 시도해 하루를 생기 있게 보낼 수 있는 일들이 생기도 했다. 그렇지만 무선의 가치는 무엇보다도 바다에서의 상황—바다 상태, 바람 세기, 날씨, 덫이나 그물, 다른 배, 부유물, 물고기 떼—에 관한 정보를 받는 데에 있었다.

날씨가 좋은 날이면 그는 머리를 감고 다리의 털을 밀고 빵을 구웠다.[46] 거대한 크루즈에서도 마찬가지였다. 여기에는 바, 레스토랑, 도박 시설, 그리고 가장 인기 있는 것으로 보이는 면세점이 있다. 현대적인 안전장치들로 인해 바다 위에 있다는 느낌이 거의 들지 않는다.

최소한 화이트브래드 라운더 더 월드 레이스(Whitbread Round the World Race) 참가자들이 바다에서 하는 경험은 이와는 다르다. 세계일주대회를 감각보다는 돈을 더 많이 가진 이들이 하는 방종한 과시에 가깝다고 보는 이들

도 있다. 특히 누군가 위험에 처했을 때 가장 가까이에 있는 육지 국가가 비용에 상관없이 보상도 바라지 않고 가능한 모든 지원을 다 해 주어야 하는 상황이 발생하면 이런 시선은 더욱 많아진다. 화이트브래드 라운더 더 월드 레이스를 스폰서가 자신의 브랜드를 널리 알리는 마켓팅 기회일 뿐이라고 생각하는 이들도 있다. 그러나 최소한 세계일주대회는 극도로 해양적이라고 할 수 있다. 참가자들은 인도양 저 아래 질풍노도의 남위 40°대와 50°대를 따라 경주를 하면서 위험을 무릅써야 하고 상당한 불편을 감수해야 함에도 불구하고 22노트(24mph) 심지어는 30노트의 속도를 내곤 한다. 한 화이트브래드 라운더 더 월드 레이스 참가자는 프리맨틀이 가까워지자 '모든 것이 망가졌으며, 모든 이들이 다쳤으며, 우리에게서 악취가 풍기고 배에도 악취가 가득했다. 우리는 16일 동안 악천후 보호복을 벗지 못했다. 30피트에 달하는 파도가 우리를 뒤쫓아 왔을 때에는 정말이지 너무 두려웠다'라고 썼다.[47]

시대에 맞지 않게 '전통적인' 배를 복제해서 타고 바다를 항해한 부유한 제1세계 사람들도 또 다른 의미에서 현대의 뱃사람이라고 할 수 있다. 그 예는 많다. 콜럼버스, 쿡선장과 같이 초기 유럽인 항해자들이 탔던 배들, 네덜란드 동인도회사 선박인 바타비아호(*Batavia*)와 두이프켄호(*Duyfken*) 등이 복제되었다. 토르 헤위에르달이 복제해 타고 항해했던 갈대 어선에 대한 기록은 앞에서 인용한 바 있다. 1979년 팀 세버린은 예전에 실제 이용했던 재료로 다우를 건조하기 시작했다. 그가 지은 다우는 면직물로 만든 97피트의 돛이 달려 있었으며 코코넛 열매 겉껍질로 만든 섬유 밧줄로 연결되어 있었다. 걸프에서는 예전 다우를 만들었던 방식 즉 기워서 배를 만들 수 있는 곳이나 장인이 없었기에 멀리 캘리컷 서쪽에 있는 라카디브 제도에서 기능공을 불러와 도움을 받아야 했다. 그가 책과 비디오로 남긴 짧지 않은 기록은 최소한 1,200년 전에 걸프에서 광저우까지를 항해해 다녔던 다우가 어떠했는지를 알아내기 위한 노력이었다. 지금도 다우는 걸프의 지배자들과 석유 부자들을 위해 만들어 지고 있는 데 그 목적은 레이스 용이다.[48]

오늘날 인도양은 전 세계 경제의 매우 중요한 부분을 구성하고 있다. 공간과 시간의 압축을 의미하는 지구화(globalisation)라는 표현이 많은 것을 설명해 줄 수 있다. 지구화는 인도양과 그 주변에 살고 있는 사람들에게 커다란 영향을 미치고 있다. 구체적인 예를 하나 들면, 세계은행은 매우 정기적으로 간섭 내지 조언을 하는데, 이는 따르지 않는 경우 더 이상 대출은 없다는 위협 하에서 이루어진다. 1995년 마다가스카르의 수상은 마다가스카르 준비은행의 총재를 해임시켰다. 그가 신중하지 못한 것은 사실이었지만 그의 해임은 계속 지원의 대가로 세계은행과 국제통화기금이 요구한 사항이었다. 같은 해 국제통화기금은 불길한 예감을 휘몰아오듯 코모로 경제 상황에 대해 '실망이다'(disappointed)라고 못 박듯 진단했다. 5년 전 국제통화기금은 코모로 제도의 공무원 수를 줄여야 한다는 제안을 했다. 분명 코로모의 공무원 수는 필요 이상이었으나 행정 서비스를 담당하는 이들은 이 제도에서 얼마 안되는 주요 사무직 종사자였다.[49] 이와 비슷하게 앞서 지적했듯이 모리셔스는 일정기간 유럽연합에 접근 권한 특권을 가지고 있었지만 모리셔스의 직물이 경쟁력을 갖추었다며 바로 수입한도할당제로 돌아섰다.

어업, 진주 산업, 그리고 관광업에 대한 사례 연구들은 인도양 연안 주변에 사는 사람들이 지구화 과정에서 얻은 이득과 잃은 손실 모두를 잘 보여준다. 우리는 근대 인도양 어업 역사를 넓게 세 시기, 즉 서양인들의 침해로 전통적인 어부들이 약세를 면치 못했던 식민 시기, 신생 독립 국가들이 현지 산업을 부흥시키고자 노력했던 독립 이후 시기, 그리고 점차 더 통합으로 가는 세계경제가 이 초기 상태의 산업에 악영향을 미쳤던 지난 20여년 정도의 지구화 시기로 나누어 볼 수 있다.

식민 정부는 상당히 일찍부터 인도의 어촌 사회에 영향을 주었다. 콜리(Kolis)는 뭄바이의 전통적인 어민들이었다. 영국이 이 항구를 점령하자마자 이들은 세금 징수의 대상이 되었다. 영국은 어민 공동체의 대표자를 세웠는데, 그는 공동체 구성원이 아니라 식민 강대국과 인도인들 사이에서 중개인 역할을 한 것으로 유명한 파르시 공동체의 일원이었다. 그가 맡은 일은 영국 정부를 대신해 세금을 거두는 것이었다. 그러나 1830년대 영국은 파르시 세금 징수원을 없애고 직접 세금 징수에 나섰다. 이는 식민 정부가 현지인에게 직접 영향을 미치기 시작한 많은 예들 중의 하나라고 할 수 있다.[50]

독립 이후 인도는 어업을 국내 시장의 주요 식량 공급원으로 그리고 수출을 위한 외화 획득원으로 삼기 위해 엄청난 노력을 했다. 어획량은 1955~1956년 5만 톤이 조금 넘었던 데에서 1988~1989년에는 170만 톤으로 증가했다. 총 어획량 가치는 1941년에는 3,000만 루피였으며, 1981~1982년에는 347,300만 루피로 추정되었다. 어느 정도는 다른 연안 국가들의 사정과 크게 다르지 않을 이러한 성과는 인도양에서 어류가 증가했기 때문에 얻어진 결과는 아니었다. 또한 전통적인 어획 방법을 동원해서 얻어진 결과도 아니었다. 따뜻한 바다는 식물성 플랑크톤의 활성을 느리게 하기에 일반적으로 차가운 바다보다 물고기가 적다. 인도양에서 가장 어류가 많은 생산적인 바다는 남쪽 저편에 위치하고 있어 인도양 주변 주요 국가들에서는 아주 멀리 떨어져 있다. 인도양은 세계 대양의 20%, 그리고 세계 인구의 30%를 점하고 있지만, 1960년 통계에 의하면 전 세계 총 어획량의 4%도 채 차지하지 못하는 실정이었다. 1975년 세계 총 어획량에서 보면 태평양이 약 54%, 대서양과 북극해가 약 41%, 지중해가 3%, 인도양이 5%였다. 그러나 1998년 인도양의 어획량은 300만 톤에서 600만 톤으로 증가했다.[51] 어떻게 이런 일이 가능했는지 그리고 이로부터 얻은 이익과 치른 비용은 무엇이었는지를 인도를 중심으로 살펴보자.

독립 이후 수십 년간 인도의 어업은 재래식 기법을 이용한 방식에서 당시 발전하고 있던 산업적 어업으로의 이행기에 놓여 있었으며 고통스러운 전환 과정을 밟아야 했다. 전통적인 어업은 카스트에 기반을 두었고 사람의 노동력에 의존했으며 적은 양을 잡았다. 예를 들어 케랄라에서 대부분 어업은 조그만 카누를 타고 바다에 나간 전통적인 어업 공동체 성원들이 수행했다. 코로만델 해안에서 어부들은 1970년에도 카타마란과 마술라 보트(masula boats)를 이용했다. 후자는 판자를 바느질하듯 연결해서 만든 배로 플로어나 늑골이 없었으며, 돛도 사용하지 않았다. 카타마란은 여러 통나무를 한데 묶어 만들었으나, 위험을 무릅쓰며 물고기를 잡으러 15마일까지 바다로 나가곤 했다. 앞서 지적했다시피 연안의 높은 파도로 인해 이들 배가 뭍으로 돌아올 때는 커다란 위험을 감수해야 했다. 1970년대 타밀나두•에 있는 한 마을에 대한 상세 연구를 보면 주민들은 모두 하층 카스트 출신으로 고기잡이를 업으로 삼

• '드라비다족의 나라'라는 뜻을 가진 타밀나두는 인도 남동부에 있는 주이며, 주도는 첸나이다.

았다. 이들이 주로 이용하는 배는 케랄라에서 가져온 통나무를 단순히 이어 만든 뗏목에 가까웠다. 매일 밤 통나무들을 분리해 말리며, 다음날 다시 이들을 함께 묶었다. 이들은 지인망•을 사용하기도 했다. 배를 이용해 커다란 그물을 쳐놓고 그 안에 잡힌 어족이 있기를 바라면서 물가에서 그물을 끌어올렸다. 이는 분명 매우 '수준이 낮은 기술'(low tech)로 성과는 일정치 않았고 예측할 수도 없었다. 크기도 하거니와 가격도 비싼 그물은 젖어 있으면 다시 사용할 수 없었기 때문에 어부들은 하루 고기잡이를 위해 9개나 되는 그물이 필요했다.[52]

인도의 어업에서 일어났던 전반적인 변화는 제3세계 농업 부문에서 전개되었던 녹색 혁명의 그것과 비슷했다. 1970년대 인도의 잠재적인 어획량은 일년에 450만 톤이었으나, 실제 어획량은 150만 톤에 그쳤다. 일부분 그 이유는 국내 수요가 저조했다는 점에서 찾을 수 있다. 평균적으로 한 일본인이 일 년에 40kg의 어류를 소비하는 데에 반해 인도인은 평균 3kg의 어류를 식용한다. 인도 정부는 서방 원조 국가들과 협력 방안 등을 통해 수출을 늘릴 요량으로 저인망어선 사용을 권장했다. 그러나 수출이 증가하면서 국내에서 소비할 수 있는 생선량이 부족하게 되었으며 이는 다시 생선 가격의 상승으로 이어졌다. 대부분 저인망어선은 외국인이 만들고 외국인이 소유했기에 어업으로 인한 수익의 대부분은 인도 바깥으로 나갔다. 심지어 원양 저인망어선에 동원된 노동력도 인도인이 아니었다. 인도에서 선박을 소유하고 있는 선주들은 어업에는 아무런 경험도 관계도 없는 집단 출신들을 선원으로 고용하기도 했다. 전통적인 어부들보다 더 싸게 부릴 수 있고 더 고분고분하다는 이유 때문이었다.[53] 제3세계의 '종속'(dependency)에 관해 글을 쓰는 이론가들에게 이 모든 일들은 결코 특별하거나 낯설지 않을 것이다.

1950년대 외국의 원조를 받으면서 케랄라는 중대한 변화를 경험하기 시작했다. 1960년대 초 일본과 미국에서 냉동 생선에 대한 수요가 급증하면서 변화의 폭은 더욱 커졌다. 이들 시장으로의 수출은 1950년대 말 500톤에서 3년

• 地引網. 후릿그물이라고도 하며, 해안, 강, 호숫가에서 그물 입구를 육지로 향하여 투망하고 육지에서 그물을 당겨 어획하는 어업으로 주로 연안성 어류를 대상으로 한 재래식 어업이다.

후에는 1,500톤으로 늘었다. 재래의 전통적인 어부들이 잡은 생선의 양륙 가격은 톤 당 150루피 정도였지만 수출 가격은 톤 당 심지어 4,000루피까지 뛰었다.[54] 선체 안쪽에 모터를 설치한 유럽식 배를 사용하기 시작한 것도 핵심적인 변화라고 할 수 있다. 이 변화는 노르웨이-인도 공동 프로젝트에 의해 진작되었다. 다른 변화에는 코이어나 면 그물이 아니라 나일론 그물의 사용, 생선과 새우를 미국과 일본으로 멀리 수출 가능하게 만든 냉동 보관이 포함되었다. 지역 어부들은 닥치는 대로 해양 생물체를 싹쓸이 했던 외국 저인망어선과 경쟁해야 했다. 저인망어선으로 인해 특히 해저에 사는 어종이 심각한 타격을 받았다. 기존 어장이 고갈되면 저인망어선은 새로운 어장으로 옮겨갔다. 전통적인 어부들은 그렇게 하지 못했다.

케랄라 사례 연구는 극적이고 고통스러운 변화를 단적으로 보여준다. '케랄라 어부들이 가지고 있었던 최대 자산은 수 세대 동안 직접 경험하고 배우며 세대에서 세대로 전해 내려온 물고기의 종류와 습관, 파도, 조류, 별에 대한 축척된 지식이었다.' 이제 이 모든 것이 아무 것도 아니게 되었다. 모터는 노를 젓고 돛을 다루는 기술을 쓸모없는 것으로 만들었으며 어군탐지 장비는 어디에서 어떤 물고기를 잡을 수 있는지에 대한 이들의 지혜를 불필요한 것으로 만들었다. 수산업의 새로운 부문을 담당했던 이들의 임금은 전통적으로 어업에 종사하며 어촌에 살았던 이들보다 훨씬 더 높았다.[55]

1960년대 초 일어난 수요 변화로 전통 부문의 쇠락은 가속화되었다. 이때부터 새우가 인도와 동남아시아 몇 국가들의 주요 수출품이 되었다. 그 결과는 양가적이었으며 시간에 따라 달라졌다. 새우는 대형 심해 저인망어선으로 잡는다. 그러나 1970년대 중반까지도 저인망어선들이 케랄라 해안 아주 가까이에서 새우를 잡는 바람에 전통 어부들의 어장까지 침해하게 되었다. 이에 따라 이들도 동력선과 나일론 그물을 이용해서 경쟁에 뛰어들기 시작했다. 이후 남획과 수산 자원의 격감이 큰 문제가 되었다. 전통적으로 뭍에서 잡아온 생선을 다듬고 시장에 내다 팔았던 어부 가계의 여성들의 역할은 이제 어민 공동체 사람들이 아니라 어업을 사실상 산업으로 간주한 외부의 자본가들에 의해 서서히 대체되었다. 지역에서 훈제를 하거나 염장을 해 생선을 보관했던 현지 여성들의 일도 냉장 보관이 일반화되면서 사라져갔다.

그럼에도 불구하고 최근에 행해진 조사에 따르면, 최소한 선박의 숫자라는 면에서 보면 전통 부문은 활기차지는 않을 지라도 여전히 살아남아 있다. 케랄라 전체에는 기계화된 선박, 즉 저인망어선들이 4,000척, 모터를 단 전통 선박이 11,000척, 그리고 놀랍게도 아직도 모터가 없는 전통 선박이 28,000척 있다. 맨 마지막 범주에는 대담한 근해 어부들이 위태롭게 의지하는 통나무배에서 보다 정교한 큰 삼각돛을 단 배에 이르기까지 다양한 배들이 속해 있다.[56)]

이들 변화로 인해 전통 어부들은 입지는 상당히 약화되었으며 어업 사회의 주변으로 밀려났다. 게다가 인도 연안에 있는 어부들뿐만 아니라 인도양 주변에 있는 대다수 어부들은 일반적으로 사회의 하층 집단에 속했기 때문에 지역 유력자의 도움을 구할 수 있는 정치적인 수단이 없었다. 그러나 케랄라에서 가장 중요한 어민 집단은 분명 사회적 지위는 낮았지만 가톨릭교도였기에 급진적인 성직자들과 성당 구성원들의 지원과 지지를 받아 항의할 수 있었다. 고아에서 1970년대 중반 전통 어부들의 내몰림에 대항하여 시위를 주도했던 이들은 어업 산업 이해관계자들의 뇌물을 받은 경찰들에게 괴롭힘을 당하고 쫓기는 신세가 되었다. 파나지에 있는 예수회가 시위 지도자를 숨겨 주기도 했다. 그러나 슬프게도 이러한 노력은 거의 모두 헛수고로 끝났다. 현대화와 기계화 과정은 돌이킬 수 없었다.

구자라트에서의 상황은 다소 다른 양상으로 전개되었다. 다른 곳에서와 마찬가지로 1961년 기계화된 배는 314척, 기계화되지 않은 배는 3,217척에서 1998년에는 각각 15,698척과 8,918척로 급속히 늘어났다. 같은 기간 저인망어선의 수도 제로에서 6,390척으로 늘었다. 인도의 나머지 대부분 지역들과는 달리 구자라트에서 재래식 영세 어업 집단과 산업적 어업 집단은 비교적 평화로이 공존할 수 있었다. 이는 일부분 새로운 상업적인 저인망어선의 소유주들이 어촌공동체 출신이었기 때문에 가능했다. 그러나 그다지 바람직하지 않은 변화도 따라왔다. 저인망어선 선원들은 이제 어획량의 일정 부분이 아니라 정해진 임금을 받는다. 대부분의 필요 용품들은—석유, 나일론, 노끈, 유리섬유— 수입되었으며 지역에서 생산된 용품들의 자리를 대신했다. 가장 심각한 문제는 어족 고갈이다. 거대한 외국인 소유 어업가공선 저인망어선들이 점점 더 촘촘한 망사 그물을 사용해 무차별적으로 해양 생물을 퍼내고 있는 상황에서

어족이 하루가 다르게 황폐화되고 있다.[57]

이 모든 일들은 고통스럽지만 필요한 현대화 과정으로 보일 수 있다. 새로운 기술에 기반을 두고 보다 높은 효율을 추구하는 현대화 과정에서 분명 어떤 이는 승자가 되고 어떤 이는 패자가 된다. 그러나 지난 20여년이 넘게 인도양 어부들은 자신의 운명을 대체로 자신의 통제가 미치지 못하는 멀리 떨어져 있는 알 수 없는 세력이 결정하는 상황에 처해왔다. 이런 상황은 지구화라는 용어로 요약될 수 있는 글로벌 시장의 통합 증대 과정을 그대로 반영하고 있다. 그러나 분명 지구화는 새로운 현상이 아니다. 우리는 대양이라는 범주에서 일어나는 커넥션과 변화 과정을 보면서, 인도양의(*of*) 역사에 대해 그리고 대양의 경계를 넘는(그리하여 이 장의 제목이기도 한) 인도양에서의(*in*) 역사에 대해 어떻게 인식하고 기술할 것인지 고민해 왔다. 최근 일어나고 있는 현상은 정말 어마어마하게 빠른 통신수단에 기반을 둔 글로벌화 과정의 강화이며, 개방 경제관과 자유 시장관의 승리를 의미한다.

그렇다면 이런 현상이 인도양 어업에는 구체적으로 어떤 영향을 미치고 있는가? 앞서 인도양은 비교적 조업이 덜 이루어졌던 바다였음을 언급했다. 두 가지 상황으로 인해 세계는 인도양에 시선을 돌렸다. 첫째, 다른 대양들의 어장에서 어류가 급속히 고갈되어 가고 있었다. 하나의 예로, 1950년대 중반 대서양에서 매년 약 15만 마리의 참치를 잡을 수 있었지만 1970년대 초에 이르자 1,800마리의 어획에 그쳤다. 태평양에서의 참치와 다른 어종의 상황도 크게 다르지 않았다. 1990년대 세계 수산업은 곤경에 처했다. 세계 15개 주요 어로 지역 중에서 오직 두 곳에서만—서부 인도양 지역과 동부 인도양 지역— 어획량이 늘었다. 이것이 바로 공유제의 비극이다. 사람들은 아무에게도 '속하지'(owns) 않는 자연 자원을 고갈시켰다. 바다와 어류는 공유제의 비극을 보여주는 아주 적절한 예다. 어류 자원에의 무제한 접근이라는 상황이 빚어낸 결과는 어류 고갈일 수밖에 없다. 세계 모든 곳에서의 상황은 하나같이 계속 악화일로에 있다. 얕은 물 즉 천해(淺海) 어장이 고갈되자, 1.5km 깊이까지 훑어내는 심해 저인망어선이 늘어났다. 세계 저인망어업 어장의 약 40%가 이제 대륙붕보다 깊은 수역에 위치해 있다. 심지어 더 위협적인 사실은 천해 어종은 비교적 빠른 기간 내에 개체수를 회복하는 경향이 있지만 심해 어종은 다시 생태계를 회복하는 데에 아주 오랜 시간이 걸린다. 한 예로 20년이 되어야 번식을 할 수 있고 150년을 살 수 있는 심해어류 오렌지 러피를 들 수 있다. 오렌지 러피는 바로 멸종 직전에 있다. 이와 비슷하게 5,000년 동안 자란 심해 산호도 저인망어선의 그물에 걸려 속절없이 파괴되고 있다.[58)]

서양에서의 전통 어장 고갈만이 인도양으로의 급선회를 가져오지는 않았다. 값싼 숙련 노동도 이에 한 몫을 했다. 제1세계 제조업은 임금이 낮고 노동조건 규제가 거의 없는 제3세계 지역으로 공장을 옮겨가는 경향이 있다. 수산업 특히 새우 양식업은 하나의 예에 불과하다.

새우 산업은 지구화의 최첨단에 서 있다. 예전에 인도에서는 비료로 사용되었던 새우가 1960년대부터 냉동기술 발전으로 인해 일본, 유럽, 북미 시장에 수출할 수 있게 되었다. 덕분에 새우 가격은 천정부지로 올랐다. '핑크 골드'(pink gold) 새우의 바닷가 가격은 1961~1962년 톤당 240루피였지만 1971~1972년에는 톤당 1,180원으로 뛰었다.

그 결과, 이 새로운 산업의 가치가 벵골 만의 연안 수역 특히 인도 동북부에 있는 서벵골, 방글라데시, 태국에서 아주 높게 평가되었다. 남아시아 새우 총생산량은 가치로 하면 1984년 51,200만 달러에서 1995년 279,000만 달러로 엄청나게 상승했다. 이러한 가치 상승은 집약적 산업 양식장의 도입으로 가능해졌다. 전통 양식장에서는 헥타르 당 1,000kg을 생산했지만 이 새로운 집약적 '산업' 양식장에서는 헥타르 당 10톤을 생산할 수 있었다. 세계은행과 국제통화기금에 떠밀려 방글라데시도 새우 수출 산업을 육성시켰다. 그러나 이러한 성취의 배면에는 결코 무시할 수 없는 부작용이 자리하고 있었다. 자본은 대부분 해외에서 왔으며 이 산업을 규제하는 현지 정부의 법률은 무시되기 일쑤였다. 오염은 증가했으며, 기계화된 산업 과정으로 인해 현지 노동력은 일자리를 잃었다.

> 수출 지향적인 해양 양식업을 비판하는 사람들은 이는 대체로 부정적인 사회적 · 환경적 결과를 초래했으며, 전통적으로 어업과 작물 경작을 하면서 생계를 이어왔던 연안 현지의 어촌과 농업 공동체들이 생산부터 시작해 가격, 다른 생산 조건, 마케팅, 판매의 기준과 유형까지를 모두 지시하는 글로벌

상품 유통 네트워크로 점차 더 편입되고 있음을 지적한다.[59]

1997년 7월과 1998년 7월 사이 일어난 사건은 글로벌 시장의 실상을 아주 잘 보여준다. 유럽연합과 미국은 비위생적인 생산 방식으로 인해 사람이 먹기에는 적합하지 않다는 주장을 하면서 방글라데시 새우의 수입을 금지시켰다. 품질 통제가 강화된 후에 금수 조치는 풀렸다.[60]

인도의 서부 연안에도 집약적 산업 양식장이 들어섰다. 이곳과 다른 곳에서 전통 농업 용지가 새우 양식장으로 전용되었다. 연안 지역에서 어업과 농사는 티그리스-유프라테스 델타의 마쉬 아랍인 사회에서 볼 수 있는 바와 같이 저지대에서는 공존했다. 물고기와 새우 잡이는 미작을 보충하는 일이었다. 이제 물고기 가격, 특히 새우의 가격이 올라가고 쌀 가격이 떨어지면서 토지는 거의 새우 양식장과 양어장에 잠식되었다. 분명 수출로 벌어들인 수입은 많아졌으나 이윤은 거의 외부의 심지어 해외의 자본가들 수중으로 들어갔다. 수산업의 지역 고용률은 떨어졌으며, 복잡섬세하고 생태학적으로 건전했던 균형은 파괴되었다. 인도에서는 고아 기독교도들만이 많이 먹는 전통 음식 중의 하나가 생선이지만 지금은 수출 수요가 있는 병어와 같은 어종들은 가격이 너무 높아져서 이들 지역 소비자들조차 편히 먹을 수가 없다.[61]

귀하고 가치 있는 것들 중에서 진주는 가장 해양적인 성격을 가지고 있다. 진주는 완전히 물속에서 자라며 전적으로 자연적인 산물이다. 다른 보석들과는 달리 인간이 그 형태에 영향을 미칠 수 없다. 물론 최근 사람들은 자연 속에서 진주가 생산되도록 하는 인위적인 방법을 쓰고 있다. 그럼에도 불구하고 그 형태와 색체는 인간의 간여에서 벗어나 있다. 이렇게 해서 일반적인 진주에 대한 짧은 묘사를 마칠 수 있다. 전통 진주 산업은 쇠락하고 있는데, 이에 대해서는 어떤 면에서 보아도 애석해 할 필요가 없을 듯하다. 진주 채취는 잔인하고 위험한 작업이었다. 진주 교역은 19세기 걸프에서 붐을 맞이했다. 수출액은 19세기 초 매년 약 10만 파운드에서 1830년대에는 30만 파운드, 1870년대에는 70만 파운드 그리고 1900년경에는 100만 파운드를 넘었다. 이 시기 걸프는 전 세계 진주의 절반을 생산했다.[62] 사실 진주 교역의 이윤은 수많은 인명을 대가로 만들어졌다. 바레인 연안의 잠수부들은 모두 진주 교역을 통제하는 상인들에게 빚을 지고 있었으며 계속 잠수를 할 수밖에는 다른 선택의 여지가 없었다. 더 악랄한 것은 빚이 자손에게 상속되었으며 그 결과 자식 세대들도 심신을 약화시키는 위험한 일을 강요받아야 했다. 진주 교역은 1930년대에 비극적으로 쇠락했는데, 일부분 바레인 왕의 개혁 정치 때문이기도 했지만 대부분 일본 양식 진주의 경쟁에 직면했기 때문이었다.[63] 진주 채취 철은 6월부터 10월까지인데, 1939년 앨런 빌리어즈는 쿠웨이트와 걸프에 있는 주요 진주 중심지들에서 약 150척의 배만이 위험을 무릅쓰고 바다로 나가고 있음을 목격했다. 40년 전에는 최소한 600척의 배들이 진주 채취를 위해 바다로 나갔었다. '천연'(real) 진주의 가격은 과거에 비해 10분의 1로 떨어졌으나, 빌리어즈는 이런 진주의 가치 하락을 유감스러워 할 수 없었다. 잠수부에게 진주 채취는 '삶, 건강, 신체를 저당 잡히는 거의 참기 힘든 고통을 수반하며, 그로부터 받은 대가는 세상에서 가장 불공정할 정도로 보잘 것 없는데다가, 애써 잡은 진주를 그 법적 소유자들에게 바쳐야 했기' 때문이었다. 잠수부들은 코를 막는 집게에만 의지해 60~70피트 깊이의 물에 들어가 약 1분 정도 이하로 머무는데 이런 잠수 작업을 하루에도 100번 이상씩 해야 했다. 지금 많은 이전 잠수부들이 이 일에서 빠져나왔으며 석유회사에서 일자리를 구했다.[64]

또 다른 전통 진주 채취 지역인 만나르 만에서도 진주 채취업은 쇠퇴했다. 지난 세기 웨스턴오스트레일리아에 있는 브룸 근처에서 일어났던 변화도 간단하게나마 묘사할 필요가 있다. 변화와 적응에 대한 유용한 사례를 제공하기 때문이다. 1861년 핀크타다 막시마(*pinctada maxima*) 굴이 로벅 만에서 발견되었다. 이는 이제까지 알려진 가장 커다란 굴로, 껍질 직경이 12인치에 달한다. 오스트레일리아 대륙의 원주민들은 진주와 진주층을 얻기 위해 이 조개를 채취하기 위해 오래 전부터 잠수했으며 백인의 침입 훨씬 이전에도 마카사르에서 온 중국인 상인들에게 진주를 팔곤 했다. 1860년대부터 진주 교역에 발을 들여놓은 유럽인들은 원주민들을 잠수하도록 강제했다. 잠수부로는 여성을 더 선호했다. 여성 잠수부 6~8명이 책임을 맡은 백인 한 명과 함께 작은 돛단배를 타고 니콜 만으로 나갔다. 이들은 아무런 보조 장비—고글이나 돌을 포함해— 없이 약 10미터 깊이까지 내려갔다. 사망률은 매우 높았다. 1890년대에 구리 헬멧과 캔버스 슈트가 이용되기 시작했으며, 일본과 말레이 지역에서 잠수부들이 유입되면서 1880년대부터 1차 세계대전까지 진주업은 호황을 누렸다. 약 400척의 러거들이 로벅 만에 기지를 두었다. 비수기에는 3,000여 명의 잠수부들이 브룸에 모여들었다. 진주 교역의 위험성은 브룸에 있는 900개의 일본인 묘지들이 증거하고 있다. 언제나 위험이 따랐으며 잠수부들이 탄 러거들이 인도양의 열대성 폭풍인 사이클론을 만나기라도 한다면 많이 이들이 유명을 달리할 수밖에 없었다. 예를 들어 1936년 거대한 사이클론으로 20척의 러거와 142명의 잠수부들이 희생되었다. 사이클론보다 더 위험한 것은 급격한 기압차로 인해 나타나는 잠수병이었다. 천천히 수면을 향해 올라오면서 체내 질소를 배출시키는 해결책은 1905년에야 제시되었으며, 이후에도 대부분이 문맹인 잠수부들이 이 방식을 알기까지는 얼마간 시간이 더 걸렸다. 1914년 한 해만 해도 브룸 근처에서 잠수를 했던 33명이 잠수병으로 죽었다. 진주는 아주 소수의 굴조개에서만 발견되었다. 진주층은 값이 꽤 나가는 귀한 상품이었다. 1900년 전후 세계 진주층 공급량의 80%가 브룸에서 생산되었다. 진주층 교역은 1920년대와 1930년대에 약화되기 시작했으며, 1950년대 진주층을 이용해 만들었던 단추, 나이프, 포크, 숟가락 등의 손잡이와 지팡이 손잡이를 비롯한 다수 품목들이 플라스틱으로 대체되면서 치명타를 입었다.

오늘날 브룸이 다시 한 번 진주 산업의 중심지로 부상하고 있다. 이번에는 양식 진주에 주력하고 있다. 양식 진주 산업은 1960년대에 시작되었으며 지금은 수백만 달러를 벌어들이는 수출 소득원이다. 이제는 현대식냉방장치를 가진 러거들이 브룸의 남쪽에 있는 에이티 마일 비치로 나간다. 진주층은 어느 정도 시장 점유율을 회복했기에 굴 껍질을 취하기 위해 크기가 큰 굴을 잡는다. 잡은 작은 굴은 킹 사운드에 갈 때까지 바닷물을 채워 넣은 특별한 수조에 넣어 신선하게 보관한다. 도중에 스트레스로 굴들이 많이 죽는다. 자연산 진주는 조개 안으로 들어온 모래알이나 작은 기생동식물 같은 이물질 주변에 진주층이라고 부르는 외피가 쌓이면서 생성된다. 이 과정은 굴 껍질의 안쪽에서 일어난다. 양식 진주의 생산 과정은 이와는 다소 다르다. 일단 굴이 굴 양식장에 도착하면 굴의 생식선에 작은 세포핵을 삽입하는 기술적인 작업이 이루어진다. 미시시피 홍합이나 크램쉘에서 떼어낸 세포핵이 가장 효과적이다. 일단 세포핵이 삽입되면 굴을 금속 프레임에 넣고 나서 킹 사운드 주변 적당한 장소에 둔다. 2년이 지나면 굴은 세포핵을 중심으로 진주층을 만들고 양파처럼 계속 층을 쌓아 간다. 이 과정이 끝나면 굴에서 진주를 꺼낸다. 굴이 이제는 크게 자라있는 상태이기에 좀 더 큰 세포핵을 집어넣을 수 있으며 그 결과 더 큰 진주가 만들어진다. 이러한 과정은 드물게는 같은 굴을 이용해 네 차례까지 반복된다. 이 기법은 일부 일본 진주 양식업자들에게서 배워온 것이다. 그러나 핀크타다 막시마 굴은 그 어느 곳에서 나는 굴보다도 훨씬 더 크다. 일본의 양식 진주는 최대 직경이 11mm이지만, 오스트레일리아의 양식 진주는 18mm 심지어 21mm에 달한다. 1970년대 이래로 세계 양식 진주의 70%가 브룸에서 생산되고 있다.

양식 진주는 변화와 상업화를 보여주는 좋은 사례를 제공한다. 천연 진주는 사실 언제 어디서나 예를 들어 로마 제국 시기, 무슬림 세계, 힌두 세계에서 귀족과 지배층들의 사랑을 받았다. 과거 강력한 통치자들을 그린 초상화를 보면 대부분 기품 있고 위엄 있게 진주 목걸이로 목 주위를 두르고 있음을 볼 수 있다. 진주는 앞서 언급했듯이 위험하고 불확실한 상황에서 채취된다. 여전히, 특히 아랍 세계에서는 양식 진주를 경멸하고 천연 진주만이 가치 있다고 생각하는 순수주의자들이 많다. 오늘날 진주는 해양 양식장 혹은 해양 목장이라고 부르는 곳에서 상당히 과학적인 방식으로 생산된다. 굴이 지나치게 스트레스를 받지 않도록 환경을 항상 체크한다. 진주는 이제 더 많이 야생의 자연에서 채취하기보다는 인공의 환경에서 키워진다. 몇 주 마다 굴이 들어 있는 금속 프레임을 수면으로 올려 그 껍질에서 외피를 벗겨낸다. 일단 세포핵을 이식한 후에는 굴이 들어있는 프레임을 40일 동안 이틀에 한 번씩 뒤집어 주어야 한다. 굴은 이제 소나 양과 같이 사람들이 키우는 귀한 생명체이다. 대부분 굴 양식에 필요한 작업을 하는 이들은 사실 가축을 돌보는 농부와 크게 다를 바 없다. 최근 해적들이 굴 농장을 습격해 굴 껍질을 가져갔는데, 이는 농부의 집에서 소를 훔쳐가는 것과 진배없다.[65]

인도양 주변의 관광 산업은 방금 살펴보았던 인도양 어업과 유사한 측면을 보인다. 여기에서도 지구화는 양면적인 결과를 가져왔다. 분명히 관광은 지난 몇 십년간 기하급수적으로 확장되었다. 전 세계 관광 수치는 매 10년마다 거의 배가 되었다. 관광객은 1950년에 2,500만에서 1960년에는 6,900만으로, 1970년에는 16,000만으로, 1980년에는 28,400만으로 그리고 1990년에는 42,500만으로 증가했다.

물론 관광이 새로운 현상이 아니지만 과거의 여행자들, 예를 들어 이 책에서 많이 인용했던 이븐 바투타와 이사벨 버튼과 같은 이들은 현대 관광객들과 비교해 많이 다르다. 증기선 이전 바다 항해는 엘리트들에게도 길고 험난하고 위험한 여정이었다. 19세기 일을 위해서건 여가를 즐기기 위해서건 여행은 폭발적으로 증가했다. 물론 전자의 경우가 후자의 경우보다 훨씬 더 많았다. 영국의 철도 재벌 토마스 브레시 일행의 항해는 매우 예외적인 사례에 속했다. P&O회사 증기선에 오른 승객들은 여가를 위해 여행하는 이들은 아니었다. 남자 승객들은 거의 모두가 어디론가 일을 하기 위해 가는 길이었다. 여자 승객들은 남편을 따라서 혹은 남편을 찾아서 바닷길에 나섰다. 결혼 적령기의 젊은 여성들이 탄 배는 평판이 그다지 좋지 못했다. 이러한 배는 어부가 고기를 잡듯이 남편감을 잡기 위해 여자들이 인도로 왔다면 혼기 찬 처녀들의 어선단(Fishing Fleet)이라고 불려졌다. 약혼하지 못하고 돌아간 이들에게는 공수래공수거(Returned Empties)라며 모욕했다.

대중관광은 20세기 후반에 생긴 현상이었다. 1960년대 대형 여객 비행기의 출현에다가 제1세계의 경제 번영으로 중하층의 사람들도 해외에서 휴가를 보낼 수 있게 되면서 대중관광업은 성장했다. 분명 여러 유형의 여행자들이 있다. 제3세계에서 호화 호텔에 머물면서 필요한 모든 서비스를 받을 수 있는 이들부터 론리 플래닛(Lonely Planet)이나 러프 가이드(Rough Guide)와 같이 신뢰 수 있는 책자를 들고 혼자서 다니는 젊은 배낭족들도 있다. 누가 관광객이며, 누가 더 모험적이고 '진정한'(authentic) 여행자인가에 대해 우쭐대며 이야기할 수도 있다. '나는 여행자이고, 너는 관광객이며, 그들은 우등버스단(coach party)이다'라는 말이 있다. 에벌린 워가 간결하게 말했듯이 '다른 사람은 모두 관광객이다.'

서양 관광객들이 인도양 주변의 연안 지역에 머물면서 느끼는 바다는 이들이 그곳에서 보고 만나기도 하는 현지 어민들이 알고 있는 바다와는 매우 다르다. 전통적인 연안 거주자들에게 바다는 너그럽지 않은 위험하거나 적대적인 장소이며 불안한 삶의 근원이다. 뚜렷이 볼 수 있는 바와 같이 이들의 집은 해변이 아니라 다른 방향으로 향해 있다. 여유 있는 중산층 서구인들에게 바다와 해변은 일상에서 해방된 자유의 공간이다. 『블루백』(*Blueback*)이라는 인상적인 작품으로 유명한 오스트레일리아 소설가 팀 윈튼은 이를 잘 표현해 주고 있다. '나는 두 장면의 서로 다른 어린 시절을 회고하며 어리둥절 때가 많다. 하나는 울타리 사이에 들어가 앉아 있으며 옷을 다 입고 있다. 또 하나는 바람에 날리는 깃발들 사이를 이리저기 돌아다니며 반은 벗은 모습이다.'

> 바다에서의 프리다이빙은, 그 무엇보다도, 대부분 잊음의 한 형태이다. 서핑, 수영, 부두나 배에서 미끼를 던지는 것도 마찬가지로 잊는 행위들이다. 모두 다 버림, 물러섬, 은둔, 일상의 문제에서 비켜 긴 순간으로 몰입하는 행위들이다. 바다는 무한하며 어떤 자취도 남기지 않으며 강력하며, 그리고 무엇보다 중립적이다.[66]

이 모든 것은 세계 역사에서 새로운 것이었다. 렌체크(Lencek)은 다음과 같이 썼다.

> 해변은 생경하고 접근하기 어렵고 적대적인 황야로 정복, 상업, 탐험의 대상이었다. 그리고 부족 문화의 원시적인 관습의 터전에서 번영하고 문명화되고 즐거움과 여가를 지향하는 서구 생활 방식의 기지로 탈바꿈하면서, 해변에는 쾌락적인 문화 감성이 농축되었다.[67]

서구인들의 해안에 대한 이런 인식을 염두에 두면서 몇 사례를 통해 관광이 연안 지역에 미친 여러 영향을 살펴보자. 인도 서부 연안에 있는 이전 포르투갈의 식민지이며 지난 34년간 저자가 수도 없이 방문했던 고아를 먼저 보겠다. 관광객의 숫자는 최근 급속히 증가했다. 1985~1986년 관광철인 약 10월에서 5월 사이 24대의 전세기가 3,568명을 실어 날랐던 반면, 1995~1996년 관광철에는 337편의 비행기가 75,694명을 데려왔다. 1985년 전체 관광객 수는 775,212명이었으며, 그중 682,545명이 인도인이고 92,667명이 외국인이었다. 이로부터 10년 후 관광객 수는 1,107,705명으로 늘었으며, 그중 878,487명이 인도인, 229,218명이 외국인이었다. 외국인 중에서 58.6%가 영국에서 왔다. 이용 가능한 가장 최근의 자료에 의하면 이 지역 인구는 140만이며, 그중 40만 명이 관광산업에 종사한다. 외국 관광객은 매년 30만 정도에 국내 관광객은 96만 명으로, 매년 이곳을 방문하는 관광객의 수는 전체 지역 인구에 조금 못 미친다.[68)]

고아는 열대의 파라다이스라는 고정 관념에 걸 맞는 풍광을 가지고 있다. 야자수, 아라비아 해로 지는 석양, 하얀 모래, 저렴한 숙박비, 쉽게 살 수 있는 술, 영어로 대화가 되는 지역민들, 그리고 현지인들이 거의 기독교도인 데다가 한적한 고아의 구 시가지에 자리 잡은 커다란 교회들까지 서양 관광객의 마음을 사로잡고 편안하게 하는 서구적 요소들이 곳곳에 있다. 고아 관광업은 크게 세 시기로 나누어 볼 수 있다. 1960년대에 고아는 연안이나 해변 가의 오두막에서 노숙했던 소위 히피들의 천국이었다. 현지인들은 이들의 부적절한 옷차림 때로는 아무것도 걸치지 않은 행태와 심각한 약물 복용에 대해 격분했다. 얼마 지나지 않아 새로운 이들이 몰려왔는데 이들은 술이 널려있으며 히피가 있다는 사실에 매료된 중산층 인도인들이었다. 시내관광 버스 안내 소책자에는 오래된 교회들과 '나체의 히피들이 많은' 해변이 소개되어 있었다. 보다 최근에 고아 정부는 저예산 여행자들을 대신 호화 해변 리조트에서 머물 소수의 고급 관광객들과 함께 단기 대중관광 시장을 겨냥해 홍보활동에 열을 올리고 있다. 정부 관광 정책은 점점 더 후자 쪽으로 무게추를 옮기고 있다. 유럽인들은 직항 비행기를 타고 바로 고아에 가서 호텔에서 2주 정도 머물며 해변에서 일광욕을 하고 나서 고아에서 바로 비행기에 오른다. 이런 여행으로 이국적인 경험을 했다고 말하기는 어려울 것이다. 이런 형태의 관광은 엔클레이브 관광(enclave tourism)이라고 표현하는 것이 더 정확할 것이다. 엔클리이브 관광을 하는 여행객들이 만나는 현지인들은 웨이터, 호텔 종업원, 택시 기사뿐이다.

고아, 그리고 코발람과 같이 서부 연안에 있는 리조트에서 볼 수 있는 해변 광경이 있다. 지-스트링을 입은 약간 뚱뚱한 서양 남자가 한 끼 꺼리 정도 되는 물고기들이 걸려 있는 그물을 당기고 있는 현지 어부를 겸연쩍어하며 도와

주는 장면이다. 비키니 차림의 여성들이 이 그림 같은 장면에 관심을 보이며 비디오에 담는다. 케랄라에서 볼 수 있는 두 가지 변화도 과연 이곳에서 무슨 일이 벌어지고 있는지를 잘 보여준다. 수세기 동안 연안에서 후미진 내륙으로 쌀을 수송했던 전통 쌀 배는 이제 서구 관광객과 인도 여피족을 위한 호화 하우스 보트로 개조되었다. 또 하나, 케랄라에서 계절풍은 언제나 현지인들의 생계와 밀접히 관련되었기에 여러 의미를 가지고 있었을 뿐만 아니라 자체로도 인상적인 광경이었다. 오늘날 이곳의 계절풍은 소위 '계절풍 치유'(monsoon cures)로 이용되며, 중산층 인도인들에게 인기가 많다. 본시 5,000년이나 된 아유베다 전통을 만끽하기 위해 인도 전역에서 많은 이들이 온다.[69] 고아에 있는 대형 호텔은 대부분 인도의 다른 지역에도 호텔을 가지고 있는 호텔 그룹에 속하며 심지어 외국 자본가들이 소유하고 있는 경우도 있다. 루프탄자, 클럽메디, 하얏트 모두가 고아에 호텔을 가지고 있다. 걸프에서 벌어온 돈으로 이 새로운 관광 산업에 투자한 고아인들도 있다. 이들이 세운 호텔의 규모는 대체로 작다. 호텔 산업 시장은 매우 민감하고 취약하다. 조금이라도 위험하다 싶으면 예약은 씨가 마른다. 2001년 9월 미국에서 일어난 테러 공격과 이를 이은 아프가니스탄에서의 군사 행동은 전 세계 관광 산업에 영향을 미쳤다. 통상 하루 130~140대의 전세 비행기를 꽉 채우던 예약은 10~12대 정도의 예약 수준으로 떨어졌다. 호텔은 거의 빈 상태였으며, 7~10일간 영국-고아 간 왕복 비행기, 숙박, 아침식사를 포함한 패키지가 79파운드라는 터무니없이 싼 가격으로 광고되었다. 이는 분명 매우 예외적인 경우이지만, 숙박시설의 과잉공급으로 인해 이와 비슷하게 비경제적인 마케팅이 이루어지는 경우는 많았다.

관광이 이 지역 생태계에 미친 영향은 대단히 심각한 수준이다. 조그만 고아의 칼랑구트-바가 구역에만도 수영장이 최소 50개나 있다. 30년 전에는 단 하나도 없었다. 정부는 물을 수전 경작을 하는 지역의 농민들에게보다 수영장을 가득 채우고 잔디밭을 푸르게 하기 위해 호텔에 우선적으로 배분한다. 포트 아과다에 있는 3개의 타지 호텔에서 소비되는 물의 양은 칼랑구트의 모든 현지인들이 쓰는 양보다 많다. 골프 관광이 새로운 트렌드로 등장하자 대부분 외국인들이 소유한 6개의 새로운 골프 코스에 필요한 땅을 제공하기 위해 마을 사람들 전체가 다른 곳으로 이주해야 했다. '발전'(development)은 아무런 규제를 받지 않은 채 이루어지기 일쑤였으며, 만조 시 해수면이 최고로 높아졌을 때의 위치에까지 근접해 지어진 건물, 바다로 그냥 흘려보내는 하수, 모래 속에 버려진 비닐과 플라스틱 용기 등은 환경을 심각하게 침해하고 있다. 고아의 매력 중의 하나인 원래 그대로의 아주 깨끗한 해변은 훼손되고 망가지고 있다. 고아의 목가적인 환경은 점차 더 망가지고 이에 따라 고아의 인기도 점차 더 사라질 위기에 처해 있다.

지역민들에게 이 모든 것은 득과 실을 모두 가지다 주었다. 최근 한 작가의 신랄한 비판에 따르면, '글로벌 관광지를 창조하는 과정에서 고아는 관광 발전을 위해서라면 지역인의 문화 공간과 생태 공간은 무시되어도 좋다는 결정을 했다.' 관광은 '국가 자본과 트랜스내셔널 자본이 필요로 한다면 지역민의 공간은 불필요한 것으로 정의하는 발전 이데올로기에 입각하고 있다.' 그는 '무대에 오른 진성'(staged authenticity), 즉 호텔에서 삶을 공연하는 '전형적인' 고아 어부, 마을 사람, 토디 탭퍼(toddy tapper)•에 대해서도 논평했다. '고아는 세계 재미 주변부(pleasure peripheries)의 일부 즉 일생 생활이 요구하는 필요와 우려에서 빠져나온 관광객들의 여가 소비를 위한 하나의 문화 공간으로 쓰이기 위해 건설되었다.'[70]

스와힐리 연안에서도 유사한 현상을 볼 수 있다. 그러나 주변 환경은 상당히 다르다. 앞에서도 언급했던 스와힐리 연안 항구 도시들은 역사적으로 인구 집중 지역이었다. 특히 라무와 잔지바르의 스톤 타운들은 대부분 19세 이후로 거슬러 올라가지만 문화유산을 가진 명소로 그리고 보존 가치가 충분한 독특한 장소로 평가되고 있다. 그러나 관광 명소로 자리 잡으면서 몇 가지 변화가 일어났다. 오래된 많은 집들이 호텔로 재건축되었으며 호의적으로만 볼 수 없는 '발전'(developments)이 스톤 타운과 그 주변에서 일어났다. 이미 지적한 바와 같이 나무는 이슬람 도시로 이 연안을 따라 오고 가는 모든 무슬림들에게 중심지 역할을 한다. 이곳의 많은 여성들은 몸을 거의 다 가리고 다닌다.

• 독한 술에 설탕과 뜨거운 물을 넣고 때로는 향신료를 넣어 만든 토디를 비롯해 야자술의 원료가 되는 각종 야자나무의 수액을 채취하기 위해 매일 5,000피트까지도 오르는 하층 카스트에 속하는 사람들이다.

10년 전에는 도심지 호텔에 부속된 다소 우중충한 지하실에서 관광객들만 술을 살 수 있었다. 이제 술을 파는 가게는 해안가를 따라 그리고 라무 사람들의 생활중심지인 주요 거리로까지 나와 있다. 심지어 어떤 술집은 호스티스를 고용하고 있다고 홍보하기도 한다. 서구인들은 이국적인 모습이 파괴되고 있다고 불만을 늘어놓지만, 그렇다고 '전통'(tradition)이 외국인 관광객들을 위해 보전되어야 하는가도 사실 문제이다. 대부분 스와힐리 사람들은 박물관에 사는 것 보다는 현대식 급배수 시설 설치를 더 원할 것이다.

고아의 사례에서 보듯이 관광으로 발생한 수익의 상당 부분은 고아 안에 머물지 않고 외부로 유출된다. 케냐 말린디의 스와힐리 도심에서도 사정은 마찬가지다. 이탈리아인들이 소유하는 호텔들이 줄지어 있는 스와힐리 해안은 이제 이탈리아의 리조트와 다름없다. 일반적으로 관광 수입의 45% 정도가 관련된 제3세계에 남는 것으로 추정된다. 케냐의 해변에서 휴가를 보내며 쓴 돈의 70%는 제1세계로 돌아간다. 태국에서는 60%가 그렇다. 게다가 고아와 같은 관광 명소에 투자를 할 수 있는 이들은 내지에서 온 외지 출신 엘리트들인 경우가 대부분이기 때문에 관광지의 내부 식민화 문제도 심화된다. 케냐 연안의 대부분 지역에서도 같은 문제를 가지고 있다.

섬은 서구인에게 열대 판타지의 극치라는 점에서 연안 지역과는 또 다르다. 이러한 인식은 대부분 인도양 섬들의 경제 사정이 매우 열악하다는 사실과도 공명한다. 세계은행의 압박을 받고 있는 많은 섬들에게 서구 관광객은 최고의 외화 수입원이다. 일상에 지친 이들에게 섬으로 여행하기를 독려하는 한 웹사이트의 문구를 보자.

> 아프리카 연안에서 멀리 떨어진 인도양 어딘가에 일군의 섬들이 아시아와 아프리카의 기로에 서서 방문자들에게 다양한 맛, 향기, 환상을 제공한다. 무엇을 찾고 있던—하얀 모래 해변, 바위 산, 울창한 숲, 있는 그대로의 사막— 완전히 만족할 것이다. 산호초 사이 스노클링하기, 트레킹, 독특한 자연 속에서의 들새 관찰 등 매혹적인 모든 활동을 이곳에서 즐길 수 있다. 영리와는 거리가 먼 마다가스카르, 세이셸, 모리셔스, 레위니옹 섬은 오랜 고립 덕분에 그곳 사람들은 그 어디와도 비교할 수 없을 만큼 매우 친절한 마음과 태도를 간직하고 있다.

이 섬들 중에서 가장 관광객 친화적 발전된 곳은 모리셔스와 레위니옹이다. 마다가스카르는 여전히 하얀 모래 해변이나 비위를 맞추는 '원주민들'(natives) 그 이상을 볼 수 있을 거라고 기대하는 모험가들이나 '생태관광'(eco-tourism)에 관심이 있는 여행자들이 찾는 곳이다.

모리셔스에서는 200년 전 프랑스가 이 섬을 떠나야 했음에도 불구하고 프랑스어가 널리 사용되고 있다는 사실 때문에도 관광객이 많다. 거의 절반 정도의 관광객들이 프랑스에서 온다. 1995년에는 전체 422,000명이, 다음 해에는 487,000명이 관광을 왔으며 모리셔스에 머무는 동안 한 사람이 1,000달러 정도 되는 돈을 썼다. 모리셔스는 최고의 관광 시장이라는 목표를 정했다. 물론 경쟁이 격화되면서 상황이 변할지 모르지만 현재 전세 비행기는 없다. 로얄팜호텔에서는 '밝고 화려한 색감의 사리를 입은 한 무리의 여성들이 나무에 달린 코코넛을 빛이 나도록 문지르고, 써레로 모레를 밀고, 진동청소기로 수영장 바닥에 떨어진 야자 나뭇잎을 청소하고, 전지가위로 나무와 풀을 자르고 모양을 잡는다.' 관광과 외국인들과의 의사소통 방법은 이 지역 학교에서 가르치는 중요 교과목이다. 모리셔스 관광 산업의 호황에는 긍부정적인 측면이 모두 있다. 한편으로 다른 곳들과는 달리 대부분의 모리셔스 관광 산업은 지역민들이 지배하고 있다. 그러나 수익의 상당 부분은 관광객들을 위한 음식과 다른 '필수품들'(necessities) 수입에 쓰인다. 이 섬의 크기는 약 2,000km² 정도인데 하수 처리와 상수 공급 문제 그리고 양질의 모래 해변의 부족으로 어려움을 겪고 있다.71) 예견할 수 있는 바와 같이 레위니옹에 오는 관광객은 거의 대부분 프랑스인들이다. 유명한 해변은 적지만 즐비한 호화 호텔들과 훌륭한 컨퍼런스 시설들을 갖추고 있다. 특히 냉전 종식으로 인해 매년 450만 달러의 대여료를 받았던 위성추적소를 미국이 1996년에 폐쇄한 이후 세이셸은 관광을 제외하고 이용할 만한 자산이 거의 없었다. 세이셸도 유럽 고소득 계층을 목표 관광객으로 했다. 관광객은 1989년 86,000명에서 1994년 110,000명으로 늘었다.72) 전체 1,200개의 섬들 중에서 약 200개 정도에만 사람이 살고 있는 몰디브에서도 상황은 비슷했다. 정부는 무인도를 관광지로 개발하고자 노력했으며 이렇게 개발한 약 50개의 섬들은 서구의 신혼부부들에게 매우 인기 있는 리조트가 되었다. 관광객들은 통상 바로 항구에서 리조트로 가며 전혀 혹은 아주 최소한으로만 지역민들과 접촉한다. 지역민들은 신실한 무슬림이다. 따라서 알코올은 리조트 섬에서만 살 수 있으며, 외부에서 고용한 외국인들만 알코올을 판매할 수 있으며, 몰디브 사람은 이 금지 품목을 취급하는 업종에 종사할 수 없다.

엘리트들이 대중관광을 냉소적으로 바라보고 부정적인 측면을 강조하기 쉽다. 어떤 이들은 제3세계에서의 제1세계인의 관광은 부유한 해외 고객들을 위해 값비싼 신발과 옷을 만드느라 노동자들을 혹사하는 태국의 노동착취공장과 유사하다고 볼 것이다. 서구인들을 인도양 연안으로 유인했던 요소들은 곧 사라질 위험에 처해 있음은 분명하다. 해변은 날로 오염되고 있으며, 새로 생긴 호텔로 가는 길을 내기 위해 야자수들은 잘려나가고 있으며, 수많은 이들의 무분별한 접근, 오염된 물, 기념품으로 챙겨가는 행위 등으로 산호초가 사라지고 있다. 이 책이 속해 있는『해양과 역사』총서의 한 저자는 이에 대해 다음과 같이 아주 적절하게 논평했다. '사람들이 더 많이 계속 해변으로 모여들고 있다. 이제 바다로부터 레크리에이션, 평화, 정신적인 자양분을 얻을 우리의 필요와 우리의 레크리에이션 활동이 바다 그 자체에 얼마나 쉽고 얼마나 치명적으로 영향을 미치는지 생각해야 할 시점에 와 있다.'[73]

관광은 지구화 현상을 가장 잘 드러내주는 부문이지만, 지구화로 늘어난 커넥션은 다른 부문에도 영향을 미친다. 앞서 걸프에서 석유에 가까이 위치한 항구들이 번영하는 반면 아덴이 얼마간 뒤처지게 되었음을 지적했다. 보다 최근 두바이의 우세는 오만에 있는 살랄라(Salalah)•의 도전을 받고 있다. 두 대형 해운회사인 머스크(Maersk)와 씨랜드(Sea Land)가 살랄라에 투자했으며, 싱가포르 항만 당국은 아덴 항만을 운영하고 있다. 두바이는 베이루트 항구를 경영하는 데에 합의했다.[74] 링크는 아주 널리까지 퍼져 있다. 사람들도 마찬가지이다. 오늘날 나이지리아인들은 지다와 메카에서 일하며, 한국인과 태국인들은 걸프에서 일한다. 많은 소말리아인들이 아랍 세계에서 일을 하는데, 1980년대에 이들이 본국으로 보낸 송금액은 소말리아에서 일하는 이들이 벌어들인 금액의 13배에 달했다.[75] 또한 오늘날 바다는 영토화되고 있다. 앞

• 아라비아 만에 면한 오만 남서부의 항구 도시로 주파르 지방의 교역 중심지이다.

서 인도양의 상당 부분은 모든 이들이 이용할 수 있는 공유재(commons)라고 언급했으며 전반적으로 여전이 그런 측면이 있다. 그러나 이제 연안 국가들은 연안으로부터 12해리의 수역을 국가의 실제 영토라고 주장하며 배타적 경제 수역을 연안에서 200해리로까지 확장했다. 점차 더 많은 인도양의 수역이 국가들의 '소유'(owned)가 되고 있다. 이러한 영토화 과정은 위성 항법 등 현대적 기술을 이용해 대양에 선을 긋고 경계선을 보여줄 수 있게 되면서—수세기 동안 육지에 대해 그렇게 했던 것처럼— 훨씬 더 용이하고 빠르게 진행되고 있다.

좀 더 통합된 세계가 가지고 있는 또 하나의 백해무익한—비록 논란의 여지가 있기는 하지만— 측면은 규모부터가 글로벌하다. 대부분 부유한 세계의 산업체들이 온실 가스를 배출한 결과 지구온난화가 발생했으며 이는 다시 해수면을 높이는 결과를 초래했다고 주장된다. 지구의 평균 온도는 20세기에 섭씨 1/2도 상승했으며 같은 기간 해수면은 4~10인치 상승했다. 1998년은 기록이 시작된 이래 150년 만에 가장 더운 해였다. 1,200개에 달하는 섬들 대부분이 해발 1미터에 지나지 않는 몰디브 제도는 30년 내에 바다에 잠길 것으로 보인다.[76]

산호초는 중요한 관광 자원이며, 자연 해저풍경을 매혹적으로 만드는 주인공이다. 이런 산호초가 최소한 50년 이상 위험에 노출되어 왔다. 1960년대에 자크 쿠스토는 바다 오염으로 인해 산호초가 위험에 처해 있는 상황을 우려했다. 관광객들에게 팔기 위해 마구잡이로 잡는 바람에 소라 고동도 사라질 위기에 처해있다. 소라 고동은 산초를 무자비하게 파괴해 버리는 불가사리의 천적이다. 최근 지구온난화로 인도양 주변의 산호초는 재난에 가까운 영향을 받았다. 1998~1999년 살아있던 산호초의 절반이 죽었다. 산호는 정상보다 1~2도 높은 해수 온도가 몇 주 정도만 계속되어도 살지 못하는데, 1998년 세이셸에서 평년보다 3도 높은 수온이 수 주 동안이나 계속되었다. 결과는 광범위했다. 1998~1999년 산호가 죽거나 스트레스로 공생관계의 미세조류를 밀어낸 결과 단색화되는 현상으로 인해 지역 관광업과 어민이 직접 타격을 받았으며 몰디브 경제는 약 3,600만 달러의 손실을 입었다.[77]

대기 오염도 문제다. 1999년 인도양의 1,000만㎢ 정도가 오염된 대기로 희뿌옇게 뒤덮었다. 이는 인도, 중국, 동남아시아에서 비롯된 화석 연료의 연소로 야기된 나쁜 공기가 북동 계절풍을 타면서 생긴 현상이었다. 그 결과 산성비가 내렸으며 기온은 낮아졌다. 1997년 서부 인도양의 온난화는 동아프리카에 엄청난 비를 가져왔으며, 그 결과 아프리카 호수들의 수면이 올라가고 나일 강에는 심각한 홍수가 일어나게 되었다. 연안 국가들의 무차별적인 산림개간으로 역효과가 발생하기도 했다. 생태적 안정성을 위해 어떤 지역 이든 지역의 3분의 1이 나무숲으로 덮여 있을 필요가 있다. 그러나 인도에서 이 비율은 10% 미만이다. 이로 인해 홍수의 규모가 커질 뿐만 아니라 그 정반대 효과, 즉 나무숲 지역이 적어지면서 강수량은 감소한다.[78]

환경 위협은 그렇게 새로운 문제는 아니다. 세인트폴과 암스테르담 제도의 생태계는 1800년 전후 외부에서 들어온 야생 돼지, 사슴, 토끼로 인해 급격히 변했다. 한 당대인은 '예전에는 푸르렀는데 지금은 흑색의 황량하고 적막함만 남았다'고 한탄했다.[79] 유럽인들의 사냥놀이와 이들이 들여온 가축들로 인해 도도새는 멸종되었다. 1950년대 초 쿠스토는 4개의 작은 환상 산호섬들로 이루어진 알다브라 제도에 있었다. 그는 어떤 것은 등껍질이 5피트나 되는 수천 마리의 거대한 육지 거북이들을 볼 수 있었다. 초식동물에 속하는 육지 거북이는 풀 등 식물질을 먹었으며 천적은 없는 것 같았다. 인접한 섬으로 간 그는 거북이들의 뼈가 산더미처럼 쌓여 있는 것을 보았다. 풀과 나뭇잎 등 식물질을 야생 염소들이 모두 먹어치우다시피 했기 때문에 거북이들은 굶어죽었다.[80] 듀공•은 나일론 그물을 쓰는 밀렵꾼들 때문에 위험에 처해있다. 밀렵꾼들은 다이너마이트를 사용하기도 한다. 남부 인도양에서 비막치어와 고래는 불법 어로로 인해 멸종 위기에 있다. 비막치어만 보더라도 그 불법 거래액이 거의 15,000만 달러에 달하는 것으로 추정된다.[81]

정부의 여러 정책들 때문에도 연안 지역은 좋지 않은 영향을 받았다. 앞서 마쉬 아랍인들과 이들의 독득한 문화에 대해 언급했으나, 이들의 원래 생활방식은 이제는 거의 사라지고 있는 상태이다. 지난 25년 동안 마쉬 아랍인들의 삶의 터전인 습지가 90% 이상 줄어들었다. 다른 곳에 관개용 물을 제공하기

• 바다소의 일종인 해양포유류로, 주로 인도양에 사는 거대한 초식 동물이며, 인어 전설의 주인공으로 알려져 있다.

위해 설치한 배수시설로 그리고 상류에 거대한 댐을 건설함으로써 이런 현상이 발생했다. 그 영향은 비단 이라크에 그치는 것이 아니라 터키, 이란, 시리아까지도 미쳤다. 사담 후세인은 습지가 그의 독재에 반대하는 시아파 무슬림의 피난처를 되고 있다고 생각했기에 습지를 적극적으로 없애고자 했다고 한다. 지금 볼 수 있는 풍경은 소금 사막에 가까우며 사람들은 난민 캠프에서 살고 있다. 예전에는 흔했던 비단수달도 지금은 볼 수 없으며 안식처를 찾지 못한 철새도 떠나고 없다.[82]

마지막 생태 문제는 걸프에서 나머지 세계로 운송되는 광대한 석유와 관련된다. 몇 년 전 토르 헤위에르달은 호르무즈 해협에서 좋지 않은 경험을 했다.

> 정오가 되었을 무렵 우리는 생전 처음으로 지독히 오염된 바다 한가운데에 놓였다. 최근 여기에서 유조선 청소를 했나 싶을 정도로 크고 작은 검디검은 석유나 아스팔트 기름이 온통 바다를 감싸며 떠있었다. 검은 타르 바다 위에는 깐닥거리며 떠 있는 캔, 병, 다른 쓰레기들이 통나무, 나무판자, 상자, 격자 판, 베니어합판과 같이 상당히 질이 좋은 견고하고 사용할 수 있는 목재들과 함께 뒤섞여 있었다. 한 판자 위에는 독을 가진 노란 뱀이 앉아 있었다. 목재들에는 모두 하나 같이 석유가 들러붙어 있었다.[83]

유조선이 호르무즈 해협으로 들어가면서 하는 디밸러스트(deballast) 때문에 오만의 사정은 특히나 더 나쁘다. 이 과정에서 유출된 기름은 오랜 시간이 흘러 증발한 이후에도 역겨운 타르 덩어리가 되어 해안으로 쓸려온다. 세계 상선의 절반이 통과하는 믈라카 해협에서도 석유 유출 가능성은 항존한다.[84]

지구화는 사회와 문화의 세계적 통합화를 의미하지만, 지구화는 일방통행이 아니며 단순한 서구화를 의미하지도 않는다. 최근 외부에서 기원한 몇 가지 현상이 미치는 영향력을 보면 대양의(*of*) 역사를 서술하는 시도가 무의미한 것처럼 보인다. 외부로부터의 영향은 너무나 중요한 요소이며, 호르덴과 퍼셀이 지중해에서 지적한 바와 같이 대양에서의(*in*) 역사를— 즉 대양 너머의(extra-ocean) 영향을 강조할 수밖에 없는— 기술하는 방식이 일반적이기 때문이다. 걸프 지역에서 인터넷 사용이 급속히 늘고 있다. 최근 조사에 따르면 사용자의 42%가 아마존닷컴에서 책을 사며, 28%가 CNN 뉴스를 본다. 대표적인 지역 신문 『걸프 뉴스』(*Gulf News*)• 온라인 판 구독율은 8%에 지나지 않는다.[85] 1948년 이스라엘 건국 이후 인도에 있던 많은 젊은 유대교도들이 알리야(Aliyah)••했다. 코친에 있는 매우 오래된 유대인 공동체에는 5가족 31명만이 남아 있다고 한다. 이들 중에서도 특히 젊은이들은 이스라엘로 돌아가기 원했다. 이 지역에서는 17년 동안 단 한 건의 결혼식도 열리지 않았다.[86] 가톨릭교회의 권위가 강하고 여전히 프랑스령에 속해 있는 레위니옹은 세계에서 가장 높은 출생률을 기록하는 곳들 중 하나이다. 매년 거의 3.5%에 달한다. 예수회 네트워크는 전 세계적으로 뻗어있다. 인도 출신 젊은 예수회 사람들은 독일에서 서양인 신도들과 함께 예배를 드리기도 하며 인도에 돌아오는 길에는 동아프리카에서 가톨릭 공동체의 멘토가 되기도 한다.

앞선 시기 무슬림 개종과 교정 네트워크에 대해 광범위하게 다룬 바 있다. 이러한 노력은 오늘날까지도 이어지고 있어 이슬람은 아프리카에서 가장 빠르게 성장하고 있는 종교이다. 지구화의 또 다른 측면 즉 인도양의 주변과 이를 넘어 펼쳐지고 있는 커넥션을 살펴보자. 단순히 서구화나 인도 영화의 확산을 이야기하고자 하는 것은 아니다. 할리우드 영화와 미국 TV드라마의 사방팔방으로의 확산에 비판적인 글들이 많다. 몇 년 동안 미국 드라마 베이위치(*Baywatch*)는 세계에서 가장 시청률이 높았지만, 힌디 영화가 인도양 전역은 물론 이를 넘어서 전파되고 있다는 사실에도 주목할 필요가 있다. 힌디 영화에도 정형화된 틀이 있지만 그 틀은 할리우드와는 다르다. '마살라'(Masala)••• 영화는 인도의 고전 문학, 특히 대서사시 라마야나와 마하바라타의 영향을 받았다. 주제와는 상관없이 모든 영화는 사랑, 모험, 폭력, 윤리를 다루면서 춤과 노래가 빠지지 않는다. 이런 마살라 영화가 인도인 디아스포라뿐만 아니라 아프리카, 중동, 동남아시아에 있는 많은 이들에게도 인기

• 두바이에서 발행하는 영어 일간 신문로 걸프 아랍 국가들에서 널리 읽힌다.

•• 예루살렘으로 '올라간다'라는 뜻으로 이스라엘 건국 이후 유대인 디아스포라들이 유대인의 땅인 이스라엘로 돌아가는 것을 의미한다.

••• 원래 마살라는 인도 음식에 사용되는 혼합 향신료를 총칭하는 말이나, 영화에서 쓰일 때는 인도의 전통음악극 형식에 춤과 노래, 멜로드라마, 로맨스, 코미디, 액션을 적절히 뒤섞은 영화로 인도가 개발한 독특한 장르를 이른다.

가 있다. 마살라 영화는 버마, 태국, 스리랑카, 인도네시아와 같이 전통적으로 인도의 영향을 받은 지역에서뿐만 아니라 케냐, 탄자니아, 싱가포르, 걸프 지역에서도 커다란 시장을 가지고 있다.[87] 인도 TV(Doordarshan)에서 변화가 생기자 발리우드(Bollywood)•는 물론 다른 인도 지역의 영화 산업에도 새로운 시장이 생겼다. 1990년대 초까지도 정부가 통제하는 인도 TV는 정책적으로 거의 힌두어로 방송했다. 민영 방송의 진입이 허용된 이래 다른 인도 언어들로 방송하는 채널이 늘고 내용도 훨씬 더 풍부해졌으며, 외국어로 하는 방송 내용도 많아졌다. TV채널이 늘어나면서 지역 영화 제작자들도 영화를 더 많이 제작했다. 그러나 여기에서도 서구화가 전적으로 승리를 구가했다고 할 수는 없다. 루퍼트 머독(Rupert Murdoch)••은 인도에 있는 위성을 거치는 등 생각했던 것보다 자사의 미디어물을 훨씬 더 현지화해야 함을 인식하게 되었다.[88]

이제까지 영화의 확산이나 배급에 관해 기술했지만 더 중요한 문제 즉 영화를 어떻게 소비하는가에 대해서는 다루지 못했다. 관람객에 따라 힌디어나 다른 인도어 영화를 보는 관점이나 평가는 다를 수밖에 없다. 다시 말해 수용자마다 영화를 소비하는 방식은 각기 다르겠지만, 이 문제에 관해서는 연구가 거의 없다.

어떤 측면에서 보면 지구화는 지역 회로를 희생시키면서 범세계적 커뮤니케이션을 증가시켰다. 예를 들어 동아프리카의 마요트와 잔지바르는 아주 오랜 커넥션을 가진 섬들이지만 지금 마요트에서 잔지바르에 가는 것 보다 마요트에서 파리로 가는 편이 더 빠르다. 이와 마찬가지로 몸바사에서 물건을 사는 것 보다는 프랑스 통신판매 회사에서 물건을 사는 것이 더 빠르다. 이 또한 매우 오래된 지역 커넥션이 약화되고 있음을 보여주는 예이다. 위성 통신을 이용할 여력이 있는 이들에게는 위성을 통한 국제 커넥션이 인도양 주변 많은 연안 국가들에서의 국내 전화 접속보다 더 빠르고 더 신뢰할만하다.[89]

• 봄베이(1995년부터 뭄바이로 명칭 변경)와 할리우드의 합성어로, 인도 영화 산업을 통칭하는 말로 쓰이다.

•• 뉴스코퍼레이션의 창업자이자 세계 언론의 황제로, 52개국에서 타임스, 폭스 방송 등 780종의 미디어 사업을 운영하고 있다.

인도양에서의(*in*) 역사의 또 다른 국면을 보려면 전략 문제 그리고 냉전과 냉전 이후 인도양의 역할을 살펴보아야 한다. 이에 대한 지역의 반응도—세계적인 통합으로 나아가는 지역의 발걸음을 멈추게 한다. 다시 말해 인도양에 포커스를 둔 또는 인도양의(*of*) 대응책과 노력도— 들여다 볼 필요가 있다.

맥락은 인도양이 영국의 호수였던 시기의 끝자락이다. 영국 해군의 우세는 1815년 이후 누가 보아도 분명해 보였으나, 이미 1763년 7년전쟁의 종결 시점에 시작되었다고 할 수 있다. 육지에서의 러시아의 위협을 제외하면 영국 지배에 도전하는 강대국이 없었기에, 영국은 이 호수에서 배타적인 권리를 행사하기 위해 커다란 노력을 기울이지 않아도 되었다. 영국은 인도양보다는 대서양과 태평양에 해군을 집중시켰으며, 인도양 내 대부분 재정 지출은 인도군대 유지를 위한 것이었다. 영국 해군의 인도양에서의 활동은 영국이 해적이라고 판단한 세력을 소탕하고 노예무역을 막는 데에 있었다. 영국 해군의 우세가 약화되기 시작한 시점은 1920년대에 와서였다.

인도의 독립이 가까워지던 시점 영향력 있는 작가이자 외교관인 파니카는 인도와 인도양에 관한 얇은 책을 펴냈다. 그는 자신의 동포들은 이제까지 뭍 사람들이었다고 불만을 토로하면서 '사실 인도는 16세기 초 제해권을 잃어버리기 전까지 독립을 잃었던 적은 없었다'고 썼다. 이때부터 '인도의 앞날은 육지에 있는 국경이 아니라 인도를 둘러싸고 있는 삼면의 드넓은 바다에서 결정되었다.' 그는 영국 해군과 동맹을 유지하면서도 신생 독립국 인도는 자신의 강력한 해군을 둘 필요가 있다고 주장했다. '인도양은 영국의 국가 이익에 너무나 중요하고 인도양에서의 해군 철수는 영국 국가의 자살 행위와 진배없음으로' 영국 해군은 계속 주둔할 것이었다.[90]

강대국 영국이 쇠락했다. 영국은 인도양에서 역할을 수행할 수 있는 역량이 없었을 뿐만 아니라 인도양은 영국에게 직접적으로 크게 상관이 없는 지역이 되었다. 1968년 헤럴드 윌슨은 영국 해군은 1971년 말까지 극동, 아라비아 해 그리고 걸프에서 철수한다고 발표했다. 이렇게 한 시대의 막이 내렸다. 영국은 1975년 싱가포르에 있던 해군 기지에서도 철수했다. 지난 몇 년 간 소규모 병력을 인도양에 배치하고 있었지만 소련이 처음으로 대규모 함대를 인도양에 파견한 때는 1971년이었다. 사실상 이때부터 인도양은 냉전에 관여되었다.

21세기 이 시점에 인도양에 영향을 미쳤던 소련과 미국 간 경쟁의식을 실감하기는 쉽지 않다. 그러나 당시 일부 학자들과 관료들은 위험이 실재한다고 분명히 느끼고 있었다. 한느(Hanne)는 '미군 전문잡지'라는 부제를 단 『밀리터리 리뷰』(*Military Review*)에서 영국이 떠나고 남겨진 진공상태를 채우려는 미국의 의도나 움직임은 보이지 않는다며 깊은 우려를 표시했다. '많은 전략 분석가들은 이 지역을 사실상 "영향권"(sphere of influence)으로 편입하려는 소련을 막기 위해 미국이 독자적으로나 동맹국들과 함께 누구나 다 알 수 있을 정도로 이 지역으로 해군력을 이동시켜야 한다고 말했다.' 인도양에 기지를 둔다면 소련의 광대한 지역이 미국 잠수함의 사정거리 안에 놓이게 될 것이었다. 그러나 소련은 그렇게 하지 않고 '친소 외교정책을 수용하면 안보, 민족자결권, 공동 번영을 누릴 수 있다고 신생 독립국들을 설득하고 사회주의 이데올로기의 역사적 승리를 확신하면서 수많은 전선을 따라 끊임없이 움직이고 있다.'[91] 방위전략 분석가 패트릭 월은 『인도양과 서구에 대한 위협』(*The Indian Ocean and the Threat to the West*)에서 서양은 '지구상의 최대 육지 강대국[즉 소련]이 바다도 지배하기 시작하는 동안 나태하게 바라만 보고 있다'고 불평했다. '서구의 좌편향 정부들은 남아프리카와 로디지아를 질책하고 배척하고 있다. 같은 시간 남아프리카와 로디지아 정부들은 아무런 모순도 느끼지 않고 소련이나 그 위성국들과 교역을 확장하고 문화 교류를 꾀하고 있다.' 유감스럽게도 '있다면 아주 소수 아프리카 국가들만이 진정한 의미의 친서방국으로 분류될 수 있다. 대다수 아프리카 국가들은 비동맹국들이지만 소련과 중국의 영향을 받기 쉽다. 레닌은 서양 민주주의는 유약하고 이기적이며 의지력이 부족해 내부에서 스스로를 파괴할 것이라고 믿었다. 그가 옳았음이 증명될 수도 있다.'[92] 지나친 내용도 많이 포함하고 있지만 노점에서 이 책을 산 것은 잘한 일인 것 같다. 책 안 쪽에는 '폐기'(Discarded)라는 도장이 찍혀 있다.

실상 이 지역에서 미국의 영향력이 확대되는 것이 아닐까 우려한 쪽은 소련이었다. 미국은 1960년대 초 이란의 팔레비 왕을 전폭적으로 지지했으며 인도양에서 보면 가장 중요한 중앙조약기구(CENTO)를 비롯해 여러 집단안전보장 체제를 만들었기 때문이었다. 1971년 8월 인도와 소련 정부는 우호와 협력

조약을 체결했으며, 이로 인해 인도양에 대한 소련의 접근이 잦아졌다. 이러한 소련의 움직임에 대해서 뿐만 아니라, 석유 공급량이 미국에서는 줄고 필요불가결한 상당량의 석유를 실어 나르는 길목에 인도양 특히 호르무즈 해협과 믈라카 해협이 위치하고 있다는 불편한 사실 때문에도 서양은 상당한 우려를 나타냈다. 미국의 이해관계에 매우 중요한 일본이 수입한 걸프 석유의 85%가 인도양을 거쳐 왔다. 유럽은 약 50% 정도였다.

그러나 냉전의 어느 측도 인도양에 해군 군사력을 집중시키지 않았다. 인도양은 이들의 본국 기지는 제쳐두고라도 주요 기지들로부터도 멀리 떨어져 있어 커뮤니케이션 상에 어려움이 있었기 때문이다.[93] 양측 중 어느 한 측이 인도양의 어딘가에 특별히 관심을 보이는 경우는 예외적이었다. 1971년 미국은 파키스탄으로부터 방글라데시를 '독립시키는'(liberating) 과정에서 인도가 하고 있는 역할에 불안을 느꼈다. 헨리 키신저는 미군함 엔터프라이즈호(*Enterprise*)를 필두로 한 제7함대의 대책팀을 벵골 만에 파견했다. 인도의 입장에서 보면 위협적인 행동으로 해석할 수 있었지만, 사실 미국의 목적은 중국에게 개입하지 말라는 경고를 하는 데에 있었던 것 같다. 1979년 소련은 아프가니스탄을 침공했으며, 미국의 후원을 받았던 팔레비 왕은 이란을 잃었다. 잠시 인도양은 냉전의 중요한 부분이 되었다. 그 결과 불행히도 인도는 소련에 의해 파키스탄은 미국에 의해 재무장되었으며, 인도와 파키스탄 간 기존 긴장 관계와 상호 공격능력은 냉전의 두 주전국 미국과 소련의 관여로 인해 배가되었다.

사실 어떤 사건이 지나고 난 이후에야 통찰력이 생겨 비교적 크게 걱정할 필요가 없었다고 판단할 수 있다. 그러나 당시 전략 분석가들과 정책 결정자들이 문제를 실제보다 더 심각하게 인식했다는 사실도 이해할 만하다. 양측 모두가 핵잠수함을 배치하는 등 1980년대 인도양에 주요 전략무기들이 증강되었다. 더욱 우려스럽게도 1980년대 중반 인도는 공식화하지는 않았지만 핵보유 능력을 가지게 되었으며 파키스탄도 미국의 입장을 고려해 마지막 단계는 남겨둔 채 핵보유 잠재능력을 가지게 되었다.[94] 이렇듯 불투명해 보이는 핵보유 능력과 잠재 능력은 1998년 5월 공공연한 핵실험으로 만천하에 극명하게 드러났다.

미국이 디에고 가르시아 섬에 주요 기지를 건설한 것도 냉전의 결과 중 하나였다. 이 섬은 인도양 중간 정도 되는 남위 7°와 동경 72° 사이에 위치하며 인도 남쪽에서 1,600km 떨어져 있다. 미국 기지 건설은 영국의 헤럴드 맥밀런과 미국의 존 케네디가 체결한 협정으로 이미 1961년에 시작되었다. 이처럼 일찍부터 영국은 미국이 인도양에 들어오기를 바랐으며, 미국은 그 대가로 영국에 핵미사일을 제공했다. 미국의 시각에서 보면 인도양에서 전략적인 위치에 있는 디에고 가르시아 기지는 필수적인 유조선의 통로를 확보하는 데에 그리고 소련의 대부분을 폴라리스 미사일의 사정권 내에 두게 되는 데에 크게 도움이 될 것이었다. 또한 미국 전함이 기존의 주요 기지인 필리핀의 수빅 만에서 먼 길을 오지 않고도 인도양에서 바로 즉각적으로 필요한 작전을 수행할 수 있음을 의미했다. 예를 들어 제7함대는 디에고 가르시아에서 출발해 3일 만에 뭄바이에 들어올 수 있었다.

디에고 가르시아의 미군 기지화는 누군가에게는 유익했을지 모르지만 더 자세히 들여다보면 졸렬하고 비도덕적인 요소를 포함하고 있었다. 1965년 모리셔스는 독립을 약속받았다. 그러나 영국 총리 헤럴드 윌슨은 미국의 주장에 떠밀려 모리셔스 영토의 일부분인 차고스 제도를 포기하라는 조건을 내밀었다. 그 대가로 곧 독립할 국가에는 3백만 파운드의 '개발 원조'(development assistance)를 약속했다. 마침내 영국은 차고스 제도를 영국령 인도양 영토로 편입시켰다. 1년 뒤인 1966년 이 제도에 속한 디에고 가르시아(면적은 11평방마일) 섬을 미국에 빌려주었다. 미국은 사람이 살지 않는 지역을 원했으며, 영국은 이 섬 주민 1,000여 명을 모리셔스의 다른 섬들로 강제 이주시켰다. 차고스 제도 원주민들은 아무런 삶의 방책 없이 버려졌다. 차고스인들은 이런 부당한 상황에 대해 미국에 하소연해 보았지만 이 문제는 미국 문제가 아니라 영국 정부의 문제라는 말을 들었을 뿐이다.[95]

디에고 가르시아는 중동에 대한 미국 정책 특히 1991년 걸프전쟁 그리고 2001~2002년 '테러와의 전쟁'(war against terrorism)에서 중요한 역할을 했다. 미국은 1971년 디에고 가르시아에 통신망 정거장(communication sites)을 세웠으며, 1970년대 말 이 섬은 주요 해군 항공기지로 변모했다. 활주로에는 온갖 종류의 비행기들이 이착륙했으며 항구에는 항모전투단이 들어왔다. 1980

년대 말 디에고 가르시아에는 2,000명이 넘는 미국 군무원들, 그리고 음식을 공급하고 가사 일을 돕는 1,200명의 필리핀인들이 거주했다. 해변에서는 언제라도 항구에 정박한 배에서 하선한 800명 정도의 군 요원들을 볼 수 있다.[96] 그러나 기본적으로 인도양에서의 미국의 이해관계는 매우 제한적이라고 말할 수 있다. 미국은 한 세기가 넘게 영국 해군이 거머쥐고 있었던 강제 패권과 같은 권력을 장악하려는 의도를 가지고 있지 않다. 이보다 미국은 자신의 이해에 영향을 미칠 수 있는 위협에 효과적으로 대응할 수 있기를 바랄뿐이다. 그 이상도 이하도 아니라고 할 수 있다. 커즌이 지적한 바처럼 영국은 아랍 내지에서 무슨 일이 벌어지는지 아무런 관심이 없었듯이, 미국도 석유 공급이 위험에 처하지 않는 한 인도양 주변 여러 국가들 사이에서 일어날 수도 있는 적대행위에 대해서는 그다지 신경을 쓰지 않았다. 2001년 9월 뉴욕과 워싱턴에서 있었던 테러 공격 이후 전개되었던 위기 상황을 보더라도 이런 분석은 타당성을 지니고 있음을 알 수 있다. 이들 테러 공격은 분명 미국의 이해관계에 대한 직접적인 위협이었으며 엄청난 대응을 불러일으켰기 때문이다.

인도양은 결정적인 측면에서 태평양이나 대서양과 다르다는 사실을 기억해야 한다. 태평양과 대서양에는 여러 주요 강대국들이 이해관계를 가지며 국경을 마주하고 있는데 반해 인도양 연안에는 주요 강대국이라고 할 만한 국가가 없다. 인도양 지역의 어느 국가 해군도 인도양에서 우세는 차치하고라도 주요한 역할을 수행하는 정도에도 이르지 못하고 있다. 냉전 종결과 함께 인도양에 미치는 러시아의 영향력은 줄었다. 동남아시아 국가들은 순찰을 돌며 난민 유출을 막고 해적 출몰을 감소시키는 정도의 해군력을 두고 있다. 오스트레일리아의 해군도 크게 다르지 않아 인도양 공해를 활동영역으로 할 역량은 없으며 난민 유입을 막는 정도의 역할을 하고 있다. 오늘날 인도양 연안 국가들 중에서 인도가 유일하게 공해를 활동영역으로 하는 해군을 두고 있다.

1947년 인도와 파키스탄의 독립 당시 영국 정부는 영연방 체제 내에서 인도의 역할은 서구의 중국과 소련의 영향력 확산 저지 노력을 측면에서 지원하는 것으로 규정했다. 인도 해군의 임무는 인도의 이해관계를 수호하는 데에 있다기보다는 세계적인 공산주의 억제 활동에서 동맹으로서의 소임을 다하는 데에 있었다. 1958년에야 인도인 해군참모총장이 나타났으며, 1960년대 초까지도 영국인 장교들이 인도 해군에 복무했다. 해군은 무시당한 반면 육군은 중시되었으며 여러 특권을 가졌다. 1962년 중국과의 전쟁 직전 인도 해군은 방위 예산의 4.7%를, 육군은 77.5%를, 공군은 17.8%를 점했다. 영국에의 의존이 종결된 이후 인도는 거의 전적으로 소련에 의존하는 방향으로 나아갔다. 1980년대 말 인도 군장비의 70%가 소련제였다.[97] 덕분에 인도 해군은 공해에서 보다 커다란 역할을 할 수 있는 기회를 가졌다. 지난 몇 년 동안 인도의 뉴스와 신문은 매우 중요한 해군 훈련이 수행중이라는 보도를 자주 했다. 그 목표는 인도 해군이 '서쪽으로는 페르시아 만 주변에서 동쪽으로는 믈라카 해협에 이르는 수역에서 주목할 만한 영향력을 행사하는 것'이다. 보다 포괄적인 목표는 인도 해군이 '육지에서 바다로의 공격을 단행하기 위한 일정 역량은 물론 공해 역량을 확보하는 데에' 있다.[98] 인도 해군은 베트남 해군과 공동으로 남중국해의 믈라카 해협을 통과하는 훈련을 하기도 했다. 인도는 오늘날 세계에서 7번째로 큰 해군력을 가지고 있다. 2002년 초 인도는 러시아로부터 두 번째 항공모함을 구매하고 핵동력 잠수함 두 대를 대여하는 협상을 했다.[99]

인도는 인도양에서 본연의 역할이라고 자임하는 바, 즉 지역 강대국으로서의 역할을 맡았다. 인도의 크기나 인도양이라는 해로 상에 놓여 있는 위치를 감안하면 이러한 인도의 역할은 당연하다는 결론이었다. 네루는 독립 직전 다음과 같이 말했다. '지리만큼 확실한 것은 없는데, 지리적으로 인도는 동, 서, 북, 동남아시아의 연결점에 위치해 있다.'[100] 나는 여러 차례 인도를 방문하면서 나무랄 데 없는 매너를 가진 매우 세련된 엘리트 집단에 속하는 젊은 인도 해군 장교들과 어울릴 기회를 가졌다. 내가 오스트레일리아에서 왔음을 알고 이들은 정중하게 관심을 드러내며 크리켓에 대해 이야기했지만, 속으로는 '우리는 당신들 오스트레일리아 사람들을 쉽게 이길 수 있어'라고 생각하고 있다는 인상을 강하게 풍겼다. 사실 그럴 수 있을 것이다. 인도양에서 인도가 주요 역할을 하는 존재라는 인도의 자의식은 남쪽 멀리 남극 대륙에까지 닿아있다. 인도는 여러 조약에 의해 할당된 남극 대륙의 여러 지역에서 매우 활기차게 역할을 수행했다.

미국은 이러한 인도의 폭넓은 역할 수행을 환영했으며, 양국 해군 간 협력도 확장되었다. 냉전이 종결된 마당에 인도의 러시아와의 관계는 큰 문제가 되지 않았으며, 미국이 보기에 인도는 민주주의 체제를 갖춘 본질적으로는 현상을 유지하는 나라였다. 그리하여 인도는 인도양에서 미국이 해야 할 역할의 일정부분을 떠맡았다. 1990년대 경제 자유화 조치가 취해지자 미국 투자자들에게 인도는 상당히 매력적인 시장이 되었다. 마찬가지로 캘리포니아 실리콘 벨리에 있는 컴퓨터 전문가들과 방갈로르에 있는 인도인 컴퓨터 전문가들의 관계가 더욱 밀접해졌으며 많은 관계자들이 서로 오고갔다. 1990년대 미국은 파키스탄보다 인도에 더 호의적이었다.

인도 해군이 인접국들 특히 파키스탄을 상대로 방어에 주력할 것인지 공격에 주력할 것인지는 확실치 않다. 인도는 특히 민족주의적이고 심지어 국수주의적이라고 할 수 있는 인도인민당(바라티야자나타 당, BJP) 정권 하에서 인도양에서 지배적인 지역 강대국으로서의 인도의 역할을 중시하고 있음은 분명하다. 그렇다고 인도 해군이 공격적인 역할을 주로 할 것이라는 의미는 아니다. 인도양 도처에서 인도의 무력을 투사하는 일련의 행동과 훈련에도 불구하고 인도 해군에 문제가 없는 것은 아니다. 소련 붕괴와 경제 자유화는 인도 해군의 지위를 약화시키는 결과를 가져왔다. 영향력 있는 한 평론가는 해군은 여전히 제대로 대우받지 못하고 있음을 지적했다. 함대는 통상 매달 7일 정도만 바다에 나가며, 호위함과 구축함은 1976년과 1996년 사이 31척에서 24척으로 줄었다.[101] 인도 방위 체제의 초점은 언제나 카슈미르 분쟁을 축으로 파키스탄을 향해 있는데, 여기에서 해군이 할 수 있는 역할은 거의 없다. 최근 벌어진 두 사건은 향후 전략 상황을 전반적으로 변화시켰을 수 있다. 1998년 5월 인도와 파키스탄은 공식 핵보유국이 되었다. 2001년 9월 이후 '테러와의 전쟁'(war against terror)으로 적어도 당분간은 미국이 파키스탄을 훨씬 더 지원한다는 새로운 시나리오가 설득력을 얻었다. 미국의 파키스탄으로의 재진입은 아직 결과를 예단할 수 없지만 중요한 사건임에는 분명하다.

이런 고위급 정책 관련 문제와는 별개로 지역의 해군이 해내야 할 역할이 있다. 연안 경비를 통해 밀수를 금지시키는 활동은 언제나 중요했다. 또 다른 중요 임무는 특히 동남아시아에서 지난 수십 년간 다시 활기를 찾기 시작한 해적 행위 감시 활동이다. 과거 술루 해에서 해적들은 엮어서 만든 돛과 노 젓는 노예가 있는 프로아를 타고 나타났다. 오늘날 해적은 디젤 동력의 쾌속선에 바주카로, 기관총, 화염병으로 무장하고 있다. 소말리아 연안의 해적은 심지어 박격포와 로켓추진 소화탄을 가지고 있다. 이들은 위성항법장치를 이용하며, 먼저 구매자를 구해놓고 다음에 배와 화물을 나포하기도 한다. 1998년 전반 기록된 것만 세계적으로 86건의 해적이 발생했다. 이들 중에서 38건이 동남아시아 해역에서 그리고 14건이 남아시아 주변에서 일어났다.[102]

해적 소탕은 다국 간 책무이어야 한다. 만약 인도양 주변 국가들이 서로 협력한다면 필요한 해군의 규모를 줄일 수 있을 것이다. 인도의 독립 직전 바로 이 문제를 앞장서 제기한 이는 자와할랄 네루였다. 그는 1947년 3월 아시아관계회의(Asian Relations Conference)에서 인도양 주변국들의 일종의 통합계획안을 제시한 것이었다. 그러나 1970년 이전까지 아무 진전도 없었다. 1970년 잠비아의 수도 루사카에서 열린 비동맹회의에서 인도양 전체를 포괄하는 평화지대(Zone of Peace)라는 개념이 채택되었다. 다음 해 스리랑카의 수상 시리마보 반다라나이케는 유엔 총회에서 이 개념을 발표했으며, 1971년 12월 유엔 총회는 평화지대를 채택했다. 그러나 전체 연안 국가들의 지지에도 불구하고 소련과 미국은 아무런 관심도 표명하지 않았다. 아마도 우세한 지역 강대국의 위상을 확보하고자 인도가 최초 제안서에서 물타기를 한 까닭에 채택된 평화지대는 인도양 지역 외부에 있는 강대국들의 활동만을 제한하게 되었기 때문일 것이다. 인도양 특별 위원회(Ad Hoc Committee on the Indian Ocean)가 평화지대를 구체화하기 위해 설립되었으나 별다른 성과를 내놓지 못했다.[103]

몇 년 후인 1984년 인도양위원회(Indian Ocean Commission)가 형성되었다. 창설국가는 모리셔스, 마다가스카르, 세이셸이었다. 나중에 레위니옹을 대표해 프랑스, 그리고 코모로가 가세했다.[104] 20세기 마지막 5년간의 활발한 움직임에 힘입어 인도양연안지역 협력협의회(Indian Ocean Rim Association for Regional Cooperation, IOR-ARC)가 구성되었다. 1997년 3월 모리셔스에서 창설된 이 조직에는 1999년 말 19개국이 참가했으며, 정부 간 관계의 수준에서뿐만 아니라 학계와 산업계 관계자들의 수준에서도 활동이 이루어지고 있다. 목적은 오스트레일리아, 인도, 인도네시아, 케냐, 마다가스카르, 말레이시아, 모리셔스, 모잠비크, 오만, 싱가포르, 남아프리카, 스리랑카, 탄자니아,

예멘, 방글라데시, 이란, 세이셸, 태국, 아랍 에미리트 연합국을 포함한 구성국가 간 경제 협력 증진이다. 파키스탄은 가입에 앞서 차별적인 무역 관행 수정을 요구받았다. 대화 파트너로는 이집트, 영국, 일본, 중국이 있다.[105]

인도양연안지역 협력협의회가 조직될 수 있었던 맥락에는 앞서 언급했던 소련의 몰락, 냉전의 종결, 남아프리카 인종차별정책인 아파르트헤이트의 종식, 그리고 지구화의 경향이 자리하고 있었다. 자본주의적 패러다임이 유일한 신뢰성의 근원이 되자 세계는 이념 갈등에 그다지 관심을 가지지 않게 되었다. 그렇기는 하지만 인도양연안지역 협력협의회 구성국들은 서로 매우 다른 이해관계를 가지고 있으며 경제와 정치 시스템 또한 다르다. 이렇게 이질적인 구성원들로 이루어진 협력협의회가 진정한 의미의 진전을 확보해 지역 협력과 통합체로 나갈 수 있는 가능성은 크지 않다. 게다가 구성국들 다수는 다르고 심지어 양립하기 어려운 국제협력 체제나 연합체, 예를 들어 남아시아지역협력연합(SAARC, South Asian Association for Regional Cooperation), 동남아시아국가연합(ASEAN), 아시아태평양경제협력체(APEC)에 가입해 있다. 설상가상 인도양의 전 연안 지역의 경제 활동은 상당 부분 인도양 외부 세계와 관계되어 있다. 북대서양 주변 국가들의 상호 긴밀한 경제 유대 관계와는 대조적으로 인도양 역내 교역은 전체 교역의 4분의 1에도 미치지 못한다. 인도양의 글로벌 차원은 인도양 주변 국가들 상호 간의 효율적 경제 협력의 가능성은 그만큼 줄이는 효과가 있다. 2000년 1월에 있었던 회의에서 '회원국들의 이용과 소비를 진작시키기 위해 일정 품목을 한정 판매하는 면세점'을 세우기로 한 결정도 신뢰도를 높이지 못했다.[106]

자주 중단되고 멈칫거리는 통합 시도나 여러 협력 시도도 인도양에서 일반적으로 볼 수 있는 통일성의 결여를 반영하고 있는 또 하나의 전형적인 예에 속하는 것이 아닐까 생각하면서 결론으로 나아가고자 한다. 계급이나 국가와 같이 좀 더 일반적인 역사 연구의 대상처럼 '인도양'(Indian Ocean)을 유용한 분석과 연구의 대상으로 삼을 수 있을까? 여기에서 다시 한 번 대양의(*of*) 역사 즉 대양 내에서 형성되고 발전하는 역사와, 대양에서의(*in*) 역사, 즉 대양의 지리적인 경계 밖에서 비롯된 좀 더 범주가 넓은 문제들의 영향을 받으면서 형성되고 발전하는 역사를 분리해 볼 수 있을지의 문제로 되돌아갈 필요가 있다. 간단히 말해, 만약 후자가 단연 중요하다면 일정 대양의 역사를 기술한다는 생각에는 의구심이 들 수밖에 없다. 그러나 이 책에서 다룬 긴 역사 시간 동안 대양의(*of*) 역사를 기술할 수 있다는 것이 내가 내린 결론이다. 초기 유럽인들의 영향이 미약했다는 사실을 고려해 볼 때 인도양은 비교적 분리된 개별적인 실체였으며, 거의 18세기 말까지도 그 안에서 분석되고 그 자체로 연구될 수 있는 대상이라고—다소 독단적으로 보일지 모르지만— 말할 수 있다. 이 책의 마지막 두 개의 장을 통해 분명히 밝히고자 했던 바와 같이, 외부로부터의 힘이—특히 처음에는 산업화된 영국 그리고 지금에 와서는 지구화(globalisation)— 매우 심대한 영향력을 미치기 시작한 때는 1800년경 이후이다.

여기에서 서로 연동되어 있는 두 문제를 언급할 필요가 있다. 한편으로, 세계 인구의 절반이 바다에서 80km 반경 내에 살고 있음에도 불구하고 오늘날 해사는 이들에게 거의 아무런 영향을 미치지 않는다. 분명 바다의 신비는 사라졌다. 사람들은 대부분 바다 위를(*on*) 항해하기보다는 바다를 내려다보며(*over*) 항공기로 움직인다. 인도양의 곳곳을 연결하고 오래된 항로를 오고가는 여객선은 이제 없다. 단거리 연락선 페리가 일부 남아있을 뿐이다. 소수의 사람들은 여전히 바다로 다닌다. 불법으로 들여오기에 항공 안보망을 뚫는 것보다 바다 길이 훨씬 더 쉽다고 생각한 해적, 난민, 마약밀매업자들이 그들이다. 이제 바다는 상당 부분 레크리에이션을 위한 장소이다. 현대 기술의 발전으로 제대로 해양 경험을 할 수 있는 기회는 줄었다. 한 미국 학자는 우리가 얼마나 바다로부터 멀어져 있는지를 다음과 같이 표현했다. 오늘날 전형적인 해변 이용자는 아주 큰 사륜 자동차를 몰고 해변에 와서 마음껏 속도를 올려 모래를 헤집어 놓고 약한 해양 생물을 깔아뭉개며 바다를 향해 차를 주차하고 있는 풍채 좋은 사람이다. 그는 차 엔진을 계속 구동시켜 냉방을 하고 차안에 머물면서 바다를 본다.[107] 여기에서 묘사한 전형적인 해변 이용자가 있는 곳은 미국의 대서양 해변이지만, 인도양 주변에서도 비슷한 광경을 목격할 날이 멀지 않다. 크루즈는 바다에서 육지 사회의 생활을 가능한 한 다 누릴 수 있도록 발전하고 있다. 오늘날 가장 중요한 전함인 항공모함은 전혀 해양적이지 않다. 크루즈와 마찬가지로 이 거대한 배의 선상에는 육지 사회가 그대로 완전히 복제되어 있다. 본질적으로 말해 항공모함은 어쩌다보니 떠 있게 된 비행장이다. 그렇다면 무역은 어떤가? 분명 인도양에서 무역은 여전히 대부분 해로로 이루어진다. 인도의 경우 해외 무역의 90%가 해로로 들어온다. 그러나 인도에서 대부분 경제 활동은 국가 내에서 이루어기 때문에, 예를 들어 1998년 5월 인도 핵실험 이후 취해진 해양 제재조치는 별다른 효과가 없었다. 어떤 경우이든 오늘날 해양 교역에 종사하는 이들은 이 책에서 자주 인용되었던 콘래드, 빌리어즈 그리고 많은 다른 이들이 보았던 유형에 속하는 이들이 아니다. 이제 해상 교역은 매력이라고는 없는 유조선과 화물선이 담당한다. 선원들은 본질적으로 저임금 비숙련 노동자들로 건설 현장이나 공장에서 일하는 이들과 별반 차이가 없다. 바다와 인간의 분리는 앞으로는 더욱 증폭될 것으로 보인다. 지금도 한 사람도 승선시키지 않고 배를 항구에서 항구로 이동시키는 일이 기술적으로 가능하기 때문이다. 인간의 노동력이 필요하다면 배가 출항할 때와 입항할 때뿐이다.

앞으로는 더욱 더 육지에 기반을 둔 이해관계가 인도양은 물론 전체 해양으로 확대될 것이다. 세계의 대부분의 바다, 즉 200해리의 경계를 넘어선 해역은 여전히 공유재(commons)이다. 한 학자는 암울해 보이는 오늘날의 바다 모습을 다음과 같이 전한다.

> 유엔이 1998년을 국제해양의 해(International Year of the Ocean)로 기념하고 있었을 때 대양과 연안 지역의 다목적 · 평화적 이용을 둘러싼 분쟁이 —상업 어업과 레저 어업, 석유 개발, 해양양식업, 해양 수송, 해양 레크리에이션 등— 급증했다. 바다의 생물자원은 날로 세지는 압박을 받고 있으며 대양을 군사적으로 이용 혹은 남용하는 사례(해양학 정보 공유 거부와 같은)는 냉전 종결에도 불구하고 계속되고 있다. 연안에 기반을 두고 있던 공동체 사람들은 연안 자원과 해양 자원의 파괴로 살던 곳을 등지고 쫓겨나며 점점 더 소외되고 있다. 게다가 바다는 공장 폐수와 방사성 핵폐기물을 내다버리는 처리장으로 이용되고 있다.[108]

인간이 이용할 수 있는 필수 자원이 줄어드는 상황에서 대양은 늘어가는 지구 인구를 떠받칠 수 있는 자원 예를 들어 석유, 가스, 어류 등을 제공해야 하는 압력을 점점 더 받을 수밖에 없을 것이다. 현재 대양은 전폭적인 착취가 시작되기 전 일시적인 휴지기를 맞이하고 있다고 할 수 있다. 해저 1.5km를 훑고 가는 심해 저인망어선은 이미 바다에 심각한 악영향을 미치고 있다. 심해 채굴은 현재로서는 큰 문제가 아니다. 기술적으로 아직 준비가 덜 되어 있으며 광물 가격이 지난 몇 십년간 비교적 낮았기 때문이다. 가까운 시일 내에 이 두 요인에 변화가 생기지 않으리라 확신할 수 없다. 지금 사람들은 바다를 경시하고 있다. 얼마 있지 않아 바다를 망가뜨려 버릴 수도 있다. 인도양도 이 비극적인 전망의 예외가 되리라고 확신할 수 없다.

| 서론 |

1) Joseph Conrad, *Typhoon, and other Tales*, New York, New American Library, 1963, p. 42 (from 'The Nigger of the "Narcissus"').

2) Ibid., p. 43.

3) Himanshu Prabha Ray and Jean-Francois Salles, eds, *Tradition and Archeology: Early Maritime Contacts in the Indian Ocean,* New Delhi, Manohar, 1996, p. 1.

4) Julian Reade, 'Evolution in Indian Ocean Studies', in J. Reade, ed., *Indian Ocean in Antiquity,* London, Kegan Paul, 1996, p. 13. For a similar complaint, and solution, concerning Malay history see V. J. H. Houben et al., eds, *Looking in Odd Mirrors: the Java Sea,* Leiden, University of Leiden, 1992, Introduction, p. viii.

5) Pierre Chaunu, *European Expansion in the Later Middle Ages,* Amsterdam, North Holland Publishing Co., 1979, p. 218.

6) O.H.K. Spate, *The Pacific since Magellan,* Canberra, Australian National University Press, 1979-88, 3 vols, I, p. ix.

7) Andre Gunder Frank, *ReOrient,* Berkeley, University of California Press, 1998.

8) Fernand Braudel, *The Mediterranean and the Mediterranean World in the Age of Philip II*, London, Collins 1972, 2 vols; Peregrine Horden and Nicholas Purcell, *The Corrupting Sea: A Study of Mediterranean History*, Vol. I, Oxford, Blackwell, 2000.

9) Horden and Purcell, *The Corrupting Sea,* p. 127.

10) Predrag Matvejevic, *Mediterranean: A Cultural Landscape,* Berkeley, University of California Press, 1999.

11) Frank Broeze, *Island Nation: A History of Australians and the Sea,* Sydney, Allen & Unwin 1998; Michel Mollat du Jourdin, *Europe and the Sea,* Oxford, Blackwell, 1993; Ashin Das Gupta and M.N. Pearson, eds, *India and the Indian Ocean, 1500-1800,* Calcutta, Oxford University Press, 1987, 2nd ed., New Delhi, Oxford University Press, 1999.

12) Horden and Purcell, *The Corrupting Sea*, p. 42.

13) Frank Broeze, review of P. Butel, *The Atlantic,* London, Routledge, 1999, in *International Journal of Maritime History,* XII, 1, June 2000, pp. 266, 268. For his notions of what mar - itime history is see *Great Circle,* Inaugural Newsletter, October 1978, p. 7, and 'From the Periphery to the Mainstream', *Great Circle,* XI, 1, 1989, p. 6.

14) Chaunu, *European Expansion*, p. 219.

15) The same point has been made about Europe: see David Kirby and Merja-Liisa Hinkkanen, *The Baltic and the North Seas*, London, Routledge, 2000, p. 58.

16) Braudel, *The Mediterranean and The Mediterranean World*, p. 276.

17) Horden and Purcell, *The Corrupting Sea*, p. S23.

18) K. N. Chaudhuri, *Trade and Civilization in the Indian Ocean: An Economic History from the Rise of Islam to 1750,* Cambridge, Cambridge University Press, 1985, p. 3.

19) K.N. Chaudhuri. 'The Unity and Disunity of Indian Ocean History from the Rise of Islam to 1750: The outline of a theory and historical discourse', *Journal of World History*, IV, 1, 1993, especially pp. 1, 7.

20) Niels Steensgaard, 'The Indian Ocean Network and the Emerging World-Economy, c. 1500-1750', in Satish Chandra, ed., *The Indian Ocean: Explorations in History, Commerce and Politics,* New Delhi, Sage, 1987, pp. 127-8.

21) R. J. Barendse, *The Arabian Seas, 1640-1700,* Leiden, Research School, CNWS, Leiden University, 1998, p. 60.

22) R. J. Barendse, 'Trade and State in the Arabian Seas: A Survey from the Fifteenth to the Eighteenth Century', *Journal of World History,* XI, 2, 2000, p. 173.

23) A. J. R. Russell-Wood, *A World on the Move: The Portuguese in Africa, Asia, and America, 1415-1808,* New York, St Martin's Press, 1992; Fernand Braudel, *Civilization and Capitalism,* New York, Harper & Row, 3 vols., 1981-84.

24) Braudel, *The Mediterranean and the Mediterranean World*, pp. 104 et seq., 296-7.

25) Romila Thapar, 'Early Mediterranean Contacts with India: An Overview', in F. De Romanis and A. Tchernia, eds, *Crossings,* New Delhi, Manohar, 1997, p. 1.

26) Robert Harms Lecture, Brown University, 12 October 2000.

27) James Heimann, 'Small Change and Ballast: Cowry Trade and Usage as an Example of Indian Ocean Economic History', *South Asia,* n.s. Ill, 1, 1980, pp. 48-69.

28) Jennifer Ackerman, 'New Eyes on the Oceans', *National Geographic,* October 2000, p. 113.

29) Judith Gabriel, 'Among the Norse Tribes: The Remarkable Account of Ibn Fadlan', *Aramco World,* November-December 1999, pp. 36-42.

30) David Parkin and Stephen C. Headley, eds, *Islamic Prayer across the Indian Ocean: Inside and Outside the Mosque,* Richmond, Curzon, 2000, pp. 2-3.

31) *Sydney Morning Herald,* 9-10 June, 2001.

32) Horden and Purcell, *The Corrupting Sea,* p. 43.

33) Quoted in Philip Edwards, *The Story if the Voyage: Sea Narratives in Eighteenth-Century England,* Cambridge, Cambridge University Press, 1994, p. 1.

34) 이 비교는 거칠지만 타당성은 충분하다. 나는 여기에 이집트와 이란을 포함시켰지만 인도네시아 전체를 포함시키지는 않았다.

35) Matvejevic, *Mediterranean,* p. 142.

36) Horden and Purcell, *The Corrupting Sea,* p. 5.

37) Braudel, *The Mediterranean and the Mediterranean World,* p. 18.

38) Spate, *The Pacific,* I, p. x.

39) Tom Vosmer, 'Maritime Archaeology, Ethnography and History in the Indian Ocean: An Emerging Partnership', in Himanshu Prabha Ray, ed., *Archaeology of Seafaring: The Indian Ocean in the Ancient Period,* Delhi, Pragati Publications, 1999, p. 298.

40) *Sydney Morning Herald,* 13 April, 2000.

41) Janet Abu-Lughod, 'The World-System Perspective in the Construction of Economic History', in Philip Pomper et al., *eds, World History: Ideologies, Structures and Identities,* Oxford, Blackwell, 1998, p. 75.

| 1장 |

1) Fernand Braudel, *The Mediterranean and the Mediterranean World in the Age of Philip II,* London, Collins, 1972, 2 vols, p. 353.

2) Frank Broeze, 'Introduction', in Frank Broeze, ed., *Brides f the Sea: Port Cities of Asiafrom the 16th-20th Centuries,* Sydney, New South Wales University Press, 1989, pp. 3, 21.

3) Chandra Richard de Silva, 'Indian Ocean but not African Sea', *Journal of Black Studies,* XXIX, 5, May 1999, pp. 684-94.

4) Alan Villiers, *The Indian Ocean,* London, Museum Press, 19S2, pp. 5, 17; Central Intelligence Agency (CIA), *Atlas of the Indian Ocean,* Washington, CIA, n.d., pp. 3-5.

5) CIA World Facebook, 2000, available HTTP 〈http://www.cia.gov.da/publications/factbook〉, accessed 24 November 1999; see 'Indian Ocean'.

6) Robert K. Headland, *Chronological List of Antarctic Expeditions and Related Historical Events,* Cambridge, Cambridge University Press, 1989, pp. 12-13.

7) Vivian Louis Forbes, *The Maritime Boundaries of the Indian Ocean Region,* Singapore, National University of Singapore, 1995.

8) John O'Kane, trans. and ed., *The Ship of Sulaiman,* London, Routledge & Kegan Paul, 1972, p. 163.

9) Joseph Conrad, *Typhoon, and other Tales,* New York, New American Library, 1963, 'The Shadow Line', p. 380.

10) O'Kane, *The Ship of Sulaiman,* pp. 159-60.

11) Donald K. Emmerson, 'The Case for a Maritime Perspective on Southeast Asia', *Journal of Southeast Asian Studies,* XI, 1, March 1980, pp. 139-45.

12) Abu Zaid Hasan ibn Yazid, *Ancient Accounts of India and China,* London, printed for Sam. Harding, 1733, p. 93. Isabel Burton, *A. E. I. Arabia, Egypt, India: A Narrative of Travel,* London, W. Mullan and Son, 1879, pp. 71-100.

13) Muhammad ibn Ahmad Ibn Jubair, *The Travels of lbn Jubayr(I183-I185 AC),* trans. R. J. C. Broadhurst, London, Jonathan Cape, 1952, pp. 69 et seq.

14) Daniel's account in William Foster, ed., *The Red Sea,* London, Hakluyt Society, 1949, pp. 64-70.

15) Tome Pires, *The Suma Oriental of Tomé Fires,* ed. A. Cortesão, London, Hakluyt Society, 1944, 2 vols, I, p. 9.

16) Jacques - Yves Cousteau, *The Living Sea,* New York, Nick Lyons Books, 1963, p. 33. Isabel Burton (pp. 93-9) noticed this in January 1876: the locals told her it was a con - sequence of the opening of the Suez Canal.

17) Isabel Burton, *A. E. I.,* p. 99.

18) Marco Polo, *The Book of Set Marco Polo,* trans. and ed. Henry Yule and Henri Cordier, London, John Murray, 1921, 2 vols, I, 108. 후글리 강 델타와 같은 델타 지역들은 매우 위험할 수 있다. 탄자니아에 있는 루피지 강 델타에서의 참혹한 상황에 대해서는 다음 저서 참조. Alan Villiers, *Sons of Sinbad,* New York, C. Scribner's Sons, 1940, pp. 191-2.

19) Felipe Fernández-Armesto, 'The Indian Ocean in World History', in Anthony Disney and Emily Booth, eds, *Vasco da Gama and the Linking of Europe and Asia,* New Delhi, Oxford University Press, 2000, p. 16.

20) F. Bethencourt and D. Ramada Curto, eds, *Portuguese Expansion, 1400-1822: A Collection of Essays,* New York, Cambridge University Press, forthcoming.

21) Colonel James Capper, *Observations on the Passage to India through Egypt and across the Great Desert…,* 2nd ed., London, Printed for W. Faden, 1784, p. vi.

22) M. Lesourd, 'Notes sur les Nawakid, Navigateurs de la Mer Rouge', *Bolletin de l'Institute Français d'Afrique Noire,* Serie B, Dakar, vol. XX, 1960, pp. 346-55, especially pp. 349-50.

23) Fernao Lopes de Castanheda, *Historia do descobrimento e conquista da India pelos Portugueses,* 3rd ed., Coímbra, Impr. da Universidade, 1924-33, 9 vols, VIII, xliii.

24) William Foster, ed., *Early Travels in India,* Delhi, S. Chand, 1968, pp. 301-2.

25) G.R. Tibbetts, *Arab Navigation in the Indian Ocean before the Coming of the Portuguese,* London, Royal Asiatic Society of Great Britain and Ireland, 1971, p. 231, and cf. pp. 360-82.

26) Elaine Sanceau, 'Uma Narrativa da Expedição Portuguesa de 1541 ao Mar Roxo', *Studio, IX,* 1962, pp. 199-234 [letter of D. Manuel de Lima to King, Goa, 18 November 1541]. 226-7.

27) George F. Hourani, revised and expanded by John Carswell, *Arab Seafaring in the Indian Ocean in Ancient and Medieval Times*, Princeton, Princeton University Press, 1995, p. 150; Tim Severin, *The Sinbad Voyage*, London, Hutchinson, 1982, passim.

28) Thor Heyerdahl, *The Tigris Expedition: In Search of our Beginnings,* Garden City, Doubleday, 1981, pp. 187, 222.

29) Alexander Frater, *Chasing the Monsoon,* Harmondsworth, Penguin, 1991, p. 23.

30) CIA, *Atlas,* p. 7.

31) Alan Villiers, *The Set of the Sails: The Adventures of a Cape Horn Seaman,* London, Pan, 1955 (first ed. 1940), p. 246.

32) Villiers, *Indian Ocean,* pp. 11-12.

33) Des Kearns, *World Wanderer,* Sydney, Angus & Robertson, 1971, p. 63.

34) Villiers, *Indian Ocean,* p. 13. Patrick O'Brian's novel *H. M. S. Surprise,* Bath, Chivers Press, 2000, pp. 260-87.

35) Villiers, *Set of the Sails,* p. 84.

36) Daniel Behrman, *Assault on the Largest Unknown: The International Indian Ocean Expedition, 1959-65,* Paris, Unesco Press, 1981, p. 33; P. Bellwood, 'From Bird's Head to Bird's Eye View: Long Term Structures and Trends in Indo-Pacific Prehistory', in J. Miedema, C. Ode and R. A. C. Dam, eds, *Perspectives on the Bird's Head of Irian Jaya, Indonesia,* Amsterdam, Rodopi, 1998.

37) Peregrine Horden and Nicholas Purcell, *The Corrupting Sea: A Study of Mediterranean History,* Vol. I, Oxford, Blackwell, 2000, p. 310.

38) Anthony Reid, 'The System of Trade and Shipping in Maritime South and Southeast Asia, and the Effects of the Development of the Cape route to Europe', in H. Pohl, ed., *The European Discovery of the World and its Economic Effects on Pre-Industrial Society, 1500-1800,* Stuttgart, F. Steiner, 1990, pp. 94-5.

39) Jennifer Ackerman, 'New Eyes on the Oceans', *National Geographic,* October 2000, pp. 92-3.

40) Jerónimo Lobo, *The Itinerary of Jerónimo Lobo,* trans. Donald M. Lockhart, London, Hakluyt Society, 1984, p. 308.

41) Maria Graham, *Journal the Residence in India,* Edinburgh, A. Constable, 1813, p. 174.

42) *Sir James Lancaster, The Voyage of Sir James Lancaster to Brazil and the East Indies, 1591-1603,* ed. W. Foster, Hakluyt Society, 1940, pp. 8-9.

43) A. J. R. Russell-Wood, *A World on the Move: The Portuguese in Africa, Asia, and America, 1415-1808,* New York, St Martin's Press, 1992, p. 98.

44) Heyerdahl, *The Tigris Expedition,* p. 71.

45) Mrs Jemima Kindersley, *Letters from the Island of Teneriffe, Brazil, the Cape of Good Hope, and the East Indies,* London, J. Nourse, 1777, p. 81.

| 2장 |

1) Fernand Braudel, *The Mediterranean and the Mediterranean World in the Age of Philip II,* London, Collins, 1972, 2 vols, I, p. 276.

2) 호르텐과 퍼셀에게는 미안한 이야기이지만, 대양에서의(*in*) 역사와 대양의(*of*) 역사라는 용어는 구분해 사용해야 한다.

3) K. N. Chaudhuri, *Trade and Civilization in the Indian Ocean: An Economic History from the Rise of Islam to 1750,* Cambridge, Cambridge University Press, 1985, p. 160.

4) Predrag Matvejevic, *Mediterranean: A Cultural Landscape,* Berkeley, University of California Press, 1999, p. 66.

5) Braudel, *The Mediterranean,* pp. 168, 170. See also Sugata Bose's essay 'Space and Time in the Indian Ocean Rim: Theory and History', in Leila Tarazi Fawaz and C.A. Bayly, eds, *Modernity and Culture: From the Mediterranean to the Indian Ocean,* New York, Columbia University Press, 2002, pp. 365-88.

6) Jorge Manuel Flores, *Os Portugueses e o Mar de Ceilão: Trato, Diplomacia e Guerra (1498-1543),* Lisbon, Cosmos, 1998.

7) Jean-Claude Penrad, 'Societies of the Ressac: The Mainland meets the Ocean', in David Parkin, ed., *Continuity and autonomy in Swahili Communities: inland influences and strategies of self-determination,* London, SOAS, 1994, pp. 41-8.

8) H. Neville Chittick, 'East Africa and the Orient: Ports and Trade Before the Arrival of the Portuguese', in C. Mehaud, ed., *Historical Relations across the Indian Ocean,* Paris, UNESCO, 1980, p. 13.

9) Ralph Austen, *African Economic History: Internal Development and External Dependency,* London, James Currey, 1987, p. 58.

10) Peregrine Horden and Nicholas Purcell, *The Corrupting Sea: A Study of Mediterranean History,* vol. I, Oxford, Blackwell, 2000, pp. 151, 377.

11) Ibid, p. 267.

12) H. W. Van Santen, 'Trade between Mughal India and the Middle East, and Mughal Monetary Policy, c. 1600-1660', in Karl Reinhold Haellquist, ed., *Asian Trade Routes: Continental and Maritime,* London, Curzon Press, 1991, p. 90.

13) Jacques-Yves Cousteau, *Life and Death in a Coral Sea,* Garden City, NY, Doubleday, 1971, p. 79.

14) Frank Broeze, 'Introduction', in Broeze, ed., *Gateways of Asia: Port Cities of Asia from the 13th to the 20th Centuries,* London, Kegan Paul International, 1997, pp. 3-4.

15) Matvejevic, *Mediterranean,* pp. 13-14.

16) Audrey N. Clark, *Longman Dictionary of Geography,* Essex, Essex University Press, 1985, s.v. 'umland'.

17) Frank Broeze, 'The External Dynamic of Port City Morphology: Bombay, 1815-1914', in Indu Banga, ed., *Ports and their Hinterlands in India, 1700-1950,* New Delhi, Manohar, 1992, pp. 245-52. B. S. Hoyle, 'Maritime Perspectives on Ports and Port Systems: The Case of East Africa', in Frank Broeze, ed., *Brides of the Sea: Port Cities of Asia from the 16th-20th Centuries,* Sydney, University of New South Wales Press, 1989, pp. 188-93. K. N. Chaudhuri, *Trade and Civilisation,* pp. 98-118; 160-81.

18) Rhoads Murphey, 'On the Evolution of the Port City', in Broeze, ed., *Brides of the Sea,* p. 225. 이 훌륭한 논문은 해항도시(port cities) 연구에 크게 기여했다.

19) W.G. Palgrave, quoted in Fouad Ajami, *The Dream Palace of the Arabs,* New York, Pantheon Books, 1998, p. 154.

20) Muhammad ibn Ahmad Ibn Jubair, *The Travels of Ibn Jubayr (1183-1185 AC),* trans. R. J. C. Broadhurst, London, Jonathan Cape, 1952, pp. 63-4.

21) M. D. D. Newitt, *A History of Mozambique,* London, Hurst, 1994, pp. 12, 31, 141 et seq.

22) Himanshu Prabha Ray, 'Introduction', in Ray and Jean-Francois Salles, eds, *Tradition and Archeology: Early Maritime Contacts in the Indian Ocean,* New Delhi, Manohar, 1996, p. 2.

23) A. Vallavanthara, *India in 1500 AD: The Narrative of Joseph the Indian,* Mannanam, Research Institute for Studies in History, 1984, pp. 152-5.

24) Rhoads Murphey, 'The City in the Swamp: Aspects of the Site and Early Growth of Calcutta', *Geographical Journal,* 130, 1964, pp. 241-56.

25) Shireen Moosvi, 'The Gujarat Ports and their Hinterland', in Indu Banga, ed., *Ports and their Hinterlands,* pp. 121-9.

26) Gillian Tindall, *City of Gold: The Biography of Bombay,* Penguin, Harmondsworth, 1992, pp. 24-8.

27) Maria Graham, *Journal of a Residence in India,* Edinburgh, A. Constable, 1812, pp. 123-4.

28) Lady Isabel Burton, *A.E.I. Arabia, Egypt, India: A Narrative of Travel,* London, W. Mullan and Son, 1879, pp. 298, 379-81.

29) Burton, *A. E. I.,* pp. 69, 73.

30) Tim Winton, *Land's Edge,* Sydney, Macmillan, 1993, p. 23.

31) Lena Lencek and Gideon Bosker, *The Beach: The History of Paradise on Earth,* New York, Viking, 1998, pp. xx, xvii-iii.

32) W.J.Dakin, *Australia's Seashores,* new ed. by Isobel Bennett, Sydney, Angus & Robertson, 1987, preface, n.p., and p. 4.

33) Emily Eden, *Up the Country,* London, Curzon Press, 1978, p. 3.

34) Greg Dening, *Islands and Beaches,* Chicago, University of Chicago Press, 1988, p. 34.

35) J. C. Heesterman, 'Littoral et Interieur de l'Inde', *Itinerario* 1, 1980, p. 89.

36) Braudel, *The Mediterranean,* p. 17. See also David Sopher, *The Sea Nomads,* Singapore, Printed by Lim Bian Han, Government printer, 1965, p. 1.

37) John Middleton, *The World of the Swahili, An African Mercantile Civilisation,* New Haven, Yale University Press, 1992, p. 9.

38) Randall L. Pouwels, *Horn and Crescent: Cultural Change and Traditional Islam on the East African Coast, 800-1900,* Cambridge, Cambridge University Press, 1987, p. 31. See also Mark Horton and John Middleton, *The Swahili: The Social Landscape of a Mercantile Society,* Oxford, Blackwells, 2000, pp. 5-8 (pp. 6-7 is a map).

39) Cousteau, *Life and Death,* pp. 56-7.

40) Jan Knappert, 'East Africa and the Indian Ocean', in J. C. Stone, ed., *Africa and the Sea: Proceedings of a Colloquium at the University of Aberdeen, March, 1984,* Aberdeen, University of Aberdeen, 1985, p. 125.

41) G. S. P. Freeman-Grenville, 'The Sidiand Swahili', in his *The Swahili Coast, 2nd to 19th centuries: Islam, Christianity, and Commerce in Eastern Africa*, London, Variorum, 1988, no. XVII.

42) Dr John Fryer, *A New Account of East India and Persia,* London, Hakluyt, 1909-15, 3 vols, I, p. 197.

43) Quoted by the editor, William Crooke, in Fryer, ibid.; Maria Graham, *Journal,* p. 35.

44) Lotika Varadarajan, 'Traditions of Indigenous Navigation in Gujarat', *South Asia,* n. s. Ill, 1, 1980, pp. 28-35.

45) A. Jan Qaisar, 'From Port to Port: Life on Indian Ships in the Sixteenth and Seventeenth Centuries', in Ashin Das Gupta and M. N. Pearson, eds, *India and the Indian Ocean,* 1500-1800, Calcutta, Oxford University Press, 1987, pp. 334-5.

46) J.H. van Linschoten, *The Voyage of John Huyghen van Linschoten to the East Indies,* Hakluyt, London, 1885, 2 vols, 1, pp. 227-8.

47) Claudio Magris, *Microcosms,* London, Harvill Press, 1999, p. 57.

48) Dakin, *Australia's Seashores,* p. 6. See especially the excellent discussion in Donald K. Emmerson, 'The Case for a Maritime Perspective on Southeast Asia', *journal of Southeast Asian Studies,* XI, 1, March 1980, pp. 143-4.

49) Moira Tampoe, *Maritime Trade between China and the West: An Archaeological Study of the Ceramics from Siraf (Persian Gulf), 8th to 15th Centuries AD*, Oxford, B. A. R., 1989, p. 124.

50) Wilfred Thesiger, *The Marsh Arabs,* London, Longmans, 1964, p. 51.

51) Ibid., p. 28.

52) Thor Heyerdahl, *The Tigris Expedition: In Search of our Beginnings,* Garden City, Doubleday, 1981, p. I5.

53) Thesiger, *Marsh Arabs,* p. 107.

54) Ibid., p. 1.

55) Gavin Young, Return to the Marshes: *Life with the Marsh Arabs of Iraq*, London, Collins, 1977, pp. 189-221.

56) Alexander Frater, *Chasing the Monsoon,* Harmondsworth, Penguin, 1991, p. 75, and personal observation in December 1999.

57) R. J. Barendse, *The Arabian Seas, 1640-1700,* Leiden, Research School, CNWS, Leiden University, 199, p. 56에서 인용.

58) George Windsor Earl, The Eastern Seas, or Voyages and Adventures in the Indian Archipelago in 1832-34, London, W. H. Allen & Co, 1837, pp.160, 176-7.

59) Braudel, *The Mediterranean,* p. 1104.

60) George F. Hourani, revised and expanded by John Carswell, *Arab Seafaring in the Indian Ocean in Ancient and Medieval Times,* Princeton, NJ, Princeton University Press, 1951, 1995, pp. 54-5.

61) William F. Buckley Jr's review of Peter Neill, ed., *American Sea Writing,* in *New York Times Book Review,* 12 March 2000, p. 27에서 인용.

62) Philip Edwards, *The Story of the Voyage: Sea Narratives in Eighteenth-Century England,* Cambridge, Cambridge University Press, 1994, p. 13.

63) Joseph Conrad, *Typhoon, and other Tales,* New York, New American Library, 1963, p. 219.

64) Braudel, *The Mediterranean,* p. 1241.

| 3장 |

1) Thor Heyerdahl, *The Tigris Expedition: In Search of our Beginnings,* Garden City, Doubleday, 1981, p. 122에서 인용.

2) A. L. Basham, *The Wonder that was India,* New York, Grove Press, 1954, pp. 241, 302, 319.

3) Savitri Chandra, 'Sea and Seafaring as Reflected in Hindi Literary Works during the 15th to 18th Centuries', in K. S. Mathew, ed., *Studies in Maritime History,* Pondicherry, Pondicherry University, 1990, pp. 84-91.

4) Neil Philip, *The Illustrated Book of Myths, Tales and Legends of the World,* London, Dorling Kindersley, 1995, pp. 108-9.

5) Moti Lai Bhargava, *Indian Ocean Strategies through the Ages, with Rare and Antique Maps,* New Delhi, Reliance Publishing House, 1990, pp. 7-25; several articles in S.R. Rao, ed., *Marine Archaeology of Indian Ocean Countries,* Dona Paula, Goa, National Institute of Oceanography, 1988; and I. Kuntara Wiryamartana, 'The "Sea" in Old Javanese Literature', in V.J.H. Houben et al., eds, *Looking in Odd Mirrors: the Java Sea,* Leiden, University of Leiden, 1992, pp. 97-111.

6) The Birth of the Indian Ocean', *Nature,* 337, February 1999, pp. 506-7.

7) Miriam Estensen, *Discovery: The Quest for the Great South Land,* Sydney, Allen & Unwin, 1998, pp. 1-5.

8) *Sydney Morning Herald,* 6 May 2000.

9) David Christian, '"Big History", Globalisation and Australia; Towards a More Inclusive Account of the Past', *Proceedings* of the Australian Academy of the Humanities, 2000, p. 145; P. Bellwood, 'From Bird's Head to Bird's Eye View: Long Term Structures and Trends in Indo-Pacific Prehistory', in J. Miedema, C. Ode and R. A. C. Dam, eds, *Perspectives on the Bird's Head of Irian Jaya, Indonesia,* Amsterdam, Rodopi, 1998.

10) Moira Tampoe, *Maritime Trade between China and the West: An Archaeological Study of the Ceramics from Siraf(Persian Gulf, 8th to 15th centuries AD,* Oxford, B. A. R., 1989, p. 1.

11) Jacques-Yves Cousteau, *The Living Sea,* New York, Nick Lyons Books, 1963, pp. 179-80.

12) Heyerdahl, *Tigris,* passim, and Basil Greenhill, *Archaeology of the Boat: A New Introductory Survey,* London, A & C Black, 1976, pp. 97-9.

13) P. David Sentance, 'The Mtepe: The Origins and Longevity of an East African Craft', *Great Circle,* III, 1, 1981, pp. 1-9.

14) Sir Thomas Bowrey, *A Geographical Account of Countries Around the Bay of Bengal,* Cambridge, Hakluyt Society, 1905, pp. 42-4.

15) Maria Graham, *Journal of a Residence in India,* Edinburgh, A. Constable, 1812, pp. 124, 127.

16) Roderich Ptak, ed., J. V. G. Mills trans., *The Overall Survey* of *the Star Raft by Fei Hsin,* Wiesbaden, Harrassowitz, 1996, p. 57.

17) George F. Hourani, revised and expanded by John Carswell, *Arab Seafaring in the Indian Ocean in Ancient and Medieval Times,* Princeton, NJ, Princeton University Press, 1951, 1995, p. 129.

18) Jonathan Mark Kenoyer, *Ancient Cities of the Indus Valley Civilization,* Karachi, Oxford University Press, 1998, pp. 96-8; Graham Chandler, 'Traders of the Plain' [Indus Valley], *Aramco World,* September-October, 1999, pp. 35-42.

19) Romila Thapar, 'Early Mediterranean Contacts with India: An Overview', in F. De Romanis and A. Tchernia, eds, *Crossings,* New Delhi, Manohar, 1997, p. 12.

20) Mark Horton and John Middleton, *The Swahili: The Social Landscape of a Mercantile Society,* Oxford, Blackwell, 2000, pp. 28-30.

21) Ibid., p. 9.

22) Andre Tchernia, 'Winds and Coins', in De Romanis and Tchernia, eds, *Crossings,* pp. 250-60.

23) H. P. Ray, 'Maritime Archaeology of the Indian Ocean: An Overview', in Himanshu Prabha Ray and Jean-Francois Salles, eds, *Tradition and Archeology: Early Maritime Contacts in the Indian Ocean,* New Delhi, Manohar, 1996, p. 2. For an exhaustive study of the date of the Periplus see Christian Robin, 'The Date of the Periplus', in De Romanis and Tchernia, eds, *Crossings,* pp. 41-65. Gerard Fussman, 'The Periplus and the Political History of India', in ibid., pp. 66-71 dates it to 40 CE.

24) Warmington, quoted in Himanshu Prabha Ray, 'The Western Indian Ocean and the Early Maritime Links of the Indian Sub Continent', *Indian Economic and Social History Review,* 31, Ⅰ, 1994, p. 70.

25) D. W. MacDowall, 'The Evidence of the Gazetteer of Roman Artefacts in India', in Ray and Salles, eds, *Tradition and Archeology,* p. 79.

26) Hourani, *Arab Seafaring,* pp. 135-6.

27) Basham, *The Wonder,* pp. 226-31.

28) S. E. Sidebotham and W. Z. Wendrich, 'Berenike', *Indian Ocean Review,* December 1999, p. 16.

29) Ananda Abeydeera, 'The Factual Description of a Sea Route to India and Ceylon by a Greek Master Mariner from Roman Egypt', in *Deutsches Schiffahrtsarchiv,* XIX, 1996, pp. 200, 207.

30) R. Champakalakshmi, *Trade Ideology and Urbanization: South India 300 B.C. to AD 1300,* New York, Oxford University Press, 1996.

31) R.P. Kangle, *The Kautilya Arthasastra,* Bombay, University of Bombay, 3 vols, 1965-72, Ⅱ, pp. 162-4 for the text, and the gloss in III, p. 179.

32) G. W. B. Huntingford, ed., *The Periplus of the Erythraean Sea,* London, Hakluyt, 1980, pp. 37, 103.

33) Horton and Middleton, *The Swahili,* p. 31; S. Qudratullah Fatimi, 'In Search Of A Methodology For The History Of Muslim Navigation In The Indian Ocean', *Islamic Quarterly* [Great Britain], 20-2 (1-2), 1978, p. 45.

34) A.M. Juma, 'The Swahili and the Mediterranean Worlds: Potteries of the Late Romen Period from Zanzibar', *Antiquity,* 70, 1996, pp. 148-54.

35) Valeria Fiorani Piacentini, 'International Indian Ocean Routes and Gwadar Kuh-Batil Settlement in Makran', *Nuova Rivista Storica,* May-August 1988, p. 308 and passim, pp. 307-44; R. A. Donkin, *Beyond Price: Pearls and Pearl Fishing, Origins to the Age of Discovery,* Philadelphia, American Philosophical Society, 1998, p. 95.

36) Hourani, *Arab Seafaring*, pp. 40-9; Philip Snow, *The Star Raft: China's Encounter with Africa*, Ithaca, Cornell University Press, 1989, p. 3; K. Rajan, 'Early Maritime Activities of the Tamils', in Ray and Salles, eds, *Tradition and Archeology*, pp. 97-108.

37) H.P. Ray, *The Winds of Change: Buddhism and the Maritime Links of Early South Asia*, Delhi, New York, Oxford University Press, 1994, pp. 190-1; Ian C. Glover, 'The Archaeological Evidence for Early Trade between India and Southeast Asia', in Julian Reade, ed., *Indian Ocean in Antiquity*, London, Kegan Paul, 1996, pp. 365-92. However, see also debunking comments by Monica L. Smith, 'The Dynamic Realm of the Indian Ocean: A Review', *Asian Perspectives*, 36, 2, Fall 1997, pp. 245-59.

38) K. M. Panikkar, *India and the Indian Ocean: An Essay on the Influence of Sea Power on Indian History*, London, G. Allen & Unwin, 1945, p. 29.

39) Peregrine Horden and Nicholas Purcell, *The Corrupting Sea: A Study of Mediterranean History*, Vol. Ⅰ, Oxford, Blackwell, 2000, respectively pp. 377, 366.

40) Ibid., p. 158.

41) Hourani, *Arab Seafaring*, p. 29; Romila Thapar, 'Early Mediterranean Contacts with India: An Overview', in De Romanis and Tchernia, eds, *Crossings*, p. 33.

42) Asian Studies Association of Australia electronic Newsletter, June, 2001.

43) Gunawardana in Satish Chandra, ed., *The Indian Ocean: Explorations in History, Commerce and Politics*, New Delhi, Sage, 1987, pp. 61, 77, and passim for a very useful overview. B. Arunachalam has published extensively on traditional Indian navigation. Useful sum - maries are 'Traditional Sea and Sky Wisdom of Indian Seamen and their Practical Application', in Ray and Salles, eds, *Tradition and Archeology*, pp. 261-81 and 'Indigenous Traditions of Indian Navigation with Special Reference to South India', in Mathew, ed., *Studies in Maritime History*, pp. 127-42.

44) Lotika Varadarajan, 'Traditions of Indigenous Navigation in Gujarat', *South Asia*, III, 1, 1980, pp. 28-35.

45) Paul Wheatley, *The Golden Khersonese*, Kuala Lumpur, University of Malaya Press, 1961, p. 38, and F. Hirth and W.W. Rockhill, trans. and ed., *Chau Ju-kua: His Work on the Chinese and Arab Trade in the Twelth and Thirteenth Centuries, entitled Chu-fan-chi*, St Petersburg, 1911, New York, Paragon Book Reprint Corp, 1965, pp. 27-8.

46) Ian C. Glover, 'The Archaeological Evidence for Early Trade between India and Southeast Asia', in Reade, ed., *Indian Ocean in Antiquity*, pp. 365-92; Ian C. Glover, 'Recent Archaeological Evidence for Early Maritime Contacts between India and Southeast Asia', in Ray and Salles, eds, *Tradition and Archeology*, pp. 129-58. See also the critique by Monica Smith, 'The Dynamic Realm', op. cit.

[47] Gunawardana in Chandra, ed., *Indian Ocean,* p. 69.

[48] Hermann Kulke, 'Rivalry and Competition in the Bay of Bengal in the Eleventh Century and its Bearing on Indian Ocean Studies', in Om Prakash and Denys Lombard, eds, *Commerce and Culture in the Bay of Bengal, 1500-1800,* New Delhi, Manohar, 1999, p. 24.

[49] Richard Pankhurst, 'Ethiopia across the Red Sea and Indian Ocean', *Africa News Service,* 17 May 1999.

[50] Ian Gillman and Hans-Joachim Klimkeit, *Christians in Asia before 1500,* Richmond, Curzon, 1999, p. 11.

[51] Hourani, *Arab Seafaring,* p. 149; for the earlier date Horton and Middleton, *The Swahili,* p. 27.

[52] Julian Reade, 'Evolution in Indian Ocean Studies', in Reade, ed., *Indian Ocean in Antiquity,* p. 20.

[53] Bellwood, 'From Bird's Head', op. cit.; Ben Finney, 'The Other One-Third of the Globe', *Journal of World History,* V, 2, 1994, pp. 273-97.

[54] Pierre-Yves Manguin, 'Southeast Asian Shipping in the Indian Ocean during the first millenium AD', in Ray and Salles, ed., *Tradition and Archeology,* p. 181 et seq.

[55] Roger Blench, 'The Ethnographic Evidence for Long-distance Contacts Between Oceania and East Africa', in Reade ed., *Indian Ocean in Antiquity,* pp. 417-33.

[56] Manguin, op. cit.

[57] Mark Horton, '"Mare Nostrum" a new archaeology of the Indian Ocean?' *Antiquity,* 71, 1997, p. 749.

| 4장 |

[1] Lamin Sanneh, 'Time, Space, and Prescriptive Marginality in Muslim Africa: Symbolic Action and Structural Change, in Philip Pomper et al., eds,. *World History: Ideologies, Structure and Identities,* Oxford, Blackwell, 1998, pp. 142-3에서 인용.

[2] M. Pickthafl, *The Meaning of the Glorious Koran: An Explanatory Translation,* London, A. A. Knopf, 1930, XXX, p. 46; XVII, p. 66; XLV, p. 12.

[3] Quoted in Peregrine Horden and Nicholas Purcell, *The Corrupting Sea: A Study of Mediterranean History,* Vol. I, Oxford, Blackwell, 2000, p. 171.

[4] H. M. J. Maier, 'The Malays and the Sea, the Waves and the Java Sea, in V. J. H. Houben et al.,eds, *Looking in Odd Mirrors: The Java Sea,* Leiden, University of Leiden, 1992, p. 4.

5) 다우의 여러 형태와 종류에 대해서는 다음 참조. Edward Prados, 'Indian Ocean Littoral Maritime Evolution: The Case of the Yemeni *huri* and *sanbuq*', *Mariner's Mirror*, 83, 1997, pp.185-98; Alan Villiers, Sons of Sinbad, New York, C. Serif Hers Sons, 1940, pp. 337-8.

6) 앞 주5에서 인용한 빌리어즈와 프라도스 외에도 다음 저서의 참고문헌에 있는 저서 및 논문 참조. John Jewell, Clifford Hawkins, E. B. and C. P. M. Martin, and Richard LeBaron Bowen's two excellent ethnographic studies.

7) Marco Polo, *The Book of Set Marco Polo*, trans. and ed. Henry Yule and Henri Cordier, London, John Murray, 1921, 2 vols, I, p. 108.

8) Muhammad ibn Ahmad Ibn jubayr, *The Travels of Ibn Jubayr(1183-1185 AC)*, trans. R. J. C. Broadhurst, London, Jonathan Cape, 1952, p. 65.

9) Pierre-Yves Manguin, 'Late Mediaeval Asian Shipbuilding in the Indian Ocean: AReappraisal', *Moyen Orient & Ocean Indien*, II, 2, 1985, pp. 5-6; Ross Dunn, *The Adventures of Ibn Battuta*, Berkeley, University of California Press 1986, pp. 110-11; Jeff Harris, 'The Dhow of Racing', *Aramco World*, 50, 3, May/June 1999, pp. 2-11.

10) Manguin, 'Late Mediaeval Asian Shipbuilding', p. 6에서 인용.

11) Sir john Mandevifle, *Mandeville Travels*, ed. M. Letts, London, Hakluyt, 1953, p. 118.

12) Ibn Battuta, *The Travels of Ibn Battuta*, trans. H. A. R. Gibb, Cambridge, Hakluyt, 1958-94, 4 vols, IV, 827, pp. 797.

13) Tim Severin, *The Sinbad Voyage*, London, Hutchinson, 1982, p. 40.

14) Sir Thomas Bowrey, *A Geographical Account of Countries Around the Bay of Bengal*, Cambridge, Hakluyt, 1905, pp. 104-5.

15) George F. Hourani, revised and expanded by John Carswell, *Arab Seafaring in the Indian Ocean in Ancient and Medieval Times*, Princeton, Princeton University Press, 1951, 1995, pp. 91, 100.

16) Hourami, *Arab Seafaring*, pp. 109-10; Harris, op. cit.; G. R. Tibbetts, *Arab Navigation in the Indian Ocean be the Coming of the Portuguese*, London, Royal Asiatic Society of Great Britain and Ireland, 1971, pp. 47-63.

17) I. C. Campbell, 'The Lateen Sail in World History, *Journal of World History*, VI, 1995, pp. 1-23.

18) John R. Stilgoe, *Alongshore*, New Haven, Yale University Press, 1994, pp. 228-31; Severin, *Sinbad*, p. 132.

19) Tibbetts, *Arab Navigation*, pp 59, 192-5. R. B. Serjeant, 'Yemeni Merchants and Trade in Yemen, 13th-16th Centuries', in Denys Lombard and Jean Aubin, eds, *Marchands et hammer d'affairs asiatiques dans l'Oceun Indien et la Mer de Chine 13e-20e Siècles*, Paris, Editions de l'Ecole des hautes études en sctcnces souales, 1983, pp 61-82.

20) O. H. K. Spats, *The Pacific since Magellan*, Canberra, Australian National University Press, 1979-88, 3 vols, I, 40, pp. 242.

21) Gaspar Correia, *Lendas da India*, Lisbon, Typ. da Academia real das sciencias, 1858-64, 4 vols, I, p. 787.

22) Manguin, 'Late Mediaeval Asian Shipbuilding', pp. 9-12.

23) Quoted in Anne Bulley, *The Bombay Country Ships, 1790-1833*, London, Curzon, 2000, p. 27.

24) Durate Barbosa, *Livro*, London, Hakluyt, 1918-21, 2 vols, II, p. 76.

25) Louise Lovathes, *When China Ruled the Seas The Treasure Fleet of the Dragon Throne 1405-33*, New York, Oxford University Press, 1994, p. 44에서 인용.

26) Marco Polo, *The Book of Ser Marco Polo*, I, pp 249-51.

27) Ibn Battuta, *The Travels of lbn Battutu*, IV, pp 813-4 R Ptak, 'China and Portugal at Sea The Early Ming System and the Estado da India Compared', in *Revista de Culture*, No 13/14, 1991, p. 24. 15세기 중국 선박의 길이가 100미터를 넘었다는 이야기는 의심스럽다. Ma Huan, *The Overall Survey of the Ocean's Shores*, trans J. V. G. Mills, Cambridge, Hakluyt, 1970, pp 303-10. Joseph Needham, *Science and Civilisation in China*, Cambridge, Cambridge University Press, 1954-, especially 1962, IV, part 1, and IV, part 3, and also Gang Deng, *Chnise Maritime Activities and Socioeconomic Development, c. 2100 B.C.-1900 AD*, Westport, Greenwood Press, 1997.

28) Manguin, 'Late Mediaeval Asian Shipbuilding', and Manguin, 'The Southeast Asian Ship: An Historical Approach', *Journal of Southeast Asian Studies*, XI, 2, Sept. 1980, pp 266-76. For sceptical comments see Monica L. Smith, 'The Dynamic Realm of the Indian Ocean: A Review', *Asian perspectives*, 36, Fall 1997, pp 245-59

29) Ihn jubay'r, *The Travels of lbn Jubayr*, pp. 65, 69.

30) Ibn Majld quoted in Tibbetts, Arab Nariganon, pp. 197-203.

31) lbid., pp. 218-9.

32) G. R. Tibbetts, 'The Role of Charts in Islamic Navigation in the Indian Ocean', in Ⅰ. B. Harley and David Woodward, eds, *The History Cartograph*, II, book 1, Chicago, University of Chicago Press, 1992, pp. 256-62.

33) Ibn Jubayr, *The Travels of Ibn Jubayr*, pp. 66-70.

34) Allred Clark, 'Medieval Arab Navigation on the Indian Ocean: Latitude Determination', *Journal ot the American Oriental Society*, 113, 1993, pp. 360-74. For lbn Majid and his work see Tibbetts, *Arab Navigation*, passim, and Ibrahim Khoury, *As Sufaliyya, 'The Poem of Safala, by Ahmed ibn Magid Translated and Explained*, Coimbra, Centro de Estudos da Cartografia Antiga, 1983.

35) Buzuig ibn Shahriyar, *The Book of the Wonders of India*, trans. and ed. G. S. P. Freeman-GrenVille, London, East-West Publications, 1981, pp 27-8, 49-54.

36) Paul Wheatley, *The Golden Khersonese*, Kuala Lumpur, University of Malaya Press, 1961, pp. 91-103.

37) Ma Huan, *The Overall Survey*, pp 236-302, especially pp. 253-4.

38) Roderich Ptak, 'Images of Maritime Asia in Two Yuan Texts: *Daoyi zhilue and Yiyu zhi*, in R Ptak, *China and the Asian Seas: Travel and Visions of the Other(1400-1750)*, Aldershot, Variorum, 1998, especially p. 55.

39) Gari Ledyard, 'Cartography in Korea', *History of Cartography*, II, 2, pp. 243-9.

40) John Villiers, 'Ships, Seafaring and the Iconography of Voyages in the Age of Vasco da Gama', in Anthony Disney and Emily Booth, eds, *Vasco da Gama and the Linking of Europe and Asia*, New Delhi, Oxford University Press, 2000, pp. 75-6.

41) Levathes, *When China Ruled the Seas*, p. 37; and for Portuguese sources see M. N. Pearson, *Port Cities and Intruders*, Baltimore, Johns Hopkins University Press, 1998, pp. 70-2.

42) Piri Reis, *Kitab-i Bahriye* (With an English translation), Ankara, Historical Research Foundation, Istanbul Research Centre, 1988, 4 vols, respectively I, pp. 91-3, 119-53, and 9.

43) Ross Dunn, *Adventures of Ibn Battuta*, Berkeley, University of California Press, 1986.

44) Ibn Battuta, *The Travels of lbn Battuta*, II, pp. 374-82.

45) Ibn Battuta, *The Travels of lbn Battuta*, Ⅳ, pp. 812-17.

46) Richard C. Martin, ed, *Approaches to Islam in Religious Studies*, Tucson, University of Arizona Press, 1985, pp. 94-5.

47) David Parkin and Stephen C. Headley, eds, *Islamic Prayer across the Indian Ocean: Inside and Outside the Mosque*, London, Curzon, 2000, p. 3.

48) Dunn, *Adventures*, p. 116.

49) Paul Sinclair, 'Archeology in East Africa An Overview of current Chronological Issues', *Journal of African History*, 32, 1991, p. 181.

50) Ibn Shahriyar, *The Book of the Wonders of India*, pp. 10, 31-6, 38, 102, 105.

51) al-Biruni, *Alberuni's India*, trans and ed Edward Sachau, Delhi, S. Chand, 1964, 2 vols, I, P. 270.

52) John Middleton, *The World of the Swahili, An African Mercantile Civilisation*, New Haven, Yale University Press, 1982, passim, e. g. p. 37.

[53] John Sutton, *A Thousand Years of East Africa*, Nairobi, British Institute in Eastern Africa, 1990, pp 67-8.

[54] H. T. Wright, 'Trade and Politics on the Eastern Littoral of Africa, AD 800-1300', in Thurstan Shaw et al., eds, *The Archeology of Africa Food, Metal: and Towns,* London, Routledge, 1993, pp. 669-71.

[55] Correia, *Lendas du India*, I, pp. 75-6.

[56] Barbosa, *Livro*, II, pp. 74-8

[57] Anthony Reid, 'The lslamization of Southeast Asia', in Muhammad Ahu Bakar, Amarjit Kaur and Abdullah Zakaria Ghazali, eds, *Historia: Essays in Commemoration of the 25th Anniversary of the Department of History, University of Malaya*, Kuala Lumpur, University of Malaya, 1984, pp. 13-33, which is excellent on disentangling motivations, and M. C. Ricklefs, *A History of Modern Indonesia*, Bloomington, Indiana University Press, 1981, pp. 3-13.

[58] Randall Pouwels, 'East African Coastal History: Review Article', *Journal African History*, 40, 1999, pp. 285-96, especially p. 287.

[59] Horton and Middleton, *The Swahili*, pp. 179 et seq.

[60] Parkin and Headley, *Islamic Prayer*, op. cit. 61. Dunn, *Adventures of lbn Battuta*, p. 125.

[61] Dunn, *Adventures of lbn Battuta*, p. 125.

[62] Stephen Dale, *Islamic Society on the South Asian Frontier: The Mapillas of Malabar(1498-l922)*, Oxford, Clarendon Press, 1980.

[63] Barbosa, *Livro*, II, pp. 75-6.

[64] J. Kathirithamby-Wells, 'The Islamic City: Melaka to Jogjakarta, c. 1500-1800', *Modern Asian Studies*, XX, 1986, p. 342 and passim.

[65] Ibn Battuta, *The Travels of Ibn Battuta*, IV, p. 816; lhn Jubayr, *The Travels of Ibn Jubayr*, p. 66.

[66] lbn Jubayr, The Travels of Ibn Jubayr, p. 65.

[67] Roderich Ptak, 'China and the Trade in Cloves, Circa 960-1435', in Roderich Ptak, *China's Seaborne Trade with South and Southeast Asia(1200-1750),* Aldershot, Ashgate, 1999. Much of this discussion of the spice trade draws on my 'Introduction', *Spices in the Indian Ocean World*, 'An Expanding World, vol 11', Aldershot, Variorum, 1996, pp xv-xxxvii.

[68] B. Schrieke, *Indonesian Sociological Studieis*, The Hague, W van Hoeve, 1955, vol. I, p. 18에서 인용.

[69] Tomé Pires, *The Suma Oriental of Tomé Pires*, ed. A Cortesão, London, Hakluyt, 1944, 2 vols, I, pp. 45, 42.

70) Marco Polo, *The Book of Ser Marco Polo*, 1, pp 234-5, 390.

71) Roderich Ptak, 'ASian Trade in Spices, Circa 1500: Quantities and Trade Routes-A synopsis of Portuguese and Other Sources', in R. Ptak, *China's Seaborne Trade With South and Southeast Asia(1200-I750)*, Aldershot, Ashgate, 1999.

72) Marco Polo, *The Book of ser Marco Polo*, I, pp. 331-2.

73) Ibn Battuta, *The Travels of lbn Battuta*, II, pp 408-9.

74) 금은 교역에 대해서는 저자의 다음 논문 참조 'Asia and World Precious Metal Flow in the Early Modern Period', in John McGuire, Patrick Bertola and Peter Reeves, eds, *Evolution of the World Economy, Precious Metals and India*, Delhi, Oxford University Press, 2001, pp. 21-57.

75) Ibn Battuta, *The Travels of lbn Battuta*, IV, p. 827. Generally see H. Ulrich Vogel, 'Cowry Trade and its Role in the Economy of Yunnan, the Ninth to the Middle of the Seventeenth Century', in Roderich Ptak and Dietmar Rothermund, eds, *Emporia, Commodities and Entrepreneurs in Asia Maritime Trade, c. 1400-I750*, Stuttgart, Steiner, 1991, pp. 231-62, Jan Hogendorn and Marion Johnson, *The Shell Money of the Slave Trade*, Cambridge, Cambridge University Press, 1986; and James Heimann, 'Small Change and Ballast: Cowry Trade and Usage as an Example of Indian Ocean Economic History', *South Asia*, III. 1980, pp. 48-69.

76) Richard Pankhurst, 'Ethiopia across the Red Sea and Indian Ocean', *Africa News Service*, l7 May 1999; Philip Snow, *The Star Raft China's Encounter with Africa*, Ithaca, Cornell University Press, 1989, pp. 16-20; Anthony Reid, *The Land Below the Winds*, New Haven, Yale University Press, 1988, pp. 129-36.

77) A Rougeulle, 'Medieval Trade Networks in the Western Indian Ocean (8-14th Cent): Some Reflections From the Distribution Patterns of Chinese Imports in the Islamic World', In Himanshu Prabha Ray and Jean-Francois Salles, eds, *Tradition and Archeology Early Maritime Contacts in the Indian Ocean*, New Delhi, Manohar, 1996, p 176 and passim.

78) Barbosa, *Livro*, I, pp. 6-8, 22-3.

79) lhn Battuta, *The Travels of the Buttuta*, II, p. 400.

80) Luis Filipe F. R. Thomaz, 'Malaka et ses communautés marchandes au tournant du siècle', in Lombard and Aubm, eds, *Marchands hommes d'affairs*, p. 31; Luis Filipe F. R. Thomaz, 'Malacca The Town and the Souety during the First Century of Portuguese Rule', in *Revista de Cultura*, 13/14, 1991, pp. 68-79.

81) R. J. Barendse, 'Trade and State in the Arabian Seas: A Survey from the Fifteenth to the Eighteenth Century', *Journal of World History*, XI, 2000, pp. 173-225.

82) Horton and Middleton, *The Swahili*, p. 76.

83) Snow, *Star Raft,* pp. 1, 24-5; Levathes, *When China Ruled the Sea*, p. 140.

84) G. P. S. Freeman-GrenVille, 'A Beach Find in the Northern Territory, Australia', in Victor T. King and A. V. M. Horton, eds, *From Buchfast to Borneo*, Hull, University of Hull, 1995, pp. 536-40.

85) Hourani, *Arab Seafarmg*, pp. 74-5.

86) Barbosa, *Livro*, II, pp. 76-7.

87) Ptak, 'Images', especially p. 55.

88) Wheatley, *The Golden Khersonese*, p. 75.

89) Roderich Ptak, 'China and Calicut 1n the Early Ming Period: Envoys and Tribute Embassies', in R Ptak, *China and the Asian Seas: Trade, Travel and Visions of the Other(1400-1750)*, Aldershot, Variorum, 1998.

90) Hermann Kulke, 'Rivalry and Competition in the Bay of Bengal in the Eleventh Century and Its bearing on Indian Ocean Studies', in Om Prakash and Denys Lombard, eds, *Commerce and Culture in the Bay of Bengal, 1500-1800*, Delhi, Manohar, 1999, pp. 17-36.

91) Marco Polo, *The Book of Ser Marco Polo*, I, pp. 234-5, 390.

92) Chen Dasheng and Denys Lombard, 'Le rôle des étrrangers dans le commerce maritime de Quanzhou ('Zaitun') aux 13 et 14 Siècles', in Lombard and Aubin, eds, *Marchands et hommes d'affairs*, pp. 21-9.

93) Angela Schottenhammer, 'The Maritime Trade of Quanzhou (Zaitun) from the Ninth through the Thirteenth Century', in Himanshu Prabha Ray, ed., *Archaeology of Seafaring: The Indian Ocean in the Ancient Period*, Delhi, Pragati Publications, 1999, pp 271-90.

94) Levathes, *When China Ruled the Sea*, opposite the title page, 첫 번째 인용 부분을 약간 다르게 해석하고 있는 다음 두 권의 책 참조. Wheatley, *The Golden Khersonese* p. 89. 두 번째 인용 부분의 출처는 다음과 같음. H. P. Ray, 'An analysis of the Chinese Maritime Voyages into the Indian Ocean during the Early Ming Dynasty and their Raison d'être', *China Reports*, 23, 1987, p. 70.

95) Mills introduction to Ma Huan, *The Overall Survey*, pp. 2-3.

96) Richard Barker, 'The Size of the Treasure Ships and other Chinese Vessels', *Mariner's Mirror*, 75, 1989, pp. 273-5.

97) Roderich Ptak cited above, and for a breezy account Levathes. See also Haraprasad Ray, 'An analysis of the Chinese Maritime Voyages', pp. 65-87, which includes a useful table of the various voyages.

98) Sanneh In Pomper, ed, *World History*, p. 128.

99) Barbosa, *Livro*, II, pp. 227-9.

100) G. Rex Smith and Ahmad 'Umar al-Zayla'i, trans. and ed., *Bride of the Red Sea A 10th/16th century Account of Jeddah,* Durham, Centre for Middle Eastern and Islamic Studies, Universlty of Durham, 1984, for a long and pious account of Jiddah and its association With Mecca, its walls, mosques, etc.

101) João de Barros, *Da Asia*, Lisboa, *Na Regia officina typografica, 1777-88*, ll, viii, 1; III, i, 3.

102) Ibid., ll, vii, p. 8.

103) Moira Tampoe, *Maritime trade between China and the West: An Archaeologlcal Study of the Ceramics from Siraf(Persian Gulf), 8th to 15th centuries A. D.*, Oxford, British Archaeological Reports, 1989; Hourani, *Arab Seafarrng*, p 69.

104) A. Vallavanthara, *India In 1500 AD: The Narrative of Joseph the Indian*, Mannanam, Research Institute for Studies in History, 1984, pp. 152-5.

105) Sanjay Subrahmanyam, *The Political Economy of Commerce: Southern India, 1500-1650*, Cambridge, Cambridge University Press, 1990, p. 7에서 인용.

106) Fires, *The Suma Oriental*, Ⅰ, pp. 41-2.

107) Horton and Middleton, The Swahili, p. 89; M. N. Pearson, *Port Cities and Intruders*, pp. 101-28.

108) Tampoe, *Marrtime Trade*, p. 105.

109) Amitav Ghosh, *In an Antique Land: H1story in the Guise of a Traveler's Tale*, New York, Vintage Books, 1993, pp. 257-8.

110) Bhaswati Bhattacharya, 'The Chulia Merchants of Southern Coromandel in the Eighteenth Century: A Case for Continuity', in Prakash and Lombard, eds, *Commerce and Culture*, pp. 285-306; Barbara Watson Andaya, 'The Indian Saudagar Raja (the Klng's Merchant) in Traditional Malay Courts', *Journal of the Malaysian Branch of the Royal Asiatic Society*, L1, 1978, pp. 13-35.

111) Ibn Battuta, *The Travels of Ibn Battuta*, II, pp. 374.

112) Ibid., II, pp. 383-4.

113) Ibid., IV, p. 826.

114) Haraprasad Ray, 'Historical Contacts between Quilon and China', in Pius Malekandathil and Jamal Mohammed, eds, *The Portuguese, Indian Ocean and European Bridgeheads 1500-1800: Festschrift in Honour of Prof. K. S. Mathew*, Tellicherry, Kerala, Institute for Research in Social Sciences and Humanities of MESHAR, 2001, p. 392.

115) Marco Polo, *The Book of Ser Marco Polo*, I, pp. 363, 367-8. 편집자는 이는 사실로, 수세기 동안 인도 상인들의 정직성에 대해 언급하고 있는 자료들은 상당히 많다고 한다.

116) Vincent Le Blanc, *The World Surveyed*, London, printed for J. Starkey, 1660, p. 47. Cesare Federici in Richard Hakluyt, *The Principal Navigations*, Glasgow, J. MacLehose, 1903, 12 vols, V, pp. 375-6.

117) Pires, *The Suma Oriental*, Ⅱ, 273-4.

118) Barbosa, *Livro*, II, p. 77.

119) Ma Huan, *The Overall Survey*, pp. 140-3; the quotation is on p. 143.

120) Tampoe, *Maritime Trade*, p. 129; Buzurg ibn Shahriyar, *The Book of Wonders*, pp. 62-4.

121) Philip Curtin, *Cross-Cultural Trade in World History*, Cambridge, Cambridge University Press, 1984.

122) 디아스포라와 비견되는 개념으로서 인도 상인들의 특징을 순환(ciculation)이라고 제시한 뛰어난 연구는 다음 저서 참조. Claude Markovits, *The Global World of Indian Merchants*, Cambridge, Cambridge University Press, 2000.

123) Barendse, 'Trade and State', pp. 186-8.

124) 유럽에 경우에 대해서는 다음 참조. Michel Mollat du Jourdin, *Europe and the Sea*, Oxford, Blackwell, 1993, pp. 99-100.

125) 모범적인 연구로는 다음 참조. Luis Filipe F. R. Thomaz, 'Malaka et ses communautés marchandes au tournant du 16e siècle', in Lombard and Aubin, eds, *Merchands et hommes d'affairs*, pp. 31-48.

126) Barbosa, *Livro*, 11, p. 76.

127) Andaya, 'Saudagar Raja', passim.

128) 전반적인 이해를 위해서는 다음 참조. Sanjay Subrahmanyam, '"Persianization" and "Mercantialism": Two themes in Bay of Bengal History, 1400-1700', in Prakash and Lombard, eds, *Commerce and Culture in the Bay of Bengal*, pp. 47-85.

129) 아토니 리드(Anthony Reid)의 다음과 같은 수많은 연구 참조. 'An "Age of Commerce" in SE Asian History', *Modern Asian Studies*, 24, 1990, 1-30; J. Kathirithamby-Wells, 'Introduction', in J. Kathirithamby-Wells and John Villiers, eds, *The Southeast Asian Port and Polity*, Singapore, Singapore University Press, 1990, pp. 2-3.

130) Arun Das Gupta, 'The Maritime Trade of Indonesia, 1500-1800', in Ashin Das Gupta and M. N. Pearson, eds, *India and the Indian Ocean*, Calcutta, Oxford University Press, 1987, pp. 240-75; for a contrary view, Christopher Wake,. 'Banten around the Turn of the Sixteenth Century: Trade and Society in an Indonesian Port City', in Frank Broeze, ed., *Gateways of Asia: Port Cities of Asia from the 13th to the 20th Centuries*, London, Kegan Paul International, 1997, pp. 66-108.

131) J. Kathirithamby-Wells, 'Introduction', passim.

132) Powys Mathers, and J. C. Mardrus, trans., *The Book of the Thousand Nights and One Night*, London, Routledgc, 7th impression, 1949, vol. II, pp. 287-9.

133) Ibid., pp. 250, 261, 303-4. Sindbad made seven voyages, and these make up part of the very large compilation called *The Book of the Thousand Nights and One Night*.

134) Ghosh, *Antique Land*, pp. 157-8.

135) Tampoe, *Maritime Trade*, p. 126.

136) R. B. Serjeant, 'Yemenl Merchants and Trade in Yemen, 13th-16th Centuries', in Lombard and Aubin eds, *Marchands et hommes d'affairs*, p. 69.

137) S. D. Gortem, 'From the Mediterranean to Indla: Documents on the trade to India, South Arabia and East Afrlca, from the Eleventh and Twelfth centuries', Speculum, 29, 1954, pp. 191-5.

138) S. D. Geitein, 'Portrait of a Medieval India Trader: Three Letters from the Cairo Geniza', Bulletin of the School of Oriental and African Studies, L, 1987, pp. 449-64.

139) 영향력 있는 저서 중의 하나인 다음 참조. Theda Skocpol, ed., Bringing the State back In, Cambridge, Cambrldge Umversity Press, 1985.

140) lbn Battuta, *The Travels of lbn Battuta*, IV, p. 865.

141) Marco Polo, *The Book of Ser Marco Polo*, Ⅱ, pp. 389, 392.

142) Ibn Battuta, *The Travels of the Battuta*, IV, p. 800.

143) Roderich Ptak, ed., J. V. G. Mills, trans., *The Overall Survey of the Star Raft by Fei Hsin*, Wiesbaden, Harrassowitz, 1996, p. 86.

144) Tibbetts, *Arab Navigation*, p. 202.

145) Ghosh, *Antique Land,* pp. 257-8.

146) Craig T. Palmer, 'The Ritual Taboos of Fishermen: An Alternative Explanation', *MAST,* Ⅱ, 1989, pp. 59-68.

147) Ibn Battuta, *The Travels of Ibn Battuta*, IV, pp. 911-12.

148) F. Hirth and W. W. Rockhill, trans. and ed., *Chau Ju-kua His Work on the Chinese and Arab Trade 1n the Twelfth and Thirteenth Centuries, Entitled Chu-fan-chi*, St Petersburg, 1911 [New York, Paragon Book Reprint Corp], p. 111 and f.n. 2.

149) Ibn Battuta, *The Travels of Ibn Battuta*, I, pp. 25-7, for other prayers see Tibbetts, *Arab Navigation*, pp. 193-4.

150) Subrahmanyam in Prakash and Lombard, eds, *Commerce and Culture*, p. 60; John O'Kane, trans. and ed., *The Ship of Sulaiman*, London, Routledge & Kegan Paul, 1972, p. 26.

151) Ibn Battuta, *The Travels of Ibn Battuta*, III, p. 393.

152) Abd-er-Razzak in R. H. Major, ed., *India in the Fifteenth Century*, London, Hakluyt, 1857, pp. 45-9.

153) Mathers and Mardrus, trans, *Thousand Nights*, pp. 260-1, 305.

154) Ibn Jubayr, India in the Fifteenth Century, pp. 66-70.

155) Abd-er-Razzak in Major, *The Travels of Ibn Battuta*, pp. 4, 7-8, 12-13.

156) Ibn Battuta, *The Travels of lbn Battuta*, III, pp. 361, 393.

157) Ib1d., pp. III, pp. 600-2.

158) Ib1d., IV, p. 857.

159) Ibid., IV, p. 814.

160) Dunn, *Adventures of lbn Battuta*, p. 247.

161) Ibn Battuta, *The Travels of lbn Battuta*, IV, p 826.

162) Abdul Sheriff, "'Brotherhood of the Sea'", in Rosa Maria Perez, ed., *Cultures of the Indian Ocean*, Lisbon, CNCDP, 1998.

| 5장 |

1) K. M. Panikkar, *Indla and the Indian Ocean: An Essay on the Influence of Sea Power on Indian History*, London, Allen & Unwin, 1945, p. 38.

2) Andrew C. Hess, 'The Evolunon of the Ottoman Seaborne Empire in the Age of Oceanic Discoveries, 1453-1525', *American Historical Review*, LXXV, 1970, pp. 1892-919.

3) Dr John Fryer, *A New Account of East India and Persia*, London, Hakluyt, 1909-15, 3 vols, I, p. 302.

4) Jahangir, *Tuzuk-i Jahangirl*, London, Royal Asiatic Society, 1909-14, 2 vols, I, pp. 416-19.

5) R. J. Barendse, 'Trade and State in the Arabian Seas: A Survey from the Fifteenth to the Eighteenth Century', *Journal of World History*, XI, 2000, pp 212-14.

6) 개관과 참고문헌을 위해서는 다음 참조. Om Prakash, *Asia and the Pre-Modern World Economy,* Leiden, University of Leiden, 1995: Om Prakash, *The Dutch East India Campany and the Economy of Bengal, 1630-1710*, Princeton, Princeton University Press, 1985, p. 5; H. W. Van Santen, *De Verenigde Oost-Indische Compagnie in Gujarat en Hindustan 1620-4660*, University of Leiden, Ph. D. thesis, 1982, pp 206-12.

7) S. N. Banhatti, ed., Ajnapatra, Nagpur and Pune, Suvichar Prakashan Mandal, 4th edn. 1961, repr 1986, pp. 89, 90-1.

8) Ashin Das Gupta, 'Trade and Politics in 18th century India', in D. S. Richards, ed, *Islam and the Trade of Asia*, Oxford, Cassirer, pp. 181-214.

9) Basil Davidson, *The Search for Africa: A History in the Making*, London, James Currey, 1994, p. 12; Chandra Richard de Silva, 'Islands and Beaches Indigenous Relations With the Portuguese in the Sri Lanka after Vasco da Gama', in Anthony Disney and Emily Booth, eds, *Vasco da Gama and the Linking of Europe and Asia*, New Delhi, Oxford University Press, 2000, p. 283에서 인용.

10) K. C. Fok, 'Early Ming Images of the Portuguese', in Roderich Ptak, ed, *Portuguese Asia*, Stuttgart, Steiner, 1987, p 145.

11) Jacques Le Goff, 'The Medieval West and the Indian Ocean: An Oneiric Horizon', in his *Time, Work and Culture in the Middle Ages*, Chicago, University of Chicago Press, 1982, pp, 189-200, e. g. 195.

12) Sir john Madeville, *Mandeville's Travels*, ed. M. Letts, London, Hakluyt, 1953, pp. 116-26; the quotation is on p. 117.

13) Sanjay Subrahmanyam and L. F. Thomaz, 'Evolution of Empire: The Portuguese in the Indian Ocean in the Sixteenth Century', in James Tracy, ed, *The Political Economy of Merchant Empires*, New York, Cambridge University Press, 1991, p. 304.

14) 저자의 다음 논문 참조. *Merchants and Rulers in Gujaratt*, Berkeley, University of California Press, 1976, and *Coastal Western India*, New Delhi, Concept, 1981. *The Portuguese in India*, Cambridge, Cambridge University Press, 1987.

15) João de Barros, *Da Asia*, Lisboa, Na Regia officina typografica, 1777-88, Ⅰ, iv. 1.

16) Michel Mollat du Jourdin, *Europe and the Sea*, Oxford, Blackwell, 1993, pp. 28-31.

17) M. Tull, 'Maritime History in Australia', in Frank Breeze, ed, *Maritime History at the Crossroads A Critical Review of Recent Historiography*, St John's, Canada, International Maritime Economic History Association, 1996, pp. 7-8, Mark Vink, 'Mare Liberum and Dominium Maris: Legal Arguments and Implications of the Luso-Dutch Struggle for control over Asian Waters, c. 1600-1663', in K. S. Mathew, ed, *Studies in Maritime History*, Pondicherry, Pondicherry University, 1990, p. 48.

18) L. F. Thomaz, Portuguese Control over the Arabian Sea and the Bay of Bengal: A Comparative Study', m Om Prakash and Denys Lombard, eds, *Commerce and Culture in the Bay of Bengal, 1500-1800*, Delhi, Manohar, 1999, pp 117, 141, 158 See also Luis Filipe F. R. Thomaz, 'Precedents and Parallels of the Portuguese Cartaz System', in Pius Malekandethil and T. Jamal Mohammed, eds, *The Portuguese Indian Ocean and European Bridgeheads 1500-1800: Festschrift in Honour of Prof. K. S. Mathew*, Tellicherry, Kerala, Institute for Research in Social Sciences and Humanities of MESHAR, 2001, pp 67-85.

19) 저자의 다음 글 참조. *Coastal Western India*, New Delhi, 1981, p. 27, and B. Schrieke, 'The Shifts in Political and Economic Power in the Indonesian Archipelago in the Sixteenth and Seventeenth Century', in *Indonesian Sociological Studies*, The Hague, W van Hoeve, 1955, vol. I, pp. 26, 70.

20) Dr. M. A. Muid Khan, 'Indo-Portuguese Struggle for Maritime Supremacy (As gleaned from an Unpublished Arabic *Urjuza: Fathul Mubiyn*)', in P. M. Joshi and M. A. Nayeem, eds, *Studies in the Foreign Relations of India (From Earliest Times to 1947) Prof. H. K. Sherwani Felicitation Volume*, Hyderabad, State Archives, Government of Andhra Pradesh, 1975, pp. 165-83.

21) Zain-ud-din, *Tohfut-ul-Mujahideen*, trans. M. J. Rowlandson, London, Oriental Translation Fund of Great Britain and Ireland, 1833, p. 107.

22) Richard Hall, *Empires of the Monsoon: A History of the Indian Ocean and its Invaders*, London, HarperCollins, 1996, p. 120.

23) Bailey Diffie and George Winius, *Foundations of the Portuguese Empire, 1415-1580*, Minneapolis, University of Minnesota Press, 1977, pp. 224-5.

24) Thomaz, 'Portuguese control over the Arabian Sea', pp. 122-4, 158.

25) Sanjay Subrahmanyam, *The Portuguese Empire in Asia 1500-1700: A Political and Economic History*, London, Longman, 1993, pp. 249-61 and other works cited there for a full discussion.

26) Lakshmi Subramanian, 'Of Pirates and Potentates: Maritime Jurisdiction and the Construction of Piracy in the Indian Ocean', in Devleena Ghosh and Stephen Muecke, eds, *The UTS Review: Cultural Studies and New Writing*, VI, 2, November 2000, 'The Indian Ocean', p. 21.

27) David Mitchell, *Pirates*, London, Thames and Hudson, 1976, p. 101.

28) Barendse, 'Trade and State', p. 191, f.n. 71. See four recent studies on this topic: Roderich Ptak, 'Piracy along the Coasts of Southwest India and Ming China', in Artur Teodoro de Matos and Luis Filipe F. Reis Thomaz, eds, *As relações entre a India Portuguesa, a Asia do Sueste e o Extremo Oriente* (actas do VI Seminário International de História Indo-Portuguesa), Macau, no publisher, 1993, pp. 255-73; in the same publication Luis Filipe F. R. Thomaz, 'Do Cabo Espichel a Macau: Vicissitudes do corso Português', pp. 537-68; Patricia Risso, 'Cross-Cultural Perceptions of Piracy: Maritime Violence in the Western Indian Ocean and Persian Gulf Region during the long Eighteenth Century', *Journal of World History*, XII, 2001, pp. 293-319, and J. L. Anderson, 'Pirates and World History: An Economic Perspective', *Journal of World History*, VI, 1995, 175-199.

29) Mitchell, Pirates, p. 89.

30) Sir Thomas Bowrey, *A Geographical Account of Countries Around the Bay of Bengal*, Cambridge, Hakluyt, 1905, p. 262.

31) Mitchell, *Pirates*, pp. 107-8.

32) 향신료 교역에 관해서는 저자의 다음 논문 참조. 'Introduction', in *Spices in the Indian Ocean World*, 'An Expanding World, vol. 11' Aldershot, Variorum, 1996, pp. xv-xxxvii.

33) Vitorino Magalhães Godinho, *Mito e mercadoria, utopia e prática de navegar, séculos XIII - XVIII*, Lisbon, Difusão Editorial, 1990, p. 331.

34) Fernand Braudel, *The Mediterranean and the Mediterranean World in the Age of Philip II*, London, Collins, 1972, 2 vols, I, p. 549.

35) 동아프리카에서의 포르투갈의 활동에 대해서는 다음 참조. M. N. Pearson, *Port Cities and Intruders*, Baltimore, The Johns Hopkins University Press, 1998, pp. 129-54.

36) Pius Malekandathil, *The Germans, the Portuguese and India*, Munster, LIT, 1999, p. 100.

37) A. J. R. Russell-Wood, *A World on the Move: The Portuguese in Africa, Asia, and America, 1415-1808*, St Martin's Press, New York, 1992, p. 64, and many other examples on pp. 63-122.

38) T. Bentley Duncan, 'Navigation between Portugal and Asia in the Sixteenth and Seventeenth Centuries', in Cyriac K. Pullapilly, et al., eds, *Asia and the West: Encounters and Exchanges from the Age of Explorations: Essays in Honor of Donald F. Lach*, Notre Dame, Ind., Cross Roads Books, 1986.

39) João dos Santos, *Ethiopia Oriental*, Lisbon, Escriptorio da Empreza, 1891, 2 vols, I, pp. i, 17.

40) Diogo do Couto, *Da Asia*, Lisboa, Na Regia officina typografica, 1777-88, IX, cap. 22.

41) C. R. Boxer, *From Lisbon to Goa, 1500-1750: Studies in Portuguese Maritime Enterprise*, Aldershot, Variorum, 1984 참조.

42) Fernão Lopes de Castanheda, *História do descobrimento e conquista da India pelos Portugueses*, 3rd ed., Coímbra, Impr. da Universidade, 1924-33, 9 vols, VII, pp. 87-8.

43) '부패'(corruption')에 관해서는 저자의 다음 저서 참조. *Coastal Western India*, pp. 18-25.

44) De Barros *Da Asia*, I, iv, 3.

45) Gaspar Correia, *Lendas da India*, Lisbon, Typ. da Academia real das Sciencias, 1858-64, 4 vols, I, p. 273.

46) Vitorino Magalhães Godinho, *Os descobrimentos e a economia mundial*, 2nd ed., Lisbon, Editorial Presença, 1981-83, 4 vols, I, pp. 192-4.

47) Correia, *Lendas da India*, I, pp. 537-44.

48) Sanjay Subrahmanyam, 'Notes on the Political Economy of Portuguese Asia, 1523-1526', in Teotonio R. de Souza, ed., *Vasco da Gama and India, International Conference*, Lisbon, Fondação Gulouste, 1999, 3 vols, II, pp. 47-65.

49) 북유럽의 무역회사들의 활동에 관해서는 다음 두 권의 책 참조. Holden Furber, *Rival Empires of Trade in the Orient, 1600-1800*, Minneapolis, University of Minnesota Press, 1976; Om Prakash, *European Commercial Enterprise in Pre-Colonial India*, Cambridge, Cambridge University Press, 1998.

50) Devleena Ghosh and Stephen Muecke, 'Indian Ocean Stories', *UTS Review*, 'The Indian Ocean', ed. Ghosh and Muecke, VI, 2, November 2000, p. 28에서 인용.

51) Samuel Pepys' Diary, quoted in Gillian Tindall, *City of Gold: The Biography of Bombay*, Harmondsworth, Penguin, 1992, p. v.

52) Denys Lombard, 'Questions on the Contact between European Companies and Asian Societies, in L. Blussé and F. Gaastra, eds, *Companies and Trade*, Leiden, Leiden University Press, 1981, p. 187.

53) 향신료 교역에 관해서는 다음 저자의 논문 '서론'에서 볼 수 있음. Spices in *the Indian Ocean World*.

54) Anthony Reid, 'An "Age of Commerce" in SE Asian History, *Modern Asian Studies*, 24, 1990, pp. 1-30, especially p. 11.

55) Willard A. Hanna, *Indonesian Banda: Colonialism and its Aftermath in the Nutmeg Islands*, Philadelphia, Institute for the Study of Human Issues, 1978, p. 63.

56) Kristof Glamman, *Dutch-Asiatic Trade, 1620-1740,* Copenhagen, Danish Scientific Press, 1958, p. 109.

57) Mark Vink, 'The Dutch East India Company and the Pepper Trade between Kerala and Tamiland, 1663-1795: A Geo-Historical Analysis', in K. S. Mathew, ed., *Mariners, Merchants and Oceans: Studies in Maritime History*, New Delhi, Manohar, 1995, pp. 274-6.

58) Els M. Jacobs, *In Pursuit of Pepper and Tea: The Story of the Dutch East India Company*, Amsterdam, Netherlands Maritime Museum, 1991, p. 77.

59) J. Kathirithamby-Wells, 'Introduction', in J. Kathirrithamby-Wells and John Villers, eds, *The Southeast Asian Port and Polity*, Singapore, Singapore University Press, 1990.

60) Om Prakash, *European Commercial Enterprise*.

61) Quoted in Niels Steensgaard, *The Asian Trade Revolution of the Seventeenth Century: The East India Companies and the Decline of the Caravan Trade,* Chicago, University of Chicago Press, 1974, p. 407.

62) R. Raben, 'European Periphery at the Heart of the Ocean: The Maldives, 17th-18th Centuries', in J. Everaert and J. Parmentier, eds, *International Conference on Shipping, Factories and Colonization (Brussels, 24-26 November 1994)*, Brussels, Koninklijke Academie van Belgic, 1996.

63) Furber, *Rival Empires*, p. 231.

64) Prakash's numerous articles on this and related topics have been conveniently collected in *Precious Metals and Commerce: The Dutch East India Company in the Indian Ocean Trade*, Aldershot, Variorum, 1994.

65) S. Arasaratnam, 'Slave Trade in the Indian Ocean in the Seventeenth Century', in K. S. Mathew, ed., *Mariners, Merchants and Oceans*, pp. 195-208.

66) Rajat Datta, 'Markets, Bullion and Bengal's Commercial Economy: An Eighteenth Century Perspective', in Prakash and Lombard, eds, *Commerce and Culture in the Bay of Bengal*, p. 331.

67) Niels Steensgaard, 'The Indian Ocean Network and the Emerging World-Economy, c. 1500-1750', in Satish Chandra, ed., *The Indian Ocean: Explorations in History, Commerce and Politics,* New Delhi, Sage, 1987, pp. 125-50.

68) Ashin Das Gupta, 'India and the Indian Ocean in the Eighteenth Century', in Ashin Das Gupta and M. N. Pearson, eds, *India and the Indian Ocean, 1500-1800*, Calcutta, 1987, New Delhi, 1999, pp. 131-61, p. 134.

69) 동아프리카에서의 포르투갈의 활동에 관해서는 저자의 다음 저서 참조. *Port Cities and Intruders*, pp. 129-54.

70) 저자의 다음 저서와 논문 참조. *Port Cities and Intruders*, pp. 129-54. 'The Search for the Similar: Early Contacts between Portuguese and Indians', in Jens Christian V. Johansen, Erling Ladewig Petersen and Henrik Stevnsborg, eds, *Clashes of Cultures: Essays in Honour of Niels Steensgaard*, Odense, Odense University Press, 1992, pp. 144-59.

71) 저자의 다음 글 참조. 'First Contacts between Indian and European Medical Systems: Goa in the Sixteenth Century', in David Arnold ed., *Warm Climates and Western Medicine: The Emergence of Tropical Medicine, 1500-1900*, Amsterdam, Editions Rodopi (The Wellcome Institute Series in the History of Medicine), 1996, pp. 20-41. 'Hindu Medical Practice in Sixteenth-Century Western India: Evidence from the Portuguese Records', *Portuguese Studies*, XVII, 2001, pp. 100-13.

72) Georg Schurhammer, *Francis Xavier: His Lye, His Times, India*, Rome, Jesuit Historical Institute, 1977, vol. 11, p. 96.

73) Mrs Jemima Kindersley, *Letters from the Island of Teneriffe, Brazil, The Cape of Good Hope, and the East Indies*, London, J. Nourse, 1777, pp. 66-7, 169.

74) Leonard Blussé, *Strange company: Chinese settlers, Mestizo Women, and the Dutch in VOC Batavia*, Dordrecht and Riverton, Foris Publications, 1986.

75) G. V. Scammell, 'European Exiles, Renegades and Outlaws and the Maritime Economy of Asia, c. 1.500-1750', in K. S. Mathew, ed., *Mariners, Merchants and Oceans*, p. 123.

76) John O'Kane, trans. and ed., *The Ship of Sulaiman*, London, Routledge & Kegan Paul, 1972, pp. 37-40.

| 6장 |

1) R. J. Barendse, *The Arabian Seas, 1640-1700*, Leiden, Research School, CNWS, Leiden University, 1998, p. 157에서 인용.

2) Gillian Tindall, *City of Gold: The Biography of Bombay*, Harmondsworth, Penguin, 1992, p. 102에서 인용.

3) John Correia-Afonso, ed., *Intrepid Itinerant: Manuel Godinho and his Journey from India to Portugal in 1663*, Bombay, Oxford University Press, 1990, pp. 47-9.

4) Sir James Lancaster, *The Voyage of Sir James Lancaster to Brazil and the East Indies, 1591-1603*, ed. W. Foster, London, Hakluyt, 1940, pp.3, 6.

5) John O'Kane, trans. and ed., *The Ship of Sulaiman*, London; Routledge & Kegan Paul, 1972, pp. 181, 171.

6) Luis Filipe F. R. Thomaz, 'Malaka et ses communautés marchandes au tournant du 16e siècle', in Denys Lombard and Jean Aubin, eds, *Marchands et hommes d' fairs asiatiques dans l'Océan Indien et la Mer de Chine 13e-20e siècles*, Paris, Editions de I'Ecole des hautes études en sciences sociales, 1988, p. 42.

7) M. N. Pearson, *Pious Passengers: The Hajj in Earlier Times*, New Delhi, Sterling, 1994, p. 71에서 인용.

8) Indrani Ray, *The French East India Company and the Trade of the Indian Ocean: A Collection of Essays*, ed. Lakshmi Subramanian, Delhi, Oxford University Press, 1999, pp. 177-200.

9) R. J. Barendse, 'Trade and State in the Arabian Seas: A Survey from the Fifteenth to the Eighteenth Century', *Journal of World History*, XI, 2000, pp. 206-7.

10) O'Kane, trans. and ed., *Sulaiman*, p. 168. See also Correia-Afonso, ed., *Godinho*, pp. 117-19.

11) Sir Thomas Bowrey, *A Geographical Account of Countries Around the Bay of Bengal*, Cambridge, Hakluyt, 1905, pp. 73-6.

12) Jerónimo Lobo, *The Itinerary of Jerónimo Lobo*, trans. Donald M. Lockhart, London, Hakluyt, 1984, pp. 89-90.

13) Ashin Das Gupta, 'Gujarati Merchants and the Red Sea Trade, 1700-1725', reprinted in Uma Das Gupta, ed., *The World of the Indian Ocean Merchant, 1500-1800: Collected Essays of Ashin Das Gupta*, New Delhi, Oxford University Press, 2001, pp. 369-70.

14) Levon Khatchikian, 'The Ledger of the Merchant Hovhannes Joughayetsi', in Sanjay Subrahmanyam, ed., *Merchant Networks in the Early Modern World*, Aldershot, Variorum, 1996, pp. 125-58.

15) Barendse, 'Trade and State', p. 225; Michel Aghassian and Keram Kevonian, 'Le commerce arménien dans l'Océan Indien aux 17e et 18e siêcles', in Lombard and Aubin, eds, *Marchands et hommes d'affairs*, pp. 155-81.

16) S. Arasaratnam, 'Merchants, Commerce and the State in South India, 1650-1700', in *Revista de Cultura* [Macau], nos. 13/14, 1991, p. 158.

17) Bowrey, *A Geographical Account*, pp. 257-8, On this community see Sinnappah Arasaratnam, 'The Chulia Muslim Merchants in Southeast Asia, 1650-1800', reprinted in Subrahmanyam, ed., *Merchant Networks*.

18) Stephen Frederic Dale, *Indian Merchants and Eurasian Trade, 1600—1750*, Cambridge, Cambridge University Press, 1994.

19) Dennis O. Flynn, 'Comparing the Tokagawa Shogunate with Hapsburg Spain: Two Silver-based Empires in a Global Setting', in James D. Tracy, ed., *The Political Economy of Merchant Empires: State Power and World Trade, 1350-1750*, New York, Cambridge University Press, 1991, p. 336.

20) Dennis 0. Flynn and Arturo Giráldez, 'Born with a "Silver Spoon": The Origin of World Trade in 1571', *Journal of World History*, VI, 1995, p. 203. 그들은 유럽이 수출했던 귀금속보다 더 많은 귀금속을 보유하고 있다는 사실을 알지 못한 듯하다.

21) 초기 근대 시기 인도양에서의 금은 교역에 관한 개괄적인 내용에 관해서는 다음 참조. M. N. Pearson, 'Asia and World Precious Metal Flows in the Early Modern Period', in John McGuire, Patrick Bertola and Peter Reeves, eds, *Evolution of the World Economy, Precious Metals and India*, Delhi, Oxford University Press, 2001, pp. 21-57.

22) M. D. D. Newitt, *A History of Mozambique*, 1994, London, Hurst, p. 127; John Middleton, *The World of the Swahili, An African Mercantile Civilisation*, New Haven, Yale University Press, 1992, p. 202, f.n. 8.

23) A. J. R. Russell-Wood, *A World on the Move: The Portuguese in Africa, Asia, and America, 1415-1808*, New York, St Martin's Press, 1992, pp. 159, 168-74; and by the same author 'A Brazilian Commercial Presence beyond the Cape of Good Hope, 16th-19th Centuries', in Pius Malekandathil and Jamal Mohammed, eds, *The Portuguese, Indian Ocean and European Bridgeheads 1500-1800: Festschrift in Honour of Prof K. S. Mathew*, Tellicherry, Kerala, Institute for Research in Social Sciences and Humanities of MESHAR, 2001, p. 205.

24) Russell-Wood, 'Brazilian Commercial Presence', p. 194.

25) Niels Steensgaard, 'Asian Trade 15th-18th Centuries: Continuity and Discontinuities', in *Fifteenth International Congress of Historical Sciences, Proceedings*, Bucharest, ICHS, 1980, II, p. 497.

26) Ludovico di Varthema, *The Itinerary of Ludovico di Varthema of Bologna from 1502 to 1508*, ed. R. C. Temple, London, The Argonaut Press, 1928, p. 63. See also Ann G. Carmichael, 'Syphilis and the Columbian Exchange: Was the New Disease really New?', in Mario Gomes Marques and John Cule, eds, *The Great Maritime Discoveries and World Health*, Lisbon, Escola Nacional de Saúde Pública, Ordem dos Médicos, Institute de Sintra, 1991, pp. 187-200.

27) Osamu Kondo, 'Japan and the Indian Ocean at the Time of the Mughal Empire, with Special Reference to Gujarat', in Satish Chandra, ed., *The Indian Ocean*, New Delhi, Sage, 1987, p. 175.

28) Catherine Raymond, 'Religious and Scholarly Exchanges between the Singhalese Sangha and the Arakanese and Burmese Theravadin Communities: Historical Documentation and Physical Evidence', in Om Prakash and Denys Lombard, eds, *Commerce and Culture in the Bay of Bengal, 1500-1800*, Delhi, Manohar, 1999, pp. 87-114.

29) 하즈에 관해서는 저자의 다음 글 참조. *Pious Passengers*, passim.

30) J. Kathirithamby-Wells, 'The Islamic City: Melaka to Jogjakarta, c. 1500-1800', *Modern Asian Studies*, XX, 1986, pp. 343-4.

31) Lobo, *Itinerary*, pp. 286-7.

32) Albert Gray, trans. and ed., *The Voyage of Francois Pyrard of Laval to the East Indies, the Maldives, the Moluccas and Brazil*, London, Hakluyt, 1887-90, 2 vols, I, pp. 110, 165. Michael N. Pearson, *Port Cities and Intruders: The Swahili Coast, India, and Portugal in the Early Modern Era,* Baltimore, The Johns Hopkins University Press, chapter 5, and *The Portuguese in India*, Cambridge, Cambridge University Press, 1987, chapter 5.

33) Robert C. H. Shell, 'Islam in Southern Africa, 1652-1998', in Nehemia Levtzion and Randall L. Pouwels, eds, *The History of Islam in Africa*, Athens, Ohio University Press, 2000, p. 328.

34) Robert C. H. Shell, 'Islam in Southern Africa, 1652-1998', in Nehemia Levtzion and Randall L. Pouwels, eds, *The History of Islam in Africa,* Athens, Ohio University Press, 2000, p. 328.

35) Artur Teodoro de Matos, '"Quem vai ao mar em terra se avia." Preparativos e recomendações aos passageiros da Carreira de India no seculo XVII', in Artur Teodoro de Matos and Luís Filipe F. Reis Thomaz, eds, *A carreira da India e as rotas dos estreitos* (actas do VIII Seminario Internacional de História Indo-Portuguesa), Angra do Heroísmo, Secretaria Regional Assuntos Culturais, 1998, pp. 377-94.

36) A. R. Disney, 'Getting to the China Mission in the Early Seventeenth Century', in Artur Teodoro de Matos and Luis Filipe F. Reis Thomaz, eds, *As relações entre a India Portuguesa, a Asia do Sueste e o Extremo Oriente* (actas do VI Seminário Internacional de História Indo - Portuguesa), Macau, no publisher, 1993, pp. 102-3, 105.

37) Anthony R. Disney, 'The World of Long-Distance Voyaging in the Seventeenth Century: The Lisbon-Goa fleet of 1629 as a Case Study', in K. S. Mathew, ed., *Studies in Maritime History*, Pondicherry, Pondicherry University, 1990, p. 150.

38) Lobo, *Itinerary*, pp. 300-1.

39) Quoted in Anne Bulley, *The Bombay Country Ships, 1790-1833*, London, Curzon, 2000, p. 231.

40) Abbé Carré, *The Travels of Abbe Carre in India and the Middle East*, ed. and trans. C. H. Fawcett, vol. III, London, Hakluyt, 1947, pp. 795-8.

41) Michael H. Fisher, ed., *The Travels of Dean Mahomet: An Eighteenth-Century Journey through India*, Berkeley, University of California Press, 1997, p. 127.

42) Correia-Afonso, ed., Godinho, p. 74 et seq.

43) Lobo, *Itinerary*, pp. 301-14.

44) Lancaster, *Voyage*, pp. 4-5.

45) Lobo, *Itinerary*, p. 311.

46) Abbé Carré, *Travels*, III, pp. 792-5.

47) O'Kane, trans. and ed., *Sulaiman*, p. 43.

48) Jean Aubin, 'Un voyage de Goa a Ormuz en 1520', *Modern Asian Studies*, XXII, 1988, pp. 417-32.

49) lndrani Ray, *The French East India Company*, p. 149. See also an extended account of a sim - ilar voyage by river: Mrs Jemima Kindersley, *Letters from the Island of Tenere, Brazil, The Cape of Good Hope, and the East Indies*, London, J. Nourse, 1777, pp. 92-7.

50) Fisher, *Dean Mahomet*, p. 125.

51) Saris in Samuel Purchas, *Purchas, His Pilgrimes*, Glasgow, Hakluyt Society, 1905-7, 20 vols, III, 396.

52) T. Bentley Duncan, 'Navigation between Portugal and Asia in the Sixteenth and Seventeenth Centuries', in Cyriac K. Pullapilly et al., eds,. *Asia and the West: Encounters and Exchanges from the Age of Explorations: Essays in Honor of Donald F Lach*, Notre Dame, Ind., Cross Roads Books, 1986, p. 8.

53) Ahsan Jan Qaisar, *The Indian Response to European Technology and Culture, AD 1498-1707*, Delhi, Oxford University Press, 1982, pp. 20-37 for a good summary.

54) Bowrey, *A Geographical Account*, pp. 102-3.

55) Michel Mollat du Jourdin, *Europe and the Sea*, Oxford, Blackwell, 1993, pp. 156-7; David Kirby and Merja-Liisa Hinkkanen, *The Baltic and the North Seas*, London, Routledge, 2000, p. 189. For Indian ships see my *Pious Passengers*, pp. 55-6.

56) Franceso Carletti, *My Voyage Around the World*, trans. Herbert Weinstock, New York, Pantheon Books, 1965, pp. 185-6.

57) G. V. Scanunell, 'Seafaring in the Estado da India c. 1500-1700', in Teotonio R. de Souza and Charles J. Borges,-eds, *Mare Liberum*, no. 9, 1977, 'Portuguese India and its Northern Province, Proceedings of the 7th International Seminar on Indo-Portuguese History'.

58) Russell-Wood, *World on the Move*, p. 58.

59) Els M. Jacobs, *In Pursuit of Pepper and Tea: The Story of the Dutch East India Company*, Amsterdam, Netherlands Maritime Museum, 1991.

60) Duncan, 'Navigation between Portugal and Asia', p. 6.

61) Jeremy Green, 'Maritime Archaeology and the Indian Ocean', *Great Circle*, Ⅱ, April 1980, p. 6.

62) Duncan, 'Navigation between Portugal and Asia', pp. 6-13.

63) Fernand Braudel, *The Mediterranean and the Mediterranean World in the Age of Philip II*, London, Collins, 1972, p. 358.

64) Jaap R. Bruijn, 'Between Batavia and the Cape: Shipping Patterns of the Dutch East India Company', *Journal of Southeast Asian Studies*, XI, September 1980, p. 260.

65) Lian Brockey, Brown University, personal communication.

66) Disney, 'The World of Long-Distance voyaging', p. 151.

67) C. R. Boxer, '"For Love of Gain"', *Hemisphere*, XXIII, 3, 1979, pp. 134.

68) Carletti, *My Voyage*, p. 228.

69) Boxer, '"For Love of Gain"', p. 135.

70) Disney, 'The World of Long-Distance Voyaging', and Scammell, 'Seafaring in the Estado da India'.

71) Matos and Thomaz, eds, *A carreiera da India* 참고.

72) A. Jan Qaisar, 'From Port to Port: Life on Indian Ships in the Sixteenth and Seventeenth Centuries', in Ashin Das Gupta and M. N. Pearson, eds, *India and the Indian Ocean, 1500-1800*, Calcutta, Oxford University Press, 1987, pp. 331-49.

| 7장 |

1) Paul Butel, *The Atlantic*, London, Routledge, 1999, p. 260.

2) Hermann Kellenbenz, 'German Trade Relations with the Indian Ocean from the End of the Eighteenth Century to 1870', *Journal of Southeast Asian Studies*, XIII, March 1982, pp. 135-6; Hermann Kellenbenz, 'Shipping and Trade between Hamburg-Bremen and the Indian Ocean, 1870-1914', *Journal of Southeast Asian Studies*, XIII, September 1982, p. 352.

3) Emma Tompsitt, *A Diary of My Voyage from London to Sydney, 19th July to 18th September, 1884*, Melbourne, printed by Chas. Troedel & Co., 1884, p. 23.

4) George Curzon, *Persia and the Persian Question*, London, Longmans, Green & Co, 1892, 2 vols, I, p. iv. Sugata Bose, 'Space and Time in the Indian Ocean Rim: Theory and History', in Leila Tarazi Fawaz and C. A. Bayly, eds, *Modernity and Culture: From the Mediterranean to the Indian Ocean*, New York, Columbia University Press, 2002, pp. 365-88.

5) Lady Isabel Burton, *A. E. I. Arabia, Egypt, India: A Narrative of Travel*, London, W. Mullan and Son, 1879, pp. 92-3.

6) Om Prakash, 'European Corporate Enterprises and the Politics of Trade in India, 1600-1800', in Rudrangshu Mukherjee and Lakshmi Subramanian, eds, *Politics and Trade in the Indian Ocean World: Essays in Honour of Ashin Das Gupta*, Delhi, Oxford University Press, 1998, p. 177.

7) Om Prakash, 'The European Factories in India', in J. Everaert and J. Parmentier, eds, *International Conference on Shipping, Factories and Colonization (Brussels, 24-26 November 1994)*, Brussels, Koninklijke Academie van Belgie, 1996, pp. 19-20 and passim.

8) Lakshmi Subramanian, 'Power and the Weave: Weavers, Merchants and Rulers in Eighteenth-Century India', in Mukherjee and Subramanian, eds, *Politics and Trade*, pp. 52-82.

9) Butel, *The Atlantic*, p. 229.

10) Lewis R. Fischer and Gerald E. Panting, 'Indian Ports and British Intercontinental Sailing Ships: The SuB.C.ontinent as an Alternative Source of Cargo, 1870-900', in K.S. Mathew, ed., *Mariners, Merchants and Oceans: Studies in Maritime History*, New Delhi, Manohar, 1995, pp. 371-84.

11) Mariam Dossal, 'Indian Maritime Historiography: West Coast Merchants in a Gobalizing Economy', in Frank Broeze, ed., *Maritime History at the Crossroads: A Critical Review of Recent Historiography*, St Johns, NFLD, International Maritime Economic History Association, 1996, pp. 191-2.

12) Doug McLean, 'Complex Relationship: Shippers and Shipowners in India's Overseas Liner Shipping, c. 1890-c.1925', *New Directions in Maritime History*, 1CMH/AAMH Conference, Fremantle, 6-10 December 1993, typescript.

13) Frank Broeze, Kenneth McPherson and Peter Reeves, 'Imperial Ports of the Indian Ocean', *UNESCO Review*, 10 March 1985, p. 2.

14) Frank Broeze, 'The Ports and Port System of the Asian Seas: An Overview with Historical Perspective from c. 1750', *Great Circle*, XVIII, 1996, pp. 73-96; Peter Reeves, Frank Broeze and Kenneth McPherson, 'The Maritime Peoples of the Indian Ocean Region since 1800', *Mariner's Mirror*, 74, 1988, pp. 241-54; K. McPherson, F. Broeze, P. Reeves and J. Wardrop, 'The Social Expansion of the Maritime World of the Indian Ocean: Passenger Traffic and Community Building', in K. Friedland, ed., *The Maritime Aspects of Migration*, Cologne, Bohlau, 1987, pp. 427-40; S. Bhattacharya, 'The Indian Ocean in the Nineteenth and Early Twentieth Centuries', in Satish Chandra, ed., *The Indian Ocean: Explorations in History, Commerce and Politics*, New Delhi, Sage, 1987, pp. 302-16.

15) Peregrine Horden and Nicholas Purcell, *The Corrupting Sea: A Study of Mediterranean History,* Vol. I, Oxford, Blackwell, 2000, p. 43.

16) Peter Gifford, 'The Effects of the British Seaman's Strike of 1925 on Fremantle', *Great Circle*, XIV, 2, 1992, p. 74.

17) Anthony Reid and Radin Fernando, 'Shipping in Melaka and Singapore as an Index of Growth, 1760-1840', in M. N. Pearson and I. Bruce Watson, eds, *South Asia*, 1996, XIX, Special Issue, 'Asia and Europe: Commerce, Colonialism and Cultures: Essays in Honour of Sinnappah Arasaratnam', pp. 61 et seq.

18) Fanny Parks, *Wanderings of a Pilgrim, in Search of the Picturesque,* London, P. Richardson, 1850, 2 vols, II, p. 480; Roy T. Sawyer, 'The Trade in Medicinal Leeches in the Southern Indian Ocean in the Nineteenth Century', *Medical History*, 43, 1999, pp. 241-5.

19) A. T. Yarwood, *Walers: Australian Horses Abroad*, Melbourne, Melbourne University Press, 1989.

20) Curzon, *Persia*, I, p. 4.

21) Andrew Pope, 'The P&O and the Asian Specie Network, 1850-1920', Typescript, 1992, p. 1; Andrew Pope, 'Australian Gold and the Finance of India's Exports during World War I: A Case Study of Imperial Control and Coordination', *Indian Economic and Social History Review*, 33, 2, 1996, pp. 115-31.

22) David Mitchell, *Pirates*, London, Thames and Hudson, 1976, p. 11.

23) P. A. B. Thomson, 'Jean Francois Hodoul, Corsair of the Indian Ocean', *Mariner's Mirror*, 83, 1997, pp. 310-17.

[24] George Windsor Earl, *The Eastern Seas, or Voyages and Adventures in the Indian Archipelago in 1832-34*, London, W. H. Allen & Co, 1837, pp. 38-42.

[25] Lakshmi Subramanian, 'Of Pirates and Potentates: Maritime Jurisdiction and the Construction of Piracy in the Indian Ocean', in Devleena Ghosh and Stephen Muecke, eds, *UTS Review*, 2000, VI, 2, 'The Indian Ocean', p. 22.

[26] Charles Belgrave, *The Pirate Coast*, New York, Roy Publishers, 1966, p. 33.

[27] Sultan Md. Al-Qasimi, *The Myth of Arab Piracy in the Gulf*, London, Croom Helm, 1986, p. xv.

[28] Ibid., p. 226.

[29] Curzon, Persia, II, p. 308.

[30] Ibid., II, pp. 450-1. For these events see Patricia Risso, 'Cross-Cultural Perceptions of Piracy: Maritime Violence in the Western Indian Ocean and Persian Gulf Region during the Long Eighteenth Century', in *Journal of World History*, XII, 2001, pp. 293-319, and Qasimi, *The Myth of Arab Piracy*, passim. His conclusions have been vigorously challenged in Charles E. Davies, *The Blood-Red Arab Flag: An Investigation into Qasimi Piracy, 1797-1820*, Exeter, Exeter University Press, 1997.

[31] W. A. R. Richardson, 'An Indian Ocean Pilgrimage in Search of an Island', *Great Circle*, XI, 2, 1989, pp. 32-51.

[32] Rhys Richards, 'The Maritime Fur Trade: Sealers and Other Residents on St Paul and Amsterdam Islands', *Great Circle*, VI, 1, 1984, p. 24.

[33] Butel, *The Atlantic*, pp. 232-4.

[34] David Arnold, *Science, Technology and Medicine in Colonial India*, Cambridge, Cambridge University Press, 2000, pp. 104-5; Daniel Headrick, *The Tools of Empire: Technology and European Imperialism in the Nineteenth Century*, New York, Oxford University Press, 1981, pp. 19 et seq.

[35] Frances Eden, *Tigers, Durbars and Kings: Fanny Eden's Indian Journals, 1837-1838*, London, Murray, 1988, p. 57.

[36] Arnold, *Science, Technology and Medicine*, p. 105에서 인용.

[37] G. L. Sulivan, *Dhow Chasing in Zanzibar Waters and on the Eastern Coast of Africa: Narrative of Five Years' Experience in the Suppression of the Slave Trade*, London, Sampson Low, Marston, Low & Searle, 1873, p. 133.

[38] Ida Pfeiffer, *A Lady's Second Journey around the World*, London, Longman, Brown, Green, and Longmans, 1855, 2 vols, I, p. 103.

[39] K. Dharmasena, 'Colombo: Gateway and Oceanic Hub of Shipping', in Frank Broeze, ed., *Brides of the Sea: Port Cities of Asiafrom the 16th-20th Centuries*, Sydney, University of New South Wales Press, 1989, pp. 152-72.

40) Gillian Tindall, *City of Gold: The Biography of Bombay*, Harmondsworth, Penguin, 1992, p. 137.

41) Freda Harcourt, 'The P & O Company: Flagships of Imperialism', in S. Palmer and G. Willians, eds, *Charted and Uncharted Waters*, London, National Maritime Museum in association with the Department of History, Queen Mary College, University of London, 1982, p. 6에서 인용. Freda Harcourt, 'British Oceanic Mail Contracts in the Age of Steam, 1838-1914', *Journal of Transport History*, IX, March 1988, pp. 1-18, and 'P&O and Orient: A Cool Partnership, 1886—1914', *Great Circle*, XVII, 1995, pp. 73-94.

42) Pope, 'The P&O and the Asian Specie Network', pp. 3-4.

43) J. Forbes Munro, 'The "Scrubby Scotch Screw Company": British India Steam Navigation Co.'s Coastal Services in South Asia, 1862-1870', in Lewis R. Fischer, ed., *From Wheel House to Counting House: Essays in Maritime Business History*, St John's, NFLD, International Maritime Economic History, 1992, pp. 45, 65, 71.

44) Stephanie Jones, 'British India Steamers and the Trade of the Persian Gulf, 1862-1914', Great Circle, VII, 1985, pp. 23-44.

45) J. Forbes Munro, 'Shipping Subsidies and Railway Guarantees: William Mackinnon, Eastern Africa and the Indian Ocean, 1860-93', *Journal of African History*, 28, 1987, pp. 209-30.

46) Frank Broeze, 'From Imperialism to Independence: The Decline and Re-Emergence of Asian Shipping', *Great Circle*, IX, 1987, pp. 82-4.

47) Frank Broeze, Merchants from Steam to Sail: The West Australian Shipping Association and the Evolution of the Conference System, 1884—1910', in Fischer, ed., *From Wheel House to Counting House*, pp. 273-301.

48) Headrick, *The Tools of Empire*, pp. 142-8, 165-6; F. J. A. Broeze, K. I. McPherson and P.D. Reeves, 'Engineering and Empire: the Making of The Modern Indian Ocean Ports', in Satish Chandra, ed., *The Indian Ocean*, pp. 264-5.

49) Joseph Woodhouse, Australian National Maritime Museum, 1884, n.p., typescript.

50) Freda Harcourt, 'P & O and Orient', p. 73.

51) Munro, 'The "Scrubby Scotch Screw Company"', pp. 52-3.

52) Colin MacKenzie, Australian National Maritime Museum, 1890, n.p., typescript.

53) Sulivan, Dhow Chasing, p. 167.

54) Boyd Cable, *A Hundred Year History of the P. & O. Peninsular and Oriental Steam Navigation Company*, London, I. Nicholson and Watson, 1937, pp. 111-16.

55) Tompsitt, *A Diary*, p. 11.

56) Curzon, *Persia*, II, 467-8.

57) Broeze, 'From Imperialism to Independence', pp. 78-80.

58) J. N. F. M. A Campo, 'Perahu and Kapal: The Interaction of Traditional and Modern Shipping in Colonial Indonesia', in Everaert and Parmentier, eds, *International Conference*, pp. 343-66.

59) Alan Villiers, *The Set of the Sails: The Adventures of a Cape Horn Seaman*, London, Pan, 1955 (first ed. 1940), p. 246.

60) Eric Newby, *The Last Grain Race*, London, Picador, 1990 (first ed. 1956), p. 152 and passim.

61) David Kirby and Merja-Liisa Hinkkanen, *The Baltic and the North Seas*, London, Routledge, 2000, p. 221에서 인용.

62) Villiers, *The Set of the Sails*, pp. 136-7.

63) Janet J. Ewald, 'Crossers of the Sea: Slaves, Freedmen, and Other Migrants in the Northwestern Indian Ocean, c. 1750—1914', *American Historical Review*, February 2000, 105, pp. 75-6.

64) Mark Twain, *Following the Equator*: A Journey around the World, Hartford, American Publishing Co., 1897, p. 331.

65) Lancelot L. Earl and Richard James Whyte, Australian National Maritime Museum, n.p., typescript.

66) Newby, *The Last Grain Race*, pp. 112, pp. 117-18.

67) Parks, *Wanderings of a Pilgrim*, I, 11.

68) Jackson, 'The Decline of the Wool. Clippers', *Great Circle*, Ⅱ, 1980, p. 93.

69) Burton, *A. E. I.*, pp. 397, 64-71.

70) Gavin Young, Halfway Around the World: An Improbable Journey, New York, Random House, 1981, pp. 243-66.

71) Burton, *A. E. I.*, p. 65.

72) Hugh J. Schonfield, *The Suez Canal*, Harmondsworth, Penguin, 1938, p. 111; Frank Broeze, Peter Reeves and Kenneth McPherson, 'Imperial Ports And The Modern World Economy: The Case Of The Indian Ocean', *Journal of Transport History*, VII, 2, 1986, p. 1; Elias H. Tuma, 'Suez Canal: Another Dimension in the European Network', *Journal of European Economic History*, 24, 1995, p. 623.

73) Tuma, 'Suez Canal', pp. 623-5.

74) Ewald, 'Crossers of the Sea', p. 79.

75) Malcolm Tull, *A Community Enterprise: The History of the Port of Fremantle, 1897 to 1997*, St Johns, NFLD, International Maritime Economic History Association, 1997, pp. 123-4에서 인용.

[76] Quoted in Broeze et al., 'Engineering and Empire', p. 259.

[77] Mrs Jemima Kindersley, *Letters from the Island of Teneriffe, Brazil, The Cape of Good Hope, and the East Indies*, London, J. Nourse, 1777, p. 81.

[78] Ibid., pp. 82-3.

[79] Parks, *Wanderings of a Pilgrim*, II, pp. 474-5.

[80] Maria Graham, *Journal of a Residence in India*, Edinburgh, A. Constable, 1812, p. 148.

[81] Earl, *The Eastern Seas*, pp. 23-4.

[82] Broeze et al., 'Imperial Ports of the Indian Ocean', p. 5.

[83] Broeze et al., 'Engineering and Empire', pp. 270-1 and passim for engineering works in ports around the littoral.

[84] K. Dharmasena, 'Colombo: Gateway and Oceanic Hub of Shipping', in Broeze, ed., *Brides of the Sea*, pp. 154 et seq.; K. Dharmasena, The Port and Dock Workers of Colombo, 1860-1960', *Great Circle*, VII, 2, p. 104 et seq.

[85] Indu Banga, 'Karachi and its Hinterland under Colonial Rule', in Indu Banga, ed., *Ports and their Hinterlands in India*, 1700—1950, New Delhi, Manohar, 1992, pp. 337-58.

[86] Tindall, *City of Gold*, pp. 24-8 for a good description.

[87] I.S. van Dongen, 'Mombasa in the Land and Sea Exchange of East Africa', *Erdkunde*, 17, 1963, pp. 16-38; B.S. Hoyle, 'Maritime Perspectives on Ports and Port Systems: The Case of East Africa', in Broeze, ed., *Brides of the Sea*, pp. 188-206.

[88] Broeze et at, 'Imperial Ports of the Indian Ocean', p. 2.

[89] Broeze et al., 'Imperial Ports and the Modern World Economy', pp. 18-19.

[90] Arnold, *Science, Technology and Medicine*, p. 102.

[91] Satpal Sangwan, 'The Sinking Ships: Colonial Policy and the Decline of Indian Shipping, 1735-1835', in Roy MacLeod and Deepak Kumar, eds, *Technology and the Raj: Western Technology and Technical Transfers to India, 1700—1947*, New Delhi, Sage, 1995, pp. 137-52.

[92] Frank Broeze's seminal article, 'Underdevelopment and Dependence: Maritime India under the Raj', *Modern Asian Studies*, XVIII, 1984, pp. 429-57.

[93] Lakshmi Subramanian, *Indigenous Capital and Imperial Expansion: Bombay, Surat, and the West Coast*, Delhi, Oxford University Press, 1996, p. 15.

[94] Hans-Dieter Evers, 'Chettiar Moneylenders in Southeast Asia', in Denys Lombard and Jean Aubin, eds, *Marchands et hommes d'affairs asiatiques dans l'Océan Indien et la Mer de Chine 13e-20e siècles*, Paris, Editions de l'Ecole des hautes études en sciences sociates, 1988, pp. 199-219. For the notion of circulation see Claude Markovits, *The Global World of Indian Merchants*, Cambridge, Cambridge University Press, 2000.

95) Desh Gupta, 'South Asians in East Africa: Achievement and Discrimination', in Lance Brennan and Brij Lal, eds, *South Asia*, 1998, XXI, special issue, 'Across the Kala Pani: Indian Overseas Migration and Settlement', p. 106.

96) Richard E Burton, *Zanzibar, City, Island and Coast*, Vol. II, London, Tinsley Brothers, 1872, pp. 327-8.

97)Gervase Clarence-Smith, 'Indian Business Communities in the Western Indian Ocean in the Ninteenth Century', *Indian Ocean Review*, II, 4, December 1989, p. 20에서 인용.

98) Earl, *The Eastern Seas*, pp. 177-8.

99) Rhys Richards, 'The Maritime Fur Trade: Sealers and Other Residents on St Paul and Amsterdam Islands', *Great Circle*, VI, 1 and 2, 1984, pp. 2412 and 93-109.

100) feiffer, *A Lady's Second Journey*, p. 148. For slavery see Gervase Clarence-Smith, ed., *The Economics of the Indian Ocean Slave Trade in the Nineteenth Century*, London, Cass, 1989.

101) K. McPherson, et al., 'The social expansion', in Friedland, ed., *Maritime Aspects*, pp. 427-40.

102) Hugh Tinker, *A New System of Slavery: The Export of Indian Labour Overseas, 1830-1920*, London, Oxford University Press, 1974, and for a more positive view David Northrup, *Indentured Labour in the Age of Imperialism, 1834-1922*, Cambridge, Cambridge University Press, 1995. For Indians see Lance Brennan and Brij Lal, eds, 'Across the Kala Pani: Indian Overseas Migration and Settlement', *South Asia*, XXI, 1998, Special Issue.

103) Marina Carter, *Servants, Sirdars and Settlers: Indians in Mauritius, 1834-1874*, Delhi, Oxford University Press, 1995. Also Tayyab Mahmud, 'Colonial Migrations and Post-Colonial Identities in South Asia', *South Asia*, XXIII, 1, 2000, pp. 90-2.

104) Ralph Shlomowitz, 'Mortality of Indian Labour on Ocean Voyages, 1843-1917', *Studies in History*, Delhi, VI, 1, January 1990, pp. 35-65.

105) Ralph Shlomowitz, 'Mortality of Indian Labour on Ocean Voyages, 1843-1917', *Studies in History*, Delhi, VI, 1, January 1990, pp. 35-65.

106) Mot Lal Bhargava, *Indian Ocean Strategies through the Ages, with Rare and Antique Maps*, New Delhi, Reliance Publishing House, 1990, p. 132.

107) David Arnold, 'The Indian Ocean as a Disease Zone, 1500-1950', *South Asia*, 14, 1991, pp. 1-21.

108) Mirza Abu Taleb Khan, *Travels in Asia, Africa and Europe during the years 1799 to 1803*, New Delhi, Sona Publications, 1972 (first published 1814), pp. 8-21.

109) Graham, *Journal of a Residence*, p. 173.

110) Mark Staniforth, 'Diet, Disease and Death at Sea 1837-39', *New Directions in Maritime History*, ICMH/AAMH Conference, Fremantle, 6-10 December 1993, typescript.

111) Emma Roberts, *The East-India Voyager: Or Ten Minutes Advice to the Outward Bound*, London, J. Madden & Co., 1845, pp. 3-11.

112) 'Trench's Travels', *Indian Ocean Review*, I, 3, September 1988, p. 2.

113) Eliza Fay, *Original Letters from India, Calcutta*, 1817, pp. 104-9, 218-19, 231.

114) Lancelot L. Earl, Australian National Maritime Museum, n.p., typescript.

115) Parks, *Wanderings of a Pilgrim*, II, pp. 478-9.

116) LancelotParks, *Wanderings of a Pilgrim*, I, p. 11. L. Earl.

117) Parks, *Wanderings of a Pilgrim*, I, p. 11.

118) Account of a voyage to Australia by Richard James Whyte, Australian National Maritime Museum, n.p., typescript.

119) Twain, *Following the Equator*, pp. 615-17.

120) Burton, *A. E. L*, pp. 404-5.

121) E. J. Harding, *Dominions Diary: The Letters of E.J. Harding 1913-1916*, ed. S. Constantine, Halifax, Ryburn Pubs, 1992, pp. 40-2, 50, 52, 54.

122) Helen Rutledge, ed., *A Season in India: Letters of Ruby Madden. Experiences of an Australian Girl at the Great Coronation Durbar, Delhi, 1903*, Sydney, Fontana Books, 1982, pp. 22-34, 39,

123) Charles Allen, ed., *Plain Tales from the Raj*, illustrated edition, New York, Holt, Rinehart and Winston, 1985, pp. 32, 35.

124) Sulivan, *Dhow Chasing*, p. 99.

125) Leonard Woolf, *Growing: An Autobiography of the Years 1904-1911*, New York, Harcourt, Brace & World, 1962, pp. 11-21.

126) Lady Anna Brassey, *A Voyage in the Sunbeam: Our Home on the Ocean for Eleven Months*, London, Longmans, Green, 1878, pp. 467-8.

127) Ibid, pp. vii-viii.

128) Ibid., passim.

129) Account of a voyage to Australia by Wilfred Pearce, Australian National Maritime Museum, n.p., typescript.

130) Bryce Moore, Helen Garwood and Nancy Lutton, *The Voyage Out: 100 Years of Sea Travel to Australia*, Fremantle, Fremantle Arts Centre Press in association with The Library Board of Western Australia, 1991.

131) James Murray and William Heeley, Australian National Maritime Museum, n.p., typescript.

132) Barry Pemberton, *Australian Coastal Shipping*, Melbourne, Melbourne University Press, 1979, p. 208.

133) Juanita Harrison, *My Great, Wide, Beautiful World*, 2nd ed., New York, G. K. Hall, 1996. The quotations are from, respectively, pp. 296, 96-8, 117, 160-1, 157-8, 159, 164.

134) A brief statement of the thesis is in *The Encyclopedia of Religion*, ed. Mircea Eliade, New York, Macmillan, 1987, 16 vols, XI, p. 328.

135) E. M. Forster, *Selected Letters*, vol. I, ed. Mary Lago and P. N. Furbank, London, Collins, 1983, pp. 138-40.

136) Twain, *Following the Equator*, pp. 615-17.

137) Parks, *Wanderings of a Pilgrim*, I, p. 3.

138) Woolf, *Growing*, pp. 11-21, 246-7.

139) Moore et al., *Voyage Out*, p. 162.

140) Joseph Woodhouse, Australian National Maritime Museum, n.p., typescript.

141) Tompsitt, *A Diary of my Voyage*, pp. 15-16.

142) Dr Mackenzie, Australian National Maritime Museum, n.p. typescript.

143) Forster, *Selected Letters*, p. 140.

144) Moore et al,, *Voyage Out*, pp. 157-8, 160.

145) Burton, *A. E. I.*, p. 400.

146) Australian National Maritime Museum, accounts of voyages to Australia by William Lawrence and William Heeley, n.p., typescript.

147) Moore et al., *Voyage Out*, p. 165.

148) Harding, *Dominions Diary*, p. 56.

149) Joseph Conrad, *Typhoon, and other Tales*, New York, New American Library, 1963, pp. 244-7 (the story of 'Youth').

150) Allen, *Plain Tales*, pp. 36-7.

151) 'Trench's Travels', *Indian Ocean Review*, I, 2, June 1988, p. 11.

152) Burton, *A. E. I.*, pp. 296, 379-81.

153) Juanita Harrison, *My Great Wide, Beautiful World*, pp. 146-7.

154) Frances Eden, *Tigers*, pp. 50-1.

155) Burton, *A. E. I.*, pp. 75-83, 93-107.

156) Anne Bulley, *The Bombay Country Ships, 1790-1833*, London, Curzon, 2000, pp. 230-1, 47에서 인용.

157) Alan Villiers, *Sons of Sinbad: An Account of Sailing with the Arabs in the Dhows, in the Red Sea, around the Coasts of Arabia, and to Zanzibar and Tanganyika; Pearling in the Persian Gulf; and the Life of the Shipmasters, the Mariners and Merchants of Kuwait*, New York, C. Scribner's Sons, 1940, p. 35.

158) Devleena Ghosh and Stephen Muecke, 'Indian Ocean Stories', in *UTS Review*, VI, 2, 'The Indian Ocean', 2000, pp. 34-5; Philippe Reignier, 'Saint Expédit, in ibid., pp. 70-7.

159) Stephen F. Dale, *Islamic Society on the South Asian Frontier: The Mappilas of Malabar, 1498-1922*, Oxford, Clarendon Press, 1980, pp. 6-7, 116-18, 128, 134-5, 167.

160) M. N. Pearson, 'Gateways to Africa: The Indian Ocean and the Red Sea', in Levtzion and Pouwels, eds, *History of Islam in Africa*, pp. 37-59.

161) Gill Shepherd, 'Trading Lineages in Historical Perspective', in J. C. Stone, ed., *Africa and the Sea: Proceedings of a Colloquium at the University of Aberdeen, March, 1984*, Aberdeen, University of Aberdeen, 1985, p. 172.

162) Abdin Chande, 'Radicalism and Reform in East Africa', in Levtzion and Pouwels, eds, *History of Islam in Africa*, p. 355 and passim.

163) Michael Lambek, 'Choking on the Quran: And other Consuming Parables from the Western Indian Ocean Front', in Wendy James, ed., *The Pursuit of Certainty: Religious and Cultural Formulations*, London, Routledge, 1995, p. 263.

164) Azyumardi Azra, 'A Hadhrami Religious Scholar in Indonesia: Sayyid Uthman', in Ulrike Freitag and W.G. Clarence - Smith, *Hadhrami Traders, Scholars and Statesmen in the Indian Ocean, 1750s-1960s*, Leiden, Brill, 1997, pp. 249-63.

| 8장 |

1) Omar Khalidi, 'The Hadhrami Role in the Politics and Society of Colonial India, 1750s-1950s', in Ulrike Freitag and William G. Clarence-Smith, eds, *Hadhrami Traders, Scholars and Statesmen in the Indian Ocean, 1750s-1960s*, Leiden, Brill, 1997, p. 78 and passim.

2) W. G. Clarence-Smith, 'Introduction', in Freitag and Clarence-Smith, eds, ibid.

3) Gérard Naulleau, 'Islam et affairs: Le cas des families marchandes du Gulfe', in Denys Lombard and Jean Aubin, eds, *Marchands et hommes d'affairs asiatiques dans l'Océan Indien et la Mer de Chine 13e-20e siècles*, Paris, Editions de l'Ecole des hautes études en sciences sociales, 1988, pp. 297-310.

4) Béatrice Knerr, 'Labour Export from South Asia: Another Case of the "Dutch Disease"?', in Giorgio Borsa, ed., *Trade and Politics in the Indian Ocean: Historical and Contemporary Perspectives*, Delhi, Manohar, 1990, pp. 169-221.

5) Amitav Ghosh, *In an Antique Land: History in the Guise of a Traveler's Tale*, New York, Vintage Books, 1993, pp. 270-2, 284-5.

6) Stella Mascarenhas-Keyes, 'International Migration from Goa: The Significance of the Global and Local Political Economy and Socio-Cultural Factors', Teotonio R. de Souza, ed., *Vasco da Gama and India, International Conference*, Lisbon, Gulbenkian, 1999, 3 vols, II, pp. 235-49.

7) Lady Anna Brassey, *A Voyage in the Sunbeam: Our Home on the Ocean for Eleven Months*, London, Longmans, Green, 1878, p. 412.

8) Moussa Said, 'Souvenirs d'un vieux marchand indien des Comores', in *Historical and Cultural Relations between France and India, 17-20th centuries*, Sainte Clotilde, Association historique internationale de l'Océan Indien, 1987, pp. 107-10.

9) Alan Villiers, *Sons of Sinbad: An Account of Sailing with the Arabs in the Dhows, in the Red Sea, around the Coasts of Arabia, and to Zanzibar and Tanganyika; Pearling in the Persian Gulf; and the Life of the Shipmasters, the Mariners and Merchants of Kuwait*, New York, C. Scribner's Sons, 1940.

10) M. McCarthy, 'Indonesian Divers in Australia's Northern Waters', *Great Circle*, XX, 1998, p. 122.

11) W. Somerset Maugham, The Gentleman in the Parlour, 1930, part of *The Travel Books of W Somerset Maugham*, London, William Heinemann, 1955, pp. 114-15, 169.

12) Frank Broeze, 'From Imperialism to Independence: The Decline and Re-Emergence of Asian Shipping', *Great Circle*, IX, 1987, p. 85.

13) Frank Broeze, 'Underdevelopment and Dependence: Maritime India under the Raj', *Modern Asian Studies*, XVIII, 1984, pp. 447-55.

14) Gavin Young, *Halfway Around the World: An Improbable Journey*, New York, Random House, 1981.

15) Maugham, *The Gentleman in the Parlour*, p. 114.

16) Young, *Halfway Around the World*, pp. 326, 283, 300.

17) Ibid., p. 216.

18) Australian Association for Maritime History, 'Newsletter', March 1999, no. 74, p. 5, note by Vic Jeffery.

19) Young, *Halfway Around the World*, p. 262.

20) Derek Johnson, 'Wealth and Waste: Contrasting Legacies of Fisheries Development in Gujarat since 1950s', *Economic and Political Weekly* (Mumbai) 31 March 2001.

21) Villiers, *Sons of Sinbad*, p. 159.

22) Hassan Saleh Shihab, 'Traditional Arab Shipping and Seafaring in the Indian Ocean', *New Directions in Maritime History*, ICMH/AAMH Conference, Fremantle, 6-10 December 1993, typescript.

23) Edward Prados, 'Indian Ocean Littoral Maritime Evolution: The Case of the Yemeni *huri* and *sanbuq*', *Mariner's Mirror*, 83, 1997, pp. 185-98. 이 뛰어난 연구는 1990년대 중반 예멘의 홍해 연안에 기반을 두고 있다.

24) Mark Horton and John Middleton, *The Swahili: The Social Landscape of a Mercantile Society*, Oxford, Blackwells, 2000, p. 88.

25) Peter Boxhall, 'Arabian Seafarers in the Indian Ocean', *Asian Affairs*, 76, 1989, pp. 287-95.

26) Esmond Bradley Martin, 'The Present Day Dhow Trade of India', *Great Circle*, IV, October 1982, pp. 105-18.

27) Esmond Bradley Martin, 'The Decline of the Omani Dhows', *Great Circle*, II, 1980, 74-86.

28) Nick Birmingham, 'The Exceptional Janggolan', *Indian Ocean Review*, VII, 4, March 1995, pp. 7-8.

29) Young, *Halfway Around the World*, pp. 184-205.

30) Tim Mackintosh-Smith, 'The Last Place in Yemen', *Aramco World*, September-October 1999, pp. 13-15.

31) Peregrine Horden and Nicholas Purcell, *The Corrupting Sea: A Study of Mediterranean History*, Vol. I, Oxford, Blackwell, 2000, pp. 227, 229, 346, 382; Richard H. Grove, *Green Imperialism: Colonial Expansion, Tropical Island Edens and the Origins of Environmentalism, 1600-1860*, Cambridge, Cambridge University Press, 1995; Helen Chapin Metz, *Indian Ocean: Five Island Countries*, Washington, DC, Federal Research Division, Library of Congress, 1995, 3rd ed.

32) Mackintosh-Smith, 'The Last Place in Yemen', pp. 9, 11.

33) Richard Barz, 'The Cultural Significance of Hindi in Mauritius', *South Asia*, III, 1980, pp. 1-13.

34) Shelton A. Gunaratne, Mohd. Safar Hasim and Roukaya Kasenally, 'Small is Beautiful: Information Potential of Three Indian Ocean Rim Countries', *Media Asia*, XXIV, 4, 1997, pp. 199-200; D. McDougall, 'Indian Ocean Regionalism', *The Round Table*, 341, 1997, pp. 54-5; Bob Newman, 'Letter from Mauritius', *Indian Ocean Newsletter*, VIII, 3, November 1987, p. 4; C. W. Binns, 'Islands 88', *Indian Ocean Review*, I, 3, September 1988, p. 7.

35) McDougall, 'Indian Ocean Regionalism', pp. 58-9; Jean Houbert, 'France in the Indian Ocean: Decolonizing without disengaging', *The Round Table*, 298, 1986, pp. 145-66.

36) Christian Ghasarian, 'We have the Best Gods! The Encounter Between Hinduism and Christianity in La Réunion', *Journal of Asia and African Studies*, 32, 3-4, December 1997, pp. 286-95.

37) A. Whitehead, 'Indian Ocean Regionalism', *The Round Table*, 341, 1997, pp. 53-4; Andrew D. W. Forbes, 'Archives and Resources for Maldivian History', *South Asia*, Ⅲ. 1980, p. 70.

38) Michel Mollat du Jourdin, *Europe and the Sea*, Oxford, Blackwell, 1993, p. 232-4.

39) Paul Butel, *The Atlantic*, London, Routledge, 1999, p. 288.

40) Keith Trace, 'For "Tyranny of Distance" read "Tyranny of Scale": Australia and the Global Container Market', *Great Circle*, 23, 2001, pp. 21-46.

41) B.S. Hoyle, 'Maritime Perspectives on Ports and Ports Systems: The Case of East Africa', and Atiya Habeeb Kidwai, 'Port Cities in a National System of Ports and Cities: A Geographical Analysis of India in the Twentieth Century', both in Frank Broeze, ed., *Brides of the Sea: Port Cities of Asia from the 16th-20th Centuries*, Sydney, University of New South Wales Press, 1989, pp. 204, 212-20.

42) Keith Trace, 'ASEAN Ports since 1945: Maritime Change and Port Rivalry', in Frank Broeze, ed., *Gateways of Asia: Port Cities of Asia from the 13th to the 20th Centuries*, London, Kegan Paul International,. 1997, pp. 318-38.

43) *Sydney Morning Herald*, 17 September 2002.

44) Personal inspection of Dampier, and information from Hamersley Iron.

45) John R. Stilgoe, *Alongshore*, New Haven, Yale University Press, 1994, p. 64.

46) Olma Mignacca, *The Watcher on the Quay*, Sydney, New Holland Publications, 1998, p. 63 and passim.

47) Angus Phillips, 'The Whitbread-Race into Danger', *National Geographic*, May 1998, pp. 118-33.

48) Jeff Harris, 'The Dhow of Racing', in *Aramco World*, 50, 3, May/June 1999, pp. 2-11.

49) Metz, *Indian Ocean*, pp. xix, xxiii, 163.

50) Peter Reeves, Andrew Pope, John McGuire and Bob Pokrant, 'The Koli and the British at Bombay: The Structure of their Relations to the mid-Nineteenth Century', in M.N. Pearson and I. Bruce Watson, eds, *South Asia*, 1996, XIX, Special Issue, 'Asia and Europe: Commerce, Colonialism and Cultures: Essays in Honour of, Sinnappah Arasaratnam', pp. 97-120.

51) P. Reeves, A. Pope, J. McGuire and B. Pokrant, 'Mapping India's Maritime Resources: Colonial State Experiments, c. 1908-1930', *South Asia*, XIX, 1996, p. 14; Daniel Behrman, *Assault on the Largest Unknown: The International Indian Ocean Expedition, 1959-65*, Paris, Unesco Press, 1981, p. 70; Peter Reeves, Frank Broeze and Kenneth McPherson, 'The Maritime Peoples of the Indian Ocean Region since 1800', *Mariner's Mirror*, 74, 1988, p. 243; Sanjay Chaturvedi, 'Common Security? Geopolitics, Development, South Asia and the Indian Ocean', *Third World Quarterly*, XIX, 1998, p. 713.

52) Kathleen Fordham Norr, 'The Organisation of Coastal Fishing in Tamilnadu', in Alexander Spoehr, ed., *Maritime Adaptations, Essays on Contemporary Fishing Communities, Contributions from Ethnology*, Pittsburg, University of Pittsburg Press, 1980, pp. 113-27, and in the same volume Paul Alexander, 'Sea Tenure in Southern Sri Lanka', pp. 91-111.

53) R. S. Newman, 'Green Revolution-Blue Revolution: The Predicament of India's Traditional Fishermen', *South Asia*, IV, 1981, pp. 35-46.

54) Olga Nieuwenhuys, 'Invisible Nets: Women and Children in Kerala's Fishing', *MAST*, II, 1989, pp. 174-94.

55) Jona Halfdanardottir, 'Social Mobilization in Kerala: Fishers, Priests, Unions and Political Parties', *MAST*, VI, 1993, pp. 136-56.

56) Holly M. Hapke, 'Development, Gender and Household Survival in a Kerala Fishery', *Economic and Political Weekly*, 31 March 2001. Olga Nieuwenhuys 'Invisible Nets': Women and Children in Kerala's Fishing도 참조.

57) Derek Johnson, 'Wealth and Waste: Contrasting Legacies of Fisheries Development in Gujarat since 1950s', *Economic and Political Weekly*, 31 March 2001.

58) *Sydney Morning Herald*, 23 February 2002.

59) Bob Pokrant, 'Export-Oriented Aquaculture in Bangladesh: Changing Business Practices, Labour Organisation and Local Environments', *Indian Ocean Review*, XIII, 1, March 2000, pp. 8-10.

60) Bob Pokrant and Peter Reeves, 'Putting Globalisaton in its Place: Globalisation, Liberalisation and Export-Oriented Aquaculture in West Bengal and Bangladesh', *South Asia*, XXIV, 2001, pp. 159-84; Kazi Ali Toufique, 'Sandwiched between "Us" and "Them": Dilemmas and Contradictions in the Shrimp-Processing Export Sector of Bangladesh in the Globalisation Process', *South Asia*, XXIV, 2001, pp, 185-99.

61) Janet Ahner Rubinoff, 'Pink Gold: Transformation of Backwater Aquaculture on Goa's Khazan Lands', *Economic and Political Weekly*, 31 March 2001.

62) Gervase Clarence-Smith, 'Introduction', in Clarence-Smith, ed., *The Economics of the Indian Ocean Slave Trade in the Nineteenth Century*, London, Cass, 1989, pp. 7-8.

63) David Armine Howarth, *Dhows*, London, New York, Quartet Books, 1977, p. 149.

64) Villiers, *Sons of Sinbad*, p. 299 et seq.

65) 개인적인 관찰, 브룸에 있는 전문가들과의 토론 그리고 다음 두 권의 책에 기반함. Hugh Edwards: Port of Pearls, Swanbourne, WA, the author, 1984, and *Broome's South Sea Pearls: The World's Finest Ocean Gems*, Broome, published for Willie Creek Pearls, n.d.

66) Tim Winton, *Land's Edge*, Sydney, Macmillan Australia, 1993, pp. 9, 13.

67) Lena Lencek and Gideon Bosker, *The Beach: The History of Paradise on Earth*, New York, Viking, 1998, p. xx.

68) Paul Routledge, 'Consuming Goa: Tourist Site as Dispensable Space', *Economic and Political Weekly*, 22, 7, 2000; Devika Sequeira, 'Tourism: Battling the Global Downspin', *Goa Newsletter*, November 2001.

69) Alexander Frater, *Chasing the Monsoon*, Harmondsworth, Penguin, 1991, p. 44.

70) Routledge, 'Consuming Goa', pp. 2647, 2651-2 and passim.

71) McDougall, 'Indian Ocean Regionalism', pp. 55-6; Denis Fair, 'Tourist Trends in the Indian Ocean Islands', *Africa Insight*, XXVII, 1997, pp. 279-83; 'Life's a Beach', *Orient-Express Magazine*, XI, 4, 1994, pp. 60-3.

72) McDougall, 'Indian Ocean Regionalism', pp. 57-8.

73) David Kirby and Merja-Liisa Hinkkanen, *The Baltic and the North Seas*, London, Routledge, 2000, p. 275.

74) 'Shipping: Arabian Fights', *The Economist (US)*, 10 April, 1999, vol. 351.

75) Charles Geshekter, 'Somali History and Regional Sub-Cultures: A Neglected Theme of the Somali Crisis', in *New Directions in Maritime History*, ICMH/AAMH Conference, Fremantle, 6-10 December 1993, typescript.

76) Jennifer Ackerman, 'New Eyes on the Oceans', *National Geographic*, October 2000, p. 112; Clive Wilkinson, Olaf Linden, Herman Cesar, Gregor Hodgson, Jason Rubens and Alan E. Strong, 'Ecological and Socioeconomic Impacts of 1998 Coral Mortality in the Indian Ocean', *Ambio*, 28, March 1999, pp. 188-97; 'Maldives face extinction', *Indian Ocean Review*, Ⅰ, 4, December 1988, p. 11.

77) *Economist*, 28 October-4 November 2000, p. 44.

78) S. Carpenter, 'Polluted Air Chokes Northern Indian Ocean', *Science News*, 19 June 1999; 'Rimwatch', *Indian Ocean Review*, XII, 2, September 1999, p. 2; Charon Birkett, Ragu Murtugudde and Tony Allen, 'Indian Ocean Climate Event Brings Floods to East Africa's Lakes and the Sudd March', *Geophysical Research Letter*, XXVI, 1999, pp. 1031-34.

79) Rhys Richards, 'The Maritime Fur Trade: Sealers and Other Residents on St. Paul and Amsterdam Islands', *Great Circle*, VI, 1984, p. 25.

80) Jacques-Yves Cousteau, The Living Sea, New York, Nick Lyons Books, 1963, pp. 147-8.

81) Rodney Fox, 'The Sea beyond the Outback: The Coast of Northwest Australia', *National Geographic*, Jan. 1991, p. 48; Bruce Montgomery, 'Skullduggery Galore in the Great Patagonian Toothfish Conspiracy', *Indian Ocean Review*, X, 4, December 1997, p. 6.

82) *Sydney Morning Herald*, 22 May 2001.

83) Thor Heyerdahl, *The Tigris Expedition: In Search of our Beginnings*, Garden City, Doubleday, 1981, p. 175.

84) Geoffrey Till, 'Security Concerns in the Indian Ocean: Making Waves?', *RUSI Journal*, 142, June 1997, p. 16.

85) 'Rimwatch', *Indian Ocean Review*, XIII, 1, March 2000, p. 2.

86) Frater, *Chasing the Monsoon*, p. 83.

87) Brian Shoesmith, 'The Place of Indian Popular Films in the Indian Ocean Region and South East Asia: Some Speculations', *Indian Ocean Newsletter*, VII, 1, March 1986, pp. 6-10.

88) John Sinclair and Mark Harrison, 'Globalisation and Television in Asia: The Cases of India and China', in D. Ghosh and S. Muecke, eds, *UTS Review*, 2000, VI, 2, 'The Indian Ocean', pp. 79-82.

89) Michael Lambek, 'Choking on the Quran: And Other Consuming Parables from the Western Indian Ocean Front', in Wendy James, ed., *The Pursuit of Certainty: Religious and Cultural Formulations*, London, Routledge, 1995, p. 277.

90) K. M. Panikkar, *India and the Indian Ocean: An Essay on the Influence of Sea Power on Indian History,* London, Allen & Unwin, 1945, p. 7.

91) William G. Hanne, 'From Moscow, South By Southeast…' *Military Review*, 56, 1976, pp. 47-55.

92) Patrick Wall, ed., *The Indian Ocean and the Threat to the West*, London, Stacey International, 1975, pp. 9-11.

93) Philip Towle, *Naval Power in the Indian Ocean: Threats, Bluffs and Fantasies*, Canberra, Australian National University, Research School of Pacific Studies, 1979; D. B. G. McLean, 'The Soviet Navy in the Indian Ocean', *Journal of the Royal United Services Institute for Defence Studies*, 118, 4, 1973, pp. 59-65; William F. Hickman, 'Soviet Naval Policy in the Indian Ocean', *U.S. Naval Institute Proceedings*, 105, 8, 1979, pp. 42-52; Alexander I. Chicherov, 'South Asia and the Indian Ocean in the 1980's: Some Trends toward Changes in International Relations', *Asian Survey*, 24, 1984, pp. 1117-30.

94) David C. Potter, 'Superpower Rivalry in the Indian Ocean and the Foreign Policy Choices in India and Pakistan', in Borsa, ed., *Trade and Politics*, pp. 103-20.

95) Vivian L. Forbes, 'British Indian Ocean Territory: Chagos Archipelago', *Indian Ocean Review*, V, 1, March 1992, pp. 16-19; John Pilger, 'A Little-Known and Suppressed British Atrocity in a Faraway island [i.e. Diego Garcia]', *New Statesman*, 27 September 1996, 4302; Joseph E. Harris, 'The Ilois Tragedy', *TransAfrica Forum*, 7, 1, 1990, pp. 25-30; Jean Houbert, 'France in The Indian Ocean-Decolonizing Without Disengaging', *Round Table*, 298, 1986, pp. 145-66.

96) Kirby L. Baker, 'Diego Garcia', *Indian Ocean Review*, II, 3, September 1989, pp. 27-8; Harris, 'The Ilois Tragedy'.

97) Jaswant Singh, *Defending India*, Basingstoke, Macmillan, 1999, pp. 113-28, 179; Jole Larus, 'India and Its Ocean: The Atypical Relationship Ends', in Robert Bruce, ed., *The Modern Indian Navy and the Indian Ocean: Developments and Implications*, Perth, Centre for Indian Ocean Regional Studies, 1989, p. 65.

98) *The Hindu*, 17 December 1999.

99) *Sydney Morning Herald*, 8 February 2002.

100) Satvinder Singh Rai, 'India's Strategy in the Indian Ocean: Indian Aims and Interests in a Historical Perspective', *Internationales Asienforum*, 20, 1989, p. 140 에서 재인용.

101) Singh, *Defending India*, pp. 225, 232-4.

102) Vivian L. Forbes, 'Acts of Piracy: A Mystique of the 1990s', *Indian Ocean Review*, XI, 2, December 1998, pp. 10-15.

103) Rai, 'India's Strategy', p. 148; *UN Chronicle*, December 1989; Walter K. Andersen, 'Soviets in the Indian Ocean: Much Ado About Something-But What?', *Asian Survey*, 24, 1984, pp. 919-20.

104) McDougall, 'Indian Ocean Regionalism', pp. 59-60.

105) 'Indian Ocean Rim Association for Regional Cooperation', *Indian Ocean Review*, XIII, 1, March 2000, pp. 3-7; Chaturvedi, 'Common Security?', pp. 718-19.

106) 'Indian Ocean Rim Association for Regional Cooperation', p. 3.

107) Stilgoe's whole chapter on this matter, *Alongshore*, pp. 369-402 참조.

108) Chaturvedi, 'Common Security?', p. 705.

| 논문 |

Andersen, Walter K., 'Soviets in the Indian Ocean: Much Ado about Something-but what?' *Asian Survey*, 1984, 24, pp. 910-30.

Anderson, J.L., 'Piracy and World History: An Economic Perspective on Maritime Predation', *Journal of World History*, 1995, VI, pp. 175-99.

Arnold, David, 'The Indian Ocean as a Disease Zone, 1500-1950', *South Asia*, 1991, 14, pp. 1-21.

Barendse, R. J., 'Trade and State in the Arabian Seas: A Survey from the Fifteenth to the Eighteenth Century', *Journal of World History*, 2000, XI, pp. 173-225.

Bowen, Richard LeBaron, 'Arab Dhows of Eastern Arabia', *American Neptune*, 1949, 9, pp. 87-132.

Bowen, Richard LeBaron, 'The Dhow Sailor', *The American Neptune*, 1951, 11, pp. 161-203. Broeze, Frank, 'From Imperialism to Independence: The Decline and Re-Emergence of Asian Shipping', *Great Circle*, 1987, IX, pp. 73-95.

Broeze, Frank, 'Underdevelopment and Dependence: Maritime India under the Raj', *Modern Asian Studies*, 1984, XVIII, pp. 429-57.

Broeze, Frank, Peter Reeves and Kenneth McPherson, 'Imperial Ports and the Modern World Economy: The Case of the Indian Ocean', *Journal of Transport History*, 1986, 7, pp. 1-20.

Campbell, I. C., 'The Lateen Sail in World History', *Journal of World History*, 1995, VI, pp. 1-23.

Chakravarti, Ranabir, 'Nakhudas and Nauvittakas: Ship Owning Merchants in the West Coast of India, c. AD1000-1500', *Journal of the Economic and Social History of the Orient*, 2000, 43, pp. 34-64.

Chaturvedi, Sanjay, 'Common Security? Geopolitics, Development, South Asia and the Indian Ocean', *Third World Quarterly*, 1998, XIX, pp. 701-24.

Clark, Alfred, 'Medieval Arab Navigation on the Indian Ocean: Latitude Determinations', *Journal of the American Oriental Society*, 1993, 113, pp. 360-74.

Dharmasena, K., 'The Port and Dock Workers of Colombo, 1860-1960', *Great Circle*, 1985, VII, pp. 100-15.

Emmerson, Donald K., 'The Case for a Maritime Perspective on Southeast Asia', *Journal of Southeast Asian Studies*, 1980, XI, pp. 139-45.

Ewald, Janet J., 'Crossers of the Sea: Slaves, Freedmen, and Other Migrants in the Northwestern Indian Ocean, c. 1750-1914', *American Historical Review*, 2000, 105, pp. 69-91.

Finney, Ben, 'The Other One-Third of the Globe', Journal of World History, 1994, V, pp. 273-97.

Flynn, Dennis O. and Arturo Giráldez, 'Born with a Silver Spoon: The Origin of World Trade in 1571', *Journal of World History*, 1995, VI, pp. 201-21.

Green, Jeremy, 'Maritime Archaeology and the Indian Ocean', *Great Circle*, 1980, 2, pp. 3-12.

Halfdanardottir, Jona, 'Social Mobilization in Kerala: Fishers, Priests, Unions and Political Parties', *MAST*, 1993, VI, pp. 136-56.

Harris, Jeff, 'The Dhow of Racing', *Aramco World*, May-June 1999, pp. 2-11.

Heimann, James, 'Small Change and Ballast: Cowry Trade and Usage as an Example of Indian Ocean Economic History', *South Asia*, 1980, III, pp. 48-69.

Hess, Andrew C., 'Phi Reis and the Ottoman Response to the Voyages of Discovery', *Terrae Incognitae*, 1974, VI, pp. 19-37.

Hess, Andrew C., 'The Evolution of the Ottoman Seaborne Empire in the Age of Oceanic Discoveries, 1453-1525', *American Historical Review*, 1970, LXXV, pp. 1892-919.

Horton, Mark, 'Mare Nostrum-a new archaeology of the Indian Ocean?', *Antiquity*, 1997, 71, pp. 747-49.

Jones, Stephanie, 'British India Steamers and the Trade of the Persian Gulf, 1862-1914', *Great Circle*, 1985, Ⅶ, pp. 23-44.

Manguin, Pierre-Yves, 'Late Mediaeval Asian Shipbuilding in the Indian Ocean: A Reappraisal', *Moyen Orient & Océan Indien*, 1985, II, 2, pp. 1-30.

Manguin, Pierre-Yves, 'The Southeast Asian Ship: An Historical Approach', *Journal of Southeast.* Asian Studies, 1980, XI, pp. 266-76.

Martin, E.B., 'The Present Day Dhow Trade of India', *Great Circle*, 1982, IV, pp. 105-18.

Martin, Esmond Bradley, 'The Decline of the Omani Dhows', *Great Circle*, 1980, II, pp. 74-86.

Martin, Esmond Bradley, 'The Geography of Present-Day Smuggling in the Western Indian Ocean: The Case of the Dhow', *Great Circle*, 1979, 1, pp. 18-35.

Munro, J. Forbes, 'Shipping Subsidies and Railway Guarantees: William Mackinnon, Eastern Africa and the Indian Ocean, 1860-93', *Journal of African History*, 1987, 28, pp. 209-30.

Murphey, Rhoads, 'The City in the Swamp: Aspects of the Site and Early Growth of Calcutta', *Geographical Journal*, 1964, 130, pp. 241-56.

Nieuwenhuys, Olga, 'Invisible Nets: Women and Children in Kerala's Fishing', *MAST*, 1989, H, pp. 174-94.

Pearson, M.N., 'Brokers in Western Indian Port Cities: Their Role in Servicing Foreign Merchants', *Modern Asian Studies*, 1988, XXII, pp. 455-72.

Pearson, M.N., 'Conversions in Southeast Asia: Evidence from the Portuguese Records', *Portuguese Studies*, 1990, VI, pp. 53-70.

Pokrant, Bob, 'Export-Oriented Aquaculture in Bangladesh: Changing Business Practices, Labour Organisation and Local Environments', *Indian Ocean Review*, March 2000, XIII, 1.

Pokrant, Bob and Peter Reeves, 'Putting Globalisaton in its Place: Globalisation, Liberalisation and Export-Oriented Aquaculture in West Bengal and Bangladesh', *South Asia*, 2001, XXIV, pp. 159-84.

Prados, Edward, 'Indian Ocean Littoral Maritime Evolution: The Case of the Yemeni *Huri* and *Sanbuq*', *Mariner's Mirror*, 1997, 83, pp. 185-98.

Ray, Haraprasad, 'An Analysis of the Chinese Maritime Voyages into the Indian Ocean during the early Ming Dynasty and their Raison d'être', *China Reports*, 1987, 23, pp. 65-87.

Ray, Haraprasad, 'The Eighth Voyage of the Dragon that Never was: An Enquiry into the Causes of Cessation of the Voyages during the Early Ming Dynasty', *China Reports*, 1987, 23, pp. 157-78.
Ray, Himanshu Prabha, 'The Western Indian Ocean and the Early Maritime Links of the Indian SuB.C.ontinent', *Indian Economic and Social History Review*, 1994, 31, pp. 65-88.
Reeves, P., A. Pope, J. McGuire and B. Pokrant, 'Mapping India's Maritime Resources: Colonial State Experiments, c. 1908-1930', *South Asia*, 1996, XIX, pp. 13-35.
Reeves, Peter, Frank Broeze and Kenneth McPherson, The Maritime Peoples of the Indian Ocean Region since 1800', *Mariner's Mirror,* 1988, 74, pp. 241-54.
Routledge, Paul, 'Consuming Goa: Tourist Site as Dispensable Space', *Economic and Political Weekly*, 22 July 2000.
Rubinoff, Janet Ahner, 'Pink Gold: Transformation of Backwater Aquaculture on Goa's Khazan Lands', *Economic and Political Weekly*, 31 March 2001.
Russell-Wood, A.J.R., 'Seamen Ashore and Afloat: The Social Environment of the Carreira da India, 1550-1750', *Mariners' Mirror,* 1983, LXIV, pp. 35-52.
Shoesmith, Brian, 'The Place of Indian Popular Films in the Indian Ocean Region and South East Asia: Some Speculations', *Indian Ocean Newsletter*, March 1986, VII, 1.
Smith, Monica L., 'The Dynamic Realm of the Indian Ocean: A Review', *Asian Perspectives*, 1997, 36, pp. 245-59.
Toufique, Kazi Ali, 'Sandwiched between Us and Them: Dilemmas and Contradictions in the Shrimp-Processing Export Sector of Bangladesh in the Globalisation Process', *South Asia*, 2001, XXIV, pp. 185-99.
Varadarajan, Lotika, 'Indian Seafaring: The Precept and Reality of Kalivarjya', *Great Circle*, 1983, V, pp. 1-12.
Varadarajan, Lotika, 'Traditions of Indigenous Navigation in Gujarat', *South Asia*, 1980, III, pp. 28-35.

Reeves, Peter, Frank Broeze and Kenneth McPherson, The Maritime Peoples of the Indian Ocean Region since 1800', *Mariner's Mirror*, 1988, 74, pp. 241-54.
Routledge, Paul, 'Consuming Goa: Tourist Site as Dispensable Space', *Economic and Political Weekly*, 22 July 2000.
Rubinoff, Janet Ahner, 'Pink Gold: Transformation of Backwater Aquaculture on Goa's Khazan Lands', *Economic and Political Weekly*, 31 March 2001.

Russell-Wood, A.J.R., 'Seamen Ashore and Afloat: The Social Environment of the Carreira da India, 1550-1750', *Mariners' Mirror*, 1983, LXIV, pp. 35-52.

Shoesmith, Brian, 'The Place of Indian Popular Films in the Indian Ocean Region and South East Asia: Some Speculations', *Indian Ocean Newsletter*, March 1986, VII, 1.

Smith, Monica L., 'The Dynamic Realm of the Indian Ocean: A Review', *Asian Perspectives*, 1997, 36, pp. 245-59.

Toufique, Kazi Ali, 'Sandwiched between Us and Them: Dilemmas and Contradictions in the Shrimp-Processing Export Sector of Bangladesh in the Globalisation Process', *South Asia*, 2001, XXIV, pp. 185-99.

Varadarajan, Lotika, 'Indian Seafaring: The Precept and Reality of Kalivarjya', *Great Circle*, 1983, V, pp. 1-12.

Varadarajan, Lotika, 'Traditions of Indigenous Navigation in Gujarat', *South Asia*, 1980, III, pp. 28-35.

| 저서 |

Andaya, Barbara, *To Live as Brothers: Southeast Sumatra in the Seventeenth and Eighteenth Centuries*, Honolulu, University of Hawaii Press, 1993.

Arasaratnam, Sinnappah, *Maritime Commerce and English Power: Southeast India 1750-1800*, Aldershot, Variorum, 1996.

Arasaratnam, Sinnappah, *Maritime India in the Seventeenth Century*, New Delhi, Oxford University Press, 1994.

Arasaratnam, Sinnappah, *Merchants, Companies and Commerce on the Coromandel Coast, 1650-1740*, New Delhi, Oxford Univeristy Press, 1986.

Banga, Indu, ed., *Ports and their Hinterlands in India, 1700-1950*, New Delhi, Manohar, 1992. Barendse, R. J., *The Arabian Seas*, 1640-1700, Leiden, Research School, CNWS, Leiden University, 1998.

Barendse, R.J., *The Arabian Seas, The Indian OceanWorld of the Seventeenth Century*, Armonk, NY, M.E. Sharpe, 2002.

Bethencourt, Francisco and D. Ramada Curto, eds, *Portuguese Expansion, 1400-1822: A Collection of Essays*, New York, Cambridge University Press, forthcoming.

Blussé, Leonard, *Strange Company: Chinese Settlers, Mestizo Women, and the Dutch in VOC Batavia*, Dordrecht, Holland, Riverton, USA, Foris Publications, 1986.

Borsa, Giorgio, ed., *Trade and Politics in the Indian Ocean: Historical and Contemporary Perspectives*, Delhi, Manohar, 1990.

Bose, Sugata, *The Indian Ocean Rim: An Inter-Regional Arena in the Age of Global Empire*, forth - coming.

Boxer, C.R., The Portuguese *Seaborne Empire*, London, Hutchinson, 1969.

Braudel, Fernand, *Civilization and Capitalism*, New York, Harper & Row, 1981-84, 3 vols.

Braudel, Fernand, *The Mediterranean and the Mediterranean World in the Age of Philip II*, London, Collins, 1972, 2 vols.

Brennan, Lance, and Brij Lal, eds, *South Asia*, 1998, XXI, Special Issue, 'Across the Kala Pani: Indian Overseas Migration and Settlement'.

Broeze, Frank, ed., *Brides of the Sea: Port Cities of Asia from the 16th-20th Centuries, Sydney*, New South Wales University Press, 1989.

Broeze, Frank, ed., *Gateways of Asia: Port Cities of Asia from the 13th to the 20th Centuries*, London, Kegan Paul International, 1997.

Butel, Paul, The Atlantic, London, Routledge, 1999.

Chandra, Satish, ed., *The Indian Ocean: Explorations in History, Commerce and Politics*, New Delhi, Sage, 1987.

Chaudhuri, K.N., *Trade and Civilization in the Indian Ocean: An Economic History from the Rise of Islam to 1750*, Cambridge, Cambridge University Press, 1985.

Commans, Jos and Jacques Leider, eds, *The Maritime Frontier of Burma: Exploring Political, Cultural and Commercial Interaction in the Indian Ocean World, 1200-1800*, Leiden, Leiden University Press, 2002.

Dale, Stephen, *Islamic Society on the South Asian Frontier: The Mapillas of Malabar (1498-1922)*, Oxford, Clarendon Press, 1980.

Dale, Stephen Frederic, *Indian Merchants and Eurasian Trade, 1600-1750*, Cambridge, Cambridge University Press, 1994.

Das Gupta, Ashin, *Indian Merchants and the Decline of Surat c. 1700-1750*, reprint of 1979 edi - tion, New Delhi, Manohar, 1994.

Das Gupta, Ashin and M. N. Pearson, eds, *India and the Indian Ocean, 1500-1800*, Calcutta, Oxford University Press, 1987, 2nd ed., New Delhi, Oxford University Press, 1999.

Das Gupta, Uma, ed., *The World of the Indian Ocean Merchant, 1500-1800: Collected Essays of Ashin Das Gupta*, New Delhi, Oxford University Press, 2001.

Dharmasena, K., *The Port of Colombo, 1860-1939*, Colombo, Ministry of Higher Education, 1980.

Disney, Anthony and Emily Booth, eds, *Vasco da Gama and the Linking of Europe and Asia*, New Delhi, Oxford University Press, 2000.

Dunn, Ross, *The Adventures of Ibn Battuta*, Berkeley, University of California Press, 1986.

Everaert, J. and J. Parmentier, eds, *International Conference on Shipping, Factories and Colonization (Brussels, 24-26 November 1994)*, Brussels, Koninklijke Academie van Belgic, 1996.

Fawaz, Leila Tarazi and C.A. Bayly, eds, *Modernity and Culture: From the Mediterranean to the Indian Ocean*, New York, Columbia University Press, 2002.

Fischer, Lewis R., ed., *From Wheel House to Counting House: Essays in Maritime Business History*, St. John's, NFLD, International Maritime Economic History, 1992.

Frank, Andre Gunder, *ReOrient: Global Economy in the Asian Age*, Berkeley, University of California Press, 1998.

Freitag, U. and W.G. Clarence-Smith, eds, *Hadhrami Traders, Scholars and Statesmen in the Indian Ocean, 1750s-1960s*, Leiden, Brill, 1997.

Friedland, Klaus, ed., *The Maritime Aspects of Migration*, Cologne, Bohlau, 1987.

Furber, Holden, *Rival Empires of Trade in the Orient, 1600-1800*, Minneapolis, University of Minnesota Press, 1976.

Ghosh, Devleena and Stephen Muecke, eds, *UTS Review*, 2000, VI, 2, 'The Indian Ocean'.

Godinho, Vitorino Magalhães, *Os descobrimentos e a economia mundial*, 2nd ed., Lisbon, Editorial Presença, 1981-83, 4 vols.

Goitein, S.D., *Studies in Islamic History and Institutions, Leiden*, Brill, 1966.

Haellquist, Karl Reinhold, ed., *Asian Trade Routes: Continental and Maritime*, London, Curzon Press, 1991.

Hattendorf, John B., ed., *Ubi Sumus? The State of Naval and Maritime History*, Newport, RI, Naval War College Press, 1994.

Hawkins, Clifford, *The Dhow: An Illustrated History of the Dhow and its World*, Lymington, Nautical Publishing Co., 1977.

Headrich, Daniel, *The Tools of Empire: Technology and European Imperialism in the Nineteenth Century*, New York, Oxford University Press, 1981.

Heyerdahl, Thor, *The Tigris Expedition: In Search of our Beginnings*, Garden City, Doubleday, 1981.

Horden, Peregrine and Nicholas Purcell, *The Corrupting Sea: A Study of Mediterranean History*, Vol. I, Oxford, Blackwell, 2000.

Horton, Mark, and John Middleton, *The Swahili: The Social Landscape of a Mercantile Society*, Oxford, Blackwells, 2000.

Hourani, George F., revised and expanded by John Carswell, *Arab Seafaring in the Indian Ocean in Ancient and Medieval Times*, Princeton, NJ, Princeton University Press, 1995.

Howarth, David Armine, *Dhows*, London, New York, Quartet Books, 1977.

Jewell, John, *Dhows at Mombasa*, Nairobi, East African Publishing House, 1969.

Kathirithamby-Wells, J. and John Villiers, eds, *The Southeast Asian Port and Polity: Rise and Demise*, Singapore, Singapore University Press, 1990.

Kirby, David and Merja-Liisa Hinkkanen, *The Baltic and North Seas*, London, Routledge, 2000.

Levathes, Louise, *When China Ruled the Seas: The Treasure Fleet of the Dragon Throne, 1405-33*, New York, Oxford University Press, 1994.

Lombard, Denys and Jean Aubin, eds, *Marchands et Homilies d'affairs Asiatiques dans l'Ocean Indien et la Mer de Chine 13e-20e siècles*, Paris, Editions de l'Ecole des hautes études en sciences sociales, 1988. English translation, Delhi, Oxford University Press, 2000.

MacLeod, Roy and Deepak Kumar, eds, *Technology and the Raj: Western Technology and Technical Transfers to India, 1700-1947*, New Delhi, Sage Publications, 1995.

McPherson, Kenneth, *The Indian Ocean: A History of People and the Sea*, Delhi, Oxford University Press, 1993.

Malekandathil, Pius and Jamal Mohammed, eds, *The Portuguese, Indian Ocean and Europea Bridgeheads 1500-1800: Festschrift in Honour of Prof. K. S. Mathew,* Tellicherry, Kerala, Institute for Research in Social Sciences and Humanities of MESHAR, 2001.

Markovits, Claude, *The Global World of Indian Merchants*, Cambridge, Cambridge University Press, 2000.

Martin, Esmond Bradley and Chryssee Perry Martin, *Cargoes of the East: The Ports, Trade and Cultures of the Arabian Sea and Western Indian Ocean*, London, Elm Tree Books, 1978.

Mathew, K. S., ed., *Mariners, Merchants and Oceans: Studies in Maritime History*, New Delhi, Manohar Publishers, 1995.

Mathew, K. S., ed., *Studies in Maritime History*, Pondicherry, Pondicherry University, 1990.

Matvejevic, Predrag, *Mediterranean: A Cultural Landscape*, Berkeley, University of California Press, 1999.

Middleton, John, *The World of the Swahili, An African Mercantile Civilisation*, New Haven, Yale University Press, 1992.

Mollat du Jourdin, Michel, *Europe and the Sea*, Oxford, Blackwell, 1993.

Mukherjee, Rudrangshu and Lakshmi Subramanian, eds, *Politics and Trade in the Indian Ocean World: Essays in Honour of Ashin Das Gupta*, New Delhi, Oxford University Press, 1998.

Northrup, David, *Indentured Labour in the Age of Imperialism, 1834-1922*, Cambridge, Cambridge University Press, 1995.

Pagden, Anthony, *Facing Each Other: The World's Perceptions of Europe and Europe's Perceptions of the World*, Aldershot, Variorum, 1999, 2 vols.

Palmer, S. and G. Williams, eds, *Charted and Uncharted Waters*, London, National Maritime Museum in association with the Department of History, Queen Mary College, University of London, 1982.

Panikkar, K. M., *India and the Indian Ocean: An Essay on the Influence of Sea Power on Indian History*, London, Allen & Unwin, 1945.

Parkin, David, ed., *Continuity and Autonomy in Swahili Communities: Inland Influences and Strategies of Self-determination*, London, SOAS, 1994.

Parkin, David, and Stephen C. Headley, eds, *Islamic Prayer across the Indian Ocean: Inside and Outside the Mosque*, Richmond, Curzon, 2000.

Pearson, M. N., *Coastal Western India, Studies from the Portuguese Records*, New Delhi, Concept Publishers, 1981.

Pearson, M. N., Pious Passengers: The Hajj in Earlier Times, Delhi, Sterling, and London, Hurst, 1994.

Pearson, M. N., *Port Cities and Intruders: The Swahili Coast, India, and Portugal in the Early Modern Era*, Baltimore, The Johns Hopkins University Press, 1998.

Pearson, M. N., ed., *Spices in the Indian Ocean World*, Aldershot, Variorum, 1996.

Pearson, M. N., *The Portuguese in India*, Cambridge, Cambridge University Press, 1987.

Pearson, M. N. and I. Bruce Watson, eds, *South Asia*, 1996, XIX, Special Issue, 'Asia and Europe: Commerce, Colonialism and Cultures: Essays in Honour of Sinnappah Arasaratnam'.

Prakash, Om, *European Commercial Enterprise in Pre-Colonial India*, Cambridge, Cambridge University Press, 1998.

Prakash, Om and Denys Lombard, eds, *Commerce and Culture in the Bay of Bengal, 1500-1800*, New Delhi, Manohar, 1999.

Ptak, Roderich, *China's Seaborne Trade with South and Southeast Asia (1200-1750)*, Aldershot, Ashgate, 1999.

Ptak, Roderich, ed., J.V.G. Mills, trans., *The Overall Survey of the Star Raft by Fei Hsin*, Wiesbaden, Harrassowitz, 1996.

Ptak, Roderich and Dietmar Rothcrmund, eds, *Emporia, Commodities and Entrepreneurs in Asian Maritime Trade, c. 1400-1750*, Stuttgart, Steiner, 1991.

Qaisar, A. Jan, *The Indian Response to European Technology and Culture, AD 1498-1707*, Delhi, Oxford University Press, 1982.

Qasimi, Sultan Md. Al-, *The Myth of Arab Piracy in the Gulf*, London, Croom Helm, 1986.

Rao, S. R., *Marine Archaeology of Indian Ocean Countries: Proceedings of the First Indian Conference on Marine Archaeology of Indian Ocean Countries*, Dona Paula, Goa, National Institute of Oceanography, 1988.

Rao, S. R., ed., *Recent Advances in Marine Archaeology: Proceedings of the Second Indian Conference on Marine Archaeology of Indian Ocean Countries*, Dona Paula, Goa, Society for Marine Archaeology, National Institute of Oceanography, 1991.

Ray, Himanshu Prabha, *The Winds of Change: Buddhism and the Maritime Links of Early South Asia*, Delhi, New York, Oxford University Press, 1994.

Ray, Himanshu Prabha, ed., *Archaeology of Seafaring: The Indian Ocean in the Ancient Period*, Delhi, Pragati Publications, 1999.

Ray, Himanshu Prabha and Jean-Francois Salles, eds, *Tradition and Archeology: Early Maritime Contacts in the Indian Ocean*, New Delhi, Manohar, 1996.

Reade, Julian, ed., *Indian Ocean in Antiquity*, London, Kegan Paul, 1996.

Revista de Cultura, Macau, Nos 13/14, 1991, 'The Asian Seas, 1500-1800: Local Societies, European Expansion and the Portuguese'.

Risso, Patricia, *Merchants and Faith: Muslim Commerce and Culture in the Indian Ocean*, BouldersWestview, 1995.

Romanis, F. De and A. Tchernia, eds, *Crossings*, New Delhi, Manohar, 1997.
Scammell, G.V., *The World Encompassed: The First European Maritime Empires, c. 800-1650*, London, Methuen, 1981.
Severin, Tim, *The Sindbad Voyage*, London, Hutchinson, 1982.
Smith, M. Estellie, ed., *Those Who Live from the Sea: A Study in Maritime Anthropology*, St. Paul, West Publishing Co., 1977.
Sopher, David, *The Sea Nomads*, Singapore, Printed by Lim Bian Han, Government printer, 1965.
Souza, Teotonio R. de and Charles J. Borges, eds, *Mare Liberum*, No. 9, 1977, 'Portuguese India and its Northern Province, Proceedings of the 7th International Seminar on Indo - Portuguese History'.
Spate, O. H. K., *The Pacific since Magellan*, Canberra, Australian National University Press, 1979-88, 3 vols.
Subramanian, Lakshmi, *Indigenous Capital and Imperial Expansion: Bombay, Surat, and the West Coast*, New Delhi, Oxford University Press, 1996.
Tampoe, Moira, *Maritime Trade between China and the West: An Archaeological Study of the Ceramics from Siraf (Persian Gulf), 8th to 15th Centuries A. D*, Oxford, British Archaeological Reports, 1989.
Tinker, Hugh, *A New System of Slavery: The export of Indian labour overseas, 1830-1920*, London, Oxford University Press, 1974.
Toussaint, Auguste, *History of the Indian Ocean*, Chicago, University of Chicago Press, 1966. Villiers, Alan, The Indian Ocean, London, Museum Press, 1952.
Villiers, Alan, *The Indian Ocean*, London, Museum Press, 1952.

찾아보기

【ㄱ】

【ㄴ】

【ㄷ】

【ㄹ】

【ㅁ】

【ㅂ】

【ㅅ】

【ㅇ】

【ㅈ】

【ㅊ】

【ㅋ】

【ㅌ】

【ㅍ】

【ㅎ】

【기타】

노영순 | 옮긴이

한국해양대학교 국제해양문제연구소 인문한국(HK) 교수이다. 저서로는 『The Maritime Silk Road and Seaport Cities』(2015), 『동아시아해역의 해항도시와 문화교섭(2018)』 등이 있다. 해양과 역사 총서 중 『태평양』(2016)의 역자이기도 하다.

마이클 피어슨(Michael Pearson) | 지은이

오스트레일리아 뉴사우스웨일스대학의 명예교수이자, 시드니 산업대학교의 겸임교수이다. 저서로는 『해항도시들과 불청객들: 근대 초기의 스와힐리 연안, 인도, 그리고 포르투갈』(1998)(*Port Cities and Intruders: The Swahili Coast, India, and Portugal in the early Modern Era*, 『경건한 승객들: 초기의 메카 순례』(1994)(*Pious Passengers: The Hajj in Earlier Times*) 등이 있다.